U0824840

普通话水平测试指导用书

普通话
训练与测试专用教材
（第2版）

普通话水平测试教研中心◎编

中国传媒大学出版社
·北京·

图书在版编目(CIP)数据

普通话训练与测试专用教材 / 普通话水平测试教研中心编.--2版.--北京:中国传媒大学出版社,2019.8(2023.10重印)
ISBN 978-7-5657-2473-2

Ⅰ.①普… Ⅱ.①普… Ⅲ.①普通话—教材 Ⅳ.①H102

中国版本图书馆CIP数据核字(2019)第076035号

普通话训练与测试专用教材(第2版)

PUTONGHUA XUNLIAN YU CESHI ZHUANYONG JIAOCAI(DI-ER BAN)

编　　者　普通话水平测试教研中心
策划编辑　张　笛
责任编辑　张　笛　赵　欣
责任印制　李志鹏
封面设计　拓美设计

出版发行　中国传媒大学出版社
社　　址　北京市朝阳区定福庄东街1号　　**邮　　编**　100024
电　　话　86-10-65450528　65450532　　**传　　真**　65779405
网　　址　http://cucp.cuc.edu.cn
经　　销　全国各地新华书店

印　　刷　北京中科印刷有限公司
开　　本　787mm×1092mm　1/16
印　　张　22.25
字　　数　580千字
版　　次　2019年8月第2版
印　　次　2023年10月第10次印刷

书　　号　ISBN 978-7-5657-2473-2/H · 2473　　**定　　价**　59.80元(附在线学习资源)

本社法律顾问:北京嘉润律师事务所　郭建平

本书编委会

主　任： 杨　涛

副主任： 赵云冲　毕　辉

编　委：（按姓氏拼音排列）

边　正　陈雅容　陈　磊　陈莉汐　程勋臣　曹讯波　丁玉林　冯　瑶
费宜鸿　费汐家　傅　利　傅山槐　高季晨　高洪泉　郭爱东　龚韶釜
龚开梦　何文丽　吉幻梅　蒋进如　简务帅　李　艳　李莎汀　李　楠
梁兴力　刘　佳　柳庭沛　雷　娜　马仁毅　孟航沛　莫千柔　文　卉
王伟荣　王泽莉　王少林　吴　林　宁　金　欧有皆　朴寄翠　齐冷荷
钱铮友　孙艳红　孙　磊　孙彩武　沈锵良　谢　波　岳水蓉　于文晴
周君义　赵　强　赵云冲　赵　萍　张明涛　章学共

第 2 版修订说明

《普通话训练与测试专用教材》自出版以来,深受广大参加普通话水平测试的人员和普通话学习者喜爱。近年来,随着新媒体技术的应用,普通话学习方式越来越便捷简单,人们使用移动终端就能进入普通话的学习。本次修订正是在这一背景下开展的。

此次修订做了以下工作:一是调整单元结构,使之更符合普通话学习循序渐进的原则。二是将第一版中的字词综合训练融入相应的知识点,使理论学习与实践练习更加紧密。三是优化本书音频资源,您可以下载“书链”App,扫书中二维码即可收听配套音频,也可用微信“扫一扫”直接收听。另外,本书配备视频资源,您可以下载“易甲普通话”App 学习。书中音频由播音与主持艺术专业教师朗读,指导性强;App 集合了测试、发音、听力、微课、考试必备资料等内容,高效实用。如有授课教师需要本书课件,可上中国传媒大学出版社官方网站进行下载。

期盼此次修订能为广大读者带来有效的训练和指导。愿所有参加普通话水平测试的朋友们掌握方法,勤奋练习,取得理想的考试成绩;愿所有学习普通话的读者们热爱我们的母语,说一口纯正、流利、优美的普通话。

编　者

前　言

语言是人类最重要的沟通工具和信息载体。在新时代中国特色社会主义现代化建设的历史进程中,大力推广、积极普及普通话,有利于消除语言隔阂,促进社会交往,对新时代社会主义政治、经济、文化建设和社会发展具有重要意义。

普通话水平测试是普通话推广工作的重要组成部分,是一项国家级考试。播音员、教师、师范类院校学生、国家机关工作人员;旅游、商业、交通、银行、电信等窗口行业服务人员,等等,都应该参加测试并达到相应等级。

现代汉语方言,可以分为7大方言区,即北方方言区、吴方言区、湘方言区、赣方言区、闽方言区、粤方言区、客家方言区。方言之间的差异主要表现在语音上,而在词汇、语法方面的差异相对较小。方言在读音上与普通话有一定的差别,掌握普通话具有一定难度,参加普通话水平测试更需要专业指导并勤加练习。为了帮助大家快速提高普通话水平,掌握测试内容,我们特别编写了这本教材。本书纲领更清晰,内容更全面,讲解更详尽,示范更到位,指导更人性化,有妙趣横生的绕口令,标准的实测试卷,精准的考官点评等。

本书严格依据教育部、国家语言文字工作委员会印发的《普通话水平测试大纲》(2004年10月1日起实施的新大纲)和《普通话水平测试实施纲要》编录而成。书中的"声母表""韵母表""轻声词语表""儿化词语表""普通话常见名、量词搭配表""普通话异读词审音表"以及60篇朗读作品和30个命题说话,均选自《普通话水平测试实施纲要》。

在内容编排上,本书具有很强的实用性。从普通话学习及测试实际出发,讲解普通话推广的相关政策、法规,测试大纲、测试流程,评分等级标准;图文并茂地演示了计算机辅助普通话水平智能测试系统操作流程;讲解普通话语音知识,包括:汉语拼音方案,声母、声母的分类、声母发音分析及声母的辨正对比练习,韵母、韵母的分类、韵母发音分析及韵母的辨正对比练习;分析讲解声调、音变、音节、语调;分析讲解"朗读"测试的测试要求、测试前的准备、测试中的应试技巧及测试要求的60篇朗读作品并加注拼音;分析讲解"说话"测试的基本要求、应试技巧、话题分类总结。15套普通话水平测试实测试卷及考官精准点评,15套普通话水平测试全真模拟试卷。同时,书中相应的音视频内容还可通过扫描二维码的方式获取,以此增强本书使用的便捷性和趣味性。因此可以说,此书在手,测试无忧。相信本书的出版,一定能给广大参加普通话水平测试的人员和各行各业参加普通话学习的人员提供很好的帮助。愿本书能够成为大家的良师益友!

本书在编写过程中得到了各大中专院校、各普通话水平测试站老师们的大力协助,在此一并表示衷心的感谢。同时由于我们水平有限,疏失谬误之处,欢迎广大读者给予批评指正。

编　者

目　　录

朗读作品目录

第一单元　普通话水平测试介绍

一、普通话水平测试简介

国家推广全国通用的普通话。普通话是以汉语文授课的各级各类学校的教学用语；是以汉语传送的各级广播电台、电视台和汉语电影、电视剧、话剧必须使用的规范用语；是我国党政机关、团体、企事业单位干部在工作中必须使用的工务用语；是不同方言区以及国内不同民族之间人们的交际用语。

掌握和使用一定水平的普通话，是新时代的工作者，特别是教师、播音员、节目主持人、演员和国家机关工作人员必备的职业素质。因此，有必要在一定范围内对某些岗位的人员进行普通话水平测试，并逐步实行持等级证书上岗制度。

普通话水平测试是推广普通话工作的重要组成部分，是使推广普通话工作逐步走向科学化、规范化、制度化的重要举措。推广普通话、促进语言规范化，是汉语发展的总趋势。普通话水平测试工作的健康开展必将对社会的语言生活产生深远的影响。

普通话水平测试不是普通话系统知识的考试，不是文化水平的考核，也不是口才的评估，而是应试人运用普通话所达到的标准流利程度的检测和评定。

为了突出语音检测的要求，普通话水平测试一律采用口试方式。

普通话水平测试工作按照国家语言文字工作委员会组织审定的《普通话水平测试大纲》统一测试内容和要求。

等级测试须有 3 名测试员协同工作(分别打分，综合评议)方为有效。评定意见不一致时，以多数人的意见为准。人员不足时，可用加强上级复审的办法过渡。

未进入规定等级或要求晋升等级的人员，须在前次测试 5 个月之后方能提出受试申请。

二、普通话水平测试大纲

(教育部　国家语委发教语用〔2003〕2 号文件)

根据教育部、国家语言文字工作委员会发布的《普通话水平测试管理规定》《普通话水平测试等级标准》，制定本大纲。

(一)测试的名称、性质、方式

本测试定名为“普通话水平测试”(PUTONGHUA SHUIPING CESHI，缩写为 PSC)。

普通话水平测试主要测查应试人的普通话规范程度、熟练程度，认定其普通话水平等级，属于标准参照性考试。本大纲规定测试的内容、范围、题型及评分系统。

普通话水平测试以口试方式进行。

(二)测试内容和范围

普通话水平测试的内容包括普通话语音、词汇和语法。

普通话水平测试的范围是国家测试机构编制的《普通话水平测试用普通话词语表》《普通话水平测试用普通话与方言词语对照表》《普通话水平测试用普通话与方言常见语法差异对照表》《普通话水平测试用朗读作品》和《普通话水平测试用话题》。

(三)试卷构成和评分

试卷包括 5 个组成部分,满分为 100 分。

1.读单音节字词(100 个音节,不含轻声、儿化音节),限时 3.5 分钟,共 10 分。

(1)目的:测查应试人声母、韵母、声调读音的标准程度。

(2)要求:

①100 个音节中,70%选自《普通话水平测试用普通话词语表》"表一",30%选自"表二"。

②100 个音节中,每个声母出现次数一般不少于 3 次,每个韵母出现次数一般不少于 2 次,4 个声调出现次数大致均衡。

③音节的排列要避免同一测试要素连续出现。

(3)评分:

①语音错误,每个音节扣 0.1 分。

②语音缺陷,每个音节扣 0.05 分。

③超时 1 分钟以内,扣 0.5 分;超时 1 分钟以上(含 1 分钟),扣 1 分。

2.读多音节词语(100 个音节),限时 2.5 分钟,共 20 分。

(1)目的:测查应试人声母、韵母、声调和变调、轻声、儿化读音的标准程度。

(2)要求:

①词语的 70%选自《普通话水平测试用普通话词语表》"表一",30%选自"表二"。

②声母、韵母、声调出现的次数与读单音节字词的要求相同。

③上声与上声相连的词语不少于 3 个,上声与非上声相连的词语不少于 4 个,轻声不少于 3 个,儿化不少于 4 个(应为不同的儿化韵母)。

④词语的排列要避免同一测试要素连续出现。

(3)评分:

①语音错误,每个音节扣 0.2 分。

②语音缺陷,每个音节扣 0.1 分。

③超时 1 分钟以内,扣 0.5 分;超时 1 分钟以上(含 1 分钟),扣 1 分。

3.选择判断*,限时 3 分钟,共 10 分。

(1)词语判断(10 组)。

①目的:测查应试人掌握普通话词语的规范程度。

②要求:根据《普通话水平测试用普通话与方言词语对照表》,列举 10 组普通话与方言意义相对应但说法不同的词语,由应试人判断并读出普通话的词语。

③评分:判断错误,每组扣 0.25 分。

(2)量词、名词搭配(10 组)。

①目的:测查应试人掌握普通话量词和名词搭配的规范程度。

②要求:根据《普通话水平测试用普通话与方言常见语法差异对照表》,列举 10 个名词和若干量词,由应试人搭配并读出符合普通话规范的 10 组名量短语。

③评分:搭配错误,每组扣 0.5 分。

(3)语序或表达形式判断(5 组)。

①目的:测查应试人掌握普通话语法的规范程度。

②要求:根据《普通话水平测试用普通话与方言常见语法差异对照表》,列举 5 组普通话和方言意义相对应,但语序或表达习惯不同的短语或短句,由应试人判断并读出符合普通话语法规范的表达形式。

③评分:判断错误,每组扣 0.5 分。

选择判断合计超时 1 分钟以内,扣 0.5 分;超时 1 分钟以上(含 1 分钟),扣 1 分。答题时语音错误,每个错误音节扣 0.1 分;如判断错误已经扣分,不重复扣分。

4.朗读短文(1 篇,400 个音节),限时 4 分钟,共 30 分。

(1)目的:测查应试人使用普通话朗读书面作品的水平。在测查声母、韵母、声调读音标准程度的同时,重点测查连读音变、停连、语调以及流畅程度。

(2)要求:

①短文从《普通话水平测试用朗读作品》中选取。

②评分以朗读作品的前 400 个音节(不含标点符号和括注的音节)为限。

(3)评分:

①每错 1 个音节,扣 0.1 分;漏读或增读 1 个音节,扣 0.1 分。

②声母或韵母的系统性语音缺陷,视程度扣 0.5 分、1 分。

③语调偏误,视程度扣 0.5 分、1 分、2 分。

④停连不当,视程度扣 0.5 分、1 分、2 分。

⑤朗读不流畅(包括回读),视程度扣 0.5 分、1 分、2 分。

⑥超时扣 1 分。

5.命题说话,限时 3 分钟,共 30 分。

(1)目的:测查应试人在无文字凭借的情况下说普通话的水平,重点测查语音标准程度、词汇语法规范程度和自然流畅程度。

(2)要求:

①说话话题从《普通话水平测试用话题》中选取,由应试人从给定的两个话题中选定一个话题,连续说一段话。

②应试人单向说话。如发现应试人有明显背稿、离题、说话难以继续等表现时,主试人应及时提示或引导。

(3)评分:

①语音标准程度,共 20 分,分六档:

一档:语音标准或极少有失误。扣 0 分、0.5 分、1 分。

二档:语音错误在 10 次以下,有方音但不明显。扣 1.5 分、2 分。

三档:语音错误在 10 次以下,但方音比较明显;或语音错误在 10—15 次之间,有方音但不明显。扣 3 分、4 分。

四档:语音错误在 10—15 次之间,方音比较明显。扣 5 分、6 分。

五档:语音错误超过 15 次,方音明显。扣 7 分、8 分、9 分。

六档:语音错误多,方音重。扣 10 分、11 分、12 分。

②词汇语法规范程度,共 5 分,分三档:

一档:词汇、语法规范。扣 0 分。

二档:词汇、语法偶有不规范的情况。扣0.5分、1分。

三档:词汇、语法屡有不规范的情况。扣2分、3分。

③自然流畅程度,共5分,分三档:

一档:语言自然流畅。扣0分。

二档:语言基本流畅,口语化较差,有背稿子的表现。扣0.5分、1分。

三档:语言不连贯,语调生硬。扣2分、3分。

说话不足3分钟,酌情扣分:缺时1分钟以内(含1分钟),扣1分、2分、3分;缺时1分钟以上,扣4分、5分、6分;说话不满30秒(含30秒),本测试项成绩计为0分。

(四)应试人普通话水平等级的确定

国家语言文字工作部门发布的《普通话水平测试等级标准》是确定应试人普通话水平等级的依据。测试机构根据应试人的测试成绩确定其普通话水平等级,由省、自治区、直辖市以上语言文字工作部门颁发相应的普通话水平测试等级证书。

普通话水平划分为三个级别,每个级别内划分两个等次。其中:

97分及其以上,为一级甲等;

92分及其以上但不足97分,为一级乙等;

87分及其以上但不足92分,为二级甲等;

80分及其以上但不足87分,为二级乙等;

70分及其以上但不足80分,为三级甲等;

60分及其以上但不足70分,为三级乙等。

*说明:各省、自治区、直辖市语言文字工作部门可以根据测试对象或本地区的实际情况,决定是否免测“选择判断”测试项。如免测此项,“命题说话”测试项的分值由30分调整为40分。评分档次不变,具体分值调整如下:

1.语音标准程度的分值,由20分调整为25分。

一档:扣0分、1分、2分。

二档:扣3分、4分。

三档:扣5分、6分。

四档:扣7分、8分。

五档:扣9分、10分、11分。

六档:扣12分、13分、14分。

2.词汇语法规范程度的分值,由5分调整为10分。

一档:扣0分。

二档:扣1分、2分。

三档:扣3分、4分。

3.自然流畅程度,仍为5分,各档分值不变。

三、普通话水平测试样卷

(一)读 100 个单音节字词

昼	*八	迷	*先	毡	*皮	幕	*美	彻	*飞
鸣	*破	捶	*风	豆	*蹲	霞	*掉	桃	*定
宫	*铁	翁	*念	劳	*天	旬	*沟	狼	*口
靴	*娘	嫩	*机	蕊	*家	跪	*绝	趣	*全
瓜	*穷	屡	*知	狂	*正	裘	*中	恒	*社
槐	*事	轰	*竹	掠	*茶	肩	*常	概	*虫
皇	*水	君	*人	伙	*自	滑	*早	绢	*足
炒	*次	渴	*酸	勤	*鱼	筛	*院	腔	*爱
鳖	袖	滨	竖	搏	刷	瞟	帆	彩	愤
司	滕	寸	峦	岸	勒	歪	尔	熊	妥

(标*的是"表一"里按频率排在第 1—4 000 条的字词。正式试卷不必标出。)

覆盖声母情况:

b:4,p:3,m:4,f:4,d:4,t:5,n:3,l:6,g:5,k:3,h:6,j:6,q:6,x:6,zh:6,ch:6,sh:6,r:2,z:3,c:3,s:2,零声母:7。

总计:100 次。未出现声母:0。

覆盖韵母情况:

a:2,e:4,-i(前):3,-i(后):2,ai:4,ei:2,ao:4,ou:4,an:3,en:3,ang:3,eng:4,i:3,ia:2,ie:2,iao:2,iou:2,ian:4,in:2,iang:2,ing:2,u:4,ua:3,uo/o:4,uai:2,uei:4,uan:2,uen:2,uang:2,ong:4,ueng:1,ü:3,üe:3,üan:2,ün:2,iong:2,er:1。

总计:100 次。未出现韵母:0。

覆盖声调情况:

阴平:28,阳平:31,上声:14,去声:27。

总计:100 次。

(二)读多音节词语(100 个音节;其中含双音节词语 45 个,三音节词语 2 个,4 音节词语 1 个)

*取得	阳台	*儿童	夹缝儿	混淆	衰落	*分析	防御
沙丘	*管理	*此外	便宜	光环	*塑料	扭转	加油
*队伍	挖潜	女士	*科学	*手指	策略	抢劫	*森林
侨眷	模特儿	港口	没准儿	*干净	日用	*紧张	炽热
*群众	名牌儿	沉醉	*快乐	窗户	*财富	*应当	生字
奔跑	*晚上	卑劣	包装	洒脱	*现代化	*委员会	
轻描淡写							

覆盖声母情况:

b:3,p:3,m:4,f:4,d:5,t:4,n:2,l:7,g:4,k:3,h:5,j:6,q:7,x:5,zh:6,ch:3,sh:6,r:2, z:2,c:3,s:3,零声母:13。

总计:100次。未出现声母:0。

覆盖韵母情况:

a:2,e:6,-i(前):2,-i(后):4,ai:4,ei:2,ao:2,ou:2,an:2,en:4,ang:5,eng:2,i:3,ia:2,ie:3,iao:4,iou:3,ian:3,in:2,iang:2,ing:4,u:4,ua:2,uo/o:3,uai:3,uei:4,uan:4,uen:2,uang:3,ong:2,ü:3,üe:2,üan:2,ün:1,iong:1,er:1。

总计:100次。未出现韵母:ueng。

其中儿化韵母4个:-engr(夹缝儿),-uenr(没准儿),-er(模特儿),-air(名牌儿)。

覆盖声调情况:

阴平:23,阳平:24,上声:19,去声:30,轻声:4。

其中上声和上声相连的词语4条:管理,扭转,手指,港口。

总计:100次。

(三)选择判断*(为便于了解题意,样题显示答案)

1.词语判断:请判断并读出下列10组词语中的普通话词语。

(1)如薪　**现在**　而家　今下　目下

(2)睇人　边个　**谁**　啥侬　啥人

(3)为么子　做脉个　**为什么**　为什里　为啥　为怎样

(4)**细小**　细粒　幼细　异细

(5)后生子　后生崽里　后生家　后生仔　**小伙子**

(6)日里向　日里　**白天**　日上　日头　日时　日辰头

(7)**婴儿**　毛它　冒牙子　苏虾仔　婴仔　啊伢兹

(8)蚂蚁子　蚂蝇里　狗蚁　蚁公　**蚂蚁**

(9)**这里**　个搭　咯里　个里　呢处　即搭

(10)早上向　**早晨**　早间里　朝早　朝辰头

2.量词、名词搭配:请按照普通话规范搭配并读出下列数量名短语。

(例如:一 ⟶ 个 只 粒
↓
人　)

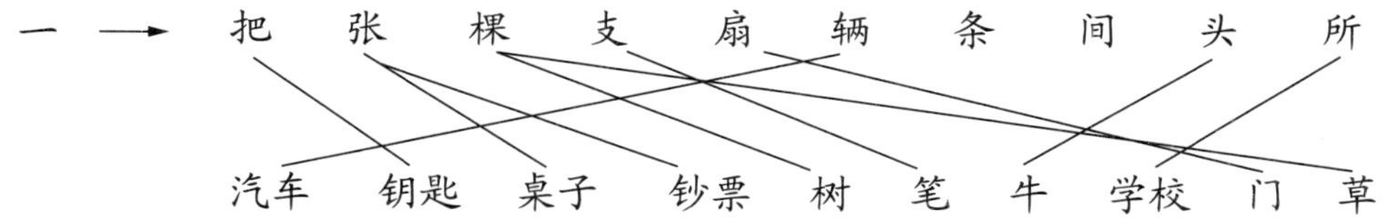

3.语序或表达形式判断:请判断并读出下列5组句子里的普通话句子。

(1)**他大约要两三个月才能回来。**

他大约要二三个月才能回来。

(2)他好好可爱。

他非常可爱。

他上可爱。

(3)你去去逛街？

你去不去逛街？

(4)你矮我。

你比我过矮。

你比我矮。

你比较矮我。

你比我较矮。

(5)**那部电影我看过。**

那部电影我有看。

(四)朗读短文：请朗读第 12 号短文(400 个音节，共 30 分，限 4 分钟)。

(五)命题说话：请按照话题“我的业余生活”或“我熟悉的地方”说一段话(共 30 分，限 3 分钟)。

*说明：各省、自治区、直辖市、语言文字工作部门可以根据测试对象或本地区的实际情况，决定是否免测“选择判断”测试项。

四、普通话水平测试等级标准(试行)

(国家语言文字工作委员会 1997 年 12 月 5 日颁布，国语〔1997〕64 号)

一　级

甲等　朗读和自由交谈时，语音标准，词汇、语法正确无误，语调自然，表达流畅。测试总失分率在 3% 以内。

乙等　朗读和自由交谈时，语音标准，词汇、语法正确无误，语调自然，表达流畅；偶然有字音、字调失误。测试总失分率在 8% 以内。

二　级

甲等　朗读和自由交谈时，声韵调发音基本标准，语调自然，表达流畅。少数难点音(平翘舌音、前后鼻尾音、边鼻音等)有时出现失误。词汇、语法极少有误。测试总失分率在 13% 以内。

乙等　朗读和自由交谈时，个别调值不准，声韵母发音有不到位现象。难点音(平翘舌音、前后鼻尾音、边鼻音、fu—hu、z—zh—j、送气不送气、i—ü 不分、保留浊塞音和浊塞擦音、丢介音、复韵母单音化等)失误较多。方言语调不明显。有使用方言词、方言语法的情况。测试总失分率在 20% 以内。

三　级

甲等　朗读和自由交谈时，声韵调发音失误较多，难点音超出常见范围，声调调值多不准；方言语调较明显。词汇、语法有失误。测试总失分率在 30% 以内。

乙等 朗读和自由交谈时,声韵调发音失误多,方音特征突出;方言语调明显;词汇、语法失误较多。外地人听其谈话有听不懂情况。测试总失分率在40%以内。

五、有关行业人员普通话合格标准

根据各行业的规定,有关从业人员的普通话水平达标要求如下:

中小学及幼儿园、校外教育单位的教师,普通话水平不低于二级,其中语文教师不低于二级甲等,普通话语音教师不低于一级。

高等学校的教师,普通话水平不低于三级甲等,其中现代汉语教师不低于二级甲等,普通话语音教师不低于一级。

对外汉语教学教师,普通话水平不低于二级甲等。

报考中小学、幼儿园教师资格的人员,普通话水平不低于二级。

师范类专业以及各级职业学校的与口语表达密切相关专业的学生,普通话水平不低于二级。

国家公务员,普通话水平不低于三级甲等。

国家级和省级广播电台、电视台的播音员和节目主持人,普通话水平应达到一级甲等;其他广播电台、电视台的播音员和节目主持人的普通话达标要求按国家新闻出版署的规定执行。

话剧、电影、电视剧、广播剧等表演、配音演员,播音、主持专业和影视表演专业的教师、学生,普通话水平不低于一级。

公共服务行业的特定岗位人员(如广播员、解说员、话务员等),普通话水平不低于二级甲等。

普通话水平应达标人员的年龄上限以有关行业的文件为准。

六、计算机辅助普通话水平测试操作流程

(一)测前准备

考生携带证件进入测试室按机号就座后,戴上耳机,将麦克风调整到离嘴边左下角2~3厘米,并且不会对着它呼吸的位置。

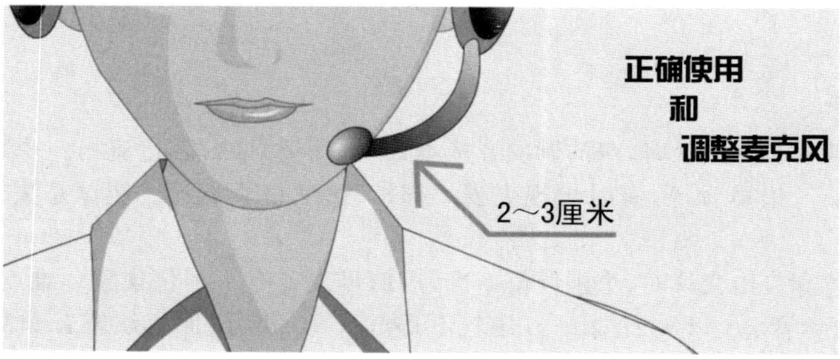

（二）登录系统，核对信息

考生戴好耳机，然后点击“下一步”按钮，进入考生登录页面。

在登录页面，考生手动填写本人准考证号的后四位，然后点击“进入”按钮。

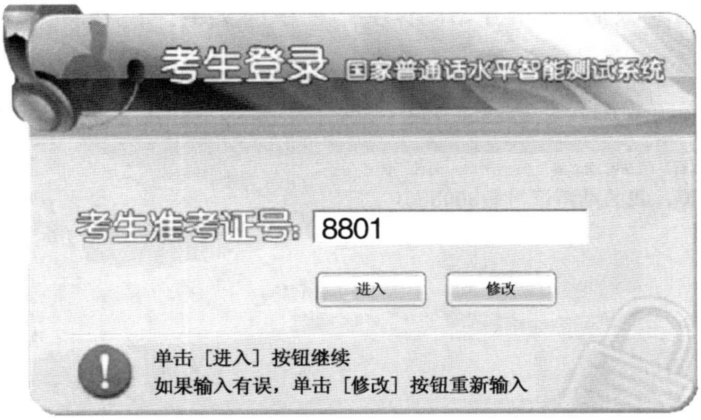

这时电脑上会出现考生的个人信息，请认真核对确认，如果出现的不是本人的个人信息，请点击“返回”按钮，重新登录。如果确认无误，请点击“确认”按钮。

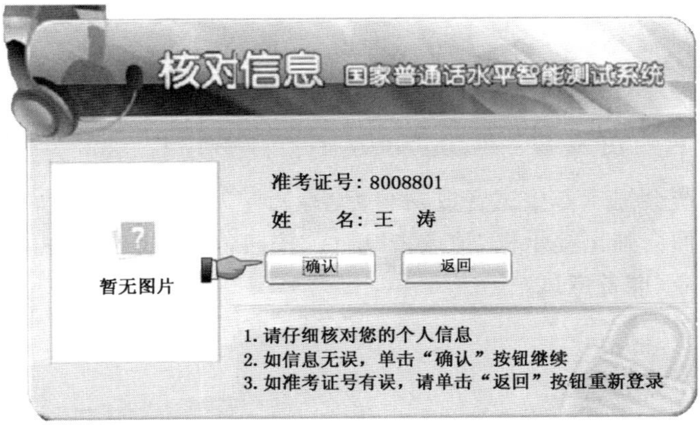

(三)测前试音

点击“确认”按钮后,页面会弹出提示框“请等待考试指令”,准备试音。

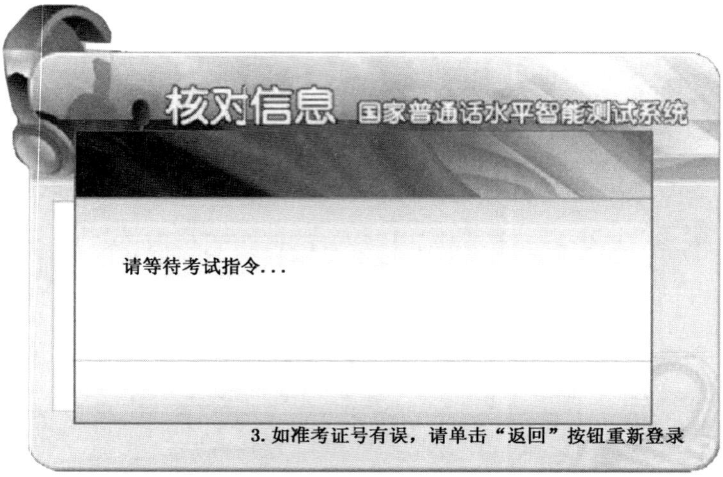

进入试音页面后,考生会听到系统的提示语“现在开始试音,请在听到‘嘟’的一声后,朗读下面的句子”。提示音结束后,考生开始朗读文本框中的文字:“我叫×××,我的准考证号是×××××××”。

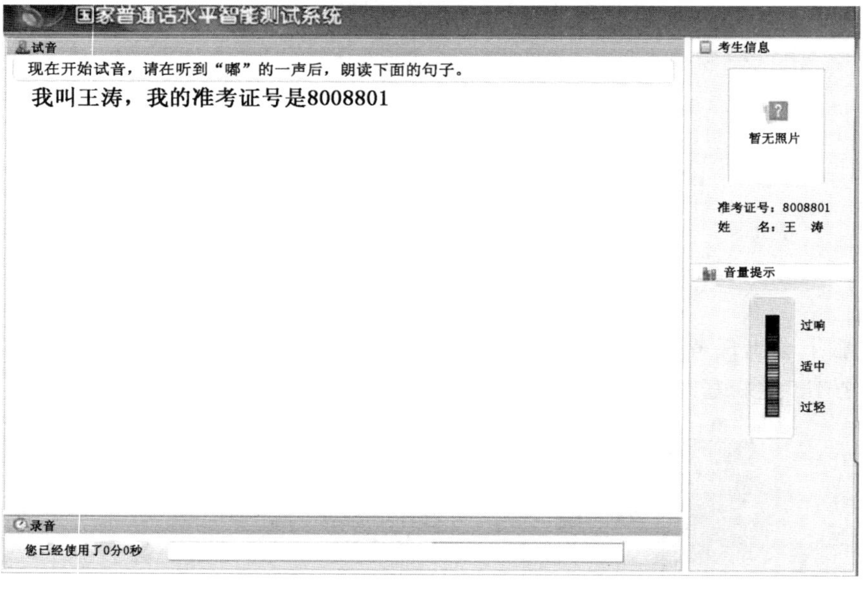

试音结束后,系统会提示考生试音成功与否。

若试音失败,页面会弹出提示框,请点击“确认”按钮,重新试音;若试音成功,页面会弹出提示框“请等待考试指令,准备考试”。

（四）进行测试

当系统进入第一题，考生会听到系统的提示语“第一题：读单音节字词，限时 3.5 分钟，请横向朗读。”在听到“嘟”的一声后，考生就可以朗读试卷的内容了。

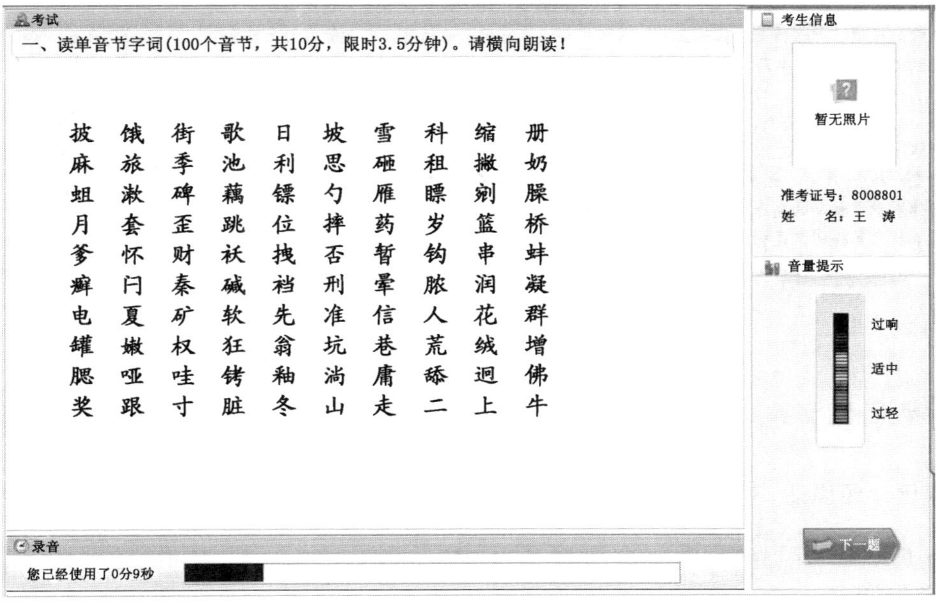

页面下方有时间进度条，朗读时请注意时间控制。如果提前读完，不要等待，点击屏幕右下方“下一题”按钮，进入第二题考试。

第二题、第三题的操作流程与第一题相同。

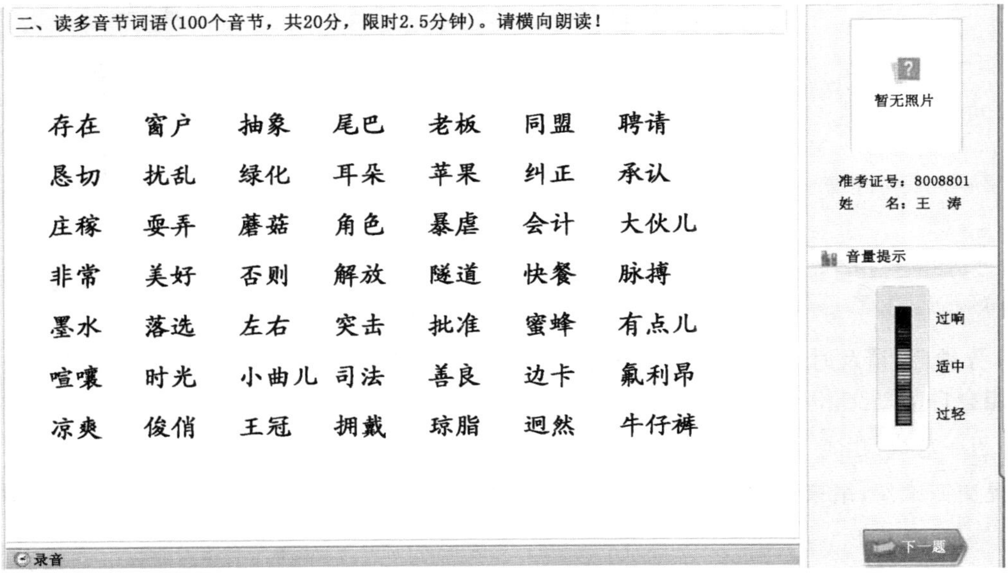

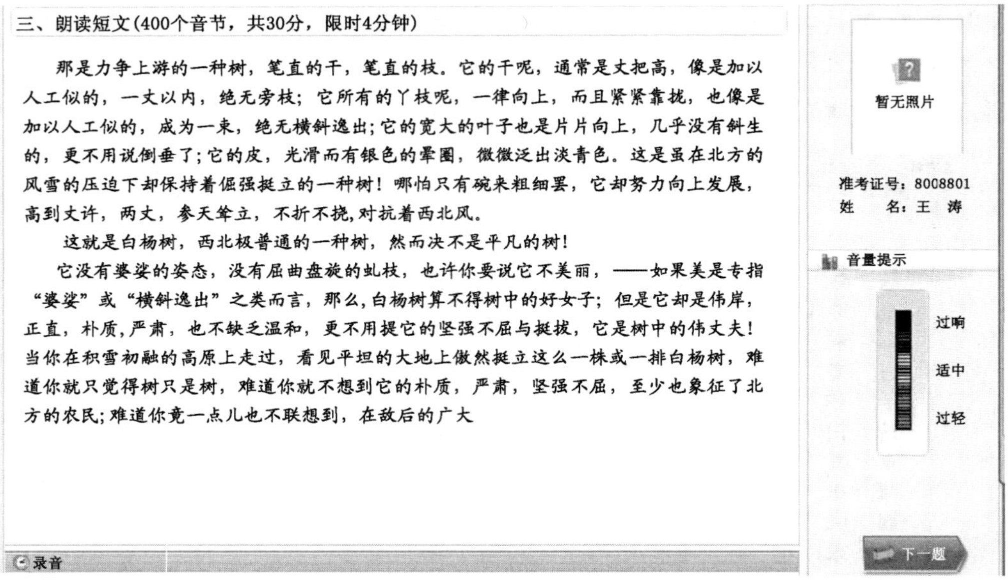

第四题命题说话，考生在说话之前需说明自己选择的题目，说话时**必须说满3分钟**。

3分钟后，请及时点击屏幕右下角“提交试卷”按钮，结束考试。如果考生不点击该按钮，系统可能会自动提交。

(五)完成测试

提交完试卷，结束考试，接下来页面会弹出提示框，点击“确认”按钮后，考生就可以离开考场了。

计算机辅助测试过程中应注意如下事项：

1.正确佩戴耳机。避免麦克风与嘴唇离得太远或太近影响录音效果。

2.测试时发音要准确、清晰、饱满，音量控制得当。

3.每一题测试前系统都会有一段提示音，在提示音结束并听到“嘟”的一声后，考生再开始朗读。测试的前三题不必读题，直接朗读测试的内容。

4.测试的前两项“读单音节字词”和“读多音节字词”，必须横向朗读。注意避免出现漏行、错行，避免出现字词的错、漏、增、改及回读等现象。

5.每题读完后，不要停下来等待，应立即点击右下角“下一题”按钮，进入下一题测试。

6.第四题“命题说话”，进入页面后，不必等待，应立即选择话题开始说话。此项测试缺时扣分，考生超过 6 秒未开口说话，机测系统开始计算缺时。

7.测试结束后，考生提交试卷，摘下耳机，离开考场。

第二单元　普通话语音知识

第一节　普通话概述

普通话是现代汉民族的共同语,是现代汉语的标准语,也是当代我国各民族之间进行交流的工具。普通话是全国通用的语言,也是中华人民共和国的官方语言。

1955年召开的全国文字改革会议和现代汉语规范问题学术会议,对普通话的含义作出明确界定:以北京语音为标准音,以北方方言为基础方言,以典范的现代白话文著作为语法规范的现代汉民族共同语。

一、以北京语音为标准音

普通话以北京语音作为标准音,是历史发展的结果。自元、明、清以来,北京一直是我国政治、经济和文化的中心。但是以北京语音作为标准音并不是以某一个北京人或某一些北京人的口语发音作为标准音,而是以北京音系的语音系统作为标准音。北京语音系统中有22个声母、39个韵母和4个声调。除此以外,北京语音中还有变调、轻声、儿化等现象,这些都属于北京语音系统范围。

二、以北方方言为基础方言

普通话在词汇方面以北方方言作为基础方言,充分考虑了北方方言词汇使用人口众多和分布广泛的情况。在我国七大方言中,说北方方言的人占汉族人数的70%,其覆盖区域也很广,占汉语地区的75%,北方方言内部比较一致。另外,普通话还从其他方言里吸收了许多有特殊表现力的词语,继承了古代汉语中许多仍然有生命力的词语,借用了一些交际必需的外来词。这些都使得普通话的词汇更加丰富。

三、以典范的现代白话文著作为语法规范

普通话的语法是以经过提炼加工的书面语,即典范的现代白话文著作为语法规范的。“典范的”是指典型的可以作为范本的,“现代”划定了时间范围,“白话文”是针对文言文而言的,普通话要遵循白话文的语法规范,这符合推广、普及普通话的要求。

总之,普通话作为现代汉语标准语,是一种服务于全国的通用语。普通话是语音、词汇和语法的统一体,我们在学习普通话时,要把它作为一个整体来把握,任何一个方面都不可缺少。

汉语拼音方案

（1957 年 11 月 1 日国务院全体会议第 60 次会议通过）
（1958 年 2 月 11 日第一届全国人民代表大会第五次会议批准）

一、字母表

字母	Aa	Bb	Cc	Dd	Ee	Ff	Gg
名称	ㄚ	ㄅㄝ	ㄘㄝ	ㄉㄝ	ㄜ	ㄝㄈ	ㄍㄝ
	Hh	Ii	Jj	Kk	Ll	Mm	Nn
	ㄏㄚ	ㄧ	ㄐㄧㄝ	ㄎㄝ	ㄝㄌ	ㄝㄇ	ㄋㄝ
	Oo	Pp	Qq	Rr	Ss	Tt	
	ㄛ	ㄆㄝ	ㄑㄧㄡ	ㄚㄦ	ㄝㄙ	ㄊㄝ	
	Uu	Vv	Ww	Xx	Yy	Zz	
	ㄨ	ㄪㄝ	ㄨㄚ	ㄒㄧ	ㄧㄚ	ㄗㄝ	

v只用来拼写外来语、少数民族语言和方言。
字母的手写体依照拉丁字母的一般书写习惯。

二、声母表

b	p	m	f	d	t	n	l
ㄅ玻	ㄆ坡	ㄇ摸	ㄈ佛	ㄉ得	ㄊ特	ㄋ讷	ㄌ勒
g	k	h		j	q	x	
ㄍ哥	ㄎ科	ㄏ喝		ㄐ基	ㄑ欺	ㄒ希	
zh	ch	sh	r	z	c	s	
ㄓ知	ㄔ蚩	ㄕ诗	ㄖ日	ㄗ资	ㄘ雌	ㄙ思	

在给汉字注音的时候，为了使拼式简短，zh ch sh可以省作 ẑ ĉ ŝ。

三、韵母表

	i ㄧ　衣	u ㄨ　乌	ü ㄩ　迂
a ㄚ　啊	ia ㄧㄚ　呀	ua ㄨㄚ　蛙	
o ㄛ　喔		uo ㄨㄛ　窝	
e ㄜ　鹅	ie ㄧㄝ　耶		üe ㄩㄝ　约
ai ㄞ　哀		uai ㄨㄞ　歪	
ei ㄟ　欸		uei ㄨㄟ　威	
ao ㄠ　熬	iao ㄧㄠ　腰		
ou ㄡ　欧	iou ㄧㄡ　忧		
an ㄢ　安	ian ㄧㄢ　烟	uan ㄨㄢ　弯	üan ㄩㄢ　冤
en ㄣ　恩	in ㄧㄣ　因	uen ㄨㄣ　温	ün ㄩㄣ　晕
ang ㄤ　昂	iang ㄧㄤ　央	uang ㄨㄤ　汪	
eng ㄥ　亨的韵母	ing ㄧㄥ　英	ueng ㄨㄥ　翁	
ong （ㄨㄥ）轰的韵母	iong ㄩㄥ　雍		

（1）“知、蚩、诗、日、资、雌、思”等七个音节的韵母用 i，即：知、蚩、诗、日、资、雌、思等字拼作 zhi，chi，shi，ri，zi，ci，si。

（2）韵母ㄦ写成 er，用作韵尾的时候写成 r。
例如：“儿童”拼作 ertong，“花儿”拼作 huar。

（3）韵母ㄝ单用的时候写成 ê。

（4）i 列的韵母，前面没有声母的时候，写成 yi（衣），ya（呀），ye（耶），yao（腰），you（忧），yan（烟），yin（因），yang（央），ying（英），yong（雍）。
u 列的韵母，前面没有声母的时候，写成 wu（乌），wa（蛙），wo（窝），wai（歪），wei（威），wan（弯），wen（温），wang（汪），weng（翁）。
ü 列的韵母，前面没有声母的时候，写成 yu（迂），yue（约），yuan（冤），yun（晕）；ü 上两点省略。
ü 列的韵母跟声母 j，q，x 拼的时候，写成 ju（居），qu（区），xu（虚），ü 上两点也省略；但是跟声母 n，l 拼的时候，仍然写成 nü（女），lü（吕）。

（5）iou，uei，uen 前面加声母的时候，写成 iu，ui，un，例如：niu（牛），gui（归），lun（论）。

（6）在给汉字注音的时候，为了使拼式简短，ng 可以省作 ŋ。

四、声调符号

阴平	阳平	上声	去声
ˉ	ˊ	ˇ	ˋ

声调符号标在音节的主要母音上。轻声不标。
例如：

妈 mā	麻 má	马 mǎ	骂 mà	吗 ma
（阴平）	（阳平）	（上声）	（去声）	（轻声）

五、隔音符号

a，o，e 开头的音节连接在其他音节后面的时候，如果音节的界限发生混淆，用隔音符号（’）隔开，例如：pi’ao（皮袄）。

第二节　声　母

一、什么是声母

声母是音节开头的部分,普通话有 21 个辅音声母,还有一些音节没有辅音声母,我们习惯上叫它们"零声母"。辅音是气流通过口腔或鼻腔时受到阻碍,通过克服阻碍而发出声音。其特点是时程短、音势弱,容易受到干扰,易产生"吃字"现象,从而影响语音的清晰度。声母的发音部位是否准确,是语流中字音是否清晰并具有一定亮度的关键。

声母

普通话声母表

b	巴 步 别	p	怕 盘 扑	m	门 谋 木	f	飞 付 浮				
d	低 大 夺	t	太 同 突	n	南 牛 怒			l	来 吕 路		
g	哥 甘 共	k	枯 开 狂			h	海 寒 很				
j	即 结 净	q	齐 求 轻			x	西 袖 形				
zh	知 照 铡	ch	茶 产 唇			sh	诗 手 生	r	日 锐 荣		
z	资 走 坐	c	慈 蚕 存			s	丝 散 颂				

零声母　安 言 忘 云

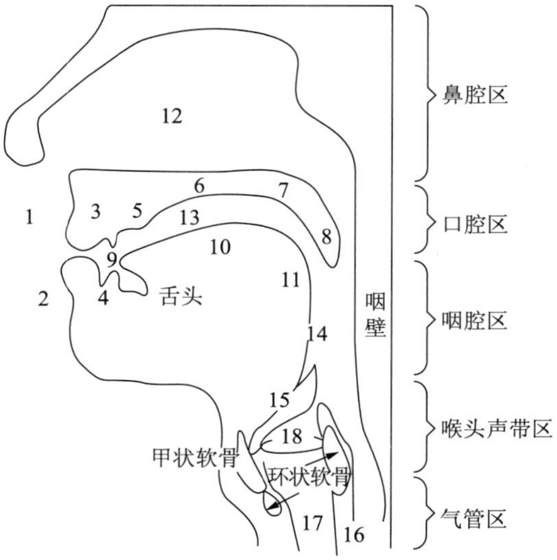

1. 上唇　2. 下唇
3. 上齿　4. 下齿
5. 齿龈　6. 硬腭
7. 软腭　8. 小舌
9. 舌尖　10. 舌面
11. 舌根　12. 鼻腔
13. 口腔　14. 咽腔
15. 会厌　16. 食道
17. 气管　18. 声带

发音器官示意图

二、声母的分类

(一)按发音部位分类

声母按发音部位分为七大类，分别是：双唇音、唇齿音、舌尖前音、舌尖中音、舌尖后音、舌面前音、舌根音。

(1)双唇音(b、p、m)：由上唇和下唇阻塞气流而形成。

(2)唇齿音(f)：由上齿和下唇接近阻碍气流而形成。

(3)舌尖前音(z、c、s)：由舌尖抵住或接近齿背阻碍气流而形成，也叫平舌音。

(4)舌尖中音(d、t、n、l)：由舌尖抵住上齿龈阻碍气流而形成。

(5)舌尖后音(zh、ch、sh、r)：由舌尖抵住或接近硬腭前部阻碍气流而形成，也叫翘舌音。

(6)舌面前音(j、q、x)：由舌面前部抵住或接近硬腭前部阻碍气流而形成，也叫舌面音。

(7)舌面后音(g、k、h)：由舌面后部抵住或接近软腭阻碍气流而形成，也叫舌根音。

(二)按发音方法分类

声母的发音方法指的是，发音时喉头、口腔和鼻腔节制气流的方式和状况。可以从阻碍的方式①，声带是否颤动，气流的强弱等三个方面来观察。

1.看阻碍的方式

(1)塞音(b、p、d、t、g、k)：成阻时，发音部位形成闭塞；持阻时，气流积蓄在阻碍的部位之后；除阻时，受阻部位突然解除阻塞，使积蓄的气流冲出，爆发破裂成声。

(2)擦音(f、h、x、sh、s、r)：成阻时，发音部位之间接近，形成适度的间隙；持阻时，气流从窄缝中间摩擦成声；除阻时，发音结束。

(3)塞擦音(j、q、zh、ch、z、c)：成阻时，发音部位先形成闭塞，软腭上升，堵塞鼻腔的通路；持阻时，气流把阻塞部位冲开一条窄缝，从窄缝中挤出，摩擦成声；除阻时，发音结束。

(4)鼻音(m、n)：成阻时，发音部位完全闭塞，封闭口腔通路；持阻时，软腭下降，打开鼻腔通路，声带振动，气流到达口腔和鼻腔，气流在口腔受到阻碍，由鼻腔透出成声；除阻时，口腔阻碍解除。

(5)边音(l)：成阻时，舌尖和上齿龈接触，但舌头的两边仍留有空隙；持阻时，软腭上升，阻塞鼻腔的通路，声带振动，气流从舌头两边与两颊内侧形成的空隙通过；除阻时，发音结束。

2.看声带是否颤动

发音时，声带颤动的是浊音，又叫带音；声带不颤动的是清音，又叫不带音。

清音：b、p、f、d、t、g、k、h、j、q、x、zh、ch、sh、z、c、s。

浊音：m、n、l、r。

3.看气流的强弱

塞音、塞擦音有送气音和不送气音的分别。

(1)送气音(p、t、k、q、ch、c)：发音时，气流送出比较快和明显。

(2)不送气音(b、d、g、j、zh、z)：发音时，呼出的气流较弱。

---

① 发辅音声母时，阻碍形成的过程一般可以分为三个阶段：(1)成阻——阻碍开始形成；(2)持阻——阻碍持续；(3)除阻——阻碍解除。

普通话辅音声母发音总表

发音部位 / 发音方法			唇音		舌尖前音	舌尖中音	舌尖后音	舌面前音	舌根音
			双唇音	唇齿音					
			上唇下唇	上唇下唇	舌尖上齿背	舌尖上齿龈	舌尖硬腭前	舌面前硬腭前	舌面后软腭
塞音	清音	不送气音	b			d			g
		送气音	p			t			k
擦音	清音			f	s		sh	x	h
	浊音						r		
塞擦音	清音	不送气音			z		zh	j	
		送气音			c		ch	q	
鼻音	浊音		m			n			
边音	浊音					l			

三、声母发音分析

(一)双唇音

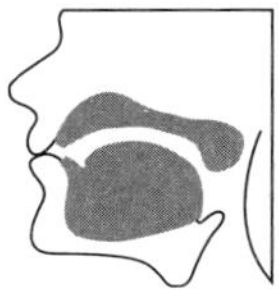

双唇音 b、p、m
发音示意图

双唇音

b [p] 双唇 不送气 清 塞音

发音时,双唇紧闭,软腭上升,鼻腔通路闭塞,阻塞气流,声带不颤动,气流从口腔冲破阻碍,爆发成声。主要是双唇中部着力,集中蓄气,用力发音。

发音例词:

冰棒 bīngbàng　　辨别 biànbié　　板报 bǎnbào

p [pʻ] 双唇 送气 清 塞音

发音状况与 b 相近,只是发 p 时有一股较强的气流冲开双唇,两者的差别在于 b 为不送气音,p 为送气音。

发音例词:

批评 pīpíng　　偏僻 piānpì　　匹配 pǐpèi

m [m] 双唇 浊 鼻音

发音时,双唇闭合,软腭下降,打开鼻腔通路,气流振动,声带从鼻腔通过。

发音例词:

美妙 měimiào　　眉目 méimù　　牧民 mùmín

◆绕口令◆

【八百标兵】

八百标兵奔北坡,炮兵并排北边跑。炮兵怕把标兵碰,标兵怕碰炮兵炮。

【白庙和白猫】

白庙外蹲一只白猫,白庙里有一顶白帽。白庙外的白猫看见了白帽,叼着白庙里的白帽跑出了白庙。

【一座棚】

一座棚傍峭壁旁,峰边喷泻瀑布长,不怕暴雨瓢泼冰雹落,不怕寒风扑面雪飘扬,并排分班翻山爬坡把宝找,聚宝盆里松柏飘香百宝藏,背宝奔跑报矿炮劈火,篇篇捷报飞伴金凤凰。

(二)唇齿音

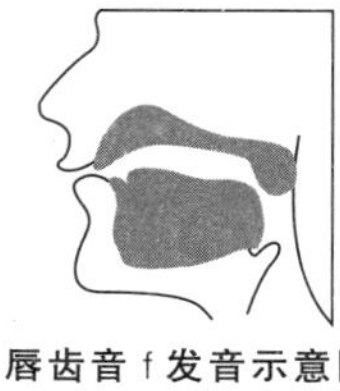

唇齿音 f 发音示意图

唇齿音

f [f]　唇齿　清　擦音

发音时,下唇接近上齿,形成窄缝,软腭上升,堵塞鼻腔通路,气流从唇齿间摩擦出来,声带不振动。

发音例词:

芬芳 fēnfāng　　方法 fāngfǎ　　发奋 fāfèn

◆绕口令◆

【画凤凰】

粉红墙上画凤凰,凤凰画在粉红墙。红凤凰、粉凤凰、红粉凤凰、花凤凰,红凤凰、黄凤凰、红粉凤凰、粉红凤凰、花粉花凤凰。

【粉红女发奋缝飞凤】

粉红女发奋缝飞凤,女粉红反缝方法繁。飞凤仿佛发放芬芳,方法非凡反复防范。反缝方法仿佛飞凤,反复翻缝飞凤奋飞。

(三)舌尖前音

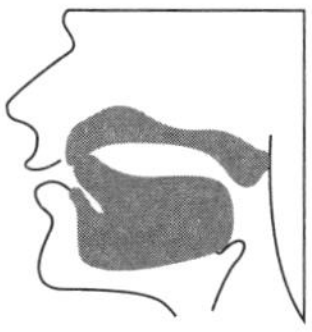

舌尖前音 z、c
发音示意图

舌尖前音

z [ts]　舌尖前　不送气　清　塞擦音

发音时,舌尖抵住齿背产生阻塞,形成窄缝,软腭上升,堵塞鼻腔通路,声带不振动,气流从窄缝中挤出,摩擦成声。

发音例词:

在座 zàizuò　　自尊 zìzūn　　走卒 zǒuzú

c [ts‘]　舌尖前　送气　清　塞擦音

发音状况与 z 基本相近,只是气流比 z 强。

发音例词:

从此 cóngcǐ　　层次 céngcì　　粗糙 cūcāo

s [s]　舌尖前　清　擦音

发音时,舌尖接近上齿背,形成窄缝,软腭上升,堵塞鼻腔通路,声带不振动,气流从窄缝中挤出,摩擦成声。

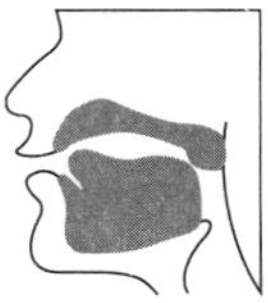

舌尖前音 s
发音示意图

发音例词:

思索 sīsuǒ　　色素 sèsù　　洒扫 sǎsǎo

◆绕口令◆

【做早操】

早晨早早起,早起做早操,人人做早操,做操身体好。

【司机买雌鸡】

司机买雌鸡,仔细看雌鸡,四只小雌鸡,叽叽好欢喜,司机笑嘻嘻。

【子词丝】

四十四个字和词,组成了一首子词丝的绕口词。桃子李子梨子栗子橘子柿子槟子榛子栽满院子村子和寨子。刀子斧子锯子凿子锤子刨子尺子做出桌子椅子和箱子。名词动词数词量词代词副词助词连词造成语词诗词和唱词。蚕丝生丝热丝缫丝染丝晒丝纺丝织丝自制粗细丝人造丝。

(四)舌尖中音

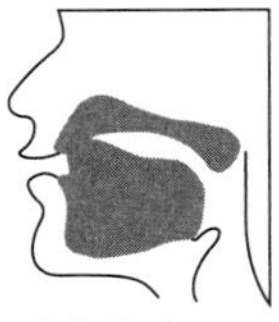
舌尖中音 d、t、n
发音示意图

舌尖中音

d[t] 舌尖中 不送气 清 塞音

发音时,舌尖抵住上齿龈,形成阻塞,软腭上升,堵塞鼻腔通路,较弱的气流冲破舌尖的阻碍,迸裂而出,爆发成声。

发音例词:

单调 dāndiào　　到达 dàodá　　地点 dìdiǎn

t[t‘] 舌尖中 送气 清 塞音

发音状况与 d 相近,只是气流比 d 强。

发音例词:

妥帖 tuǒtiē　　谈吐 tántǔ　　团体 tuántǐ

n[n] 舌尖中 浊 鼻音

发音时,舌尖抵住上齿龈,形成阻塞,软腭下降,打开鼻腔通路,气流振动声带,从鼻腔透出成声。

发音例词:

南宁 nánníng　　能耐 néngnai　　泥泞 nínìng

l[l] 舌尖中 浊 边音

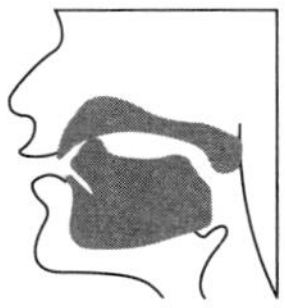
舌尖中音 l
发音示意图

发音时,舌尖抵住上齿龈,形成阻塞,软腭上升,堵塞鼻腔通路,声带振动,气流到达口腔,从舌头两边通过。

发音例词:

来历 láilì　　联络 liánluò　　理论 lǐlùn

◆绕口令◆

【打特盗】

调到敌岛打特盗,特盗太刁投短刀,挡推顶打短刀掉,踏盗得刀盗打倒。

【谭老汉买蛋和炭】

谭家谭老汉,挑担到蛋摊。买了半担蛋,挑担到炭摊。买了半担炭,满担是蛋炭。老汉忙回赶,回家炒蛋饭。进门跨门槛,脚下绊一绊,跌了谭老汉,破了半担蛋,翻了半担炭,脏了木门槛。老汉看一看,急得满头汗,连说怎么办,老汉怎吃蛋炒饭。

【五老六】

柳林镇有个六号楼,刘老六住在六号楼。有一天,来了牛老六,牵了六个猴;来了侯老六,拉了六头牛;来了仇老六,提了六篓油;来了尤老六,背了六匹绸。牛老六、侯老六、仇老六、尤老六,住上刘老六的六号楼。半夜里,牛抵猴,猴斗牛,撞到了仇老六的油,油坏了尤老六的绸。牛老六帮仇老六收起油,侯老六帮尤老六洗掉绸上油,拴好牛,看好猴,一同上楼去喝酒。

（五）舌尖后音

zh [tʂ]　舌尖后　不送气　清　塞擦音

发音时，舌尖上翘，抵住硬腭前部，软腭上升，堵塞鼻腔通路，声带不振动。较弱的气流把舌尖阻碍冲开一道窄缝，从窄缝中挤出，摩擦成声。

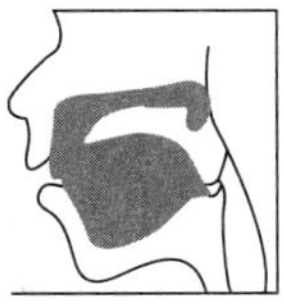

舌尖后音 zh、ch
发音示意图

舌尖后音

发音例词：

主张 zhǔzhāng　　政治 zhèngzhì　　挣扎 zhēngzhá

ch [tʂʻ]　舌尖后　送气　清　塞擦音

发音状况与 zh 相近，只是气流比 zh 强。

发音例词：

橱窗 chúchuāng　　出差 chūchāi　　拆穿 chāichuān

sh [ʂ]　舌尖后　清　擦音

发音时，舌尖上翘，接近硬腭前部，形成窄缝，软腭上升，堵塞鼻腔通路，声带不振动，气流从窄缝中挤出，摩擦成声。

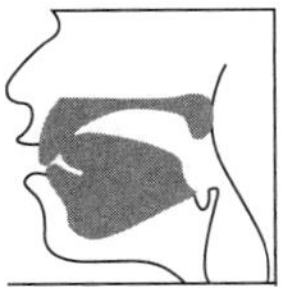

舌尖后音 sh、r
发音示意图

发音例词：

事实 shìshí　　闪烁 shǎnshuò　　少数 shǎoshù

r [ʐ]　舌尖后　浊　擦音

发音状况与 sh 相近，只是摩擦比 sh 弱，声带振动。

发音例词：

柔软 róuruǎn　　仍然 réngrán　　软弱 ruǎnruò

◆绕口令◆

【大车拉小车】

大车拉小车，小车拉小石头，石头掉下来，砸了小脚指头。

【朱叔锄竹笋】

朱家一株竹，竹笋初长出，朱叔处处锄，锄出笋来煮，锄完不再出，朱叔没笋煮，竹株又干枯。

【施氏食狮史】

石室诗士施氏，嗜狮，誓食十狮。氏时时适市，氏视十狮。恃矢势，使是十狮逝世。氏拾是十狮尸，适石室。石室湿，氏使侍拭石室。石室拭，氏始试食十狮尸。食时，始识十狮尸，实是十石狮尸。试释是事实。

【天上有个日头】

天上有个日头，地下有块石头，嘴里有个舌头，手上有五个手指头。不管是天上的热日头，地下的硬石头，嘴里的软舌头，手上的手指头，还是热日头、硬石头、软舌头、手指头，反正都是练舌头。

（六）舌面前音

j [tɕ]　舌面前　不送气　清　塞擦音

发音时，舌面前部抵住硬腭前部，软腭上升，堵塞鼻腔通路，声带不振动，较弱的气流把阻碍冲开，形成窄缝，气流从窄缝中挤出，摩擦成声。

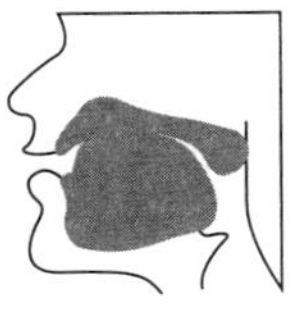

舌面前音 j、q
发音示意图

舌面前音

发音例词:

经济 jīngjì　　解决 jiějué　　拒绝 jùjué

q[tɕʻ]　**舌面前　送气　清　塞擦音**

发音状况与j相近,只是气流比j强。

发音例词:

亲切 qīnqiè　　请求 qǐngqiú　　确切 quèqiè

x[ɕ]　**舌面前　清　擦音**

发音时,舌面前部接近硬腭前部,形成窄缝,软腭上升,堵塞鼻腔通路,声带不振动,气流从窄缝中挤出,摩擦成声。

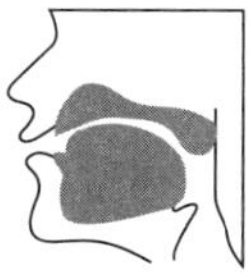

舌面前音x
发音示意图

发音例词:

学习 xuéxí　　详细 xiángxì　　相信 xiāngxìn

◆绕口令◆

【京剧与警句】

京剧叫京剧,警句叫警句。京剧不能叫警句,警句不能叫京剧。

【田建贤回家】

田建贤前天从前线回到家乡田家店,只见家乡变化万千,繁荣景象呈现在眼前。连绵不断的青山,一望无际的棉田,新房连成一片,高压电线通向天边。

【漆匠和锡匠】

七巷一个漆匠,西巷一个锡匠,七巷漆匠偷了西巷锡匠的锡,西巷锡匠拿了七巷漆匠的漆,七巷漆匠气西巷锡匠偷了漆,西巷锡匠讥七巷漆匠拿了锡。请问锡匠和漆匠,谁拿谁的锡?谁偷谁的漆?

(七)舌面后音

舌面后音

g[k]　**舌面后　不送气　清　塞音**

发音时,舌根抵住软腭,软腭后部上升,堵塞鼻腔通路,声带不振动,较弱的气流冲破阻碍,爆发成声。

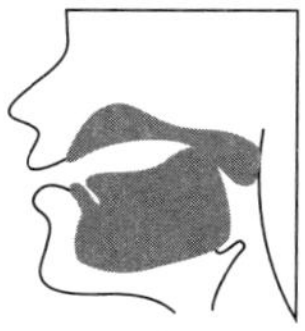

舌面后音g、k
发音示意图

发音例词:

公共 gōnggòng　　改革 gǎigé　　骨骼 gǔgé

k[kʻ]　**舌面后　送气　清　塞音**

发音状况与g相近,只是气流比g强。

发音例词:

可靠 kěkào　　宽阔 kuānkuò　　困苦 kùnkǔ

h[x]　**舌面后　清　擦音**

发音时,舌根接近软腭,留出窄缝,软腭上升,堵塞鼻腔通路,声带不振动,气流从窄缝中挤出,摩擦成声。

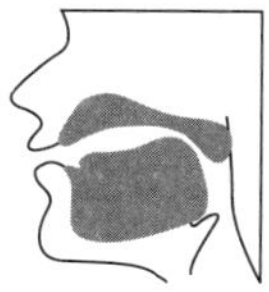

舌面后音h
发音示意图

发音例词:

呼唤 hūhuàn　　缓和 huǎnhé　　辉煌 huīhuáng

◆绕口令◆

【哥哥抓鸽】

哥哥过河捉个鸽，回家割鸽来请客，客人吃鸽称鸽肉，哥哥请客乐呵呵。

【哥挎瓜筐过宽沟】

哥挎瓜筐过宽沟，过沟筐漏瓜滚沟。隔沟够瓜瓜筐扣，瓜滚筐空哥怪沟。

【花换瓜】

小花和小华，一同种庄稼。小华种棉花，小花种西瓜。小华的棉花开了花，小花的西瓜结了瓜。小花找小华，商量瓜换花。小花用瓜换了花，小华用花换了瓜。

【老华工葛盖谷】

老华工葛盖谷，刚刚过了海关归国观光，来到了港口公社，观看故国港口风光。昔日港口空空旷旷，如今盖满楼阁，街道宽广。过去高官克扣港口渔工，鳏寡孤独尸骨抛山岗。如今只见桅杆高挂帆，渔歌高亢唱海港。归国观光的葛盖谷无限感慨，感慨故国港口无限风光。

（八）零声母

零声母

安　言　忘　云

普通话零声母可以分成两类：(1)开口呼零声母；(2)非开口呼零声母。

开口呼零声母音节，书面上不用汉语拼音字母表示，但当该音节处于其他音节后面时，在其左上方使用隔音符号’。

发音例词：

傲岸 ào’àn　　偶尔 ǒu’ěr　　恩爱 ēn’ài

非开口呼零声母即除开口呼以外的齐齿呼、合口呼、撮口呼[1]三种韵母自成音节的起始方式。

齐齿呼零声母音节汉语拼音用字母 y 开头，由于起始部分没有辅音声母，实际发音带有轻微摩擦，是半元音[2][j]。

发音例词：

洋溢 yángyì　　谣言 yáoyán　　游泳 yóuyǒng

合口呼零声母音节汉语拼音用字母 w 开头，实际发音带有轻微摩擦。

发音例词：

慰问 wèiwèn　　外文 wàiwén　　忘我 wàngwǒ

撮口呼零声母音节汉语拼音用字母 y(yu)开头，实际发音带有轻微摩擦，是半元音 [ɥ]。

发音例词：

孕育 yùnyù　　渊源 yuānyuán　　元月 yuányuè

四、声母辨正

（一）f 和 h

1.发音辨正

(1)发唇齿音 f 时，上齿与下唇内缘接近，摩擦成声。

(2)发舌根音 h 时，舌头后缩，舌根抬起接近软腭，摩擦成声。

---

① “四呼”介绍在本书第 35 页。

② 半元音是擦音中摩擦很小的一种音，因为它接近高元音，性质介于元音和辅音之间，所以叫“半元音”。

2.辨音对比练习

(1)字对比练习

f—h	fā—huā 发—花	fān—huān 翻—欢	fāng—huāng 方—慌	fēi—huī 飞—灰	féng—héng 冯—横
	fù—hù 赴—护	fǔ—hǔ 斧—虎	fáng—huáng 房—黄	fèn—hèn 愤—恨	fàn—huàn 饭—唤

(2)词语对比练习

f—h	lǐ fà—lǐ huà 理发—理化	fāxiàn—huāxiàn 发现—花线	jiùfù—jiùhù 舅父—救护
	fèihuà—huìhuà 废话—会话	fángchóng—huángchóng 防虫—蝗虫	fá lì—huá lì 乏力—华丽

◆绕口令◆

【一堆粪】

一堆粪,一堆灰,灰混粪,粪混灰。

【理化和理发】

我们要学理化,他们要学理发,理化理发要分清,学会理化却不会理发,学会理发也不懂理化。

【买混纺】

武汉商场卖混纺,红混纺、黄混纺、粉混纺、粉红混纺、黄粉混纺、黄红混纺、红粉混纺最销畅。

【粉红活佛龛】

会糊我的粉红活佛龛,来糊我的粉红活佛龛,不会糊我的粉红活佛龛,不要胡糊、乱糊,糊坏了我的粉红活佛龛。

【黄幌子和方幌子】

老方扛着个黄幌子,老黄扛着个方幌子。老方要拿老黄的方幌子,老黄要拿老方的黄幌子,老黄老方不相让,方幌子碰破了黄幌子,黄幌子碰破了方幌子。

【傅虎虎和胡福福】

前村后刘沟有个傅虎虎,后村前刘沟有胡福福,中伏给队里种萝卜。傅虎虎会种白萝卜不会种红萝卜,胡福福会种红萝卜不会种白萝卜,傅虎虎帮胡福福种白萝卜,胡福福帮傅虎虎种红萝卜。

【灰粪肥】

老队长召开生产会,号召全队来积肥。要想粮成山,必先肥成堆。小飞挑来村南那堆粪,小会挑来村北那堆灰。村北那堆灰要掺上村南那堆粪,村南那堆粪要拌上村北那堆灰。小飞和小会,谁也不怕累,先把灰混粪,再把粪混灰,混成灰粪肥。

f和h声旁代表字类推表

一、f声母代表字

发—fā 发 fà 发(头发) fèi 废

乏—fá 乏 fàn 泛

伐—fá 伐阀筏

法—fǎ 法砝

番—fān 翻番藩幡蕃

凡—fān 帆 fán 凡矾

反—fǎn 反返

犯—fàn 犯范 饭贩

方—fāng 方芳坊(牌坊) fáng 防妨房肪 fǎng 仿访纺 fàng 放

非—fēi 非菲(芳菲)啡扉绯蜚霏 fěi 诽菲(菲薄)匪悱斐翡 fèi 痱

分—fēn 分(分配)芬吩纷酚氛　fén 汾　fěn 粉　fèn 分(分外)份忿

蜂—fēng 峰烽锋蜂　féng 逢缝(缝补)　fèng 缝(缝隙)

风—fēng 风枫疯　fěng 讽

奉—fèng 奉俸

夫—fū 夫肤　fú 芙扶

孵—fū 孵　fú 孚俘浮

甫—fū 敷　fǔ 甫辅脯　fù 傅缚

弗—fú 弗拂佛(仿佛)氟　fó 佛(佛教)　fèi 沸费

伏—fú 伏茯袱

福—fú 幅福辐蝠　fù 副富

付—fú 符　fǔ 府俯腑腐　fù 付附咐

父—fǔ 斧釜　fù 父

讣—fù 讣赴

复—fù 复腹馥覆

类推表外的字: fá 罚　fán 繁樊　fàn 梵　fēi 飞妃　féi 肥　fén 坟　fèn 奋愤粪　fēng 丰封　féng 冯　fǒu 否　fú 服　fù 负妇阜赋

二、h 声母代表字

禾—hé 禾和

红—hóng 红虹鸿　hòng 讧

洪—hōng 哄(闹哄哄)烘　hóng 洪　hǒng 哄(哄骗)　hòng 哄(起哄)

弘—hóng 弘泓

乎—hū 乎呼

忽—hū 忽惚唿　hú 囫　hù 笏

胡—hú 胡湖葫糊(糨糊)蝴瑚猢　hù 糊(糊弄)

狐—hú 弧狐

虎—hǔ 虎唬琥

户—hù 户护沪

化—huā 花哗(哗啦啦)　huá 华(中华)哗(喧哗)铧骅　huà 化桦华(姓)　huò 货

滑—huá 滑猾

怀—huái 怀　huài 坏

还—huán 还环　huái 怀　huài 坏

寰—huán 寰鬟圜

奂—huàn 奂涣换唤焕痪

荒—huāng 荒慌　huǎng 谎

皇—huáng 皇凰惶徨蝗隍

黄—huáng 黄潢磺簧

晃—huǎng 晃(晃眼)恍幌　huàng 晃(摇晃)

挥—huī 挥晖辉　hūn 荤　hún 浑　hùn 诨

灰—huī 灰咴诙恢

回—huí 回茴蛔洄　huái 徊

悔—huǐ 悔　huì 诲晦

惠—huì 惠蕙

会—huì 会荟绘烩

彗—huì 彗慧

昏—hūn 昏阍婚

混—hún 混(混球)馄　hùn 混(混淆)

活—huó 活　huà 话

火—huǒ 火伙

或—huò 或惑

霍—huò 霍藿

类推表外的字: hōng 轰　hóng 宏　hú 壶　hù 互怙　huá 划(划算)　huà 划(规划)画　huái 淮槐踝　huān 欢　huán 桓　huǎn 缓　huàn 幻宦浣患豢　huāng 肓　huī 徽麾　huǐ 毁　huì 卉汇讳秽喙　hún 魂　hé 和(和气)　hè 和(应和)　huó 和(和面)　huò 和(和稀泥)　huō 豁(豁口)　huò 获祸豁(豁达)

(二)n 和 l

1.发音辨正

(1)相同点:鼻音 n 与边音 l 都是舌尖中音,发音部位相同,发音时舌尖抵住上齿龈。

(2)不同点:鼻音 n 与边音 l 的发音方法不同。发 n 时,舌尖及舌前部两侧先与口腔前上部完全闭合,然后慢慢离开,气流从鼻腔出来,音色比较沉闷;发 l 时,舌尖接触上齿龈,气流从舌头两边透出,然后舌尖轻轻弹开,弹发成声,音色比较清脆。

2.辨音对比练习

(1)字对比练习

n—l	nà—là 那—辣	náo—láo 挠—牢	nán—lán 南—蓝	nǐ—lǐ 你—里
	niàn—liàn 念—恋	niáng—liáng 娘—凉	nuó—luó 挪—罗	nuǎn—luǎn 暖—卵

(2)词语对比练习

n—l	nìliú 逆流	nàiláo 耐劳	nǎolì 脑力	nèilù 内陆	nǔlì 努力
	nǚláng 女郎	néngliàng 能量	niánlíng 年龄	nuǎnliú 暖流	niǎolèi 鸟类
l—n	lěngnuǎn 冷暖	liúniàn 留念	liúnián 流年	lǎonián 老年	lǎoniáng 老娘
	lǎoniú 老牛	láinián 来年	lànní 烂泥	lìniào 利尿	liùniǎo 遛鸟

◆绕口令◆

【四辆四轮大马车】

门口有四辆四轮大马车,你爱拉哪两辆来拉哪两辆。

【牛和柳】

河边有棵柳,柳下一头牛,牛要去顶柳,柳枝缠住了牛的头。

【老农闹老龙】

老龙恼怒闹老农,老农恼怒闹老龙,农怒龙恼农更怒,龙恼农怒龙怕农。

【新脑筋】

新脑筋,老脑筋,老脑筋可以改造成新脑筋,新脑筋不学习,就会变成老脑筋。

【牛郎恋刘娘】

牛郎年年恋刘娘,刘娘连连念牛郎,牛郎恋刘娘,刘娘念牛郎,郎恋娘来娘念郎。

【男旅客穿蓝上装】

男旅客穿蓝上装,女旅客穿呢大衣。男旅客搀拎篮子的老大娘,女旅客扶拿笼子的小男孩。

【练投篮】

打南边来了两队篮球运动员,一队穿蓝球衣的男运动员,一队穿绿球衣的女运动员。男女运动员都来练投篮,不怕累,不怕难,努力练投篮。

【大娘家里上大梁】

大娘家里上大梁,梁大大娘扛不动,大郎帮大娘扛大梁,大娘不要大郎扛大梁,大郎还要帮大娘扛大梁,大郎大娘扛大梁,大娘家里上大梁。

【拉粮】

老刘和老牛,南宁南岭农场去拉粮,老刘拉了六千六百六十斤六两六的粮,老牛也拉了六千六百六十六斤六两六的粮,俩人拉了两个六千六百六十六斤六两六的粮。

【新郎和新娘】

新郎和新娘,柳林底下来乘凉。新娘问新郎:你是下湖去挖泥,还是下田去扶犁?新郎问新娘:你坐柳下把书念,还是下湖去采莲?新娘抿嘴乐:我采莲,你挖泥,我拉牛,你扶犁。挖完泥,采完莲,扶完犁,咱俩再来把书念。

n 和 l 声旁代表字类推表

一、n 声母代表字

那—Nā 那(姓) nǎ 哪(哪怕) nà 那(那么)娜(人名用字) né 哪(哪吒) nuó 挪娜(婀娜)

乃—nǎi 乃奶

奈—nài 奈 nà 捺

脑—nǎo 脑恼

呢—ne 呢(语气助词) ní 尼泥(泥巴)呢(呢绒) nì 昵泥(拘泥)

内—nèi 内 nà 呐纳钠

你—nǐ 你 nín 您

念—niàn 念 niǎn 捻

娘—niáng 娘 niàng 酿

聂—niè 聂镊

孽—niè 孽蘖

宁—níng 宁(宁静)狞拧(拧毛巾) nǐng 拧 nìng 泞宁(宁可)

扭—niǔ 扭纽钮 niū 妞

农—nóng 农浓脓

奴—nú 奴 nǔ 努 nù 怒

懦—nuò 懦糯

诺—nuò 诺 nì 匿

虐—nüè 虐疟

类推表外的字：ná 拿 nài 耐 nán 男难 náng 囊 nào 闹 něi 馁 nèn 嫩 néng 能 nǐ 拟 nì 溺逆腻 nián 年 niǎn 碾 niǎo 鸟 niào 尿 niè 镍 níng 凝 niú 牛 nòng 弄 nuǎn 暖

二、l 声母代表字

拉—lā 拉(拉扯)垃啦 lá 拉(拉了个口子) lǎ 拉(半拉)

喇—lǎ 喇 là 辣 lài 赖癞 lǎn 懒

洛—là 落(丢三落四) lào 络(络子)落(落枕)烙(烙饼)酪 lòu 露(露面) lù 路露(露水)赂 lüè 略 luò 骆络(联络)落(落实)洛烙(炮烙)

腊—là 腊蜡 liè 猎

来—lái 来莱

兰—lán 兰拦栏 làn 烂

蓝—lán 蓝篮 làn 滥

览—lǎn 览揽缆榄

郎—láng 郎(女郎)廊琅榔 lǎng 朗 làng 浪

捞—lāo 捞唠 láo 劳 lào 涝

老—lǎo 老姥

乐—lè 乐 lì 立

了—le 了(去了) liáo 辽疗 liǎo 了(了解)

雷—léi 雷擂(擂钵) lěi 蕾 lèi 擂(擂台)

累—léi 累(累赘) lěi 累(累计)儡 lèi 累(劳累) luó 骡螺

离—lí 离璃漓篱

里—lǐ 里理 lī 哩 lí 厘狸 liáng 量(测量) liàng 量(产量)

利—lì 利俐莉 lí 梨犁黎

力—lì 力历荔雳励沥 lè 勒(勒索) lēi 勒(勒紧) lèi 肋 liè 劣 lìng 另 lǔ 虏

例—lì 例 liē 咧(大大咧咧) liě 咧 liè 列烈裂

连—lián 连莲 liàn 链 liǎn 琏

廉—lián 廉镰

脸—liǎn 脸敛 liàn 殓

练—liàn 练炼

恋—liàn 恋 luán 峦孪栾

两—liǎng 两俩(伎俩) liǎ 俩(咱俩) liàng 辆

良—liáng 良粮

凉—liáng 凉(凉爽) liàng 亮凉(水太热，凉一凉)谅晾 lüè 掠

梁—liáng 梁粱

撩—liāo 撩(撩开) liáo 僚疗撩(撩拨)嘹燎(燎原) liǎo 潦燎(火把头发燎了) liào 瞭镣

林—lín 林淋(淋巴)琳 lìn 淋(淋病)

磷—lín 磷鳞

凛—lǐn 凛廪懔

凌—líng 凌陵菱棱 léng 棱(棱角)

令—lìng 令(命令) lěng 冷 līn 拎 lín 邻 líng 令(令狐)伶铃零龄玲翎 lǐng 令(量词)岭领

留—liú 留榴馏(蒸馏)瘤 liū 溜(溜走) liù 溜(檐溜) 馏(馏馒头)

流—liú 流琉硫

柳—liǔ 柳 liáo 聊

六—liù 六遛

龙—lóng 龙聋笼(鸟笼)咙胧 lǒng 拢垄笼(笼罩)

娄—lóu 娄偻(佝偻)楼髅 lǒu 搂(搂抱) lǚ 偻(伛偻) 屡缕

录—lù 录绿(绿林)碌(劳碌) lǜ 氯绿(绿化)

庐—lú 庐芦炉 lǘ 驴

卢—lú 卢颅

吕—lǚ 吕侣铝

虑—lǜ 虑滤

仑—lún 论(论语)轮仑伦沦 lūn 抡(抡拳) lùn 论(论文)

罗—luō 啰(啰唆) luó 罗萝锣箩逻

类推表外的字:láo 牢 lěi 垒 lèi 泪 léng 楞 lǐ 李礼 lì 隶 lián 联 liào 料 lín 临 lìn 吝赁 líng 灵 liú 刘 liǔ 绺 lòu 漏陋 lǔ 卤 lǚ 旅履 lǜ 率律 luǎn 卵 luàn 乱 luō 捋 luǒ 裸

(三)z、c、s 和 zh、ch、sh

1.发音辨正

(1)发平舌音 z、c、s 时,舌尖平伸,抵住或接近上齿背。

(2)发翘舌音 zh、ch、sh 时,舌头放松,舌尖轻巧地翘起来接触或靠近硬腭前部。

2.辨音对比练习

(1)字对比练习

z—zh	zā—zhā 扎—渣	zuì—zhuì 最—缀	zēng—zhēng 增—蒸	zūn—zhūn 尊—谆	zàn—zhàn 赞—占
c—ch	cái—chái 才—豺	cūn—chūn 村—春	cān—chān 参—搀	cuī—chuī 崔—吹	cuàn—chuàn 窜—串
s—sh	sù—shù 素—树	sāng—shāng 桑—伤	sǎng—shǎng 嗓—晌	sǎn—shǎn 散—闪	sōu—shōu 搜—收

(2)词语对比练习

z—zh	zǔzhī 组织	zēngzhǎng 增长	zuìzhèng 罪证	zūnzhòng 尊重	zūnzhào 遵照
zh—z	zhùzuò 著作	zhèngzài 正在	zhǐzé 指责	zhìzuì 治罪	zhùzào 铸造
c—ch	cāochí 操持	cánchūn 残春	cánchuǎn 残喘	cúnchǔ 存储	cíchéng 辞呈
ch—c	chéncí 陈词	chóucuò 筹措	chúcǎo 除草	chǔcún 储存	chǔcáng 储藏
s—sh	suíshí 随时	suǒshǔ 所属	sǎoshì 扫视	sǔnshāng 损伤	suǒshì 琐事
sh—s	shàngsù 上诉	shàosuǒ 哨所	shēnsī 深思	shīsè 失色	shōusuō 收缩

◆绕口令◆

z 与 zh

【招租】

早招租,再招租,总找周邹郑曾朱。

【长虫钻砖堆】

长虫围着砖堆转,转完了砖堆钻砖堆。

【抱子看报纸】

报纸是报纸,抱子是抱子,报纸、抱子两回事,抱子不是报纸,看报纸不是看抱子,只能抱子看报纸。

【撕字纸】

隔着窗户撕字纸，一次撕下横字纸，一次撕下竖字纸，是字纸撕字纸，不是字纸，不要胡乱撕一地纸。

【祖传中医】

祖父赵自忠，曾祖赵泽正，祖传中医治心脏病。祖父专治杂难症，曾祖扎针治脓肿。赵泽正传给赵自忠，十四套药书三套针筒，赵自忠学赵泽正，扎针、拔罐儿再去肿。

c 与 ch

【蚕和蝉】

爬来爬去是蚕，飞来飞去是蝉。蚕常在桑叶里藏，蝉藏在树林里唱。

【晒白菜】

大柴和小柴，比赛晒白菜，大柴晒大白菜，小柴晒小白菜。大柴晒了四十斤大白菜，小柴才晒十四斤小白菜。

【粗出气和出气粗】

粗出气种谷，出气粗喂猪。粗出气种的谷，谷穗长得长又粗。出气粗喂的猪，身子长得胖乎乎。出气粗的胖乎乎的大肥猪，偷吃了粗出气又长又粗的品种谷。粗出气用锄打出气粗胖乎乎的大肥猪，出气粗家胖乎乎的大肥猪，再也不吃粗出气家的又长又粗的品种谷。

s 与 sh

【三山撑四水】

三山撑四水，四水绕三山，三山四水春常在，四水三山四时春。

【石狮寺前石狮子】

石狮寺前有四十四个石狮子，寺前的树上结了四十四个涩柿子，四十四个石狮子，不吃四十四个涩柿子，四十四个涩柿子，倒吃了四十四个石狮子。

【三月三】

三月三，阿三撑伞上深山。上山又下山，下山又上山，出了满身汗，湿透一身衫。上山走了四里四，下山跑了三里三，还剩一里金花闪，唱支山歌手摇扇，来了精神跑下山。

z 和 zh 声旁代表字类推表

一、z 声母代表字

匝—zā 匝咂　zá 砸

咋—zǎ 咋　zuó 昨　zuò 作柞

哉—zāi 哉栽　zǎi 载　zài 载

宰—zǎi 宰　zǐ 滓

赞—zǎn 攒(积攒)　zàn 赞

脏—zāng 脏(肮脏)赃　zàng 脏(内脏)

臧—zāng 臧　zàng 藏(宝藏)

澡—zǎo 澡藻　zào 燥躁噪

责—zé 责啧

泽—zé 泽择

曾—zēng 曾憎增　zèng 赠

子—zī 孜　zǐ 子仔籽　zì 字　zǎi 仔

资—zī 资姿咨　zì 恣

兹—zī 兹嗞滋孳

辎—zī 辎淄缁锱

龇—zī 龇　zǐ 紫　zì 眦

宗—zōng 宗综踪鬃　zòng 粽

奏—zòu 奏揍

租—zū 租　zǔ 阻祖诅组　zuǐ 咀

卒—zú 卒　zuì 醉

纂—zuǎn 纂 zuàn 攥
尊—zūn 尊遵樽鳟
左—zuǒ 左佐
坐—zuò 坐座

类推表外的字:zā 扎 zá 杂 zāi 灾 zài 在 zán 咱 zàn 暂 zàng 葬 záo 凿 zǎo 早枣蚤 zào 皂灶造 zé 则 zè 仄 zéi 贼 zěn 怎 zǐ 姊 zì 自 zǒng 总 zòng 纵 zōu 邹 zǒu 走 zú 足族 zuān 钻(钻空子) zuàn 钻(钻井) zuǐ 嘴 zuì 罪最 zuò 做

二、zh 声母代表字

乍—zhà 炸(炸弹)榨诈 zhǎi 窄 zhá 炸(炸酱面)
占—zhān 占(占卜)沾粘毡 zhàn 占(占领)站战
詹—zhān 詹瞻
斩—zhǎn 斩崭
章—zhāng 章彰樟 zhàng 障
长—zhǎng 长涨 zhāng 张 zhàng 胀帐账
丈—zhàng 丈仗杖
召—zhāo 招昭 zhǎo 沼
折—zhé 折 zhé 哲 zhè 浙
遮—zhē 遮 zhè 蔗
者—zhě 者 zhū 诸猪 zhǔ 煮 zhù 著
贞—zhēn 贞侦帧
珍—zhēn 珍 zhěn 诊疹
真—zhēn 真 zhèn 镇
枕—zhěn 枕 zhèn 鸩
振—zhèn 振震
正—zhēng 正(正月)征 zhèng 正症怔证政
之—zhī 之芝
支—zhī 支枝肢吱
只—zhī 只(一只)织 zhí 职 zhǐ 只(只要) zhì 帜识
知—zhī 知蜘 zhì 智
旨—zhī 脂 zhǐ 旨指
执—zhí 执 zhì 挚
直—zhí 直值殖 zhì 置
止—zhǐ 止趾址
至—zhì 至致窒 zhí 侄
中—zhōng 中忠钟衷 zhǒng 种(种子) 肿 zhòng 仲种(种田)
州—zhōu 州洲周
朱—zhū 朱珠蛛株
主—zhǔ 主 zhù 住注柱驻蛀
抓—zhuā 抓 zhuǎ 爪
专—zhuān 专砖 zhuǎn 转(转运) zhuàn 传(传记) 转(转速)
庄—zhuāng 庄桩
壮—zhuāng 装妆 zhuàng 壮状
撞—zhuàng 撞幢
隹—zhuī 锥椎 zhǔn 准(sǔn 榫)
桌—zhuō 桌 zhuó 卓 zhào 罩(chuò 绰)
啄—zhuó 啄琢

类推表外的字:zhā 渣 zhá 扎闸轧 zhǎ 眨 zhà 栅 zhāi 斋 zhái 宅 zhài 寨 zhǎn 展 zhàn 绽 zhǎng 掌 zhe 着(走着) zháo 着(着急) zhǎo 找 zhào 兆 zhé 辙辄 zhè 这 zhēn 针斟 zhèn 阵 zhèng 郑 zhī 汁 zhì 秩痔滞制 zhōng 终 zhòng 重 zhōu 舟粥 zhǒu 帚 zhòu 咒骤昼 zhú 竹竺逐 zhù 助祝铸筑 zhuài 拽 zhuàn 篆撰赚 zhuī 追 zhuì 缀赘 zhūn 谆 zhuō 捉 zhuó 着(着想)酌

c 和 ch 声旁代表字类推表

一、c 声母代表字

才—cái 才材财
采—cǎi 采睬彩踩 cài 菜
参—cān 参(参加) cǎn 惨 cēn 参(参差)
仓—cāng 仓伧(伧俗)沧苍舱

曹—cáo 曹漕嘈槽螬
侧—cè 侧测厕恻
曾—cēng 噌 céng 曾 cèng 蹭
此—cī 疵 cí 雌 cǐ 此
次—cí 茨瓷 cì 次
慈—cí 慈磁糍鹚
词—cí 词祠 cì 伺(伺候)次
从—cōng 苁枞 cóng 从丛
匆—cōng 匆葱
粗—cū 粗 cú 徂殂 cù 猝
窜—cuān 蹿撺 cuàn 窜
崔—cuī 崔催摧 cuǐ 璀
萃—cuì 萃翠淬瘁粹啐悴
搓—cuō 搓磋蹉
措—cuò 措错 挫锉
痤—cuó 痤矬
村—cūn 村 cǔn 忖 cùn 寸

类推表外的字: cā 擦 cāi 猜 cài 蔡 cān 餐 cán 蚕残 cán 惭 càn 灿 cāo 操糙 cǎo 草 cè 册策 cén 岑 céng 层 cī 差(参差) cí 辞 cì 刺赐 cōng 囱聪 cóng 淙 cù 促簇醋蹴 cuān 汆 cuán 攒 cún 存

二、ch 声母代表字

叉—chā 叉(叉子) chǎ 衩 chà 叉(劈叉)杈
查—chā 喳 chá 查(检查)[zhā 查(姓)]
搀—chān 搀 chán 馋
产—chǎn 产铲
颤—chàn 颤
昌—chāng 昌猖菖阊娼鲳 chàng 唱倡
场—cháng 场(打场)肠 chǎng 场 chàng 畅
尝—cháng 尝偿
抄—chāo 抄钞吵(别瞎吵吵) chǎo 炒吵
朝—cháo 朝(朝代)潮嘲
车—chē 车
撤—chè 撤澈
辰—chén 辰晨 chún 唇纯
乘—chéng 乘
呈—chéng 呈程 chěng 逞
成—chéng 成城诚盛(盛饭)
橙—chéng 橙澄
丞—chéng 承
池—chí 池驰弛
尺—chǐ 尺 chí 迟
斥—chì 斥 chāi 拆
虫—chóng 虫 chù 触
筹—chóu 筹畴
愁—chóu 愁 chǒu 瞅
出—chū 出 chǔ 础
刍—chú 刍雏(zhòu 皱绉)
厨—chú 厨橱
喘—chuǎn 喘 chuāi 揣(怀揣) chuǎi 揣(揣测)
吹—chuī 吹炊
垂—chuí 垂捶锤
春—chūn 春椿 chǔn 蠢

类推表外的字: chā 插差(差别) chá 察 chà 岔差(差劲)诧刹 chāi 差(出差) chán 缠蟾 chǎn 谄阐 chàn 忏 chāo 超 cháo 巢 chě 扯 chè 掣彻 chēn 嗔琛 chén 沉忱陈尘臣 chèn 趁 chéng 惩 chī 吃 chí 匙持 chǐ 侈耻 chì 赤翅炽 chōng 冲(冲锋)充 chóng 重 chǒng 宠 chòng 冲(冲床) chōu 抽 chóu 酬仇(复仇) chū 初 chú 锄除躇 chǔ 储楚处(处理) chù 处(处长)矗 chuān 穿 chuàn 串 chuáng 床幢 chuǎng 闯 chuō 戳 chuò 绰

s 和 sh 声旁代表字类推表

一、s 声母代表字

散—sā 撒(撒手) sǎ 撒(撒播) sǎn 馓散(散文)
　sàn 散(散步)

腮—sāi 腮鳃

桑—sāng 桑 sǎng 搡嗓

嫂—sǎo 嫂 sōu 溲搜嗖馊飕螋艘 sǒu 叟

司—sī 司 sì 伺 思锶(伺机)饲

斯—sī 斯厮撕嘶澌

四—sì 四泗驷

隋—suí 隋随 suǐ 髓

遂—suí 遂(半身不遂) suì 遂(毛遂自荐)隧燧邃

孙—sūn 孙荪狲

锁—suǒ 锁琐唢

梭—suō 梭唆

类推表外的字: sǎ 洒 sà 飒萨 sān 三 sǎn 伞 sāng 丧(丧事) sàng 丧(丧失) sāo 臊(腥臊) sǎo 扫 sào 臊(害臊) sè 涩色 sēn 森 sēng 僧 sī 丝私 sǐ 死 sì 似肆 sōng 松嵩 sòng 送颂诵宋 sǒu 擞薮 sū 苏酥 sú 俗 sù 肃素诉塑 suī 尿虽睢 suí 绥 suì 岁穗祟碎 sǔn 损笋榫 suō 蓑娑挲缩 suǒ 所索

二、sh 声母代表字

衫—shān 衫杉(杉树) shā 杉(杉木)

删—shān 删珊

单—shàn 单(姓)(chán 蝉 chǎn 阐)

善—shàn 善鳝

上—shàng 上尚 shǎng 赏

稍—shāo 稍捎梢 shào 哨

勺—sháo 勺芍

少—shǎo 少

舌—shé 舌 shě 舍(舍命) shè 舍 shì 适 shá 啥

申—shēn 申伸呻绅 shén 神 shěn 审婶

生—shēng 牲笙甥 shèng 胜乘(千乘之国)

师—shī 师狮 shāi 筛(sī 蛳)

诗—shī 诗 shì 恃侍

失—shī 失(zhì 秩)

十—shí 十什

史—shǐ 史驶

市—shì 市柿

式—shì 式试拭

寿—shòu 寿

受—shòu 受授

叔—shū 叔淑

疏—shū 疏蔬梳

署—shǔ 署署薯曙属

刷—shuā 刷 shuàn 涮

率—shuài 率(表率)蟀 shuāi 摔

栓—shuān 栓拴

说—shuō 说(说服) shuì 税说(游说)

类推表外的字: shā 煞 shǎ 傻 shà 厦霎 shǎn 闪陕 shāng 伤 shàng 上 shāo 烧 shé 蛇 shè 摄设社赦 shēn 身深 shěn 沈 shèn 慎 shēng 声升 shéng 绳 shèng 盛圣 shī 失施虱湿 shí 拾实 shǐ 始矢 shì 事势室似(似的) shōu 收 shǒu 手守首 shòu 售兽瘦 shū 书枢输 shú 赎 shǔ 蜀鼠数(数一数二) shù 数(数字)墅树竖戍恕束漱庶 shuǎ 耍 shuāi 衰 shuǎi 甩 shuǎng 爽 shuǐ 水 shuì 睡 shùn 顺 shuò 朔烁

(四)r 和 l

1.发音辨正

(1)发 r 时,舌尖翘起接近硬腭前部,形成一条缝隙,颤动声带,气流从缝隙中摩擦而出。

(2)发 l 时，舌尖在上齿龈上轻轻弹一下，颤动声带，呼出气流。

这两个声母的主要区别：一是舌尖接近或接触的部位不同；二是 r 是摩擦成声，l 是弹发成声。发音时应该仔细揣摩自己的发音部位和发音方法是不是合乎这两个要领。

2.辨音对比练习

(1)字对比练习

r—l	ràng—làng 让—浪	rè—lè 热—乐	róu—lóu 柔—楼	rǔ—lǔ 乳—鲁	ruǎn—luǎn 软—卵

(2)词语对比练习

r—r	réngrán 仍然	róuruǎn 柔软	róngrěn 容忍	rǎnrǎn 冉冉	róuruò 柔弱	ruǎnruò 软弱
r—l	rèliàng 热量	rǎnliào 染料	rǎoluàn 扰乱	liáorào 缭绕	liǎorán 了然	lièrén 猎人

r 声旁代表字类推表

然—rán 然燃髯
冉—rǎn 冉苒
嚷—rāng 嚷(嚷嚷) ráng 瓤 rǎng 攘壤(土壤)
饶—ráo 饶桡娆 rào 绕
人—rén 人 rèn 认
壬—rén 壬任(姓) rěn 荏 rèn 任(任务)妊饪
忍—rěn 忍 rèn 刃纫韧仞
扔—rēng 扔 réng 仍
容—róng 容溶熔蓉榕
戎—róng 戎绒
荣—róng 荣嵘蝾
柔—róu 柔揉糅蹂
如—rú 如茹 rǔ 汝
儒—rú 儒蠕孺嚅濡
辱—rǔ 辱 rù 褥蓐
阮—ruǎn 阮朊
若—ruò 若偌
闰—rùn 闰润

类推表外的字：rǎn 染 ràng 让 rǎo 扰 rè 热 rén 仁 rěn 稔 rì 日 róng 融茸 rǒng 冗 ròu 肉 rǔ 乳 rù 入 ruǎn 软 ruǐ 蕊 ruì 锐睿瑞枘 ruò 弱

(五)b、d、g、j、zh、z 和 p、t、k、q、ch、c

1.发音辨正

(1)发不送气音 b、d、g、j、zh、z 时呼出的气流较弱。

(2)发送气音 p、t、k、q、ch、c 时呼出的气流较强。

2.辨音对比练习

(1)字对比练习

b—p	bá—pá 拔—爬	bài—pài 败—派	bàn—pàn 伴—叛	bèi—pèi 倍—配	bì—pì 避—僻
d—t	dàn—tàn 蛋—炭	dào—tào 稻—套	dí—tí 笛—提	dú—tú 毒—涂	duó—tuó 夺—砣
g—k	guī—kuī 规—亏	guì—kuì 柜—匮	gōng—kōng 公—空	guài—kuài 怪—快	gū—kū 姑—哭
j—q	jí—qí 集—齐	jiān—qiān 歼—千	jié—qié 截—茄	jìn—qìn 近—沁	jú—qú 局—渠

zh—ch	zhá—chá 铡—茶	zhāo—chāo 招—超	zhí—chí 植—迟	zhóu—chóu 轴—稠	zhuài—chuài 拽—踹
z—c	zì—cì 字—刺	zuì—cuì 罪—脆	záo—cáo 凿—曹	zuò—cuò 坐—错	zāi—cāi 灾—猜

(2)词语对比练习

b—p	bīpò 逼迫	bǎipǔr 摆谱儿	bèipò 被迫	bànpiào 半票
p—b	pāibǎn 拍板	pángbiān 旁边	páibǐ 排比	pànbié 判别
d—t	dǐngtì 顶替	dìtǎn 地毯	dòngtan 动弹	dēngtǎ 灯塔
t—d	tǎndàng 坦荡	tàidù 态度	tángdàn 糖弹	tèdiǎn 特点
g—k	gōngkè 功课	gūkǔ 孤苦	gāokàng 高亢	gōngkāi 公开
k—g	kǎigē 凯歌	kānguǎn 看管	kǎogǔ 考古	kègǔ 刻骨
j—q	jīqì 机器	jiāqī 佳期	Jiāqìng 嘉庆	jiānqiáng 坚强
q—j	qiānjīn 千金	qǔjù 曲剧	qīngjiǎo 清剿	qúnjū 群居
zh—ch	zhīchí 支持	zhǎnchì 展翅	zhànchē 战车	zhāngchéng 章程
ch—zh	chāzhēn 插针	cházhèng 查证	chēzhàn 车站	chéngzhì 诚挚
z—c	zìcí 字词	zǎocāo 早操	zàocì 造次	zácǎo 杂草
c—z	cìzì 刺字	cáizǐ 才子	cānzàn 参赞	cāozuò 操作

第三节　韵　母

一、什么是韵母

韵母是音节中声母后面的部分。普通话韵母共有39个。韵母和元音不相等。零声母音节全部由韵母构成。普通话韵母主要由元音构成,完全由元音构成的韵母有23个,由元音加上辅音构成的韵母(包括鼻韵母)有16个。元音发音比较响亮,与辅音声母相比,韵母没有呼读音。

韵母

普通话韵母表

		i	闭地七益	u	布亩竹出	ü	女律局域
a	巴打铡法	ia	加佳瞎压	ua	瓜抓刷画		
e	哥社得合	ie	爹界别叶			üe	靴月略确
o	（波魄抹佛）			uo	多果若握		
ai	该太白麦			uai	怪坏帅外		
ei	杯飞黑贼			uei	对穗惠卫		
ao	包高茂勺	iao	标条交药				
ou	头周口肉	iou	牛秋九六				
an	半担甘暗	ian	边点减烟	uan	短川关碗	üan	捐全远
en	本分枕根	in	林巾心因	uen	吞寸昏问	ün	军训孕
ang	当方港航	iang	良江向样	uang	壮窗荒王		
eng	蓬灯能庚	ing	冰丁京杏	ueng	翁		
				ong	东龙冲公	iong	兄永穷
ê	欸						
-i(前)	资此思						
-i(后)	支赤湿日						
er	耳二						

二、韵母的分类

(一)按结构特点分类

可分为单韵母、复韵母和鼻韵母三类。

(1)单韵母:共 10 个,即 a、o、e、ê、i、u、ü、-i(前)、-i(后)、er。

(2)复韵母:共 13 个,即 ai、ei、ao、ou、ia、ie、ua、uo、üe、iao、iou、uai、uei。

(3)鼻韵母:共 16 个,即 an、en、in、ün、ang、eng、ing、ong、ian、uan、üan、uen、iang、uang、ueng、iong。

(二)按韵母开头元音的发音口形分类

可分为开口呼、齐齿呼、合口呼、撮口呼四类,统称“四呼”。

(1)开口呼:指没有韵头 i、u、ü,韵腹也不是 i、u、ü 的韵母,共有 15 个。它们是 a、o、e、ai、ei、ao、ou、an、en、ang、eng、ê、-i(前)、-i(后)、er。

(2)齐齿呼:韵母是 i 或用 i 起头的,共有 9 个。它们是 i、ia、ie、iao、iou、ian、in、iang、ing。

(3)合口呼:韵母是 u 或用 u 起头的,共有 10 个。它们是 u、ua、uo、uai、uei、uan、uen、uang、ueng、ong。

(4)撮口呼:韵母是 ü 或用 ü 起头的,共有 5 个。它们是 ü、üe、üan、ün、iong。

普通话韵母分类总表

项目	开口呼	齐齿呼	合口呼	撮口呼
单韵母	-i(前)、-i(后)	i	u	ü
	a			
	o			
	e			
	ê			
	er			
复韵母	ai	ia	ua	üe
	ei	ie	uo	
	ao	iao	uai	
	ou	iou	uei	
鼻韵母	an	ian	uan	üan
	en		uen	
		in		ün
	ang	iang	uang	
	eng		ueng	
		ing	ong	iong

三、韵母发音分析

下面分单韵母、复韵母和鼻韵母三类说明普通话的发音。

(一)单韵母的发音

单韵母的发音特点是发音过程中舌位和唇形始终不变，发音时要保持固定的口形。

第1组:a

a

a[A]　舌面、央、低、不圆唇元音

口大开，舌尖微离下齿背，舌面中部微微隆起和硬腭后部相对。发音时，声带振动，软腭上升，关闭鼻腔通路。

发音例词:

马达 mǎdá　　沙发 shāfā　　大麻 dàmá　　发达 fādá

◆绕口令◆

【小华和胖娃】

小华和胖娃，两个种花又种瓜，小华会种花不会种瓜，胖娃会种瓜不会种花。

【爸爸和娃娃】

看爸爸娃娃插花穿花褂，手拿仨果仨虾仨蛤蟆，八月爬山看爸爸。巴铺山高巴路滑，雨大风刮树枝扎。瓜哭虾跳蛤蟆叫，累死蛤蟆累瘪瓜。爸爸翻山修公路，路通山富家发达。娃捧仨虾见爸爸，礼轻情重爸爸夸。

第 2 组：o、e

o [o̞]　**舌面、后、半高、圆唇元音**

上下唇自然拢圆，舌体后缩，舌面后部隆起和软腭相对，舌位介于半高半低之间。发音时，声带振动，软腭上升，关闭鼻腔通路。

o、e

e [ɤ]　**舌面、后、半高、不圆唇元音**

口半闭，展唇，舌体后缩，舌面后部隆起和软腭相对，比元音 o 略高而偏前。发音时，声带振动，软腭上升，关闭鼻腔通路。

发音例词：

默默 mòmò	婆婆 pópo	剥削 bōxuē	佛寺 fósì
客车 kèchē	折合 zhéhé	特赦 tèshè	苛刻 kēkè

◆绕口令◆

【墨与馍】

老伯伯卖墨，老婆婆卖馍，老婆婆卖馍买墨，老伯伯卖墨买馍。墨换馍老伯伯有馍，馍换墨老婆婆有墨。

【颠倒歌】

太阳从西往东落，听我唱个颠倒歌。天上打雷没有响，地下石头滚上坡；江里骆驼会下蛋，山里鲤鱼搭成窝；腊月苦热直流汗，六月暴冷打哆嗦；姐在房中头梳手，门外口袋把驴驮。

【鹅和河】

坡上立着一只鹅，坡下就是一条河。宽宽的河，肥肥的鹅，鹅要过河，河要渡鹅，不知是鹅过河，还是河渡鹅？

【黄贺和王克】

一班有个黄贺，二班有个王克，黄贺王克二人搞创作，黄贺搞木刻，王克写诗歌。黄贺帮助王克写诗歌，王克帮助黄贺搞木刻。由于二人搞协作，黄贺完成了木刻，王克写好了诗歌。

第 3 组：ê

ê [ɛ]　**舌面、前、半低、不圆唇元音**

口自然打开，展唇，舌尖抵住下齿背，使舌面前部隆起和硬腭相对。发音时，声带振动，软腭上升，关闭鼻腔通路。（韵母 ê 除语气词“欸”外单用的机会不多，只出现在复韵母 ie、üe 中。）

ê

发音例词：

裂变 lièbiàn	解体 jiětǐ	绝技 juéjì	雪白 xuěbái

第 4 组：i、ü

i [i]　**舌面、前、高、不圆唇元音**

口微开，两唇呈扁平形，上下齿相对（齐齿），舌尖接触下齿背，使舌面前部隆起和硬腭前部相对。发音时，声带振动，软腭上升，关闭鼻腔通路。

i、ü

ü [y]　舌面、前、高、圆唇元音

两唇拢圆,略向前突;舌尖抵住下齿背,使舌面前部隆起和硬腭前部相对。发音时,声带振动,软腭上升,关闭鼻腔通路。

发音例词:

比例 bǐlì　　地皮 dìpí　　契机 qìjī　　气息 qìxī
序曲 xùqǔ　　语句 yǔjù　　区域 qūyù　　聚居 jùjū

◆绕口令◆

【拖拉机】

一台拖拉机,拉着一张犁,拖拉机拉犁,犁翻地,翻地翻得深又细。拖拉机出的力,犁翻的地,你说是犁犁的地,还是拖拉机翻的地?

【李玉举】

郊区李玉举,家居拥军渠,娶女金云玉,生活如意又宽裕。玉举草场放群驴,云玉河里捕鲫鱼,远近约村民,逢年过节演大戏。玉举唱京剧,云玉唱昆曲,演出遇大雨,躲进屋里改豫剧。

【女小吕和女老李】

这天天下雨,体育局穿绿雨衣的女小吕,去找穿绿运动衣的女老李。穿绿雨衣的女小吕,没找到穿绿运动衣的女老李,穿绿运动衣的女老李,也没见着穿绿雨衣的女小吕。

第 5 组:u

u

u [u]　舌面、后、高、圆唇元音

两唇收拢成圆形,略向前突出;舌体后缩,舌面后部隆起和软腭相对。发音时,声带振动,软腭上升,关闭鼻腔通路。

发音例词:

部署 bùshǔ　　幅度 fúdù　　入股 rùgǔ　　住户 zhùhù

◆绕口令◆

【苏胡子和胡胡子】

苏州有个苏胡子,湖州有个胡胡子。苏州的苏胡子,家里有个梳胡子的梳子,湖州的胡胡子,家里有个梳子梳胡子。

【破布补烂鼓】

屋里一个破烂鼓,扯点破布就来补。也不知是破布补烂鼓,还是破鼓补烂布。只见布补鼓,鼓补布,鼓补布,布补鼓,补来补去,布不成布,鼓不成鼓。

第 6 组:er

er

er [ər]　卷舌、央、中、不圆唇元音

口自然开启,舌位居中,舌前、中部上抬,舌尖向后卷,和硬腭前端相对。发音时,声带振动,软腭上升,关闭鼻腔通路。

发音例词:

然而 rán'ér　　饵料 ěrliào　　二胡 èrhú　　儿童 értóng

第 7 组:-i (前)、-i(后)

-i (前)、-i(后)

-i [ɿ]　舌尖、前、高、不圆唇元音

口略开,展唇,舌尖和上齿背相对,保持适当距离。发音时,声带振动,软腭上升,关闭鼻腔通路。这个韵母在普通话里只出现在 z、c、s 声母的后面。

发音例词：

自私 zìsī　　私自 sīzì　　辞职 cízhí　　姿势 zīshì

-i [ʅ]　舌尖、后、高、不圆唇元音

口略开，展唇，舌前端抬起和前硬腭相对。发音时，声带振动，软腭上升，关闭鼻腔通路。这个韵母在普通话里只出现在 zh、ch、sh、r 声母的后面。

发音例词：

支持 zhīchí　　试纸 shìzhǐ　　时日 shírì　　指使 zhǐshǐ

（二）复韵母的发音

复韵母的发音有两个特点：一是发音过程中舌位、唇形一直在变化，由一个元音的发音快速地向另一个元音的发音过渡；二是元音之间的发音有主次之分，主要元音清晰响亮，其他元音轻短或含混模糊。

第 1 组：前响复韵母 ai、ei、ao、ou

发音时，前头的元音清晰响亮，后头的元音含混模糊，前、后元音发音过渡自然。

ai [aɪ]

是前元音音素的复合，动程大。起点元音是比单元音 a[A]的舌位靠前的前低不圆唇元音[a]，可以简称它为“前 a”。发音时，舌尖抵住下齿背，使舌面前部隆起与硬腭相对。从“前 a”开始，舌位向 i 的方向滑动升高，大体停在次高元音[ɪ]。

ai

发音例词：

灾害 zāihài　　爱戴 àidài　　择菜 zháicài　　拍卖 pāimài

◆绕口令◆

【小艾和小戴】

小艾和小戴，一起去买菜。小艾把十斤菜给小戴，小戴有比小艾多一倍的菜；小戴把一半菜给小艾，小艾的菜是小戴的三倍菜。请你想想猜猜，小艾小戴各买了几斤菜？

【白菜和海带】

买白菜，搭海带，不买海带就别买大白菜。买卖改，不搭卖，不买海带也能买到大白菜。

ei [eɪ]

是前元音音素的复合，动程较短。起点元音是前半高不圆唇元音 e[e]。发音时，舌尖抵住下齿背，使舌面前部（略后）隆起对着硬腭中部。从 e 开始，舌位升高，向 i 的方向往前、往高滑动，大体停在次高元音[ɪ]。

ei

发音例词：

配备 pèibèi　　非得 fēiděi　　沸腾 fèiténg　　内涵 nèihán

◆绕口令◆

【冬天雪花是宝贝】

北风吹，雪花飞，冬天雪花是宝贝。去给麦苗盖上被，明年麦子多几倍。

【大妹和小妹】

大妹和小妹，一起去收麦。大妹割大麦，小妹割小麦。大妹帮小妹挑小麦，小妹帮大妹挑大麦。大妹小妹收完麦，噼噼啪啪齐打麦。

ao [ɑʊ]

是后元音音素的复合。起点元音比单元音 ɑ[ᴀ]的舌位靠后,是后低不圆唇元音[ɑ],可简称为“后 ɑ”。发音时,舌体后缩,使舌面后部隆起。从“后 ɑ”开始,舌位向 u(汉语拼音写作-o,实际发音接近 u)的方向滑动升高。收尾的-u 舌位略低,为[ʊ]。

ao

发音例词:

报道 bàodào　　懊恼 àonǎo　　草帽 cǎomào　　逃跑 táopǎo

◆绕口令◆

【猫闹鸟】

东边庙里有个猫,西边树上有只鸟,不知是猫闹树上鸟,还是鸟闹庙里猫?

【老老道小老道】

高高山上有座庙,庙里住着俩老道,一个年纪老,一个年纪少。庙前长着许多草,有时候老老道煎药,小老道采药,有时候小老道煎药,老老道采药。

ou [əʊ]

起点元音比单元音 o 的舌位略高、略前,接近央元音[ə]或[θ],唇形略圆。发音时,从略带圆唇的央元音[ə]开始,舌位向 u 的方向滑动。收尾的-u 接近[ʊ]。

ou

发音例词:

抖擞 dǒusǒu　　守候 shǒuhòu　　叩头 kòutóu　　丑陋 chǒulòu

◆绕口令◆

【黄狗咬我手】

清早上街走,走到周家大门口,门里跳出大黄狗,朝我汪汪大声吼。我捡起砖头打黄狗,黄狗跳起来咬手。不知石头打没打着周家的狗,也不知周家的狗咬没咬着我手指头。

【彩楼、锦绣】

咱队有六十六条沟,沟沟都是大丰收,东山果园像彩楼,西山棉田似锦绣,北山有条红旗渠,滚滚清泉绕山走。过去瞧见这六十六条秃石沟,心里就难受,如今这六十六条彩楼、锦绣、万宝沟,瞧也瞧不够。

第 2 组:中响复韵母 iao、iou、uai、uei

发音时,前头的元音轻短,中间的元音清晰响亮,后头的元音含混模糊,前、中、后元音发音过渡自然。

iao [iɑʊ]

由前高元音 i 开始,舌位降至后低元音 ɑ[ɑ]。然后再向后次高圆唇元音 u[ʊ]的方向滑升。发音过程中,舌位先降后升,由前到后,曲折幅度大。唇形从中间的元音 ɑ 逐渐拢圆。

iao

发音例词:

渺小 miǎoxiǎo　　疗效 liáoxiào　　窈窕 yǎotiǎo　　巧妙 qiǎomiào

◆绕口令◆

【鸟看表】

水上漂着一只表,表上落着一只鸟,鸟看表,表瞪鸟,鸟不认识表,表也不认识鸟。

【巧巧和小小】

巧巧过桥找嫂嫂，小小过桥找姥姥。巧巧桥上碰着小小，小小让巧巧去找姥姥，巧巧让小小去找嫂嫂，小小、巧巧同去找姥姥、嫂嫂。

iou [iəʊ]

由前高元音 i 开始，舌位降至央（略后）元音[ə]（或[θ]），然后再向后次高圆唇元音 u[ʊ]的方向滑升。发音过程中，舌位先降后升，由前到后，曲折幅度较大。唇形从央（略后）元音[ə]逐渐拢圆。

iou

复合元音 iou 在阴平（第一声）和阳平（第二声）的音节里，中间的元音（韵腹）弱化，甚至接近消失，舌位动程主要表现为前后的滑动，成为[iʊ]。如：优[iʊ]、流[liʊ]、究[tɕiʊ]、求[tɕʻiʊ]。这是汉语拼音 iou 省写为 iu 的依据。这种音变是随着声调自然变化的，在语音训练中不必过于强调。

发音例词：

求救 qiújiù　　悠久 yōujiǔ　　优秀 yōuxiù　　流通 liútōng

◆绕口令◆

【一葫芦酒】

一葫芦酒，九两六，一葫芦油，六两九。六两九的油，要换九两六的酒，九两六的酒，不换六两九的油。

【豆和油】

东邻有囤豆，西邻有篓油，我家有只鸡，又有一条狗。鸡啄了豆囤，豆囤漏了豆，狗啃了油篓，油篓流了油。鸡不啄豆囤，豆囤不漏豆，狗不啃油篓，油篓不流油。

uai [uaɪ]

由圆唇的后高元音 u 开始，舌位向前滑降到前低不圆唇元音 a（即“前 a”），然后再向前高不圆唇元音的方向滑升。发音过程中，舌位先降后升，由后到前，曲折幅度大。唇形从前元音 a 逐渐展唇。

uai

发音例词：

外婆 wàipó　　衰落 shuāiluò　　情怀 qínghuái　　作怪 zuòguài

◆绕口令◆

【槐树歪歪】

槐树歪歪，坐个乖乖。乖乖用手，摔了老酒。酒瓶摔坏，奶奶不怪。怀抱乖乖，出外买买。

【槐树槐】

槐树槐，槐树槐，槐树底下搭戏台，人家的姑娘都来了，我家的姑娘还没来。说着说着就来了，骑着驴，打着伞，歪着脑袋上戏台。

uei [ueɪ]

由后高圆唇元音 u 开始，舌位向前、向下滑到前半高不圆唇元音偏后靠下的位置（相当于央元音[ə]偏前的位置），然后再向前高不圆唇元音 i 的方向滑升。发音过程中，舌位先降后升，由后到前，曲折幅度较大。唇形从 e 逐渐展唇。

uei

在音节中，韵母 uei 受声母和声调的影响，中间的元音弱化。大致有四种情况：(1)在阴平（第一声）或阳平（第二声）的零声母音节里，韵母 uei 中间的元音音素弱化接近消失。例如：“微”“围”

的韵母弱化为[ɯ]。(2)在声母为舌尖音 z、c、s、d、t、zh、ch、sh、r 的阴平(第一声)和阳平(第二声)的音节里,韵母 uei 中间的元音音素弱化接近消失。例如:“催”“推”“垂”的韵母弱化为[ɯ]。(3)在舌尖音声母的上声(第三声)或去声(第四声)的音节里,韵母 uei 中间的元音音素只是弱化,但不会消失。例如:“嘴”“腿”“最”“退”的韵母都弱化成[u^{e}ɪ]。(4)在舌面后(舌根)音声母 g、k、h 的阴平或阳平音节里,韵母 uei 中间的 e 也只是弱化而不消失。例如:“规”“葵”的韵母弱化成[u^{e}ɪ]。这种音变是随着声母和声调的条件变化的,语音训练中不必过于强调。

发音例词:

退回 tuìhuí　　未遂 wèisuì　　垂危 chuíwēi　　摧毁 cuīhuǐ

◆绕口令◆

【嘴和腿】

嘴说腿,腿说嘴,嘴说腿爱跑腿,腿说嘴爱卖嘴。光动嘴不动腿,光动腿不动嘴,不如不长腿和嘴。

【谁胜谁】

梅小卫叫飞毛腿,卫小辉叫风难追。两人参加运动会,百米赛跑快如飞。飞毛腿追风难追,风难追追飞毛腿。梅小卫和卫小辉,最后不知谁胜谁。

第3组:后响复韵母 ia、ua、ie、üe、uo

发音时,前头的元音轻短,后头的元音清晰响亮,前、后元音发音过渡自然。

ia [iᴀ]

起点元音是前高元音 i,由它开始,舌位滑向央低元音 a[ᴀ]止。i 的发音较短,a 的发音响而长。

ia

发音例词:

夏天 xiàtiān　　假象 jiǎxiàng　　惊讶 jīngyà　　关卡 guānqiǎ

◆绕口令◆

【鸭和霞】

天上飘着一片霞,水上飘着一群鸭。霞是五彩霞,鸭是麻花鸭。麻花鸭游进五彩霞,五彩霞网住麻花鸭。乐坏了鸭,拍碎了霞,分不清是鸭还是霞。

【贾家养虾】

贾家有女初出嫁,嫁到夏家学养虾。喂养的对虾个头儿大,卖到市场直加价。贾家爹爹会养鸭,鸭子虽肥伤庄稼,邻里吵架不融洽,贾家也学养对虾。小虾卡住鸭子牙,大鸭咬住了虾的夹。夏家公公劝,贾家爹爹压,大鸭不怕吓,小虾装得嗲,夏家、贾家没办法。

ua [uᴀ]

起点元音是后高圆唇元音 u,由它开始,舌位滑向央低元音 a[ᴀ]止,唇形由最圆逐步展开到不圆。u 较短,a 响而长。

ua

发音例词:

挂帅 guàshuài　　华贵 huáguì　　书画 shūhuà　　印刷 yìnshuā

◆绕口令◆

【墙头有个瓜】

墙头上有个老南瓜,掉下来砸着胖娃娃。娃娃叫妈妈,妈妈抱娃娃,娃娃骂南瓜。

【画蛤蟆】

一个胖娃娃，画了三个大花活蛤蟆，三个胖娃娃，画不出一个大花活蛤蟆。画不出一个大花活蛤蟆的三个胖娃娃，真不如画了三个大花活蛤蟆的一个胖娃娃。

ie [iᴇ]

起点元音是前高元音 i，由它开始，舌位滑向前中元音 ê[ᴇ]止。i 较短，ê 响而长。

ie

发音例词：

贴切 tiēqiè　　结业 jiéyè　　接洽 jiēqià　　熄灭 xīmiè

◆绕口令◆

【捉蝴蝶】

杰杰和姐姐，花园里面捉蝴蝶。杰杰去捉花中蝶，姐姐去捉叶上蝶。

【谢老爹和薛大爹】

谢老爹在街上扫雪，薛大爹在屋里打铁。薛大爹见谢老爹在街上扫雪，就放下手里打着的铁，到街上帮谢老爹扫雪。谢老爹扫完了雪，进屋去帮薛大爹打铁。二人同扫雪，二人同打铁。

üe[yᴇ]

由前元音音素复合而成。起点元音是圆唇的前高元音 ü，由它开始，舌位下滑到前中元音ê[ᴇ]，唇形由圆到不圆。ü 较短，ê 响而长。

üe

发音例词：

攫取 juéqǔ　　乐章 yuèzhāng　　缔约 dìyuē　　的确 díquè

◆绕口令◆

【喜鹊】

一群灰喜鹊，一群黑喜鹊。灰喜鹊飞进黑喜鹊群，黑喜鹊群里有灰喜鹊。黑喜鹊飞进灰喜鹊群，灰喜鹊群里有黑喜鹊。

【瘸子和茄子】

打南边来个瘸子，担了一挑子茄子，手里拿着个碟子，地下钉着木头橛子。没留神那橛子绊倒了瘸子，弄撒了瘸子茄子，砸了瘸子碟子，瘸子猫腰拾茄子。

uo [uọ]

由后圆唇元音音素复合而成。起点元音是后高元音 u，由它开始，舌位向下滑到后中元音o[ọ]止。u 较短，o 响而长。

uo

发音例词：

堕落 duòluò　　错过 cuòguò　　国货 guóhuò　　陀螺 tuóluó

◆绕口令◆

【菠萝和陀螺】

坡上长菠萝，坡下玩陀螺。坡上掉菠萝，菠萝砸陀螺。砸破陀螺补陀螺，顶破菠萝剥菠萝。

【骆驼之国】

骆驼之国骆驼多，骆驼多得数不过。出门骑骆驼，骆驼就是车；汽车遇骆驼，车让骆驼过。你想骑骆驼，请到“骆驼之国”：索马里、科威特，还有沙特阿拉伯。

(三)鼻韵母的发音

鼻韵母的发音有两个特点:一是发音时由元音向鼻辅音过渡,逐渐增加鼻音色彩,最后形成鼻辅音;二是鼻韵母的发音不是以鼻辅音为主,而是以元音为主,元音清晰响亮,鼻辅音重在做出发音状态,发音不太明显。

除了 ong 与 üan 外,其他前鼻音韵母和后鼻音韵母是一一对应的关系:an—ang、ian—iang、uan—uang、en—eng、uen—ueng、in—ing、ün—iong。

1.前鼻音韵母

第 1 组:an、en、in、ün

发音时,先发元音,发完元音后,软腭下降,逐渐增强鼻音色彩,舌尖迅速移到上齿龈,抵住上齿龈做出发 n 的状态即可。

an [an]

起点元音是前低不圆唇元音 a,舌尖抵住下齿背,舌面前部隆起,舌位降到最低,软腭上升,关闭鼻腔通路。发“前 a”之后,软腭下降,打开鼻腔通路,同时舌面前部与硬腭前部闭合,使在口腔受到阻碍的气流从鼻腔里透出。口形开合度由大渐小,舌位动程较大。

an

发音例词:

斑斓 bānlán　　黯然 ànrán　　参展 cānzhǎn　　贪婪 tānlán

◆绕口令◆

【盛饭】

红饭碗、黄饭碗,红饭碗盛满饭碗,黄饭碗盛饭半碗。黄饭碗添了半碗饭,红饭碗减了饭半碗,黄饭碗比红饭碗又多半碗饭。

【蓝布棉门帘】

出南门,往正南,有个面铺面冲南,门口挂着蓝布棉门帘。摘了它的蓝布棉门帘,面铺面冲南,给它挂上蓝布棉门帘,面铺还是面冲南。

en [ən]

起点元音是央元音 e,舌位居中,舌尖接触下齿背,舌面隆起部位受韵尾影响略靠前,软腭上升,关闭鼻腔通路。发央元音 e 之后,软腭下降,打开鼻腔通路,同时舌面前部与硬腭前部闭合,使在口腔受到阻碍的气流从鼻腔里透出。口形开合度由大渐小,舌位动程较小。

en

发音例词:

本分 běnfèn　　粉尘 fěnchén　　沉闷 chénmèn　　恩人 ēnrén

◆绕口令◆

【小陈和小沈】

小陈去卖针,小沈去卖盆。俩人挑着担,一起出了门。小陈喊卖针,小沈喊卖盆。不知是谁卖针,也不知是谁卖盆。

【盆和瓶】

这边一个人,挑了一挑瓶。那边一个人,担了一挑盆。瓶碰烂了盆,盆碰烂了瓶。卖瓶买盆来赔盆,卖盆买瓶来赔瓶。瓶不能赔盆,盆不能赔瓶。

in [in]

in

起点元音是前高不圆唇元音 i，舌尖抵住下齿背，软腭上升，关闭鼻腔通路。发舌位最高的前元音 i 之后，软腭下降，打开鼻腔通路，同时，舌面前部与硬腭前部闭合，使在口腔受到阻碍的气流从鼻腔透出。开口度始终很小，几乎没有变化，舌位动程小。

发音例词：

濒临 bīnlín　　殷勤 yīnqín　　亲信 qīnxìn　　拼音 pīnyīn

◆绕口令◆

【土变金】

你也勤来我也勤，生产同心土变金，工人农民亲兄弟，心心相印团结紧。

ün [yn]

ün

起点元音从前高圆唇元音 ü [y]开始，发出 ü 后，舌尖向上齿龈运动，舌前部与上齿龈部闭合，封闭口腔通路，同时，软腭和小舌下降，打开鼻腔通路，气流从鼻腔通过。唇形从圆唇逐渐展开。注意：在 j、q、x 及零声母后汉语拼音写作 un，不要把此音读作[un]。

发音例词：

军训 jūnxùn　　均匀 jūnyún　　围裙 wéiqún　　俊美 jùnměi

◆绕口令◆

【白云和羊群】

蓝天上是片片白云，草原上是银色的羊群。近处看，这是羊群，那是白云；远处看，分不清哪是白云，哪是羊群。

第 2 组：ian、uan、uen、üan

发音时，第一个元音轻而短，第二个元音清晰响亮，发完第二个元音后，软腭下降，逐渐增强鼻音色彩，舌尖迅速移到上齿龈，抵住上齿龈做出发 n 的状态即可。

ian [iæn]

ian

发音时，从前高元音 i 开始，舌位向前低元音 a 的方向滑降。舌位只降到前次低元音[æ]的位置就开始升高，直到舌面前部抵住硬腭前部形成鼻音 n。

发音例词：

变迁 biànqiān　　沿线 yánxiàn　　简练 jiǎnliàn　　惦念 diànniàn

◆绕口令◆

【大姐编辫】

大姐梳辫，两个人编。二姐编那半边，三姐编这半边，三姐编这半边，二姐编那半边。

【谁眼圆】

山前有个阎圆眼，山后有个阎眼圆，二人山前来比眼，不知是阎圆眼的眼圆，还是阎眼圆的眼圆。

uan [uan]

发音时,从圆唇的后高元音 u 开始,口形迅速由合口变为开口,舌位向前滑降到不圆唇的前低元音 ɑ;然后舌位升高,直到舌面前部抵住硬腭前部形成鼻音 n。

uan

发音例词:

贯穿 guànchuān　　婉转 wǎnzhuǎn　　专款 zhuānkuǎn　　换算 huànsuàn

◆绕口令◆

【苏州两判官】

苏州有个玄妙观,观里有两个判官,一个判官姓潘,一个判官姓管。是潘判官先去打管判官呢?还是管判官先去打潘判官呢?

【小范儿边编蒜辫儿边盘算儿】

小范儿编蒜辫儿,边编蒜辫儿边盘算儿,编半辫儿蒜,比编一辫儿蒜少半辫儿,编一辫儿蒜比编半辫儿蒜多半辫儿。小范边编蒜辫儿边盘算儿,编了一辫儿又一辫儿。

uen [uən]

发音时,从圆唇的后高元音 u 开始,向央元音 e[ə]滑降,然后舌位升高,直到舌面前部抵住硬腭前部形成鼻音 n。唇形由圆唇在向折点元音的滑动过程中逐渐展唇。

uen

鼻韵母 uen 受声母和声调的影响,中间的元音(韵腹)弱化。它的音变条件与 uei 相同。

发音例词:

论文 lùnwén　　混沌 hùndùn　　温存 wēncún　　温顺 wēnshùn

◆绕口令◆

【炖冻冬瓜】

冬瓜冻,冻冬瓜,炖冻冬瓜是炖冻冬瓜,不炖冻冬瓜不是炖冻冬瓜。炖冻冬瓜吃炖冻冬瓜,不炖冻冬瓜不吃炖冻冬瓜。

【初春时节访新村】

初春时节访新村,喜看新村处处春。村前整地做秧床,村后耕田锄草忙。出村来到耕山队,林木茂盛果实壮。农业政策威力大,建设新村处处春。

üan [yæn]

发音时,从圆唇的前高元音 ü 开始,向前低元音 ɑ 的方向滑降。舌位降到前次低元音[æ]略后开始升高,直到舌面前部抵住硬腭前部形成鼻音 n。唇形由圆唇在向折点元音的滑动过程中逐渐展唇。

üan

发音例词:

全权 quánquán　　圆圈 yuánquān　　渊源 yuānyuán　　源泉 yuánquán

◆绕口令◆

【画圆圈】

圆圈圆,圈圆圈,圆圆娟娟画圆圈。娟娟画的圈连圈,圆圆画的圈套圈。娟娟圆圆比圆圈,看看谁的圆圈圆。

【男演员　女演员】

男演员、女演员,同台演戏说方言。男演员说吴方言,女演员说闽南言。男演员演远东劲旅飞行员,女演员演鲁迅著作研究员。研究员、飞行员,吴语言、闽南言,你说男女演员演得全不全。

2.后鼻音韵母

ng 是舌面后、浊、鼻音。发音时，软腭下降，关闭口腔，打开鼻腔通道，舌面后部后缩，抵住软腭，声带颤动。

第 1 组：ang、eng、ing、ong

发音时，先发元音，而后软腭下降，逐渐增强鼻音色彩，舌面后部后缩，抵住软腭，最后做出发 ng 的状态即可。

ang [ɑŋ]

起点元音是后低不圆唇元音 ɑ[ɑ]，口打开，舌尖离开下齿背，舌体后缩，软腭上升，关闭鼻腔通路。发“后 ɑ”之后，软腭下降，打开鼻腔通路，同时，舌面后部与软腭闭合，使在口腔中受到阻碍的气流从鼻腔里透出。开口度由大渐小，舌位动程较大。

ang

发音例词：

帮忙 bāngmáng　上场 shàngchǎng　账房 zhàngfáng　螳螂 tángláng

◆绕口令◆

【帆布黄】

长江里帆船帆布黄，船舱里放着一张床，床上躺着两位老大娘，她俩亲亲热热拉家常。

【同乡不同行】

辛厂长、申厂长，同乡不同行。辛厂长声声讲生产，申厂长常常闹思想。辛厂长一心只想革新厂，申厂长满口只讲加薪饷。

eng [ɤŋ]

起点元音是后半高不圆唇元音 e[ɤ]，口半闭，展唇，舌尖离开下齿背，舌体后缩，舌面后部隆起，比发单元音 e[ɤ]的舌位略低，软腭上升，关闭鼻腔通路。发 e 之后，软腭下降，打开鼻腔通路，同时，舌面后部与软腭闭合，使在口腔中受到阻碍的气流从鼻腔里透出。

eng

发音例词：

萌生 méngshēng　省城 shěngchéng　整风 zhěngfēng　更正 gēngzhèng

◆绕口令◆

【台灯和屏风】

郑政捧着盏台灯，彭澎扛着架屏风，彭澎让郑政扛屏风，郑政让彭澎捧台灯。

【放风筝】

刮着大风放风筝，风吹风筝挣断绳。风筝断绳风筝松，断绳风筝随风行。风不停，筝不停，风停风筝自不行。

ing [iŋ]

起点元音是前高不圆唇元音 i，舌尖接触下齿背，舌面前部隆起，软腭上升，关闭鼻腔通路。发 i 之后，软腭下降，打开鼻腔通路，同时，舌面后部与软腭闭合，使在口腔中受到阻碍的气流从鼻腔里透出。口形没有明显变化。

ing

发音例词：

冰晶 bīngjīng　硬性 yìngxìng　精明 jīngmíng　评定 píngdìng

◆绕口令◆

【天上七颗星】

天上七颗星,树上七只鹰,梁上七个钉,台上七盏灯。拿扇扇了灯,用手拔了钉,举枪打了鹰,乌云盖了星。

【民兵排选标兵】

民兵排选标兵,六班的标兵、七班的标兵、八班的标兵,评比台前比输赢。标兵比标兵,全排选八名,选出前八名,一起上北京。

ong [ʊŋ]

起点元音是比后高圆唇元音 u 舌位略低的后次高圆唇元音[ʊ],舌尖离开下齿背,舌体后缩,舌面后部隆起,软腭上升,关闭鼻腔通路。发后次高圆唇元音[ʊ]之后,软腭下降,打开鼻腔通路,同时,舌面后部与软腭闭合,使在口腔中受到阻碍的气流从鼻腔里透出。唇形始终拢圆。

ong

发音例词:

动工 dònggōng　　溶洞 róngdòng　　从容 cóngróng　　瞳孔 tóngkǒng

◆绕口令◆

【两个女孩都穿红】

昨日散步过桥东,看见两个女孩儿都穿红。一个叫红粉,一个叫粉红。两个女孩都摔倒,不知粉红扶红粉,还是红粉扶粉红。

【栽葱和栽松】

冲冲栽了十畦葱,松松栽了十棵松。冲冲说栽松不如栽葱,松松说栽葱不如栽松。是栽松不如栽葱,还是栽葱不如栽松?

第 2 组:iang、uang、ueng、iong

发音时,第一个元音轻而短,第二个元音清晰响亮,发完第二个元音后,软腭下降,逐渐增强鼻音色彩,舌面后部后缩,抵住软腭,最后做出发 ng 的状态即可。

iang [iaŋ]

发音时,舌位从前高元音 i 开始,向后滑降到后低元音 ɑ[ɑ],然后升高,接续鼻音 ng。

iang

发音例词:

踉跄 liàngqiàng　　像样 xiàngyàng　　想象 xiǎngxiàng　　响亮 xiǎngliàng

◆绕口令◆

【羊撞墙】

杨家养了一只羊,蒋家修了一道墙。杨家的羊撞倒了蒋家的墙,蒋家的墙压死了杨家的羊。杨家要蒋家赔杨家的羊,蒋家要杨家赔蒋家的墙。

【大和尚与小和尚】

大和尚常常上哪厢?大和尚常常过长江。过长江为哪厢?过长江看小和尚。大和尚原住襄阳家姓张,小和尚原住良乡本姓蒋,大和尚和小和尚,有事常商量。大和尚说小和尚强,小和尚说大和尚棒。小和尚煎汤,请大和尚尝,大和尚赏小和尚好檀香。

uang [uaŋ]

发音时，舌位从圆唇的后高元音 u 开始，滑降至后低元音 a[ɑ]，然后升高，接续鼻音 ng。唇形从圆唇在向折点元音的滑动过程中逐渐展唇。

uang

发音例词：

矿床 kuàngchuáng　往往 wǎngwǎng　装潢 zhuānghuáng　狂妄 kuángwàng

◆绕口令◆

【王庄和匡庄】

王庄卖筐，匡庄卖网，王庄卖筐不卖网，匡庄卖网不卖筐，你要买筐别去匡庄去王庄，你要买网别去王庄去匡庄。

ueng [uɤŋ]

发音时，舌位从圆唇的后高元音 u 开始，滑降到后半高元音 e[ɤ]（稍稍靠前略低）的位置，然后升高，接续鼻音 ng。唇形从圆唇在向折点元音的滑动过程中逐渐展唇。在普通话里，韵母 ueng 只有一种零声母的音节形式 weng。

ueng

发音例词：

翁 wēng　瓮 wèng　富翁 fùwēng　瓮城 wèngchéng

◆绕口令◆

【老翁和老翁】

老翁卖酒老翁买，老翁买酒老翁卖。老翁买酒老翁卖，老翁卖酒老翁买。

iong [iʊŋ]

发音时，舌位从前高元音 i 开始，向后略向下滑动到后次高圆唇元音[ʊ]的位置，然后升高，接续鼻音 ng。由于受后面圆唇元音的影响，开始的前高元音 i 也带上了圆唇色彩而近似 ü[y]，可以描写为[yʊŋ]或[yŋ]。传统汉语语音学把 iong 归属撮口呼。

iong

发音例词：

炯炯 jiǒngjiǒng　汹涌 xiōngyǒng　贫穷 pínqióng　甬道 yǒngdào

四、韵母辨正

（一）单韵母辨正

1.ü 与 i 分辨

ü 与 i 的区别在于圆唇与不圆唇，在保持舌位不变的情况下，ü 圆唇，i 展唇。

2.ü 与 u 分辨

ü 和 u 的区别在于：(1)ü 舌位在前，u 舌位在后。(2)ü 的圆唇与 u 的圆唇形状略有不同，u 最圆，ü 略扁；u 双唇向前突出，ü 双唇不太突出。

3.e 与 o 分辨

e 与 o 的发音情况大致相同，它们之间的主要区别在唇形：e 不圆唇，o 圆唇。

4.分辨 er 单元音发音

这是一个特殊的元音，汉语拼音用两个字母来表示，实际上只是一个元音。它的音色同[ə]接近，发[ə]时，嘴自然张开，不大不小，舌位自然放置，不前不后，这是一个最容易发的元音。发

[ə]时,舌尖向硬腭卷起,便可发出 er。如:“儿 ér”“耳 ěr”“二 èr”。

5.辨音对比练习

i 与 ü

(1)字对比练习

i—ü	qī—qū 期—屈	nǐ—nǚ 你—女	yǐ—yǔ 椅—雨	lǐ—lǚ 李—屡	xī—xū 稀—虚
ie—üe	qié—qué 茄—瘸	jié—jué 节—决	xiē—xuē 歇—靴	xié—xué 鞋—学	yè—yuè 页—悦
ian—üan	yān—yuān 烟—冤	qián—quán 前—全	jiǎn—juǎn 减—卷	yǎn—yuǎn 眼—远	jiān—juān 兼—娟
in—ün	qín—qún 琴—群	yīn—yūn 因—晕	xìn—xùn 信—讯	yǐn—yǔn 引—陨	jìn—jùn 尽—郡

(2)词对比练习

i—ü	bǐyì—bǐyù 比翼—比喻	bànlǐ—bànlǚ 办理—伴侣	bùjí—bùjú 不及—布局
ie—üe	xiēzi—xuēzi 蝎子—靴子	qièshí—quèshí 切实—确实	xiéhuì—xuéhuì 协会—学会
ian—üan	qiáncái—quáncái 钱财—全才	yóuyán—yóuyuán 油盐—游园	qiánshuǐ—quánshuǐ 潜水—泉水
in—ün	cānjīn—cānjūn 餐巾—参军	xīnzhì—xūnzhì 心智—熏制	báiyín—báiyún 白银—白云

u 与 ü

(1)字对比练习

u—ü	lù—lǜ 路—率	shǔ—xǔ 属—许	rú—yú 如—鱼	shū—xū 书—虚	chū—jū 出—居
uan—üan	shuān—xuān 栓—轩	zhuǎn—quǎn 转—犬	huán—xuán 环—旋	guān—juān 关—鹃	ruǎn—xuǎn 软—选
uen—ün	shùn—xùn 顺—迅	shǔn—yǔn 吮—陨	dùn—jùn 盾—郡	chūn—jūn 春—均	wén—yún 文—云

(2)词对比练习

u—ü	shùmù—xùmù 树木—畜牧	jìshù—jìxù 技术—继续	jìlù—jìlǜ 记录—纪律
uan—üan	huáchuán—huáquán 划船—划拳	shuānzi—xuànzi 栓子—楦子	chuánshuō—quànshuō 传说—劝说
uen—ün	shùndào—xùndǎo 顺道—训导	wēnshùn—xùnshùn 温顺—驯顺	shuǐwén—shuǐyùn 水纹—水运

e 与 o

(1)字对比练习

e—o	gē—bō 歌—播	gé—pó 阁—婆	kē—pō 科—坡	hé—fó 禾—佛	hé—mō 河—摸	gé—bó 格—博

(2)词对比练习

e—o	hégé—pògé 合格—破格	tèsè—pǒcè 特色—叵测	dàhé—dàfó 大河—大佛	kēpò—mópò 磕破—磨破

◆绕口令◆

i 与 ü

【驴踢梨】

一头驴，驮筐梨，驴一跑，滚了梨。驴跑梨滚梨绊驴，梨绊驴蹄驴踢梨。

【吕里和李丽】

李丽栽了一园李，吕里栽了满园梨。李丽摘李送吕里，吕里摘梨送李丽。吕里向李丽学摘李，李丽向吕里学栽梨。吕里和李丽，互相来学习。

【小曲小菊去储蓄】

小曲小菊去储蓄。小菊存了两千一百七十一元一角七，小曲存一千七百一十七元七角一。储蓄员告诉小曲和小菊，七年后所得利息每人可买一台电视机。

u 与 ü

【吴先生和余先生 】

徐州吴先生骑驴去泸州，屡次遇见雨和雾。苏州余先生上路去徐州，五次买回布与醋。

【金锯锯金柱】

朱家有个金柱子，曲家有个金锯子。曲家的主人拘了朱家的举人，金锯子锯断了金柱子。

o 与 e

【大哥和二哥】

大哥有大锅，二哥有二锅，大哥要换二哥的二锅，二哥不换大哥的大锅。

【鹅过河】

哥哥弟弟坡前坐，坡上卧着一只鹅，坡下流着一条河，哥哥说：宽宽的河。弟弟说：白白的鹅。鹅要过河，河要渡鹅。不知是鹅过河，还是河渡鹅。

i 和 ü 韵母代表字类推表

一、i 韵母代表字类推表

几—jī 几(几率)机肌饥讥叽玑矶 jǐ 几(几何)

及—jī 圾芨 jí 及级极汲岌

疾—jí 疾蒺嫉

即—jī 唧 jí 即 jì 暨鲫既

己—jǐ 己 jì 记纪忌 qǐ 岂起杞

技—jī 屐 jì 技伎妓 qí 歧岐

冀—jì 冀骥 yì 翼

离—lí 离篱漓璃蓠

里—lí 厘狸 lǐ 里哩理鲤俚娌

立—lì 立粒莅笠 qì 泣 yì 翌

丽—lí 鹂鲡 lì 丽俪郦

厉—lì 厉励砺蛎

利—lí 梨犁黎 lì 利莉俐痢猁蜊

力—lì 力历沥枥雳

尼—nī 妮 ní 尼泥(泥土)呢(呢喃)怩 nǐ 旎 nì 昵伲泥(拘泥)

倪—ní 倪霓猊 nì 睨

妻—qī 妻凄萋

沏—qī 沏 qì 砌

齐—qí 齐脐蛴 jī 跻 jǐ 济(人才济济)挤 jì 剂荠济(救济)

其—qī 期欺 qí 其棋旗萁骐琪祺綦麒 jī 箕

奇—qí 奇骑崎 qǐ 绮 jī 畸犄 jì 寄 yī 漪 yǐ 椅倚旖

乞—qǐ 乞 qì 迄讫 yì 屹

西—xī 西牺茜栖

膝—xī 膝 qī 漆

析—xī 析晰淅蜥 yí 沂

奚—xī 奚溪蹊

息—xī 息熄螅 qì 憩

希—xī 希稀郗晞

喜—xī 嘻嬉僖熹 xǐ 喜

昔—xī 昔惜
衣—yī 衣依 yì 裔
夷—yí 夷姨胰咦痍荑
怡—yí 怡贻
乙—yǐ 乙 yì 亿艺忆呓 qì 气汽
以—yǐ 以苡
役—yì 役疫
意—yì 意臆薏噫癔
益—yì 益溢缢
义—yí 仪 yǐ 蚁 yì 义议
易—yì 易蜴 tī 踢剔 tì 惕
揖—yī 揖 jī 缉 jí 辑楫
译—yì 译绎驿(zé 择泽 duó 铎)
亦—yì 亦弈奕

类推表外的字:jī 激积鸡击羁姬 jí 吉棘集急亟籍 jǐ 给(给养) jì 寂计季祭际继绩 qī 七 qí 祁畦芪 qǐ 启企 qì 弃契器 xī 熙兮夕犀 xí 席檄袭习 xǐ 洗徙玺 xì 戏系细隙 yī 医伊 yí 疑沂宜颐移遗彝 yǐ 矣 yì 弋抑诣逸肆熠异

二、ü 韵母代表字类推表

居—jū 居裾据(拮据) jù 锯剧据(根据)踞倨
且—jū 且(古助词)狙疽 jǔ 沮龃咀(咀嚼)
　　qū 蛆
菊—jū 鞠掬 jú 菊
句—jū 拘驹 jù 句 xù 煦
具—jù 具惧俱飓
巨—jǔ 矩 jù 巨距拒炬苣 qú 渠
屡—lǚ 屡缕褛偻(伛偻)
吕—lǚ 吕铝侣
虑—lǜ 虑滤
区—qū 区驱躯岖
曲—qū 曲(弯曲)蛐 qǔ 曲(歌曲)
瞿—qú 瞿衢癯
取—qǔ 取娶 qù 趣 jù 聚
虚—xū 虚嘘墟 qù 觑
胥—xū 胥 xù 婿
畜—xù 畜(畜牧)蓄
于—yū 迂吁(象声词) yú 于盂竽 yǔ 宇 yù 芋
　　xū 吁(长吁短叹)
禺—yú 禺愚隅 yù 遇寓
於—yū 於(姓)淤瘀
余—yú 余 xú 徐 xù 叙
俞—yú 俞榆愉瑜蝓揄逾渝 yù 愈喻谕
欲—yù 欲峪浴裕
予—yǔ 予 yù 预 xù 序
臾—yú 臾谀腴萸 yǔ 庾瘐
鱼—yú 鱼渔
与—yú 欤 yǔ 与(与其)屿 yù 与(参与)
语—yǔ 语圄
雨—yǔ 雨 xū 需
羽—yǔ 羽 xǔ 诩栩
禹—yǔ 禹 qǔ 龋
昱—yù 昱煜
玉—yù 玉钰
聿—yù 聿 lǜ 律
域—yù 域阈

类推表外的字:jū 车 jú 桔橘 jǔ 举 jù 遽 qū 屈 qù 去 xū 须 xǔ 许浒(浒墅关) xù 旭恤绪续絮 xu 蓿(苜蓿)

(二)复韵母辨正

复韵母要重点处理好韵头、韵腹、韵尾的关系,发音的过程要滑行到位,不要跳跃分割。在许多方言中,都有丢失韵头、归音不到位、口腔开度不够、圆唇不够等问题,我们在学习时要尤为注意。

1.单韵母和复韵母分辨不清

在有些方言中,常有把单韵母读成复韵母或把复韵母读成单韵母的情况。

2.辨音对比练习

(1)字对比练习

u—ou	zǔ—zǒu 组—走	dǔ—dǒu 堵—斗	shū—shōu 书—收	lù—lòu 路—漏	sū—sōu 苏—搜
i—ei	bǐ—běi 比—北	mǐ—měi 米—美	bì—bèi 碧—背	mì—mèi 密—妹	nǐ—něi 你—馁
ü—ou	xiū—lóu 修—楼	yù—ròu 欲—肉	xiù—lòu 锈—陋	yú—róu 于—揉	jǔ—chǒu 举—丑
ü—iou	qū—qiū 屈—丘	jù—jiù 巨—舅	qū—qiū 区—邱	jú—jiǔ 局—九	qú—qiú 渠—球
ü—ei	lǜ—lèi 绿—类	nǚ—nèi 女—内	lǚ—lèi 铝—泪	qú—lěi 渠—蕾	jù—bèi 句—被
uo—o	tuō—fó 拖—佛	luò—mò 落—末	suō—bō 缩—波	zuò—pò 做—迫	zuǒ—bǒ 左—跛
ai—e	chāi—chē 拆—车	zhāi—zhē 斋—折	gāi—gē 该—歌	mái—me 埋—么	cài—cè 菜—册
ai—a	pài—pà 派—怕	mǎi—mǎ 买—马	cāi—cā 猜—擦	zāi—zā 灾—匝	mài—mà 卖—骂
ia—a	qià—kā 恰—咖	xià—hā 吓—哈	qiā—gā 掐—旮	jiā—zá 夹—砸	yā—sǎ 鸭—洒
iao—ao	qiáo—cháo 桥—潮	xiāo—zhāo 宵—招	qiǎo—zǎo 巧—早	miào—mào 妙—貌	xiào—sào 笑—扫
ian—an	qián—chán 前—馋	xiān—shān 先—山	piàn—pàn 骗—盼	miàn—màn 面—慢	biān—bān 边—班
uen—en	sūn—sēn 孙—森	tūn—shēn 吞—身	shùn—shèn 顺—甚	zhǔn—zhěn 准—枕	hùn—hěn 混—很
uei—ei	zuǐ—zéi 嘴—贼	tuǐ—děi 腿—得	suí—shéi 随—谁	guǐ—gěi 鬼—给	

(2)词和短语对比练习

u—ou	xiǎozǔ—xiǎozōu 小组—小邹	dúzhēn—dòuzhēng 毒针—斗争	mùhuà—móuhuà 募化—谋划	dàlù—dàlóu 大陆—大楼
i—ei	zìbì—zìbēi 自闭—自卑	xúnmì—xúnméi 寻觅—寻梅	pífū—pèifú 皮肤—佩服	mǐlì—měilì 米粒—美丽
ü—ou	xùyì—shòuyì 蓄意—授意	júshì—lóushì 局势—楼市	qūzhǎng—shǒuzhǎng 区长—首长	yùzú—róuzú 狱卒—揉足
ü—iou	xùmù—xiǔmù 序幕—朽木	qūcái—xiùcái 屈才—秀才	jùzi—jiùzi 句子—舅子	yǔyán—yóuyān 语言—油烟
ü—ei	lǚcì—lěicì 屡次—累次	nǚrén—nèirén 女人—内人	qùwèi—měiwèi 趣味—美味	jǔlì—fèilì 举例—费力
uo—o	zhuómó—zhuōmō 琢磨—捉摸	luōsuo—mōsuǒ 啰唆—摸索	bōluò—bōduó 剥落—剥夺	bóruò—pòluò 薄弱—破落
ai—e	mùchái—mùchē 木柴—木车	kāibá—kē ba 开拔—磕巴	bǐsài—bìsè 比赛—闭塞	cáilüè—cèlüè 才略—策略

ai—a	càidì—cādì	hǎibá—hǎdá	kāishǐ—kāshí	zhāiyào—zhàyào
	菜地—擦地	海拔—哈达	开始—喀什	摘要—炸药
ia—a	jiàzi—chāzi	xiàtiān—shātián	qiàsì—shāsǐ	jiāfǎ—shāfā
	架子—叉子	夏天—沙田	恰似—杀死	加法—沙发
iao—ao	jiǎofèi—gǎofèi	qiāodǎ—kǎodǎ	miáotou—máotóu	xìpiào—xìpáo
	缴费—稿费	敲打—拷打	苗头—矛头	戏票—戏袍
ian—an	xiānrén—shānrén	xiàntóu—shàntóu	miǎnyì—mǎnyì	piānzhāng—pánzhàng
	仙人—山人	线头—汕头	免疫—满意	篇章—盘账
uen—en	sǔnrén—sēnlín	tūntǔ—shēnshǒu	kùnfá—kěnhuāng	zūnshǒu—zěnyàng
	损人—森林	吞吐—身手	困乏—垦荒	遵守—怎样
uei—ei	huīsè—hēisè	xiǎozuǐ—xiǎozéi	duìhuàn—děikuī	
	灰色—黑色	小嘴—小贼	兑换—得亏	

(三)鼻韵母辨正

1.an 与 ang

an 与 ang 在发音上有三点不同:第一,韵腹 a 舌位前后不同,an 由"前 a"开始发音,ang 由"后 a"开始发音。第二,舌位的滑动路线和终点位置不同,发 an,舌尖由顶下齿背到抵上牙床(硬腭前部),舌面稍升,发 ang,舌尖离开下齿背,舌头后缩,舌根抬起与软腭接触;发完 an 音时,舌前伸,发完 ang 音时,舌头后缩。第三,收音时,比较二者口形,an 上下齿闭拢,ang 口微开。

2.en 与 eng

en 与 eng 在发音上有三点不同:第一,起点元音不同,en 由央 e[ə]开始发音,eng 由央 e[ə](比[ə]稍后)开始发音。第二,发 en 舌头前伸,发 eng 舌头后缩。第三,发 en 音舌头位置变化不大,发完音上下齿也是闭拢的,而发 eng 音舌根上升,软腭下降,收音时,口微开,上下齿不闭拢。

3.in 与 ing

in 由 i 开始发音,上下齿始终不动,只是明显感觉到舌尖从下向上的动作,收音时,舌尖抵住上牙床,不后缩。ing 也是由 i 开始的,然后舌尖离开下齿背,舌头后移,抵住软腭。发音时,要注意由 i 到 n、ng 时,舌位不要降低,不要发成 ien、ieng。

4.辨音对比练习

(1)字对比练习

an—ang	mǎn—mǎng	lán—láng	hán—háng	dān—dāng	shǎn—shǎng
	满—莽	蓝—狼	寒—航	单—当	闪—赏
	zàn—zàng	sān—sāng	gān—gāng		
	赞—葬	叁—桑	干—刚		
en—eng	mén—méng	bèn—bèng	shēn—shēng	zhēn—zhēng	hén—héng
	门—蒙	笨—蹦	身—声	真—争	痕—横
	sēn—sēng	cén—céng	zhēn—zhēng		
	森—僧	岑—层	珍—睁		
in—ing	bīn—bīng	pín—píng	yīn—yīng	jǐn—jǐng	pīn—pīng
	宾—兵	贫—平	因—英	紧—井	拼—乒
	xìn—xìng	jìn—jìng	pín—píng	bīn—bīng	mín—míng
	信—姓	进—竞	贫—凭	彬—冰	民—名

(2)词和短语对比练习

an—ang	lànmàn—làngmàn 烂漫—浪漫	xīnfán—xīnfáng 心烦—新房	zànsòng—zàngsòng 赞颂—葬送
	dǎnliàng—dāngliàng 胆量—当量	bānshǒu—bāngshǒu 扳手—帮手	fǎnwèn—fǎngwèn 反问—访问
en—eng	shēnmíng—shēngmíng 申明—声明	qīngzhēn—qīngzhēng 清真—清蒸	shěnshì—shěngshì 审视—省事
	qiūfēn—qiūfēng 秋分—秋风	zhěnzhì—zhěngzhì 诊治—整治	fēnfù—fēngfù 吩咐—丰富
in—ing	rénmín—rénmíng 人民—人名	línshí—língshí 临时—零食	pínmín—píngmín 贫民—平民
	qīnshēng—qīngshēng 亲生—轻生	bùjǐn—bùjǐng 不仅—布景	jǐnbào—jǐngbào 紧抱—警报

◆绕口令◆

an 与 ang

【船和床】

对河过来一只船,这边漂去一张床,行到河中互相撞,不知床撞船,还是船撞床。

【扁担长板凳宽】

扁担长,板凳宽。板凳没有扁担长,扁担没有板凳宽。扁担要绑在板凳上,板凳偏不让扁担绑在板凳上。

en 与 eng

【真冷】

冷冷,真冷,真正冷,冷冰冰,冰冷冷。人人都说冷,猛的一阵风,更冷。

【陈和程】

姓陈不能说成姓程,姓程也不能说成姓陈。禾木边是程,耳东边是陈,如果陈程不分,就会认错人。

【棚倒盆碎】

老彭捧着一个盆,路过老闻干活儿的棚,老闻的棚碰了老彭的盆,棚倒盆碎棚砸盆,盆碎棚倒盆撞棚。老彭要赔老闻的棚,老闻要赔老彭的盆,老闻陪着老彭去买盆,老彭陪着老闻来修棚。

in 与 ing

【银星】

天上有银星,星旁有阴云,阴云要遮银星,银星躲过阴云,不让阴云遮银星。

【夫新的父亲 】

夫新的父亲名叫福清,福清就是夫新的父亲,福清要夫新叫他父亲,福清不要夫新叫他福清。

【敬母亲】

生身亲母亲,谨请您就寝,请您心宁静,身心很要紧。新星伴月明,银光澄清清,尽是清静境,敬铃不要惊。您醒我进来,进来敬母亲。

an和ang韵母代表字类推表

一、an韵母代表字

安—ān 安鞍氨 àn 案按

庵—ān 庵鹌 ǎn 俺

暗—àn 暗黯

般—bān 般搬瘢 pán 磐

扮—bàn 扮 bān 颁 pàn 盼

半—bàn 半伴拌绊 pàn 叛畔判

参—cān 参(参加) cǎn 惨 sān 叁

搀—chān 搀 chán 谗馋

单—dān 单(单据)郸殚 dǎn 掸 dàn 弹(子弹)惮 chán 单(单于)婵禅蝉 tán 弹(弹簧) shàn 单(姓单)

旦—dǎn 胆 dàn 旦但担 tǎn 坦袒

淡—dàn 淡氮啖 tán 谈痰 tǎn 毯

番—fān 番翻蕃 pān 潘 pán 蟠

凡—fān 帆 fán 凡矾

反—bān 扳 bǎn 板坂版舨 fǎn 反返 fàn 贩饭

甘—gān 甘柑泔疳 hān 酣 hán 邯

敢—gǎn 敢橄 hān 憨 kàn 瞰阚

干—gān 干(干净) 肝竿杆 gǎn 赶 gàn 干(干劲) àn 岸 hān 鼾 hán 邗 hǎn 罕 hàn 旱焊捍悍 汗 kān 刊

感—gǎn 感 hǎn 喊 hàn 撼

函—hán 函涵 hàn 菡

砍—kǎn 砍坎

兰—lán 兰拦栏 làn 烂

蓝—lán 蓝褴篮 làn 滥

阑—lán 阑澜斓

览—lǎn 览揽榄缆

瞒—mán 瞒 mǎn 满

曼—mán 馒鳗 màn 谩蔓漫蔓(蔓草)

难—nán 难 tān 滩摊瘫

南—nán 南楠 nǎn 蝻腩

攀—pān 攀 pàn 襻

冉—rán 蚺 rǎn 冉苒

然—rán 然燃

山—shān 山舢 shàn 汕讪疝

扇—shān 扇(扇动)煽 shàn 扇(扇子)

膻—shān 膻 shàn 擅 chàn 颤(颤抖) tán 檀 zhàn 颤(颤栗)

珊—shān 珊跚删姗

潭—tán 潭谭 qín 覃(姓氏)

炭—tàn 炭碳

赞—zǎn 攒(积攒) zàn 赞瓒 cuán 攒(人头攒动)

占—zhān 占(占卜)沾粘(粘贴) zhàn 占(占领)站战 nián 黏

詹—zhān 詹瞻 shàn 赡 dàn 澹

斩—zhǎn 斩崭 cán 惭 zàn 暂 jiàn 渐

展—zhǎn 展辗(辗转)

类推表外的字:àn 暗 bàn 办瓣 cān 餐 cán 蚕 chán 缠 chǎn 谄 chàn 忏 dān 耽 dàn 诞蛋 fàn 犯范泛 gān 尴 gàn 赣 hán 寒含韩 hàn 汉 kàn 看 lán 婪岚 lǎn 懒 mán 蛮 nán 男 pán 盘 pàn 盼 rǎn 染 sān 三 sǎn 散(散文)伞 sàn 散(分散) shān 衫杉 shǎn 闪陕 tān 贪 tán 坛 tǎn 忐 tàn 叹探 zán 咱 zhàn 湛蘸栈绽

二、ang韵母代表字

邦—bāng 邦帮梆 bǎng 绑

仓—cāng 仓沧苍舱

昌—chāng 昌菖猖鲳 chàng 唱倡

长—cháng 长(长短) chàng 怅 zhāng 张 zhǎng 长涨(高涨) zhàng 帐胀账涨(涨红了脸)

场—cháng 场(场院)肠　chǎng 场(会场)　chàng 畅　dàng 荡　shāng 殇觞　tàng 烫

当—dāng 当裆　dǎng 挡(挡箭牌)　dàng 档挡(摒挡)

方—fāng 方芳　fáng 防妨房坊　fǎng 仿访纺　fàng 放

冈—gāng 冈纲钢刚　gǎng 岗

缸—gāng 缸肛扛(扛鼎)　gàng 杠　káng 扛(扛活)

康—kāng 康慷糠

亢—kàng 亢炕抗伉　āng 肮　háng 杭吭(引吭高歌)航　hàng 沆

良—liáng 良粮　liàng 踉　lāng 啷　láng 狼郎廊榔螂琅　lǎng 朗　làng 浪　niáng 娘

忙—máng 忙芒氓盲茫

莽—mǎng 莽蟒

旁—pāng 膀(膀肿)滂　páng 旁磅螃膀(膀胱)　bǎng 榜膀(臂膀)　bàng 傍谤磅镑

桑—sāng 桑　sǎng 嗓搡

上—shàng 上　ràng 让

尚—shǎng 赏　tǎng 躺　shàng 尚　shang 裳　cháng 常嫦　chǎng 敞　dǎng 党　táng 堂膛螳　tǎng 淌倘躺　tàng 趟　zhǎng 掌

襄—xiāng 襄镶　rāng 嚷(嚷嚷)　ráng 瓤　rǎng 嚷(叫嚷)壤攘

唐—táng 唐塘搪糖

庄—zhuāng 庄桩　zāng 赃脏(肮脏)　zàng 脏(内脏)

章—zhāng 章彰樟漳蟑　zhàng 障瘴嶂幛

丈—zhàng 丈杖仗

类推表外的字：áng 昂　àng 盎　bàng 棒蚌(河蚌)　chǎng 厂　gǎng 港　hāng 夯　háng 行(银行)　xíng 行(行为)　pāng 乓　páng 庞　pàng 胖　sāng 丧(丧事)　sàng 丧(丧失)　shāng 伤　xiàng 向　zàng 葬藏(西藏)　cáng 藏(矿藏)

en 和 eng 韵母代表字类推表

一、en 韵母代表字

本—bēn 奔　běn 本苯　bèn 笨

辰—chén 辰晨　shēn 娠　zhèn 震振赈

恩—ēn 恩　èn 摁

分—fēn 分纷芬吩氛酚　fén 汾　fěn 粉　fèn 忿份　pén 盆

沈—shěn 沈　chén 忱　zhěn 枕　zhèn 鸩

甚—shèn 甚葚　zhēn 斟

艮—gēn 根跟　gěn 艮　hén 痕　hěn 狠很　hèn 恨　kěn 恳垦

肯—kěn 肯啃

真—zhēn 真　zhěn 缜　zhèn 镇　chēn 嗔　shèn 慎

门—mēn 闷(闷热)焖　mén 门扪　mèn 闷(闷闷不乐)　men 们

贲—bēn 贲　pēn 喷　fèn 愤

人—rén 人　rèn 认

刃—rěn 忍　rèn 刃仞纫韧

壬—rén 壬任(姓任)　rèn 任(任务)妊

参—shēn 参(人参)　shèn 渗

申—shēn 申绅伸呻砷　shén 神　shěn 审婶　chēn 抻(抻面)

珍—zhēn 珍　zhěn 疹诊　chèn 趁

贞—zhēn 贞侦桢祯

臻—zhēn 臻蓁榛

类推表外的字：chén 沉臣尘陈　chèn 衬称(相称)　fén 坟焚　fèn 粪　gèn 亘　nèn 嫩　rén 仁　sēn 森　shēn 身　shén 什　zěn 怎　zhèn 阵朕

二、eng 韵母代表字

曾—cēng 噌 céng 曾(曾经) cèng 蹭
sēng 僧 zēng 增憎 zèng 赠
成—chéng 成城诚盛(盛饭) shèng(盛大)
呈—chéng 呈程 chěng 逞 zèng 锃
丞—chéng 丞 zhēng 蒸 zhěng 拯
乘—chéng 乘 shèng 乘(千乘之国)剩
登—dēng 登蹬 dèng 瞪澄(把水澄清)凳
chéng 澄(澄清事实)橙
风—fēng 风枫疯 fěng 讽 fèng 凤
丰—fēng 丰 bèng 蚌
奉—fèng 奉俸 pěng 捧(bàng 棒)
封—fēng 封葑
锋—fēng 锋烽蜂峰 féng 逢缝(缝纫) fèng 缝(缝隙) péng 蓬篷
更—gēng 更(更新) gěng 埂梗哽 gèng 更(更加)(yìng 硬)
庚—gēng 庚赓
亨—hēng 亨哼 pēng 烹
坑—kēng 坑吭(吭声)
楞—léng 塄楞(楞角) lèng 愣
蒙—mēng 蒙(蒙骗) méng 蒙(蒙蔽)檬朦
měng 蒙(蒙古族)
萌—méng 萌盟
孟—měng 猛锰勐 mèng 孟
朋—péng 朋硼棚鹏 bēng 绷(绷带)崩嘣
běng 绷(绷着脸) bèng 蹦绷(绷瓷)
砰—pēng 砰怦抨
彭—pēng 嘭 péng 彭澎膨
扔—rēng 扔 réng 仍
生—shēng 生笙牲甥 shèng 胜
誊—téng 誊腾滕藤
争—zhēng 争挣(挣扎)峥筝铮狰 zhèng 挣(挣钱)
正—zhēng 正(正月)征症(症结) zhěng 整
zhèng 正(正确)政证怔症(症状) chéng 惩

类推表外的字: béng 甭 bèng 迸泵 céng 层 chēng 撑瞠称(称赞) chéng 承 chěng 骋 chèng 秤 dēng 灯 děng 等 dèng 邓 féng 冯 gēng 羹耕 gěng 耿 héng 恒横衡 kēng 铿 léng 棱 lěng 冷 néng 能 pèng 碰 shēng 声升 shéng 绳 shěng 省 shèng 圣 téng 疼 zhèng 郑

in 和 ing 韵母代表字类推表

一、in 韵母代表字

宾—bīn 宾滨缤傧槟(槟子) bìn 殡鬓膑摈 pín 嫔
今—jīn 今矜 qín 琴 yín 吟
斤—jīn 斤 jìn 靳近 qín 芹 xīn 欣新昕(tīng 听)
堇—jǐn 堇谨馑瑾 jìn 觐 qín 勤
尽—jǐn 尽(尽快) jìn 尽(尽力)烬
禁—jīn 禁(不禁)襟 jìn 禁(禁止)
磷—lín 磷麟辚嶙鳞粼
林—lín 林淋霖琳 bīn 彬
凛—lǐn 凛廪懔(bǐng 禀)
民—mín 民岷珉 mǐn 泯抿
频—pín 频颦 bīn 濒
侵—qīn 侵 qǐn 寝 jìn 浸
禽—qín 禽擒噙
心—xīn 心芯 qìn 沁(ruǐ 蕊)
辛—xīn 辛莘(莘庄)锌新薪 shēn 莘(莘莘学子)
因—yīn 因茵姻洇
引—yǐn 引蚓
阴—yīn 阴 yìn 荫
银—yín 银垠龈
隐—yǐn 隐瘾

类推表外的字：bīn 斌　jīn 津巾金筋　jǐn 锦仅　jìn 晋进　lín 临　lìn 吝　mǐn 皿敏闽　nín 您　pín 贫　pǐn 品　pìn 聘　qīn 亲钦　qín 秦　xīn 馨　xìn 信衅　yīn 音殷　yín 寅　yǐn 饮尹　yìn 印

二、ing 韵母代表字

兵—bīng 兵槟(槟榔)　pīng 乒

丙—bǐng 丙柄炳　bìng 病

并—bǐng 饼屏(屏气)　bìng 并摒　píng 屏(屏风)瓶(pīn 拼姘)

丁—dīng 丁叮盯仃钉(钉子)疔　dǐng 顶酊　dìng 订钉(钉扣子)　tīng 厅汀　tíng 亭

宁—níng 宁(宁静)狞咛拧(拧毛巾)　nǐng 拧(拧螺丝)　nìng(宁可)泞拧(脾气拧)

定—dìng 定锭腚(zhàn 绽)

京—jīng 京鲸惊　jǐng 景憬　yǐng 影

经—jīng 经茎　jǐng 颈　jìng 劲(刚劲)径胫　qīng 轻氢

井—jǐng 井阱

竟—jìng 竟镜境竞

敬—jǐng 警　jìng 敬　qíng 擎

令—líng 令(令狐)玲岭铃伶苓零羚龄囹聆翎　lǐng 领岭　lìng 令(līn 拎　lín 邻)

陵—líng 陵菱凌绫

名—míng 名茗铭　mǐng 酩

冥—míng 冥溟螟暝瞑

平—píng 平苹评坪

青—qīng 清清蜻　qíng 晴情氰　qǐng 请　jīng 睛精菁腈　jìng 靖靓

罄—qìng 罄磬

顷—qīng 倾　qǐng 顷

亭—tíng 亭停婷葶

廷—tíng 廷庭蜓霆　tǐng 挺铤艇

星—xīng 星腥猩惺　xǐng 醒

形—xíng 形刑型邢　jīng 荆

性—xìng 性姓

幸—xìng 幸悻

英—yīng 英瑛

婴—yīng 婴樱缨鹦

萤—yīng 莺　yíng 萤莹荧营萦蓥荥

盈—yíng 盈楹

类推表外的字：bīng 冰　bǐng 禀秉　dǐng 鼎　jīng 旌兢晶　líng 灵　lìng 另　míng 明鸣　mìng 命　níng 凝　píng 凭　qīng 卿　qìng 庆　tīng 听　xīng 兴(兴奋)　xíng 行　xǐng 省(不省人事)　xìng 杏兴(高兴)　shěng 省(省会)　yīng 应(应该)鹰　yíng 赢蝇迎　yǐng 颖　yìng 应(应考)硬映

第四节　声　调

一、什么是声调

在汉语里，音高的升降能够区别意义，这种能区别意义的音高升降叫作声调，又叫作字调。例如“马”(mǎ)和“骂”(mà)就是靠声调区别意义的。

声调的高低升降主要决定于音高，而音高的变化又是由发音时声带的松紧决定的。发音时，声带越紧，在一定时间内振动的次数越多，音高就越高；声带越松，在一定时间内振动的次数越少，音高就越低。在发音过程中，声带可以随时调整，有时可以一直绷紧，有时可以先放松后绷紧，或先绷紧后放松，有时松紧相间。这样造成不同音高的变化，就构成了不同的声调。

普通话声调是区别意义的重要条件，如果说话时没有声调，就无法准确表达汉语的意义，也不能完整地标注汉语的语音。相同的声、韵母组合在一起，可以因为声调的不同而表示不同的意思。例如：

dá yí 答疑	dá yì 达意	dà yí 大姨	dà yì 大意	gū lì 孤立	gǔ lì 鼓励
tǔ dì 土地	tú dì 徒弟	huì yì 会议	huí yì 回忆	kǒu zi 口子	kòu zi 扣子
zhū zi 珠子	zhú zi 竹子	zhǔ zi 主子	zhù zi 柱子	lí zǐ 梨子	lǐ zi 李子
wǒ yào yān 我要烟	wǒ yào yán 我要盐	wǒ yào yǎn 我要演	wǒ yào yàn 我要砚		

二、调值、调类与调号

(一)调值

调值是声调的实际读法，即高低升降的形式。普通话语音的调值有高平调、中升调、降升调和全降调四种基本类型，也就是说，普通话的声调有这四种调值。

描写声调的调值，通常用“五度标调法”：用一条竖线表示高低，竖线的左边用横线、斜线、折线表示声调高低、升降、曲直的变化。竖线的高低分为“低、半低、中、半高、高”五度，用1、2、3、4、5表示，1表示“低”，2表示“半低”，其余依此类推。平调和降调用两个数目字，曲折调用三个数目字。根据这种标调法，普通话声调的四种调值可以用图表示出来。

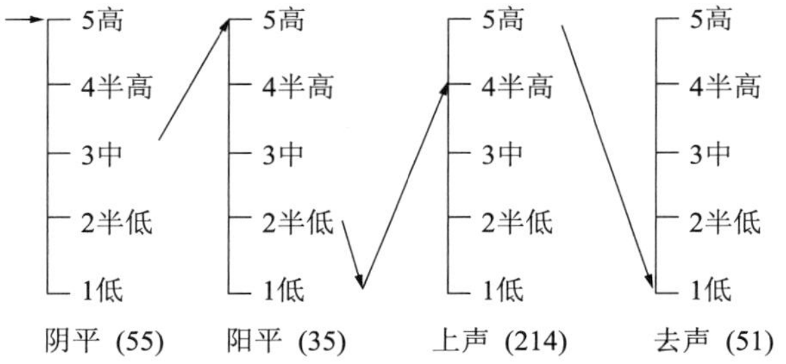

普通话声调的四种调值

普通话声调表

调类(四声)	调号	例字	调型	调值	调值说明
阴平	ˉ	妈 mā	高平	55	起音高高一路平
阳平	ˊ	麻 má	中升	35	由中到高往上升
上声	ˇ	马 mǎ	降升	214	先降然后再扬起
去声	ˋ	骂 mà	全降	51	从高降到最下层

声调

55、35、214、51表示声调实际的高低升降，叫作调值。为了便于书写和印刷，一般就用标数码的办法来表示，《汉语拼音方案》更进一步简化，只在韵母的韵腹上标出“ˉ ˊ ˇ ˋ”四个符号来表示声调。

（二）调类

调类就是声调的分类，是根据声调的实际读法归纳出来的。有几种实际读法，就有几种调类，也就是把调值相同的归为一类。普通话有四种基本的调值，可以归纳出四个调类。

普通话音节中，凡调值为 55 的，归为一类，叫阴平，如“江山多娇”等；凡调值为 35 的，归为一类，叫阳平，如“人民和平”等；凡调值为 214 的，归为一类，叫上声，如“美好理想”等；凡调值为 51 的，归为一类，叫去声，如“庆祝大会”等。阴平、阳平、上声、去声就是普通话调类的名称。调类名称也可以用序数表示，称为一声、二声、三声、四声，简称为“四声”。

（三）调号

调号就是标记普通话调类的符号。《汉语拼音方案》所规定的调号是：阴平“ ˉ”、阳平“ ˊ”、上声“ ˇ”、去声“ ˋ”。声调是整个音节的高低升降的调子，声调的高低升降的变化主要集中体现在韵腹即主要元音上，所以调号要标在韵母的韵腹上。

汉语六个主要元音中，发音最响亮的是 ɑ，依次是 o、e、i、u、ü。一个音节有 ɑ，调号就标在 ɑ 上，如 chāo（超）；没有 ɑ，就标在 o 或 e 上，如 zhōu（周）、pèi（配）；碰到 iu、ui 组成的音节，就标在最后一个元音上，如 niú（牛）、duì（队）。调号如标在 i 上，i 上面的圆点可以省去，如 yīng（英）、xīn（欣）。轻声不标调，如 māma（妈妈）、yuèliang（月亮）。

三、声调发音

普通话声调的发音有鲜明的特点，阴平、阳平、上声和去声调形区别明显：一平、二升、三曲、四降。

从发音长短看，上声发音持续的时间最长，其次是阳平；去声发音持续的时间最短，其次是阴平。普通话四声调值时长见下图。

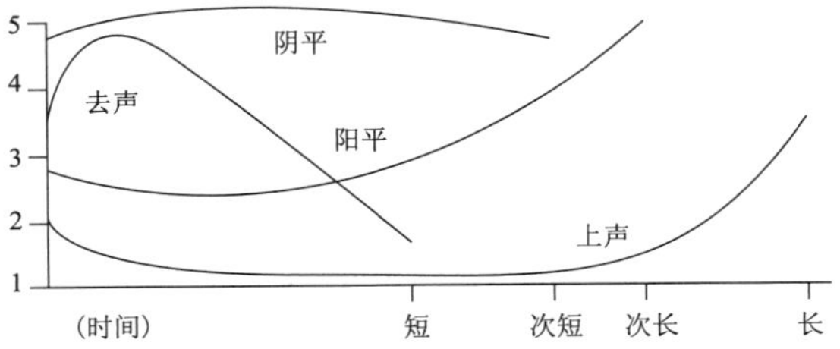

普通话四声调值时长图

（一）阴平

阴平又叫作高平调，俗称一声，调值是 55。

发音时，声带绷到最紧（“最紧”是相对的，下同），始终没有明显变化，保持高音。

阴平

发音例词：

低微 dīwēi	吃亏 chīkuī	交叉 jiāochā	嚣张 xiāozhāng
供需 gōngxū	摔跤 shuāijiāo	军官 jūnguān	拖车 tuōchē

（二）阳平

阳平又叫作高升调，俗称二声，调值是 35。

发音时，声带从不松不紧开始，逐渐绷紧，到最紧为止，声音由不低不高升到最高。

阳平

发音例词:

闸门 zhámén	航程 hángchéng	神灵 shénlíng	尤为 yóuwéi
顽强 wánqiáng	抉择 juézé	黄连 huánglián	从而 cóng'ér

(三)上声

上声

上声又叫作降升调,俗称三声,调值是214。

发音时,声带从略微有些紧张开始,立刻松弛下来,稍稍延长,然后迅速绷紧,但没有绷到最紧。发音过程中,声音主要表现在低音段1—2度之间,这成为上声的基本特征。上声的音长在普通话4个声调中是最长的。

发音例词:

法典 fǎdiǎn	好转 hǎozhuǎn	领主 lǐngzhǔ	打鼓 dǎgǔ
旅馆 lǚguǎn	口语 kǒuyǔ	勉强 miǎnqiǎng	奶粉 nǎifěn

(四)去声

去声

去声又叫作全降调,俗称四声,调值是51。

发音时,声带从紧开始,到完全松弛为止。声音由高到低。去声的音长在普通话4个声调中是最短的。

发音例词:

正派 zhèngpài	变动 biàndòng	械斗 xièdòu	救济 jiùjì
树立 shùlì	剧烈 jùliè	势必 shìbì	驾驭 jiàyù

◆绕口令◆

声调绕口令

【大猫毛短】

大猫毛短,小猫毛长,大猫毛比小猫毛短,小猫毛比大猫毛长。(阴平、阳平)

【刘兰柳蓝】

布衣履刘兰柳,布履蓝衣柳兰刘,兰柳拉犁来犁地,兰刘播种来拉耧。(阳平、上声)

【任命不是人名】

任命是任命,人名是人名,任命不是人命,人名不是任命,人名不能任命。人是人,任是任,名是名,命是命,人、任、名、命,要分清。(阳平、去声)

【不怕不会】

不怕不会,就怕不学,一回不会,再来一回,决不后悔,直到学会。(阳平、上声、去声)

【梨和栗】

老罗拉了一车梨,老李拉了一车栗。老罗人称大力罗,老李人称李大力。老罗拉梨做梨酒,老李拉栗去换梨。(阳平、上声、去声)

【小柳和小妞】

路东住着刘小柳,路南住着牛小妞,刘小柳拿着大皮球,牛小妞抱着大石榴,刘小柳把皮球送给牛小妞,牛小妞把石榴送给刘小柳。(阴平、阳平、上声)

【妈妈骑马】

妈妈骑马,马慢,妈妈骂马。舅舅搬鸠,鸠飞,舅舅揪鸠。姥姥喝酪,融酪,姥姥捞酪。妞妞哄牛,牛拧,妞妞拧牛。(阴平、上声、去声)

【磨房磨墨】

磨房磨墨,墨抹磨房一磨墨;小猫摸煤,煤飞小猫一毛煤。(阴平、阳平、上声、去声)

【嘴啃泥】

你说一，我对一，一个阿姨搬桌椅，一个小孩不注意，绊一跟斗，啃一嘴泥。（阴平、阳平、上声、去声）

【老史捞石老师】

老师叫老史去捞石，老史老是没有去捞石，老史老是骗老师，老师老说老史不老实。（阴平、阳平、上声、去声）

四、声调难点

（一）阴平、阳平

阴平与阳平训练中应防范出现的缺陷：阴平，一是不能达到调值55的高度，有的读成44或33的调值；二是出现前后高低高度不一致的现象，即在四个声调自然分布的普通话水平测试的第一题单音节字词的朗读时，阴平忽高忽低，音高不稳定。阳平的问题也有两个：一是升调带曲势，即通俗所谓“拐弯”的现象；二是为避免“拐弯”而发声急促，影响了普通话应有的舒展的语感。

1.阴平练习

（1）全阴平练习

丹 dān　　吨 dūn　　装 zhuāng　　机 jī　　颁 bān

操 cāo　　趴 pā　　薪 xīn　　发出 fāchū　　干杯 gānbēi

呼吸 hūxī　　几乎 jīhū　　沙滩 shātān　　期间 qījiān　　贪污 tānwū

悄悄 qiāoqiāo　　弯曲 wānqū　　分工 fēngōng　　春天花开 chūntiānhuākāi

江山多娇 jiāngshānduōjiāo　　珍惜光阴 zhēnxīguāngyīn

（2）阴平在前的词语练习

凄凉 qīliáng　　清查 qīngchá　　今年 jīnnián　　珊瑚 shānhú　　山河 shānhé

安稳 ānwěn　　班长 bānzhǎng　　包裹 bāoguǒ　　参考 cānkǎo　　缺点 quēdiǎn

机构 jīgòu　　家教 jiājiào　　开办 kāibàn　　科室 kēshì　　勘探 kāntàn

（3）阴平在后的词语练习

儿孙 érsūn　　繁多 fánduō　　国家 guójiā　　寒暄 hánxuān　　胡说 húshuō

保温 bǎowēn　　把关 bǎguān　　厂家 chǎngjiā　　处方 chǔfāng　　打击 dǎjī

旱灾 hànzāi　　假期 jiàqī　　间接 jiànjiē　　抗击 kàngjī　　客观 kèguān

2.阳平练习

（1）全阳平练习

才 cái　　蝉 chán　　随 suí　　言 yán　　权 quán

敌 dí　　成 chéng　　人 rén　　吉祥 jíxiáng　　扛活 kánghuó

来由 láiyóu　　离奇 líqí　　茫然 mángrán　　然而 rán'ér　　神奇 shénqí

熟人 shúrén　　杂文 záwén　　颓唐 tuítáng　　豪情昂扬 háoqíngángyáng

回国华侨 huíguóhuáqiáo　　人民团结 rénmíntuánjié

（2）阳平在前的词语练习

麻花 máhuā　　南方 nánfāng　　泥坑 níkēng　　旁边 pángbiān　　其间 qíjiān

毒品 dúpǐn　　而且 érqiě　　罚款 fákuǎn　　烦恼 fánnǎo　　国有 guóyǒu

鼻涕 bítì　白炽 báichì　裁判 cáipàn　常见 chángjiàn　答案 dá'àn

(3)阳平在后的词语练习

超额 chāo'é　当局 dāngjú　单词 dāncí　阿谀 ēyú　恩情 ēnqíng

椭圆 tuǒyuán　网球 wǎngqiú　委员 wěiyuán　整洁 zhěngjié　主持 zhǔchí

课程 kèchéng　破除 pòchú　那时 nàshí　内容 nèiróng　漫长 màncháng

(二)上声、去声

上声,调值是214,它是普通话四个声调里最不易学好的。常见的缺陷有六个方面:一是调头太高(读成314),二是调尾太高(读成215),三是调尾太低(读成212或213),四是整个声调偏高(几乎无曲势,读成324),五是声调中断(读成21—4),六是声调曲折生硬。去声的主要问题是缺乏音高概念,不是从最高降到最低,而是加大音强并读成调值31或53。

1.上声练习

(1)全上声练习

使 shǐ　扰 rǎo　保 bǎo　笔 bǐ　管 guǎn　奖 jiǎng　党 dǎng　此 cǐ

主 zhǔ　损 sǔn　紧 jǐn　所 suǒ　产 chǎn　港 gǎng　品 pǐn　打 dǎ

感 gǎn　委 wěi　粉 fěn　赶 gǎn　鼓 gǔ　舞 wǔ　海 hǎi　守 shǒu

(2)上声在前的词语练习(上声读为半上211,这属于上声的变调现象)

海滨 hǎibīn　口腔 kǒuqiāng　假装 jiǎzhuāng　检修 jiǎnxiū　可观 kěguān

法人 fǎrén　改革 gǎigé　果实 guǒshí　海拔 hǎibá　广博 guǎngbó

倘若 tǎngruò　损耗 sǔnhào　体力 tǐlì　统治 tǒngzhì　往日 wǎngrì

(3)上声在后的词语练习

撒谎 sāhuǎng　三角 sānjiǎo　听讲 tīngjiǎng　贪嘴 tānzuǐ　微小 wēixiǎo

如果 rúguǒ　食品 shípǐn　外语 wàiyǔ　田野 tiányě　提审 tíshěn

窃取 qièqǔ　入口 rùkǒu　授予 shòuyǔ　特点 tèdiǎn　神勇 shényǒng

2.去声练习

(1)全去声练习

件 jiàn　滥 làn　事 shì　布 bù　器 qì

告 gào　侧 cè　面 miàn　腊月 làyuè　浪漫 làngmàn

目录 mùlù　面貌 miànmào　那样 nàyàng　耐力 nàilì　怄气 òuqì

确定 quèdìng　锐利 ruìlì　售货 shòuhuò　日夜变化 rìyèbiànhuà

运动大会 yùndòngdàhuì　胜利闭幕 shènglìbìmù

(2)去声在前的词语练习

爱心 àixīn　报销 bàoxiāo　弊端 bìduān　刺激 cìjī　扩张 kuòzhāng

个人 gèrén　汉学 hànxué　好奇 hàoqí　价格 jiàgé　鉴别 jiànbié

号码 hàomǎ　见解 jiànjiě　教养 jiàoyǎng　电子 diànzǐ　矿井 kuàngjǐng

(3)去声在后的词语练习

帆布 fānbù　干脆 gāncuì　关注 guānzhù　黑夜 hēiyè　呵斥 hēchì

敌对 díduì　额外 éwài　然后 ránhòu　扶助 fúzhù　泊位 bówèi

讨论 tǎolùn　水利 shuǐlì　请假 qǐngjià　品质 pǐnzhì　暖气 nuǎnqì

(三)消除入声训练

1.消除入声

普通话里没有入声。古代的入声字都分派到普通话的阴、阳、上、去四声里了,其中分派到去声里的最多,约占一半以上;三分之一分派到阳平;分派到上声的最少。许多方言里都有入声。吴方言里的入声几乎都带有塞音韵尾,读音短促。学习普通话声调时,这种短促的入声残留会明显影响普通话整体语调,所以要特别注意消除入声。

2.声调对比练习

gēnggǎi—gěnggài　更改—梗概

xiāngjiāo—xiàngjiāo　香蕉—橡胶

tí cái—tǐ cái　题材—体裁

jìnqū—jìnqǔ　禁区—进取

diāolíng—diàolìng　凋零—调令

bǎowèi—bāowéi　保卫—包围

huānyíng—huànyǐng　欢迎—幻影

chūnjié—chúnjié　春节—纯洁

bān jí—bān jī　班级—班机

fénhuǐ—fēnhuì　焚毁—分会

féiliào—fèiliào　肥料—废料

ānhǎo—ànhào　安好—暗号

liánxì—liànxí—liánxī　联系—练习—怜惜

chéngshì—chéngshí—chēngshì　城市—诚实—瞠视

chéngbāo—chéngbǎo—chéngbào　承包—城堡—呈报

dìzhǐ—dìzhì—dǐzhì—dìzhī　地址—地质—抵制—地支

biānzhì—biǎnzhí—biānzhī—biànzhì　编制—贬值—编织—变质

yǔyán—yúyàn—yùyán—yùyǎn　语言—鱼雁—预言—预演

gōngshì—gòngshì—gōngshí—gōngshǐ　公式—共事—工时—公使

fángzhǐ—fǎngzhī—fàngzhì—fángzhì—fǎngzhì—fāngzhì　防止—纺织—放置—防治—仿制—方志

3.四声练习

sān huáng wǔ dì　三皇五帝

qū bié hǎo jì　区别好记

shēn móu yuǎn lǜ　深谋远虑

bīng qiáng mǎ zhuàng　兵强马壮

gāo péng mǎn zuò　高朋满座

yīng xióng hǎo hàn　英雄好汉

wàn lǐ cháng zhēng　万里长征

bèi jǐng lí xiāng　背井离乡

nòng qiǎo chéng zhuō　弄巧成拙

xì qǔ yán jiū　戏曲研究

tòng gǎi qián fēi　痛改前非

mù gǔ chén zhōng　暮鼓晨钟

第五节　语流音变

我们在口语交流和口语表达的过程中,不是孤立地发出每一个音节,而是根据语意的需要将一连串的音节连续发出,形成语流。在这个过程中,相邻的音素与音素之间、音节与音节之间、声调与声调之间不可避免地会发生相互影响,使语音产生一定的变化,这就是语流音变。普通话的语流音变现象主要表现在变调、轻声、儿化和语气词“啊”的音变四个方面。音变是有一定规律的，学习和掌握这些规律，把这些规律运用于口语表达中，能使我们的语言更流畅、更自然、更谐调，发音更轻松。

一、变调

在语流中，由于相连音节的相互影响，使有些音节的基本调值发生了变化，这种变化就叫变调。其变化是有一定规律的，普通话中比较明显的变调有两种：一是上声的变调；二是“一”和“不”的变调。

(一)上声的变调

上声在阴平、阳平、去声、轻声前都会产生变调，只有在单念或处在词语、句子的末尾才读原调。上声的变调有以下几种情况：

1.上声在非上声前，即在阴平、阳平、去声、轻声前，变“半上”，丢掉后半段14上声的尾巴，调值由214变为半上声211，变调调值描写为214—211。

发音例词：

上声＋阴平	许昌 xǔchāng	禹州 yǔzhōu	语音 yǔyīn	百般 bǎibān	摆脱 bǎituō
上声＋阳平	朗读 lǎngdú	语文 yǔwén	祖国 zǔguó	旅行 lǚxíng	导游 dǎoyóu
上声＋去声	朗诵 lǎngsòng	语调 yǔdiào	广大 guǎngdà	讨论 tǎolùn	稿件 gǎojiàn
上声＋轻声	矮子 ǎizi	奶奶 nǎinai	尾巴 wěiba	老婆 lǎopo	耳朵 ěrduo

词语练习：

上声＋阴平

产生 chǎnshēng	女兵 nǚbīng	脚跟 jiǎogēn	垦荒 kěnhuāng	卷烟 juǎnyān
雨衣 yǔyī	九江 jiǔjiāng	史诗 shǐshī	许多 xǔduō	首先 shǒuxiān
口腔 kǒuqiāng	北方 běifāng	小心 xiǎoxīn	主张 zhǔzhāng	指标 zhǐbiāo

上声＋阳平

语言 yǔyán	品行 pǐnxíng	美德 měidé	选择 xuǎnzé	总结 zǒngjié
果园 guǒyuán	铁锤 tiěchuí	典型 diǎnxíng	打球 dǎqiú	坦白 tǎnbái
老年 lǎonián	解决 jiějué	谴责 qiǎnzé	羽毛 yǔmáo	口才 kǒucái

上声＋去声

朗诵 lǎngsòng	准确 zhǔnquè	法制 fǎzhì	恳切 kěnqiè	想念 xiǎngniàn
好像 hǎoxiàng	努力 nǔlì	脚步 jiǎobù	体育 tǐyù	考试 kǎoshì
比较 bǐjiào	笔记 bǐjì	品位 pǐnwèi	坦率 tǎnshuài	响亮 xiǎngliàng

上声＋轻声

指甲 zhǐjia	哑巴 yǎba	伙计 huǒji	打听 dǎting	讲究 jiǎngjiu
骨头 gǔtou	口袋 kǒudai	你们 nǐmen	懂得 dǒngde	起来 qǐlai
点心 diǎnxin	暖和 nuǎnhuo	本事 běnshi	脊梁 jǐliang	摆布 bǎibu

2.两个上声相连，前一个上声的调值变为35。实验语音学从语图和听辨实验证明，前字上声、后字上声构成的组合与前字阳平、后字上声构成的组合在声调模式上是相同的。这说明两个上声相连，前字上声的调值变得跟阳平的调值一样。变调调值描写为214—35。

发音例词：

上声＋上声

口语 kǒuyǔ　演讲 yǎnjiǎng　勇敢 yǒnggǎn　免检 miǎnjiǎn　党委 dǎngwěi

词语练习：

美好 měihǎo　理想 lǐxiǎng　彼此 bǐcǐ　采访 cǎifǎng　饱满 bǎomǎn

管理 guǎnlǐ　陕北 shǎnběi　引导 yǐndǎo　了解 liǎojiě　保险 bǎoxiǎn

脊髓 jǐsuǐ　尽管 jǐnguǎn　给予 jǐyǔ　奖品 jiǎngpǐn　可鄙 kěbǐ

3.上声在轻声的前面变阳平。

发音例词：

上声＋轻声

哪里 nǎli　打手 dǎshou　老鼠 lǎoshu　老虎 lǎohu　可以 kěyi

小姐 xiǎojie　想起 xiǎngqi　捧起 pěngqi　讲讲 jiǎngjiang　等等 děngdeng

口里 kǒuli　眼里 yǎnli　走走 zǒuzou　晌午 shǎngwu

4.三个上声相连的变调：三个上声相连，如果后面没有其他音节，也不带什么语气，末尾音节一般不变调。开头、当中的上声音节有两种变调：

当词语的结构是双音节＋单音节（双单格）时，开头、当中的上声音节调值变为35，跟阳平的调值一样。

发音例词：

展览馆 zhǎnlǎnguǎn　管理组 guǎnlǐzǔ　选举法 xuǎnjǔfǎ

水彩笔 shuǐcǎibǐ　打靶场 dǎbǎchǎng　勇敢者 yǒnggǎnzhě

演讲稿 yǎnjiǎnggǎo　古典美 gǔdiǎnměi　跑马场 pǎomǎchǎng

当词语的结构是单音节＋双音节（单双格），开头音节处在被强调的逻辑重音时，读作“半上”，调值变为211，当中音节则按两字组变调规律变为35。

发音例词：

撒火种 sǎhuǒzhǒng　冷处理 lěngchǔlǐ　耍笔杆 shuǎbǐgǎn

小两口 xiǎoliǎngkǒu　小老虎 xiǎolǎohǔ　老保守 lǎobǎoshǒu

小拇指 xiǎomǔzhǐ　纸雨伞 zhǐyǔsǎn　很友好 hěnyǒuhǎo

（二）“一”“不”的变调

“一”“不”在单念或用在词句末尾时，以及“一”在序数中，声调不变，读原调：“一”念阴平55，“不”念去声51。例如：第一；不，我不。当它们处在其他音节前面时，声调往往发生变化。

1.“一”的变调。“一”有两种变调：

发音例词：

（1）去声前变阳平

一栋 yídòng　一段 yíduàn　一律 yílǜ　一路 yílù　一溜儿 yíliùr

一例 yílì　一贯 yíguàn　一个 yígè　一共 yígòng　一刻 yíkè

一致 yízhì　一阵 yízhèn　一兆 yízhào　一瞬 yíshùn　一事 yíshì

（2）非去声前变去声

阴平前

一发 yìfā　一端 yìduān　一天 yìtiān　一忽 yìhū　一经 yìjīng

一千 yìqiān　一心 yìxīn　一些 yìxiē　一星 yìxīng　一朝 yìzhāo

一生 yìshēng　一身 yìshēn　一应 yìyīng　一杯 yìbēi　一根 yìgēn

阳平前

一叠 yìdié　一同 yìtóng　一头 yìtóu　一条 yìtiáo　一年 yìn án

一连 yìlián　一盒 yìhé　一齐 yìqí　一行 yìxíng　一直 yìzhí

一时 yìshí　一如 yìrú　一人 yìrén　一无 yìwú　一旁 yìpáng

上声前

一统 yìtǒng　一体 yìtǐ　一览 yìlǎn　一口 yìkǒu　一举 yìjǔ

一己 yìjǐ　一起 yìqǐ　一本 yìběn　一种 yìzhǒng　一准 yìzhǔn

一场 yìchǎng　一手 yìshǒu　一水 yìshuǐ　一早 yìzǎo　一总 yìzǒng

当“一”作为序数表示“第一”时不变调,例如:“一楼”的“一”不变调,表示“第一楼”或“第一层楼”,而变调表示“全楼”;“一连”的“一”不变调,表示“第一连”,而变调则表示“全连”;副词“一连”中的“一”也变调,如“一连五天”。

2.“不”的变调。“不”字只有一种变调:在去声前变阳平。

发音例词:

不怕 búpà　不妙 búmiào　不犯 búfàn　不忿 búfèn　不但 búdàn

不待 búdài　不特 bútè　不论 búlùn　不利 búlì　不料 búliào

不见 bújiàn　不错 búcuò　不幸 búxìng　不像 búxiàng　不屑 búxiè

3.“一”嵌在重叠式的动词之间,“不”夹在重叠动词或重叠形容词之间、夹在动词和补语之间,都读轻声。

发音例词:

听一听 tīngyitīng　学一学 xuéyixué　写一写 xiěyixiě　看一看 kànyikàn

懂不懂 dǒngbudǒng　去不去 qùbuqù　走不走 zǒubuzǒu　会不会 huìbuhuì

看不清 kànbuqīng　听不懂 tīngbudǒng　记不住 jìbuzhù　学不会 xuébuhuì

二、轻声

在普通话里,除了阴平、阳平、上声、去声四种声调之外,有些词里的音节或句子里的词,失去原有的声调,念成又轻又短的调子,这种音节叫轻声。

(一)轻声的作用

轻声不单纯是一种语音现象,它不但和词义、词性有关系,而且还和语法有很大的关系。

1.区别词义

zìzài 自在(自由,不受拘束)	zìzai 自在(安闲舒适)
dàyì 大意(主要意思)	dàyi 大意(粗心)
shìfēi 是非(事理的正确与错误)	shìfei 是非(纠纷,口舌)
xiōngdì 兄弟(哥哥和弟弟)	xiōngdi 兄弟(弟弟)
dōngxī 东西(指方位)	dōngxi 东西(指物品)

2.区别词性

dìdào 地道（名词，在地面下挖成的通道）	dìdao 地道（形容词，真正、纯粹）
kāitōng 开通（动词，消除阻碍可以通过、穿过）	kāitong 开通（形容词，不守旧、不拘谨、大方）
duìtóu 对头（形容词，正确、合适）	duìtou 对头（名词，仇敌、对手）

(二)轻声的规律

普通话里大多数轻声都同词汇、语法上的意义有密切关系。

1.助词

(1)结构助词“的、地、得”

tāde	chīde	chànggēde	yúkuàide	mànmànde	xiědehǎo
他的	吃的	唱歌的	愉快地	慢慢地	写得好

(2)时态助词“着、了、过”

kànzhe	kànle	qùle	kànguo	láiguo
看着	看了	去了	看过	来过

(3)语气助词“啊、吧、了、吗、呢、的”

lái’a	zǒuba	zhōngxiǎngle	zhīdàoma	zěnmene
来啊	走吧	钟响了	知道吗	怎么呢

2.名词的后缀“子、儿、头、们”

zhuōzi	yǐzi	niáor	shítou	mántou	wǒmen
桌子	椅子	鸟儿	石头	馒头	我们

3.名词后面表示方位的“上、下、里”

fāngzhuōshang	jiǎoxia	shùxia	kǒudàili	héli
方桌上	脚下	树下	口袋里	河里

4.趋向动词

nálai	zuòxia	lùshang	huílai	jìnqu
拿来	坐下	路上	回来	进去

5.叠音词和单音节动词重叠的第二个音节

māma	tàitai	kànkan	xiěxie
妈妈	太太	看看	写写

6.联绵词的第二个音节

língli	luóbo	duōsuo	gēda
伶俐	萝卜	哆嗦	疙瘩

普通话水平测试用必读轻声词语表

说　明

1.本表根据《普通话水平测试用普通话词语表》编制。

2.本表供普通话水平测试第二项——读多音节词语(100 个音节)测试使用。

3.本表共收词 546 条(其中“子”尾词 206 条),按汉语拼音字母顺序排列。

4.条目中的非轻声音节只标本调,不标变调;条目中的轻声音节,注音不标调号,如:“明白 míngbai”。

A—D

A

爱人 àiren
案子 ànzi

B

巴掌 bāzhang
把子 bǎzi
把子 bàzi
爸爸 bàba
白净 báijing
班子 bānzi
板子 bǎnzi
帮手 bāngshou
梆子 bāngzi
膀子 bǎngzi
棒槌 bàngchui
棒子 bàngzi
包袱 bāofu
包涵 bāohan
包子 bāozi
豹子 bàozi
杯子 bēizi
被子 bèizi
本事 běnshi
本子 běnzi
鼻子 bízi
比方 bǐfang
鞭子 biānzi
扁担 biǎndan
辫子 biànzi
别扭 bièniu
饼子 bǐngzi
拨弄 bōnong
脖子 bózi
簸箕 bòji
补丁 bǔding
不由得 bùyóude
不在乎 bùzàihu
步子 bùzi
部分 bùfen

C

财主 cáizhu
裁缝 cáifeng
苍蝇 cāngying
差事 chāishi
柴火 cháihuo
肠子 chángzi
厂子 chǎngzi
场子 chǎngzi
车子 chēzi
称呼 chēnghu
池子 chízi
尺子 chǐzi
虫子 chóngzi
绸子 chóuzi
除了 chúle
锄头 chútou
畜生 chùsheng
窗户 chuānghu
窗子 chuāngzi
锤子 chuízi
刺猬 cìwei
凑合 còuhe
村子 cūnzi

D

耷拉 dāla
答应 dāying
打扮 dǎban
打点 dǎdian
打发 dǎfa
打量 dǎliang
打算 dǎsuan
打听 dǎting
大方 dàfang
大爷 dàye
大夫 dàifu
带子 dàizi
袋子 dàizi
单子 dānzi
耽搁 dānge
耽误 dānwu
胆子 dǎnzi
担子 dànzi
刀子 dāozi
道士 dàoshi
稻子 dàozi
灯笼 dēnglong
凳子 dèngzi
提防 dīfang
笛子 dízi
底子 dǐzi
地道 dìdao
地方 dìfang
弟弟 dìdi
弟兄 dìxiong
点心 diǎnxin
调子 diàozi
钉子 dīngzi
东家 dōngjia
东西 dōngxi
动静 dòngjing
动弹 dòngtan
豆腐 dòufu
豆子 dòuzi
嘟囔 dūnang
肚子 dǔzi
肚子 dùzi
缎子 duànzi
队伍 duìwu
对付 duìfu
对头 duìtou
多么 duōme

E—H

E

蛾子 ézi
儿子 érzi
耳朵 ěrduo

F

贩子 fànzi
房子 fángzi
废物 fèiwu
份子 fènzi
风筝 fēngzheng
疯子 fēngzi
福气 fúqi
斧子 fǔzi

G

盖子 gàizi
甘蔗 gānzhe
杆子 gānzi
杆子 gǎnzi
干事 gànshi
杠子 gàngzi
高粱 gāoliang
膏药 gāoyao
稿子 gǎozi
告诉 gàosu
疙瘩 gēda
哥哥 gēge
胳膊 gēbo
鸽子 gēzi
格子 gézi
个子 gèzi
根子 gēnzi

跟头	gēntou
工夫	gōngfu
弓子	gōngzi
公公	gōnggong
功夫	gōngfu
钩子	gōuzi
姑姑	gūgu
姑娘	gūniang
谷子	gǔzi
骨头	gǔtou
故事	gùshi
寡妇	guǎfu
褂子	guàzi
怪物	guàiwu
关系	guānxi
官司	guānsi
罐头	guàntou
罐子	guànzi
规矩	guīju
闺女	guīnü
鬼子	guǐzi
柜子	guìzi
棍子	gùnzi
锅子	guōzi
果子	guǒzi

H

蛤蟆	háma
孩子	háizi
含糊	hánhu
汉子	hànzi
行当	hángdang
合同	hétong
和尚	héshang
核桃	hétao
盒子	hézi
红火	hónghuo
猴子	hóuzi
后头	hòutou
厚道	hòudao
狐狸	húli
胡萝卜	húluóbo
胡琴	húqin
糊涂	hútu
护士	hùshi
皇上	huángshang
幌子	huǎngzi
活泼	huópo
火候	huǒhou
伙计	huǒji

J—M

J

机灵	jīling
脊梁	jǐliang
记号	jìhao
记性	jìxing
夹子	jiāzi
家伙	jiāhuo
架势	jiàshi
架子	jiàzi
嫁妆	jiàzhuang
尖子	jiānzi
茧子	jiǎnzi
剪子	jiǎnzi
见识	jiànshi
毽子	jiànzi
将就	jiāngjiu
交情	jiāoqing
饺子	jiǎozi
叫唤	jiàohuan
轿子	jiàozi
结实	jiēshi
街坊	jiēfang
姐夫	jiěfu
姐姐	jiějie
戒指	jièzhi
金子	jīnzi
精神	jīngshen
镜子	jìngzi
舅舅	jiùjiu
橘子	júzi
句子	jùzi
卷子	juànzi

K

咳嗽	késou
客气	kèqi
空子	kòngzi
口袋	kǒudai
口子	kǒuzi
扣子	kòuzi
窟窿	kūlong
裤子	kùzi
快活	kuàihuo
筷子	kuàizi
框子	kuàngzi
阔气	kuòqi

L

喇叭	lǎba
喇嘛	lǎma
篮子	lánzi
懒得	lǎnde
浪头	làngtou
老婆	lǎopo
老实	lǎoshi
老太太	lǎotàitai
老头子	lǎotóuzi
老爷	lǎoye
老子	lǎozi
姥姥	lǎolao
累赘	léizhui
篱笆	líba
里头	lǐtou
力气	lìqi
厉害	lìhai
利落	lìluo
利索	lìsuo
例子	lìzi
栗子	lìzi
痢疾	lìji
连累	liánlei
帘子	liánzi
凉快	liángkuai
粮食	liángshi
两口子	liǎngkǒuzi
料子	liàozi
林子	línzi
翎子	língzi
领子	lǐngzi
溜达	liūda
聋子	lóngzi
笼子	lóngzi
炉子	lúzi
路子	lùzi
轮子	lúnzi
萝卜	luóbo
骡子	luózi
骆驼	luòtuo

M

妈妈	māma
麻烦	máfan
麻利	máli
麻子	mázi
马虎	mǎhu
码头	mǎtou
买卖	mǎimai
麦子	màizi
馒头	mántou
忙活	mánghuo
冒失	màoshi
帽子	màozi
眉毛	méimao
媒人	méiren
妹妹	mèimei
门道	méndao
眯缝	mīfeng
迷糊	míhu
面子	miànzi
苗条	miáotiao
苗头	miáotou
名堂	míngtang
名字	míngzi
明白	míngbai
模糊	móhu
蘑菇	mógu
木匠	mùjiang
木头	mùtou

N—R

N

那么	nàme
奶奶	nǎinai
难为	nánwei
脑袋	nǎodai
脑子	nǎozi
能耐	néngnai
你们	nǐmen
念叨	niàndao
念头	niàntou
娘家	niángjia
镊子	nièzi
奴才	núcai
女婿	nǚxu
暖和	nuǎnhuo
疟疾	nüèji

P

拍子	pāizi
牌楼	páilou
牌子	páizi
盘算	pánsuan
盘子	pánzi
胖子	pàngzi

狍子 páozi
盆子 pénzi
朋友 péngyou
棚子 péngzi
脾气 píqi
皮子 pízi
痞子 pǐzi
屁股 pìgu
片子 piānzi
便宜 piányi
骗子 piànzi
票子 piàozi
漂亮 piàoliang
瓶子 píngzi
婆家 pójia
婆婆 pópo
铺盖 pūgai

Q

欺负 qīfu
旗子 qízi
前头 qiántou
钳子 qiánzi
茄子 qiézi
亲戚 qīnqi
勤快 qínkuai
清楚 qīngchu
亲家 qìngjia
曲子 qǔzi
圈子 quānzi
拳头 quántou
裙子 qúnzi

R

热闹 rènao
人家 rénjia
人们 rénmen
认识 rènshi
日子 rìzi
褥子 rùzi

S—X

S

塞子 sāizi
嗓子 sǎngzi
嫂子 sǎozi
扫帚 sàozhou
沙子 shāzi
傻子 shǎzi
扇子 shànzi
商量 shāngliang
晌午 shǎngwu
上司 shàngsi
上头 shàngtou
烧饼 shāobing
勺子 sháozi
少爷 shàoye
哨子 shàozi
舌头 shétou
身子 shēnzi
什么 shénme
婶子 shěnzi
生意 shēngyi
牲口 shēngkou
绳子 shéngzi
师父 shīfu
师傅 shīfu
虱子 shīzi
狮子 shīzi
石匠 shíjiang
石榴 shíliu
石头 shítou
时候 shíhou
实在 shízai
拾掇 shíduo
使唤 shǐhuan
世故 shìgu
似的 shìde
事情 shìqing
柿子 shìzi
收成 shōucheng
收拾 shōushi
首饰 shǒushi
叔叔 shūshu
梳子 shūzi
舒服 shūfu
舒坦 shūtan
疏忽 shūhu
爽快 shuǎngkuai
思量 sīliang
算计 suànji
岁数 suìshu
孙子 sūnzi

T

他们 tāmen
它们 tāmen
她们 tāmen
台子 táizi
太太 tàitai
摊子 tānzi
坛子 tánzi
毯子 tǎnzi
桃子 táozi
特务 tèwu
梯子 tīzi
蹄子 tízi
挑剔 tiāoti
挑子 tiāozi
条子 tiáozi
跳蚤 tiàozao
铁匠 tiějiang
亭子 tíngzi
头发 tóufa
头子 tóuzi
兔子 tùzi
妥当 tuǒdang
唾沫 tuòmo

W

挖苦 wāku
娃娃 wáwa
袜子 wàzi
晚上 wǎnshang
尾巴 wěiba
委屈 wěiqu
为了 wèile
位置 wèizhi
位子 wèizi
蚊子 wénzi
稳当 wěndang
我们 wǒmen
屋子 wūzi

X

稀罕 xīhan
席子 xízi
媳妇 xífu
喜欢 xǐhuan
瞎子 xiāzi
匣子 xiázi
下巴 xiàba
吓唬 xiàhu
先生 xiānsheng
乡下 xiāngxia
箱子 xiāngzi
相声 xiàngsheng
消息 xiāoxi
小伙子 xiǎohuǒzi
小气 xiǎoqi
小子 xiǎozi
笑话 xiàohua
谢谢 xièxie
心思 xīnsi
星星 xīngxing
猩猩 xīngxing
行李 xíngli
性子 xìngzi
兄弟 xiōngdi
休息 xiūxi
秀才 xiùcai
秀气 xiùqi
袖子 xiùzi
靴子 xuēzi
学生 xuésheng
学问 xuéwen

Y—Z

Y

丫头 yātou
鸭子 yāzi
衙门 yámen
哑巴 yǎba
胭脂 yānzhi
烟筒 yāntong
眼睛 yǎnjing
燕子 yànzi
秧歌 yāngge
养活 yǎnghuo
样子 yàngzi
吆喝 yāohe
妖精 yāojing
钥匙 yàoshi
椰子 yēzi
爷爷 yéye
叶子 yèzi
一辈子 yībèizi
衣服 yīfu
衣裳 yīshang
椅子 yǐzi
意思 yìsi
银子 yínzi
影子 yǐngzi
应酬 yìngchou
柚子 yòuzi
冤枉 yuānwang

院子	yuànzi	眨巴	zhǎba	折腾	zhēteng	种子	zhǒngzi	壮实	zhuàngshi
月饼	yuèbing	栅栏	zhàlan	这个	zhège	珠子	zhūzi	状元	zhuàngyuan
月亮	yuèliang	宅子	zháizi	这么	zhème	竹子	zhúzi	锥子	zhuīzi
云彩	yúncai	寨子	zhàizi	枕头	zhěntou	主意	zhǔyi	桌子	zhuōzi
运气	yùnqi	张罗	zhāngluo	芝麻	zhīma		(zhúyi)	字号	zìhao
		丈夫	zhàngfu	知识	zhīshi	主子	zhǔzi	自在	zìzai
Z		帐篷	zhàngpeng	侄子	zhízi	柱子	zhùzi	粽子	zòngzi
在乎	zàihu	丈人	zhàngren	指甲	zhǐjia	爪子	zhuǎzi	祖宗	zǔzong
咱们	zánmen	帐子	zhàngzi		(zhījia)	转悠	zhuànyou	嘴巴	zuǐba
早上	zǎoshang	招呼	zhāohu	指头	zhǐtou	庄稼	zhuāngjia	作坊	zuōfang
怎么	zěnme	招牌	zhāopai		(zhítou)	庄子	zhuāngzi	琢磨	zuómo
扎实	zhāshi								

三、儿化

普通话的韵母除 er 以外，都可以儿化。儿化的韵母叫作“儿化韵”，原来非儿化的韵母叫作“平舌韵”。

(一)儿化的作用

儿化不只是一种纯粹的语音现象，它跟词义、语法及修辞、感情色彩都有着密切的关系。

1.区别词义

xìn 信(信件)⟶ xìnr 信儿(消息)　　tóu 头(脑袋)⟶ tóur 头儿(首领)

yǎn 眼(眼睛)⟶ yǎnr 眼儿(小窟窿)

2.改变词性、词义

gài 盖(动词)⟶ gàir 盖儿(名词，盖东西的器具)

jiān 尖(形容词)⟶ jiānr 尖儿(名词，针尖)

zuò 坐(动词)⟶ zuòr 座儿(名词，供人坐的地方)

huà 画(动词)⟶ huàr 画儿(名词，一张画)

3.表示细、小、轻、微

yìdiǎnr 一点儿　(指数量极小)

4.使语言带有表示喜爱、亲切的感情色彩

xiǎoqǔr	xiǎoháir	gēr	xiānhuār	liǎndànr	xiǎojīr
小曲儿	小孩儿	歌儿	鲜花儿	脸蛋儿	小鸡儿

(二)儿化音的规律

原韵或韵尾	儿化	实际发音
韵母或韵尾是 a、o、e、u	不变,加 r	号码儿 hàomǎr　花儿 huār 草帽儿 cǎomàor　麦苗儿 màimiáor 唱歌儿 chànggēr　高个儿 gāogèr 小猴儿 xiǎohóur　打球儿 dǎqiúr
韵尾是 i、n(in、ün 除外)	丢 i 或 n,加 r	刀背儿 dāobèr　一块儿 yíkuàr 心眼儿 xīnyǎr　花园儿 huāyuár
韵尾是 ng	去 ng,加 r,元音鼻化	电影儿 diànyĩr　帮忙儿 bāngmãr 板凳儿 bǎndẽr　香肠儿 xiāngchãr
韵母是 i、ü	不变,加 er	玩意儿 wányìer　毛驴儿 máolǘer 有趣儿 yǒuqùer　小鸡儿 xiǎojīer
韵母是-i、ê	丢-i 或 ê,加 er	叶儿 yèr　橛儿 juér 词儿 cér　事儿 shèr
韵母是 ui、in、un、ün	丢 i 或 n,加 er	麦穗儿 màisuèr　干劲儿 gànjìer 飞轮儿 fēilúer　白云儿 báiyúer

注:字母上的"~"表示鼻化。拼写儿化音时,只要在音节末尾加"r"即可,语音上的实际变化不必在拼写上表示出来。

普通话水平测试用儿化词语表

说　明

1.本表参照《普通话水平测试用普通话词语表》及《现代汉语词典》编制。加 * 的是以上二者未收，根据测试需要而酌情增加的条目。

2.本表仅供普通话水平测试第二项——读多音节词语（100 个音节）测试使用。本表儿化音节，在书面上一律加“儿”，但并不表明所列词语在任何语用场合都必须儿化。

3.本表共收词 189 条，按儿化韵母的汉语拼音字母顺序排列。

4.本表列出原形韵母和所对应的儿化韵，用“＞”表示条目中儿化音节的注音，只在基本形式后面加“r”，如“一会儿 yīhuìr”，不标语音上的实际变化。

扫码听范读 一　扫码听范读 二　扫码听范读 三　扫码听范读 四

一

a＞ar	刀把儿 dāobàr	号码儿 hàomǎr	戏法儿 xìfǎr
	在哪儿 zàinǎr	找茬儿 zhǎochár	打杂儿 dǎzár
	板擦儿 bǎncār		
ai＞ar	名牌儿 míngpáir	鞋带儿 xiédàir	壶盖儿 húgàir
	小孩儿 xiǎoháir	加塞儿 jiāsāir	
an＞ar	快板儿 kuàibǎnr	老伴儿 lǎobànr	蒜瓣儿 suànbànr
	脸盘儿 liǎnpánr	脸蛋儿 liǎndànr	收摊儿 shōutānr
	栅栏儿 zhàlanr	包干儿 bāogānr	笔杆儿 bǐgǎnr
	门槛儿 ménkǎnr		

二

ang＞ar（鼻化）	药方儿 yàofāngr	赶趟儿 gǎntàngr	香肠儿 xiāngchángr
	瓜瓤儿 guārángr		

三

ia＞iar	掉价儿 diàojiàr	一下儿 yīxiàr	豆芽儿 dòuyár
ian＞iar	小辫儿 xiǎobiànr	照片儿 zhàopiānr	扇面儿 shànmiànr
	差点儿 chàdiǎnr	一点儿 yīdiǎnr	雨点儿 yǔdiǎnr
	聊天儿 liáotiānr	拉链儿 lāliànr	冒尖儿 màojiānr
	坎肩儿 kǎnjiānr	牙签儿 yáqiānr	露馅儿 lòuxiànr
	心眼儿 xīnyǎnr		

四

iang＞iar（鼻化）	鼻梁儿 bíliángr	透亮儿 tòuliàngr	花样儿 huāyàngr

扫码听范读 五　　扫码听范读 六　　扫码听范读 七　　扫码听范读 八

五

ua＞uar	脑瓜儿 nǎoguār	大褂儿 dàguàr	麻花儿 máhuār
	笑话儿 xiàohuar	牙刷儿 yáshuār	
uai＞uar	一块儿 yīkuàir		
uan＞uar	茶馆儿 cháguǎnr	饭馆儿 fànguǎnr	火罐儿 huǒguànr
	落款儿 luòkuǎnr	打转儿 dǎzhuànr	拐弯儿 guǎiwānr
	好玩儿 hǎowánr	大腕儿 dàwànr	

六

uang＞uar(鼻化)	蛋黄儿 dànhuángr	打晃儿 dǎhuàngr	天窗儿 tiānchuāngr

七

üan＞üar	烟卷儿 yānjuǎnr	手绢儿 shǒujuànr	出圈儿 chūquānr
	包圆儿 bāoyuánr	人缘儿 rényuánr	绕远儿 ràoyuǎnr
	杂院儿 záyuànr		

八

ei＞er	刀背儿 dāobèir	摸黑儿 mōhēir	
en＞er	老本儿 lǎoběnr	花盆儿 huāpénr	嗓门儿 sǎngménr
	把门儿 bǎménr	哥们儿 gēmenr	纳闷儿 nàmènr
	后跟儿 hòugēnr	高跟儿鞋 gāogēnrxié	别针儿 biézhēnr
	一阵儿 yīzhènr	走神儿 zǒushénr	大婶儿 dàshěnr
	小人儿书 xiǎorénrshū	杏仁儿 xìngrénr	刀刃儿 dāo'rènr

扫码听范读 九　　扫码听范读 十　　扫码听范读 十一　　扫码听范读 十二

九

eng＞er(鼻化)	钢镚儿 gāngbèngr	夹缝儿 jiāfèngr	脖颈儿 bógěngr
	提成儿 tíchéngr		

十

ie＞ier	半截儿 bànjiér	小鞋儿 xiǎoxiér	
üe＞üer	旦角儿 dànjuér	主角儿 zhǔjuér	

十一

uei＞uer	跑腿儿 pǎotuǐr	一会儿 yīhuìr	耳垂儿 ěrchuír
	墨水儿 mòshuǐr	围嘴儿 wéizuǐr	走味儿 zǒuwèir
uen＞uer	打盹儿 dǎdǔnr	胖墩儿 pàngdūnr	砂轮儿 shālúnr
	冰棍儿 bīnggùnr	没准儿 méizhǔnr	开春儿 kāichūnr
ueng＞uer(鼻化)	*小瓮儿 xiǎowèngr		

十二

-i(前)>er	瓜子儿 guāzǐr	石子儿 shízǐr	没词儿 méicír
	挑刺儿 tiāocìr		
-i(后)>er	墨汁儿 mòzhīr	锯齿儿 jùchǐr	记事儿 jìshìr

扫码听范读 十三　扫码听范读 十四　扫码听范读 十五　扫码听范读 十六

十三

i>i:er	针鼻儿 zhēnbír	垫底儿 diàndǐr	肚脐儿 dùqír
	玩意儿 wányìr		
in>i:er	有劲儿 yǒujìnr	送信儿 sòngxìnr	脚印儿 jiǎoyìnr

十四

ing>i:er(鼻化)	花瓶儿 huāpíngr	打鸣儿 dǎmíngr	图钉儿 túdīngr
	门铃儿 ménlíngr	眼镜儿 yǎnjìngr	蛋清儿 dànqīngr
	火星儿 huǒxīngr	人影儿 rényǐngr	

十五

ü>ü:er	毛驴儿 máolǘr	小曲儿 xiǎoqǔr	痰盂儿 tányúr
ün>ü:er	合群儿 héqúnr		

十六

e>er	模特儿 mótèr	逗乐儿 dòulèr	唱歌儿 chànggēr
	挨个儿 āigèr	打嗝儿 dǎgér	饭盒儿 fànhér
	在这儿 zàizhèr		

扫码听范读 十七　扫码听范读 十八　扫码听范读 十九　扫码听范读 二十

十七

u>ur	碎步儿 suìbùr	没谱儿 méipǔr	儿媳妇儿 érxífur
	梨核儿 líhúr	泪珠儿 lèizhūr	有数儿 yǒushùr

十八

ong>or(鼻化)	果冻儿 guǒdòngr	门洞儿 méndòngr	胡同儿 hútòngr
	抽空儿 chōukòngr	酒盅儿 jiǔzhōngr	小葱儿 xiǎocōngr
iong>ior(鼻化)	*小熊儿 xiǎoxióngr		

十九

ao>aor	红包儿 hóngbāor	灯泡儿 dēngpàor	半道儿 bàndàor
	手套儿 shǒutàor	跳高儿 tiàogāor	叫好儿 jiàohǎor
	口罩儿 kǒuzhàor	绝招儿 juézhāor	口哨儿 kǒushàor
	蜜枣儿 mìzǎor		

二十

iao>iaor	鱼漂儿 yúpiāor	火苗儿 huǒmiáor	跑调儿 pǎodiàor
	面条儿 miàntiáor	豆角儿 dòujiǎor	开窍儿 kāiqiàor

扫码听范读 二十一　扫码听范读 二十二　扫码听范读 二十三

二十一

ou>our	衣兜儿 yīdōur	老头儿 lǎotóur	年头儿 niántóur
	小偷儿 xiǎotōur	门口儿 ménkǒur	纽扣儿 niǔkòur
	线轴儿 xiànzhóur	小丑儿 xiǎochǒur	

二十二

iou>iour	顶牛儿 dǐngniúr	抓阄儿 zhuājiūr	棉球儿 miánqiúr
	加油儿 jiāyóur		

二十三

uo>uor	火锅儿 huǒguōr	做活儿 zuòhuór	大伙儿 dàhuǒr
	邮戳儿 yóuchuōr	小说儿 xiǎoshuōr	被窝儿 bèiwōr
(o)>or	耳膜儿 ěrmór	粉末儿 fěnmòr	

四、"啊"的音变

"啊"是兼词,既可作语气词,也可作叹词。

(一)"啊"的用法

1."啊"作叹词

"啊"作叹词时,出现在句首,有阴平、阳平、上声和去声四种声调的变化。在韵母 a 不变的情况下,读哪种声调和说话人的思想感情有着密切的关系,只要按照不同声调读"啊",就是后面不跟随补充的语句,听者也能明白说话人的情感。

发音例句:

ā　啊,真让人高兴,你入党了。(叹词,表示惊异,赞叹。)

á　啊,你说什么?他不在吗?(叹词,表示追问。)

ǎ　啊,原来是这么回事啊!(叹词,表示恍然大悟。)

à　啊,好吧。(叹词,表示应诺。)

2."啊"作语气词

"啊"作语气词时,出现在句尾,它的读音受前边音节末尾音素的影响而发生变化,其变化规律如下:

(1)当"啊"前面音节末尾音素是 a、o、e、i、ü 和 ê 时,"啊"字读 ya,也可以写作"呀"。

发音例句:

a　他的手真大啊(dà ya)!

o　这里的人真多啊(duō ya)!

e　赶车啊(chē ya)!

i 是小丽啊(lì ya)!

ü 快去啊(qù ya)!

ê 应该注意节约啊(yuē ya)!

(2)当"啊"前面音节末尾音素是 u、ao、iao 时,"啊"字读 wa,也可以写作"哇"。

发音例句:

u 你在哪儿住啊(zhù wa)?

有没有啊(yǒu wa)?

ao 写得多好啊(hǎo wa)!

iao 她的手多巧啊(qiǎo wa)!

(3)当"啊"前面音节末尾音素是-n 时,"啊"字读 na,也可以写作"哪"。

发音例句:

-n 这糖可真甜啊(tián na)!

你走路可要小心啊(xīn na)!

(4)当"啊"前面音节末尾音素是-ng 时,"啊"字读 nga,仍写作"啊"。

发音例句:

-ng 这事办不成啊(chéng nga)!

大家唱啊(chàng nga)!

(5)当"啊"前面音节末尾音素是舌尖前元音-i[ɿ]时,"啊"字读[z]a,仍写作"啊"。

发音例句:

-i[ɿ] 你真是乖孩子啊(zi [z]a)!

你到过那里几次啊(cì [z]a)?

(6)当"啊"前面音节末尾音素是舌尖后元音-i[ʅ]和卷舌韵母 er 时,"啊"字读 ra,仍写作"啊"。

发音例句:

-i[ʅ] 这是一件大事啊(shì ra)!

你吃啊(chī ra)!

"啊"的音变规律表

"啊"前面的韵母	"啊"前面音节尾音	"啊"的音变	举例
a、ia、ua、o、uo、e、ie、üe	a、o、e、ê	ya	快画呀! 真多呀!
i、ai、uai、ei、uei、ü	i、ü	ya	快来呀! 出去呀!
u、ou、iou、ao、iao	u、ao	wa	在这儿住哇! 真好哇!
an、ian、uan、üan、 en、in、uen、ün	n	na	好人哪! 路真远哪!
ang、iang、uang、eng、 ing、ueng、ong、iong	ng	nga	大声唱啊! 行不行啊!
-i(前)	-i(前)	za	真自私啊!
-i(后)、er	-i(后)	ra	什么事啊!

(二)"啊"音变词语练习

打岔啊 chàya	喝茶啊 cháya	广播啊 bōya	上坡啊 pōya
菠萝啊 luóya	唱歌啊 gēya	合格啊 géya	祝贺啊 hèya
上街啊 jiēya	快写啊 xiěya	白雪啊 xuěya	节约啊 yuēya
可爱啊 àiya	喝水啊 shuǐya	早起啊 qǐya	东西啊 dōngxiya
不去啊 qùya	大雨啊 yǔya		
巧手啊 shǒuwa	跳舞啊 wǔwa	中秋啊 qiūwa	里头啊 tóuwa
吃饱啊 bǎowa	可笑啊 xiàowa	真好啊 hǎowa	报告啊 gàowa
小心啊 xīnna	家人啊 rénna	围裙啊 qúnna	大干啊 gànna
没门啊 ménna	真准啊 zhǔnna	联欢啊 huānna	运转啊 zhuǎnna
太脏啊 zāngnga	不用啊 yòngnga	好冷啊 lěngnga	小熊啊 xióngnga
好听啊 tīngnga	劳动啊 dòngnga	青松啊 sōngnga	完成啊 chéngnga
写字啊 zìza	一次啊 cìza	蚕丝啊 sīza	公司啊 sīza
可耻啊 chǐra	老师啊 shīra	花儿啊 huārra	女儿啊 érra
先吃啊 chīra	节日啊 rìra	开门儿啊 ménrra	小曲儿啊 qǔrra

第六节 音 节

一、普通话音节表

普通话常用音节有400个。[1987年重排本《新华字典》音节索引列出418个音节,本书所列的音节表未收其中18个音节,包括某些语气词,特别是只以辅音充当音节的,方言色彩浓重、比较土俗的词,或仅限于书面语又不常用的音节:chua(欻) den(扽) dia(嗲) nia(嗻) nou(耨) eng(鞥) shei("谁"又音) kei(剋) lo(咯) yo(唷) o(噢) ê、ei(欸) hm(噷) hng(哼) m(呣) n(嗯) ng(嗯)。]

下列音节表按开口呼、齐齿呼、合口呼、撮口呼四类排列:

(一)开口呼音节(179个)

	a	e	-i	er	ai	ei	ao	ou	an	en	ang	eng
零	a	e		er	ai	ei	ao	ou	an	en	ang	eng
b	ba				bai	bei	bao		ban	ben	bang	beng
p	pa				pai	pei	pao	pou	pan	pen	pang	peng
m	ma	(me)			mai	mei	mao	mou	man	men	mang	meng
f	fa					fei		fou	fan	fen	fang	feng
d	da	de			dai	dei	dao	dou	dan		dang	deng
t	ta	te			tai		tao	tou	tan		tang	teng

n	na	ne		nai	nei	nao		nan	nen	nang	neng
l	la	le		lai	lei	lao	iou	lan		lang	leng
g	ga	ge		gai	gei	gao	gou	gan	gen	gang	geng
k	ka	ke		kai		kao	kou	kan	ken	kang	keng
h	ha	he		hai	hei	hao	hou	han	hen	hang	heng
zh	zha	zhe	zhi	zhai	zhei	zhao	zhou	zhan	zhen	zhang	zheng
ch	cha	che	chi	chai		chao	chou	chan	chen	chang	zheng
sh	sha	she	shi	shai	(shei)	shao	shou	shan	shen	shang	sheng
r		re	ri			rao	rou	ran	ren	rang	reng
z	za	ze	zi	zai	zei	zao	zou	zan	zen	zang	zeng
c	ca	ce	ci	cai		cao	cou	can	cen	cang	ceng
s	sa	se	si	sai		sao	sou	san	sen	sang	seng

注：①横行按不同韵母排列，竖行按不同的声母排列。表中“零”表示“零声母”（下同）。

②me(么)本是 mo，轻声音节弱化为 me。不计数，加括号列入表格备用。

③shei 是“谁”口语又音，已常被 shui 代替。不计数，加括号列入表格备用。

④o、ê、ei 等音节只在语气词中出现，不列入。因此，未列出单韵母 o、ê。

从开口呼音节表可以看出：

(1)开口呼音节包含音节数目最多，几乎占 400 音节的一半。

(2)声母 j、q、x 不同开口呼韵母相拼。

(3)舌尖元音属于开口呼音节，只同舌尖前音声母 z、c、s 和舌尖后音声母 zh、ch、sh、r 相拼。

(4)er 独立自成音节，不同任何声母相拼。

(5)舌尖中音声母 d、t、n、l 不同韵母 en 相拼(nen“嫩”视为例外，den“扽”除外)。

(6)韵母 eng 除代表一个极不常用的“鞥”外，不独立成音节。o、ê 一般出现在韵母 uo、ie、ue 中。独立成音节只用于语气词。

(二)齐齿呼音节(83 个)

	i	ia	ie	iao	iou	ian	in	iang	ing
零	yi	ya	ye	yao	you	yan	yin	yang	ying
b	bi		bie	biao		bian	bin		bing
p	pi		pie	piao		pian	pin		ping
m	mi		mie	miao	miu	mian	min		ming
d	di		die	diao	diu	dian			ding
t	ti		tie	tiao		tian			ting
n	ni		nie	niao	niu	nian	nin	niang	ning
l	li	lia	lie	liao	liu	lian	lin	liang	ling
j	ji	jia	jie	jiao	jiu	jian	jin	jiang	jing
q	qi	qia	qie	qiao	qiu	qian	qin	qiang	qing
x	xi	xia	xie	xiao	xiu	xian	xin	xiang	xing

从齐齿呼音节表可以看出：

(1)齐齿呼韵母不同声母舌尖前音 z、c、s，舌尖后音 zh、ch、sh、r，舌面后音 g、k、h 和唇齿音

f相拼。

(2)韵母ia、iang不同声母双唇音b、p、m和舌尖中音d、t相拼。

(3)声母d、t不同韵母in相拼。

(三)合口呼音节(114个)

	u	ua	uo (o)	uai	uei	uan	uen	uang	ueng (ong)
零	wu	wa	wo	wai	wei	wan	wen	wang	weng
b	bu		bo						
p	pu		po						
m	mu		mo						
f	fu		fo						
d	du		duo		dui	duan	dun		dong
t	tu		tuo		tui	tuan	tun		tong
n	nu		nuo			nuan			nong
l	lu		luo			luan	lun		long
g	gu	gua	guo	guai	gui	guan	gun	guang	gong
k	ku	kua	kuo	kuai	kui	kuan	kun	kuang	kong
h	hu	hua	huo	huai	hui	huan	hun	huang	hong
zh	zhu	zhua	zhuo	zhuai	zhui	zhuan	zhun	zhuang	zhong
ch	chu		chuo	chuai	chui	chuan	chun	chuang	chong
sh	shu	shua	shuo	shuai	shui	shuan	shun	shuang	
r	ru		ruo		rui	ruan	run		rong
z	zu		zuo		zui	zuan	zun		zong
c	cu		cuo		cui	cuan	cun		cong
s	su		suo		sui	suan	sun		song

注:①bo、po、mo、fo按照实际发音列入此表,排列在uo韵母下。

②ong按照实际发音列入此表,同ueng排列在一行。

从合口呼音节表可以看出:

(1)合口呼韵母不同舌面前音声母j、q、x相拼。

(2)双唇音声母只同韵母u、uo(o)相拼。

(3)舌尖中音声母d、t、n、l不同韵母ua、uai、uang相拼。

(4)声母n、l只同韵母ei相拼,不同韵母uei相拼。而声母d、t只同韵母ui相拼,不同韵母ei相拼(dei只有一个“得”字)。

(5)舌尖前音声母z、c、s不同韵母ua、uai、uang相拼。

(6)ong属于合口呼,一定前拼辅音声母,不独立成音节。ueng则只独立成音节,不同任何辅音声母相拼。

（四）撮口呼音节（24 个）

	ü	üe	üan	ün	iong
零	yu	yue	yuan	yun	yong
n	nü	nüe			
l	lü	lüe			
j	ju	jue	juan	jun	jiong
q	qu	que	quan	qun	qiong
x	xu	xue	xuan	xun	xiong

注：iong 按实际发音列入此表。

从撮口呼音节表可以看出：

（1）撮口呼音节包含音节最少。

（2）辅音声母同撮口呼韵母相拼的只有 j、q、x、n、l。

（3）声母 n、l 只同韵母 ü、üe 相拼，不同韵母 üan、ün、iong 相拼。

（4）iong 属于撮口呼韵母。

普通话里有多少带调音节呢？根据《现代汉语词典》所列的音节表统计共有 1 332 个。其中，只在方言中出现的或方言色彩很浓的音节、某些语气词（特别是以辅音充当音节的）、现代不常用的音节，共 70 多个，这些音节不应该或不适合归入普通话的带调音节中。普通话带调音节（不包括儿化音节）约有 1 250 个。

二、普通话音节的结构

音节是语音的基本结构单位，由一个或几个音素按一定规律组合而成。普通话音节一般由声母、韵母和声调三部分组成，韵母内部又分韵头、韵腹、韵尾。其结构类型如下表：

音节的结构类型

结构成分 / 例字	声母（辅音）	韵母				声调
		韵头（介音）	韵腹（主要元音）	韵尾		
				元音	辅音	
鹅 é	零		e			阳平
我 wǒ	零	u	o			上声
袄 ǎo	零		a	o		上声
安 ān	零		a		n	阴平
优 yōu	零	i	o	u		阴平
王 wáng	零	u	a		ng	阳平
姑 gū	g		u			阴平
雀 què	q	ü	ê			去声
才 cái	c		a	i		阳平

续表

结构成分 例字	声母（辅音）	韵母				声调
		韵头（介音）	韵腹（主要元音）	韵尾		
				元音	辅音	
针 zhēn	zh		e		n	阴平
怪 guài	g	u	a	i		去声
爽 shuǎng	sh	u	a		ng	上声

从表中可以看出普通话音节结构有以下一些特点：

(1)普通话音节的实际读音最少要由三个成分组成，声母、韵腹和声调；最多可以由五个成分组成，声母、韵头、韵腹、韵尾和声调。

(2)每一个音节都必须有声母、韵腹和声调，可以没有韵头和韵尾。韵腹一般是元音，声母可以是零声母，所以元音和声调是普通话音节读音不可缺少的成分。

(3)元音最多可以有三个，而且连续排列，分别充当韵母的韵头、韵腹和韵尾。

(4)辅音只出现在音节的开头和末尾，没有辅音连续排列的情况。

(5)韵头只能由 i、u、ü 充当。

(6)元音韵尾由 i、o、u 充当。辅音韵尾只能由 n、ng 充当。

(7)各元音都能充当韵腹。如果韵母不止一个元音，一般总是开口度较大、舌位较低的元音充当韵腹(如 a、o、e)，只有在韵母中没有其他元音成分时，i、u、ü 才能充当韵腹。

三、普通话声韵拼合规律

普通话声母、韵母和声调的配合有很强的规律性。各方言声韵调的配合也都有自己的规律性。掌握了普通话声韵调的配合规律，可以更清楚地认识普通话的语音系统，帮助我们区别普通话音节和方言音节的读音，对学习普通话有很大帮助。

普通话声母和韵母配合的规律性主要表现在声母的发音部位和韵母“四呼”的关系上，可以根据声母的发音部位和韵母的“四呼”把普通话声母和韵母的配合关系列成下表。

声母和韵母的配合关系

	开口呼	齐齿呼	合口呼	撮口呼
双唇音 b、p、m	＋	＋	只跟 u 相拼	
唇齿音 f	＋		只跟 u 相拼	
舌尖中音 d、t	＋	＋	＋	
舌尖中音 n、l	＋	＋	＋	＋
舌根音 g、k、h	＋		＋	
舌面音 j、q、x		＋		＋
舌尖后音 zh、ch、sh、r	＋		＋	
舌尖前音 z、c、s	＋		＋	
零声母	＋	＋	＋	＋

注：“＋”表示全部或局部声韵能相拼，空白表示不能相拼。

了解声母和韵母的拼合规律，可以避免在拼读、拼写中出现差错，还可以帮助纠正方言口音。

四、普通话音节的拼读

拼读就是按照普通话音节的构成规律，把声母、韵母、声调组合成有声音节的过程。初学者可用两拼法、三拼法和声介合拼法。

(1)两拼法：把音节分为声母、韵母两部分进行拼读。如：n—uǎn→nuǎn(暖)。

(2)三拼法：把音节分成声母、韵头、韵腹(有韵尾的要包括韵尾)三部分进行拼读，这种方法只适用于有介音的音节。如：n—u—ǎn→nuǎn(暖)。

(3)声介合拼法：先把声母和介音 i、u、ü 拼合为一个整体，然后与后面的韵母相拼合。这种方法只适用于有介音的音节。如：nu—ǎn→nuǎn(暖)。

第七节　语　调

语调是人们在语流中用抑扬顿挫来表情达意的所有语音形式的总和。语调构成的语音形式主要表现在音高、音长、音强等非音质成分上。在普通话的语调训练中，首先应注重音高，其次是在音长的变化上，当然也不要忽略节奏、语速等方面。

学习普通话的语调要注意以下几个方面：

一、注意语句总体音高的变化

普通话的语调首先表现在语句音高的高低升降曲折等变化上。

降调——表现为句子开头高、句尾明显降低。如一般陈述句、祈使句、感叹句以及近距离对话等情况。在普通话语句中降调出现频率高。

升调——表现为句子开头低、句尾明显升高。如一般疑问句、反问句以及出现在长句中前半句。但是，疑问代词处于句首的特殊疑问句，应为降调。

平调——表现为语句音高变化不明显。如思考问题、宣读名单、公布成绩等情况。另外，远距离问话以及在人群前呼喊、喊口令时，可能出现总体高平的调形，但一般句子里各个字的字调和连读变调依然存在。

曲折调——表现为语句音高曲折变化，多在表达特殊感情时出现。如表示嘲讽的语气以及重音出现在句子开头，或疑问代词出现在句中的疑问句等情况。

二、声调(字调)对语调的影响

普通话的四个声调(字调)调形为平、升、曲、降，区别十分明显。普通话语句的音高模式不会完全改变这四个声调，同时又对声调产生某种制约。因此，声调的准确直接影响语调的正确。学习普通话出现的方言语调，学习汉语出现的洋腔洋调、怪腔怪调，都同没有掌握普通话声调有直接关系。

普通话上声调是学习普通话的难点。我们注意上声本调是个低调的特点以及上声变调的规律，上声调就容易掌握了。读阴平调注意保持调值高，读阳平调注意中间不要拖长出现明显曲折，而普通话读去声的字最多，要注意去声调开头的调值高度。声调读得准确，就会有效地克服语调当中出现的“方言味儿”“洋味儿”。

三、掌握词语的轻重音格式

普通话也存在词重音和句重音。由于声调负担起较重的辨义作用,普通话词重音和句重音的作用有所淡化,不过我们在学习普通话时会常常感知到它的存在。像我们把每个字声韵调原原本本不折不扣地读出来,语感上并不自然,甚至感到很生硬,不像纯正的普通话。其中,词语的轻重音格式是不可忽视的一个主要原因。

普通话词的轻重音格式的基本形式是:双音节、三音节、四音节词语大多数最后一个音节读为重音;三音节词语大多数读为“中・次轻・重”的格式,四音节词语大多数读为“中・次轻・中・重”的格式;双音节词语占普通话词语总数的绝对优势,绝大多数读为“中・重”的格式。

双音节词语读后轻的词语可以分为两类。一类为“重・最轻”(或描述为“重・轻”)的格式,即轻声词语,用汉语拼音注音时,不标声调符号。例如:东西、麻烦、规矩、客气。另一类为“重・次轻”的格式,一部分词语在《现代汉语词典》中轻读音节标注声调符号,但在轻读音节前加圆点。例如:新鲜、客人、风水、匀称。另一部分词语,则未作明确标注。例如:分析、臭虫、老虎、制度。这类词语一般轻读,偶尔(间或)重读,读音不太稳定。我们可以称为“可轻读词语”。

掌握轻声词语是学习普通话的基本要求。所谓操“港台腔”,主要原因之一是没有掌握轻声词语的读音。另外,我们将大多数“重・次轻”格式词语的后一个音节轻读,则语感自然,是普通话水平较高的表现之一。

四、掌握普通话的正常语速

普通话的正常语速为中速,大约每分钟240个音节,在150～300个音节之间浮动。一些少数民族语言、外国语正常语速为快速,即每分钟超过300个音节。有的汉语方言也有偏快的倾向。当学习普通话处在起步阶段时,会出现语速过慢或忽快忽慢的情况。学习普通话要掌握好普通话的正常语速。

普通话语调还包括:停连、节拍群、语气词运用的诸多方面。这些都要注意学习掌握。

普通话水平测试用普通话词语表

说　明

1.本表参照国家语言文字工作委员会现代汉语语料库和中国社会科学院语言研究所编辑的《现代汉语词典》(1996 年 7 月修订第三版)编制。

2.本表供普通话水平测试第一项——读单音节字词(100 个音节)和第二项——读多音节词语(100 个音节)测试使用。

3.本表共收词语 17 041 条,由“表一”(6 593 条)和“表二”(10 448 条)两部分组成,条目按汉语拼音字母顺序排列。“表一”里带“ * ”的是按频率在第 4 000 条以前的最常用词。

4.本表条目除必读轻声音节外,一律只标本调,不标变调。

5.条目中的必读轻声音节,注音不标调号,如:“明白 míngbai”;一般轻读、间或重读的音节,注音上标调号,注音前再加圆点提示,如:“玻璃 bō · lí”。

6.条目中儿化音节的注音,只在基本形式后面加 r,如:“一会儿 yīhuìr”,不标语音上的实际变化。

表　一

A

*阿 ā
阿姨 āyí
挨 āi
挨 ái
矮 ǎi
*爱 ài
*爱国 àiguó
爱好 àihào
爱护 àihù
*爱情 àiqíng
*爱人 àiren
*安 ān
安定 āndìng
安静 ānjìng
*安排 ānpái
安培 ānpéi
*安全 ānquán
*安慰 ānwèi
安心 ānxīn
安置 ānzhì
安装 ānzhuāng
氨 ān
氨基酸 ānjīsuān
岸 àn
*按 àn
*按照 ànzhào
*案 àn
*案件 ànjiàn
*暗 àn
暗示 ànshì
暗中 ànzhōng
凹 āo
熬 āo
熬 áo
奥秘 àomì
奥运会 Àoyùnhuì

B

*八 bā
巴 bā
扒 bā
拔 bá
*把 bǎ
*把握 bǎwò
*把儿 bàr
爸 bà
爸爸 bàba
*罢 bà
罢工 bàgōng
*白 bái
*白色 báisè
*白天 bái•tiān
*百 bǎi
百年 bǎinián
百姓 bǎixìng
*摆 bǎi
摆动 bǎidòng
*摆脱 bǎituō
败 bài
拜 bài
*班 bān
*般 bān
颁布 bānbù
搬 bān
搬家 bānjiā
搬运 bānyùn
*板 bǎn
板凳 bǎndèng
板块 bǎnkuài
版 bǎn
*办 bàn
*办法 bànfǎ
*办公室 bàngōngshì
*办理 bànlǐ
*办事 bànshì
*半 bàn
半导体 bàndǎotǐ
半岛 bàndǎo
*半径 bànjìng
*半天 bàntiān
半夜 bànyè
扮演 bànyǎn
伴 bàn
伴随 bànsuí
伴奏 bànzòu
瓣 bàn
*帮 bāng
帮忙 bāngmáng
*帮助 bāngzhù
榜样 bǎngyàng
*棒 bàng
傍晚 bàngwǎn
*包 bāo
包袱 bāofu
包干儿 bāogānr

*包含 bāohán
*包括 bāokuò
*包围 bāowéi
包装 bāozhuāng
孢子 bāozǐ
炮 bāo
*薄 báo
饱 bǎo
*饱和 bǎohé
宝 bǎo
宝贝 bǎobèi
宝贵 bǎoguì
宝石 bǎoshí
*保 bǎo
*保持 bǎochí
*保存 bǎocún
保管 bǎoguǎn
*保护 bǎohù
*保留 bǎoliú
保守 bǎoshǒu
*保卫 bǎowèi
保险 bǎoxiǎn
*保障 bǎozhàng
*保证 bǎozhèng
*报 bào
*报酬 bào•chóu
*报道 bàodào
报复 bào•fù
*报告 bàogào
*报刊 bàokān
报名 bàomíng
*报纸 bàozhǐ
*抱 bào
暴动 bàodòng
暴力 bàolì
*暴露 bàolù
暴雨 bàoyǔ

*爆发 bàofā
*爆炸 bàozhà
*杯 bēi
*背 bēi
悲哀 bēi'āi
悲惨 bēicǎn
*悲剧 bēijù
*北 běi
*北方 běifāng
贝 bèi
备 bèi
*背 bèi
*背后 bèihòu
*背景 bèijǐng
*倍 bèi
*被 bèi
被动 bèidòng
被告 bèigào
被子 bèizi
辈 bèi
奔 bēn
奔跑 bēnpǎo
*本 běn
本地 běndì
*本来 běnlái
*本领 běnlǐng
本能 běnnéng
*本人 běnrén
*本身 běnshēn
本事 běnshì
本事 běnshi
本体 běntǐ
本性 běnxìng
*本质 běnzhì
苯 běn
奔 bèn
笨 bèn
崩溃 bēngkuì

蹦 bèng
逼 bī
鼻 bí
鼻孔 bíkǒng
*鼻子 bízi
*比 bǐ
比价 bǐjià
*比较 bǐjiào
*比例 bǐlì
*比如 bǐrú
*比赛 bǐsài
比喻 bǐyù
*比重 bǐzhòng
彼 bǐ
*彼此 bǐcǐ
*笔 bǐ
笔记 bǐjì
笔者 bǐzhě
*必 bì
必定 bìdìng
*必然 bìrán
必然性 bìránxìng
*必须 bìxū
必需 bìxū
*必要 bìyào
*毕竟 bìjìng
*毕业 bìyè
闭 bì
闭合 bìhé
*壁 bì
壁画 bìhuà
*避 bì
*避免 bìmiǎn
臂 bì
*边 biān
边疆 biānjiāng
边界 biānjiè
边境 biānjìng

边区 biānqū
边缘 biānyuán
*编 biān
编辑 biānjí
编写 biānxiě
*编制 biānzhì
鞭 biān
鞭子 biānzi
扁 biǎn
*变 biàn
*变动 biàndòng
变法 biànfǎ
*变革 biàngé
变更 biàngēng
*变化 biànhuà
变换 biànhuàn
变量 biànliàng
变迁 biànqiān
变态 biàntài
变形 biànxíng
变异 biànyì
*便 biàn
便利 biànlì
*便于 biànyú
*遍 biàn
辨 biàn
辨别 biànbié
辨认 biànrèn
辩护 biànhù
*辩证 biànzhèng
*辩证法 biànzhèngfǎ
标 biāo
标本 biāoběn
标题 biāotí
标语 biāoyǔ
*标志 biāozhì

*标准 biāozhǔn
标准化 biāozhǔnhuà
*表 biǎo
表层 biǎocéng
*表达 biǎodá
*表面 biǎomiàn
*表明 biǎomíng
表皮 biǎopí
*表情 biǎoqíng
*表示 biǎoshì
表述 biǎoshù
*表现 biǎoxiàn
表象 biǎoxiàng
*表演 biǎoyǎn
表扬 biǎoyáng
表彰 biǎozhāng
*别 bié
*别人 bié•rén
*别 biè
宾 bīn
*冰 bīng
冰川 bīngchuān
*兵 bīng
兵力 bīnglì
丙 bǐng
柄 bǐng
饼 bǐng
屏 bǐng
*并 bìng
*并且 bìngqiě
并用 bìngyòng
*病 bìng
病变 bìngbiàn
病毒 bìngdú
病理 bìnglǐ
病情 bìngqíng
*病人 bìngrén

拨 bō
*波 bō
*波长 bōcháng
*波动 bōdòng
波浪 bōlàng
*玻璃 bō•lí
剥夺 bōduó
*剥削 bōxuē
播种 bōzhǒng
播种 bōzhòng
伯 bó
*脖子 bózi
*博士 bóshì
搏斗 bódòu
*薄 bó
薄弱 bóruò
*薄 bò
*补 bǔ
补偿 bǔcháng
*补充 bǔchōng
补贴 bǔtiē
捕 bǔ
捕捞 bǔlāo
捕食 bǔshí
捕捉 bǔzhuō
*不 bù
*不安 bù'ān
*不必 bùbì
不便 bùbiàn
不曾 bùcéng
*不错 bùcuò
*不但 bùdàn
不当 bùdàng
不等 bùděng
不定 bùdìng
*不断 bùduàn
*不对 bùduì
不妨 bùfáng
不服 bùfú
*不够 bùgòu
*不顾 bùgù
*不管 bùguǎn
不光 bùguāng
*不过 bùguò
不合 bùhé
不及 bùjí
*不禁 bùjīn
*不仅 bùjǐn
*不久 bùjiǔ
不堪 bùkān
*不可 bùkě
不快 bùkuài
*不利 bùlì
*不良 bùliáng
不料 bùliào
*不论 bùlùn
*不满 bùmǎn
不免 bùmiǎn
*不怕 bùpà
不平 bùpíng
*不然 bùrán
不容 bùróng
*不如 bùrú
不时 bùshí
不惜 bùxī
*不想 bùxiǎng
*不行 bùxíng
*不幸 bùxìng
*不许 bùxǔ
*不要 bùyào
不宜 bùyí
不已 bùyǐ
*不用 bùyòng
不止 bùzhǐ
*不足 bùzú
*布 bù
布局 bùjú
*布置 bùzhì
*步 bù
步伐 bùfá
*步骤 bùzhòu
步子 bùzi
*部 bù
*部队 bùduì
*部分 bùfen
*部落 bùluò
*部门 bùmén
部署 bùshǔ
*部位 bùwèi

C

*擦 cā
猜 cāi
*才 cái
*才能 cáinéng
材 cái
*材料 cáiliào
财 cái
*财产 cáichǎn
*财富 cáifù
财力 cáilì
财务 cáiwù
*财政 cáizhèng
*采 cǎi
*采访 cǎifǎng
采购 cǎigòu
采集 cǎijí
*采取 cǎiqǔ
*采用 cǎiyòng
彩 cǎi
彩色 cǎisè
踩 cǎi
*菜 cài
蔡 cài
参 cān
*参观 cānguān
*参加 cānjiā
*参考 cānkǎo
参谋 cānmóu
参数 cānshù
*参与 cānyù
参照 cānzhào
残 cán
残酷 cánkù
残余 cányú
蚕 cán
灿烂 cànlàn
仓 cāng
仓库 cāngkù
苍白 cāngbái
苍蝇 cāngying
舱 cāng
*藏 cáng
操 cāo
操纵 cāozòng
*操作 cāozuò
曹 cáo
槽 cáo
*草 cǎo
草案 cǎo'àn
草地 cǎodì
*草原 cǎoyuán
册 cè
*侧 cè
侧面 cèmiàn
侧重 cèzhòng
*测 cè
*测定 cèdìng
*测量 cèliáng
测验 cèyàn
策略 cèlüè
*层 céng
*层次 céngcì
*曾 céng
*曾经 céngjīng
叉 chā
*差 chā
*差别 chābié
差价 chājià
差距 chājù
*差异 chāyì
*插 chā
*茶 chá
茶馆儿 cháguǎnr
茶叶 cháyè
*查 chá
察 chá
叉 chǎ
*差 chà
*差不多 chà•bùduō
差点儿 chàdiǎnr
拆 chāi
*差 chāi
柴 chái
缠 chán
*产 chǎn
产地 chǎndì
*产量 chǎnliàng
*产品 chǎnpǐn
*产生 chǎnshēng
*产物 chǎnwù
*产业 chǎnyè
产值 chǎnzhí
阐明 chǎnmíng
阐述 chǎnshù
颤抖 chàndǒu
*长 cháng
长城 Chángchéng

长处 cháng•chù
*长度 chángdù
长短 chángduǎn
长久 chángjiǔ
*长期 chángqī
长远 chángyuǎn
长征 chángzhēng
*场 cháng
肠 cháng
尝 cháng
尝试 chángshì
*常 cháng
常规 chángguī
常年 chángnián
常识 chángshí
常数 chángshù
*厂 chǎng
厂房 chǎngfáng
*场 chǎng
场地 chǎngdì
场合 chǎnghé
*场面 chǎngmiàn
*场所 chǎngsuǒ
*唱 chàng
抄 chāo
*超 chāo
超出 chāochū
超额 chāo'é
*超过 chāoguò
超越 chāoyuè
巢 cháo
*朝 cháo
朝廷 cháotíng
潮 cháo
潮流 cháoliú
潮湿 cháoshī
吵 chǎo
炒 chǎo
*车 chē
*车间 chējiān
车辆 chēliàng
车厢 chēxiāng
车站 chēzhàn
车子 chēzi
扯 chě
*彻底 chèdǐ
撤 chè
撤销 chèxiāo
臣 chén
尘 chén
沉 chén
*沉淀 chéndiàn
沉积 chénjī
*沉默 chénmò
沉思 chénsī
*沉重 chénzhòng
沉着 chénzhuó
*陈 chén
陈旧 chénjiù
陈述 chénshù
*称 chèn
趁 chèn
*称 chēng
称号 chēnghào
称呼 chēnghu
称赞 chēngzàn
撑 chēng
*成 chéng
*成本 chéngběn
成虫 chéngchóng
*成分 chéng•fèn
*成功 chénggōng
*成果 chéngguǒ
*成绩 chéngjì
*成就 chéngjiù
*成立 chénglì
成年 chéngnián
*成人 chéngrén
*成熟 chéngshú
*成为 chéngwéi
成效 chéngxiào
成语 chéngyǔ
*成员 chéngyuán
*成长 chéngzhǎng
*呈 chéng
*呈现 chéngxiàn
诚 chéng
诚恳 chéngkěn
诚实 chéng•shí
承 chéng
承包 chéngbāo
*承担 chéngdān
*承认 chéngrèn
承受 chéngshòu
*城 chéng
*城市 chéngshì
城镇 chéngzhèn
*乘 chéng
乘机 chéngjī
乘客 chéngkè
*盛 chéng
程 chéng
*程度 chéngdù
程式 chéngshì
*程序 chéngxù
惩罚 chéngfá
秤 chèng
*吃 chī
*吃饭 chīfàn
吃惊 chījīng
吃力 chīlì
*池 chí
池塘 chítáng
*迟 chí
*持 chí
持久 chíjiǔ
*持续 chíxù
*尺 chǐ
*尺度 chǐdù
齿 chǐ
赤 chì
赤道 chìdào
翅 chì
*翅膀 chìbǎng
*冲 chōng
冲动 chōngdòng
冲击 chōngjī
冲破 chōngpò
*冲突 chōngtū
充 chōng
充当 chōngdāng
*充分 chōngfèn
*充满 chōngmǎn
充实 chōngshí
充足 chōngzú
*虫 chóng
*重 chóng
*重复 chóngfù
重合 chónghé
*重新 chóngxīn
*崇拜 chóngbài
崇高 chónggāo
*冲 chòng
*抽 chōu
*抽象 chōuxiàng
仇恨 chóuhèn
愁 chóu
丑 chǒu
臭 chòu
*出 chū
*出版 chūbǎn
出产 chūchǎn
*出发 chūfā
出发点 chūfādiǎn
出国 chūguó
*出口 chūkǒu
*出来 chū•lái
出路 chūlù
出卖 chūmài
出门 chūmén
*出去 chū•qù
出色 chūsè
出身 chūshēn
*出生 chūshēng
出售 chūshòu
出土 chūtǔ
出席 chūxí
*出现 chūxiàn
出血 chūxiě
*初 chū
*初步 chūbù
初级 chūjí
*初期 chūqī
初中 chūzhōng
*除 chú
除非 chúfēi
*除了 chúle
厨房 chúfáng
*处 chǔ
处罚 chǔfá
处分 chǔfèn
处境 chǔjìng
*处理 chǔlǐ
*处于 chǔyú

储备 chǔbèi
*储存 chǔcún
储量 chǔliàng
储蓄 chǔxù
楚 chǔ
*处 chù
*畜 chù
触 chù
川 chuān
*穿 chuān
*穿着 chuānzhuó
*传 chuán
*传播 chuánbō
传达 chuándá
传导 chuándǎo
*传递 chuándì
传教士 chuánjiàoshì
传染病 chuánrǎnbìng
传授 chuánshòu
*传说 chuánshuō
*传统 chuántǒng
*船 chuán
船舶 chuánbó
船长 chuánzhǎng
船只 chuánzhī
喘 chuǎn
*串 chuàn
串联 chuànlián
创 chuāng
创伤 chuāngshāng
窗 chuāng
窗户 chuānghu
窗口 chuāngkǒu
窗子 chuāngzi
*床 chuáng
幢 chuáng
闯 chuǎng
创 chuàng
创办 chuàngbàn
*创立 chuànglì
创新 chuàngxīn
*创造 chuàngzào
*创造性 chuàngzàoxìng
*创作 chuàngzuò
*吹 chuī
垂 chuí
*垂直 chuízhí
锤 chuí
*春 chūn
春季 chūnjì
春节 Chūnjié
春秋 chūnqiū
*春天 chūntiān
*纯 chún
纯粹 chúncuì
纯洁 chúnjié
唇 chún
*词 cí
词典 cídiǎn
*词汇 cíhuì
词义 cíyì
词语 cíyǔ
词组 cízǔ
辞 cí
辞职 cízhí
*磁 cí
*磁场 cíchǎng
磁力 cílì
磁铁 cítiě
雌 cí
*此 cǐ
此地 cǐdì
此后 cǐhòu
此刻 cǐkè
*此外 cǐwài
*次 cì
次数 cìshù
次序 cìxù
次要 cìyào
*刺 cì
*刺激 cì•jī
赐 cì
*聪明 cōng•míng
*从 cóng
*从此 cóngcǐ
*从而 cóng'ér
*从来 cónglái
*从前 cóngqián
*从事 cóngshì
从小 cóngxiǎo
从中 cóngzhōng
丛 cóng
凑 còu
*粗 cū
粗糙 cūcāo
促 cù
促成 cùchéng
*促进 cùjìn
*促使 cùshǐ
簇 cù
窜 cuàn
催 cuī
摧残 cuīcán
摧毁 cuīhuǐ
*村 cūn
村庄 cūnzhuāng
村子 cūnzi
*存 cún
存款 cúnkuǎn
*存在 cúnzài
寸 cùn
挫折 cuòzhé
*措施 cuòshī
*错 cuò
*错误 cuò•wù

D

*搭 dā
*答应 dāying
*打 dá
*达 dá
*达到 dádào
*答 dá
答案 dá'àn
答复 dá•fù
*打 dǎ
打败 dǎbài
打扮 dǎban
打倒 dǎdǎo
*打击 dǎjī
打架 dǎjià
*打开 dǎkāi
打量 dǎliang
*打破 dǎpò
*打算 dǎsuan
打听 dǎting
打下 dǎxià
打仗 dǎzhàng
*大 dà
大伯 dàbó
大臣 dàchén
*大胆 dàdǎn
*大地 dàdì
大豆 dàdòu
*大队 dàduì
*大多 dàduō
*大多数 dàduōshù
大风 dàfēng
*大概 dàgài
大纲 dàgāng
大哥 dàgē
*大会 dàhuì
*大伙儿 dàhuǒr
*大家 dàjiā
大街 dàjiē
大姐 dàjiě
*大量 dàliàng
*大陆 dàlù
大妈 dàmā
*大门 dàmén
*大脑 dànǎo
*大娘 dàniáng
大炮 dàpào
*大气 dàqì
大庆 dàqìng
*大人 dà•rén
大嫂 dàsǎo
大厦 dàshà
大婶儿 dàshěnr
大师 dàshī
*大事 dàshì
大叔 dàshū
大体 dàtǐ
大厅 dàtīng
大王 dàwáng
*大小 dàxiǎo
*大型 dàxíng
*大学 dàxué
*大学生 dàxuéshēng
大洋 dàyáng
大爷 dàye
大爷 dàyé
大衣 dàyī
大雨 dàyǔ

*大约 dàyuē
大战 dàzhàn
*大致 dàzhì
大众 dàzhòng
大自然 dàzìrán
*呆 dāi
*待 dāi
*大夫 dàifu
*代 dài
*代表 dàibiǎo
代价 dàijià
代理 dàilǐ
代理人 dàilǐrén
*代替 dàitì
代谢 dàixiè
*带 dài
带动 dàidòng
*带领 dàilǐng
带头 dàitóu
*贷款 dàikuǎn
*待 dài
待遇 dàiyù
袋 dài
逮捕 dàibǔ
*戴 dài
*担 dān
担负 dānfù
*担任 dānrèn
*担心 dānxīn
*单 dān
*单纯 dānchún
单调 dāndiào
*单独 dāndú
*单位 dānwèi
单一 dānyī
耽误 dānwu
胆 dǎn
*石 dàn

*但 dàn
*但是 dànshì
*担 dàn
担子 dànzi
*诞生 dànshēng
淡 dàn
淡水 dànshuǐ
*弹 dàn
*蛋 dàn
蛋白 dànbái
*蛋白质 dànbáizhì
*氮 dàn
*当 dāng
当场 dāngchǎng
当初 dāngchū
*当代 dāngdài
*当地 dāngdì
当即 dāngjí
当今 dāngjīn
当局 dāngjú
*当年 dāngnián
*当前 dāngqián
*当然 dāngrán
*当时 dāngshí
*当事人 dāngshìrén
当选 dāngxuǎn
当中 dāngzhōng
挡 dǎng
*党 dǎng
*党委 dǎngwěi
党性 dǎngxìng
*党员 dǎngyuán
*当 dàng
当成 dàngchéng

*当年 dàngnián
*当时 dàngshí
当天 dàngtiān
当做 dàngzuò
档案 dàng'àn
*刀 dāo
导 dǎo
导弹 dǎodàn
导管 dǎoguǎn
*导体 dǎotǐ
*导线 dǎoxiàn
*导演 dǎoyǎn
*导致 dǎozhì
*岛 dǎo
岛屿 dǎoyǔ
*倒 dǎo
倒霉 dǎoméi
*到 dào
*到处 dàochù
*到达 dàodá
*到底 dàodǐ
到来 dàolái
*倒 dào
盗窃 dàoqiè
*道 dào
*道德 dàodé
道教 Dàojiào
*道理 dào•lǐ
*道路 dàolù
稻 dào
稻谷 dàogǔ
*得 dé
*得到 dédào
*得以 déyǐ
得意 déyì
*德 dé
德育 déyù
*得 děi

*灯 dēng
*灯光 dēngguāng
灯泡儿 dēngpàor
登 dēng
*登记 dēngjì
蹬 dēng
*等 děng
*等待 děngdài
*等到 děngdào
等候 děnghòu
*等级 děngjí
*等于 děngyú
邓 Dèng
*瞪 dèng
*低 dī
低级 dījí
低头 dītóu
低温 dīwēn
低下 dīxià
*滴 dī
*的确 díquè
*敌 dí
敌对 díduì
*敌人 dírén
抵 dǐ
抵抗 dǐkàng
抵制 dǐzhì
*底 dǐ
底层 dǐcéng
*底下 dǐ•xià
*地 dì
地板 dìbǎn
地表 dìbiǎo
地步 dìbù
地层 dìcéng
*地带 dìdài
*地点 dìdiǎn

*地方 dìfāng
*地方 dìfang
*地理 dìlǐ
*地貌 dìmào
*地面 dìmiàn
地壳 dìqiào
*地球 dìqiú
*地区 dìqū
地势 dìshì
*地图 dìtú
*地位 dìwèi
*地下 dìxià
*地下 dì•xià
地下水 dìxiàshuǐ
*地形 dìxíng
地域 dìyù
地震 dìzhèn
*地质 dìzhì
*地主 dìzhǔ
地租 dìzū
*弟弟 dìdi
弟兄 dìxiong
弟子 dìzǐ
帝 dì
帝国 dìguó
递 dì
*第 dì
*典型 diǎnxíng
*点 diǎn
点燃 diǎnrán
*点头 diǎntóu
碘 diǎn
*电 diàn
电报 diànbào
电场 diànchǎng
电池 diànchí
电磁 diàncí
电磁波 diàncíbō

电灯 diàndēng
电动 diàndòng
*电荷 diànhè
*电话 diànhuà
电离 diànlí
电力 diànlì
电量 diànliàng
*电流 diànliú
*电路 diànlù
电脑 diànnǎo
电能 diànnéng
电器 diànqì
电容 diànróng
*电视 diànshì
电视剧 diànshìjù
电视台 diànshìtái
电台 diàntái
电线 diànxiàn
*电压 diànyā
*电影 diànyǐng
电源 diànyuán
*电子 diànzǐ
*电阻 diànzǔ
店 diàn
垫 diàn
淀粉 diànfěn
奠定 diàndìng
雕 diāo
雕刻 diāokè
雕塑 diāosù
吊 diào
*调 diào
调拨 diàobō
*调查 diàochá
*调动 diàodòng
*掉 diào
*爹 diē
跌 diē
迭 dié
叠 dié
*丁 dīng
盯 dīng
钉 dīng
*顶 dǐng
顶点 dǐngdiǎn
顶端 dǐngduān
订 dìng
订货 dìnghuò
钉 dìng
*定 dìng
*定额 dìng'é
*定理 dìnglǐ
定量 dìngliàng
*定律 dìnglǜ
定期 dìngqī
定向 dìngxiàng
定型 dìngxíng
*定义 dìngyì
*丢 diū
*东 dōng
*东北 dōngběi
*东方 dōngfāng
东南 dōngnán
东欧 Dōng Ōu
*东西 dōngxi
*东西 dōngxī
*冬 dōng
*冬季 dōngjì
*冬天 dōngtiān
*懂 dǒng
*懂得 dǒng·dé
*动 dòng
动词 dòngcí
*动机 dòngjī
动静 dòngjing
*动力 dònglì
动量 dòngliàng
动脉 dòngmài
动能 dòngnéng
动人 dòngrén
*动手 dòngshǒu
动态 dòngtài
*动物 dòngwù
动摇 dòngyáo
*动员 dòngyuán
*动作 dòngzuò
*冻 dòng
*洞 dòng
*都 dōu
兜 dōu
*斗 dǒu
抖 dǒu
*斗 dòu
*斗争 dòuzhēng
豆 dòu
豆腐 dòufu
逗 dòu
*都 dū
*都会 dūhuì
都市 dūshì
*毒 dú
毒素 dúsù
独 dú
*独立 dúlì
*独特 dútè
独占 dúzhàn
独自 dúzì
*读 dú
*读书 dúshū
*读者 dúzhě
*肚子 dǔzi
堵 dǔ
杜 dù
肚皮 dùpí
*肚子 dùzi
*度 dù
渡 dù
*端 duān
端正 duānzhèng
*短 duǎn
短期 duǎnqī
短暂 duǎnzàn
*段 duàn
*断 duàn
断定 duàndìng
*锻炼 duànliàn
*堆 duī
堆积 duījī
*队 duì
*队伍 duìwu
*对 duì
*对比 duìbǐ
*对不起 duì·bùqǐ
*对称 duìchèn
*对待 duìdài
*对方 duìfāng
对付 duìfu
对话 duìhuà
对抗 duìkàng
*对立 duìlì
对流 duìliú
对面 duìmiàn
对手 duìshǒu
*对象 duìxiàng
*对应 duìyìng
*对于 duìyú
对照 duìzhào
*吨 dūn
*蹲 dūn
*顿 dùn
*顿时 dùnshí
*多 duō
多边形 duōbiānxíng
*多么 duōme
*多少 duō·shǎo
*多数 duōshù
多余 duōyú
夺 duó
*夺取 duóqǔ
*度 duó
*朵 duǒ
*躲 duǒ

E

*阿 ē
俄 é
鹅 é
*额 é
*恶 è
恶化 èhuà
恶劣 èliè
*饿 è
恩 ēn
*儿 ér
儿女 érnǚ
*儿童 értóng
*儿子 érzi
*而 ér
而后 érhòu
*而且 érqiě
尔 ěr
*耳 ěr
*耳朵 ěrduo
饵料 ěrliào
*二 èr

F

*发 fā

*发表 fābiǎo
发病 fābìng
发布 fābù
*发出 fāchū
*发达 fādá
发电 fādiàn
*发动 fādòng
发动机 fādòngjī
发抖 fādǒu
*发挥 fāhuī
发觉 fājué
发掘 fājué
*发明 fāmíng
发起 fāqǐ
发热 fārè
*发射 fāshè
*发生 fāshēng
*发现 fāxiàn
*发行 fāxíng
发芽 fāyá
发言 fāyán
*发扬 fāyáng
发音 fāyīn
*发育 fāyù
*发展 fāzhǎn
发作 fāzuò
罚 fá
罚款 fákuǎn
*法 fǎ
法定 fǎdìng
法官 fǎguān
*法规 fǎguī
法令 fǎlìng
*法律 fǎlǜ
法人 fǎrén
法庭 fǎtíng
法西斯 fǎxīsī
法学 fǎxué

*法院 fǎyuàn
*法则 fǎzé
*法制 fǎzhì
*发 fà
番 fān
*翻 fān
翻身 fānshēn
*翻译 fānyì
*凡 fán
*凡是 fánshì
烦恼 fánnǎo
繁 fán
繁多 fánduō
*繁荣 fánróng
*繁殖 fánzhí
繁重 fánzhòng
*反 fǎn
*反动 fǎndòng
*反对 fǎnduì
*反而 fǎn'ér
*反复 fǎnfù
*反抗 fǎnkàng
反馈 fǎnkuì
反面 fǎnmiàn
*反射 fǎnshè
*反应 fǎnyìng
*反映 fǎnyìng
*反正 fǎn•zhèng
*反之 fǎnzhī
返 fǎn
返回 fǎnhuí
*犯 fàn
*犯罪 fànzuì
*饭 fàn
饭店 fàndiàn
泛 fàn
范 fàn

*范畴 fànchóu
*范围 fànwéi
*方 fāng
*方案 fāng'àn
*方便 fāngbiàn
方才 fāngcái
*方程 fāngchéng
*方法 fāngfǎ
方法论 fāngfǎlùn
*方面 fāngmiàn
*方式 fāngshì
*方向 fāngxiàng
*方言 fāngyán
*方针 fāngzhēn
防 fáng
防御 fángyù
*防止 fángzhǐ
*防治 fángzhì
妨碍 fáng'ài
*房 fáng
*房间 fángjiān
*房屋 fángwū
*房子 fángzi
*仿佛 fǎngfú
访 fǎng
*访问 fǎngwèn
纺织 fǎngzhī
*放 fàng
放大 fàngdà
*放弃 fàngqì
放射 fàngshè
放射性 fàngshèxìng
放松 fàngsōng
*放心 fàngxīn
*飞 fēi
飞船 fēichuán
飞机 fēijī

飞快 fēikuài
飞翔 fēixiáng
*飞行 fēixíng
飞跃 fēiyuè
*非 fēi
*非常 fēicháng
非法 fēifǎ
肥 féi
肥料 féiliào
匪 fěi
*肺 fèi
废 fèi
废除 fèichú
沸腾 fèiténg
*费 fèi
*费用 fèi•yòng
分 fēn
分辨 fēnbiàn
*分别 fēnbié
*分布 fēnbù
*分成 fēnchéng
分割 fēngē
*分工 fēngōng
*分化 fēnhuà
*分解 fēnjiě
*分开 fēnkāi
*分类 fēnlèi
*分离 fēnlí
*分裂 fēnliè
*分泌 fēnmì
分明 fēnmíng
*分配 fēnpèi
分歧 fēnqí
*分散 fēnsàn
*分析 fēnxī
分支 fēnzhī
*分子 fēnzǐ
*粉 fěn

粉末 fěnmò
粉碎 fěnsuì
*分 fèn
分量 fèn•liàng
*分子 fènzǐ
*份 fèn
*奋斗 fèndòu
粪 fèn
愤怒 fènnù
丰 fēng
*丰富 fēngfù
丰收 fēngshōu
*风 fēng
风暴 fēngbào
*风格 fēnggé
风光 fēngguāng
风景 fēngjǐng
风力 fēnglì
风气 fēngqì
风俗 fēngsú
风速 fēngsù
风险 fēngxiǎn
风雨 fēngyǔ
*封 fēng
封闭 fēngbì
*封建 fēngjiàn
封锁 fēngsuǒ
疯狂 fēngkuáng
峰 fēng
锋 fēng
蜂 fēng
冯 féng
缝 féng
讽刺 fěngcì
奉 fèng
奉献 fèngxiàn
*缝 fèng
*佛 fó

*佛教 Fójiào
否 fǒu
*否定 fǒudìng
*否认 fǒurèn
*否则 fǒuzé
*夫 fū
夫妇 fūfù
*夫妻 fūqī
*夫人 fū•rén
孵化 fūhuà
*伏 fú
伏特 fútè
*扶 fú
*服 fú
*服从 fúcóng
*服务 fúwù
服务员 fúwùyuán
*服装 fúzhuāng
俘虏 fúlǔ
浮 fú
浮动 fúdòng
浮游 fúyóu
*符号 fúhào
*符合 fúhé
*幅 fú
幅度 fúdù
*辐射 fúshè
福 fú
福利 fúlì
抚摸 fǔmō
府 fǔ
辅助 fǔzhù
腐 fǔ
腐败 fǔbài
腐蚀 fǔshí
腐朽 fǔxiǔ
*父母 fùmǔ
*父亲 fù•qīn
付 fù
付出 fùchū
*负 fù
*负担 fùdān
*负责 fùzé
妇 fù
*妇女 fùnǚ
附 fù
附加 fùjiā
*附近 fùjìn
附着 fùzhuó
*服 fù
赴 fù
*复 fù
复辟 fùbì
复合 fùhé
*复杂 fùzá
复制 fùzhì
*副 fù
副业 fùyè
赋 fù
赋予 fùyǔ
*富 fù
*富有 fùyǒu
富裕 fùyù
*腹 fù
覆盖 fùgài

G

*该 gāi
*改 gǎi
改编 gǎibiān
*改变 gǎibiàn
*改革 gǎigé
*改进 gǎijìn
改良 gǎiliáng
*改善 gǎishàn
*改造 gǎizào
改正 gǎizhèng
改组 gǎizǔ
钙 gài
*盖 gài
*概括 gàikuò
概率 gàilǜ
*概念 gàiniàn
*干 gān
干脆 gāncuì
干旱 gānhàn
*干净 gān•jìng
*干扰 gānrǎo
*干涉 gānshè
干预 gānyù
*干燥 gānzào
甘心 gānxīn
杆 gān
*肝 gān
肝脏 gānzàng
杆 gǎn
*赶 gǎn
*赶紧 gǎnjǐn
*赶快 gǎnkuài
赶忙 gǎnmáng
*敢 gǎn
敢于 gǎnyú
*感 gǎn
*感到 gǎndào
*感动 gǎndòng
感官 gǎnguān
感激 gǎn•jī
*感觉 gǎnjué
感慨 gǎnkǎi
*感情 gǎnqíng
*感染 gǎnrǎn
*感受 gǎnshòu
感谢 gǎnxiè
感性 gǎnxìng
感应 gǎnyìng
感知 gǎnzhī
*干 gàn
*干部 gànbù
*刚 gāng
*刚才 gāngcái
*纲 gāng
纲领 gānglǐng
*钢 gāng
钢琴 gāngqín
*钢铁 gāngtiě
*岗位 gǎngwèi
港 gǎng
港口 gǎngkǒu
*高 gāo
高产 gāochǎn
高潮 gāocháo
*高大 gāodà
高等 gāoděng
*高低 gāodī
高地 gāodì
*高度 gāodù
*高级 gāojí
高空 gāokōng
高尚 gāoshàng
高速 gāosù
*高温 gāowēn
高校 gāoxiào
*高兴 gāoxìng
高压 gāoyā
*高原 gāoyuán
高涨 gāozhǎng
高中 gāozhōng
*搞 gǎo
稿 gǎo
告 gào
告别 gàobié
*告诉 gàosu
疙瘩 gēda
*哥哥 gēge
胳膊 gēbo
鸽子 gēzi
搁 gē
割 gē
*歌 gē
歌唱 gēchàng
歌剧 gējù
*歌曲 gēqǔ
歌声 gēshēng
歌颂 gēsòng
歌舞 gēwǔ
*革命 gémìng
*革新 géxīn
*格 gé
格外 géwài
*隔 gé
隔壁 gébì
隔离 gélí
*个 gè
*个别 gèbié
*个人 gèrén
*个体 gètǐ
*个性 gèxìng
*各 gè
*各自 gèzì
*给 gěi
给以 gěiyǐ
*根 gēn
*根本 gēnběn
*根据 gēnjù
*根据地 gēnjùdì
根系 gēnxì
根源 gēnyuán
*跟 gēn
跟前 gēn•qián
跟随 gēnsuí

*更 gēng
*更新 gēngxīn
耕 gēng
*耕地 gēngdì
耕作 gēngzuò
*更 gèng
*更加 gèngjiā
*工 gōng
*工厂 gōngchǎng
工场 gōngchǎng
*工程 gōngchéng
*工程师 gōngchéngshī
工地 gōngdì
工夫 gōngfu
工会 gōnghuì
*工具 gōngjù
*工人 gōng·rén
工商业 gōngshāngyè
*工业 gōngyè
工业化 gōngyèhuà
*工艺 gōngyì
*工资 gōngzī
*工作 gōngzuò
弓 gōng
*公 gōng
公安 gōng'ān
公布 gōngbù
公公 gōnggong
*公共 gōnggòng
*公开 gōngkāi
*公理 gōnglǐ
*公路 gōnglù
*公民 gōngmín
公平 gōng·píng
公认 gōngrèn
*公社 gōngshè
*公式 gōngshì
*公司 gōngsī
公有 gōngyǒu
*公有制 gōngyǒuzhì
*公元 gōngyuán
公园 gōngyuán
公正 gōngzhèng
公主 gōngzhǔ
*功 gōng
功夫 gōngfu
功课 gōngkè
功率 gōnglǜ
*功能 gōngnéng
攻 gōng
*攻击 gōngjī
供 gōng
*供给 gōngjǐ
供求 gōngqiú
*供应 gōngyìng
宫 gōng
宫廷 gōngtíng
*巩固 gǒnggù
汞 gǒng
拱 gǒng
*共 gòng
*共产党 gòngchǎndǎng
共和国 gònghéguó
共鸣 gòngmíng
*共同 gòngtóng
*贡献 gòngxiàn
*供 gòng
勾结 gōujié
*沟 gōu
沟通 gōutōng
钩 gōu
*狗 gǒu
构 gòu
*构成 gòuchéng
构思 gòusī
*构造 gòuzào
购 gòu
*购买 gòumǎi
购销 gòuxiāo
*够 gòu
*估计 gūjì
*姑娘 gūniang
孤独 gūdú
*孤立 gūlì
*古 gǔ
*古代 gǔdài
古典 gǔdiǎn
*古老 gǔlǎo
古人 gǔrén
*谷 gǔ
*股 gǔ
股票 gǔpiào
*骨 gǔ
骨干 gǔgàn
骨骼 gǔgé
骨头 gǔtou
*鼓 gǔ
鼓吹 gǔchuī
*鼓励 gǔlì
鼓舞 gǔwǔ
*固 gù
*固定 gùdìng
*固然 gùrán
*固体 gùtǐ
固有 gùyǒu
固执 gù·zhí
*故 gù
*故事 gùshi
故乡 gùxiāng
*故意 gùyì
顾 gù
*顾客 gùkè
顾虑 gùlǜ
顾问 gùwèn
雇 gù
瓜 guā
刮 guā
寡妇 guǎfu
*挂 guà
拐 guǎi
*怪 guài
怪物 guàiwu
*关 guān
关闭 guānbì
关怀 guānhuái
*关键 guānjiàn
关节 guānjié
关联 guānlián
*关系 guānxi
*关心 guānxīn
*关于 guānyú
关注 guānzhù
*观 guān
*观测 guāncè
*观察 guānchá
*观点 guāndiǎn
观看 guānkàn
*观念 guānniàn
*观众 guānzhòng
*官 guān
官兵 guānbīng
官吏 guānlì
官僚 guānliáo
官员 guānyuán
冠 guān
馆 guǎn
*管 guǎn
管道 guǎndào
*管理 guǎnlǐ
管辖 guǎnxiá
*观 guàn
*贯彻 guànchè
贯穿 guànchuān
冠 guàn
*冠军 guànjūn
惯 guàn
惯性 guànxìng
灌 guàn
*灌溉 guàngài
*光 guāng
光彩 guāngcǎi
光滑 guānghuá
*光辉 guānghuī
光景 guāngjǐng
光亮 guāngliàng
光芒 guāngmáng
光明 guāngmíng
光谱 guāngpǔ
*光荣 guāngróng
*光线 guāngxiàn
光学 guāngxué
光源 guāngyuán
光泽 guāngzé
光照 guāngzhào
广 guǎng
*广播 guǎngbō
广场 guǎngchǎng

*广大	guǎngdà
*广泛	guǎngfàn
*广告	guǎnggào
*广阔	guǎngkuò
广义	guǎngyì
逛	guàng
*归	guī
归结	guījié
归来	guīlái
归纳	guīnà
*规定	guīdìng
*规范	guīfàn
规格	guīgé
*规划	guīhuà
规矩	guīju
*规律	guīlǜ
*规模	guīmó
*规则	guīzé
闺女	guīnü
*硅	guī
*轨道	guǐdào
*鬼	guǐ
*鬼子	guǐzi
*贵	guì
*贵族	guìzú
桂	guì
跪	guì
*滚	gǔn
郭	guō
锅	guō
*国	guó
国防	guófáng
国会	guóhuì
*国际	guójì
*国家	guójiā
*国民	guómín
国情	guóqíng
国土	guótǔ
*国王	guówáng
*国务院	guówùyuàn
*国营	guóyíng
国有	guóyǒu
*果	guǒ
果断	guǒduàn
*果然	guǒrán
*果实	guǒshí
果树	guǒshù
裹	guǒ
*过	guò
*过程	guòchéng
过度	guòdù
*过渡	guòdù
*过分	guòfèn
过后	guòhòu
*过来	guò·lái
过年	guònián
*过去	guòqu
*过去	guò·qù
过于	guòyú

H

哈	hā
*还	hái
*孩子	háizi
*海	hǎi
海岸	hǎi'àn
海拔	hǎibá
海带	hǎidài
海关	hǎiguān
*海军	hǎijūn
*海面	hǎimiàn
海区	hǎiqū
海外	hǎiwài
海湾	hǎiwān
*海洋	hǎiyáng
海域	hǎiyù
*害	hài
害虫	hàichóng
*害怕	hàipà
*含	hán
*含量	hánliàng
含义	hányì
*函数	hánshù
*寒	hán
寒冷	hánlěng
罕见	hǎnjiàn
*喊	hǎn
*汉	hàn
汉奸	hànjiān
*汉语	hànyǔ
汉子	hànzi
汉字	hànzì
*汗	hàn
汗水	hànshuǐ
旱	hàn
*行	háng
行列	hángliè
*行业	hángyè
航海	hánghǎi
航空	hángkōng
航行	hángxíng
*号	háo
*好	hǎo
好比	hǎobǐ
*好处	hǎo·chù
好多	hǎoduō
好看	hǎokàn
好人	hǎorén
好事	hǎoshì
好听	hǎotīng
*好像	hǎoxiàng
好转	hǎozhuǎn
*号	hào
*号召	hàozhào
*好	hào
好奇	hàoqí
好事	hàoshì
耗	hào
耗费	hàofèi
*呵	hē
*喝	hē
*合	hé
合并	hébìng
*合成	héchéng
合法	héfǎ
合格	hégé
合乎	héhū
合金	héjīn
*合理	hélǐ
合力	hélì
*合适	héshì
*合同	hétong
*合作	hézuò
*合作社	hézuòshè
*何	hé
何必	hébì
何等	héděng
何况	hékuàng
何以	héyǐ
*和	hé
*和平	hépíng
和尚	héshang
*和谐	héxié
*河	hé
*河流	héliú
荷	hé
*核	hé
核算	hésuàn
*核心	héxīn
盒	hé
颌	hé
*和	hè
荷	hè
*喝	hè
*黑	hēi
*黑暗	hēi'àn
黑人	hēirén
黑夜	hēiyè
痕迹	hénjì
*很	hěn
*恨	hèn
恒	héng
*恒星	héngxīng
*横	héng
横向	héngxiàng
衡量	héngliáng
*横	hèng
轰	hōng
哄	hōng
*红	hóng
*红军	hóngjūn
红旗	hóngqí
*红色	hóngsè
*宏观	hóngguān
宏伟	hóngwěi
洪	hóng
洪水	hóngshuǐ
哄	hǒng
哄	hòng
喉咙	hóu·lóng
猴子	hóuzi
*后	hòu
后边	hòu·biān
后代	hòudài
后方	hòufāng
*后果	hòuguǒ
后悔	hòuhuǐ
*后来	hòulái
*后面	hòu·miàn

*后期 hòuqī
后人 hòurén
后世 hòushì
后天 hòutiān
*厚 hòu
厚度 hòudù
候 hòu
*乎 hū
呼喊 hūhǎn
呼唤 hūhuàn
*呼吸 hūxī
呼吁 hūyù
忽略 hūlüè
*忽然 hūrán
*忽视 hūshì
*和 hú
弧 hú
*胡 hú
壶 hú
*核儿 húr
*湖 hú
湖泊 húpō
蝴蝶 húdié
糊涂 hútu
*虎 hǔ
*互 hù
互补 hùbǔ
*互相 hùxiāng
互助 hùzhù
*户 hù
户口 hùkǒu
护 hù
护士 hùshi
沪 hù
*花 huā
花朵 huāduǒ
花费 huā•fèi
花粉 huāfěn
花色 huāsè
花生 huāshēng
花纹 huāwén
花园 huāyuán
划 huá
*华 huá
华北 huáběi
华侨 huáqiáo
滑 huá
滑动 huádòng
*化 huà
化肥 huàféi
化工 huàgōng
化合 huàhé
*化合物 huàhéwù
化石 huàshí
*化学 huàxué
划 huà
*划分 huàfēn
*华 Huà
*画 huà
*画家 huàjiā
*画面 huàmiàn
*话 huà
话剧 huàjù
话题 huàtí
话筒 huàtǒng
话语 huàyǔ
*怀 huái
怀抱 huáibào
怀念 huáiniàn
*怀疑 huáiyí
*坏 huài
坏人 huàirén
欢乐 huānlè
欢喜 huānxǐ
*欢迎 huānyíng
*还 huán
还原 huányuán
*环 huán
*环节 huánjié
*环境 huánjìng
环流 huánliú
缓 huǎn
缓和 huǎnhé
*缓慢 huǎnmàn
幻觉 huànjué
*幻想 huànxiǎng
*换 huàn
唤 huàn
唤起 huànqǐ
*患 huàn
*患者 huànzhě
荒 huāng
慌 huāng
*皇帝 Huángdì
*黄 huáng
黄昏 huánghūn
*黄金 huángjīn
*黄色 huángsè
黄土 huángtǔ
晃 huǎng
晃 huàng
*灰 huī
灰尘 huīchén
灰色 huīsè
挥 huī
*恢复 huīfù
辉煌 huīhuáng
*回 huí
回避 huíbì
*回答 huídá
回顾 huígù
回归 huíguī
*回来 huí•lái
*回去 huí•qù
*回头 huítóu
*回忆 huíyì
毁 huǐ
毁灭 huǐmiè
*汇报 huìbào
*会 huì
会场 huìchǎng
会见 huìjiàn
*会议 huìyì
会员 huìyuán
绘 huì
*绘画 huìhuà
婚 hūn
婚礼 hūnlǐ
*婚姻 hūnyīn
*浑身 húnshēn
*混 hún
魂 hún
*混 hùn
*混合 hùnhé
*混乱 hùnluàn
混淆 hùnxiáo
*和 huó
*活 huó
*活动 huó•dòng
*活力 huólì
*活泼 huópo
*活跃 huóyuè
*火 huǒ
火柴 huǒchái
*火车 huǒchē
火光 huǒguāng
*火箭 huǒjiàn
火山 huǒshān
火星 huǒxīng
火焰 huǒyàn
伙伴 huǒbàn
*或 huò
或许 huòxǔ
*或者 huòzhě
*和 huò
*货 huò
*货币 huòbì
货物 huòwù
*获 huò
*获得 huòdé
获取 huòqǔ

J

*几乎 jīhū
击 jī
饥饿 jī'è
*机 jī
机场 jīchǎng
机车 jīchē
*机构 jīgòu
*机关 jīguān
*机会 jī•huì
*机能 jīnéng
*机器 jī•qì
机器人 jī•qìrén
机体 jītǐ
*机械 jīxiè
机械化 jīxièhuà
*机制 jīzhì
肌 jī
*肌肉 jīròu
*鸡 jī
*积 jī
*积极 jījí
*积极性 jījíxìng
*积累 jīlěi
积压 jīyā
*基 jī
*基本 jīběn
*基层 jīcéng

*基础　jīchǔ
*基地　jīdì
*基督教 Jīdūjiào
基建　jījiàn
*基金　jījīn
*基因　jīyīn
基于　jīyú
畸形　jīxíng
激　jī
*激动　jīdòng
*激发　jīfā
激光　jīguāng
激励　jīlì
*激烈　jīliè
激情　jīqíng
激素　jīsù
*及　jí
*及时　jíshí
*级　jí
*极　jí
极端　jíduān
极力　jílì
*极其　jíqí
*极为　jíwéi
*即　jí
即将　jíjiāng
*即使　jíshǐ
*急　jí
急剧　jíjù
*急忙　jímáng
急性　jíxìng
急需　jíxū
急于　jíyú
*疾病　jíbìng
*集　jí
集合　jíhé
集会　jíhuì
*集体　jítǐ

*集团　jítuán
*集中　jízhōng
集资　jízī
*几　jǐ
几何　jǐhé
己　jǐ
*挤　jǐ
济济　jǐjǐ
*给予　jǐyǔ
脊　jǐ
*计　jì
*计划　jìhuà
*计算　jìsuàn
*计算机 jìsuànjī
*记　jì
*记得　jì•dé
*记录　jìlù
*记忆　jìyì
*记载　jìzǎi
*记者　jìzhě
纪录　jìlù
*纪律　jìlǜ
纪念　jìniàn
*技能　jìnéng
*技巧　jìqiǎo
*技术　jìshù
技术员 jìshùyuán
技艺　jìyì
*系　jì
季　jì
季风　jìfēng
*季节　jìjié
*剂　jì
济　jì
*既　jì
*既然　jìrán
*既是　jìshì
继　jì

*继承　jìchéng
继承人 jìchéngrén
*继续　jìxù
祭　jì
祭祀　jìsì
寄　jì
寄生　jìshēng
寄生虫 jìshēngchóng
寄托　jìtuō
寄主　jìzhǔ
寂静　jìjìng
寂寞　jìmò
*加　jiā
*加工　jiāgōng
加紧　jiājǐn
加剧　jiājù
*加快　jiākuài
*加强　jiāqiáng
*加热　jiārè
*加入　jiārù
加深　jiāshēn
*加速　jiāsù
加速度 jiāsùdù
*加以　jiāyǐ
加重　jiāzhòng
*夹　jiā
*家　jiā
家畜　jiāchù
*家伙　jiāhuo
家具　jiā•jù
家人　jiārén
家属　jiāshǔ
*家庭　jiātíng
家务　jiāwù
*家乡　jiāxiāng
*家长　jiāzhǎng
家族　jiāzú

*夹　jiá
*甲　jiǎ
甲板　jiǎbǎn
钾　jiǎ
*假　jiǎ
假定　jiǎdìng
*假如　jiǎrú
*假设　jiǎshè
假使　jiǎshǐ
*假说　jiǎshuō
*价　jià
*价格　jiàgé
价钱　jià•qián
*价值　jiàzhí
驾驶　jiàshǐ
*架　jià
架子　jiàzi
*假　jià
嫁　jià
嫁接　jiàjiē
*尖　jiān
*尖锐　jiānruì
歼灭　jiānmiè
*坚持　jiānchí
*坚定　jiāndìng
坚固　jiāngù
*坚决　jiānjué
坚强　jiānqiáng
坚实　jiānshí
坚硬　jiānyìng
*间　jiān
肩　jiān
肩膀　jiānbǎng
艰巨　jiānjù
*艰苦　jiānkǔ
艰难　jiānnán
*监督　jiāndū
监视　jiānshì

监狱　jiānyù
*兼　jiān
拣　jiǎn
茧　jiǎn
捡　jiǎn
检　jiǎn
*检查　jiǎnchá
*检验　jiǎnyàn
减　jiǎn
*减轻　jiǎnqīng
减弱　jiǎnruò
*减少　jiǎnshǎo
剪　jiǎn
简　jiǎn
简称　jiǎnchēng
*简单　jiǎndān
简化　jiǎnhuà
*简直　jiǎnzhí
*碱　jiǎn
*见　jiàn
*见解　jiànjiě
*见面　jiànmiàn
*件　jiàn
*间　jiàn
间隔　jiàngé
*间接　jiànjiē
*建　jiàn
*建国　jiànguó
*建立　jiànlì
*建设　jiànshè
*建议　jiànyì
建造　jiànzào
*建筑　jiànzhù
剑　jiàn
*健康　jiànkāng
*健全　jiànquán
健壮　jiànzhuàng

*渐渐 jiànjiàn
鉴别 jiànbié
*鉴定 jiàndìng
*键 jiàn
箭 jiàn
*江 jiāng
江南 jiāngnán
*将 jiāng
将近 jiāngjìn
*将军 jiāngjūn
*将来 jiānglái
将要 jiāngyào
浆 jiāng
*讲 jiǎng
*讲话 jiǎnghuà
讲究 jiǎng•jiū
讲述 jiǎngshù
奖 jiǎng
奖金 jiǎngjīn
奖励 jiǎnglì
*蒋 jiǎng
降 jiàng
*降低 jiàngdī
降落 jiàngluò
降水 jiàngshuǐ
*将 jiàng
*强 jiàng
*交 jiāo
交叉 jiāochā
交错 jiāocuò
交代 jiāodài
*交换 jiāohuàn
*交际 jiāojì
*交流 jiāoliú
交谈 jiāotán
交替 jiāotì
*交通 jiāotōng
*交往 jiāowǎng
*交易 jiāoyì
交织 jiāozhī
郊区 jiāoqū
浇 jiāo
骄傲 jiāo'ào
胶 jiāo
*教 jiāo
*教学 jiāoxué
焦 jiāo
焦点 jiāodiǎn
焦急 jiāojí
嚼 jiáo
*角 jiǎo
*角度 jiǎodù
角落 jiǎoluò
*脚 jiǎo
脚步 jiǎobù
脚下 jiǎoxià
脚印 jiǎoyìn
搅 jiǎo
*叫 jiào
*叫作 jiàozuò
*觉 jiào
*校 jiào
*较 jiào
*较为 jiàowéi
*教 jiào
*教材 jiàocái
教导 jiàodǎo
*教会 jiàohuì
教练 jiàoliàn
*教师 jiàoshī
教室 jiàoshì
*教授 jiàoshòu
教堂 jiàotáng
*教学 jiàoxué
*教训 jiàoxùn
教养 jiàoyǎng
教义 jiàoyì
*教育 jiàoyù
教员 jiàoyuán
阶层 jiēcéng
*阶段 jiēduàn
*阶级 jiējí
*皆 jiē
*结 jiē
*结果 jiēguǒ
结实 jiēshi
*接 jiē
*接触 jiēchù
接待 jiēdài
*接近 jiējìn
接连 jiēlián
接收 jiēshōu
*接受 jiēshòu
*揭露 jiēlù
*揭示 jiēshì
街 jiē
*街道 jiēdào
街头 jiētóu
*节 jié
*节目 jiémù
*节日 jiérì
节省 jiéshěng
*节约 jiéyuē
*节奏 jiézòu
杰出 jiéchū
洁白 jiébái
*结 jié
*结构 jiégòu
*结果 jiéguǒ
*结合 jiéhé
*结婚 jiéhūn
*结晶 jiéjīng
结局 jiéjú
*结论 jiélùn
*结束 jiéshù
结算 jiésuàn
截 jié
竭力 jiélì
*姐姐 jiějie
姐妹 jiěmèi
*解 jiě
解除 jiěchú
解答 jiědá
*解放 jiěfàng
解放军 jiěfàngjūn
*解决 jiějué
解剖 jiěpōu
解散 jiěsàn
*解释 jiěshì
解脱 jiětuō
*介绍 jièshào
介质 jièzhì
戒 jiè
*届 jiè
*界 jiè
*界限 jièxiàn
*借 jiè
借鉴 jièjiàn
借口 jièkǒu
借款 jièkuǎn
借用 jièyòng
借助 jièzhù
*解 jiè
*斤 jīn
*今 jīn
*今后 jīnhòu
*今年 jīnnián
*今日 jīnrì
*今天 jīntiān
*金 jīn
金额 jīn'é
金刚石 jīngāngshí
金牌 jīnpái
金钱 jīnqián
金融 jīnróng
*金属 jīnshǔ
津 jīn
*仅 jǐn
*尽 jǐn
*尽管 jǐnguǎn
尽快 jǐnkuài
*尽量 jǐnliàng
*紧 jǐn
*紧急 jǐnjí
*紧密 jǐnmì
*紧张 jǐnzhāng
锦标赛 jǐnbiāosài
谨慎 jǐnshèn
*尽 jìn
尽力 jìnlì
*尽量 jìnliàng
*进 jìn
*进步 jìnbù
*进程 jìnchéng
进而 jìn'ér
*进攻 jìngōng
*进化 jìnhuà
进化论 jìnhuàlùn
进军 jìnjūn
*进口 jìnkǒu
*进来 jìn•lái
进取 jìnqǔ
*进去 jìn•qù
*进入 jìnrù
*进行 jìnxíng
*进展 jìnzhǎn
*近 jìn
*近代 jìndài
近来 jìnlái
近似 jìnsì

*劲 jìn
晋 jìn
浸 jìn
*禁止 jìnzhǐ
*茎 jīng
*京 jīng
京剧 jīngjù
*经 jīng
*经常 jīngcháng
经典 jīngdiǎn
经费 jīngfèi
*经过 jīngguò
*经济 jīngjì
*经理 jīnglǐ
*经历 jīnglì
经受 jīngshòu
*经验 jīngyàn
*经营 jīngyíng
惊 jīng
惊奇 jīngqí
惊人 jīngrén
惊喜 jīngxǐ
惊醒 jīngxǐng
惊讶 jīngyà
惊异 jīngyì
*晶 jīng
*晶体 jīngtǐ
*精 jīng
*精力 jīnglì
精密 jīngmì
*精确 jīngquè
*精神 jīngshén
*精神 jīngshen
精细 jīngxì
精心 jīngxīn
精子 jīngzǐ
鲸 jīng
井 jǐng
颈 jǐng
景 jǐng
景色 jǐngsè
景物 jǐngwù
景象 jǐngxiàng
*警察 jǐngchá
警告 jǐnggào
警惕 jǐngtì
*劲 jìng
径 jìng
径流 jìngliú
*净 jìng
净化 jìnghuà
竞赛 jìngsài
*竞争 jìngzhēng
*竟 jìng
竟然 jìngrán
敬 jìng
*静 jìng
静脉 jìngmài
静止 jìngzhǐ
境 jìng
境地 jìngdì
*境界 jìngjiè
*镜 jìng
镜头 jìngtóu
镜子 jìngzi
纠纷 jiūfēn
*纠正 jiūzhèng
究 jiū
*究竟 jiūjìng
*九 jiǔ
*久 jiǔ
*酒 jiǔ
酒精 jiǔjīng
*旧 jiù
*救 jiù
救国 jiùguó
救济 jiùjì
*就 jiù
*就是 jiùshì
就算 jiùsuàn
*就业 jiùyè
舅舅 jiùjiu
*车 jū
*居 jū
*居民 jūmín
*居然 jūrán
居于 jūyú
*居住 jūzhù
*局 jú
*局部 júbù
*局面 júmiàn
局势 júshì
局限 júxiàn
菊花 júhuā
咀嚼 jǔjué
*举 jǔ
*举办 jǔbàn
举动 jǔdòng
*举行 jǔxíng
巨 jù
*巨大 jùdà
*句 jù
*句子 jùzi
*拒绝 jùjué
*具 jù
*具备 jùbèi
*具体 jùtǐ
*具有 jùyǒu
俱 jù
剧 jù
*剧本 jùběn
剧场 jùchǎng
剧烈 jùliè
剧团 jùtuán
剧种 jùzhǒng
*据 jù
据点 jùdiǎn
*据说 jùshuō
距 jù
*距离 jùlí
聚 jù
聚集 jùjí
捐 juān
*圈 juān
*卷 juǎn
*卷 juàn
*圈 juàn
*决 jué
*决策 juécè
*决定 juédìng
决定性 juédìngxìng
*决心 juéxīn
*决议 juéyì
*角 jué
*角色 juésè
*觉 jué
觉察 juéchá
*觉得 jué•dé
*觉悟 juéwù
*绝 jué
*绝对 juéduì
绝望 juéwàng
嚼 jué
*军 jūn
*军队 jūnduì
*军阀 jūnfá
军官 jūnguān
军舰 jūnjiàn
军民 jūnmín
军区 jūnqū
*军人 jūnrén
*军事 jūnshì
*均 jūn
均衡 jūnhéng
*均匀 jūnyún
君 jūn
君主 jūnzhǔ
*菌 jūn

K

咖啡 kāfēi
卡 kǎ
*开 kāi
开办 kāibàn
开采 kāicǎi
开除 kāichú
开创 kāichuàng
*开发 kāifā
*开放 kāifàng
开关 kāiguān
开花 kāihuā
*开会 kāihuì
开垦 kāikěn
*开口 kāikǒu
开阔 kāikuò
开门 kāimén
开幕 kāimù
*开辟 kāipì
开设 kāishè
*开始 kāishǐ
开水 kāishuǐ
开头 kāitóu
开拓 kāituò
开玩笑 kāiwánxiào
*开展 kāizhǎn
开支 kāizhī
刊登 kāndēng
刊物 kānwù

*看 kān
勘探 kāntàn
砍 kǎn
*看 kàn
看待 kàndài
*看法 kànfǎ
*看见 kàn•jiàn
看望 kànwàng
扛 káng
*抗 kàng
抗议 kàngyì
*抗战 kàngzhàn
炕 kàng
*考 kǎo
*考察 kǎochá
考古 kǎogǔ
考核 kǎohé
*考虑 kǎolǜ
*考试 kǎoshì
考验 kǎoyàn
*靠 kào
靠近 kàojìn
*科 kē
*科技 kējì
*科学 kēxué
*科学家 kēxuéjiā
科学院 kēxuéyuàn
*科研 kēyán
*棵 kē
*颗 kē
颗粒 kēlì
壳 ké
咳 ké
咳嗽 késou
*可 kě
*可爱 kě'ài
*可见 kějiàn
*可靠 kěkào
*可怜 kělián
*可能 kěnéng
*可是 kěshì
可谓 kěwèi
*可惜 kěxī
可笑 kěxiào
*可以 kěyǐ
渴望 kěwàng
*克 kè
*克服 kèfú
*刻 kè
刻度 kèdù
刻画 kèhuà
刻苦 kèkǔ
客 kè
*客观 kèguān
客气 kèqi
*客人 kè•rén
*客体 kètǐ
客厅 kètīng
*课 kè
课本 kèběn
*课程 kèchéng
课堂 kètáng
*课题 kètí
肯 kěn
*肯定 kěndìng
啃 kěn
坑 kēng
*空 kōng
*空间 kōngjiān
空军 kōngjūn
*空气 kōngqì
空前 kōngqián
空虚 kōngxū
*空中 kōngzhōng
*孔 kǒng
孔雀 kǒngquè
恐怖 kǒngbù
恐慌 kǒnghuāng
恐惧 kǒngjù
*恐怕 kǒngpà
*空 kòng
空白 kòngbái
*控制 kòngzhì
口 kǒu
口袋 kǒudai
*口号 kǒuhào
口腔 kǒuqiāng
口头 kǒutóu
口语 kǒuyǔ
扣 kòu
*哭 kū
*苦 kǔ
苦难 kǔnàn
苦恼 kǔnǎo
库 kù
库存 kùcún
裤子 kùzi
夸张 kuāzhāng
跨 kuà
*会计 kuài•jì
*块 kuài
*快 kuài
快活 kuàihuo
*快乐 kuàilè
快速 kuàisù
快要 kuàiyào
筷子 kuàizi
*宽 kuān
宽大 kuāndà
宽阔 kuānkuò
款 kuǎn
筐 kuāng
狂 kuáng
况且 kuàngqiě
*矿 kuàng
矿产 kuàngchǎn
矿物 kuàngwù
亏 kuī
亏损 kuīsǔn
*昆虫 kūnchóng
捆 kǔn
困 kùn
困境 kùnjìng
*困难 kùn•nán
*扩大 kuòdà
扩散 kuòsàn
扩展 kuòzhǎn
*扩张 kuòzhāng
阔 kuò

L

*拉 lā
*拉 lá
喇叭 lǎba
*落 là
蜡 là
蜡烛 làzhú
辣椒 làjiāo
*来 lái
来不及 lái•bùjí
来回 láihuí
来临 láilín
来往 láiwǎng
*来信 láixìn
*来源 láiyuán
赖 lài
兰 lán
栏 lán
*蓝 lán
烂 làn
狼 láng
浪 làng
*浪费 làngfèi
浪花 lànghuā
捞 lāo
劳 láo
*劳动 láodòng
*劳动力 láodònglì
劳动日 láodòngrì
*劳动者 láodòngzhě
劳力 láolì
牢 láo
牢固 láogù
*老 lǎo
老百姓 lǎobǎixìng
老板 lǎobǎn
老伴儿 lǎobànr
老大 lǎodà
老汉 lǎohàn
老虎 lǎohǔ
老年 lǎonián
*老婆 lǎopo
*老人 lǎorén
老人家 lǎo•rén•jiā
老师 lǎoshī
老实 lǎoshi
老鼠 lǎo•shǔ
老太太 lǎotàitai
老头子 lǎotóuzi
老乡 lǎoxiāng
*老爷 lǎoye
老子 lǎozi
*落 lào
*乐 lè
乐观 lèguān
*累 léi
雷 léi

雷达	léidá	力求	lìqiú	*联合	liánhé	了不起	liǎo·bùqǐ	*领土	lǐngtǔ
*累	lěi	力图	lìtú	联合国	Liánhéguó	*了解	liǎojiě	*领袖	lǐngxiù
*泪	lèi	*力学	lìxué	联结	liánjié	*料	liào	*领域	lǐngyù
泪水	lèishuǐ	历	lì	联络	liánluò	咧	liě	*另	lìng
*类	lèi	历代	lìdài	联盟	liánméng	*列	liè	*另外	lìngwài
*类似	lèisì	历来	lìlái	*联系	liánxì	列车	lièchē	*令	lìng
*类型	lèixíng	*历史	lìshǐ	*联想	liánxiǎng	列举	lièjǔ	溜	liū
*累	lèi	*厉害	lìhai	联营	liányíng	烈士	lièshì	*刘	Liú
*冷	lěng	*立	lì	廉价	liánjià	猎	liè	*留	liú
冷静	lěngjìng	*立场	lìchǎng	*脸	liǎn	裂	liè	留学	liúxué
冷却	lěngquè	*立法	lìfǎ	*脸色	liǎnsè	邻	lín	*流	liú
冷水	lěngshuǐ	*立即	lìjí	*练	liàn	邻近	línjìn	流传	liúchuán
冷笑	lěngxiào	*立刻	lìkè	*练习	liànxí	邻居	lín·jū	*流动	liúdòng
愣	lèng	立体	lìtǐ	炼	liàn	*林	lín	流露	liúlù
*离	lí	*利	lì	恋爱	liàn'ài	林木	línmù	流氓	liúmáng
*离婚	líhūn	利害	lìhài	链	liàn	林业	línyè	流派	liúpài
*离开	líkāi	利率	lìlǜ	良	liáng	临	lín	流水	liúshuǐ
*离子	lízǐ	*利润	lìrùn	*良好	liánghǎo	*临床	línchuáng	流体	liútǐ
梨	lí	利息	lìxī	良心	liángxīn	*临时	línshí	*流通	liútōng
犁	lí	*利益	lìyì	良种	liángzhǒng	淋	lín	流向	liúxiàng
*礼	lǐ	*利用	lìyòng	凉	liáng	淋巴	línbā	*流行	liúxíng
礼貌	lǐmào	*利于	lìyú	梁	liáng	*磷	lín	流血	liúxuè
礼物	lǐwù	*例	lì	*量	liáng	*灵	líng	流域	liúyù
*李	lǐ	*例如	lìrú	*粮	liáng	灵感	línggǎn	硫	liú
*里	lǐ	例外	lìwài	*粮食	liángshi	*灵魂	línghún	*硫酸	liúsuān
里边	lǐ·biān	*例子	lìzi	*两	liǎng	*灵活	línghuó	瘤	liú
*里面	lǐ·miàn	*粒	lì	两岸	liǎng'àn	灵敏	língmǐn	柳	liǔ
里头	lǐtou	*粒子	lìzǐ	*两边	liǎngbiān	铃	líng	*六	liù
*理	lǐ	俩	liǎ	两极	liǎngjí	*零	líng	陆	liù
*理解	lǐjiě	*连	lián	两旁	liǎngpáng	零件	língjiàn	溜	liù
*理论	lǐlùn	连队	liánduì	*亮	liàng	零售	língshòu	*龙	lóng
*理想	lǐxiǎng	*连接	liánjiē	凉	liàng	龄	líng	笼	lǒng
*理性	lǐxìng	*连忙	liánmáng	*辆	liàng	*令	lǐng	*垄断	lǒngduàn
*理由	lǐyóu	连同	liántóng	*量	liàng	岭	lǐng	拢	lǒng
理智	lǐzhì	*连续	liánxù	量子	liàngzǐ	*领	lǐng	笼	lǒng
*力	lì	莲子	liánzǐ	辽阔	liáokuò	*领导	lǐngdǎo	笼罩	lǒngzhào
*力量	lì·liàng	联	lián	*了	liǎo	领会	lǐnghuì	搂	lōu
力气	lìqi	联邦	liánbāng			领事	lǐngshì	*楼	lóu

楼房 lóufáng
搂 lǒu
漏 lòu
*露 lòu
炉 lú
炉子 lúzi
卤 lǔ
鲁 lǔ
陆 lù
*陆地 lùdì
陆军 lùjūn
陆续 lùxù
录 lù
鹿 lù
*路 lù
路程 lùchéng
路过 lùguò
*路线 lùxiàn
路子 lùzi
*露 lù
驴 lǘ
旅 lǚ
旅馆 lǚguǎn
旅客 lǚkè
旅行 lǚxíng
旅游 lǚyóu
*铝 lǚ
缕 lǚ
*履行 lǚxíng
*律 lǜ
律师 lǜshī
*率 lǜ
*绿 lǜ
绿化 lǜhuà
氯 lǜ
氯气 lǜqì
滤 lǜ
*卵 luǎn
卵巢 luǎncháo
*乱 luàn
掠夺 lüèduó
*略 lüè
伦理 lúnlǐ
*轮 lún
轮船 lúnchuán
轮廓 lúnkuò
轮流 lúnliú
*论 lùn
论点 lùndiǎn
*论述 lùnshù
*论文 lùnwén
论证 lùnzhèng
*罗 luó
*逻辑 luó•jí
螺旋 luóxuán
骆驼 luòtuo
络 luò
*落 luò
落地 luòdì
*落后 luòhòu
*落实 luòshí

M

*妈妈 māma
*抹 mā
麻 má
麻烦 máfan
麻醉 mázuì
*马 mǎ
马车 mǎchē
*马路 mǎlù
*马上 mǎshàng
码 mǎ
码头 mǎtou
*蚂蚁 mǎyǐ
*骂 mà
埋 mái
*买 mǎi
*买卖 mǎimai
迈 mài
麦 mài
*卖 mài
脉 mài
蛮 mán
馒头 mántou
瞒 mán
*满 mǎn
*满意 mǎnyì
*满足 mǎnzú
漫长 màncháng
*慢 màn
慢性 mànxìng
*忙 máng
忙碌 mánglù
*盲目 mángmù
茫然 mángrán
*猫 māo
*毛 máo
毛病 máo•bìng
毛巾 máojīn
*矛盾 máodùn
*冒 mào
冒险 màoxiǎn
*贸易 màoyì
帽 mào
*帽子 màozi
*没 méi
没事 méishì
*没有 méi•yǒu
*枚 méi
眉 méi
眉毛 méimao
眉头 méitóu
梅 méi
媒介 méijiè
*煤 méi
煤炭 méitàn
酶 méi
*每 měi
*每年 měinián
*美 měi
美感 měigǎn
*美好 měihǎo
美化 měihuà
*美丽 měilì
美妙 měimiào
*美术 měishù
*美学 měixué
*美元 měiyuán
镁 měi
*妹妹 mèimei
魅力 mèilì
闷 mēn
*门 mén
*门口 ménkǒu
闷 mèn
蒙 mēng
萌发 méngfā
萌芽 méngyá
蒙 méng
*猛 měng
猛烈 měngliè
蒙 Měng
孟 mèng
*梦 mèng
弥补 míbǔ
弥漫 mímàn
迷 mí
迷人 mírén
迷信 míxìn
谜 mí
*米 mǐ
*秘密 mìmì
秘书 mìshū
*密 mì
*密度 mìdù
密集 mìjí
*密切 mìqiè
蜜 mì
蜜蜂 mìfēng
*棉 mián
*棉花 mián•huā
免 miǎn
免疫 miǎnyì
勉强 miǎnqiǎng
*面 miàn
面积 miànjī
面孔 miànkǒng
*面临 miànlín
*面貌 miànmào
面目 miànmù
*面前 miànqián
*苗 miáo
*描绘 miáohuì
*描述 miáoshù
*描写 miáoxiě
*秒 miǎo
妙 miào
庙 miào
*灭 miè
灭亡 mièwáng
*民 mín
*民兵 mínbīng
民歌 míngē
民国 Mínguó
*民间 mínjiān
民事 mínshì
民俗 mínsú
民众 mínzhòng
*民主 mínzhǔ

*民族 mínzú
敏感 mǐngǎn
敏捷 mǐnjié
敏锐 mǐnruì
*名 míng
*名称 míngchēng
*名词 míngcí
名义 míngyì
*名字 míngzi
*明 míng
*明白 míngbai
明亮 míngliàng
明年 míngnián
*明确 míngquè
*明天 míngtiān
明显 míngxiǎn
鸣 míng
*命 mìng
*命令 mìnglìng
命名 mìngmíng
*命题 mìngtí
*命运 mìngyùn
*摸 mō
摸索 mō•suǒ
模 mó
模范 mófàn
*模仿 mófǎng
*模糊 móhu
模拟 mónǐ
*模式 móshì
*模型 móxíng
*膜 mó
摩 mó
摩擦 mócā
*磨 mó
*抹 mǒ
*末 mò
末期 mòqī
*没 mò
没落 mòluò
没收 mòshōu
*抹 mò
陌生 mòshēng
*莫 mò
墨 mò
*默默 mòmò
*磨 mò
谋 móu
*某 mǒu
模样 múyàng
*母 mǔ
*母亲 mǔ•qīn
母体 mǔtǐ
*亩 mǔ
*木 mù
木材 mùcái
木头 mùtou
*目 mù
*目标 mùbiāo
*目的 mùdì
*目光 mùguāng
*目前 mùqián
墓 mù
幕 mù

N

*拿 ná
*哪 nǎ
*哪里 nǎ•lǐ
*哪儿 nǎr
*哪些 nǎxiē
*那 nà
*那里 nà•lǐ
*那么 nàme
*那儿 nàr
*那些 nàxiē
*那样 nàyàng
纳 nà
纳入 nàrù
纳税 nàshuì
*钠 nà
*乃 nǎi
乃至 nǎizhì
奶 nǎi
*奶奶 nǎinai
耐 nài
耐心 nàixīn
*男 nán
*男女 nánnǚ
*男人 nánrén
男性 nánxìng
*男子 nánzǐ
*南 nán
*南北 nánběi
*南方 nánfāng
南极 nánjí
*难 nán
*难道 nándào
难得 nándé
难怪 nánguài
难过 nánguò
难免 nánmiǎn
难受 nánshòu
难题 nántí
*难以 nányǐ
难于 nányú
*难 nàn
囊 náng
*脑 nǎo
*脑袋 nǎodai
*脑子 nǎozi
*闹 nào
*内 nèi
*内部 nèibù
内地 nèidì
内涵 nèihán
*内容 nèiróng
内外 nèiwài
*内心 nèixīn
*内在 nèizài
内脏 nèizàng
嫩 nèn
*能 néng
能动 néngdòng
*能够 nénggòu
*能力 nénglì
*能量 néngliàng
*能源 néngyuán
*泥 ní
泥土 nítǔ
拟 nǐ
*你 nǐ
*你们 nǐmen
逆 nì
*年 nián
年初 niánchū
*年代 niándài
年底 niándǐ
年度 niándù
年级 niánjí
*年纪 niánjì
*年间 niánjiān
*年龄 niánlíng
年青 niánqīng
*年轻 niánqīng
年头儿 niántóur
*念 niàn
念头 niàntou
*娘 niáng
*鸟 niǎo
尿 niào
捏 niē
*您 nín
宁 níng
宁静 níngjìng
拧 níng
凝 níng
凝固 nínggù
凝结 níngjié
凝聚 níngjù
凝视 níngshì
拧 nǐng
宁 nìng
拧 nìng
*牛 niú
*牛顿 niúdùn
扭 niǔ
扭转 niǔzhuǎn
*农 nóng
*农产品 nóngchǎnpǐn
农场 nóngchǎng
*农村 nóngcūn
农户 nónghù
农具 nóngjù
*农民 nóngmín
农田 nóngtián
农药 nóngyào
*农业 nóngyè
农作物 nóngzuòwù
*浓 nóng
*浓度 nóngdù
浓厚 nónghòu
脓 nóng
*弄 nòng
*奴隶 núlì
奴役 núyì
*努力 nǔlì

怒 nù
*女 nǚ
*女儿 nǚ’ér
女工 nǚgōng
*女人 nǚrén
女士 nǚshì
*女性 nǚxìng
女婿 nǚxu
*女子 nǚzǐ
*暖 nuǎn

O

欧 Ōu
偶 ǒu
偶尔 ǒu’ěr
*偶然 ǒurán
偶然性 ǒuránxìng

P

扒 pá
*爬 pá
*怕 pà
*拍 pāi
拍摄 pāishè
*排 pái
*排斥 páichì
排除 páichú
排放 páifàng
*排列 páiliè
*牌 pái
牌子 páizi
*派 pài
派出所 pàichūsuǒ
派遣 pàiqiǎn
潘 pān
攀 pān
*盘 pán
判 pàn
判处 pànchǔ
判定 pàndìng
*判断 pànduàn
判决 pànjué
盼 pàn
盼望 pànwàng
庞大 pángdà
*旁 páng
*旁边 pángbiān
*胖 pàng
抛 pāo
抛弃 pāoqì
*泡 pāo
炮 páo
*跑 pǎo
*泡 pào
炮 pào
炮弹 pàodàn
胚 pēi
胚胎 pēitāi
陪 péi
培训 péixùn
*培养 péiyǎng
培育 péiyù
赔偿 péicháng
佩服 pèi•fú
*配 pèi
*配合 pèihé
配套 pèitào
配置 pèizhì
喷 pēn
*盆 pén
盆地 péndì
*朋友 péngyou
彭 péng
棚 péng
蓬勃 péngbó
*膨胀 péngzhàng
捧 pěng
*碰 pèng
*批 pī
*批发 pīfā
*批判 pīpàn
*批评 pīpíng
*批准 pīzhǔn
披 pī
*皮 pí
*皮肤 pífū
疲倦 píjuàn
疲劳 píláo
脾 pí
脾气 píqi
*匹 pǐ
屁股 pìgu
*譬如 pìrú
*偏 piān
偏见 piānjiàn
偏偏 piānpiān
偏向 piānxiàng
*篇 piān
便宜 piányi
*片 piàn
片刻 piànkè
片面 piànmiàn
骗 piàn
飘 piāo
票 piào
*漂亮 piàoliang
拼命 pīnmìng
贫 pín
贫困 pínkùn
贫穷 pínqióng
频繁 pínfán
*频率 pínlǜ
*品 pǐn
品德 pǐndé
*品质 pǐnzhì
*品种 pǐnzhǒng
乒乓球 pīngpāngqiú
*平 píng
*平常 píngcháng
*平等 píngděng
平凡 píngfán
平分 píngfēn
*平衡 pínghéng
*平静 píngjìng
*平均 píngjūn
*平面 píngmiàn
平民 píngmín
平日 píngrì
*平时 píngshí
平坦 píngtǎn
*平行 píngxíng
*平原 píngyuán
评 píng
*评价 píngjià
*评论 pínglùn
评选 píngxuǎn
苹果 píngguǒ
*凭 píng
凭借 píngjiè
屏 píng
屏幕 píngmù
*瓶 píng
坡 pō
*颇 pō
婆婆 pópo
迫 pò
迫害 pòhài
迫切 pòqiè
迫使 pòshǐ
*破 pò
破产 pòchǎn
*破坏 pòhuài
破裂 pòliè
剖面 pōumiàn
扑 pū
*铺 pū
菩萨 pú•sà
葡萄 pú•táo
葡萄糖 pú•táotáng
朴素 pǔsù
*普遍 pǔbiàn
普及 pǔjí
*普通 pǔtōng
普通话 Pǔtōnghuà
谱 pǔ
*铺 pù

Q

*七 qī
*妻子 qī•zǐ
凄凉 qīliáng
*期 qī
期待 qīdài
期货 qīhuò
*期间 qījiān
期望 qīwàng
期限 qīxiàn
欺骗 qīpiàn
漆 qī
*齐 qí
*其 qí
*其次 qícì
其间 qíjiān
*其实 qíshí
*其他 qítā
*其余 qíyú
*其中 qízhōng

奇 qí
*奇怪 qíguài
奇迹 qíjì
奇特 qítè
奇异 qíyì
*骑 qí
旗 qí
旗帜 qízhì
*企图 qǐtú
*企业 qǐyè
*启发 qǐfā
启示 qǐshì
*起 qǐ
起初 qǐchū
起点 qǐdiǎn
起伏 qǐfú
*起来 qǐ•lái
起码 qǐmǎ
起身 qǐshēn
*起义 qǐyì
*起源 qǐyuán
*气 qì
*气氛 qì•fēn
气愤 qìfèn
*气候 qìhòu
气流 qìliú
*气体 qìtǐ
气团 qìtuán
气味 qìwèi
*气温 qìwēn
气息 qìxī
*气象 qìxiàng
气压 qìyā
气质 qìzhì
弃 qì
*汽车 qìchē
汽油 qìyóu
契约 qìyuē

砌 qì
*器 qì
器材 qìcái
*器官 qìguān
卡 qiǎ
恰当 qiàdàng
恰好 qiàhǎo
*千 qiān
千方百计 qiānfāng-bǎijì
千克 qiānkè
迁 qiān
迁移 qiānyí
牵 qiān
铅 qiān
铅笔 qiānbǐ
*签订 qiāndìng
*前 qián
前边 qián•biān
前方 qiánfāng
*前后 qiánhòu
*前进 qiánjìn
前景 qiánjǐng
*前面 qián•miàn
前期 qiánqī
前人 qiánrén
*前提 qiántí
前头 qiántou
*前途 qiántú
前往 qiánwǎng
前夕 qiánxī
前线 qiánxiàn
*钱 qián
潜 qián
潜力 qiánlì
潜在 qiánzài
*浅 qiǎn
遣 qiǎn

欠 qiàn
嵌 qiàn
*枪 qiāng
腔 qiāng
*强 qiáng
*强大 qiángdà
强盗 qiángdào
*强调 qiángdiào
*强度 qiángdù
强化 qiánghuà
*强烈 qiángliè
强制 qiángzhì
*墙 qiáng
墙壁 qiángbì
*抢 qiǎng
抢救 qiǎngjiù
*强 qiǎng
*悄悄 qiāoqiāo
*敲 qiāo
*桥 qiáo
桥梁 qiáoliáng
*瞧 qiáo
巧 qiǎo
巧妙 qiǎomiào
壳 qiào
*切 qiē
*且 qiě
*切 qiè
切实 qièshí
侵 qīn
侵犯 qīnfàn
*侵略 qīnlüè
侵权 qīnquán
侵入 qīnrù
侵蚀 qīnshí
侵占 qīnzhàn
*亲 qīn
亲密 qīnmì

亲戚 qīnqi
*亲切 qīnqiè
亲热 qīnrè
亲人 qīnrén
亲属 qīnshǔ
亲眼 qīnyǎn
亲友 qīnyǒu
*亲自 qīnzì
*秦 Qín
琴 qín
勤 qín
勤劳 qínláo
*青 qīng
青春 qīngchūn
*青年 qīngnián
青蛙 qīngwā
*轻 qīng
轻工业 qīnggōngyè
轻声 qīngshēng
轻视 qīngshì
轻松 qīngsōng
轻微 qīngwēi
轻易 qīngyì
轻重 qīngzhòng
*氢 qīng
*氢气 qīngqì
倾 qīng
倾听 qīngtīng
*倾向 qīngxiàng
倾斜 qīngxié
*清 qīng
清晨 qīngchén
清除 qīngchú
*清楚 qīngchu
清洁 qīngjié
清理 qīnglǐ
*清晰 qīngxī

清醒 qīngxǐng
*情 qíng
*情报 qíngbào
情操 qíngcāo
*情感 qínggǎn
*情节 qíngjié
*情景 qíngjǐng
情境 qíngjìng
*情况 qíngkuàng
情趣 qíngqù
*情形 qíng•xíng
*情绪 qíng•xù
*请 qǐng
*请求 qǐngqiú
请示 qǐngshì
庆祝 qìngzhù
*穷 qióng
穷人 qióngrén
*秋 qiū
秋季 qiūjì
秋天 qiūtiān
*求 qiú
求证 qiúzhèng
酋长 qiúzhǎng
*球 qiú
*区 qū
*区别 qūbié
*区分 qūfēn
*区域 qūyù
*曲 qū
*曲线 qūxiàn
曲折 qūzhé
驱 qū
驱逐 qūzhú
屈服 qūfú
趋 qū
*趋势 qūshì
趋向 qūxiàng

渠 qú
渠道 qúdào
*曲 qǔ
*取 qǔ
取代 qǔdài
*取得 qǔdé
*取消 qǔxiāo
娶 qǔ
*去 qù
去年 qùnián
去世 qùshì
趣味 qùwèi
*圈 quān
*权 quán
*权力 quánlì
*权利 quánlì
权威 quánwēi
权益 quányì
*全 quán
*全部 quánbù
全局 quánjú
*全面 quánmiàn
全民 quánmín
全球 quánqiú
*全身 quánshēn
*全体 quántǐ
泉 quán
拳 quán
拳头 quántou
*劝 quàn
*缺 quē
*缺点 quēdiǎn
*缺乏 quēfá
*缺少 quēshǎo
缺陷 quēxiàn
*却 què
确 què
确保 quèbǎo
*确定 quèdìng
*确立 quèlì
确切 quèqiè
确认 quèrèn
*确实 quèshí
*群 qún
群落 qúnluò
*群体 qúntǐ
*群众 qúnzhòng

R

*然 rán
*然而 rán'ér
*然后 ránhòu
燃 rán
*燃料 ránliào
*燃烧 ránshāo
染 rǎn
染色 rǎnsè
*染色体 rǎnsètǐ
嚷 rǎng
*让 ràng
扰动 rǎodòng
扰乱 rǎoluàn
*绕 rào
惹 rě
*热 rè
*热爱 rè'ài
*热带 rèdài
*热量 rèliàng
*热烈 rèliè
*热闹 rènao
热能 rènéng
*热情 rèqíng
热心 rèxīn
*人 rén
*人才 réncái
*人格 réngé
*人工 réngōng
*人家 rénjiā
*人家 rénjia
*人间 rénjiān
人均 rénjūn
*人口 rénkǒu
*人类 rénlèi
*人力 rénlì
*人们 rénmen
*人民 rénmín
人民币 rénmínbì
*人群 rénqún
人身 rénshēn
*人生 rénshēng
人士 rénshì
人事 rénshì
*人体 réntǐ
人为 rénwéi
*人物 rénwù
人心 rénxīn
人性 rénxìng
人影儿 rényǐngr
*人员 rényuán
人造 rénzào
仁 rén
*任 rén
忍 rěn
忍耐 rěnnài
忍受 rěnshòu
认 rèn
认定 rèndìng
*认识 rènshi
认识论 rènshílùn
*认为 rènwéi
*认真 rènzhēn
*任 rèn
*任何 rènhé
任命 rènmìng
*任务 rèn•wù
*任意 rènyì
扔 rēng
*仍 réng
仍旧 réngjiù
*仍然 réngrán
*日 rì
日报 rìbào
日常 rìcháng
日记 rìjì
日期 rìqī
日前 rìqián
日趋 rìqū
日夜 rìyè
*日益 rìyì
*日子 rìzi
荣誉 róngyù
容 róng
容量 róngliàng
容纳 róngnà
容器 róngqì
*容易 róng•yì
*溶 róng
*溶剂 róngjì
*溶解 róngjiě
*溶液 róngyè
熔 róng
熔点 róngdiǎn
融合 rónghé
柔和 róuhé
柔软 róuruǎn
揉 róu
*肉 ròu
肉体 ròutǐ
*如 rú
*如此 rúcǐ
*如果 rúguǒ
*如何 rúhé
*如今 rújīn
*如同 rútóng
*如下 rúxià
儒家 Rújiā
*乳 rǔ
*入 rù
入侵 rùqīn
入手 rùshǒu
入学 rùxué
*软 ruǎn
*若 ruò
*若干 ruògān
若是 ruòshì
*弱 ruò
弱点 ruòdiǎn

S

撒 sā
洒 sǎ
撒 sǎ
鳃 sāi
塞 sāi
塞 sài
赛 sài
*三 sān
三角 sānjiǎo
*三角形 sānjiǎoxíng
伞 sǎn
*散 sǎn
散射 sǎnshè
散文 sǎnwén
*散 sàn
散布 sànbù
散步 sànbù
散发 sànfā
嗓子 sǎngzi
*丧失 sàngshī

扫 sǎo
扫荡 sǎodàng
嫂子 sǎozi
*色 sè
*色彩 sècǎi
塞 sè
*森林 sēnlín
僧 sēng
僧侣 sēnglǚ
*杀 shā
杀害 shāhài
*沙 shā
沙发 shāfā
*沙漠 shāmò
沙滩 shātān
纱 shā
砂 shā
傻 shǎ
*色 shǎi
晒 shài
*山 shān
山地 shāndì
山峰 shānfēng
山谷 shāngǔ
山林 shānlín
山路 shānlù
山脉 shānmài
*山区 shānqū
山水 shānshuǐ
山头 shāntóu
*扇 shān
*闪 shǎn
闪电 shǎndiàn
闪光 shǎnguāng
闪烁 shǎnshuò
*单 Shàn
*扇 shàn
*善 shàn
善良 shànliáng
*善于 shànyú
*伤 shāng
伤害 shānghài
伤口 shāngkǒu
伤心 shāngxīn
伤员 shāngyuán
*商 shāng
商标 shāngbiāo
*商店 shāngdiàn
*商量 shāngliang
*商品 shāngpǐn
*商人 shāngrén
*商业 shāngyè
*上 shǎng
赏 shǎng
*上 shàng
上班 shàngbān
上边 shàng·biān
上层 shàngcéng
*上帝 shàngdì
*上级 shàngjí
上课 shàngkè
上空 shàngkōng
*上来 shàng·lái
*上面 shàng·miàn
*上去 shàng·qù
上山 shàngshān
*上升 shàngshēng
上市 shàngshì
*上述 shàngshù
上诉 shàngsù
*上午 shàngwǔ
*上下 shàngxià
上学 shàngxué
上衣 shàngyī
上游 shàngyóu
上涨 shàngzhǎng
*尚 shàng
*烧 shāo
*梢 shāo
*稍 shāo
稍稍 shāoshāo
稍微 shāowēi
*少 shǎo
*少量 shǎoliàng
*少数 shǎoshù
*少 shào
*少年 shàonián
少女 shàonǚ
少爷 shàoye
*舌 shé
舌头 shétou
*折 shé
*蛇 shé
舍 shě
舍不得 shě·bù·dé
*设 shè
*设备 shèbèi
设法 shèfǎ
*设计 shèjì
*设立 shèlì
*设施 shèshī
*设想 shèxiǎng
*设置 shèzhì
*社 shè
*社会 shèhuì
*社会学 shèhuìxué
舍 shè
*射 shè
射击 shèjī
*射线 shèxiàn
*涉及 shèjí
摄 shè
摄影 shèyǐng
*谁 shéi
申请 shēnqǐng
*伸 shēn
伸手 shēnshǒu
*身 shēn
*身边 shēnbiān
身材 shēncái
*身份 shēn·fèn
身后 shēnhòu
身躯 shēnqū
*身体 shēntǐ
身心 shēnxīn
身影 shēnyǐng
*身子 shēnzi
参 shēn
*深 shēn
深沉 shēnchén
*深度 shēndù
深厚 shēnhòu
深化 shēnhuà
*深刻 shēnkè
深情 shēnqíng
*深入 shēnrù
深夜 shēnyè
深远 shēnyuǎn
*什么 shénme
*神 shén
*神话 shénhuà
*神经 shénjīng
*神秘 shénmì
神奇 shénqí
神气 shén·qì
神情 shénqíng
神色 shénsè
神圣 shénshèng
神态 shéntài
神学 shénxué
沈 Shěn
审查 shěnchá
*审美 shěnměi
*审判 shěnpàn
婶 shěn
*肾 shèn
*甚 shèn
*甚至 shènzhì
*渗透 shèntòu
慎重 shènzhòng
*升 shēng
*生 shēng
*生产 shēngchǎn
*生产力 shēngchǎnlì
*生成 shēngchéng
*生存 shēngcún
*生动 shēngdòng
*生活 shēnghuó
*生理 shēnglǐ
*生命 shēngmìng
生命力 shēngmìnglì
*生气 shēngqì
生前 shēngqián
生态 shēngtài
*生物 shēngwù
生意 shēngyì
生意 shēngyi
生育 shēngyù
*生长 shēngzhǎng
*生殖 shēngzhí

*声 shēng
声调 shēngdiào
声明 shēngmíng
声响 shēngxiǎng
*声音 shēngyīn
牲畜 shēngchù
牲口 shēngkou
绳 shéng
绳子 shéngzi
*省 shěng
圣 shèng
圣经 Shèngjīng
*胜 shèng
*胜利 shènglì
*盛 shèng
盛行 shèngxíng
剩 shèng
剩余 shèngyú
尸体 shītǐ
*失 shī
*失败 shībài
失掉 shīdiào
*失去 shīqù
失调 shītiáo
*失望 shīwàng
失误 shīwù
失业 shīyè
*师 shī
师范 shīfàn
*师傅 shīfu
师长 shīzhǎng
*诗 shī
诗歌 shīgē
*诗人 shīrén
诗意 shīyì
*施 shī
施肥 shīféi
施工 shīgōng
施行 shīxíng
*湿 shī
湿度 shīdù
湿润 shīrùn
*十 shí
*石 shí
石灰 shíhuī
*石头 shítou
*石油 shíyóu
*时 shí
时常 shícháng
*时代 shídài
时而 shí'ér
*时候 shíhou
时机 shíjī
*时间 shíjiān
时节 shíjié
*时刻 shíkè
时空 shíkōng
时髦 shímáo
*时期 shíqī
识 shí
识别 shíbié
识字 shízì
*实 shí
*实际 shíjì
*实践 shíjiàn
实力 shílì
实例 shílì
*实施 shíshī
实体 shítǐ
*实物 shíwù
*实现 shíxiàn
*实行 shíxíng
*实验 shíyàn
实用 shíyòng
*实在 shízài
*实在 shízai
*实质 shízhì
拾 shí
*食 shí
*食品 shípǐn
食堂 shítáng
*食物 shíwù
食盐 shíyán
食用 shíyòng
*史 shǐ
史学 shǐxué
*使 shǐ
*使得 shǐ•dé
使劲 shǐjìn
使命 shǐmìng
*使用 shǐyòng
*始 shǐ
*始终 shǐzhōng
士 shì
士兵 shìbīng
*氏 shì
*氏族 shìzú
*示 shì
示范 shìfàn
示威 shìwēi
*世 shì
世代 shìdài
*世纪 shìjì
*世界 shìjiè
*世界观 shìjièguān
*市 shì
*市场 shìchǎng
市民 shìmín
*式 shì
*似的 shìde
*事 shì
事变 shìbiàn
*事故 shìgù
事后 shìhòu
事迹 shìjì
*事件 shìjiàn
事例 shìlì
*事情 shìqing
*事实 shìshí
事务 shìwù
*事物 shìwù
事先 shìxiān
*事业 shìyè
*势 shì
势必 shìbì
*势力 shì•lì
势能 shìnéng
*试 shì
*试管 shìguǎn
试图 shìtú
*试验 shìyàn
试制 shìzhì
*视 shì
视觉 shìjué
视线 shìxiàn
视野 shìyě
*是 shì
是非 shìfēi
*是否 shìfǒu
适 shì
*适当 shìdàng
*适合 shìhé
*适宜 shìyí
*适应 shìyìng
*适用 shìyòng
*室 shì
逝世 shìshì
*释放 shìfàng
*收 shōu
*收购 shōugòu
收回 shōuhuí
收获 shōuhuò
*收集 shōují
*收入 shōurù
收拾 shōushi
*收缩 shōusuō
收益 shōuyì
收音机 shōuyīnjī
*熟 shóu
*手 shǒu
手臂 shǒubì
手表 shǒubiǎo
*手段 shǒuduàn
*手法 shǒufǎ
手工 shǒugōng
*手工业 shǒugōngyè
手脚 shǒujiǎo
手榴弹 shǒuliúdàn
手枪 shǒuqiāng
手势 shǒushì
*手术 shǒushù
手续 shǒuxù
手掌 shǒuzhǎng
*手指 shǒuzhǐ
*守 shǒu
守恒 shǒuhéng
*首 shǒu
*首都 shǒudū
首领 shǒulǐng
*首先 shǒuxiān
首要 shǒuyào
首长 shǒuzhǎng
寿命 shòumìng
*受 shòu
受精 shòujīng
受伤 shòushāng
狩猎 shòuliè
授 shòu

兽	shòu
*瘦	shòu
*书	shū
书包	shūbāo
书本	shūběn
书籍	shūjí
*书记	shū•jì
书面	shūmiàn
书写	shūxiě
抒情	shūqíng
*叔叔	shūshu
梳	shū
舒服	shūfu
舒适	shūshì
疏	shū
输	shū
输出	shūchū
输入	shūrù
输送	shūsòng
*蔬菜	shūcài
*熟	shú
熟练	shúliàn
*熟悉	shú•xī
*属	shǔ
*属性	shǔxìng
*属于	shǔyú
鼠	shǔ
*数	shǔ
术	shù
术语	shùyǔ
*束	shù
*束缚	shùfù
述	shù
*树	shù
树干	shùgàn
*树立	shùlì
树林	shùlín
*树木	shùmù
树种	shùzhǒng
竖	shù
*数	shù
*数据	shùjù
*数量	shùliàng
*数目	shùmù
*数学	shùxué
数值	shùzhí
*数字	shùzì
刷	shuā
耍	shuǎ
衰变	shuāibiàn
衰老	shuāilǎo
摔	shuāi
甩	shuǎi
*率	shuài
*率领	shuàilǐng
拴	shuān
*双	shuāng
*双方	shuāngfāng
霜	shuāng
*谁	shuí
*水	shuǐ
水稻	shuǐdào
*水分	shuǐfèn
水果	shuǐguǒ
水库	shuǐkù
水利	shuǐlì
水流	shuǐliú
*水面	shuǐmiàn
水泥	shuǐní
*水平	shuǐpíng
水汽	shuǐqì
水手	shuǐshǒu
水位	shuǐwèi
水文	shuǐwén
水银	shuǐyín
水源	shuǐyuán
水蒸气	shuǐzhēngqì
*税	shuì
税收	shuìshōu
*睡	shuì
*睡觉	shuìjiào
睡眠	shuìmián
顺	shùn
*顺利	shùnlì
顺手	shùnshǒu
*顺序	shùnxù
瞬间	shùnjiān
*说	shuō
*说法	shuō•fǎ
说服	shuōfú
*说话	shuōhuà
*说明	shuōmíng
司	sī
司法	sīfǎ
司机	sījī
司令	sīlìng
*丝	sī
丝毫	sīháo
私	sī
*私人	sīrén
私营	sīyíng
私有	sīyǒu
私有制	sīyǒuzhì
思	sī
思潮	sīcháo
*思考	sīkǎo
思路	sīlù
*思索	sīsuǒ
*思维	sīwéi
*思想	sīxiǎng
思想家	sīxiǎngjiā
斯	sī
*死	sǐ
*死亡	sǐwáng
死刑	sǐxíng
*四	sì
四边形	sìbiānxíng
四处	sìchù
四面	sìmiàn
四肢	sìzhī
*四周	sìzhōu
寺	sì
寺院	sìyuàn
*似	sì
*似乎	sìhū
*饲料	sìliào
饲养	sìyǎng
*松	sōng
*宋	Sòng
*送	sòng
搜集	sōují
艘	sōu
*苏	sū
俗	sú
俗称	súchēng
诉讼	sùsòng
*素	sù
素材	sùcái
*素质	sùzhì
速	sù
*速度	sùdù
速率	sùlǜ
宿	sù
宿舍	sùshè
*塑料	sùliào
*塑造	sùzào
*酸	suān
*算	suàn
*虽	suī
*虽然	suīrán
虽说	suīshuō
隋	Suí
*随	suí
*随便	suíbiàn
*随后	suíhòu
随即	suíjí
*随时	suíshí
随意	suíyì
*遂	suí
髓	suǐ
*岁	suì
岁月	suìyuè
*遂	suì
碎	suì
穗	suì
*孙	sūn
孙子	sūnzi
*损害	sǔnhài
损耗	sǔnhào
损伤	sǔnshāng
*损失	sǔnshī
缩	suō
缩短	suōduǎn
*缩小	suōxiǎo
*所	suǒ
所属	suǒshǔ
*所谓	suǒwèi
*所以	suǒyǐ
*所有	suǒyǒu
*所有制	suǒyǒuzhì
*所在	suǒzài
索	suǒ
锁	suǒ

T

*他	tā
*他们	tāmen
*他人	tārén

*它 tā
*它们 tāmen
*她 tā
*她们 tāmen
塔 tǎ
踏 tà
胎 tāi
胎儿 tāi'ér
*台 tái
台风 táifēng
*抬 tái
抬头 táitóu
*太 tài
太空 tàikōng
太平 tàipíng
*太太 tàitai
*太阳 tài•yáng
太阳能 tàiyángnéng
太阳系 tàiyángxì
*态 tài
*态度 tài•dù
摊 tān
滩 tān
*谈 tán
谈话 tánhuà
谈论 tánlùn
谈判 tánpàn
*弹 tán
弹簧 tánhuáng
弹性 tánxìng
痰 tán
坦克 tǎnkè
*叹 tàn
叹息 tànxī
探 tàn
探测 tàncè
*探索 tànsuǒ
*探讨 tàntǎo
*碳 tàn
*汤 tāng
*唐 táng
堂 táng
塘 táng
*糖 táng
倘若 tǎngruò
*躺 tǎng
烫 tàng
*趟 tàng
掏 tāo
逃 táo
逃避 táobì
逃跑 táopǎo
逃走 táozǒu
桃 táo
陶 táo
陶冶 táoyě
淘汰 táotài
讨 tǎo
*讨论 tǎolùn
讨厌 tǎoyàn
*套 tào
*特 tè
*特别 tèbié
特地 tèdì
*特点 tèdiǎn
*特定 tèdìng
特权 tèquán
*特色 tèsè
*特殊 tèshū
特务 tèwu
*特性 tèxìng
特意 tèyì
*特征 tèzhēng
疼 téng
疼痛 téngtòng
藤 téng
踢 tī
*提 tí
*提倡 tíchàng
*提高 tígāo
*提供 tígōng
提炼 tíliàn
*提起 tíqǐ
提前 tíqián
提取 tíqǔ
提醒 tíxǐng
提议 tíyì
*题 tí
*题材 tícái
题目 tímù
*体 tǐ
体裁 tǐcái
体操 tǐcāo
*体会 tǐhuì
*体积 tǐjī
体力 tǐlì
体温 tǐwēn
*体系 tǐxì
*体现 tǐxiàn
*体验 tǐyàn
*体育 tǐyù
*体制 tǐzhì
体质 tǐzhì
体重 tǐzhòng
*替 tì
替代 tìdài
*天 tiān
天才 tiāncái
*天地 tiāndì
天鹅 tiān'é
*天空 tiānkōng
*天气 tiānqì
*天然 tiānrán
天然气 tiānránqì
天生 tiānshēng
*天体 tiāntǐ
天文 tiānwén
*天下 tiānxià
天真 tiānzhēn
天主教 Tiānzhǔjiào
添 tiān
*田 tián
田地 tiándì
田野 tiányě
*甜 tián
*填 tián
*挑 tiāo
挑选 tiāoxuǎn
*条 tiáo
*条件 tiáojiàn
条款 tiáokuǎn
*条例 tiáolì
*条约 tiáoyuē
*调 tiáo
调和 tiáohé
*调节 tiáojié
调解 tiáojiě
*调整 tiáozhěng
*挑 tiǎo
挑战 tiǎozhàn
*跳 tiào
跳动 tiàodòng
跳舞 tiàowǔ
跳跃 tiàoyuè
*贴 tiē
*铁 tiě
*铁路 tiělù
厅 tīng
*听 tīng
听话 tīnghuà
*听见 tīng•jiàn
听觉 tīngjué
听取 tīngqǔ
听众 tīngzhòng
*停 tíng
停顿 tíngdùn
停留 tíngliú
*停止 tíngzhǐ
*挺 tǐng
*通 tōng
*通常 tōngcháng
通道 tōngdào
通电 tōngdiàn
*通过 tōngguò
通红 tōnghóng
通信 tōngxìn
*通讯 tōngxùn
通用 tōngyòng
*通知 tōngzhī
*同 tóng
同伴 tóngbàn
同胞 tóngbāo
同等 tóngděng
同行 tóngháng
同化 tónghuà
同类 tónglèi
同年 tóngnián
同期 tóngqī
*同情 tóngqíng
*同时 tóngshí
同事 tóngshì
同行 tóngxíng
*同学 tóngxué
*同样 tóngyàng
*同意 tóngyì
*同志 tóngzhì
*铜 tóng
童话 tónghuà

童年 tóngnián
统 tǒng
*统计 tǒngjì
*统一 tǒngyī
*统治 tǒngzhì
桶 tǒng
筒 tǒng
*通 tòng
*痛 tòng
*痛苦 tòngkǔ
痛快 tòng•kuài
*偷 tōu
偷偷 tōutōu
*头 tóu
头顶 tóudǐng
*头发 tóufa
*头脑 tóunǎo
投 tóu
投产 tóuchǎn
投机 tóujī
*投入 tóurù
投降 tóuxiáng
*投资 tóuzī
*透 tòu
透镜 tòujìng
透露 tòulù
*透明 tòumíng
凸 tū
突 tū
突变 tūbiàn
*突出 tūchū
突击 tūjī
*突破 tūpò
*突然 tūrán
*图 tú
图案 tú'àn
图画 túhuà
图书 túshū
*图书馆 túshūguǎn
图形 túxíng
图纸 túzhǐ
徒 tú
*途径 tújìng
涂 tú
屠杀 túshā
*土 tǔ
*土地 tǔdì
土匪 tǔfěi
*土壤 tǔrǎng
*吐 tǔ
*吐 tù
兔子 tùzi
湍流 tuānliú
*团 tuán
*团结 tuánjié
*团体 tuántǐ
团员 tuányuán
*推 tuī
推测 tuīcè
*推动 tuīdòng
*推翻 tuīfān
*推广 tuīguǎng
推荐 tuījiàn
推进 tuījìn
推理 tuīlǐ
推论 tuīlùn
推销 tuīxiāo
*推行 tuīxíng
*腿 tuǐ
*退 tuì
退出 tuìchū
退化 tuìhuà
退休 tuìxiū
*托 tuō
*拖 tuō
*拖拉机 tuōlājī
*脱 tuō
*脱离 tuōlí
脱落 tuōluò
妥协 tuǒxié

W

*挖 wā
挖掘 wājué
娃娃 wáwa
瓦 wǎ
歪 wāi
歪曲 wāiqū
*外 wài
外边 wài•biān
外表 wàibiǎo
*外部 wàibù
外地 wàidì
*外国 wàiguó
外汇 wàihuì
外交 wàijiāo
*外界 wàijiè
外科 wàikē
外来 wàilái
外力 wàilì
外贸 wàimào
*外面 wài•miàn
外商 wàishāng
外形 wàixíng
外语 wàiyǔ
外在 wàizài
外资 wàizī
*弯 wān
弯曲 wānqū
*完 wán
完备 wánbèi
完毕 wánbì
*完成 wánchéng
完美 wánměi
*完全 wánquán
*完善 wánshàn
*完整 wánzhěng
*玩 wán
玩具 wánjù
玩笑 wánxiào
顽强 wánqiáng
挽 wǎn
*晚 wǎn
晚饭 wǎnfàn
晚期 wǎnqī
*晚上 wǎnshang
*碗 wǎn
*万 wàn
万物 wànwù
万一 wànyī
汪 wāng
亡 wáng
*王 wáng
王朝 wángcháo
王国 wángguó
*网 wǎng
网络 wǎngluò
*往 wǎng
往来 wǎnglái
*往往 wǎngwǎng
*忘 wàng
*忘记 wàngjì
旺 wàng
旺盛 wàngshèng
*望 wàng
望远镜 wàngyuǎnjìng
*危害 wēihài
*危机 wēijī
*危险 wēixiǎn
威力 wēilì
*威胁 wēixié
威信 wēixìn
*微 wēi
微观 wēiguān
微粒 wēilì
微弱 wēiruò
微生物 wēishēngwù
*微微 wēiwēi
微小 wēixiǎo
*微笑 wēixiào
*为 wéi
为难 wéinán
为人 wéirén
为首 wéishǒu
*为止 wéizhǐ
违背 wéibèi
违法 wéifǎ
*违反 wéifǎn
*围 wéi
围剿 wéijiǎo
*围绕 wéirào
唯 wéi
惟 wéi
*维持 wéichí
*维护 wéihù
维生素 wéishēngsù
维新 wéixīn
维修 wéixiū
*伟大 wěidà
伪 wěi
*尾 wěi
*尾巴 wěiba
纬 wěi
纬度 wěidù
委屈 wěiqu

委托 wěituō
*委员 wěiyuán
*委员会 wěiyuánhuì
卫 wèi
*卫生 wèishēng
*卫星 wèixīng
*为 wèi
为何 wèihé
*为了 wèile
*未 wèi
未必 wèibì
未曾 wèicéng
*未来 wèilái
*位 wèi
位移 wèiyí
*位置 wèizhi
*味 wèi
味道 wèi•dào
*胃 wèi
*谓 wèi
*喂 wèi
魏 Wèi
*温 wēn
温带 wēndài
*温度 wēndù
温度计 wēndùjì
温和 wēnhé
*温暖 wēnnuǎn
温柔 wēnróu
*文 wén
*文化 wénhuà
*文件 wénjiàn
*文明 wénmíng
文人 wénrén
文物 wénwù
*文献 wénxiàn
*文学 wénxué
*文艺 wényì
*文章 wénzhāng
*文字 wénzì
纹 wén
*闻 wén
蚊子 wénzi
吻 wěn
稳 wěn
*稳定 wěndìng
*问 wèn
问世 wènshì
*问题 wèntí
窝 wō
*我 wǒ
*我们 wǒmen
卧 wò
卧室 wòshì
握 wò
握手 wòshǒu
乌龟 wūguī
*污染 wūrǎn
*屋 wū
*屋子 wūzi
*无 wú
无比 wúbǐ
无从 wúcóng
*无法 wúfǎ
无非 wúfēi
无关 wúguān
无机 wújī
无可奈何 wúkě-nàihé
无力 wúlì
*无论 wúlùn
无情 wúqíng
无穷 wúqióng
无声 wúshēng
*无数 wúshù
*无限 wúxiàn
无线电 wúxiàndiàn
无效 wúxiào
无形 wúxíng
*无疑 wúyí
无意 wúyì
无知 wúzhī
*吾 wú
*吴 Wú
五 wǔ
武 wǔ
武力 wǔlì
*武器 wǔqì
*武装 wǔzhuāng
侮辱 wǔrǔ
*舞 wǔ
*舞蹈 wǔdǎo
舞剧 wǔjù
*舞台 wǔtái
勿 wù
务 wù
*物 wù
物化 wùhuà
*物价 wùjià
*物理 wùlǐ
物力 wùlì
物品 wùpǐn
*物体 wùtǐ
*物质 wùzhì
物种 wùzhǒng
*物资 wùzī
误 wù
误差 wùchā
误会 wùhuì
误解 wùjiě
*恶 wù
*雾 wù

X

*西 xī
*西北 xīběi
西方 xīfāng
西风 xīfēng
西瓜 xī•guā
*西南 xīnán
*西欧 Xī Ōu
*吸 xī
吸附 xīfù
吸取 xīqǔ
*吸收 xīshōu
*吸引 xīyǐn
*希望 xīwàng
*牺牲 xīshēng
息 xī
*稀 xī
稀少 xīshǎo
锡 xī
熄灭 xīmiè
习 xí
*习惯 xíguàn
习俗 xísú
习性 xíxìng
席 xí
袭击 xíjī
*媳妇 xífu
*洗 xǐ
洗澡 xǐzǎo
*喜 xǐ
*喜爱 xǐ’ài
*喜欢 xǐhuan
喜剧 xǐjù
喜悦 xǐyuè
*戏 xì
*戏剧 xìjù
*戏曲 xìqǔ
*系 xì
系列 xìliè
系数 xìshù
*系统 xìtǒng
*细 xì
*细胞 xìbāo
细节 xìjié
*细菌 xìjūn
细小 xìxiǎo
细心 xìxīn
细致 xìzhì
虾 xiā
瞎 xiā
狭 xiá
狭隘 xiá’ài
狭义 xiáyì
狭窄 xiázhǎi
*下 xià
下班 xiàbān
下边 xià•biān
下层 xiàcéng
下达 xiàdá
下颌 xiàhé
下级 xiàjí
*下降 xiàjiàng
*下来 xià•lái
*下列 xiàliè
下令 xiàlìng
下落 xiàluò
*下面 xià•miàn
*下去 xià•qù
下属 xiàshǔ
*下午 xiàwǔ
下旬 xiàxún
下游 xiàyóu
*吓 xià
*夏 xià
*夏季 xiàjì

*夏天 xiàtiān
仙 xiān
*先 xiān
*先后 xiānhòu
*先进 xiānjìn
先前 xiānqián
*先生 xiānsheng
先天 xiāntiān
*纤维 xiānwéi
掀起 xiānqǐ
鲜 xiān
鲜花 xiānhuā
*鲜明 xiānmíng
鲜血 xiānxuè
鲜艳 xiānyàn
闲 xián
*弦 xián
咸 xián
衔 xián
嫌 xián
显 xiǎn
*显得 xiǎn•dé
显露 xiǎnlù
*显然 xiǎnrán
*显示 xiǎnshì
显微镜 xiǎnwēijìng
显现 xiǎnxiàn
*显著 xiǎnzhù
险 xiǎn
鲜 xiǎn
*县 xiàn
县城 xiànchéng
*现 xiàn
现场 xiànchǎng
现存 xiàncún
*现代 xiàndài
*现代化 xiàndàihuà
现今 xiànjīn
现金 xiànjīn
*现实 xiànshí
*现象 xiànxiàng
现行 xiànxíng
*现在 xiànzài
现状 xiànzhuàng
限 xiàn
*限度 xiàndù
限于 xiànyú
*限制 xiànzhì
*线 xiàn
*线段 xiànduàn
线路 xiànlù
*线圈 xiànquān
线索 xiànsuǒ
线条 xiàntiáo
*宪法 xiànfǎ
陷 xiàn
*陷入 xiànrù
陷于 xiànyú
羡慕 xiànmù
献 xiàn
献身 xiànshēn
腺 xiàn
*乡 xiāng
*乡村 xiāngcūn
乡下 xiāngxia
*相 xiāng
*相当 xiāngdāng
*相等 xiāngděng
*相对 xiāngduì
*相反 xiāngfǎn
*相关 xiāngguān
*相互 xiānghù
相继 xiāngjì
相交 xiāngjiāo
相近 xiāngjìn
相连 xiānglián
*相似 xiāngsì
相通 xiāngtōng
*相同 xiāngtóng
*相信 xiāngxìn
*相应 xiāngyìng
*香 xiāng
香烟 xiāngyān
箱 xiāng
箱子 xiāngzi
*详细 xiángxì
降 xiáng
享 xiǎng
*享受 xiǎngshòu
*享有 xiǎngyǒu
*响 xiǎng
响声 xiǎngshēng
响应 xiǎngyìng
*想 xiǎng
*想法 xiǎng•fǎ
想象 xiǎngxiàng
想象力 xiǎngxiànglì
*向 xiàng
向来 xiànglái
*向上 xiàngshàng
向往 xiàngwǎng
*项 xiàng
*项目 xiàngmù
*相 xiàng
*象 xiàng
*象征 xiàngzhēng
*像 xiàng
橡胶 xiàngjiāo
橡皮 xiàngpí
削 xiāo
消 xiāo
*消除 xiāochú
消毒 xiāodú
*消费 xiāofèi
消费品 xiāofèipǐn
*消耗 xiāohào
*消化 xiāohuà
*消极 xiāojí
*消灭 xiāomiè
*消失 xiāoshī
消亡 xiāowáng
*消息 xiāoxi
硝酸 xiāosuān
销 xiāo
*销售 xiāoshòu
*小 xiǎo
小儿 xiǎo'ér
*小伙子 xiǎohuǒzi
*小姐 xiǎo•jiě
小麦 xiǎomài
小朋友 xiǎopéngyǒu
*小时 xiǎoshí
*小说儿 xiǎoshuōr
小心 xiǎo•xīn
小型 xiǎoxíng
*小学 xiǎoxué
小学生 xiǎoxuéshēng
小子 xiǎozi
*小组 xiǎozǔ
*晓得 xiǎo•dé
*校 xiào
*校长 xiàozhǎng
*笑 xiào
笑话 xiàohua
笑话儿 xiàohuar
笑容 xiàoróng
效 xiào
*效果 xiàoguǒ
效力 xiàolì
*效率 xiàolǜ
*效益 xiàoyì
*效应 xiàoyìng
*些 xiē
歇 xiē
协定 xiédìng
协会 xiéhuì
协商 xiéshāng
*协调 xiétiáo
协同 xiétóng
协议 xiéyì
协助 xiézhù
*协作 xiézuò
邪 xié
*斜 xié
携带 xiédài
*鞋 xié
*写 xiě
*写作 xiězuò
*血 xiě
泄 xiè
谢 xiè
*谢谢 xièxie
*解 xiè
蟹 xiè
*心 xīn
心底 xīndǐ
*心里 xīn•lǐ
*心理 xīnlǐ
*心灵 xīnlíng

*心情 xīnqíng
心事 xīnshì
心思 xīnsi
心头 xīntóu
心血 xīnxuè
*心脏 xīnzàng
辛苦 xīnkǔ
辛勤 xīnqín
*欣赏 xīnshǎng
锌 xīn
*新 xīn
新陈代谢 xīnchén-dàixiè
新娘 xīnniáng
新奇 xīnqí
新人 xīnrén
新式 xīnshì
*新闻 xīnwén
*新鲜 xīn•xiān
*新兴 xīnxīng
新型 xīnxíng
新颖 xīnyǐng
*信 xìn
信贷 xìndài
*信号 xìnhào
信念 xìnniàn
信任 xìnrèn
信徒 xìntú
*信息 xìnxī
*信心 xìnxīn
*信仰 xìnyǎng
信用 xìnyòng
兴 xīng
*兴奋 xīngfèn
兴建 xīngjiàn
兴起 xīngqǐ
*星 xīng
星际 xīngjì
*星期 xīngqī
星球 xīngqiú
星系 xīngxì
星星 xīngxing
星云 xīngyún
刑 xíng
刑罚 xíngfá
刑法 xíngfǎ
刑事 xíngshì
*行 xíng
*行动 xíngdòng
行军 xíngjūn
行李 xíngli
行人 xíngrén
*行使 xíngshǐ
行驶 xíngshǐ
*行为 xíngwéi
*行星 xíngxīng
*行政 xíngzhèng
行走 xíngzǒu
*形 xíng
*形成 xíngchéng
形容 xíngróng
*形式 xíngshì
*形势 xíngshì
*形态 xíngtài
形体 xíngtǐ
*形象 xíngxiàng
*形状 xíngzhuàng
型 xíng
省 xǐng
醒 xǐng
兴 xìng
*兴趣 xìngqù
*幸福 xìngfú
*性 xìng
性别 xìngbié
*性格 xìnggé
*性能 xìngnéng
性情 xìngqíng
*性质 xìngzhì
性状 xìngzhuàng
*姓 xìng
姓名 xìngmíng
凶 xiōng
兄 xiōng
*兄弟 xiōngdì
*兄弟 xiōngdi
*胸 xiōng
胸脯 xiōngpú
*雄 xióng
雄伟 xióngwěi
熊 xióng
*休眠 xiūmián
*休息 xiūxi
*修 xiū
修辞 xiūcí
修复 xiūfù
*修改 xiūgǎi
修建 xiūjiàn
修理 xiūlǐ
*修养 xiūyǎng
修正 xiūzhèng
宿 xiǔ
臭 xiù
袖 xiù
绣 xiù
宿 xiù
嗅 xiù
*须 xū
*虚 xū
*需 xū
*需求 xūqiú
*需要 xūyào
*徐 xú
许 xǔ
*许多 xǔduō
许可 xǔkě
序 xù
*叙述 xùshù
*畜 xù
*宣布 xuānbù
*宣传 xuānchuán
宣告 xuāngào
宣言 xuānyán
宣扬 xuānyáng
悬 xuán
悬挂 xuánguà
旋 xuán
旋律 xuánlǜ
*旋转 xuánzhuǎn
*选 xuǎn
选拔 xuǎnbá
*选举 xuǎnjǔ
选手 xuǎnshǒu
选用 xuǎnyòng
*选择 xuǎnzé
旋 xuàn
削 xuē
削弱 xuēruò
穴 xué
*学 xué
*学会 xuéhuì
*学科 xuékē
学派 xuépài
*学生 xuésheng
*学术 xuéshù
*学说 xuéshuō
学堂 xuétáng
学徒 xuétú
学问 xuéwen
*学习 xuéxí
*学校 xuéxiào
学员 xuéyuán
学院 xuéyuàn
*学者 xuézhě
*雪 xuě
雪白 xuěbái
雪花 xuěhuā
*血 xuè
*血管 xuèguǎn
*血液 xuèyè
寻 xún
寻求 xúnqiú
*寻找 xúnzhǎo
询问 xúnwèn
*循环 xúnhuán
训 xùn
*训练 xùnliàn
*迅速 xùnsù

Y

*压 yā
*压力 yālì
*压迫 yāpò
压强 yāqiáng
压缩 yāsuō
压抑 yāyì
压制 yāzhì
押 yā
鸦片 yāpiàn
鸭 yā
*牙 yá
牙齿 yáchǐ
*芽 yá
亚 yà
*咽 yān
烟 yān
烟囱 yān•cōng
*延长 yáncháng

延伸 yánshēn
延续 yánxù
严 yán
*严格 yángé
严寒 yánhán
严峻 yánjùn
严厉 yánlì
严密 yánmì
*严肃 yánsù
*严重 yánzhòng
*言 yán
言论 yánlùn
*言语 yányǔ
岩 yán
*岩石 yánshí
炎 yán
*沿 yán
沿岸 yán'àn
*沿海 yánhǎi
*研究 yánjiū
研究生 yánjiūshēng
*研制 yánzhì
*盐 yán
盐酸 yánsuān
*颜色 yánsè
掩盖 yǎngài
掩护 yǎnhù
*眼 yǎn
*眼光 yǎnguāng
*眼睛 yǎnjing
眼镜 yǎnjìng
眼看 yǎnkàn
*眼泪 yǎnlèi
*眼前 yǎnqián
眼神 yǎnshén
*演 yǎn
演变 yǎnbiàn
演唱 yǎnchàng
*演出 yǎnchū
演化 yǎnhuà
演讲 yǎnjiǎng
演说 yǎnshuō
演绎 yǎnyì
*演员 yǎnyuán
*演奏 yǎnzòu
厌 yàn
厌恶 yànwù
咽 yàn
宴会 yànhuì
验 yàn
验证 yànzhèng
秧 yāng
扬 yáng
*羊 yáng
羊毛 yángmáo
*阳 yáng
*阳光 yángguāng
*杨 yáng
洋 yáng
仰 yǎng
*养 yǎng
养分 yǎngfèn
养料 yǎngliào
养殖 yǎngzhí
*氧 yǎng
*氧化 yǎnghuà
*氧气 yǎngqì
*样 yàng
样本 yàngběn
样品 yàngpǐn
样式 yàngshì
*样子 yàngzi
*约 yāo
*要 yāo
*要求 yāoqiú
*腰 yāo
邀请 yāoqǐng
*摇 yáo
摇晃 yáo•huàng
摇头 yáotóu
遥感 yáogǎn
遥远 yáoyuǎn
*咬 yǎo
*药 yào
药品 yàopǐn
*药物 yàowù
*要 yào
要紧 yàojǐn
*要素 yàosù
钥匙 yàoshi
耶稣 Yēsū
*爷爷 yéye
*也 yě
*也许 yěxǔ
冶金 yějīn
冶炼 yěliàn
野 yě
野蛮 yěmán
野生 yěshēng
野兽 yěshòu
野外 yěwài
*业 yè
*业务 yèwù
业余 yèyú
*叶 yè
叶片 yèpiàn
*叶子 yèzi
*页 yè
*夜 yè
夜间 yèjiān
*夜里 yè•lǐ
*夜晚 yèwǎn
*液 yè
液态 yètài
*液体 yètǐ
*一 yī
*一般 yībān
*一半 yībàn
一辈子 yībèizi
*一边 yībiān
*一带 yīdài
*一旦 yīdàn
*一定 yīdìng
一度 yīdù
一端 yīduān
一共 yīgòng
一贯 yīguàn
*一会儿 yīhuìr
一块儿 yīkuàir
一连 yīlián
*一律 yīlǜ
*一面 yīmiàn
一旁 yīpáng
一齐 yīqí
*一起 yīqǐ
*一切 yīqiè
*一时 yīshí
一体 yītǐ
一同 yītóng
一线 yīxiàn
一向 yīxiàng
一心 yīxīn
一再 yīzài
一早 yīzǎo
*一直 yīzhí
*一致 yīzhì
*衣 yī
*衣服 yīfu
衣裳 yīshang
医 yī
医疗 yīliáo
*医生 yīshēng
*医学 yīxué
医药 yīyào
*医院 yīyuàn
*依 yī
依次 yīcì
依法 yīfǎ
依附 yīfù
依旧 yījiù
*依据 yījù
*依靠 yīkào
*依赖 yīlài
*依然 yīrán
依照 yīzhào
仪 yí
*仪器 yíqì
*仪式 yíshì
宜 yí
*移 yí
*移动 yídòng
移民 yímín
移植 yízhí
遗 yí
遗产 yíchǎn
*遗传 yíchuán
遗憾 yíhàn
遗留 yíliú
遗址 yízhǐ
遗嘱 yízhǔ
疑 yí
疑惑 yíhuò
疑问 yíwèn
*乙 yǐ
*已 yǐ
*已经 yǐ•jīng
*以 yǐ
*以便 yǐbiàn

*以后 yǐhòu
*以及 yǐjí
*以来 yǐlái
以免 yǐmiǎn
以内 yǐnèi
*以前 yǐqián
*以外 yǐwài
*以往 yǐwǎng
*以为 yǐwéi
*以下 yǐxià
*以至 yǐzhì
*以致 yǐzhì
*矣 yǐ
蚁 yǐ
倚 yǐ
椅子 yǐzi
*亿 yì
*义 yì
*义务 yìwù
艺 yì
*艺术 yìshù
*艺术家 yìshùjiā
议 yì
*议会 yìhuì
*议论 yìlùn
议员 yìyuán
*亦 yì
*异 yì
*异常 yìcháng
*抑制 yìzhì
役 yì
译 yì
*易 yì
易于 yìyú
益 yì
*意 yì
*意见 yì•jiàn
意境 yìjìng
*意识 yì•shí
*意思 yìsi
意图 yìtú
*意外 yìwài
*意味 yìwèi
意象 yìxiàng
*意义 yìyì
*意志 yìzhì
毅然 yìrán
翼 yì
*因 yīn
*因此 yīncǐ
因地制宜 yīndì-zhìyí
*因而 yīn’ér
因果 yīnguǒ
*因素 yīnsù
*因为 yīn•wèi
因子 yīnzǐ
*阴 yīn
阴谋 yīnmóu
阴阳 yīnyáng
阴影 yīnyǐng
*音 yīn
音调 yīndiào
音阶 yīnjiē
音节 yīnjié
音响 yīnxiǎng
*音乐 yīnyuè
*银 yín
*银行 yínháng
*引 yǐn
*引导 yǐndǎo
*引进 yǐnjìn
引力 yǐnlì
*引起 yǐnqǐ
引用 yǐnyòng
饮 yǐn
饮食 yǐnshí
隐 yǐn
隐蔽 yǐnbì
隐藏 yǐncáng
*印 yìn
印刷 yìnshuā
*印象 yìnxiàng
饮 yìn
*应 yīng
*应当 yīngdāng
*应该 yīnggāi
*英 yīng
*英雄 yīngxióng
英勇 yīngyǒng
*婴儿 yīng’ér
鹰 yīng
迎 yíng
迎接 yíngjiē
荧光屏 yíngguāngpíng
盈利 yínglì
*营 yíng
*营养 yíngyǎng
营业 yíngyè
赢得 yíngdé
影 yǐng
影片 yǐngpiàn
*影响 yǐngxiǎng
*影子 yǐngzi
*应 yìng
应付 yìng•fù
*应用 yìngyòng
映 yìng
*硬 yìng
拥 yōng
拥护 yōnghù
拥挤 yōngjǐ
*拥有 yōngyǒu
永 yǒng
永恒 yǒnghéng
永久 yǒngjiǔ
*永远 yǒngyuǎn
*勇敢 yǒnggǎn
勇气 yǒngqì
勇于 yǒngyú
涌 yǒng
涌现 yǒngxiàn
*用 yòng
用处 yòng•chù
用户 yònghù
用力 yònglì
用品 yòngpǐn
用途 yòngtú
优 yōu
*优点 yōudiǎn
优惠 yōuhuì
*优良 yōuliáng
*优美 yōuměi
*优势 yōushì
优先 yōuxiān
*优秀 yōuxiù
优越 yōuyuè
优质 yōuzhì
忧郁 yōuyù
幽默 yōumò
悠久 yōujiǔ
尤 yóu
*尤其 yóuqí
尤为 yóuwéi
*由 yóu
*由于 yóuyú
邮票 yóupiào
犹 yóu
犹如 yóurú
犹豫 yóuyù
*油 yóu
油画 yóuhuà
油田 yóutián
铀 yóu
*游 yóu
游击 yóujī
游击队 yóujīduì
游戏 yóuxì
游行 yóuxíng
游泳 yóuyǒng
友 yǒu
友好 yǒuhǎo
友人 yǒurén
*友谊 yǒuyì
*有 yǒu
*有关 yǒuguān
*有机 yǒujī
*有力 yǒulì
*有利 yǒulì
有名 yǒumíng
*有趣 yǒuqù
有如 yǒurú
*有时 yǒushí
*有限 yǒuxiàn
*有效 yǒuxiào
有益 yǒuyì
有意 yǒuyì
*又 yòu
*右 yòu
右边 yòu•biān
*右手 yòushǒu
*幼 yòu
*幼虫 yòuchóng
幼儿 yòu’ér
幼苗 yòumiáo
幼年 yòunián
诱导 yòudǎo
*于 yú
*于是 yúshì

予　yú
*余　yú
余地　yúdì
*鱼　yú
娱乐　yúlè
渔　yú
渔业　yúyè
*愉快　yúkuài
舆论　yúlùn
*与　yǔ
与其　yǔqí
予　yǔ
*予以　yǔyǐ
*宇宙　yǔzhòu
羽　yǔ
羽毛　yǔmáo
*雨　yǔ
雨水　yǔshuǐ
*语　yǔ
*语法　yǔfǎ
语句　yǔjù
语气　yǔqì
语文　yǔwén
*语言　yǔyán
*语音　yǔyīn
玉　yù
*玉米　yùmǐ
*育　yù
育种　yùzhǒng
*预报　yùbào
*预备　yùbèi
*预测　yùcè
预定　yùdìng
*预防　yùfáng
预计　yùjì
预料　yùliào
预期　yùqī
预算　yùsuàn
预先　yùxiān
预言　yùyán
域　yù
*欲　yù
欲望　yùwàng
遇　yù
遇见　yù•jiàn
*愈　yù
*元　yuán
*元素　yuánsù
园　yuán
*员　yuán
袁　Yuán
*原　yuán
原材料　yuáncáiliào
*原来　yuánlái
*原理　yuánlǐ
原谅　yuánliàng
*原料　yuánliào
原始　yuánshǐ
原先　yuánxiān
*原因　yuányīn
*原则　yuánzé
*原子　yuánzǐ
原子核　yuánzǐhé
*圆　yuán
圆心　yuánxīn
援助　yuánzhù
缘　yuán
*缘故　yuángù
*源　yuán
源泉　yuánquán
*远　yuǎn
远方　yuǎnfāng
怨　yuàn
*院　yuàn
*院子　yuànzi
*愿　yuàn
*愿望　yuànwàng
*愿意　yuàn•yì
*曰　yuē
*约　yuē
*约束　yuēshù
*月　yuè
月初　yuèchū
*月份　yuèfèn
月光　yuèguāng
*月亮　yuèliang
*月球　yuèqiú
*乐　yuè
乐队　yuèduì
乐器　yuèqì
*乐曲　yuèqǔ
*阅读　yuèdú
跃　yuè
*越　yuè
越冬　yuèdōng
越过　yuèguò
粤　Yuè
*云　yún
匀　yún
*允许　yǔnxǔ
*运　yùn
*运动　yùndòng
*运动员　yùndòngyuán
*运输　yùnshū
运算　yùnsuàn
*运行　yùnxíng
*运用　yùnyòng
运转　yùnzhuǎn
韵　yùn
蕴藏　yùncáng

Z

扎　zā
杂　zá
杂交　zájiāo
杂志　zázhì
杂质　zázhì
砸　zá
灾难　zāinàn
栽　zāi
栽培　zāipéi
*再　zài
再见　zàijiàn
再现　zàixiàn
*在　zài
在场　zàichǎng
在家　zàijiā
*在于　zàiyú
*载　zài
*咱　zán
*咱们　zánmen
暂　zàn
*暂时　zànshí
赞成　zànchéng
赞美　zànměi
赞叹　zàntàn
赞扬　zànyáng
赃　zāng
脏　zàng
葬　zàng
*藏　zàng
*遭　zāo
*遭受　zāoshòu
遭遇　zāoyù
糟　zāo
*早　zǎo
*早晨　zǎo•chén
*早期　zǎoqī
早日　zǎorì
早上　zǎoshang
*早已　zǎoyǐ
藻　zǎo
灶　zào
*造　zào
造就　zàojiù
造型　zàoxíng
*则　zé
责　zé
*责任　zérèn
责任感　zérèngǎn
贼　zéi
怎　zěn
*怎么　zěnme
*怎么样　zěnmeyàng
*怎样　zěnyàng
*曾　zēng
*增　zēng
*增产　zēngchǎn
*增多　zēngduō
增高　zēnggāo
*增加　zēngjiā
增进　zēngjìn
*增强　zēngqiáng
增添　zēngtiān
*增长　zēngzhǎng
增殖　zēngzhí
扎　zhā
炸　zhá
眨　zhǎ
炸　zhà
炸弹　zhàdàn
摘　zhāi
窄　zhǎi
债　zhài
债务　zhàiwù
寨　zhài
*占　zhān
沾　zhān

粘 zhān
盏 zhǎn
展 zhǎn
*展开 zhǎnkāi
展览 zhǎnlǎn
展示 zhǎnshì
展现 zhǎnxiàn
崭新 zhǎnxīn
*占 zhàn
占据 zhànjù
*占领 zhànlǐng
占用 zhànyòng
*占有 zhànyǒu
*战 zhàn
*战场 zhànchǎng
*战斗 zhàndòu
战国 zhànguó
*战略 zhànlüè
*战胜 zhànshèng
*战士 zhànshì
战术 zhànshù
战线 zhànxiàn
战役 zhànyì
战友 zhànyǒu
*战争 zhànzhēng
*站 zhàn
*张 zhāng
*章 zhāng
章程 zhāngchéng
*长 zhǎng
长官 zhǎngguān
涨 zhǎng
掌 zhǎng
*掌握 zhǎngwò
丈 zhàng
*丈夫 zhàngfu
仗 zhàng
帐 zhàng
帐篷 zhàngpeng
账 zhàng
胀 zhàng
涨 zhàng
*障碍 zhàng'ài
招 zhāo
招待 zhāodài
*招呼 zhāohu
招生 zhāoshēng
*着 zhāo
*朝 zhāo
*着 zháo
*着急 zháojí
*找 zhǎo
召集 zhàojí
*召开 zhàokāi
*赵 Zhào
*照 zhào
*照顾 zhào•gù
照例 zhàolì
照明 zhàomíng
*照片 zhàopiàn
照射 zhàoshè
照相 zhàoxiàng
照相机 zhàoxiàngjī
照样 zhàoyàng
照耀 zhàoyào
遮 zhē
*折 zhé
折磨 zhé•mó
折射 zhéshè
*哲学 zhéxué
*者 zhě
*这 zhè
*这个 zhège
*这里 zhè•lǐ
*这么 zhème
*这儿 zhèr
*这些 zhèxiē
*这样 zhèyàng
*针 zhēn
*针对 zhēnduì
针灸 zhēnjiǔ
侦查 zhēnchá
侦察 zhēnchá
珍贵 zhēnguì
珍珠 zhēnzhū
*真 zhēn
真诚 zhēnchéng
真空 zhēnkōng
*真理 zhēnlǐ
*真实 zhēnshí
*真正 zhēnzhèng
*诊断 zhěnduàn
枕头 zhěntou
*阵 zhèn
*阵地 zhèndì
*振 zhèn
振荡 zhèndàng
*振动 zhèndòng
振奋 zhènfèn
振兴 zhènxīng
震 zhèn
震动 zhèndòng
震惊 zhènjīng
*镇 zhèn
*镇压 zhènyā
*争 zhēng
争夺 zhēngduó
*争论 zhēnglùn
*争取 zhēngqǔ
征 zhēng
征服 zhēngfú
征求 zhēngqiú
征收 zhēngshōu
挣 zhēng
睁 zhēng
蒸 zhēng
*蒸发 zhēngfā
蒸气 zhēngqì
*整 zhěng
*整顿 zhěngdùn
*整个 zhěnggè
*整理 zhěnglǐ
整齐 zhěngqí
*整体 zhěngtǐ
*正 zhèng
*正常 zhèngcháng
*正当 zhèngdāng
*正当 zhèngdàng
正规 zhèngguī
*正好 zhènghǎo
正面 zhèngmiàn
*正确 zhèngquè
*正式 zhèngshì
正义 zhèngyì
*正在 zhèngzài
*证 zhèng
证据 zhèngjù
*证明 zhèngmíng
*证实 zhèngshí
证书 zhèngshū
郑 Zhèng
政 zhèng
*政策 zhèngcè
*政党 zhèngdǎng
*政府 zhèngfǔ
*政权 zhèngquán
*政委 zhèngwěi
*政治 zhèngzhì
挣 zhèng
*症 zhèng
*症状 zhèngzhuàng
*之 zhī
*之后 zhīhòu
*之前 zhīqián
*支 zhī
支部 zhībù
支撑 zhīchēng
*支持 zhīchí
*支出 zhīchū
支队 zhīduì
支付 zhīfù
*支配 zhīpèi
*支援 zhīyuán
*只 zhī
汁 zhī
*枝 zhī
枝条 zhītiáo
枝叶 zhīyè
*知 zhī
*知道 zhī•dào
知觉 zhījué
*知识 zhīshi
肢 zhī
织 zhī
脂肪 zhīfáng
*执行 zhíxíng
*直 zhí
直观 zhíguān
直角 zhíjiǎo
*直接 zhíjiē
*直径 zhíjìng

直觉　zhíjué
直立　zhílì
直辖市 zhíxiáshì
*直线　zhíxiàn
直至　zhízhì
*值　zhí
值班　zhíbān
*值得　zhí•dé
职　zhí
*职工　zhígōng
*职能　zhínéng
职权　zhíquán
*职务　zhíwù
*职业　zhíyè
职员　zhíyuán
职责　zhízé
植　zhí
*植物　zhíwù
植株　zhízhū
殖　zhí
殖民　zhímín
*殖民地 zhímíndì
止　zhǐ
*只　zhǐ
*只得　zhǐdé
只顾　zhǐgù
*只好　zhǐhǎo
*只是　zhǐshì
*只要　zhǐyào
*只有　zhǐyǒu
*纸　zhǐ
*指　zhǐ
*指标　zhǐbiāo
*指导　zhǐdǎo
指定　zhǐdìng
*指挥　zhǐhuī
指令　zhǐlìng
指明　zhǐmíng

*指示　zhǐshì
指数　zhǐshù
指责　zhǐzé
*至　zhì
至此　zhìcǐ
*至今　zhìjīn
*至少　zhìshǎo
*至于　zhìyú
*志　zhì
*制　zhì
*制订　zhìdìng
*制定　zhìdìng
*制度　zhìdù
制品　zhìpǐn
*制约　zhìyuē
*制造　zhìzào
制止　zhìzhǐ
*制作　zhìzuò
*质　zhì
质变　zhìbiàn
*质量　zhìliàng
质子　zhìzǐ
*治　zhì
治安　zhì'ān
治理　zhìlǐ
*治疗　zhìliáo
*致　zhì
致富　zhìfù
致使　zhìshǐ
*秩序　zhìxù
智　zhì
*智慧　zhìhuì
*智力　zhìlì
智能　zhìnéng
滞　zhì
置　zhì
*中　zhōng
中等　zhōngděng

中断　zhōngduàn
中华　zhōnghuá
*中间　zhōngjiān
中年　zhōngnián
中期　zhōngqī
中世纪 zhōngshìjì
中枢　zhōngshū
中外　zhōngwài
中午　zhōngwǔ
*中心　zhōngxīn
中性　zhōngxìng
*中学　zhōngxué
中学生　zhōngxuéshēng
中旬　zhōngxún
*中央　zhōngyāng
中叶　zhōngyè
中医　zhōngyī
中原　zhōngyuán
中子　zhōngzǐ
忠诚　zhōngchéng
忠实　zhōngshí
*终　zhōng
终究　zhōngjiū
终年　zhōngnián
终身　zhōngshēn
*终于　zhōngyú
*钟　zhōng
钟头　zhōngtóu
肿　zhǒng
肿瘤　zhǒngliú
*种　zhǒng
*种类　zhǒnglèi
种群　zhǒngqún
*种子　zhǒngzi
种族　zhǒngzú
*中　zhòng

中毒　zhòngdú
*众　zhòng
*众多　zhòngduō
众人　zhòngrén
*种　zhòng
*种植　zhòngzhí
*重　zhòng
*重大　zhòngdà
*重点　zhòngdiǎn
重工业　zhònggōngyè
*重力　zhònglì
*重量　zhòngliàng
*重视　zhòngshì
*重要　zhòngyào
*州　zhōu
*周　zhōu
周年　zhōunián
*周期　zhōuqī
*周围　zhōuwéi
周转　zhōuzhuǎn
*轴　zhóu
昼夜　zhòuyè
皱　zhòu
朱　zhū
珠　zhū
*株　zhū
*诸　zhū
诸如　zhūrú
*猪　zhū
*竹　zhú
逐　zhú
*逐步　zhúbù
*逐渐　zhújiàn
逐年　zhúnián
*主　zhǔ
主编　zhǔbiān

*主持　zhǔchí
*主导　zhǔdǎo
*主动　zhǔdòng
*主观　zhǔguān
主管　zhǔguǎn
主教　zhǔjiào
主力　zhǔlì
主权　zhǔquán
*主人　zhǔ•rén
主人公　zhǔréngōng
*主任　zhǔrèn
*主题　zhǔtí
*主体　zhǔtǐ
*主席　zhǔxí
*主要　zhǔyào
*主义　zhǔyì
*主意　zhǔyi(zhúyi)
主语　zhǔyǔ
*主张　zhǔzhāng
煮　zhǔ
*属　zhǔ
嘱咐　zhǔ•fù
助　zhù
助手　zhùshǒu
*住　zhù
住房　zhùfáng
住宅　zhùzhái
贮藏　zhùcáng
贮存　zhùcún
注　zhù
注射　zhùshè
注视　zhùshì
*注意　zhùyì
注重　zhùzhòng
*驻　zhù
*柱　zhù

祝 zhù
祝贺 zhùhè
著 zhù
*著名 zhùmíng
*著作 zhùzuò
筑 zhù
*抓 zhuā
抓紧 zhuājǐn
*专 zhuān
*专家 zhuānjiā
专利 zhuānlì
*专门 zhuānmén
专题 zhuāntí
*专业 zhuānyè
专用 zhuānyòng
*专政 zhuānzhèng
专制 zhuānzhì
砖 zhuān
*转 zhuǎn
*转变 zhuǎnbiàn
*转动 zhuǎndòng
*转化 zhuǎnhuà
*转换 zhuǎnhuàn
*转身 zhuǎnshēn
*转向 zhuǎnxiàng
*转移 zhuǎnyí
*传 zhuàn
*转 zhuàn
*转动 zhuàndòng
*转向 zhuànxiàng
赚 zhuàn
庄 zhuāng
庄稼 zhuāngjia
庄严 zhuāngyán
桩 zhuāng
*装 zhuāng
装备 zhuāngbèi
装饰 zhuāngshì
*装置 zhuāngzhì
壮 zhuàng
壮大 zhuàngdà
*状 zhuàng
*状况 zhuàngkuàng
*状态 zhuàngtài
撞 zhuàng
幢 zhuàng
*追 zhuī
追究 zhuījiū
*追求 zhuīqiú
追逐 zhuīzhú
*准 zhǔn
*准备 zhǔnbèi
*准确 zhǔnquè
准则 zhǔnzé
*捉 zhuō
桌 zhuō
*桌子 zhuōzi
卓越 zhuóyuè
啄木鸟 zhuómùniǎo
*着 zhuó
着手 zhuóshǒu
*着重 zhuózhòng
琢磨 zhuómó
咨询 zīxún
姿势 zīshì
*姿态 zītài
资 zī
*资本 zīběn
资产 zīchǎn
*资格 zī·gé
*资金 zījīn
*资料 zīliào
*资源 zīyuán
滋味 zīwèi
*子 zǐ
子弹 zǐdàn
子弟 zǐdì
子宫 zǐgōng
*子女 zǐnǚ
子孙 zǐsūn
*仔细 zǐxì
姊妹 zǐmèi
紫 zǐ
*自 zì
自称 zìchēng
*自从 zìcóng
*自动 zìdòng
自动化 zìdònghuà
自发 zìfā
自豪 zìháo
*自己 zìjǐ
*自觉 zìjué
自力更生 zìlì-gēngshēng
*自然 zìrán
*自然界 zìránjiè
自杀 zìshā
*自身 zìshēn
自卫 zìwèi
*自我 zìwǒ
自信 zìxìn
自行 zìxíng
自行车 zìxíngchē
*自由 zìyóu
自愿 zìyuàn
自在 zìzài
自在 zìzai
自治 zìzhì
*自治区 zìzhìqū
自主 zìzhǔ
自转 zìzhuàn
*字 zì
字母 zìmǔ
宗 zōng
*宗教 zōngjiào
宗旨 zōngzhǐ
*综合 zōnghé
*总 zǒng
总额 zǒng’é
总和 zǒnghé
*总结 zǒngjié
*总理 zǒnglǐ
总数 zǒngshù
总算 zǒngsuàn
*总体 zǒngtǐ
*总统 zǒngtǒng
*总之 zǒngzhī
纵 zòng
纵队 zòngduì
*走 zǒu
走廊 zǒuláng
*走向 zǒuxiàng
奏 zòu
租 zū
租界 zūjiè
*足 zú
*足够 zúgòu
足球 zúqiú
*足以 zúyǐ
*族 zú
阻 zǔ
*阻碍 zǔ’ài
阻力 zǔlì
阻止 zǔzhǐ
*组 zǔ
*组合 zǔhé
*组织 zǔzhī
祖 zǔ
祖父 zǔfù
*祖国 zǔguó
祖母 zǔmǔ
*祖先 zǔxiān
祖宗 zǔzong
*钻 zuān
钻研 zuānyán
*钻 zuàn
*嘴 zuǐ
嘴巴 zuǐba
*嘴唇 zuǐchún
*最 zuì
*最初 zuìchū
*最后 zuìhòu
*最近 zuìjìn
*最为 zuìwéi
*最终 zuìzhōng
*罪 zuì
罪恶 zuì’è
罪犯 zuìfàn
罪行 zuìxíng
醉 zuì
尊 zūn
尊敬 zūnjìng
尊严 zūnyán
*尊重 zūnzhòng
*遵守 zūnshǒu
*遵循 zūnxún
*昨天 zuótiān
琢磨 zuómo
*左 zuǒ
左边 zuǒ·biān
左手 zuǒshǒu
*左右 zuǒyòu
*作 zuò
作法 zuòfǎ
*作风 zuòfēng

*作家　zuòjiā
*作品　zuòpǐn
*作为　zuòwéi
*作物　zuòwù
*作业　zuòyè
*作用　zuòyòng
*作战　zuòzhàn
*作者　zuòzhě
*坐　zuò
坐标　zuòbiāo
*座　zuò
座位　zuò·wèi
*做　zuò
*做法　zuòfǎ
做梦　zuòmèng

表　二

A

哀　āi
哀愁　āichóu
哀悼　āidào
哀求　āiqiú
哀伤　āishāng
哀怨　āiyuàn
哀乐　āiyuè
皑皑　ái'ái
癌　ái
矮小　ǎixiǎo
艾　ài
爱戴　àidài
爱抚　àifǔ
爱慕　àimù
爱惜　àixī
碍　ài
碍事　àishì
安插　ānchā
安顿　āndùn
安放　ānfàng
安分　ānfèn
安抚　ānfǔ
安家　ānjiā
安居乐业　ānjū-lèyè
安理会　Ānlǐhuì
安宁　ānníng
安生　ānshēng
安稳　ānwěn
安息　ānxī
安闲　ānxián
安详　ānxiáng
安逸　ānyì
安葬　ānzàng
庵　ān
按摩　ànmó
按捺　ànnà
按钮　ànniǔ
按期　ànqī
按时　ànshí
按说　ànshuō
案例　ànlì
案情　ànqíng
案头　àntóu
案子　ànzi
暗藏　àncáng
暗淡　àndàn
暗号　ànhào
暗杀　ànshā
暗自　ànzì
黯　àn
黯然　ànrán
昂　áng
昂贵　ángguì
昂然　ángrán
昂首　ángshǒu
昂扬　ángyáng
盎然　àngrán
凹陷　āoxiàn
遨游　áoyóu
鳌　áo
翱翔　áoxiáng
袄　ǎo
拗　ào
傲　ào
傲慢　àomàn
傲然　àorán
奥　ào
奥妙　àomiào
澳　ào
懊悔　àohuǐ
懊恼　àonǎo
懊丧　àosàng

B

八股　bāgǔ
八卦　bāguà
八仙桌　bāxiānzhuō
八字　bāzì
巴掌　bāzhang
芭蕉　bājiāo
芭蕾舞　bālěiwǔ
疤　bā
疤痕　bāhén
拔除　báchú
拔节　bájié
拔腿　bátuǐ
跋涉　báshè
把柄　bǎbǐng
把持　bǎchí
把门儿　bǎménr
把手　bǎ·shǒu
把守　bǎshǒu
把戏　bǎxì
把子　bǎzi
靶　bǎ
靶场　bǎchǎng
坝　bà
把子　bàzi
耙　bà
罢官　bàguān
罢课　bàkè
罢免　bàmiǎn
罢休　bàxiū
霸　bà
霸权　bàquán
霸王　bàwáng
霸占　bàzhàn
掰　bāi
白菜　báicài
白费　báifèi
白骨　báigǔ
白果　báiguǒ
白话　báihuà
白话文　báihuàwén
白桦　báihuà
白净　báijing
白酒　báijiǔ
白人　báirén
白日　báirì
白薯　báishǔ
白糖　báitáng
白皙　báixī
白眼　báiyǎn
白蚁　báiyǐ
白银　báiyín
白昼　báizhòu
百般　bǎibān
百分比　bǎifēnbǐ
百合　bǎihé
百花齐放　bǎihuā-qífàng
百货　bǎihuò
百家争鸣　bǎijiā-zhēngmíng
百科全书　bǎikēquánshū
百灵　bǎilíng
柏　bǎi
柏油　bǎiyóu
摆布　bǎi·bù
摆弄　bǎi·nòng
摆设　bǎi·shè
败坏　bàihuài
败仗　bàizhàng
拜访　bàifǎng
拜年　bàinián
扳　bān
班车　bānchē
班级　bānjí
班主任　bānzhǔrèn
班子　bānzi

颁发	bānfā
斑	bān
斑白	bānbái
斑驳	bānbó
斑点	bāndiǎn
斑斓	bānlán
斑纹	bānwén
搬迁	bānqiān
搬用	bānyòng
板栗	bǎnlì
板子	bǎnzi
版本	bǎnběn
版画	bǎnhuà
版面	bǎnmiàn
版权	bǎnquán
版图	bǎntú
办案	bàn'àn
办公	bàngōng
办学	bànxué
半边	bànbiān
半成品	bànchéngpǐn
半截	bànjié
半空	bànkōng
半路	bànlù
半途	bàntú
半圆	bànyuán
扮	bàn
伴侣	bànlǚ
拌	bàn
绊	bàn
邦	bāng
帮办	bāngbàn
帮工	bānggōng
帮手	bāngshou
帮凶	bāngxiōng
梆	bāng

梆子	bāngzi
绑	bǎng
绑架	bǎngjià
榜	bǎng
膀	bǎng
膀子	bǎngzi
蚌	bàng
棒槌	bàngchui
棒球	bàngqiú
棒子	bàngzi
傍	bàng
磅	bàng
包办	bāobàn
包庇	bāobì
包工	bāogōng
包裹	bāoguǒ
包涵	bāohan
包揽	bāolǎn
包罗万象	bāoluó-wànxiàng
包容	bāoróng
包销	bāoxiāo
包扎	bāozā
包子	bāozi
苞	bāo
胞	bāo
剥	bāo
褒贬	bāo·biǎn
雹	báo
饱含	bǎohán
饱满	bǎomǎn
宝剑	bǎojiàn
宝库	bǎokù
宝塔	bǎotǎ
宝物	bǎowù
宝藏	bǎozàng
宝座	bǎozuò

保安	bǎo'ān
保护色	bǎohùsè
保健	bǎojiàn
保密	bǎomì
保姆	bǎomǔ
保全	bǎoquán
保温	bǎowēn
保险丝	bǎoxiǎnsī
保养	bǎoyǎng
保佑	bǎoyòu
保证金	bǎozhèngjīn
保证人	bǎozhèngrén
保重	bǎozhòng
堡	bǎo
堡垒	bǎolěi
报表	bàobiǎo
报仇	bàochóu
报答	bàodá
报导	bàodǎo
报到	bàodào
报废	bàofèi
报馆	bàoguǎn
报警	bàojǐng
报考	bàokǎo
报请	bàoqǐng
报社	bàoshè
报喜	bàoxǐ
报销	bàoxiāo
报信	bàoxìn
报应	bào·yìng
刨	bào
抱不平	bàobùpíng
抱负	bàofù
抱歉	bàoqiàn
抱怨	bào·yuàn

豹	bào
豹子	bàozi
鲍鱼	bàoyú
暴	bào
暴发	bàofā
暴风雪	bàofēngxuě
暴风雨	bàofēngyǔ
暴君	bàojūn
暴乱	bàoluàn
暴徒	bàotú
暴行	bàoxíng
暴躁	bàozào
暴涨	bàozhǎng
爆	bào
爆裂	bàoliè
爆破	bàopò
爆竹	bàozhú
杯子	bēizi
卑	bēi
卑鄙	bēibǐ
卑劣	bēiliè
卑微	bēiwēi
卑下	bēixià
悲	bēi
悲愤	bēifèn
悲观	bēiguān
悲苦	bēikǔ
悲凉	bēiliáng
悲伤	bēishāng
悲痛	bēitòng
悲壮	bēizhuàng
碑	bēi
碑文	bēiwén
北半球	běibànqiú
北边	běi·biān
北国	běiguó

北极	běijí
北极星	běijíxīng
贝壳	bèiké
备案	bèi'àn
备课	bèikè
备用	bèiyòng
备战	bèizhàn
背包	bèibāo
背道而驰	bèidào'érchí
背风	bèifēng
背脊	bèijǐ
背离	bèilí
背面	bèimiàn
背叛	bèipàn
背诵	bèisòng
背心	bèixīn
背影	bèiyǐng
钡	bèi
倍数	bèishù
倍增	bèizēng
被单	bèidān
被褥	bèirù
奔波	bēnbō
奔驰	bēnchí
奔放	bēnfàng
奔赴	bēnfù
奔流	bēnliú
奔腾	bēnténg
奔涌	bēnyǒng
奔走	bēnzǒu
本部	běnbù
本分	běnfèn
本行	běnháng
本家	běnjiā
本科	běnkē
本钱	běn·qián

本色 běnsè
本土 běntǔ
本位 běnwèi
本义 běnyì
本意 běnyì
本原 běnyuán
本源 běnyuán
本子 běnzi
笨重 bènzhòng
笨拙 bènzhuō
崩 bēng
绷 bēng
绷带 bēngdài
绷 běng
泵 bèng
迸 bèng
迸发 bèngfā
绷 bēng
逼近 bījìn
逼迫 bīpò
逼真 bīzhēn
鼻尖 bíjiān
鼻梁 bíliáng
鼻腔 bíqiāng
鼻涕 bí•tì
鼻音 bíyīn
匕首 bǐshǒu
比方 bǐfang
比分 bǐfēn
比例尺 bǐlìchǐ
比率 bǐlǜ
比拟 bǐnǐ
比热 bǐrè
比武 bǐwǔ
比值 bǐzhí
彼岸 bǐ'àn
笔触 bǐchù
笔法 bǐfǎ
笔画 bǐhuà
笔迹 bǐjì
笔尖 bǐjiān
笔名 bǐmíng
笔墨 bǐmò
笔直 bǐzhí
鄙 bǐ
鄙视 bǐshì
鄙夷 bǐyí
币 bì
币制 bìzhì
必需品 bìxūpǐn
毕 bì
毕生 bìshēng
闭幕 bìmù
闭塞 bìsè
庇护 bìhù
陛下 bìxià
毙 bì
敝 bì
婢女 bìnǚ
痹 bì
辟 bì
碧 bì
碧波 bìbō
碧绿 bìlǜ
蔽 bì
弊 bì
弊端 bìduān
弊病 bìbìng
壁垒 bìlěi
避雷针 bìléizhēn
避风 bìfēng
避难 bìnàn
臂膀 bìbǎng
璧 bì
边陲 biānchuí
边防 biānfáng
边际 biānjì
边沿 biānyán
边远 biānyuǎn
编导 biāndǎo
编号 biānhào
编码 biānmǎ
编排 biānpái
编造 biānzào
编者 biānzhě
编织 biānzhī
编撰 biānzhuàn
编纂 biānzuǎn
鞭策 biāncè
鞭打 biāndǎ
鞭炮 biānpào
贬 biǎn
贬低 biǎndī
贬义 biǎnyì
贬值 biǎnzhí
扁担 biǎndan
匾 biǎn
变故 biàngù
变幻 biànhuàn
变卖 biànmài
变色 biànsè
变数 biànshù
变通 biàntōng
变相 biànxiàng
变性 biànxìng
变压器 biànyāqì
变样 biànyàng
变质 biànzhì
变种 biànzhǒng
便秘 biànmì
便衣 biànyī
遍布 biànbù
遍地 biàndì
遍及 biànjí
辨正 biànzhèng
辫 biàn
辩驳 biànbó
辩护人 biànhùrén
辩解 biànjiě
辩论 biànlùn
辫 biàn
辫子 biànzi
标榜 biāobǎng
标兵 biāobīng
标尺 biāochǐ
标的 biāodì
标记 biāojì
标明 biāomíng
标签 biāoqiān
标新立异 biāoxīn-lìyì
膘 biāo
表白 biǎobái
表格 biǎogé
表决 biǎojué
表露 biǎolù
表率 biǎoshuài
表态 biǎotài
憋 biē
鳖 biē
别出心裁 biéchū-xīncái
别具一格 biéjù-yīgé
别开生面 biékāi-shēngmiàn
别名 biémíng
别墅 biéshù
别有用心 biéyǒu-yòngxīn
别致 bié•zhì
瘪 biě
别扭 bièniu
宾馆 bīnguǎn
宾客 bīnkè
宾语 bīnyǔ
宾主 bīnzhǔ
滨 bīn
濒临 bīnlín
濒于 bīnyú
摈弃 bìnqì
鬓 bìn
冰雹 bīngbáo
冰点 bīngdiǎn
冰冻 bīngdòng
冰窖 bīngjiào
冰晶 bīngjīng
冰冷 bīnglěng
冰凉 bīngliáng
冰山 bīngshān
冰天雪地 bīngtiān-xuědì
冰箱 bīngxiāng
兵法 bīngfǎ
兵家 bīngjiā
兵器 bīngqì
兵团 bīngtuán
兵役 bīngyì
兵营 bīngyíng
兵站 bīngzhàn
兵种 bīngzhǒng
饼干 bǐnggān
饼子 bǐngzi
屏息 bǐngxī
禀 bǐng

并发 bìngfā
并肩 bìngjiān
并进 bìngjìn
并举 bìngjǔ
并联 bìnglián
并列 bìngliè
并排 bìngpái
并行 bìngxíng
并重 bìngzhòng
病程 bìngchéng
病床 bìngchuáng
病房 bìngfáng
病根 bìnggēn
病故 bìnggù
病害 bìnghài
病号 bìnghào
病菌 bìngjūn
病例 bìnglì
病魔 bìngmó
病史 bìngshǐ
病榻 bìngtà
病态 bìngtài
病痛 bìngtòng
病因 bìngyīn
病员 bìngyuán
病原体 bìngyuántǐ
病灶 bìngzào
病症 bìngzhèng
摒弃 bìngqì
拨款 bōkuǎn
拨弄 bōnong
波段 bōduàn
波峰 bōfēng
波谷 bōgǔ
波及 bōjí
波澜 bōlán
波涛 bōtāo

波纹 bōwén
波折 bōzhé
钵 bō
剥离 bōlí
剥蚀 bōshí
菠菜 bōcài
菠萝 bōluó
播 bō
播放 bōfàng
播送 bōsòng
伯父 bófù
伯乐 Bólè
伯母 bómǔ
驳 bó
驳斥 bóchì
驳回 bóhuí
帛 bó
泊 bó
铂 bó
脖 bó
脖颈儿 bógěngr
博 bó
博爱 bó'ài
博大 bódà
博得 bódé
博览会 bólǎnhuì
博物馆 bówùguǎn
搏 bó
搏击 bójī
膊 bó
箔 bó
跛 bǒ
簸箕 bòji
卜 bǔ
补丁 bǔding
补给 bǔjǐ
补救 bǔjiù

补课 bǔkè
补习 bǔxí
补助 bǔzhù
补足 bǔzú
捕获 bǔhuò
捕杀 bǔshā
哺乳 bǔrǔ
哺育 bǔyù
不啻 bùchì
不得了 bùdéliǎo
不得已 bùdéyǐ
不动产 bùdòngchǎn
不动声色 bùdòng-shēngsè
不乏 bùfá
不法 bùfǎ
不凡 bùfán
不符 bùfú
不甘 bùgān
不敢当 bùgǎndāng
不计其数 bùjì-qíshù
不见得 bù jiàn•dé
不胫而走 bùjìng'érzǒu
不可思议 bùkě-sīyì
不可一世 bùkě-yīshì
不力 bùlì
不妙 bùmiào
不配 bùpèi
不屈 bùqū
不忍 bùrěn

不善 bùshàn
不适 bùshì
不速之客 bùsùzhīkè
不祥 bùxiáng
不像话 bù xiànghuà
不孝 bùxiào
不屑 bùxiè
不懈 bùxiè
不休 bùxiū
不朽 bùxiǔ
不锈钢 bùxiùgāng
不言而喻 bùyán'éryù
不一 bùyī
不依 bùyī
不以为然 bùyǐwéirán
不由得 bùyóude
不约而同 bùyuē'értóng
不在乎 bùzàihu
不只 bùzhǐ
不至于 bùzhìyú
布告 bùgào
布景 bùjǐng
布匹 bùpǐ
布衣 bùyī
步兵 bùbīng
步履 bùlǚ
步枪 bùqiāng
步行 bùxíng
部件 bùjiàn
部属 bùshǔ
部委 bùwěi
部下 bùxià

埠 bù
簿 bù

C

擦拭 cāshì
猜测 cāicè
猜想 cāixiǎng
猜疑 cāiyí
才干 cáigàn
才华 cáihuá
才智 cáizhì
财经 cáijīng
财会 cáikuài
财贸 cáimào
财权 cáiquán
财团 cáituán
财物 cáiwù
财源 cáiyuán
财主 cáizhu
裁 cái
裁定 cáidìng
裁缝 cáifeng
裁减 cáijiǎn
裁剪 cáijiǎn
裁决 cáijué
裁军 cáijūn
裁判 cáipàn
采伐 cǎifá
采掘 cǎijué
采矿 cǎikuàng
采纳 cǎinà
采写 cǎixiě
采样 cǎiyàng
采油 cǎiyóu
采摘 cǎizhāi
彩电 cǎidiàn
彩虹 cǎihóng

彩绘 cǎihuì
彩礼 cǎilǐ
彩旗 cǎiqí
彩塑 cǎisù
彩陶 cǎitáo
睬 cǎi
菜场 càichǎng
菜刀 càidāo
菜蔬 càishū
菜肴 càiyáo
菜园 càiyuán
参见 cānjiàn
参军 cānjūn
参看 cānkàn
参赛 cānsài
参天 cāntiān
参议院 cānyìyuàn
参阅 cānyuè
参展 cānzhǎn
参战 cānzhàn
参政 cānzhèng
餐 cān
餐具 cānjù
餐厅 cāntīng
餐桌 cānzhuō
残暴 cánbào
残存 cáncún
残废 cánfèi
残害 cánhài
残疾 cán•jí
残留 cánliú
残破 cánpò
残缺 cánquē
残忍 cánrěn
残杀 cánshā
蚕豆 cándòu
蚕食 cánshí

蚕丝 cánsī
惭愧 cánkuì
惨 cǎn
惨案 cǎn'àn
惨白 cǎnbái
惨败 cǎnbài
惨死 cǎnsǐ
惨痛 cǎntòng
惨重 cǎnzhòng
仓促 cāngcù
仓皇 cānghuáng
苍 cāng
苍翠 cāngcuì
苍老 cānglǎo
苍茫 cāngmáng
苍穹 cāngqióng
苍天 cāngtiān
沧桑 cāngsāng
藏身 cángshēn
藏书 cángshū
操办 cāobàn
操场 cāochǎng
操持 cāochí
操劳 cāoláo
操练 cāoliàn
操心 cāoxīn
嘈杂 cáozá
草本 cǎoběn
草场 cǎochǎng
草丛 cǎocóng
草帽 cǎomào
草莓 cǎoméi
草拟 cǎonǐ
草皮 cǎopí
草坪 cǎopíng
草率 cǎoshuài
草图 cǎotú

草屋 cǎowū
草鞋 cǎoxié
草药 cǎoyào
厕所 cèsuǒ
侧耳 cè'ěr
侧身 cèshēn
测绘 cèhuì
测试 cèshì
测算 cèsuàn
策 cè
策动 cèdòng
策划 cèhuà
层出不穷 céngchū-bùqióng
层面 céngmiàn
蹭 cèng
叉腰 chāyāo
杈 chā
差错 chācuò
差额 chā'é
插队 chāduì
插话 chāhuà
插曲 chāqǔ
插手 chāshǒu
插图 chātú
插秧 chāyāng
插嘴 chāzuǐ
茬 chá
茶点 chádiǎn
茶花 cháhuā
茶几 chájī
茶具 chájù
茶水 cháshuǐ
茶园 cháyuán
查处 cháchǔ
查对 cháduì
查获 cháhuò

查禁 chájìn
查看 chákàn
查问 cháwèn
查询 cháxún
查阅 cháyuè
查找 cházhǎo
察觉 chájué
查看 chákàn
杈 chà
岔 chà
刹 chà
刹那 chànà
诧异 chàyì
拆除 chāichú
拆毁 chāihuǐ
拆迁 chāiqiān
拆卸 chāixiè
差使 chāishǐ
差事 chāishi
柴火 cháihuo
柴油 cháiyóu
掺 chān
搀 chān
搀扶 chānfú
馋 chán
禅 chán
禅宗 chánzōng
缠绵 chánmián
缠绕 chánrào
蝉 chán
潺潺 chánchán
蟾蜍 chánchú
产妇 chǎnfù
产权 chǎnquán
产销 chǎnxiāo
铲 chǎn
铲除 chǎnchú

阐发 chǎnfā
阐释 chǎnshì
忏悔 chànhuǐ
颤 chàn
颤动 chàndòng
昌 chāng
猖獗 chāngjué
猖狂 chāngkuáng
娼妓 chāngjì
长臂猿 chángbìyuán
长波 chángbō
长笛 chángdí
长方形 chángfāngxíng
长工 chánggōng
长颈鹿 chángjǐnglù
长空 chángkōng
长年 chángnián
长袍 chángpáo
长跑 chángpǎo
长篇 chángpiān
长衫 chángshān
长寿 chángshòu
长叹 chángtàn
长途 chángtú
长线 chángxiàn
长夜 chángyè
长于 chángyú
长足 chángzú
肠胃 chángwèi
肠子 chángzi
尝新 chángxīn
常人 chángrén
常设 chángshè
常态 chángtài

常委 chángwěi
常温 chángwēn
常务 chángwù
常住 chángzhù
偿 cháng
偿付 chángfù
偿还 chánghuán
厂家 chǎngjiā
厂矿 chǎngkuàng
厂商 chǎngshāng
厂子 chǎngzi
场景 chǎngjǐng
场子 chǎngzi
敞 chǎng
敞开 chǎngkāi
怅惘 chàngwǎng
畅 chàng
畅快 chàngkuài
畅所欲言 chàngsuǒyùyán
畅谈 chàngtán
畅通 chàngtōng
畅销 chàngxiāo
倡 chàng
倡导 chàngdǎo
倡议 chàngyì
唱词 chàngcí
唱片 chàngpiàn
唱腔 chàngqiāng
唱戏 chàngxì
抄袭 chāoxí
抄写 chāoxiě
钞 chāo
钞票 chāopiào
超产 chāochǎn

超常 chāocháng
超导体 chāodǎotǐ
超级 chāojí
超前 chāoqián
超然 chāorán
超人 chāorén
超声波 chāoshēngbō
超脱 chāotuō
剿 chāo
巢穴 cháoxué
朝拜 cháobài
朝代 cháodài
朝向 cháoxiàng
朝阳 cháoyáng
朝野 cháoyě
朝政 cháozhèng
嘲讽 cháofěng
嘲弄 cháonòng
嘲笑 cháoxiào
潮水 cháoshuǐ
潮汐 cháoxī
吵架 chǎojià
吵闹 chǎonào
吵嘴 chǎozuǐ
车床 chēchuáng
车队 chēduì
车夫 chēfū
车祸 chēhuò
车门 chēmén
车身 chēshēn
车头 chētóu
扯皮 chěpí
彻 chè
撤换 chèhuàn
撤回 chèhuí
撤离 chèlí

撤退 chètuì
撤职 chèzhí
澈 chè
抻 chēn
臣民 chénmín
尘埃 chén'āi
尘土 chéntǔ
辰 chén
沉寂 chénjì
沉降 chénjiàng
沉浸 chénjìn
沉静 chénjìng
沉沦 chénlún
沉闷 chénmèn
沉没 chénmò
沉睡 chénshuì
沉痛 chéntòng
沉吟 chényín
沉郁 chényù
沉醉 chénzuì
陈腐 chénfǔ
陈规 chénguī
陈迹 chénjì
陈列 chénliè
陈设 chénshè
晨 chén
晨光 chénguāng
晨曦 chénxī
衬 chèn
衬衫 chènshān
衬托 chèntuō
衬衣 chènyī
称职 chènzhí
趁机 chènjī
趁势 chènshì
趁早 chènzǎo
称霸 chēngbà

称道 chēngdào
称颂 chēngsòng
称谓 chēngwèi
撑腰 chēngyāo
成败 chéngbài
成才 chéngcái
成材 chéngcái
成风 chéngfēng
成活 chénghuó
成家 chéngjiā
成见 chéngjiàn
成交 chéngjiāo
成名 chéngmíng
成品 chéngpǐn
成亲 chéngqīn
成全 chéngquán
成书 chéngshū
成套 chéngtào
成天 chéngtiān
成行 chéngxíng
成形 chéngxíng
成因 chéngyīn
丞 chéng
丞相 chéngxiàng
诚然 chéngrán
诚心 chéngxīn
诚挚 chéngzhì
承办 chéngbàn
承继 chéngjì
承建 chéngjiàn
承袭 chéngxí
城堡 chéngbǎo
城郊 chéngjiāo
城楼 chénglóu
城墙 chéngqiáng
城区 chéngqū
乘法 chéngfǎ

乘方 chéngfāng
乘积 chéngjī
乘凉 chéngliáng
乘务员 chéngwùyuán
乘坐 chéngzuò
惩 chéng
惩办 chéngbàn
惩处 chéngchǔ
惩戒 chéngjiè
惩治 chéngzhì
澄清 chéngqīng
橙 chéng
逞 chěng
吃不消 chī·bùxiāo
吃苦 chīkǔ
吃亏 chīkuī
吃水 chīshuǐ
吃香 chīxiāng
嗤 chī
痴 chī
痴呆 chīdāi
池子 chízi
驰骋 chíchěng
驰名 chímíng
迟到 chídào
迟缓 chíhuǎn
迟疑 chíyí
迟早 chízǎo
持之以恒 chízhīyǐhéng
持重 chízhòng
尺寸 chǐ·cùn
尺子 chǐzi
齿轮 chǐlún
齿龈 chǐyín
耻辱 chǐrǔ

斥 chì
斥责 chìzé
赤诚 chìchéng
赤裸 chìluǒ
赤手空拳 chìshǒu-kōngquán
赤字 chìzì
炽烈 chìliè
炽热 chìrè
冲淡 chōngdàn
冲锋 chōngfēng
冲积 chōngjī
冲刷 chōngshuā
冲天 chōngtiān
冲洗 chōngxǐ
冲撞 chōngzhuàng
充斥 chōngchì
充电 chōngdiàn
充饥 chōngjī
充沛 chōngpèi
充塞 chōngsè
充血 chōngxuè
充溢 chōngyì
充裕 chōngyù
舂 chōng
憧憬 chōngjǐng
虫害 chónghài
虫子 chóngzi
重叠 chóngdié
重逢 chóngféng
重申 chóngshēn
重围 chóngwéi
重行 chóngxíng
重修 chóngxiū
重演 chóngyǎn
崇敬 chóngjìng
崇尚 chóngshàng
宠 chǒng
宠爱 chǒng'ài
宠儿 chǒng'ér
抽查 chōuchá
抽搐 chōuchù
抽打 chōudǎ
抽调 chōudiào
抽空 chōukòng
抽泣 chōuqì
抽签 chōuqiān
抽取 chōuqǔ
抽穗 chōusuì
抽屉 chōu•ti
抽样 chōuyàng
仇 chóu
仇敌 chóudí
仇人 chóurén
仇视 chóushì
惆怅 chóuchàng
绸 chóu
绸缎 chóuduàn
绸子 chóuzi
稠 chóu
稠密 chóumì
愁苦 chóukǔ
筹 chóu
筹办 chóubàn
筹备 chóubèi
筹措 chóucuò
筹划 chóuhuà
筹集 chóují
筹建 chóujiàn
踌躇 chóuchú
丑恶 chǒu'è
丑陋 chǒulòu
臭氧 chòuyǎng
出兵 chūbīng
出差 chūchāi
出厂 chūchǎng
出场 chūchǎng
出动 chūdòng
出工 chūgōng
出海 chūhǎi
出击 chūjī
出家 chūjiā
出嫁 chūjià
出境 chūjìng
出类拔萃 chūlèi-bácuì
出力 chūlì
出马 chūmǎ
出面 chūmiàn
出苗 chūmiáo
出名 chūmíng
出没 chūmò
出品 chūpǐn
出其不意 chūqíbùyì
出奇 chūqí
出气 chūqì
出勤 chūqín
出人意料 chūrényìliào
出任 chūrèn
出入 chūrù
出山 chūshān
出神 chūshén
出生率 chūshēnglǜ
出师 chūshī
出使 chūshǐ
出示 chūshì
出世 chūshì
出事 chūshì
出手 chūshǒu
出台 chūtái
出头 chūtóu
出外 chūwài
出院 chūyuàn
出征 chūzhēng
出众 chūzhòng
出资 chūzī
出走 chūzǒu
出租 chūzū
初春 chūchūn
初等 chūděng
初冬 chūdōng
初恋 chūliàn
初年 chūnián
初秋 chūqiū
初夏 chūxià
初学 chūxué
除尘 chúchén
除法 chúfǎ
除外 chúwài
除夕 chúxī
厨 chú
厨师 chúshī
锄 chú
锄头 chútou
雏 chú
雏形 chúxíng
橱 chú
橱窗 chúchuāng
处方 chǔfāng
处决 chǔjué
处女 chǔnǚ
处世 chǔshì
处事 chǔshì
处死 chǔsǐ
处置 chǔzhì
储 chǔ
储藏 chǔcáng
处所 chùsuǒ
畜力 chùlì
畜生 chùsheng
触电 chùdiàn
触动 chùdòng
触发 chùfā
触犯 chùfàn
触及 chùjí
触角 chùjiǎo
触觉 chùjué
触摸 chùmō
触目惊心 chùmù-jīngxīn
触手 chùshǒu
触须 chùxū
矗立 chùlì
揣 chuāi
揣测 chuǎicè
揣摩 chuǎimó
踹 chuài
川剧 chuānjù
川流不息 chuānliú-bùxī
穿插 chuānchā
穿刺 chuāncì
穿戴 chuāndài
穿孔 chuānkǒng
穿山甲 chuānshānjiǎ
穿梭 chuānsuō
穿行 chuānxíng
穿越 chuānyuè
传布 chuánbù
传承 chuánchéng

传单 chuándān
传道 chuándào
传教 chuánjiào
传令 chuánlìng
传奇 chuánqí
传染 chuánrǎn
传人 chuánrén
传神 chuánshén
传输 chuánshū
传送 chuánsòng
传诵 chuánsòng
传闻 chuánwén
传真 chuánzhēn
船舱 chuáncāng
船夫 chuánfū
船家 chuánjiā
船台 chuántái
船舷 chuánxián
船员 chuányuán
船闸 chuánzhá
喘气 chuǎnqì
喘息 chuǎnxī
创口 chuāngkǒu
疮 chuāng
疮疤 chuāngbā
窗帘 chuānglián
窗台 chuāngtái
床单 chuángdān
床铺 chuángpù
床位 chuángwèi
创汇 chuànghuì
创见 chuàngjiàn
创建 chuàngjiàn
创举 chuàngjǔ
创刊 chuàngkān
创设 chuàngshè
创始 chuàngshǐ
创业 chuàngyè
创制 chuàngzhì
炊烟 chuīyān
吹拂 chuīfú
吹牛 chuīniú
吹捧 chuīpěng
吹嘘 chuīxū
吹奏 chuīzòu
垂钓 chuídiào
垂柳 chuíliǔ
垂死 chuísǐ
垂危 chuíwēi
捶 chuí
锤炼 chuíliàn
锤子 chuízi
春分 chūnfēn
春风 chūnfēng
春耕 chūngēng
春光 chūnguāng
春雷 chūnléi
春色 chūnsè
纯度 chúndù
纯净 chúnjìng
纯真 chúnzhēn
纯正 chúnzhèng
淳朴 chúnpǔ
醇 chún
蠢 chǔn
蠢事 chǔnshì
戳 chuō
戳穿 chuōchuān
啜泣 chuòqì
绰号 chuòhào
词句 cíjù
祠 cí
祠堂 cítáng
瓷 cí
瓷器 cíqì
瓷砖 cízhuān
辞典 cídiǎn
辞退 cítuì
慈 cí
慈爱 cí’ài
慈悲 cíbēi
慈善 císhàn
慈祥 cíxiáng
磁带 cídài
磁化 cíhuà
磁极 cíjí
磁体 cítǐ
磁头 cítóu
磁性 cíxìng
雌蕊 círuǐ
雌性 cíxìng
雌雄 cíxióng
此间 cǐjiān
此起彼伏 cǐqǐ-bǐfú
次第 cìdì
次品 cìpǐn
次日 cìrì
刺刀 cìdāo
刺耳 cì’ěr
刺骨 cìgǔ
刺客 cìkè
刺杀 cìshā
刺猬 cìwei
刺绣 cìxiù
刺眼 cìyǎn
赐予 cìyǔ
匆忙 cōngmáng
葱 cōng
聪慧 cōnghuì
从容 cóngróng
从军 cóngjūn
从属 cóngshǔ
从头 cóngtóu
从新 cóngxīn
从业 cóngyè
从众 cóngzhòng
丛林 cónglín
丛生 cóngshēng
丛书 cóngshū
凑合 còuhé
凑近 còujìn
凑巧 còuqiǎo
粗暴 cūbào
粗笨 cūbèn
粗布 cūbù
粗大 cūdà
粗放 cūfàng
粗犷 cūguǎng
粗鲁 cūlǔ
粗略 cūlüè
粗俗 cūsú
粗细 cūxì
粗心 cūxīn
粗野 cūyě
粗壮 cūzhuàng
醋 cù
簇拥 cùyōng
蹿 cuān
攒 cuán
篡夺 cuànduó
篡改 cuàngǎi
崔 Cuī
催促 cuīcù
催化 cuīhuà
催化剂 cuīhuàjì
催眠 cuīmián
摧 cuī
璀璨 cuǐcàn
脆 cuì
脆弱 cuìruò
萃取 cuìqǔ
啐 cuì
淬火 cuìhuǒ
翠 cuì
翠绿 cuìlǜ
村落 cūnluò
村民 cūnmín
村寨 cūnzhài
村镇 cūnzhèn
皴 cūn
存储 cúnchǔ
存放 cúnfàng
存活 cúnhuó
存货 cúnhuò
存留 cúnliú
存亡 cúnwáng
存心 cúnxīn
存折 cúnzhé
搓 cuō
磋商 cuōshāng
撮 cuō
挫 cuò
挫败 cuòbài
挫伤 cuòshāng
锉 cuò
错过 cuòguò
错觉 cuòjué
错位 cuòwèi
错综复杂 cuòzōng-fùzá

D

耷拉 dāla
搭救 dājiù

搭配　dāpèi
搭讪　dā•shàn
答辩　dábiàn
答话　dáhuà
打岔　dǎchà
打点　dǎdian
打动　dǎdòng
打赌　dǎdǔ
打盹儿　dǎdǔnr
打发　dǎfa
打火机　dǎhuǒjī
打交道　dǎ jiāo•dào
打搅　dǎjiǎo
打垮　dǎkuǎ
打捞　dǎlāo
打猎　dǎliè
打趣　dǎqù
打扰　dǎrǎo
打扫　dǎsǎo
打铁　dǎtiě
打通　dǎtōng
打消　dǎxiāo
打印　dǎyìn
打颤　dǎzhàn
打字　dǎzì
大白　dàbái
大本营　dàběnyíng
大便　dàbiàn
大不了　dà•bùliǎo
大肠　dàcháng
大潮　dàcháo
大车　dàchē
大抵　dàdǐ
大殿　dàdiàn
大度　dàdù
大法　dàfǎ
大凡　dàfán
大方　dàfāng
大方　dàfang
大副　dàfù
大公无私　dàgōng-wúsī
大鼓　dàgǔ
大褂　dàguà
大汉　dàhàn
大号　dàhào
大户　dàhù
大计　dàjì
大将　dàjiàng
大惊小怪　dàjīng-xiǎoguài
大局　dàjú
大举　dàjǔ
大理石　dàlǐshí
大陆架　dàlùjià
大路　dàlù
大略　dàlüè
大麻　dàmá
大麦　dàmài
大米　dàmǐ
大气层　dàqìcéng
大气压　dàqìyā
大权　dàquán
大人物　dàrénwù
大赛　dàsài
大使　dàshǐ
大势　dàshì
大肆　dàsì
大同小异　dàtóng-xiǎoyì
大腿　dàtuǐ
大喜　dàxǐ
大显身手　dàxiǎn-shēnshǒu
大相径庭　dàxiāng-jìngtíng
大修　dàxiū
大选　dàxuǎn
大雪　dàxuě
大雁　dàyàn
大业　dàyè
大义　dàyì
大专　dàzhuān
大宗　dàzōng
大作　dàzuò
呆板　dāibǎn
呆滞　dāizhì
歹徒　dǎitú
逮　dǎi
代办　dàibàn
代表作　dàibiǎozuò
代词　dàicí
代号　dàihào
代数　dàishù
玳瑁　dàimào
带电　dàidiàn
带劲　dàijìn
带路　dàilù
带子　dàizi
贷　dài
待命　dàimìng
待业　dàiyè
怠工　dàigōng
怠慢　dàimàn
袋子　dàizi
逮　dài
丹　dān
丹顶鹤　dāndǐnghè
担保　dānbǎo
担当　dāndāng
担架　dānjià
担忧　dānyōu
单薄　dānbó
单产　dānchǎn
单词　dāncí
单方　dānfāng
单干　dāngàn
单价　dānjià
单据　dānjù
单身　dānshēn
单项　dānxiàng
单衣　dānyī
单元　dānyuán
单子　dānzi
耽搁　dānge
胆固醇　dǎngùchún
胆量　dǎnliàng
胆略　dǎnlüè
胆囊　dǎnnáng
胆怯　dǎnqiè
胆小鬼　dǎnxiǎoguǐ
胆汁　dǎnzhī
胆子　dǎnzi
掸　dǎn
旦　dàn
旦角儿　dànjuér
诞辰　dànchén
淡薄　dànbó
淡化　dànhuà
淡漠　dànmò
淡然　dànrán
弹片　dànpiàn
弹头　dàntóu
弹药　dànyào
蛋糕　dàngāo
氮肥　dànféi
氮气　dànqì
当差　dāngchāi
当归　dāngguī
当家　dāngjiā
当量　dāngliàng
当面　dāngmiàn
当权　dāngquán
当日　dāngrì
当下　dāngxià
当心　dāngxīn
当众　dāngzhòng
裆　dāng
党籍　dǎngjí
党纪　dǎngjì
党派　dǎngpài
党团　dǎngtuán
党务　dǎngwù
党校　dǎngxiào
党章　dǎngzhāng
当铺　dàng•pù
当日　dàngrì
当晚　dàngwǎn
当夜　dàngyè
当真　dàngzhēn
荡　dàng
荡漾　dàngyàng
档　dàng
档次　dàngcì
刀枪　dāoqiāng
刀子　dāozi
导电　dǎodiàn
导航　dǎoháng
导热　dǎorè
导师　dǎoshī
导向　dǎoxiàng
导游　dǎoyóu
导语　dǎoyǔ
捣　dǎo

捣鬼 dǎoguǐ
捣毁 dǎohuǐ
捣乱 dǎoluàn
倒闭 dǎobì
倒伏 dǎofú
倒卖 dǎomài
倒塌 dǎotā
祷告 dǎogào
蹈 dǎo
到家 dàojiā
倒挂 dàoguà
倒立 dàolì
倒数 dàoshǔ
倒数 dàoshù
倒退 dàotuì
倒影 dàoyǐng
倒置 dàozhì
倒转 dàozhuǎn
倒转 dàozhuàn
盗 dào
盗贼 dàozéi
悼念 dàoniàn
道家 Dàojiā
道具 dàojù
道歉 dàoqiàn
道士 dàoshi
道喜 dàoxǐ
道谢 dàoxiè
道义 dàoyì
稻草 dàocǎo
稻子 dàozi
得逞 déchěng
得当 dédàng
得分 défēn
得救 déjiù
得力 délì
得失 déshī

得体 détǐ
得天独厚 détiān-dúhòu
得心应手 déxīn-yìngshǒu
得罪 dé•zuì
灯火 dēnghuǒ
灯笼 dēnglong
灯塔 dēngtǎ
登场 dēngcháng
登场 dēngchǎng
登高 dēnggāo
登陆 dēnglù
登门 dēngmén
登山 dēngshān
登台 dēngtái
登载 dēngzǎi
等号 děnghào
等价 děngjià
等式 děngshì
等同 děngtóng
凳 dèng
凳子 dèngzi
澄 dèng
瞪眼 dèngyǎn
低层 dīcéng
低潮 dīcháo
低沉 dīchén
低估 dīgū
低空 dīkōng
低廉 dīlián
低劣 dīliè
低落 dīluò
低能 dīnéng
低洼 dīwā
低微 dīwēi
低压 dīyā

堤 dī
堤坝 dībà
提防 dīfang
滴灌 dīguàn
敌国 díguó
敌后 díhòu
敌寇 díkòu
敌情 díqíng
敌视 díshì
敌意 díyì
涤纶 dílún
笛 dí
笛子 dízi
嫡 dí
诋毁 dǐhuǐ
抵偿 dǐcháng
抵触 dǐchù
抵达 dǐdá
抵挡 dǐdǎng
抵消 dǐxiāo
抵押 dǐyā
抵御 dǐyù
底片 dǐpiàn
底细 dǐ•xì
底子 dǐzi
地产 dìchǎn
地磁 dìcí
地道 dìdào
地道 dìdao
地段 dìduàn
地核 dìhé
地基 dìjī
地窖 dìjiào
地雷 dìléi
地力 dìlì
地幔 dìmàn
地盘 dìpán

地皮 dìpí
地平线 dìpíngxiàn
地热 dìrè
地毯 dìtǎn
地下室 dìxiàshì
地衣 dìyī
地狱 dìyù
地址 dìzhǐ
弟妹 dìmèi
帝王 dìwáng
帝制 dìzhì
递减 dìjiǎn
递增 dìzēng
谛听 dìtīng
蒂 dì
缔 dì
缔结 dìjié
缔约 dìyuē
掂 diān
滇 Diān
颠 diān
颠簸 diānbǒ
颠倒 diāndǎo
颠覆 diānfù
巅 diān
典 diǎn
典范 diǎnfàn
典故 diǎngù
典籍 diǎnjí
典礼 diǎnlǐ
典雅 diǎnyǎ
点滴 diǎndī
点火 diǎnhuǒ
点名 diǎnmíng
点心 diǎnxin
点缀 diǎn•zhuì
电表 diànbiǎo

电波 diànbō
电车 diànchē
电磁场 diàncíchǎng
电镀 diàndù
电工 diàngōng
电光 diànguāng
电焊 diànhàn
电机 diànjī
电极 diànjí
电解 diànjiě
电解质 diànjiězhì
电缆 diànlǎn
电铃 diànlíng
电炉 diànlú
电气 diànqì
电气化 diànqìhuà
电扇 diànshàn
电梯 diàntī
电筒 diàntǒng
电网 diànwǎng
电文 diànwén
电信 diànxìn
电讯 diànxùn
电影院 diànyǐngyuàn
佃 diàn
店铺 diànpù
店堂 diàntáng
店员 diànyuán
垫圈 diànquān
惦记 diàn•jì
惦念 diànniàn
奠 diàn
奠基 diànjī
殿 diàn
殿堂 diàntáng

殿下　diànxià
刁　diāo
刁难　diāonàn
叼　diāo
貂　diāo
碉堡　diāobǎo
雕琢　diāozhuó
吊环　diàohuán
钓　diào
钓竿　diàogān
调度　diàodù
调换　diàohuàn
调集　diàojí
调配　diàopèi
调遣　diàoqiǎn
调运　diàoyùn
调子　diàozi
掉队　diàoduì
掉头　diàotóu
跌落　diēluò
碟　dié
蝶　dié
叮　dīng
叮咛　dīngníng
叮嘱　dīngzhǔ
钉子　dīngzi
顶峰　dǐngfēng
顶替　dǐngtì
鼎　dǐng
鼎盛　dǐngshèng
订购　dìnggòu
订婚　dìnghūn
订立　dìnglì
订阅　dìngyuè
订正　dìngzhèng
定点　dìngdiǎn
定都　dìngdū

订购　dìnggòu
定价　dìngjià
定居　dìngjū
定论　dìnglùn
定名　dìngmíng
定神　dìngshén
定时　dìngshí
定位　dìngwèi
定性　dìngxìng
定语　dìngyǔ
定员　dìngyuán
定罪　dìngzuì
锭　dìng
丢掉　diūdiào
丢脸　diūliǎn
丢人　diūrén
丢失　diūshī
东边　dōng·biān
东道主　dōngdàozhǔ
东风　dōngfēng
东家　dōngjia
东经　dōngjīng
东正教　Dōngzhèngjiào
冬眠　dōngmián
冬至　dōngzhì
董　dǒng
董事　dǒngshì
董事会　dǒngshìhuì
懂事　dǒngshì
动产　dòngchǎn
动荡　dòngdàng
动工　dònggōng
动画片　dònghuàpiàn
动乱　dòngluàn

动情　dòngqíng
动身　dòngshēn
动弹　dòngtan
动听　dòngtīng
动物园　dòngwùyuán
动向　dòngxiàng
动心　dòngxīn
动用　dòngyòng
动辄　dòngzhé
冻疮　dòngchuāng
冻结　dòngjié
栋　dòng
洞察　dòngchá
洞房　dòngfáng
洞穴　dòngxué
斗笠　dǒulì
抖动　dǒudòng
抖擞　dǒusǒu
陡　dǒu
陡坡　dǒupō
陡峭　dǒuqiào
陡然　dǒurán
斗志　dòuzhì
豆浆　dòujiāng
豆芽儿　dòuyár
豆子　dòuzi
逗乐儿　dòulèr
逗留　dòuliú
痘　dòu
窦　dòu
都城　dūchéng
督　dū
督办　dūbàn
督促　dūcù
督军　dūjūn

嘟囔　dūnang
毒草　dúcǎo
毒打　dúdǎ
毒害　dúhài
毒剂　dújì
毒品　dúpǐn
毒气　dúqì
毒蛇　dúshé
毒物　dúwù
毒药　dúyào
独霸　dúbà
独白　dúbái
独裁　dúcái
独唱　dúchàng
独创　dúchuàng
独到　dúdào
独断　dúduàn
独家　dújiā
独身　dúshēn
独舞　dúwǔ
独一无二　dúyī-wú'èr
独奏　dúzòu
读数　dúshù
读物　dúwù
读音　dúyīn
犊　dú
笃信　dǔxìn
堵截　dǔjié
堵塞　dǔsè
赌　dǔ
赌博　dǔbó
赌气　dǔqì
睹　dǔ
杜鹃　dùjuān
杜绝　dùjué
妒忌　dùjì

度量　dùliàng
度日　dùrì
渡船　dùchuán
渡口　dùkǒu
镀　dù
端午　Duānwǔ
端详　duānxiáng
端庄　duānzhuāng
短波　duǎnbō
短处　duǎn·chù
短促　duǎncù
短工　duǎngōng
短路　duǎnlù
短跑　duǎnpǎo
短缺　duǎnquē
短线　duǎnxiàn
短小　duǎnxiǎo
短语　duǎnyǔ
段落　duànluò
断层　duàncéng
断绝　duànjué
断然　duànrán
断送　duànsòng
断言　duànyán
缎　duàn
缎子　duànzi
煅　duàn
锻　duàn
堆放　duīfàng
堆砌　duīqì
队列　duìliè
对岸　duì'àn
对策　duìcè
对答　duìdá
对等　duìděng
对接　duìjiē

对口 duìkǒu
对联 duìlián
对路 duìlù
对门 duìmén
对偶 duì'ǒu
对数 duìshù
对头 duìtou
对虾 duìxiā
对峙 duìzhì
兑 duì
兑换 duìhuàn
兑现 duìxiàn
敦促 dūncù
墩 dūn
囤 dùn
炖 dùn
钝 dùn
盾 dùn
顿悟 dùnwù
多寡 duōguǎ
多亏 duōkuī
多情 duōqíng
多事 duōshì
多谢 duōxiè
多嘴 duōzuǐ
夺目 duómù
踱 duó
垛 duǒ
躲避 duǒbì
躲藏 duǒcáng
躲闪 duǒshǎn
剁 duò
垛 duò
舵 duò
堕 duò
堕落 duòluò
惰性 duòxìng
跺 duò
跺脚 duòjiǎo

E

鹅卵石 éluǎnshí
蛾子 ézi
额定 édìng
额角 éjiǎo
额头 étóu
额外 éwài
厄运 èyùn
扼 è
扼杀 èshā
扼要 èyào
恶霸 èbà
恶臭 èchòu
恶毒 èdú
恶棍 ègùn
恶果 èguǒ
恶魔 èmó
恶人 èrén
恶习 èxí
恶性 èxìng
恶意 èyì
恶作剧 èzuòjù
鄂 È
萼片 èpiàn
遏止 èzhǐ
遏制 èzhì
愕然 èrán
腭 è
恩赐 ēncì
恩情 ēnqíng
恩人 ēnrén
儿科 érkē
儿孙 érsūn
儿戏 érxì
而今 érjīn
尔后 ěrhòu
耳光 ěrguāng
耳环 ěrhuán
耳机 ěrjī
耳鸣 ěrmíng
耳目 ěrmù
耳语 ěryǔ
饵 ěr
二胡 èrhú

F

发报 fābào
发财 fācái
发愁 fāchóu
发呆 fādāi
发放 fāfàng
发疯 fāfēng
发还 fāhuán
发火 fāhuǒ
发酵 fājiào
发狂 fākuáng
发愣 fālèng
发毛 fāmáo
发霉 fāméi
发怒 fānù
发配 fāpèi
发票 fāpiào
发情 fāqíng
发球 fāqiú
发散 fāsàn
发烧 fāshāo
发誓 fāshì
发售 fāshòu
发送 fāsòng
发文 fāwén
发问 fāwèn
发笑 fāxiào
发泄 fāxiè
发言人 fāyánrén
发源 fāyuán
乏 fá
乏力 fálì
乏味 fáwèi
伐 fá
伐木 fámù
罚金 fájīn
阀 fá
筏 fá
法案 fǎ'àn
法宝 fǎbǎo
法典 fǎdiǎn
法纪 fǎjì
法权 fǎquán
法师 fǎshī
法术 fǎshù
法医 fǎyī
法治 fǎzhì
发型 fàxíng
帆 fān
帆布 fānbù
帆船 fānchuán
番茄 fānqié
藩镇 fānzhèn
翻案 fān'àn
翻动 fāndòng
翻滚 fāngǔn
翻腾 fān·téng
翻阅 fānyuè
凡人 fánrén
凡事 fánshì
烦 fán
烦闷 fánmèn
烦躁 fánzào
繁复 fánfù
繁华 fánhuá
繁忙 fánmáng
繁茂 fánmào
繁盛 fánshèng
繁琐 fánsuǒ
繁星 fánxīng
繁衍 fányǎn
繁育 fányù
繁杂 fánzá
反比 fǎnbǐ
反驳 fǎnbó
反常 fǎncháng
反刍 fǎnchú
反倒 fǎndào
反感 fǎngǎn
反攻 fǎngōng
反光 fǎnguāng
反击 fǎnjī
反叛 fǎnpàn
反扑 fǎnpū
反思 fǎnsī
反问 fǎnwèn
反响 fǎnxiǎng
反省 fǎnxǐng
反义词 fǎnyìcí
反证 fǎnzhèng
返航 fǎnháng
返还 fǎnhuán
返青 fǎnqīng
犯法 fànfǎ
犯人 fànrén
饭菜 fàncài
饭馆儿 fànguǎnr
饭盒 fànhé
饭厅 fàntīng
饭碗 fànwǎn

饭桌 fànzhuō
泛滥 fànlàn
范例 fànlì
贩 fàn
贩卖 fànmài
贩运 fànyùn
贩子 fànzi
梵文 fànwén
方剂 fāngjì
方略 fānglüè
方位 fāngwèi
方向盘 fāngxiàngpán
方兴未艾 fāngxīng-wèi'ài
方圆 fāngyuán
方桌 fāngzhuō
芳香 fāngxiāng
防备 fángbèi
防毒 fángdú
防范 fángfàn
防寒 fánghán
防洪 fánghóng
防护 fánghù
防护林 fánghùlín
防空 fángkōng
防守 fángshǒu
防卫 fángwèi
防务 fángwù
防线 fángxiàn
防汛 fángxùn
防疫 fángyì
妨害 fánghài
房产 fángchǎn
房东 fángdōng
房租 fángzū
仿 fǎng

仿效 fǎngxiào
仿照 fǎngzhào
仿制 fǎngzhì
纺 fǎng
纺织品 fǎngzhīpǐn
放大镜 fàngdàjìng
放电 fàngdiàn
放火 fànghuǒ
放假 fàngjià
放宽 fàngkuān
放牧 fàngmù
放炮 fàngpào
放任 fàngrèn
放哨 fàngshào
放射线 fàngshèxiàn
放声 fàngshēng
放手 fàngshǒu
放肆 fàngsì
放行 fàngxíng
放学 fàngxué
放眼 fàngyǎn
放养 fàngyǎng
放映 fàngyìng
放置 fàngzhì
放纵 fàngzòng
飞驰 fēichí
飞碟 fēidié
飞溅 fēijiàn
飞禽 fēiqín
飞速 fēisù
飞腾 fēiténg
飞天 fēitiān
飞艇 fēitǐng
飞舞 fēiwǔ
飞行器 fēixíngqì
飞行员 fēixíngyuán

飞扬 fēiyáng
飞越 fēiyuè
飞涨 fēizhǎng
妃 fēi
非得 fēiděi
非凡 fēifán
非难 fēinàn
非同小可 fēitóngxiǎokě
非议 fēiyì
绯红 fēihóng
肥大 féidà
肥厚 féihòu
肥力 féilì
肥胖 féipàng
肥水 féishuǐ
肥沃 féiwò
肥效 féixiào
肥皂 féizào
匪帮 fěibāng
匪徒 fěitú
诽谤 fěibàng
翡翠 fěicuì
吠 fèi
肺病 fèibìng
肺活量 fèihuóliàng
肺结核 fèijiéhé
肺炎 fèiyán
废话 fèihuà
废旧 fèijiù
废料 fèiliào
废品 fèipǐn
废气 fèiqì
废弃 fèiqì
废水 fèishuǐ
废物 fèiwù
废物 fèiwu

废渣 fèizhā
废止 fèizhǐ
沸 fèi
沸点 fèidiǎn
沸水 fèishuǐ
费解 fèijiě
费劲 fèijìn
费力 fèilì
分辨 fēnbiàn
分兵 fēnbīng
分寸 fēn•cùn
分担 fēndān
分队 fēnduì
分发 fēnfā
分隔 fēngé
分管 fēnguǎn
分红 fēnhóng
分家 fēnjiā
分居 fēnjū
分流 fēnliú
分娩 fēnmiǎn
分蘖 fēnniè
分派 fēnpài
分清 fēnqīng
分手 fēnshǒu
分数 fēnshù
分水岭 fēnshuǐlǐng
分摊 fēntān
分头 fēntóu
分享 fēnxiǎng
芬芳 fēnfāng
纷繁 fēnfán
纷飞 fēnfēi
纷乱 fēnluàn
纷纭 fēnyún
纷争 fēnzhēng
氛围 fēnwéi

酚 fēn
坟 fén
坟地 féndì
坟墓 fénmù
坟头 féntóu
焚 fén
焚毁 fénhuǐ
焚烧 fénshāo
粉笔 fěnbǐ
粉尘 fěnchén
粉刺 fěncì
粉红 fěnhóng
粉剂 fěnjì
粉饰 fěnshì
分外 fènwài
份额 fèn'é
份儿 fènr
份子 fènzi
奋不顾身 fènbùgùshēn
奋发 fènfā
奋力 fènlì
奋起 fènqǐ
奋勇 fènyǒng
奋战 fènzhàn
粪便 fènbiàn
愤 fèn
愤恨 fènhèn
愤慨 fènkǎi
愤然 fènrán
丰产 fēngchǎn
丰厚 fēnghòu
丰满 fēngmǎn
丰年 fēngnián
丰盛 fēngshèng
丰硕 fēngshuò
丰腴 fēngyú

风波 fēngbō
风采 fēngcǎi
风潮 fēngcháo
风车 fēngchē
风驰电掣 fēngchí-diànchè
风度 fēngdù
风帆 fēngfān
风寒 fēnghán
风化 fēnghuà
风浪 fēnglàng
风流 fēngliú
风貌 fēngmào
风靡 fēngmǐ
风起云涌 fēngqǐ-yúnyǒng
风情 fēngqíng
风趣 fēngqù
风沙 fēngshā
风尚 fēngshàng
风声 fēngshēng
风水 fēng·shuǐ
风味 fēngwèi
风箱 fēngxiāng
风向 fēngxiàng
风行 fēngxíng
风雅 fēngyǎ
风云 fēngyún
风韵 fēngyùn
风筝 fēngzheng
风姿 fēngzī
枫 fēng
封面 fēngmiàn
疯 fēng
疯子 fēngzi
峰峦 fēngluán
烽火 fēnghuǒ
锋利 fēnglì
锋芒 fēngmáng
蜂巢 fēngcháo
蜂房 fēngfáng
蜂蜜 fēngmì
蜂王 fēngwáng
蜂窝 fēngwō
逢 féng
缝合 fénghé
缝纫 féngrèn
讽 fěng
凤 fèng
凤凰 fèng·huáng
奉命 fèngmìng
奉行 fèngxíng
缝隙 fèngxì
佛典 fódiǎn
佛法 fófǎ
佛经 fójīng
佛寺 fósì
佛像 fóxiàng
佛学 fóxué
否决 fǒujué
夫子 fūzǐ
肤浅 fūqiǎn
肤色 fūsè
孵 fū
敷 fū
敷衍 fūyǎn
弗 fú
伏击 fújī
伏帖 fútiē
芙蓉 fúróng
扶持 fúchí
扶贫 fúpín
扶桑 fúsāng
扶手 fú·shǒu
扶养 fúyǎng
扶植 fúzhí
扶助 fúzhù
拂 fú
拂晓 fúxiǎo
服侍 fú·shì
服饰 fúshì
服药 fúyào
服役 fúyì
氟 fú
俘 fú
俘获 fúhuò
浮雕 fúdiāo
浮力 fúlì
浮现 fúxiàn
浮云 fúyún
浮肿 fúzhǒng
符 fú
辐 fú
福气 fúqi
福音 fúyīn
甫 fǔ
抚 fǔ
抚摩 fǔmó
抚慰 fǔwèi
抚养 fǔyǎng
抚育 fǔyù
斧头 fǔ·tóu
斧子 fǔzi
俯 fǔ
俯冲 fǔchōng
俯瞰 fǔkàn
俯视 fǔshì
俯首 fǔshǒu
辅 fǔ
辅导 fǔdǎo
腐化 fǔhuà
腐烂 fǔlàn
父辈 fùbèi
父老 fùlǎo
负电 fùdiàn
负荷 fùhè
负极 fùjí
负离子 fùlízǐ
负伤 fùshāng
负载 fùzài
负债 fùzhài
负重 fùzhòng
妇科 fùkē
附带 fùdài
附和 fùhè
附件 fùjiàn
附录 fùlù
附设 fùshè
附属 fùshǔ
附庸 fùyōng
复查 fùchá
复仇 fùchóu
复发 fùfā
复古 fùgǔ
复核 fùhé
复活 fùhuó
复述 fùshù
复苏 fùsū
复习 fùxí
复兴 fùxīng
复眼 fùyǎn
复议 fùyì
复员 fùyuán
复原 fùyuán
副本 fùběn
副词 fùcí
副官 fùguān
副刊 fùkān
副食 fùshí
副作用 fùzuòyòng
赋税 fùshuì
富贵 fùguì
富丽 fùlì
富强 fùqiáng
富饶 fùráo
富庶 fùshù
富翁 fùwēng
富足 fùzú
腹地 fùdì
腹膜 fùmó
腹腔 fùqiāng
腹泻 fùxiè
缚 fù
覆 fù
覆灭 fùmiè

G

改道 gǎidào
改动 gǎidòng
改观 gǎiguān
改行 gǎiháng
改换 gǎihuàn
改悔 gǎihuǐ
改嫁 gǎijià
改建 gǎijiàn
改口 gǎikǒu
改写 gǎixiě
改选 gǎixuǎn
改制 gǎizhì
改装 gǎizhuāng
盖子 gàizi
概 gài
概况 gàikuàng
概论 gàilùn
概述 gàishù

干杯 gānbēi
干瘪 gānbiě
干冰 gānbīng
干草 gāncǎo
干涸 gānhé
干枯 gānkū
干粮 gān•liáng
甘 gān
甘草 gāncǎo
甘露 gānlù
甘薯 gānshǔ
甘愿 gānyuàn
甘蔗 gānzhe
杆子 gānzi
坩埚 gānguō
柑 gān
柑橘 gānjú
竿 gān
杆菌 gǎnjūn
竿子 gānzi
秆 gǎn
赶场 gǎnchǎng
赶车 gǎnchē
赶集 gǎnjí
赶路 gǎnlù
感触 gǎnchù
感光 gǎnguāng
感化 gǎnhuà
感冒 gǎnmào
感人 gǎnrén
感伤 gǎnshāng
感叹 gǎntàn
感想 gǎnxiǎng
橄榄 gǎnlǎn
擀 gǎn
干劲 gànjìn
干流 gànliú
干事 gànshi
干线 gànxiàn
赣 Gàn
刚好 gānghǎo
刚健 gāngjiàn
刚劲 gāngjìng
刚强 gāngqiáng
肛门 gāngmén
纲要 gāngyào
钢板 gāngbǎn
钢笔 gāngbǐ
钢材 gāngcái
钢筋 gāngjīn
钢盔 gāngkuī
缸 gāng
岗 gǎng
港币 gǎngbì
港湾 gǎngwān
杠 gàng
杠杆 gànggǎn
杠子 gàngzi
高昂 gāo’áng
高傲 gāo’ào
高倍 gāobèi
高层 gāocéng
高超 gāochāo
高档 gāodàng
高贵 gāoguì
高寒 gāohán
高价 gāojià
高举 gāojǔ
高亢 gāokàng
高考 gāokǎo
高粱 gāoliang
高龄 gāolíng
高明 gāomíng
高能 gāonéng
高强 gāoqiáng
高热 gāorè
高烧 gāoshāo
高深 gāoshēn
高手 gāoshǒu
高耸 gāosǒng
高下 gāoxià
高效 gāoxiào
高血压 gāoxuèyā
高雅 gāoyǎ
羔 gāo
羔皮 gāopí
羔羊 gāoyáng
膏 gāo
膏药 gāoyao
篙 gāo
糕 gāo
糕点 gāodiǎn
镐 gǎo
稿费 gǎofèi
稿件 gǎojiàn
稿纸 gǎozhǐ
稿子 gǎozi
告辞 gàocí
告发 gàofā
告急 gàojí
告诫 gàojiè
告示 gào•shì
告知 gàozhī
告终 gàozhōng
告状 gàozhuàng
膏 gào
戈壁 gēbì
哥们儿 gēmenr
搁置 gēzhì
割断 gēduàn
割据 gējù
割裂 gēliè
割让 gēràng
歌词 gēcí
歌喉 gēhóu
歌手 gēshǒu
歌星 gēxīng
歌咏 gēyǒng
革 gé
革除 géchú
阁 gé
阁楼 gélóu
阁下 géxià
格调 gédiào
格局 géjú
格律 gélǜ
格式 gé•shì
格言 géyán
格子 gézi
隔断 géduàn
隔阂 géhé
隔绝 géjué
隔膜 gémó
膈 gé
葛 Gě
个子 gèzi
个别 gèbié
根除 gēnchú
根基 gēnjī
根深蒂固 gēnshēn-dìgù
根治 gēnzhì
根子 gēnzi
跟头 gēntou
跟踪 gēnzōng
更改 gēnggǎi
更换 gēnghuàn
更替 gēngtì
更正 gēngzhèng
庚 gēng
耕耘 gēngyún
耕种 gēngzhòng
羹 gēng
埂 gěng
耿 gěng
哽咽 gěngyè
梗 gěng
工段 gōngduàn
工分 gōngfēn
工匠 gōngjiàng
工矿 gōngkuàng
工龄 gōnglíng
工期 gōngqī
工钱 gōng•qián
工时 gōngshí
工事 gōngshì
工头 gōngtóu
工效 gōngxiào
工序 gōngxù
工艺品 gōngyìpǐn
工友 gōngyǒu
工种 gōngzhǒng
工作日 gōngzuòrì
弓子 gōngzi
公案 gōng’àn
公报 gōngbào
公差 gōngchāi
公道 gōng•dào
公法 gōngfǎ
公费 gōngfèi
公告 gōnggào
公关 gōngguān
公馆 gōngguǎn
公海 gōnghǎi
公害 gōnghài

公函 gōnghán
工会 gōnghuì
公积金 gōngjījīn
公家 gōng·jiā
公款 gōngkuǎn
公墓 gōngmù
公婆 gōngpó
公仆 gōngpú
公然 gōngrán
公使 gōngshǐ
公事 gōngshì
公私 gōngsī
公诉 gōngsù
公文 gōngwén
公务 gōngwù
公务员 gōngwùyuán
公益 gōngyì
公用 gōngyòng
公寓 gōngyù
公约 gōngyuē
公债 gōngzhài
公证 gōngzhèng
公职 gōngzhí
公众 gōngzhòng
公转 gōngzhuàn
公子 gōngzǐ
功臣 gōngchén
功德 gōngdé
功绩 gōngjì
功劳 gōng·láo
功力 gōnglì
功利 gōnglì
功名 gōngmíng
功效 gōngxiào
功勋 gōngxūn
功用 gōngyòng

攻打 gōngdǎ
攻读 gōngdú
攻关 gōngguān
攻克 gōngkè
攻破 gōngpò
攻势 gōngshì
攻陷 gōngxiàn
攻占 gōngzhàn
供销 gōngxiāo
供需 gōngxū
供养 gōngyǎng
宫殿 gōngdiàn
宫女 gōngnǚ
恭敬 gōngjìng
恭维 gōng·wéi
恭喜 gōngxǐ
躬 gōng
龚 Gōng
拱桥 gǒngqiáo
拱手 gǒngshǒu
共存 gòngcún
共和 gònghé
共计 gòngjì
共生 gòngshēng
共事 gòngshì
共通 gòngtōng
共性 gòngxìng
共振 gòngzhèn
贡 gòng
供奉 gòngfèng
供养 gòngyǎng
勾 gōu
勾画 gōuhuà
勾勒 gōulè
勾引 gōuyǐn
沟谷 gōugǔ
沟渠 gōuqú

钩子 gōuzi
篝火 gōuhuǒ
苟且 gǒuqiě
狗熊 gǒuxióng
勾当 gòu·dàng
构件 gòujiàn
构图 gòutú
构想 gòuxiǎng
构筑 gòuzhù
购置 gòuzhì
垢 gòu
估 gū
估价 gūjià
估量 gū·liáng
估算 gūsuàn
姑姑 gūgu
姑且 gūqiě
姑息 gūxī
孤 gū
孤单 gūdān
孤儿 gū'ér
孤寂 gūjì
孤军 gūjūn
孤僻 gūpì
辜负 gūfù
古董 gǔdǒng
古怪 gǔguài
古籍 gǔjí
古迹 gǔjì
古兰经 Gǔlánjīng
古朴 gǔpǔ
古书 gǔshū
古文 gǔwén
古音 gǔyīn
谷地 gǔdì
谷物 gǔwù
谷子 gǔzi

股东 gǔdōng
股份 gǔfèn
股金 gǔjīn
股息 gǔxī
骨灰 gǔhuī
骨架 gǔjià
骨盆 gǔpén
骨气 gǔqì
骨肉 gǔròu
骨髓 gǔsuǐ
骨折 gǔzhé
鼓动 gǔdòng
鼓膜 gǔmó
鼓掌 gǔzhǎng
固守 gùshǒu
固态 gùtài
故此 gùcǐ
故而 gù'ér
故宫 gùgōng
故国 gùguó
故土 gùtǔ
故障 gùzhàng
顾及 gùjí
顾忌 gùjì
顾名思义 gùmíng-sīyì
顾盼 gùpàn
雇工 gùgōng
雇佣 gùyōng
雇用 gùyòng
雇员 gùyuán
雇主 gùzhǔ
瓜分 guāfēn
瓜子 guāzǐ
寡 guǎ
卦 guà
挂钩 guàgōu

挂念 guàniàn
挂帅 guàshuài
褂子 guàzi
乖 guāi
拐棍 guǎigùn
拐弯 guǎiwān
拐杖 guǎizhàng
怪事 guàishì
怪异 guàiyì
关口 guānkǒu
关门 guānmén
关卡 guānqiǎ
关切 guānqiè
关税 guānshuì
关头 guāntóu
关押 guānyā
关照 guānzhào
观光 guānguāng
观摩 guānmó
观赏 guānshǎng
观望 guānwàng
官办 guānbàn
官场 guānchǎng
官方 guānfāng
官府 guānfǔ
官司 guānsi
官职 guānzhí
管家 guǎnjiā
管教 guǎnjiào
管事 guǎnshì
管弦乐 guǎnxiányuè
管用 guǎnyòng
管制 guǎnzhì
贯通 guàntōng
惯例 guànlì
惯用 guànyòng

灌木　guànmù
灌区　guànqū
灌输　guànshū
灌注　guànzhù
罐　guàn
罐头　guàntou
罐子　guànzi
光波　guāngbō
光度　guāngdù
光复　guāngfù
光顾　guānggù
光环　guānghuán
光洁　guāngjié
光临　guānglín
光能　guāngnéng
光年　guāngnián
光束　guāngshù
光速　guāngsù
光阴　guāngyīn
广博　guǎngbó
广度　guǎngdù
广袤　guǎngmào
广漠　guǎngmò
归队　guīduì
归附　guīfù
归还　guīhuán
归侨　guīqiáo
归属　guīshǔ
归宿　guīsù
归途　guītú
归于　guīyú
龟　guī
规　guī
规程　guīchéng
规范化guīfànhuà
规劝　guīquàn
规章　guīzhāng

皈依　guīyī
瑰丽　guīlì
轨　guǐ
轨迹　guǐjì
诡辩　guǐbiàn
诡秘　guǐmì
鬼魂　guǐhún
鬼脸　guǐliǎn
鬼神　guǐshén
柜　guì
柜台　guìtái
柜子　guìzi
贵宾　guìbīn
贵妃　guìfēi
贵贱　guìjiàn
贵人　guìrén
贵姓　guìxìng
贵重　guìzhòng
桂冠　guìguān
桂花　guìhuā
桂圆　guìyuán
滚动　gǔndòng
滚烫　gǔntàng
棍　gùn
棍棒　gùnbàng
棍子　gùnzi
锅炉　guōlú
锅台　guōtái
锅子　guōzi
国策　guócè
国产　guóchǎn
国度　guódù
国法　guófǎ
国歌　guógē
国画　guóhuà
国货　guóhuò
国籍　guójí

国界　guójiè
国境　guójìng
国君　guójūn
国库　guókù
国力　guólì
国立　guólì
国难　guónàn
国旗　guóqí
国庆　guóqìng
国人　guórén
国事　guóshì
国势　guóshì
国体　guótǐ
国务　guówù
国语　guóyǔ
果木　guǒmù
果皮　guǒpí
果品　guǒpǐn
果肉　guǒròu
果园　guǒyuán
果真　guǒzhēn
果子　guǒzi
过场　guòchǎng
过错　guòcuò
过道　guòdào
过冬　guòdōng
过关　guòguān
过火　guòhuǒ
过境　guòjìng
过量　guòliàng
过路　guòlù
过滤　guòlǜ
过敏　guòmǐn
过热　guòrè
过人　guòrén
过剩　guòshèng
过失　guòshī

过时　guòshí
过头　guòtóu
过往　guòwǎng
过问　guòwèn
过夜　guòyè
过瘾　guòyǐn
过硬　guòyìng

H

哈密瓜hāmìguā
蛤蟆　háma
孩提　háití
海岸线hǎi’ànxiàn
海报　hǎibào
海滨　hǎibīn
海潮　hǎicháo
海岛　hǎidǎo
海盗　hǎidào
海防　hǎifáng
海风　hǎifēng
海港　hǎigǎng
海口　hǎikǒu
海里　hǎilǐ
海流　hǎiliú
海轮　hǎilún
海绵　hǎimián
海参　hǎishēn
海市蜃楼　hǎishì-shènlóu
海滩　hǎitān
海棠　hǎitáng
海豚　hǎitún
海峡　hǎixiá
海啸　hǎixiào
海员　hǎiyuán
海运　hǎiyùn
海蜇　hǎizhé

骇　hài
氦　hài
害处　hài•chù
害羞　hàixiū
蚶　hān
酣睡　hānshuì
憨　hān
憨厚　hānhòu
鼾声　hānshēng
含糊　hánhu
含混　hánhùn
含笑　hánxiào
含蓄　hánxù
含意　hányì
函　hán
函授　hánshòu
涵义　hányì
韩　hán
寒潮　háncháo
寒带　hándài
寒假　hánjià
寒噤　hánjìn
寒流　hánliú
寒气　hánqì
寒热　hánrè
寒暑　hánshǔ
寒暄　hánxuān
寒意　hányì
寒颤　hánzhàn
罕　hǎn
喊叫　hǎnjiào
汗流浃背　hànliú-jiābèi
汗毛　hànmáo
汗衫　hànshān
旱地　hàndì
旱烟　hànyān

旱灾 hànzāi
捍卫 hànwèi
悍然 hànrán
焊 hàn
焊接 hànjiē
憾 hàn
行当 hángdang
行会 hánghuì
行家 háng•jiā
行情 hángqíng
杭 háng
航 háng
航程 hángchéng
航船 hángchuán
航道 hángdào
航路 hánglù
航天 hángtiān
航线 hángxiàn
航运 hángyùn
巷道 hàngdào
毫 háo
豪 háo
豪放 háofàng
豪华 háohuá
豪迈 háomài
豪情 háoqíng
豪爽 háoshuǎng
壕 háo
壕沟 háogōu
嚎 háo
嚎啕 háotáo
好歹 hǎodǎi
好感 hǎogǎn
好汉 hǎohàn
好评 hǎopíng
好受 hǎoshòu
好说 hǎoshuō

好似 hǎosì
好玩儿 hǎowánr
好笑 hǎoxiào
好心 hǎoxīn
好意 hǎoyì
郝 Hǎo
号称 hàochēng
号角 hàojiǎo
号令 hàolìng
号码 hàomǎ
好客 hàokè
好恶 hàowù
耗资 hàozī
浩大 hàodà
浩劫 hàojié
呵斥 hēchì
禾 hé
合唱 héchàng
合伙 héhuǒ
合击 héjī
合计 héjì
合流 héliú
合算 hésuàn
合体 hétǐ
合营 héyíng
合影 héyǐng
合用 héyòng
合资 hézī
合奏 hézòu
何尝 hécháng
何苦 hékǔ
何止 hézhǐ
和蔼 hé'ǎi
和缓 héhuǎn
和解 héjiě
和睦 hémù
和气 hé•qì

和声 héshēng
和约 héyuē
河床 héchuáng
河道 hédào
河谷 hégǔ
河口 hékǒu
河山 héshān
河滩 hétān
河豚 hétún
荷包 hé•bāo
核定 hédìng
核对 héduì
核能 hénéng
核实 héshí
核桃 hétao
核准 hézhǔn
核子 hézǐ
盒子 hézi
贺 hè
贺喜 hèxǐ
喝彩 hècǎi
赫 hè
赫然 hèrán
褐 hè
鹤 hè
壑 hè
黑白 hēibái
黑板 hēibǎn
黑洞 hēidòng
黑体 hēitǐ
痕 hén
狠 hěn
狠心 hěnxīn
恒定 héngdìng
恒温 héngwēn
恒心 héngxīn
横渡 héngdù

横亘 hénggèn
横贯 héngguàn
横扫 héngsǎo
横行 héngxíng
衡 héng
轰动 hōngdòng
轰击 hōngjī
轰鸣 hōngmíng
轰然 hōngrán
轰响 hōngxiǎng
轰炸 hōngzhà
烘 hōng
烘托 hōngtuō
弘扬 hóngyáng
红火 hónghuo
红利 hónglì
红领巾 hónglǐngjīn
红木 hóngmù
红娘 Hóngniáng
红润 hóngrùn
红烧 hóngshāo
红外线 hóngwàixiàn
红星 hóngxīng
红叶 hóngyè
红晕 hóngyùn
宏大 hóngdà
虹 hóng
洪亮 hóngliàng
洪流 hóngliú
鸿沟 hónggōu
侯 hóu
喉 hóu
喉舌 hóushé
吼 hǒu
吼叫 hǒujiào
吼声 hǒushēng

后备 hòubèi
后盾 hòudùn
后顾之忧 hòugùzhīyōu
后继 hòujì
后劲 hòujìn
后门 hòumén
后台 hòutái
后头 hòutou
后退 hòutuì
后卫 hòuwèi
后续 hòuxù
后裔 hòuyì
后院 hòuyuàn
厚薄 hòubó
厚道 hòudao
候补 hòubǔ
候鸟 hòuniǎo
候审 hòushěn
呼号 hūháo
呼叫 hūjiào
呼救 hūjiù
呼声 hūshēng
呼啸 hūxiào
呼应 hūyìng
忽而 hū'ér
狐狸 húli
狐疑 húyí
弧光 húguāng
胡乱 húluàn
胡萝卜 húluóbo
胡闹 húnào
胡琴 húqin
胡同儿 hútòngr
胡须 húxū
糊 hú
唬 hǔ

互利　hùlì
户主　hùzhǔ
护理　hùlǐ
护送　hùsòng
护照　hùzhào
花白　huābái
花瓣　huābàn
花边　huābiān
花草　huācǎo
花丛　huācóng
花旦　huādàn
花萼　huā'è
花岗岩　huāgāngyán
花冠　huāguān
花卉　huāhuì
花轿　huājiào
花蕾　huālěi
花脸　huāliǎn
花蜜　huāmì
花木　huāmù
花鸟　huāniǎo
花瓶　huāpíng
花圃　huāpǔ
花期　huāqī
花圈　huāquān
花蕊　huāruǐ
花坛　huātán
花厅　huātīng
花样　huāyàng
华贵　huáguì
华丽　huálì
华美　huáměi
华人　huárén
华夏　huáxià
哗然　huárán
滑稽　huá·jī
滑轮　huálún
滑行　huáxíng
滑雪　huáxuě
化脓　huànóng
化身　huàshēn
化纤　huàxiān
化验　huàyàn
化妆　huàzhuāng
化妆品　huàzhuāngpǐn
化装　huàzhuāng
画报　huàbào
画笔　huàbǐ
画册　huàcè
画卷　huàjuàn
画廊　huàláng
画片　huàpiàn
画师　huàshī
画室　huàshì
画坛　huàtán
画图　huàtú
画外音　huàwàiyīn
画院　huàyuàn
画展　huàzhǎn
话音　huàyīn
桦　huà
怀孕　huáiyùn
淮　huái
槐　huái
坏蛋　huàidàn
坏事　huàishì
坏死　huàisǐ
欢　huān
欢呼　huānhū
欢快　huānkuài
欢送　huānsòng
欢腾　huānténg
欢笑　huānxiào
欢心　huānxīn
欢欣　huānxīn
还击　huánjī
环抱　huánbào
环顾　huángù
环球　huánqiú
环绕　huánrào
环视　huánshì
环行　huánxíng
缓冲　huǎnchōng
缓解　huǎnjiě
缓刑　huǎnxíng
幻　huàn
幻灯　huàndēng
幻象　huànxiàng
幻影　huànyǐng
宦官　huànguān
换取　huànqǔ
换算　huànsuàn
唤醒　huànxǐng
涣散　huànsàn
患难　huànnàn
焕发　huànfā
焕然一新　huànrán-yīxīn
豢养　huànyǎng
荒诞　huāngdàn
荒地　huāngdì
荒废　huāngfèi
荒凉　huāngliáng
荒谬　huāngmiù
荒漠　huāngmò
荒僻　huāngpì
荒唐　huāng·táng
荒芜　huāngwú
荒野　huāngyě
荒原　huāngyuán
慌乱　huāngluàn
慌忙　huāngmáng
慌张　huāngzhāng
皇　huáng
皇宫　huánggōng
皇冠　huángguān
皇后　huánghòu
皇家　huángjiā
皇权　huángquán
皇上　huángshang
皇室　huángshì
黄疸　huángdǎn
黄澄澄　huángdēngdēng
黄帝　Huángdì
黄豆　huángdòu
黄瓜　huáng·guā
黄花　huánghuā
黄连　huánglián
黄鼠狼　huángshǔláng
黄莺　huángyīng
惶惑　huánghuò
惶恐　huángkǒng
蝗虫　huángchóng
簧　huáng
恍惚　huǎng·hū
恍然　huǎngrán
谎　huǎng
谎话　huǎnghuà
谎言　huǎngyán
幌子　huǎngzi
晃动　huàngdòng
灰暗　huī'àn
灰白　huībái
灰烬　huījìn
灰心　huīxīn
诙谐　huīxié
挥动　huīdòng
挥发　huīfā
挥霍　huīhuò
挥手　huīshǒu
挥舞　huīwǔ
辉　huī
辉映　huīyìng
徽　huī
回报　huíbào
回荡　huídàng
回复　huífù
回归线　huíguīxiàn
回合　huíhé
回话　huíhuà
回环　huíhuán
回击　huíjī
回敬　huíjìng
回流　huíliú
回路　huílù
回身　huíshēn
回升　huíshēng
回声　huíshēng
回师　huíshī
回收　huíshōu
回首　huíshǒu
回味　huíwèi
回响　huíxiǎng
回想　huíxiǎng
回信　huíxìn
回旋　huíxuán
回忆录　huíyìlù
回音　huíyīn

回应	huíyìng
回转	huízhuǎn
洄游	huíyóu
蛔虫	huíchóng
悔	huǐ
悔改	huǐgǎi
悔恨	huǐhèn
毁坏	huǐhuài
汇	huì
汇编	huìbiān
汇合	huìhé
汇集	huìjí
汇率	huìlǜ
汇总	huìzǒng
会合	huìhé
会话	huìhuà
会聚	huìjù
会面	huìmiàn
会师	huìshī
会谈	huìtán
会堂	huìtáng
会晤	huìwù
会心	huìxīn
会意	huìyì
会战	huìzhàn
讳言	huìyán
荟萃	huìcuì
绘制	huìzhì
贿赂	huìlù
彗星	huìxīng
晦气	huì•qì
惠	huì
喙	huì
慧	huì
昏	hūn
昏暗	hūn'àn
昏黄	hūnhuáng
昏迷	hūnmí
昏睡	hūnshuì
荤	hūn
婚配	hūnpèi
婚事	hūnshì
浑	hún
浑厚	húnhòu
浑浊	húnzhuó
魂魄	húnpò
混沌	hùndùn
混合物	hùnhéwù
混凝土	hùnníngtǔ
混同	hùntóng
混杂	hùnzá
混战	hùnzhàn
混浊	hùnzhuó
豁	huō
豁口	huōkǒu
活命	huómìng
活期	huóqī
活塞	huósāi
活体	huótǐ
活捉	huózhuō
火把	huǒbǎ
火海	huǒhǎi
火红	huǒhóng
火候	huǒhou
火花	huǒhuā
火化	huǒhuà
火炬	huǒjù
火坑	huǒkēng
火力	huǒlì
火炉	huǒlú
火苗	huǒmiáo
火炮	huǒpào
火气	huǒ•qì
火器	huǒqì
火热	huǒrè
火速	huǒsù
火线	huǒxiàn
火药	huǒyào
火灾	huǒzāi
火葬	huǒzàng
火种	huǒzhǒng
伙	huǒ
伙房	huǒfáng
伙计	huǒji
伙食	huǒ•shí
货场	huòchǎng
货车	huòchē
货款	huòkuǎn
货轮	huòlún
货色	huòsè
货源	huòyuán
货运	huòyùn
获悉	huòxī
祸	huò
祸害	huò•hài
惑	huò
霍	huò
霍乱	huòluàn
豁免	huòmiǎn

J

几率	jīlǜ
讥讽	jīfěng
讥笑	jīxiào
击败	jībài
击毙	jībì
击毁	jīhuǐ
击落	jīluò
饥	jī
机舱	jīcāng
机床	jīchuáng
机电	jīdiàn
机动	jīdòng
机井	jījǐng
机警	jījǐng
机理	jīlǐ
机灵	jīling
机密	jīmì
机敏	jīmǐn
机枪	jīqiāng
机遇	jīyù
机缘	jīyuán
机智	jīzhì
机组	jīzǔ
肌肤	jīfū
肌腱	jījiàn
肌体	jītǐ
积存	jīcún
积分	jīfēn
积聚	jījù
积蓄	jīxù
姬	jī
基本功	jīběngōng
基调	jīdiào
基石	jīshí
基数	jīshù
激昂	jī'áng
激荡	jīdàng
激愤	jīfèn
激化	jīhuà
激活	jīhuó
激进	jījìn
激流	jīliú
激怒	jīnù
激增	jīzēng
激战	jīzhàn
羁绊	jībàn
及格	jígé
及早	jízǎo
吉	jí
吉利	jílì
吉普车	jípǔchē
吉他	jítā
吉祥	jíxiáng
汲取	jíqǔ
级别	jíbié
级差	jíchā
极地	jídì
极点	jídiǎn
极度	jídù
极限	jíxiàn
即便	jíbiàn
即刻	jíkè
即日	jírì
即时	jíshí
即位	jíwèi
即兴	jíxìng
急促	jícù
急救	jíjiù
急遽	jíjù
急流	jíliú
急迫	jípò
急切	jíqiè
急事	jíshì
急速	jísù
急中生智	jízhōng-shēngzhì
疾	jí
疾驰	jíchí
疾患	jíhuàn
疾苦	jíkǔ
棘手	jíshǒu
集成	jíchéng
集结	jíjié
集聚	jíjù

集权 jíquán
集市 jíshì
集训 jíxùn
集邮 jíyóu
集约 jíyuē
集镇 jízhèn
集装箱 jízhuāngxiāng
辑 jí
嫉妒 jídù
瘠 jí
几经 jǐjīng
几时 jǐshí
纪 Jǐ
给养 jǐyǎng
脊背 jǐbèi
脊梁 jǐliang
脊髓 jǐsuǐ
脊柱 jǐzhù
脊椎 jǐzhuī
戟 jǐ
麂 jǐ
计价 jìjià
计较 jìjiào
计量 jìliàng
计数 jìshù
记号 jìhao
记事 jìshì
记述 jìshù
记性 jìxing
记忆力 jìyìlì
伎俩 jìliǎng
纪年 jìnián
纪实 jìshí
纪要 jìyào
技法 jìfǎ
技工 jìgōng
技师 jìshī
忌 jì
忌讳 jì·huì
妓女 jìnǚ
季度 jìdù
剂量 jìliàng
迹象 jìxiàng
继承权 jìchéngquán
继而 jì'ér
继母 jìmǔ
继任 jìrèn
祭礼 jìlǐ
祭坛 jìtán
寄居 jìjū
寄予 jìyǔ
寂 jì
暨 jì
髻 jì
冀 jì
加班 jiābān
加倍 jiābèi
加法 jiāfǎ
加固 jiāgù
加油 jiāyóu
夹攻 jiāgōng
夹击 jiājī
夹杂 jiāzá
夹子 jiāzi
佳话 jiāhuà
佳节 jiājié
佳肴 jiāyáo
佳作 jiāzuò
枷锁 jiāsuǒ
家产 jiāchǎn
家常 jiācháng
家访 jiāfǎng
家教 jiājiào
家境 jiājìng
家眷 jiājuàn
家禽 jiāqín
家业 jiāyè
家用 jiāyòng
家喻户晓 jiāyù-hùxiǎo
家园 jiāyuán
嘉奖 jiājiǎng
荚 jiá
颊 jiá
甲虫 jiǎchóng
甲骨文 jiǎgǔwén
甲壳 jiǎqiào
甲鱼 jiǎyú
甲状腺 jiǎzhuàngxiàn
贾 Jiǎ
钾肥 jiǎféi
假借 jiǎjiè
假冒 jiǎmào
假若 jiǎruò
假想 jiǎxiǎng
假象 jiǎxiàng
假意 jiǎyì
假装 jiǎzhuāng
驾 jià
驾驭 jiàyù
架空 jiàkōng
架设 jiàshè
架势 jiàshi
假期 jiàqī
假日 jiàrì
嫁妆 jiàzhuang
尖刀 jiāndāo
尖端 jiānduān
尖利 jiānlì
尖子 jiānzi
奸 jiān
奸商 jiānshāng
歼 jiān
坚 jiān
坚韧 jiānrèn
坚守 jiānshǒu
坚信 jiānxìn
坚毅 jiānyì
坚贞 jiānzhēn
间距 jiānjù
肩负 jiānfù
肩胛 jiānjiǎ
肩头 jiāntóu
艰险 jiānxiǎn
艰辛 jiānxīn
监 jiān
监测 jiāncè
监察 jiānchá
监工 jiāngōng
监管 jiānguǎn
监禁 jiānjìn
监牢 jiānláo
兼备 jiānbèi
兼并 jiānbìng
兼顾 jiāngù
兼任 jiānrèn
兼职 jiānzhí
缄默 jiānmò
煎 jiān
煎熬 jiān'áo
茧子 jiǎnzi
柬 jiǎn
检测 jiǎncè
检察 jiǎnchá
检举 jiǎnjǔ
检索 jiǎnsuǒ
检讨 jiǎntǎo
检修 jiǎnxiū
检疫 jiǎnyì
检阅 jiǎnyuè
减产 jiǎnchǎn
减低 jiǎndī
减免 jiǎnmiǎn
减速 jiǎnsù
减退 jiǎntuì
剪裁 jiǎncái
剪刀 jiǎndāo
剪纸 jiǎnzhǐ
剪子 jiǎnzi
简便 jiǎnbiàn
简短 jiǎnduǎn
简洁 jiǎnjié
简介 jiǎnjiè
简练 jiǎnliàn
简陋 jiǎnlòu
简略 jiǎnlüè
简明 jiǎnmíng
简朴 jiǎnpǔ
简要 jiǎnyào
简易 jiǎnyì
见长 jiàncháng
见地 jiàndì
见识 jiànshi
见闻 jiànwén
见效 jiànxiào
见于 jiànyú
见证 jiànzhèng
间谍 jiàndié
间断 jiànduàn
间或 jiànhuò
间隙 jiànxì
间歇 jiànxiē

间作 jiànzuò
建材 jiàncái
建交 jiànjiāo
建树 jiànshù
建制 jiànzhì
荐 jiàn
贱 jiàn
涧 jiàn
健儿 jiàn'ér
健将 jiànjiàng
健美 jiànměi
健身 jiànshēn
舰 jiàn
舰队 jiànduì
舰艇 jiàntǐng
渐变 jiànbiàn
渐次 jiàncì
渐进 jiànjìn
谏 jiàn
践踏 jiàntà
毽子 jiànzi
腱 jiàn
溅 jiàn
鉴赏 jiànshǎng
鉴于 jiànyú
箭头 jiàntóu
江湖 jiānghú
江山 jiāngshān
将就 jiāngjiu
姜 jiāng
僵 jiāng
僵化 jiānghuà
僵死 jiāngsǐ
僵硬 jiāngyìng
缰 jiāng
缰绳 jiāng•shéng

疆 jiāng
疆域 jiāngyù
讲解 jiǎngjiě
讲理 jiǎnglǐ
讲求 jiǎngqiú
讲师 jiǎngshī
讲授 jiǎngshòu
讲台 jiǎngtái
讲坛 jiǎngtán
讲学 jiǎngxué
讲演 jiǎngyǎn
讲义 jiǎngyì
讲座 jiǎngzuò
奖惩 jiǎngchéng
奖品 jiǎngpǐn
奖券 jiǎngquàn
奖赏 jiǎngshǎng
奖章 jiǎngzhāng
奖状 jiǎngzhuàng
浆 jiāng
匠 jiàng
降价 jiàngjià
降临 jiànglín
降生 jiàngshēng
降温 jiàngwēn
将领 jiànglǐng
将士 jiàngshì
绛 jiàng
酱 jiàng
酱油 jiàngyóu
犟 jiàng
交待 jiāodài
交道 jiāodào
交点 jiāodiǎn
交锋 jiāofēng
交付 jiāofù

交互 jiāohù
交还 jiāohuán
交汇 jiāohuì
交加 jiāojiā
交接 jiāojiē
交界 jiāojiè
交纳 jiāonà
交配 jiāopèi
交情 jiāoqing
交融 jiāoróng
交涉 jiāoshè
交尾 jiāowěi
交响乐 jiāoxiǎngyuè
交易所 jiāoyìsuǒ
交战 jiāozhàn
郊 jiāo
郊外 jiāowài
郊野 jiāoyě
浇灌 jiāoguàn
娇 jiāo
娇嫩 jiāonèn
娇艳 jiāoyàn
胶布 jiāobù
胶片 jiāopiàn
教书 jiāoshū
椒 jiāo
焦距 jiāojù
焦虑 jiāolǜ
焦炭 jiāotàn
焦躁 jiāozào
焦灼 jiāozhuó
跤 jiāo
礁 jiāo
礁石 jiāoshí
角膜 jiǎomó
角质 jiǎozhì

狡猾 jiǎohuá
饺子 jiǎozi
绞 jiǎo
矫 jiǎo
矫健 jiǎojiàn
矫揉造作 jiǎoróu-zàozuò
矫正 jiǎozhèng
矫治 jiǎozhì
皎洁 jiǎojié
脚背 jiǎobèi
脚跟 jiǎogēn
脚尖 jiǎojiān
脚手架 jiǎoshǒujià
脚掌 jiǎozhǎng
脚趾 jiǎozhǐ
搅拌 jiǎobàn
搅动 jiǎodòng
剿 jiǎo
缴 jiǎo
缴获 jiǎohuò
缴纳 jiǎonà
叫喊 jiàohǎn
叫好 jiàohǎo
叫唤 jiàohuan
叫卖 jiàomài
叫嚷 jiàorǎng
叫嚣 jiàoxiāo
校对 jiàoduì
校样 jiàoyàng
校正 jiàozhèng
轿 jiào
轿车 jiàochē
轿子 jiàozi
较量 jiàoliàng
教案 jiào'àn
教程 jiàochéng

教官 jiàoguān
教规 jiàoguī
教化 jiàohuà
教皇 jiàohuáng
教诲 jiàohuì
教科书 jiàokēshū
教士 jiàoshì
教条 jiàotiáo
教徒 jiàotú
教务 jiàowù
教益 jiàoyì
窖 jiào
酵母 jiàomǔ
阶 jiē
阶梯 jiētī
接管 jiēguǎn
接合 jiēhé
接济 jiējì
接见 jiējiàn
接纳 jiēnà
接洽 jiēqià
接壤 jiērǎng
接生 jiēshēng
接替 jiētì
接头 jiētóu
接吻 jiēwěn
接线 jiēxiàn
接种 jiēzhòng
秸 jiē
秸秆 jiēgǎn
揭 jiē
揭穿 jiēchuān
揭发 jiēfā
揭晓 jiēxiǎo
街坊 jiēfang
街市 jiēshì
节俭 jiéjiǎn

节律	jiélǜ
节能	jiénéng
节拍	jiépāi
节余	jiéyú
节制	jiézhì
劫	jié
劫持	jiéchí
杰作	jiézuò
洁	jié
洁净	jiéjìng
结伴	jiébàn
结核	jiéhé
结集	jiéjí
结膜	jiémó
结社	jiéshè
结石	jiéshí
结识	jiéshí
结尾	jiéwěi
结业	jiéyè
结余	jiéyú
捷	jié
捷报	jiébào
捷径	jiéjìng
睫毛	jiémáo
截断	jiéduàn
截面	jiémiàn
截取	jiéqǔ
截然	jiérán
截止	jiézhǐ
截至	jiézhì
竭	jié
姐夫	jiěfu
解冻	jiědòng
解毒	jiědú
解雇	jiěgù
解救	jiějiù
解渴	jiěkě
解说	jiěshuō
解体	jiětǐ
介	jiè
介入	jièrù
介意	jièyì
戒备	jièbèi
戒律	jièlǜ
戒严	jièyán
戒指	jièzhi
届时	jièshí
界定	jièdìng
界面	jièmiàn
界线	jièxiàn
诫	jiè
借贷	jièdài
借以	jièyǐ
借重	jièzhòng
巾	jīn
金刚	Jīngāng
金龟子	jīnguīzǐ
金黄	jīnhuáng
金库	jīnkù
金石	jīnshí
金丝猴	jīnsīhóu
金文	jīnwén
金星	jīnxīng
金鱼	jīnyú
金子	jīnzi
金字塔	jīnzìtǎ
津贴	jīntiē
津液	jīnyè
矜持	jīnchí
筋	jīn
筋骨	jīngǔ
禁	jīn
禁不住	jīn•bùzhù
襟	jīn
尽早	jǐnzǎo
紧凑	jǐncòu
紧迫	jǐnpò
紧俏	jǐnqiào
紧缺	jǐnquē
紧缩	jǐnsuō
紧要	jǐnyào
锦	jǐn
锦旗	jǐnqí
锦绣	jǐnxiù
谨	jǐn
尽情	jìnqíng
尽头	jìntóu
尽心	jìnxīn
进逼	jìnbī
进餐	jìncān
进出	jìnchū
进度	jìndù
进发	jìnfā
进犯	jìnfàn
进贡	jìngòng
进货	jìnhuò
进食	jìnshí
进退	jìntuì
进位	jìnwèi
进行曲	jìnxíngqǔ
进修	jìnxiū
进驻	jìnzhù
近海	jìnhǎi
近郊	jìnjiāo
近邻	jìnlín
近旁	jìnpáng
近期	jìnqī
近亲	jìnqīn
近视	jìn•shì
劲头	jìntóu
晋级	jìnjí
晋升	jìnshēng
浸泡	jìnpào
浸润	jìnrùn
浸透	jìntòu
靳	Jìn
禁	jìn
禁锢	jìngù
禁忌	jìnjì
禁令	jìnlìng
禁区	jìnqū
京城	jīngchéng
京师	jīngshī
京戏	jīngxì
经度	jīngdù
经纪人	jīngjìrén
经久	jīngjiǔ
经络	jīngluò
经脉	jīngmài
经贸	jīngmào
经商	jīngshāng
经书	jīngshū
经线	jīngxiàn
经销	jīngxiāo
经由	jīngyóu
荆	jīng
荆棘	jīngjí
惊诧	jīngchà
惊动	jīngdòng
惊愕	jīng'è
惊骇	jīnghài
惊慌	jīnghuāng
惊惶	jīnghuáng
惊恐	jīngkǒng
惊扰	jīngrǎo
惊叹	jīngtàn
惊吓	jīngxià
惊险	jīngxiǎn
惊疑	jīngyí
晶莹	jīngyíng
睛	jīng
精彩	jīngcǎi
精干	jīnggàn
精光	jīngguāng
精华	jīnghuá
精简	jīngjiǎn
精练	jīngliàn
精灵	jīnglíng
精美	jīngměi
精明	jīngmíng
精辟	jīngpì
精品	jīngpǐn
精巧	jīngqiǎo
精锐	jīngruì
精髓	jīngsuǐ
精通	jīngtōng
精微	jīngwēi
精益求精	jīngyì-qiújīng
精英	jīngyīng
精湛	jīngzhàn
精制	jīngzhì
精致	jīngzhì
颈椎	jǐngzhuī
景观	jǐngguān
景况	jǐngkuàng
景致	jǐngzhì
警	jǐng
警报	jǐngbào
警备	jǐngbèi
警车	jǐngchē
警官	jǐngguān
警戒	jǐngjiè
警觉	jǐngjué
警犬	jǐngquǎn

警卫 jǐngwèi
劲旅 jìnglǚ
径直 jìngzhí
净土 jìngtǔ
竞 jìng
竞技 jìngjì
竞相 jìngxiāng
竞选 jìngxuǎn
敬爱 jìng'ài
敬礼 jìnglǐ
敬佩 jìngpèi
敬畏 jìngwèi
敬仰 jǐngyǎng
敬意 jìngyì
敬重 jìngzhòng
静电 jìngdiàn
静谧 jìngmì
静默 jìngmò
静穆 jìngmù
静态 jìngtài
境况 jìngkuàng
境遇 jìngyù
镜框 jìngkuàng
镜片 jìngpiàn
炯炯 jiǒngjiǒng
窘 jiǒng
窘迫 jiǒngpò
纠 jiū
纠缠 jiūchán
纠葛 jiūgé
纠集 jiūjí
揪 jiū
久远 jiǔyuǎn
灸 jiǔ
韭菜 jiǔcài
酒吧 jiǔbā
酒店 jiǔdiàn

酒会 jiǔhuì
酒家 jiǔjiā
酒席 jiǔxí
旧历 jiùlì
旧式 jiùshì
旧址 jiùzhǐ
臼齿 jiùchǐ
厩 jiù
救护 jiùhù
救火 jiùhuǒ
救命 jiùmìng
救亡 jiùwáng
救援 jiùyuán
救灾 jiùzāi
救助 jiùzhù
就餐 jiùcān
就此 jiùcǐ
就地 jiùdì
就读 jiùdú
就近 jiùjìn
就任 jiùrèn
就绪 jiùxù
就学 jiùxué
就职 jiùzhí
就座 jiùzuò
舅妈 jiùmā
拘 jū
拘谨 jūjǐn
拘留 jūliú
拘泥 jūnì
拘束 jūshù
拘留 jūliú
居室 jūshì
驹 jū
鞠躬 jūgōng
鞠躬尽瘁 jūgōng-jìncuì

局促 júcù
菊 jú
橘子 júzi
沮丧 jǔsàng
矩 jǔ
矩形 jǔxíng
举例 jǔlì
举目 jǔmù
举止 jǔzhǐ
举重 jǔzhòng
举足轻重 jǔzú-qīngzhòng
巨额 jù'é
巨人 jùrén
巨星 jùxīng
巨著 jùzhù
句法 jùfǎ
拒 jù
俱乐部 jùlèbù
剧变 jùbiàn
剧目 jùmù
剧情 jùqíng
剧院 jùyuàn
据悉 jùxī
惧 jù
惧怕 jùpà
锯 jù
锯齿 jùchǐ
聚变 jùbiàn
聚餐 jùcān
聚合 jùhé
聚会 jùhuì
聚积 jùjī
聚居 jùjū
踞 jù
捐款 juānkuǎn
捐税 juānshuì

捐赠 juānzèng
卷烟 juǎnyān
卷子 juànzi
倦 juàn
绢 juàn
眷恋 juànliàn
撅 juē
决断 juéduàn
决裂 juéliè
决赛 juésài
决死 juésǐ
决算 juésuàn
决意 juéyì
决战 juézhàn
诀 jué
诀别 juébié
诀窍 juéqiào
抉择 juézé
角逐 juézhú
觉醒 juéxǐng
绝迹 juéjì
绝技 juéjì
绝境 juéjìng
绝妙 juémiào
绝食 juéshí
绝缘 juéyuán
倔强 juéjiàng
掘 jué
崛起 juéqǐ
厥 jué
蕨 jué
爵 jué
爵士 juéshì
爵士乐 juéshìyuè
攫 jué
攫取 juéqǔ
倔 juè

军备 jūnbèi
军费 jūnfèi
军服 jūnfú
军工 jūngōng
军火 jūnhuǒ
军机 jūnjī
军礼 jūnlǐ
军粮 jūnliáng
军属 jūnshǔ
军务 jūnwù
军校 jūnxiào
军需 jūnxū
军训 jūnxùn
军医 jūnyī
军营 jūnyíng
军用 jūnyòng
军装 jūnzhuāng
均等 jūnděng
君权 jūnquán
君子 jūnzǐ
钧 jūn
俊 jùn
俊美 jùnměi
俊俏 jùnqiào
郡 jùn
峻 jùn
骏马 jùnmǎ
竣工 jùngōng

K

卡车 kǎchē
卡片 kǎpiàn
咯 kǎ
开场 kāichǎng
开车 kāichē
开春 kāichūn
开刀 kāidāo

开导 kāidǎo
开动 kāidòng
开端 kāiduān
开饭 kāifàn
开赴 kāifù
开工 kāigōng
开荒 kāihuāng
开火 kāihuǒ
开机 kāijī
开掘 kāijué
开朗 kāilǎng
开明 kāimíng
开炮 kāipào
开启 kāiqǐ
开窍 kāiqiào
开山 kāishān
开庭 kāitíng
开通 kāitōng
开脱 kāituō
开外 kāiwài
开销 kāixiāo
开心 kāixīn
开学 kāixué
开业 kāiyè
开凿 kāizáo
开战 kāizhàn
开张 kāizhāng
揩 kāi
凯歌 kǎigē
凯旋 kǎixuán
慨然 kǎirán
慨叹 kǎitàn
楷模 kǎimó
刊 kān
刊载 kānzǎi
看管 kānguǎn
看护 kānhù
看守 kānshǒu
勘测 kāncè
勘察 kānchá
堪 kān
坎 kǎn
坎坷 kǎnkě
砍伐 kǎnfá
看病 kànbìng
看不起 kàn·bùqǐ
看穿 kànchuān
看好 kànhǎo
看台 kàntái
看透 kàntòu
看中 kànzhòng
看重 kànzhòng
看做 kànzuò
康 kāng
康复 kāngfù
慷慨 kāngkǎi
糠 kāng
亢奋 kàngfèn
亢进 kàngjìn
抗旱 kànghàn
抗衡 kànghéng
抗击 kàngjī
抗拒 kàngjù
抗体 kàngtǐ
抗原 kàngyuán
抗灾 kàngzāi
抗争 kàngzhēng
考查 kǎochá
考场 kǎochǎng
考究 kǎo·jiū
考据 kǎojù
考取 kǎoqǔ
考生 kǎoshēng
考问 kǎowèn
考证 kǎozhèng
烤 kǎo
烤火 kǎohuǒ
靠不住 kào·bùzhù
靠拢 kàolǒng
靠山 kàoshān
苛刻 kēkè
苛求 kēqiú
柯 kē
科班 kēbān
科举 kējǔ
科目 kēmù
科普 kēpǔ
科室 kēshì
磕 kē
磕头 kētóu
瞌睡 kēshuì
蝌蚪 kēdǒu
可悲 kěbēi
可耻 kěchǐ
可观 kěguān
可贵 kěguì
可恨 kěhèn
可口 kěkǒu
可取 kěqǔ
可恶 kěwù
可喜 kěxǐ
可行 kěxíng
可疑 kěyí
渴 kě
渴求 kěqiú
克己 kèjǐ
克制 kèzhì
刻板 kèbǎn
刻薄 kèbó
刻不容缓 kèbùrónghuǎn
恪守 kèshǒu
客车 kèchē
客房 kèfáng
客户 kèhù
客机 kèjī
客轮 kèlún
客商 kèshāng
客运 kèyùn
课外 kèwài
课文 kèwén
课余 kèyú
垦 kěn
垦荒 kěnhuāng
恳切 kěnqiè
恳求 kěnqiú
坑道 kēngdào
吭声 kēngshēng
铿锵 kēngqiāng
空洞 kōngdòng
空话 kōnghuà
空旷 kōngkuàng
空谈 kōngtán
空投 kōngtóu
空袭 kōngxí
空想 kōngxiǎng
空心 kōngxīn
孔洞 kǒngdòng
孔隙 kǒngxì
恐 kǒng
恐吓 kǒnghè
恐龙 kǒnglóng
空地 kòngdì
空隙 kòngxì
空闲 kòngxián
空子 kòngzi
控 kòng
控告 kònggào
控诉 kòngsù
抠 kōu
口岸 kǒu'àn
口服 kǒufú
口角 kǒujiǎo
口径 kǒujìng
口诀 kǒujué
口粮 kǒuliáng
口令 kǒulìng
口琴 kǒuqín
口哨 kǒushào
口水 kǒushuǐ
口味 kǒuwèi
口吻 kǒuwěn
口音 kǒuyīn
口罩 kǒuzhào
口子 kǒuzi
叩 kòu
叩头 kòutóu
扣除 kòuchú
扣留 kòuliú
扣押 kòuyā
扣子 kòuzi
寇 kòu
枯 kū
枯黄 kūhuáng
枯竭 kūjié
枯萎 kūwěi
枯燥 kūzào
哭泣 kūqì
哭诉 kūsù
窟 kū
窟窿 kūlong
苦果 kǔguǒ
苦力 kǔlì
苦闷 kǔmèn
苦涩 kǔsè

苦痛 kǔtòng
苦头 kǔ•tóu
苦笑 kǔxiào
苦心 kǔxīn
苦于 kǔyú
苦战 kǔzhàn
苦衷 kǔzhōng
库房 kùfáng
裤 kù
裤脚 kùjiǎo
裤腿 kùtuǐ
酷 kù
酷爱 kù'ài
酷热 kùrè
酷暑 kùshǔ
酷似 kùsì
夸 kuā
夸大 kuādà
夸奖 kuājiǎng
夸耀 kuāyào
垮 kuǎ
垮台 kuǎtái
挎 kuà
挎包 kuàbāo
跨度 kuàdù
跨越 kuàyuè
快感 kuàigǎn
快慢 kuàimàn
快艇 kuàitǐng
快意 kuàiyì
脍炙人口 kuàizhì-rénkǒu
宽敞 kuān•chǎng
宽度 kuāndù
宽广 kuānguǎng
宽厚 kuānhòu
宽容 kuānróng
宽恕 kuānshù
宽慰 kuānwèi
宽裕 kuānyù
款待 kuǎndài
款式 kuǎnshì
款项 kuǎnxiàng
狂奔 kuángbēn
狂风 kuángfēng
狂欢 kuánghuān
狂热 kuángrè
狂妄 kuángwàng
狂喜 kuángxǐ
狂笑 kuángxiào
旷 kuàng
旷工 kuànggōng
旷野 kuàngyě
况 kuàng
矿藏 kuàngcáng
矿床 kuàngchuáng
矿工 kuànggōng
矿井 kuàngjǐng
矿区 kuàngqū
矿山 kuàngshān
矿石 kuàngshí
矿业 kuàngyè
框 kuàng
框架 kuàngjià
框子 kuàngzi
眶 kuàng
亏本 kuīběn
盔 kuī
窥 kuī
窥见 kuījiàn
窥探 kuītàn
奎 kuí
葵花 kuíhuā
魁梧 kuí•wú
傀儡 kuǐlěi
匮乏 kuìfá
溃 kuì
溃烂 kuìlàn
溃疡 kuìyáng
愧 kuì
坤 kūn
昆曲 kūnqǔ
困惑 kùnhuò
困苦 kùnkǔ
困扰 kùnrǎo
扩 kuò
扩充 kuòchōng
扩建 kuòjiàn
括 kuò
括号 kuòhào
阔气 kuòqi
廓 kuò

L

拉力 lālì
拉拢 lā•lǒng
喇嘛 lǎma
腊 là
腊梅 làméi
腊月 làyuè
辣 là
来宾 láibīn
来电 láidiàn
来访 láifǎng
来客 láikè
来历 láilì
来龙去脉 láilóng-qùmài
来年 láinián
来去 láiqù
来世 láishì
来势 láishì
来意 láiyì
来者 láizhě
癞 lài
兰花 lánhuā
拦 lán
拦截 lánjié
拦腰 lányāo
拦阻 lánzǔ
栏杆 lángān
蓝图 lántú
篮 lán
篮球 lánqiú
篮子 lánzi
览 lǎn
揽 lǎn
缆 lǎn
懒 lǎn
懒得 lǎnde
懒惰 lǎnduò
懒汉 lǎnhàn
懒散 lǎnsǎn
烂泥 lànní
滥 làn
滥用 lànyòng
郎 láng
狼狈 lángbèi
廊 láng
朗读 lǎngdú
朗诵 lǎngsòng
浪潮 làngcháo
浪漫 làngmàn
浪涛 làngtāo
浪头 làngtou
劳工 láogōng
劳驾 láojià
劳教 láojiào
劳苦 láokǔ
劳累 láolèi
劳模 láomó
劳务 láowù
劳役 láoyì
劳资 láozī
劳作 láozuò
牢房 láofáng
牢记 láojì
牢笼 láolóng
牢骚 láo•sāo
牢狱 láoyù
老伯 lǎobó
老化 lǎohuà
老家 lǎojiā
老练 lǎoliàn
老少 lǎoshào
老生 lǎoshēng
老式 lǎoshì
老天爷 lǎotiānyé
老头儿 lǎotóur
老鹰 lǎoyīng
老者 lǎozhě
老总 lǎozǒng
姥姥 lǎolao
烙 lào
烙印 làoyìn
涝 lào
乐趣 lèqù
乐意 lèyì
乐于 lèyú
乐园 lèyuán
勒 lè
勒令 lèlìng
勒索 lèsuǒ

勒 lēi
累赘 léizhui
雷暴 léibào
雷电 léidiàn
雷鸣 léimíng
雷同 léitóng
雷雨 léiyǔ
擂 léi
镭 léi
垒 lěi
累积 lěijī
累及 lěijí
累计 lěijì
肋 lèi
肋骨 lèigǔ
泪痕 lèihén
泪花 lèihuā
泪眼 lèiyǎn
泪珠 lèizhū
类比 lèibǐ
类别 lèibié
类群 lèiqún
类推 lèituī
擂 lèi
棱 léng
棱角 léngjiǎo
棱镜 léngjìng
冷不防 lěng•bùfáng
冷藏 lěngcáng
冷淡 lěngdàn
冷冻 lěngdòng
冷风 lěngfēng
冷汗 lěnghàn
冷峻 lěngjùn
冷酷 lěngkù
冷落 lěngluò
冷漠 lěngmò
冷凝 lěngníng
冷暖 lěngnuǎn
冷气 lěngqì
冷清 lěng•qīng
冷眼 lěngyǎn
冷饮 lěngyǐn
冷遇 lěngyù
厘 lí
离别 líbié
离奇 líqí
离散 lísàn
离心 líxīn
离心力 líxīnlì
离休 líxiū
离异 líyì
离职 lízhí
梨园 líyuán
黎明 límíng
篱笆 líba
礼拜 lǐbài
礼法 lǐfǎ
礼教 lǐjiào
礼节 lǐjié
礼品 lǐpǐn
礼让 lǐràng
礼堂 lǐtáng
礼仪 lǐyí
里程 lǐchéng
里程碑 lǐchéngbēi
理财 lǐcái
理睬 lǐcǎi
理发 lǐfà
理会 lǐhuì
理科 lǐkē
理事 lǐ•shì
理应 lǐyīng
理直气壮 lǐzhí-qìzhuàng
锂 lǐ
鲤 lǐ
力度 lìdù
力争 lìzhēng
历程 lìchéng
历次 lìcì
历法 lìfǎ
历届 lìjiè
历尽 lìjìn
历经 lìjīng
历年 lìnián
历书 lìshū
厉声 lìshēng
立案 lì’àn
立方 lìfāng
立功 lìgōng
立国 lìguó
立论 lìlùn
立宪 lìxiàn
立意 lìyì
立正 lìzhèng
立志 lìzhì
立足 lìzú
吏 lì
利弊 lìbì
利落 lìluo
利尿 lìniào
利索 lìsuo
沥青 lìqīng
例证 lìzhèng
隶 lì
隶属 lìshǔ
荔枝 lìzhī
栗子 lìzi
砾石 lìshí
痢疾 lìji
连带 liándài
连贯 liánguàn
连环 liánhuán
连环画 liánhuánhuà
连累 liánlei
连绵 liánmián
连年 liánnián
连日 liánrì
连声 liánshēng
连锁 liánsuǒ
连通 liántōng
连夜 liányè
连衣裙 liányīqún
怜 lián
怜悯 liánmǐn
帘 lián
帘子 liánzi
莲 lián
莲花 liánhuā
涟漪 liányī
联欢 liánhuān
联名 liánmíng
联赛 liánsài
联姻 liányīn
廉 lián
廉洁 liánjié
镰 lián
镰刀 liándāo
敛 liǎn
脸红 liǎnhóng
脸颊 liǎnjiá
脸面 liǎnmiàn
脸庞 liǎnpáng
脸皮 liǎnpí
脸谱 liǎnpǔ
练兵 liànbīng
练功 liàngōng
练武 liànwǔ
恋 liàn
恋人 liànrén
链条 liàntiáo
良机 liángjī
良久 liángjiǔ
良田 liángtián
良性 liángxìng
凉快 liángkuai
凉爽 liángshuǎng
凉水 liángshuǐ
凉鞋 liángxié
粮仓 liángcāng
两口子 liǎngkǒuzi
两栖 liǎngqī
两性 liǎngxìng
两样 liǎngyàng
两翼 liǎngyì
亮度 liàngdù
亮光 liàngguāng
亮相 liàngxiàng
谅解 liàngjiě
量变 liàngbiàn
量词 liàngcí
量刑 liàngxíng
晾 liàng
踉跄 liàngqiàng
撩 liāo
辽 liáo
疗 liáo
疗程 liáochéng
疗效 liáoxiào
疗养 liáoyǎng
疗养院

liáoyǎngyuàn
聊 liáo
聊天儿 liáotiānr
撩 liáo
嘹亮 liáoliàng
潦倒 liáodǎo
缭绕 liáorào
燎 liáo
了不得 liǎo·bù·dé
了结 liǎojié
了然 liǎorán
了如指掌
liǎorúzhǐzhǎng
燎 liǎo
料理 liàolǐ
料想 liàoxiǎng
料子 liàozi
撂 liào
廖 Liào
瞭望 liàowàng
列强 lièqiáng
列席 lièxí
劣 liè
劣等 lièděng
劣势 lièshì
劣质 lièzhì
烈 liè
烈火 lièhuǒ
烈日 lièrì
烈性 lièxìng
烈焰 lièyàn
猎狗 liègǒu
猎枪 lièqiāng
猎取 lièqǔ
猎犬 lièquǎn
猎人 lièrén
猎手 lièshǒu
猎物 lièwù
裂变 lièbiàn
裂缝 lièfèng
裂痕 lièhén
裂纹 lièwén
裂隙 lièxì
拎 līn
邻里 línlǐ
邻舍 línshè
林带 líndài
林地 líndì
林立 línlì
林荫道 línyīndào
林子 línzi
临别 línbié
临到 líndào
临界 línjiè
临近 línjìn
临摹 línmó
临终 línzhōng
淋巴结 línbājié
淋漓 línlí
淋漓尽致
línlí-jìnzhì
琳琅满目
línláng-mǎnmù
嶙峋 línxún
霖 lín
磷肥 línféi
磷脂 línzhī
鳞 lín
鳞片 línpiàn
吝啬 lìnsè
伶 líng
伶俐 líng·lì
灵巧 língqiǎo
灵堂 língtáng
灵通 língtōng
灵性 língxìng
灵芝 língzhī
玲珑 línglóng
凌 líng
凌晨 língchén
凌空 língkōng
凌乱 língluàn
陵 líng
陵墓 língmù
陵园 língyuán
聆听 língtīng
菱形 língxíng
翎子 língzi
羚羊 língyáng
绫 líng
零点 língdiǎn
零乱 língluàn
零散 língsǎn
零碎 língsuì
零星 língxīng
领带 lǐngdài
领地 lǐngdì
领队 lǐngduì
领海 lǐnghǎi
领教 lǐngjiào
领口 lǐngkǒu
领略 lǐnglüè
领取 lǐngqǔ
领事馆 lǐngshìguǎn
领受 lǐngshòu
领头 lǐngtóu
领悟 lǐngwù
领先 lǐngxiān
领主 lǐngzhǔ
领子 lǐngzi
另行 lìngxíng
溜达 liūda
蹓 liū
浏览 liúlǎn
留成 liúchéng
留存 liúcún
留恋 liúliàn
留神 liúshén
留声机 liúshēngjī
留守 liúshǒu
留心 liúxīn
留意 liúyì
流产 liúchǎn
流畅 liúchàng
流程 liúchéng
流毒 liúdú
流放 liúfàng
流浪 liúlàng
流利 liúlì
流量 liúliàng
流落 liúluò
流失 liúshī
流逝 liúshì
流水线 liúshuǐxiàn
流速 liúsù
流淌 liútǎng
流亡 liúwáng
流星 liúxīng
流言 liúyán
流转 liúzhuǎn
琉璃 liú·lí
硫磺 liúhuáng
绺 liǔ
蹓 liù
龙船 lóngchuán
龙灯 lóngdēng
龙骨 lónggǔ
龙卷风
lóngjuǎnfēng
龙王 Lóngwáng
龙眼 lóngyǎn
聋 lóng
聋子 lóngzi
笼子 lóngzi
隆冬 lóngdōng
隆重 lóngzhòng
陇 Lǒng
垄 lǒng
笼络 lǒngluò
笼统 lǒngtǒng
楼阁 lóugé
楼台 lóutái
楼梯 lóutī
篓 lǒu
陋 lòu
漏洞 lòudòng
漏斗 lòudǒu
卢 Lú
芦笙 lúshēng
芦苇 lúwěi
炉灶 lúzào
颅 lú
卤水 lǔshuǐ
卤素 lǔsù
虏 lǔ
掳 lǔ
鲁莽 lǔmǎng
陆路 lùlù
录取 lùqǔ
录像 lùxiàng
录像机 lùxiàngjī
录音 lùyīn
录音机 lùyīnjī
录用 lùyòng
录制 lùzhì

绿林　lùlín
禄　lù
路标　lùbiāo
路灯　lùdēng
路费　lùfèi
路径　lùjìng
路口　lùkǒu
路面　lùmiàn
路人　lùrén
路途　lùtú
麓　lù
露骨　lùgǔ
露水　lù•shuǐ
露天　lùtiān
露珠　lùzhū
吕　lǚ
捋　lǚ
旅伴　lǚbàn
旅程　lǚchéng
旅店　lǚdiàn
旅途　lǚtú
屡　lǚ
屡次　lǚcì
屡见不鲜　lǚjiàn-bùxiān
履　lǚ
虑　lǜ
绿灯　lǜdēng
绿地　lǜdì
绿豆　lǜdòu
绿肥　lǜféi
绿洲　lǜzhōu
峦　luán
孪生　luánshēng
卵石　luǎnshí
卵子　luǎnzǐ
掠　lüè

略微　lüèwēi
抡　lūn
沦陷　lúnxiàn
轮班　lúnbān
轮番　lúnfān
轮换　lúnhuàn
轮回　lúnhuí
轮胎　lúntāi
轮椅　lúnyǐ
轮子　lúnzi
论调　lùndiào
论断　lùnduàn
论据　lùnjù
论理　lùnlǐ
论说　lùnshuō
论坛　lùntán
论战　lùnzhàn
论著　lùnzhù
捋　luō
罗汉　luóhàn
罗列　luóliè
罗盘　luópán
萝卜　luóbo
锣　luó
锣鼓　luógǔ
箩　luó
箩筐　luókuāng
骡子　luózi
螺　luó
螺丝　luósī
螺旋桨　luóxuánjiǎng
裸　luǒ
裸露　luǒlù
裸体　luǒtǐ
洛　Luò
落差　luòchā

落成　luòchéng
落户　luòhù
落脚　luòjiǎo
落空　luòkōng
落日　luòrì
落水　luòshuǐ
落伍　luòwǔ
摞　luò

M

抹布　mābù
麻痹　mábì
麻袋　mádài
麻将　májiàng
麻利　málì
麻木　mámù
麻雀　máquè
麻疹　mázhěn
麻子　mázi
马达　mǎdá
马灯　mǎdēng
马褂　mǎguà
马虎　mǎhu
马力　mǎlì
马铃薯　mǎlíngshǔ
马匹　mǎpǐ
马蹄　mǎtí
马桶　mǎtǒng
马戏　mǎxì
玛瑙　mǎnǎo
埋藏　máicáng
埋伏　mái•fú
埋没　máimò
埋头　máitóu
埋葬　máizàng
买主　mǎizhǔ
迈步　màibù

迈进　màijìn
麦收　màishōu
麦子　màizi
卖国　màiguó
卖力　màilì
卖命　màimìng
卖弄　mài•nòng
卖主　màizhǔ
脉搏　màibó
脉冲　màichōng
脉络　màiluò
蛮干　mángàn
蛮横　mánhèng
鳗　mán
满腹　mǎnfù
满怀　mǎnhuái
满口　mǎnkǒu
满面　mǎnmiàn
满目　mǎnmù
满腔　mǎnqiāng
满心　mǎnxīn
满月　mǎnyuè
满载　mǎnzài
满嘴　mǎnzuǐ
螨　mǎn
曼　màn
谩骂　mànmà
蔓　màn
蔓延　mànyán
漫　màn
漫不经心　màn bù jīngxīn
漫步　mànbù
漫画　mànhuà
漫天　màntiān
漫游　mànyóu
慢条斯理　màntiáo-sīlǐ

忙活　mánghuo
忙乱　mángluàn
盲　máng
盲肠　mángcháng
盲从　mángcóng
盲流　mángliú
盲人　mángrén
蟒　mǎng
猫头鹰　māotóuyīng
毛笔　máobǐ
毛虫　máochóng
毛发　máofà
毛骨悚然　máogǔ-sǒngrán
毛料　máoliào
毛驴　máolǘ
毛囊　máonáng
毛皮　máopí
毛毯　máotǎn
毛线　máoxiàn
毛衣　máoyī
矛　máo
矛头　máotóu
茅草　máocǎo
茅屋　máowū
锚　máo
卯　mǎo
铆　mǎo
茂密　màomì
茂盛　màoshèng
冒充　màochōng
冒火　màohuǒ
冒昧　màomèi
冒失　màoshi
贸然　màorán

貌 mào
貌似 màosì
没劲 méijìn
没命 méimìng
没趣 méiqù
没准儿 méizhǔnr
玫瑰 méi·guī
眉飞色舞 méifēi-sèwǔ
眉开眼笑 méikāi-yǎnxiào
眉目 méi·mù
眉眼 méiyǎn
眉宇 méiyǔ
梅花 méihuā
梅雨 méiyǔ
媒 méi
媒人 méiren
煤气 méiqì
煤油 méiyóu
霉 méi
霉菌 méijūn
霉烂 méilàn
美德 měidé
美观 měiguān
美景 měijǐng
美酒 měijiǔ
美满 měimǎn
美貌 měimào
美女 měinǚ
美人 měirén
美容 měiróng
美谈 měitán
美味 měiwèi
美育 měiyù
昧 mèi
媚 mèi

闷热 mēnrè
门板 ménbǎn
门道 méndao
门第 méndì
门洞儿 méndòngr
门户 ménhù
门槛 ménkǎn
门框 ménkuàng
门类 ménlèi
门帘 ménlián
门铃 ménlíng
门面 mén·miàn
门票 ménpiào
门生 ménshēng
门徒 méntú
门牙 ményá
门诊 ménzhěn
萌 méng
萌动 méngdòng
萌生 méngshēng
蒙蔽 méngbì
蒙昧 méngmèi
蒙受 méngshòu
盟 méng
盟国 méngguó
猛然 měngrán
猛兽 měngshòu
蒙古包 ménggǔbāo
锰 měng
梦幻 mènghuàn
梦境 mèngjìng
梦寐以求 mèngmèiyǐqiú
梦乡 mèngxiāng
梦想 mèngxiǎng
梦呓 mèngyì

眯 mī
眯缝 mīfeng
弥 mí
弥散 mísàn
迷宫 mígōng
迷糊 míhu
迷惑 míhuò
迷离 mílí
迷恋 míliàn
迷路 mílù
迷茫 mímáng
迷蒙 míméng
迷失 míshī
迷惘 míwǎng
迷雾 míwù
猕猴 míhóu
糜烂 mílàn
米饭 mǐfàn
觅 mì
秘 mì
秘诀 mìjué
密闭 mìbì
密布 mìbù
密封 mìfēng
密码 mìmǎ
幂 mì
蜜月 mìyuè
眠 mián
绵 mián
绵延 miányán
绵羊 miányáng
棉布 miánbù
棉纱 miánshā
棉田 miántián
棉絮 miánxù
免除 miǎnchú
免得 miǎn·dé

免费 miǎnfèi
免税 miǎnshuì
勉 miǎn
勉励 miǎnlì
缅怀 miǎnhuái
面额 miàn'é
面粉 miànfěn
面颊 miànjiá
面具 miànjù
面庞 miànpáng
面容 miànróng
面色 miànsè
面纱 miànshā
面谈 miàntán
面条儿 miàntiáor
面子 miànzi
苗木 miáomù
苗圃 miáopǔ
苗条 miáotiao
苗头 miáotou
描 miáo
描画 miáohuà
描摹 miáomó
瞄 miáo
瞄准 miáozhǔn
渺 miǎo
渺茫 miǎománg
渺小 miǎoxiǎo
藐视 miǎoshì
庙会 miàohuì
庙宇 miàoyǔ
灭火 mièhuǒ
灭绝 mièjué
蔑视 mièshì
蔑 miè
民办 mínbàn
民法 mínfǎ

民房 mínfáng
民工 míngōng
民航 mínháng
民警 mínjǐng
民情 mínqíng
民权 mínquán
民生 mínshēng
民心 mínxīn
民谣 mínyáo
民意 mínyì
民营 mínyíng
民用 mínyòng
民政 mínzhèng
皿 mǐn
泯 mǐn
泯灭 mǐnmiè
闽 Mǐn
名次 míngcì
名单 míngdān
名额 míng'é
名副其实 míngfùqíshí
名贵 míngguì
名家 míngjiā
名利 mínglì
名列前茅 mínglièqiánmáo
名流 míngliú
名目 míngmù
名牌 míngpái
名片 míngpiàn
名气 míngqì
名人 míngrén
名山 míngshān
名声 míngshēng
名胜 míngshèng
名师 míngshī

名堂　míngtang
名望　míngwàng
名下　míngxià
名言　míngyán
名誉　míngyù
名著　míngzhù
明矾　míngfán
明净　míngjìng
明镜　míngjìng
明快　míngkuài
明朗　mínglǎng
明了　míngliǎo
明媚　míngmèi
明日　míngrì
明晰　míngxī
明星　míngxīng
明珠　míngzhū
鸣叫　míngjiào
冥想　míngxiǎng
铭　míng
铭文　míngwén
命脉　mìngmài
命中　mìngzhòng
谬　miù
谬论　miùlùn
谬误　miùwù
摹　mó
模特儿mótèr
摩登　módēng
摩托　mótuō
磨练　móliàn
磨难　mónàn
磨损　mósǔn
蘑菇　mógu
魔　mó
魔法　mófǎ
魔鬼　móguǐ
魔力　mólì
魔术　móshù
魔王　mówáng
魔爪　mózhǎo
抹杀　mǒshā
末日　mòrì
末梢　mòshāo
末尾　mòwěi
沫　mò
莫大　mòdà
莫非　mòfēi
蓦然　mòrán
漠然　mòrán
漠视　mòshì
墨水　mòshuǐ
默　mò
默念　mòniàn
默契　mòqì
默然　mòrán
眸　móu
谋害　móuhài
谋略　móulüè
谋求　móuqiú
谋取　móuqǔ
谋杀　móushā
谋生　móushēng
模板　múbǎn
母爱　mǔ'ài
母本　mǔběn
母系　mǔxì
母校　mǔxiào
母语　mǔyǔ
牡丹　mǔ•dān
牡蛎　mǔlì
拇指　mǔzhǐ
木本　mùběn
木柴　mùchái
木耳　mù'ěr
木筏　mùfá
木工　mùgōng
木匠　mùjiang
木刻　mùkè
木料　mùliào
木偶　mù'ǒu
木炭　mùtàn
木星　mùxīng
目不转睛　mùbùzhuǎnjīng
目瞪口呆　mùdèng-kǒudāi
目睹　mùdǔ
目录　mùlù
目送　mùsòng
沐浴　mùyù
牧　mù
牧草　mùcǎo
牧场　mùchǎng
牧民　mùmín
牧区　mùqū
募　mù
募捐　mùjuān
墓碑　mùbēi
墓地　mùdì
墓室　mùshì
墓葬　mùzàng
幕后　mùhòu
暮　mù
暮色　mùsè
穆　mù
穆斯林mùsīlín

N

纳粹　Nàcuì
纳闷儿nàmènr
娜　nà
捺　nà
奶粉　nǎifěn
奶牛　nǎiniú
奶油　nǎiyóu
氖　nǎi
奈何　nàihé
耐力　nàilì
耐用　nàiyòng
男方　nánfāng
男生　nánshēng
南半球nánbànqiú
南边　nán•biān
南瓜　nán•guā
南面　nán•miàn
南洋　Nányáng
难保　nánbǎo
难产　nánchǎn
难处　nán•chù
难点　nándiǎn
难度　nándù
难关　nánguān
难堪　nánkān
难看　nánkàn
难说　nánshuō
难听　nántīng
难为　nánwei
难为情nánwéiqíng
难民　nànmín
难友　nànyǒu
囊括　nángkuò
挠　náo
恼　nǎo
恼火　nǎohuǒ
恼怒　nǎonù
脑海　nǎohǎi
脑际　nǎojì
脑筋　nǎojīn
脑力　nǎolì
脑髓　nǎosuǐ
闹市　nàoshì
闹事　nàoshì
闹钟　nàozhōng
内阁　nèigé
内海　nèihǎi
内行　nèiháng
内疚　nèijiù
内科　nèikē
内力　nèilì
内陆　nèilù
内乱　nèiluàn
内幕　nèimù
内情　nèiqíng
内燃机nèiránjī
内伤　nèishāng
内务　nèiwù
内线　nèixiàn
内向　nèixiàng
内销　nèixiāo
内省　nèixǐng
内衣　nèiyī
内因　nèiyīn
内政　nèizhèng
嫩绿　nènlǜ
能干　nénggàn
能耐　néngnai
能人　néngrén
能事　néngshì
能手　néngshǒu
尼　ní
尼姑　nígū
尼龙　nílóng
呢绒　níróng
泥浆　níjiāng

泥坑 níkēng
泥泞 nínìng
泥鳅 ní·qiū
泥塑 nísù
泥炭 nítàn
倪 ní
霓虹灯 níhóngdēng
拟订 nǐdìng
拟定 nǐdìng
拟人 nǐrén
逆差 nìchā
逆境 nìjìng
逆流 nìliú
逆向 nìxiàng
逆转 nìzhuǎn
腻 nì
溺 nì
溺爱 nì'ài
拈 niān
蔫 niān
年份 niánfèn
年华 niánhuá
年画 niánhuà
年会 niánhuì
年景 niánjǐng
年轮 niánlún
年迈 niánmài
年岁 niánsuì
年限 niánxiàn
年终 niánzhōng
黏 nián
捻 niǎn
碾 niǎn
撵 niǎn
廿 niàn
念白 niànbái
念叨 niàndao

娘家 niángjia
酿 niàng
鸟瞰 niǎokàn
袅袅 niǎoniǎo
尿布 niàobù
尿素 niàosù
捏造 niēzào
聂 Niè
涅槃 nièpán
啮 niè
镊子 nièzi
镍 niè
孽 niè
狞笑 níngxiào
凝神 níngshén
凝望 níngwàng
宁可 nìngkě
宁肯 nìngkěn
宁愿 nìngyuàn
牛犊 niúdú
牛皮 niúpí
牛仔裤 niúzǎikù
扭曲 niǔqū
纽带 niǔdài
纽扣 niǔkòu
拗 niù
农夫 nóngfū
农妇 nóngfù
农耕 nónggēng
农机 nóngjī
农家 nóngjiā
农垦 nóngkěn
农历 nónglì
农忙 nóngmáng
农事 nóngshì
农闲 nóngxián
浓淡 nóngdàn

浓烈 nóngliè
浓眉 nóngméi
浓密 nóngmì
浓缩 nóngsuō
浓郁 nóngyù
浓重 nóngzhòng
弄虚作假 nòngxū-zuòjiǎ
奴 nú
奴才 núcai
奴仆 núpú
怒放 nùfàng
怒吼 nùhǒu
怒火 nùhuǒ
怒气 nùqì
女方 nǚfāng
女皇 nǚhuáng
女郎 nǚláng
女神 nǚshén
女生 nǚshēng
女王 nǚwáng
暖和 nuǎnhuo
暖流 nuǎnliú
暖瓶 nuǎnpíng
暖气 nuǎnqì
疟疾 nüèji
虐待 nüèdài
挪 nuó
挪动 nuó·dòng
挪用 nuóyòng
诺言 nuòyán
懦弱 nuòruò
糯米 nuòmǐ

O

讴歌 ōugē
鸥 ōu
殴打 ōudǎ
呕 ǒu
呕吐 ǒutù
偶像 ǒuxiàng
藕 ǒu

P

趴 pā
爬行 páxíng
耙 pá
帕 pà
拍板 pāibǎn
拍卖 pāimài
拍手 pāishǒu
拍照 pāizhào
拍子 pāizi
排场 pái·chǎng
排队 páiduì
排挤 páijǐ
排练 páiliàn
排卵 páiluǎn
排球 páiqiú
排戏 páixì
排泄 páixiè
排演 páiyǎn
排忧解难 páiyōu-jiěnàn
牌坊 pái·fāng
牌价 páijià
牌楼 páilou
派别 pàibié
派生 pàishēng
派头 pàitóu
派系 pàixì
派性 pàixìng
攀登 pāndēng
攀谈 pāntán

攀援 pānyuán
盘剥 pánbō
盘踞 pánjù
盘算 pánsuan
盘问 pánwèn
盘旋 pánxuán
盘子 pánzi
判别 pànbié
判决书 pànjuéshū
判明 pànmíng
判刑 pànxíng
叛 pàn
叛变 pànbiàn
叛乱 pànluàn
叛逆 pànnì
叛徒 pàntú
畔 pàn
膀 pāng
庞 páng
旁白 pángbái
旁人 pángrén
旁听 pángtīng
膀胱 pángguāng
磅礴 pángbó
胖子 pàngzi
刨 páo
咆哮 páoxiào
狍子 páozi
炮制 páozhì
袍 páo
跑步 pǎobù
跑道 pǎodào
泡菜 pàocài
泡沫 pàomò
炮兵 pàobīng
炮火 pàohuǒ
炮击 pàojī

炮楼 pàolóu
炮台 pàotái
胚芽 pēiyá
陪伴 péibàn
陪衬 péichèn
陪同 péitóng
培 péi
培土 péitǔ
培植 péizhí
赔 péi
赔款 péikuǎn
赔钱 péiqián
裴 Péi
佩 pèi
佩戴 pèidài
配备 pèibèi
配对 pèiduì
配方 pèifāng
配件 pèijiàn
配角 pèijué
配偶 pèi'ǒu
配伍 pèiwǔ
配制 pèizhì
配种 pèizhǒng
喷发 pēnfā
喷泉 pēnquán
喷洒 pēnsǎ
喷射 pēnshè
喷嚏 pēn•tì
喷涂 pēntú
盆景 pénjǐng
盆栽 pénzāi
盆子 pénzi
抨击 pēngjī
烹饪 pēngrèn
烹调 pēngtiáo
棚子 péngzi

蓬 péng
蓬乱 péngluàn
蓬松 péngsōng
硼 péng
蓬 péng
膨大 péngdà
碰见 pèng•jiàn
碰巧 pèngqiǎo
碰头 pèngtóu
碰撞 pèngzhuàng
批驳 pībó
批量 pīliàng
批示 pīshì
坯 pī
披露 pīlù
劈 pī
霹雳 pīlì
皮包 píbāo
皮层 pícéng
皮带 pídài
皮革 pígé
皮毛 pímáo
皮球 píqiú
皮肉 píròu
皮子 pízi
毗邻 pílín
疲 pí
疲惫 píbèi
疲乏 pífá
啤酒 píjiǔ
琵琶 pí•pá
脾胃 píwèi
脾脏 pízàng
匹配 pǐpèi
痞子 pǐzi
劈 pǐ

癖 pǐ
屁 pì
辟 pì
媲美 pìměi
僻静 pìjìng
片子 piānzi
偏爱 piān'ài
偏差 piānchā
偏激 piānjī
偏离 piānlí
偏旁 piānpáng
偏僻 piānpì
偏颇 piānpō
偏心 piānxīn
偏重 piānzhòng
篇幅 piān•fú
篇章 piānzhāng
片段 piànduàn
片断 piànduàn
骗局 piànjú
骗取 piànqǔ
骗子 piànzi
漂 piāo
漂泊 piāobó
漂浮 piāofú
漂流 piāoliú
漂移 piāoyí
飘带 piāodài
飘荡 piāodàng
飘动 piāodòng
飘浮 piāofú
飘忽 piāohū
飘零 piāolíng
飘落 piāoluò
飘然 piāorán
飘散 piāosàn
飘扬 piāoyáng

飘逸 piāoyì
朴 Piáo
瓢 piáo
漂 piǎo
漂白粉 piǎobáifěn
瞟 piǎo
票据 piàojù
票子 piàozi
撇 piē
撇开 piē•kāi
瞥 piē
瞥见 piējiàn
撇 piě
拼 pīn
拼搏 pīnbó
拼凑 pīncòu
拼死 pīnsǐ
拼音 pīnyīn
贫乏 pínfá
贫寒 pínhán
贫瘠 pínjí
贫苦 pínkǔ
贫民 pínmín
贫血 pínxuè
频 pín
频道 píndào
品尝 pǐncháng
品格 pǐngé
品评 pǐnpíng
品位 pǐnwèi
品味 pǐnwèi
品行 pǐnxíng
聘 pìn
聘请 pìnqǐng
平安 píng'ān
平板 píngbǎn
平淡 píngdàn

平地 píngdì
平定 píngdìng
平反 píngfǎn
平方 píngfāng
平房 píngfáng
平衡木 pínghéngmù
平滑 pínghuá
平缓 pínghuǎn
平价 píngjià
平米 píngmǐ
平生 píngshēng
平素 píngsù
平台 píngtái
平稳 píngwěn
平息 píngxī
平移 píngyí
平庸 píngyōng
平整 píngzhěng
评比 píngbǐ
评定 píngdìng
评分 píngfēn
评估 pínggū
评奖 píngjiǎng
评剧 píngjù
评判 píngpàn
评审 píngshěn
评述 píngshù
评弹 píngtán
评议 píngyì
评语 píngyǔ
坪 píng
凭吊 píngdiào
凭空 píngkōng
凭证 píngzhèng
屏风 píngfēng
屏障 píngzhàng

瓶子 píngzi
萍 píng
坡地 pōdì
坡度 pōdù
泊 pō
泼 pō
泼辣 pō•là
婆家 pójia
迫不及待 pòbùjídài
破案 pò'àn
破除 pòchú
破格 pògé
破获 pòhuò
破旧 pòjiù
破烂 pòlàn
破例 pòlì
破灭 pòmiè
破碎 pòsuì
破绽 pò•zhàn
魄 pò
魄力 pò•lì
剖 pōu
剖析 pōuxī
仆 pū
扑鼻 pūbí
扑克 pūkè
扑灭 pūmiè
铺盖 pūgai
铺设 pūshè
仆 pú
仆人 púrén
仆役 púyì
匍匐 púfú
葡萄酒 pú•táojiǔ
蒲公英 púgōngyīng
蒲扇 púshàn
朴实 pǔshí
圃 pǔ
浦 pǔ
普 pǔ
普查 pǔchá
普法 pǔfǎ
普选 pǔxuǎn
谱写 pǔxiě
堡 pù
瀑 pù
瀑布 pùbù

Q

沏 qī
栖息 qīxī
凄惨 qīcǎn
凄楚 qīchǔ
凄厉 qīlì
凄然 qīrán
戚 qī
期刊 qīkān
欺 qī
欺负 qīfu
欺凌 qīlíng
欺侮 qīwǔ
欺压 qīyā
欺诈 qīzhà
漆黑 qīhēi
漆器 qīqì
齐备 qíbèi
齐名 qímíng
齐全 qíquán
齐整 qízhěng
奇观 qíguān
奇妙 qímiào
奇闻 qíwén
歧视 qíshì
歧途 qítú
歧义 qíyì
祈 qí
祈祷 qídǎo
祈求 qíqiú
畦 qí
崎岖 qíqū
骑兵 qíbīng
棋 qí
棋盘 qípán
旗子 qízǐ
旗号 qíhào
旗袍 qípáo
旗子 qízi
鳍 qí
乞丐 qǐgài
乞求 qǐqiú
乞讨 qǐtǎo
岂有此理 qǐyǒu cǐlǐ
企鹅 qǐ'é
启 qǐ
启程 qǐchéng
启迪 qǐdí
启动 qǐdòng
启蒙 qǐméng
启事 qǐshì
起兵 qǐbīng
起步 qǐbù
起草 qǐcǎo
起床 qǐchuáng
起飞 qǐfēi
起哄 qǐhòng
起火 qǐhuǒ
起家 qǐjiā
起见 qǐjiàn
起劲 qǐjìn
起居 qǐjū
起立 qǐlì
起落 qǐluò
起事 qǐshì
起诉 qǐsù
起先 qǐxiān
起因 qǐyīn
绮丽 qǐlì
气喘 qìchuǎn
气垫 qìdiàn
气度 qìdù
气概 qìgài
气功 qìgōng
气管 qìguǎn
气急 qìjí
气节 qìjié
气孔 qìkǒng
气力 qìlì
气囊 qìnáng
气恼 qìnǎo
气馁 qìněi
气派 qìpài
气泡 qìpào
气魄 qìpò
气球 qìqiú
气色 qìsè
气势 qìshì
气态 qìtài
气虚 qìxū
气旋 qìxuán
气焰 qìyàn
迄 qì
迄今 qìjīn
汽 qì
汽笛 qìdí
汽缸 qìgāng
汽化 qìhuà
汽水 qìshuǐ
汽艇 qìtǐng
泣 qì
契 qì
契机 qìjī
器件 qìjiàn
器具 qìjù
器皿 qìmǐn
器物 qìwù
器械 qìxiè
器乐 qìyuè
器重 qìzhòng
掐 qiā
洽 qià
洽谈 qiàtán
恰 qià
恰巧 qiàqiǎo
恰如 qiàrú
恰似 qiàsì
千古 qiāngǔ
千金 qiānjīn
千钧一发 qiānjūn-yīfà
千卡 qiānkǎ
千瓦 qiānwǎ
扦 qiān
迁就 qiānjiù
迁居 qiānjū
牵动 qiāndòng
牵挂 qiānguà
牵连 qiānlián
牵涉 qiānshè
牵引 qiānyǐn
牵制 qiānzhì
谦虚 qiānxū
谦逊 qiānxùn

签 qiān
签发 qiānfā
签名 qiānmíng
签署 qiānshǔ
签约 qiānyuē
签证 qiānzhèng
签字 qiānzì
前辈 qiánbèi
前臂 qiánbì
前程 qiánchéng
前额 qián'é
前锋 qiánfēng
前列 qiánliè
前年 qiánnián
前仆后继
qiánpū-hòujì
前哨 qiánshào
前身 qiánshēn
前世 qiánshì
前天 qiántiān
前卫 qiánwèi
前沿 qiányán
前夜 qiányè
前肢 qiánzhī
前奏 qiánzòu
虔诚 qiánchéng
钱包 qiánbāo
钱币 qiánbì
钱财 qiáncái
钳工 qiángōng
钳子 qiánzi
乾 qián
乾坤 qiánkūn
潜藏 qiáncáng
潜伏 qiánfú
潜入 qiánrù
潜水 qiánshuǐ
潜艇 qiántǐng
潜移默化
qiányí-mòhuà
黔 Qián
浅薄 qiǎnbó
浅海 qiǎnhǎi
浅滩 qiǎntān
浅显 qiǎnxiǎn
谴责 qiǎnzé
欠缺 qiànquē
纤 qiàn
歉 qiàn
歉收 qiànshōu
歉意 qiànyì
呛 qiāng
枪毙 qiāngbì
枪弹 qiāngdàn
枪杀 qiāngshā
枪支 qiāngzhī
腔调 qiāngdiào
强渡 qiángdù
强攻 qiánggōng
强国 qiángguó
强加 qiángjiā
强健 qiángjiàn
强劲 qiángjìng
强力 qiánglì
强盛 qiángshèng
强行 qiángxíng
强硬 qiángyìng
强占 qiángzhàn
强壮
qiángzhuàng
墙根 qiánggēn
墙角 qiángjiǎo
墙头 qiángtóu
抢夺 qiǎngduó
抢购 qiǎnggòu
抢劫 qiǎngjié
抢先 qiǎngxiān
抢险 qiǎngxiǎn
抢修 qiǎngxiū
抢占 qiǎngzhàn
强求 qiǎngqiú
呛 qiàng
跷 qiāo
锹 qiāo
敲打 qiāo•dǎ
乔 qiáo
乔木 qiáomù
侨胞 qiáobāo
侨眷 qiáojuàn
侨民 qiáomín
侨务 qiáowù
桥头 qiáotóu
翘 qiáo
瞧见 qiáo•jiàn
巧合 qiǎohé
悄然 qiǎorán
悄声 qiǎoshēng
俏 qiào
俏皮 qiào•pí
峭壁 qiàobì
窍 qiào
窍门 qiàomén
翘 qiào
撬 qiào
鞘 qiào
切除 qiēchú
切磋 qiēcuō
切点 qiēdiǎn
切割 qiēgē
切口 qiēkǒu
切面 qiēmiàn
切片 qiēpiàn
切线 qiēxiàn
茄子 qiézi
切合 qièhé
切忌 qièjì
切身 qièshēn
妾 qiè
怯 qiè
怯懦 qiènuò
窃 qiè
窃取 qièqǔ
惬意 qièyì
钦差 qīnchāi
钦佩 qīnpèi
侵害 qīnhài
侵吞 qīntūn
侵袭 qīnxí
亲爱 qīn'ài
亲笔 qīnbǐ
亲近 qīnjìn
亲口 qīnkǒu
亲临 qīnlín
亲昵 qīnnì
亲朋 qīnpéng
亲身 qīnshēn
亲生 qīnshēng
亲事 qīn•shì
亲手 qīnshǒu
亲王 qīnwáng
亲吻 qīnwěn
亲信 qīnxìn
亲缘 qīnyuán
亲子 qīnzǐ
禽 qín
禽兽 qínshòu
勤奋 qínfèn
勤俭 qínjiǎn
勤快 qínkuai
擒 qín
噙 qín
寝 qǐn
寝室 qǐnshì
沁 qìn
青菜 qīngcài
青草 qīngcǎo
青翠 qīngcuì
青稞 qīngkē
青睐 qīnglài
青霉素 qīngméisù
青苔 qīngtái
青天 qīngtiān
青铜 qīngtóng
青衣 qīngyī
轻便 qīngbiàn
轻而易举
qīng'éryìjǔ
轻浮 qīngfú
轻快 qīngkuài
轻描淡写
qīngmiáo-dànxiě
轻蔑 qīngmiè
轻骑 qīngqí
轻巧 qīng•qiǎo
轻柔 qīngróu
轻率 qīngshuài
轻信 qīngxìn
轻音乐 qīngyīnyuè
轻盈 qīngyíng
氢弹 qīngdàn
倾倒 qīngdǎo
倾倒 qīngdào
倾角 qīngjiǎo
倾诉 qīngsù
倾吐 qīngtǔ

倾销 qīngxiāo
倾泻 qīngxiè
倾心 qīngxīn
倾注 qīngzhù
卿 qīng
清白 qīngbái
清查 qīngchá
清偿 qīngcháng
清澈 qīngchè
清脆 qīngcuì
清单 qīngdān
清淡 qīngdàn
清风 qīngfēng
清高 qīnggāo
清官 qīngguān
清净 qīngjìng
清静 qīngjìng
清冷 qīnglěng
清凉 qīngliáng
清明 qīngmíng
清扫 qīngsǎo
清瘦 qīngshòu
清爽 qīngshuǎng
清算 qīngsuàn
清洗 qīngxǐ
清闲 qīngxián
清香 qīngxiāng
清新 qīngxīn
清秀 qīngxiù
清早 qīngzǎo
清真寺 qīngzhēnsì
蜻蜓 qīngtíng
情不自禁 qíngbùzìjīn
情调 qíngdiào
情怀 qínghuái
情理 qínglǐ
情侣 qínglǚ
情人 qíngrén
情势 qíngshì
情书 qíngshū
情思 qíngsī
情态 qíngtài
情谊 qíngyì
情意 qíngyì
情欲 qíngyù
情愿 qíngyuàn
晴 qíng
晴空 qíngkōng
晴朗 qínglǎng
擎 qíng
顷 qǐng
顷刻 qǐngkè
请假 qǐngjià
请教 qǐngjiào
请客 qǐngkè
请愿 qǐngyuàn
庆 qìng
庆贺 qìnghè
庆幸 qìngxìng
亲家 qìngjia
罄 qìng
穷尽 qióngjìn
穷苦 qióngkǔ
穷困 qióngkùn
琼 qióng
丘陵 qiūlíng
邱 Qiū
秋风 qiūfēng
秋收 qiūshōu
仇 Qiú
囚 qiú
囚犯 qiúfàn
囚禁 qiújìn
囚徒 qiútú
求爱 qiú'ài
求婚 qiúhūn
求救 qiújiù
求解 qiújiě
求教 qiújiào
求人 qiúrén
求生 qiúshēng
求实 qiúshí
求学 qiúxué
求援 qiúyuán
求知 qiúzhī
求助 qiúzhù
球场 qiúchǎng
球迷 qiúmí
球面 qiúmiàn
球赛 qiúsài
球体 qiútǐ
裘 qiú
裘皮 qiúpí
区划 qūhuà
区间 qūjiān
曲解 qūjiě
曲面 qūmiàn
曲轴 qūzhóu
驱车 qūchē
驱除 qūchú
驱赶 qūgǎn
驱散 qūsàn
驱使 qūshǐ
屈 qū
屈从 qūcóng
屈辱 qūrǔ
祛 qū
蛆 qū
躯 qū
躯干 qūgàn
躯壳 qūqiào
躯体 qūtǐ
曲调 qǔdiào
曲目 qǔmù
曲牌 qǔpái
曲艺 qǔyì
曲子 qǔzi
取材 qǔcái
取缔 qǔdì
取经 qǔjīng
取乐 qǔlè
取暖 qǔnuǎn
取舍 qǔshě
取胜 qǔshèng
取笑 qǔxiào
取样 qǔyàng
取悦 qǔyuè
去处 qù•chù
去路 qùlù
去向 qùxiàng
趣 qù
圈套 quāntào
圈子 quānzi
权贵 quánguì
权衡 quánhéng
权势 quánshì
权限 quánxiàn
全集 quánjí
全力 quánlì
全貌 quánmào
全能 quánnéng
全盘 quánpán
全权 quánquán
全文 quánwén
全线 quánxiàn
泉水 quánshuǐ
泉源 quányuán
拳击 quánjī
痊愈 quányù
蜷 quán
蜷缩 quánsuō
犬 quǎn
犬齿 quǎnchǐ
劝导 quàndǎo
劝告 quàngào
劝解 quànjiě
劝说 quànshuō
劝慰 quànwèi
劝阻 quànzǔ
券 quàn
缺德 quēdé
缺憾 quēhàn
缺口 quēkǒu
缺损 quēsǔn
瘸 qué
雀 què
确信 quèxìn
确凿 quèzáo(quèzuò)
确证 quèzhèng
阙 què
裙 qún
裙子 qúnzi
群岛 qúndǎo
群居 qúnjū

R

冉冉 rǎnrǎn
染料 rǎnliào
让步 ràngbù
让位 ràngwèi
饶 ráo
饶恕 ráoshù
扰 rǎo

绕道　ràodào
热潮　rècháo
热忱　rèchén
热诚　rèchéng
热度　rèdù
热浪　rèlàng
热泪　rèlèi
热力　rèlì
热恋　rèliàn
热流　rèliú
热门　rèmén
热气　rèqì
热切　rèqiè
热望　rèwàng
热血　rèxuè
热源　rèyuán
人称　rénchēng
人次　réncì
人道　réndào
人丁　réndīng
人和　rénhé
人际　rénjì
人迹　rénjì
人流　rénliú
人伦　rénlún
人马　rénmǎ
人命　rénmìng
人品　rénpǐn
人情　rénqíng
人权　rénquán
人参　rénshēn
人声　rénshēng
人世　rénshì
人手　rénshǒu
人文　rénwén
人像　rénxiàng
人行道　rénxíngdào
人选　rénxuǎn
人烟　rényān
人中　rénzhōng
人种　rénzhǒng
仁慈　réncí
仁义　rényì
忍痛　rěntòng
忍心　rěnxīn
刃　rèn
认错　rèncuò
认购　rèngòu
认可　rènkě
认同　rèntóng
认罪　rènzuì
任教　rènjiào
任免　rènmiǎn
任凭　rènpíng
任期　rènqī
任性　rènxìng
任用　rènyòng
任职　rènzhí
韧　rèn
韧带　rèndài
韧性　rènxìng
妊娠　rènshēn
日程　rìchéng
日光　rìguāng
日后　rìhòu
日见　rìjiàn
日渐　rìjiàn
日历　rìlì
日食　rìshí
日用　rìyòng
荣　róng
荣获　rónghuò
荣幸　róngxìng
荣耀　róngyào
绒　róng
绒毛　róngmáo
绒线　róngxiàn
容积　róngjī
容貌　róngmào
容忍　róngrěn
容许　róngxǔ
容颜　róngyán
溶洞　róngdòng
溶化　rónghuà
溶血　róngxuè
熔化　rónghuà
融　róng
融化　rónghuà
融洽　róngqià
融资　róngzī
冗长　rǒngcháng
柔　róu
柔道　róudào
柔美　róuměi
柔情　róuqíng
柔弱　róuruò
柔顺　róushùn
蹂躏　róulìn
肉食　ròushí
肉眼　ròuyǎn
肉质　ròuzhì
如期　rúqī
如实　rúshí
如释重负　rúshìzhòngfù
如意　rúyì
儒　rú
儒学　rúxué
蠕动　rúdòng
汝　rǔ
乳白　rǔbái
乳房　rǔfáng
乳牛　rǔniú
乳汁　rǔzhī
辱　rǔ
入股　rùgǔ
入境　rùjìng
入口　rùkǒu
入门　rùmén
入迷　rùmí
入睡　rùshuì
入伍　rùwǔ
入夜　rùyè
入座　rùzuò
褥子　rùzi
软骨　ruǎngǔ
软化　ruǎnhuà
软件　ruǎnjiàn
软禁　ruǎnjìn
软弱　ruǎnruò
蕊　ruǐ
锐　ruì
锐角　ruìjiǎo
锐利　ruìlì
瑞　ruì
闰　rùn
润　rùn
润滑　rùnhuá
若无其事　ruòwúqíshì
弱小　ruòxiǎo

S

仨　sā
撒谎　sāhuǎng
撒娇　sājiāo
撒手　sāshǒu
洒脱　sǎ•tuō
卅　sà
腮　sāi
塞子　sāizi
赛场　sàichǎng
赛跑　sàipǎo
赛事　sàishì
三角洲　sānjiǎozhōu
三轮车　sānlúnchē
散漫　sǎnmàn
散场　sànchǎng
散会　sànhuì
散伙　sànhuǒ
散落　sànluò
散失　sànshī
丧事　sāngshì
丧葬　sāngzàng
桑　sāng
嗓　sǎng
嗓门儿　sǎngménr
嗓音　sǎngyīn
丧气　sàngqì
搔　sāo
骚　sāo
骚动　sāodòng
骚扰　sāorǎo
缫　sāo
臊　sāo
扫除　sǎochú
扫地　sǎodì
扫盲　sǎománg
扫描　sǎomiáo
扫射　sǎoshè
扫视　sǎoshì
扫兴　sǎoxìng
扫帚　sàozhou
臊　sào

色调	sèdiào
色光	sèguāng
色盲	sèmáng
色情	sèqíng
色素	sèsù
色泽	sèzé
涩	sè
瑟	sè
森严	sēnyán
僧尼	sēngní
杀菌	shājūn
杀戮	shālù
杀伤	shāshāng
杉木	shāmù
沙丘	shāqiū
沙土	shātǔ
沙哑	shāyǎ
沙子	shāzi
纱布	shābù
纱锭	shādìng
刹	shā
刹车	shāchē
煞	shā
傻瓜	shǎguā
傻子	shǎzi
煞	shà
霎时	shàshí
筛	shāi
筛选	shāixuǎn
山坳	shān'ào
山茶	shānchá
山川	shānchuān
山村	shāncūn
山歌	shāngē
山沟	shāngōu
山河	shānhé
山洪	shānhóng
山涧	shānjiàn
山脚	shānjiǎo
山梁	shānliáng
山岭	shānlǐng
山麓	shānlù
山峦	shānluán
山门	shānmén
山系	shānxì
山崖	shānyá
山羊	shānyáng
山腰	shānyāo
山野	shānyě
山岳	shānyuè
山楂	shānzhā
杉	shān
衫	shān
珊瑚	shānhú
扇动	shāndòng
煽动	shāndòng
闪现	shǎnxiàn
闪耀	shǎnyào
陕	Shǎn
扇贝	shànbèi
扇子	shànzi
善后	shànhòu
善意	shànyì
善战	shànzhàn
禅	shàn
擅长	shàncháng
擅自	shànzì
膳	shàn
膳食	shànshí
赡养	shànyǎng
伤疤	shāngbā
伤感	shānggǎn
伤寒	shānghán
伤痕	shānghén
伤势	shāngshì
伤亡	shāngwáng
商场	shāngchǎng
商船	shāngchuán
商定	shāngdìng
商贩	shāngfàn
商贾	shānggǔ
商会	shānghuì
商检	shāngjiǎn
商榷	shāngquè
商谈	shāngtán
商讨	shāngtǎo
商务	shāngwù
商议	shāngyì
晌	shǎng
晌午	shǎngwu
赏赐	shǎngcì
赏识	shǎngshí
上报	shàngbào
上臂	shàngbì
上场	shàngchǎng
上当	shàngdàng
上等	shàngděng
上吊	shàngdiào
上风	shàngfēng
上工	shànggōng
上古	shànggǔ
上好	shànghǎo
上将	shàngjiàng
上缴	shàngjiǎo
上进	shàngjìn
上列	shàngliè
上流	shàngliú
上路	shànglù
上马	shàngmǎ
上门	shàngmén
上品	shàngpǐn
上任	shàngrèn
上身	shàngshēn
上书	shàngshū
上司	shàngsi
上台	shàngtái
上头	shàngtou
上行	shàngxíng
上旬	shàngxún
上演	shàngyǎn
上阵	shàngzhèn
上肢	shàngzhī
上座	shàngzuò
尚且	shàngqiě
捎	shāo
烧杯	shāobēi
烧饼	shāobing
烧毁	shāohuǐ
烧火	shāohuǒ
烧酒	shāojiǔ
烧瓶	shāopíng
烧伤	shāoshāng
烧香	shāoxiāng
勺	sháo
勺子	sháozi
少见	shǎojiàn
少儿	shào'ér
少妇	shàofù
少将	shàojiàng
哨	shào
哨兵	shàobīng
哨所	shàosuǒ
哨子	shàozi
奢侈	shēchǐ
舌苔	shétāi
舍弃	shěqì
舍身	shěshēn
设防	shèfáng
社交	shèjiāo
社论	shèlùn
社区	shèqū
社团	shètuán
射程	shèchéng
射箭	shèjiàn
射门	shèmén
射手	shèshǒu
涉	shè
涉外	shèwài
涉足	shèzú
赦	shè
赦免	shèmiǎn
摄取	shèqǔ
摄食	shèshí
摄制	shèzhì
麝	shè
申	shēn
申报	shēnbào
申明	shēnmíng
申诉	shēnsù
伸缩	shēnsuō
伸展	shēnzhǎn
伸张	shēnzhāng
身长	shēncháng
身段	shēnduàn
身高	shēngāo
身价	shēnjià
身世	shēnshì
呻吟	shēnyín
绅士	shēnshì
砷	shēn
深奥	shēn'ào
深层	shēncéng

深海 shēnhǎi
深浅 shēnqiǎn
深切 shēnqiè
深秋 shēnqiū
深山 shēnshān
深思 shēnsī
深邃 shēnsuì
深信 shēnxìn
深渊 shēnyuān
深造 shēnzào
深重 shēnzhòng
神采 shéncǎi
神化 shénhuà
神经病 shénjīngbìng
神经质 shénjīngzhì
神龛 shénkān
神灵 shénlíng
神明 shénmíng
神速 shénsù
神通 shéntōng
神童 shéntóng
神往 shénwǎng
神仙 shén•xiān
神像 shénxiàng
神韵 shényùn
神志 shénzhì
神州 shénzhōu
审 shěn
审定 shěndìng
审核 shěnhé
审理 shěnlǐ
审批 shěnpī
审慎 shěnshèn
审视 shěnshì
审问 shěnwèn
审讯 shěnxùn
审议 shěnyì
婶子 shěnzi
肾脏 shènzàng
甚而 shèn'ér
渗 shèn
渗入 shènrù
慎 shèn
升华 shēnghuá
升级 shēngjí
升降 shēngjiàng
升任 shēngrèn
升腾 shēngténg
升学 shēngxué
生病 shēngbìng
生发 shēngfā
生根 shēnggēn
生机 shēngjī
生计 shēngjì
生路 shēnglù
生怕 shēngpà
生平 shēngpíng
生日 shēng•rì
生疏 shēngshū
生死 shēngsǐ
生息 shēngxī
生肖 shēngxiào
生效 shēngxiào
生性 shēngxìng
生涯 shēngyá
生硬 shēngyìng
生字 shēngzì
声波 shēngbō
声部 shēngbù
声称 shēngchēng
声带 shēngdài
声浪 shēnglàng
声名 shēngmíng
声势 shēngshì
声速 shēngsù
声望 shēngwàng
声息 shēngxī
声学 shēngxué
声言 shēngyán
声誉 shēngyù
声援 shēngyuán
声乐 shēngyuè
笙 shēng
绳索 shéngsuǒ
省城 shěngchéng
省份 shěngfèn
省会 shěnghuì
省略 shěnglüè
省事 shěngshì
圣诞节 Shèngdàn Jié
圣地 shèngdì
圣母 shèngmǔ
圣人 shèngrén
圣旨 shèngzhǐ
胜地 shèngdì
胜任 shèngrèn
胜仗 shèngzhàng
盛产 shèngchǎn
盛大 shèngdà
盛会 shènghuì
盛开 shèngkāi
盛况 shèngkuàng
盛名 shèngmíng
盛怒 shèngnù
盛夏 shèngxià
盛装 shèngzhuāng
尸 shī
尸骨 shīgǔ
尸首 shī•shǒu
失常 shīcháng
失传 shīchuán
失地 shīdì
失火 shīhuǒ
失控 shīkòng
失礼 shīlǐ
失利 shīlì
失恋 shīliàn
失灵 shīlíng
失落 shīluò
失眠 shīmián
失明 shīmíng
失散 shīsàn
失神 shīshén
失声 shīshēng
失实 shīshí
失守 shīshǒu
失陷 shīxiàn
失效 shīxiào
失血 shīxuè
失意 shīyì
失真 shīzhēn
失职 shīzhí
失重 shīzhòng
失踪 shīzōng
失足 shīzú
师父 shīfu
师母 shīmǔ
师资 shīzī
诗集 shījí
诗句 shījù
诗篇 shīpiān
虱子 shīzi
狮子 shīzi
施放 shīfàng
施加 shījiā
施舍 shīshě
施展 shīzhǎn
施政 shīzhèng
湿热 shīrè
十足 shízú
什 shí
石板 shíbǎn
石雕 shídiāo
石膏 shígāo
石匠 shíjiang
石刻 shíkè
石窟 shíkū
石料 shíliào
石榴 shíliu
石棉 shímián
石墨 shímò
石笋 shísǔn
石英 shíyīng
石子儿 shízǐr
时分 shífèn
时光 shíguāng
时局 shíjú
时区 shíqū
时日 shírì
时尚 shíshàng
时事 shíshì
时势 shíshì
时务 shíwù
时效 shíxiào
时兴 shíxīng
时针 shízhēn
时钟 shízhōng
时装 shízhuāng
识破 shípò

实测	shícè
实地	shídì
实话	shíhuà
实惠	shíhuì
实况	shíkuàng
实情	shíqíng
实权	shíquán
实事	shíshì
实数	shíshù
实习	shíxí
实效	shíxiào
实心	shíxīn
实业	shíyè
实战	shízhàn
实证	shízhèng
拾掇	shíduo
食道	shídào
食管	shíguǎn
食粮	shíliáng
食谱	shípǔ
食物链	shíwùliàn
食性	shíxìng
食欲	shíyù
食指	shízhǐ
蚀	shí
史册	shǐcè
史籍	shǐjí
史料	shǐliào
史前	shǐqián
史诗	shǐshī
史实	shǐshí
史书	shǐshū
矢	shǐ
使馆	shǐguǎn
使唤	shǐhuan
使节	shǐjié
使者	shǐzhě
始祖	shǐzǔ
驶	shǐ
屎	shǐ
士气	shìqì
士族	shìzú
示弱	shìruò
示意	shìyì
示众	shìzhòng
世道	shìdào
世故	shìgu
世故	shìgù
世家	shìjiā
世间	shìjiān
世面	shìmiàn
世人	shìrén
世事	shìshì
世俗	shìsú
世袭	shìxí
仕	shì
市价	shìjià
市郊	shìjiāo
市面	shìmiàn
市镇	shìzhèn
市政	shìzhèng
式样	shìyàng
事理	shìlǐ
事态	shìtài
事项	shìxiàng
事宜	shìyí
势头	shì·tóu
侍	shì
侍从	shìcóng
侍奉	shìfèng
侍候	shìhòu
侍卫	shìwèi
饰	shì
试点	shìdiǎn
试剂	shìjì
试卷	shìjuàn
试看	shìkàn
试探	shìtàn
试题	shìtí
试问	shìwèn
试想	shìxiǎng
试行	shìxíng
试用	shìyòng
试纸	shìzhǐ
视察	shìchá
视角	shìjiǎo
视力	shìlì
视图	shìtú
视网膜	shìwǎngmó
柿子	shìzi
拭	shì
适度	shìdù
适量	shìliàng
适时	shìshí
适中	shìzhōng
恃	shì
逝	shì
舐	shì
嗜	shì
嗜好	shìhào
誓	shì
誓言	shìyán
噬	shì
螫	shì
收藏	shōucáng
收场	shōuchǎng
收成	shōucheng
收发	shōufā
收复	shōufù
收割	shōugē
收工	shōugōng
收缴	shōujiǎo
收看	shōukàn
收敛	shōuliǎn
收留	shōuliú
收录	shōulù
收买	shōumǎi
收取	shōuqǔ
收容	shōuróng
收听	shōutīng
收效	shōuxiào
收养	shōuyǎng
手背	shǒubèi
手册	shǒucè
手稿	shǒugǎo
手巾	shǒu·jīn
手绢儿	shǒujuànr
手铐	shǒukào
手帕	shǒupà
手软	shǒuruǎn
手套	shǒutào
手腕	shǒuwàn
手下	shǒuxià
手心	shǒuxīn
手艺	shǒuyì
手杖	shǒuzhàng
手足	shǒuzú
守备	shǒubèi
守法	shǒufǎ
守候	shǒuhòu
守护	shǒuhù
守旧	shǒujiù
守卫	shǒuwèi
守则	shǒuzé
首创	shǒuchuàng
首府	shǒufǔ
首届	shǒujiè
首脑	shǒunǎo
首饰	shǒushi
首尾	shǒuwěi
首席	shǒuxí
首相	shǒuxiàng
寿	shòu
受挫	shòucuò
受害	shòuhài
受贿	shòuhuì
受奖	shòujiǎng
受戒	shòujiè
受惊	shòujīng
受苦	shòukǔ
受累	shòulěi
受累	shòulèi
受理	shòulǐ
受命	shòumìng
受难	shòunàn
受骗	shòupiàn
受气	shòuqì
受热	shòurè
受训	shòuxùn
受益	shòuyì
受灾	shòuzāi
受制	shòuzhì
受阻	shòuzǔ
受罪	shòuzuì
授粉	shòufěn
授课	shòukè
授权	shòuquán
授予	shòuyǔ
售	shòu
兽医	shòuyī
瘦弱	shòuruò
瘦小	shòuxiǎo
书法	shūfǎ
书房	shūfáng

书画　shūhuà
书架　shūjià
书局　shūjú
书卷　shūjuàn
书刊　shūkān
书目　shūmù
书生　shūshēng
书信　shūxìn
书院　shūyuàn
书桌　shūzhuō
抒发　shūfā
枢　shū
枢纽　shūniǔ
倏然　shūrán
梳理　shūlǐ
梳子　shūzi
舒　shū
舒畅　shūchàng
舒坦　shūtan
舒展　shūzhǎn
舒张　shūzhāng
疏导　shūdǎo
疏忽　shūhu
疏散　shūsàn
疏松　shūsōng
疏通　shūtōng
疏远　shūyuǎn
孰　shú
赎　shú
赎罪　shúzuì
熟人　shúrén
熟睡　shúshuì
熟知　shúzhī
暑　shǔ
暑假　shǔjià
署　shǔ
署名　shǔmíng

蜀　shǔ
曙光　shǔguāng
述评　shùpíng
述说　shùshuō
树丛　shùcóng
树冠　shùguān
树苗　shùmiáo
树脂　shùzhī
竖立　shùlì
恕　shù
庶民　shùmín
数额　shù'é
数码　shùmǎ
刷新　shuāxīn
衰　shuāi
衰败　shuāibài
衰减　shuāijiǎn
衰竭　shuāijié
衰落　shuāiluò
衰弱　shuāiruò
衰退　shuāituì
衰亡　shuāiwáng
摔跤　shuāijiāo
帅　shuài
率先　shuàixiān
栓　shuān
涮　shuàn
双边　shuāngbiān
双重　shuāngchóng
双亲　shuāngqīn
双向　shuāngxiàng
双语　shuāngyǔ
霜冻　shuāngdòng
霜期　shuāngqī

爽　shuǎng
爽快　shuǎngkuai
爽朗　shuǎnglǎng
水泵　shuǐbèng
水兵　shuǐbīng
水波　shuǐbō
水草　shuǐcǎo
水产　shuǐchǎn
水车　shuǐchē
水花　shuǐhuā
水火　shuǐhuǒ
水晶　shuǐjīng
水井　shuǐjǐng
水力　shuǐlì
水龙头　shuǐlóngtóu
水陆　shuǐlù
水路　shuǐlù
水鸟　shuǐniǎo
水牛　shuǐniú
水情　shuǐqíng
水渠　shuǐqú
水势　shuǐshì
水塔　shuǐtǎ
水獭　shuǐtǎ
水土　shuǐtǔ
水系　shuǐxì
水仙　shuǐxiān
水乡　shuǐxiāng
水箱　shuǐxiāng
水星　shuǐxīng
水性　shuǐxìng
水域　shuǐyù
水运　shuǐyùn
水灾　shuǐzāi
水闸　shuǐzhá
水质　shuǐzhì
水肿　shuǐzhǒng

水准　shuǐzhǔn
税额　shuì'é
税法　shuìfǎ
税利　shuìlì
税率　shuìlǜ
税务　shuìwù
睡梦　shuìmèng
睡意　shuìyì
吮　shǔn
顺便　shùnbiàn
顺从　shùncóng
顺风　shùnfēng
顺口　shùnkǒu
顺势　shùnshì
顺心　shùnxīn
顺眼　shùnyǎn
顺应　shùnyìng
舜　Shùn
瞬时　shùnshí
说唱　shuōchàng
说穿　shuōchuān
说谎　shuōhuǎng
说教　shuōjiào
说理　shuōlǐ
说笑　shuōxiào
硕大　shuòdà
硕士　shuòshì
司空见惯　sīkōng-jiànguàn
丝绸　sīchóu
丝绒　sīróng
丝线　sīxiàn
私产　sīchǎn
私法　sīfǎ
私立　sīlì
私利　sīlì
私事　sīshì

私塾　sīshú
私下　sīxià
私心　sīxīn
私语　sīyǔ
私自　sīzì
思辨　sībiàn
思忖　sīcǔn
思量　sīliang
思虑　sīlǜ
思念　sīniàn
思绪　sīxù
斯文　sīwén
厮杀　sīshā
撕　sī
撕毁　sīhuǐ
嘶哑　sīyǎ
死板　sǐbǎn
死活　sǐhuó
死寂　sǐjì
死伤　sǐshāng
死神　sǐshén
死守　sǐshǒu
四季　sìjì
四散　sìsàn
四时　sìshí
四外　sìwài
四围　sìwéi
寺庙　sìmiào
似是而非　sìshì'érfēi
伺机　sìjī
祀　sì
饲　sì
俟　sì
肆无忌惮　sìwújìdàn
肆意　sìyì

嗣 sì
松动 sōngdòng
松软 sōngruǎn
松散 sōngsǎn
松手 sōngshǒu
松鼠 sōngshǔ
松懈 sōngxiè
怂恿 sǒngyǒng
耸 sǒng
耸立 sǒnglì
讼 sòng
送别 sòngbié
送礼 sònglǐ
送气 sòngqì
送行 sòngxíng
送葬 sòngzàng
诵 sòng
诵读 sòngdú
颂 sòng
颂扬 sòngyáng
搜 sōu
搜捕 sōubǔ
搜查 sōuchá
搜刮 sōuguā
搜罗 sōuluó
搜索 sōusuǒ
搜寻 sōuxún
苏醒 sūxǐng
酥 sū
俗话 súhuà
俗名 súmíng
俗人 súrén
俗语 súyǔ
诉 sù
诉苦 sùkǔ
诉说 sùshuō
肃穆 sùmù

肃清 sùqīng
素来 sùlái
素描 sùmiáo
素养 sùyǎng
速成 sùchéng
速写 sùxiě
宿营 sùyíng
粟 sù
塑 sù
塑像 sùxiàng
溯 sù
酸痛 suāntòng
酸雨 suānyǔ
酸枣 suānzǎo
蒜 suàn
算计 suànji
算命 suànmìng
算盘 suàn•pán
算术 suànshù
算账 suànzhàng
绥 suí
随处 suíchù
随从 suícóng
随军 suíjūn
随身 suíshēn
随同 suítóng
随心所欲 suíxīnsuǒyù
岁数 suìshu
隧道 suìdào
孙女 sūn•nǚ
损 sǔn
损坏 sǔnhuài
笋 sǔn
唆使 suōshǐ
梭 suō
蓑衣 suōyī

缩减 suōjiǎn
缩影 suōyǐng
索取 suǒqǔ
索性 suǒxìng
琐事 suǒshì
琐碎 suǒsuì
锁链 suǒliàn

T

他乡 tāxiāng
塌 tā
拓 tà
榻 tà
踏步 tàbù
胎盘 tāipán
胎生 tāishēng
台词 táicí
台灯 táidēng
台阶 táijiē
台子 táizi
抬升 táishēng
太后 tàihòu
太监 tài•jiàn
太子 tàizǐ
汰 tài
态势 tàishì
钛 tài
泰 tài
泰山 tàishān
坍塌 tāntā
贪 tān
贪婪 tānlán
贪图 tāntú
贪污 tānwū
摊贩 tānfàn
摊派 tānpài
摊子 tānzi

滩涂 tāntú
瘫痪 tānhuàn
坛 tán
坛子 tánzi
谈天 tántiān
谈吐 tántǔ
谈心 tánxīn
弹劾 tánhé
弹力 tánlì
弹跳 tántiào
谭 Tán
潭 tán
坦白 tǎnbái
坦然 tǎnrán
坦率 tǎnshuài
毯子 tǎnzi
叹气 tànqì
炭 tàn
探究 tànjiū
探亲 tànqīn
探求 tànqiú
探视 tànshì
探听 tàntīng
探头 tàntóu
探望 tànwàng
探问 tànwèn
探险 tànxiǎn
探寻 tànxún
探询 tànxún
堂皇 tánghuáng
搪瓷 tángcí
搪塞 tángsè
糖果 tángguǒ
糖尿病 tángniàobìng
螳螂 tángláng
倘使 tǎngshǐ

淌 tǎng
烫伤 tàngshāng
涛 tāo
绦虫 tāochóng
滔滔 tāotāo
逃兵 táobīng
逃窜 táocuàn
逃荒 táohuāng
逃命 táomìng
逃难 táonàn
逃脱 táotuō
逃亡 táowáng
逃学 táoxué
桃李 táolǐ
桃子 táozi
陶瓷 táocí
陶器 táoqì
陶醉 táozuì
淘 táo
淘气 táoqì
讨伐 tǎofá
讨饭 tǎofàn
讨好 tǎohǎo
套用 tàoyòng
特产 tèchǎn
特长 tècháng
特技 tèjì
特例 tèlì
特派 tèpài
特区 tèqū
特赦 tèshè
特写 tèxiě
特许 tèxǔ
特异 tèyì
特约 tèyuē
特制 tèzhì
特质 tèzhì

特种 tèzhǒng
疼爱 téng'ài
腾飞 téngfēi
腾空 téngkōng
腾 Téng
藤萝 téngluó
剔除 tīchú
梯 tī
梯田 tītián
梯形 tīxíng
梯子 tīzi
提案 tí'àn
提拔 tí•bá
提包 tíbāo
提成 tíchéng
提纯 tíchún
提纲 tígāng
提货 tíhuò
提交 tíjiāo
提留 tíliú
提名 tímíng
提琴 tíqín
提请 tíqǐng
提升 tíshēng
提示 tíshì
提问 tíwèn
提携 tíxié
提早 tízǎo
啼 tí
啼哭 tíkū
啼笑皆非
tíxiào-jiēfēi
题词 tící
蹄 tí
蹄子 tízi
体察 tǐchá
体罚 tǐfá

体格 tǐgé
体检 tǐjiǎn
体谅 tǐ•liàng
体面 tǐ•miàn
体魄 tǐpò
体态 tǐtài
体贴 tǐtiē
体味 tǐwèi
体形 tǐxíng
体型 tǐxíng
体液 tǐyè
体育场 tǐyùchǎng
体育馆 tǐyùguǎn
体征 tǐzhēng
剃 tì
剃头 tìtóu
替换 tì•huàn
天边 tiānbiān
天窗 tiānchuāng
天敌 tiāndí
天赋 tiānfù
天国 tiānguó
天花 tiānhuā
天花板 tiānhuābǎn
天际 tiānjì
天经地义
tiānjīng-dìyì
天井 tiānjǐng
天理 tiānlǐ
天亮 tiānliàng
天明 tiānmíng
天命 tiānmìng
天幕 tiānmù
天平 tiānpíng
天色 tiānsè
天时 tiānshí
天使 tiānshǐ

天书 tiānshū
天堂 tiāntáng
天外 tiānwài
天线 tiānxiàn
天象 tiānxiàng
天性 tiānxìng
天涯 tiānyá
天灾 tiānzāi
天职 tiānzhí
天资 tiānzī
天子 tiānzǐ
添置 tiānzhì
田赋 tiánfù
田埂 tiángěng
田亩 tiánmǔ
田鼠 tiánshǔ
田园 tiányuán
恬静 tiánjìng
甜菜 tiáncài
甜美 tiánměi
甜蜜 tiánmì
填补 tiánbǔ
填充 tiánchōng
填空 tiánkòng
填塞 tiánsè
填写 tiánxiě
舔 tiǎn
挑剔 tiāoti
挑子 tiāozi
条理 tiáolǐ
条文 tiáowén
条子 tiáozi
调剂 tiáojì
调价 tiáojià
调控 tiáokòng
调配 tiáopèi
调皮 tiáopí

调试 tiáoshì
调停 tiáotíng
调制 tiáozhì
挑拨 tiǎobō
挑衅 tiǎoxìn
眺望 tiàowàng
跳板 tiàobǎn
跳高 tiàogāo
跳水 tiàoshuǐ
跳蚤 tiàozao
贴近 tiējìn
贴切 tiēqiè
帖 tiě
铁道 tiědào
铁轨 tiěguǐ
铁匠 tiějiang
铁青 tiěqīng
铁丝 tiěsī
铁索 tiěsuǒ
铁蹄 tiětí
铁锨 tiěxiān
帖 tiè
厅堂 tīngtáng
听从 tīngcóng
听候 tīnghòu
听讲 tīngjiǎng
听课 tīngkè
听任 tīngrèn
听筒 tīngtǒng
听信 tīngxìn
廷 tíng
亭 tíng
亭子 tíngzi
庭审 tíngshěn
庭院 tíngyuàn
停办 tíngbàn
停泊 tíngbó

停车 tíngchē
停放 tíngfàng
停刊 tíngkān
停息 tíngxī
停歇 tíngxiē
停业 tíngyè
停战 tíngzhàn
停滞 tíngzhì
挺拔 tǐngbá
挺进 tǐngjìn
挺立 tǐnglì
挺身 tǐngshēn
艇 tǐng
通报 tōngbào
通畅 tōngchàng
通车 tōngchē
通称 tōngchēng
通达 tōngdá
通风 tōngfēng
通告 tōnggào
通航 tōngháng
通话 tōnghuà
通婚 tōnghūn
通货 tōnghuò
通令 tōnglìng
通路 tōnglù
通气 tōngqì
通融 tōng•róng
通商 tōngshāng
通俗 tōngsú
通宵 tōngxiāo
通晓 tōngxiǎo
通行 tōngxíng
通则 tōngzé
同班 tóngbān
同辈 tóngbèi
同步 tóngbù

同感	tónggǎn
同居	tóngjū
同龄	tónglíng
同盟	tóngméng
同名	tóngmíng
同位素	tóngwèisù
同乡	tóngxiāng
同心	tóngxīn
同性	tóngxìng
同姓	tóngxìng
佟	Tóng
铜板	tóngbǎn
铜臭	tóngxiù
铜钱	tóngqián
童	tóng
童工	tónggōng
童心	tóngxīn
童子	tóngzǐ
瞳孔	tóngkǒng
统称	tǒngchēng
统筹	tǒngchóu
统购	tǒnggòu
统领	tǒnglǐng
统帅	tǒngshuài
统率	tǒngshuài
统辖	tǒngxiá
统一体	tǒngyītǐ
统制	tǒngzhì
捅	tǒng
痛斥	tòngchì
痛楚	tòngchǔ
痛恨	tònghèn
痛觉	tòngjué
痛哭	tòngkū
痛心	tòngxīn
偷懒	tōulǎn
偷窃	tōuqiè
偷袭	tōuxí
头等	tóuděng
头骨	tóugǔ
头号	tóuhào
头巾	tóujīn
头盔	tóukuī
头颅	tóulú
头目	tóumù
头疼	tóuténg
头痛	tóutòng
头衔	tóuxián
头绪	tóuxù
头子	tóuzi
投案	tóu'àn
投保	tóubǎo
投奔	tóubèn
投标	tóubiāo
投递	tóudì
投放	tóufàng
投考	tóukǎo
投靠	tóukào
投票	tóupiào
投射	tóushè
投身	tóushēn
投诉	tóusù
投影	tóuyǐng
投掷	tóuzhì
透彻	tòuchè
透亮	tòu·liàng
透气	tòuqì
透视	tòushì
秃顶	tūdǐng
突起	tūqǐ
突围	tūwéi
突袭	tūxí
图表	túbiǎo
图解	tújiě
图景	tújǐng
图谋	túmóu
图片	túpiàn
图腾	túténg
图像	túxiàng
图样	túyàng
徒步	túbù
徒弟	tú·dì
徒工	túgōng
徒然	túrán
徒手	túshǒu
徒刑	túxíng
途	tú
涂料	túliào
涂抹	túmǒ
屠	tú
屠刀	túdāo
屠宰	túzǎi
土产	tǔchǎn
土豆	tǔdòu
土星	tǔxīng
土语	tǔyǔ
土质	tǔzhì
土著	tǔzhù
吐露	tǔlù
吐血	tùxiě
湍急	tuānjí
团队	tuánduì
团伙	tuánhuǒ
团聚	tuánjù
团圆	tuányuán
推迟	tuīchí
推崇	tuīchóng
推辞	tuīcí
推导	tuīdǎo
推倒	tuīdǎo
推定	tuīdìng
推断	tuīduàn
推举	tuījǔ
推力	tuīlì
推敲	tuīqiāo
推算	tuīsuàn
推想	tuīxiǎng
推卸	tuīxiè
推选	tuīxuǎn
推演	tuīyǎn
推移	tuīyí
颓废	tuífèi
颓然	tuírán
颓丧	tuísàng
腿脚	tuǐjiǎo
退步	tuìbù
退还	tuìhuán
退回	tuìhuí
退路	tuìlù
退却	tuìquè
退让	tuìràng
退守	tuìshǒu
退缩	tuìsuō
退位	tuìwèi
退伍	tuìwǔ
退学	tuìxué
蜕	tuì
蜕变	tuìbiàn
蜕化	tuìhuà
蜕皮	tuìpí
褪	tuì
吞	tūn
吞并	tūnbìng
吞没	tūnmò
吞食	tūnshí
吞噬	tūnshì
吞吐	tūntǔ
吞咽	tūnyàn
屯	tún
囤	tún
囤积	túnjī
臀	tún
拖车	tuōchē
拖累	tuōlěi
拖欠	tuōqiàn
拖鞋	tuōxié
拖延	tuōyán
托管	tuōguǎn
托盘	tuōpán
脱节	tuōjié
脱口	tuōkǒu
脱身	tuōshēn
脱水	tuōshuǐ
脱胎	tuōtāi
脱险	tuōxiǎn
脱销	tuōxiāo
驮	tuó
陀螺	tuóluó
驼	tuó
驼背	tuóbèi
妥	tuǒ
妥当	tuǒdang
妥善	tuǒshàn
椭圆	tuǒyuán
拓	tuò
唾	tuò
唾沫	tuòmo
唾液	tuòyè

W

挖苦	wāku
挖潜	wāqián
洼	wā
洼地	wādì
蛙	wā

瓦解 wǎjiě
瓦砾 wǎlì
瓦斯 wǎsī
袜 wà
袜子 wàzi
外币 wàibì
外宾 wàibīn
外出 wàichū
外感 wàigǎn
外公 wàigōng
外观 wàiguān
外海 wàihǎi
外行 wàiháng
外号 wàihào
外籍 wàijí
外加 wàijiā
外流 wàiliú
外露 wàilù
外貌 wàimào
外婆 wàipó
外人 wàirén
外伤 wàishāng
外省 wàishěng
外事 wàishì
外套 wàitào
外围 wàiwéi
外文 wàiwén
外线 wàixiàn
外销 wàixiāo
外延 wàiyán
外衣 wàiyī
外因 wàiyīn
外债 wàizhài
外长 wàizhǎng
外族 wàizú
外祖父 wàizǔfù
外祖母 wàizǔmǔ
弯路 wānlù
剜 wān
湾 wān
丸 wán
完工 wángōng
完好 wánhǎo
完结 wánjié
完满 wánmǎn
玩弄 wánnòng
玩赏 wánshǎng
玩耍 wánshuǎ
玩味 wánwèi
玩物 wánwù
玩意儿 wányìr
顽固 wángù
顽皮 wánpí
宛如 wǎnrú
挽回 wǎnhuí
挽救 wǎnjiù
挽留 wǎnliú
晚报 wǎnbào
晚辈 wǎnbèi
晚会 wǎnhuì
晚婚 wǎnhūn
晚年 wǎnnián
晚霞 wǎnxiá
惋惜 wǎnxī
婉转 wǎnzhuǎn
皖 Wǎn
万恶 wàn'è
万国 wànguó
万能 wànnéng
万岁 wànsuì
万紫千红 wànzǐ-qiānhóng
腕 wàn
蔓 wàn
汪洋 wāngyáng
亡灵 wánglíng
王府 wángfǔ
王宫 wánggōng
王冠 wángguān
王后 wánghòu
王室 wángshì
王位 wángwèi
王子 wángzǐ
网点 wǎngdiǎn
网罗 wǎngluó
网球 wǎngqiú
枉 wǎng
往常 wǎngcháng
往返 wǎngfǎn
往复 wǎngfù
往年 wǎngnián
往日 wǎngrì
往事 wǎngshì
往昔 wǎngxī
妄 wàng
妄图 wàngtú
妄想 wàngxiǎng
忘恩负义 wàng'ēn-fùyì
忘怀 wànghuái
忘情 wàngqíng
忘却 wàngquè
忘我 wàngwǒ
旺季 wàngjì
危 wēi
危及 wēijí
危急 wēijí
危难 wēinàn
危亡 wēiwáng
威 wēi
威风 wēifēng
威吓 wēihè
威望 wēiwàng
威武 wēiwǔ
威严 wēiyán
微波 wēibō
微风 wēifēng
微机 wēijī
微妙 wēimiào
微细 wēixì
微型 wēixíng
巍峨 wēi'é
韦 wéi
为害 wéihài
违 wéi
违犯 wéifàn
违抗 wéikàng
违心 wéixīn
违约 wéiyuē
违章 wéizhāng
围攻 wéigōng
围观 wéiguān
围巾 wéijīn
围困 wéikùn
围棋 wéiqí
围墙 wéiqiáng
围裙 wéi•qún
桅杆 wéigān
帷幕 wéimù
唯恐 wéikǒng
唯一 wéiyī
唯有 wéiyǒu
维 wéi
维系 wéixì
伟 wěi
伟人 wěirén
伪善 wěishàn
伪造 wěizào
伪装 wěizhuāng
苇 wěi
尾声 wěishēng
尾随 wěisuí
纬线 wěixiàn
委 wěi
委派 wěipài
委任 wěirèn
委婉 wěiwǎn
萎 wěi
萎缩 wěisuō
卫兵 wèibīng
卫队 wèiduì
卫士 wèishì
未尝 wèicháng
未免 wèimiǎn
未遂 wèisuì
未能 wèinéng
位子 wèizi
味觉 wèijué
畏 wèi
畏惧 wèijù
畏缩 wèisuō
胃口 wèikǒu
胃液 wèiyè
谓语 wèiyǔ
喂养 wèiyǎng
蔚蓝 wèilán
慰藉 wèijiè
慰劳 wèiláo
慰问 wèiwèn
温饱 wēnbǎo
温差 wēnchā
温存 wēncún
温情 wēnqíng
温泉 wēnquán
温室 wēnshì

温顺	wēnshùn
温馨	wēnxīn
瘟	wēn
瘟疫	wēnyì
文本	wénběn
文笔	wénbǐ
文法	wénfǎ
文风	wénfēng
文官	wénguān
文集	wénjí
文教	wénjiào
文静	wénjìng
文具	wénjù
文科	wénkē
文盲	wénmáng
文凭	wénpíng
文书	wénshū
文坛	wéntán
文体	wéntǐ
文武	wénwǔ
文选	wénxuǎn
文雅	wényǎ
文言	wényán
文娱	wényú
纹理	wénlǐ
纹饰	wénshì
闻名	wénmíng
蚊虫	wénchóng
蚊帐	wénzhàng
吻合	wěnhé
紊乱	wěnluàn
稳步	wěnbù
稳产	wěnchǎn
稳当	wěndang
稳固	wěngù
稳健	wěnjiàn
稳妥	wěntuǒ
稳重	wěnzhòng
问答	wèndá
问号	wènhào
问候	wènhòu
问卷	wènjuàn
翁	wēng
瓮	wèng
涡	wō
涡流	wōliú
窝头	wōtóu
蜗牛	wōniú
卧床	wòchuáng
乌	wū
乌黑	wūhēi
乌鸦	wūyā
乌云	wūyún
乌贼	wūzéi
污秽	wūhuì
污蔑	wūmiè
侮辱	wǔrǔ
污浊	wūzhuó
巫	wū
巫师	wūshī
呜咽	wūyè
诬告	wūgào
污蔑	wūmiè
诬陷	wūxiàn
屋脊	wūjǐ
屋檐	wūyán
无边	wúbiān
无常	wúcháng
无偿	wúcháng
无耻	wúchǐ
无端	wúduān
无辜	wúgū
无故	wúgù
无尽	wújìn
无赖	wúlài
无理	wúlǐ
无量	wúliàng
无聊	wúliáo
无奈	wúnài
无能	wúnéng
无视	wúshì
无私	wúsī
无损	wúsǔn
无望	wúwàng
无畏	wúwèi
无谓	wúwèi
无误	wúwù
无暇	wúxiá
无心	wúxīn
无须	wúxū
无需	wúxū
无遗	wúyí
无益	wúyì
无垠	wúyín
无缘	wúyuán
毋	wú
梧桐	wútóng
五谷	wǔgǔ
五行	wǔxíng
五脏	wǔzàng
午	wǔ
午餐	wǔcān
午饭	wǔfàn
午睡	wǔshuì
午夜	wǔyè
伍	wǔ
武打	wǔdǎ
武断	wǔduàn
武功	wǔgōng
武生	wǔshēng
武士	wǔshì
武术	wǔshù
武艺	wǔyì
捂	wǔ
舞弊	wǔbì
舞步	wǔbù
舞场	wǔchǎng
舞动	wǔdòng
舞会	wǔhuì
舞女	wǔnǚ
舞曲	wǔqǔ
舞厅	wǔtīng
舞姿	wǔzī
务必	wùbì
务农	wùnóng
物产	wùchǎn
物件	wùjiàn
物象	wùxiàng
悟	wù
悟性	wùxìng
晤	wù
雾气	wùqì

X

夕	xī
夕阳	xīyáng
兮	xī
西服	xīfú
西红柿	xīhóngshì
西天	xītiān
西医	xīyī
西域	xīyù
西装	xīzhuāng
吸毒	xīdú
吸盘	xīpán
吸食	xīshí
吸吮	xīshǔn
希冀	xījì
昔	xī
昔日	xīrì
析出	xīchū
唏嘘	xīxū
奚落	xīluò
悉	xī
惜	xī
稀薄	xībó
稀饭	xīfàn
稀罕	xīhan
稀奇	xīqí
稀释	xīshì
稀疏	xīshū
稀有	xīyǒu
犀利	xīlì
溪	xī
溪流	xīliú
蜥蜴	xīyì
熄	xī
熄灯	xīdēng
膝	xī
嬉戏	xīxì
习气	xíqì
习题	xítí
习作	xízuò
席卷	xíjuǎn
席位	xíwèi
席子	xízi
袭	xí
洗涤	xǐdí
洗礼	xǐlǐ
洗刷	xǐshuā
铣	xǐ
喜好	xǐhào
喜庆	xǐqìng
喜鹊	xǐ•què
喜人	xǐrén

喜事 xǐshì
喜讯 xǐxùn
戏弄 xìnòng
戏台 xìtái
戏谑 xìxuè
戏院 xìyuàn
细胞核 xìbāohé
细蜜 xìmì
细腻 xìnì
细弱 xìruò
细碎 xìsuì
细微 xìwēi
细则 xìzé
瞎子 xiāzi
匣 xiá
匣子 xiázi
峡 xiá
峡谷 xiágǔ
狭长 xiácháng
狭小 xiáxiǎo
遐想 xiáxiǎng
辖 xiá
辖区 xiáqū
霞 xiá
下巴 xiàba
下笔 xiàbǐ
下等 xiàděng
下跌 xiàdiē
下海 xiàhǎi
下课 xiàkè
下流 xiàliú
下马 xiàmǎ
下手 xiàshǒu
下台 xiàtái
下文 xiàwén
下行 xiàxíng
下野 xiàyě
下肢 xiàzhī
吓唬 xiàhu
吓人 xiàrén
夏令 xiàlìng
仙鹤 xiānhè
仙境 xiānjìng
仙女 xiānnǚ
仙人 xiānrén
先辈 xiānbèi
先导 xiāndǎo
先锋 xiānfēng
先例 xiānlì
先驱 xiānqū
先人 xiānrén
先行 xiānxíng
先知 xiānzhī
纤 xiān
纤毛 xiānmáo
纤细 xiānxì
掀 xiān
鲜红 xiānhóng
鲜美 xiānměi
鲜嫩 xiānnèn
闲话 xiánhuà
闲人 xiánrén
闲散 xiánsǎn
闲谈 xiántán
闲暇 xiánxiá
闲置 xiánzhì
贤 xián
咸菜 xiáncài
涎 xián
娴熟 xiánshú
衔接 xiánjiē
舷窗 xiánchuāng
嫌弃 xiánqì
嫌疑 xiányí
显赫 xiǎnhè
显明 xiǎnmíng
显眼 xiǎnyǎn
险恶 xiǎn'è
险峻 xiǎnjùn
险情 xiǎnqíng
险要 xiǎnyào
现成 xiànchéng
现货 xiànhuò
现款 xiànkuǎn
现任 xiànrèn
现役 xiànyì
限定 xiàndìng
限额 xiàn'é
限期 xiànqī
宪兵 xiànbīng
宪章 xiànzhāng
宪政 xiànzhèng
陷害 xiànhài
陷阱 xiànjǐng
陷落 xiànluò
馅儿 xiànr
霰 xiàn
乡间 xiāngjiān
乡里 xiānglǐ
乡亲 xiāngqīn
乡土 xiāngtǔ
乡音 xiāngyīn
乡镇 xiāngzhèn
相称 xiāngchèn
相持 xiāngchí
相处 xiāngchǔ
相传 xiāngchuán
相得益彰 xiāngdé-yìzhāng
相仿 xiāngfǎng
相逢 xiāngféng
相符 xiāngfú
相干 xiānggān
相隔 xiānggé
相间 xiāngjiàn
相距 xiāngjù
相识 xiāngshí
相思 xiāngsī
相宜 xiāngyí
相约 xiāngyuē
香火 xiānghuǒ
香蕉 xiāngjiāo
香料 xiāngliào
香炉 xiānglú
香水 xiāngshuǐ
香甜 xiāngtián
厢 xiāng
厢房 xiāngfáng
湘 xiāng
镶 xiāng
镶嵌 xiāngqiàn
详 xiáng
详尽 xiángjìn
详情 xiángqíng
祥 xiáng
翔 xiáng
享福 xiǎngfú
享乐 xiǎnglè
享用 xiǎngyòng
响动 xiǎngdòng
响亮 xiǎngliàng
饷 xiǎng
想必 xiǎngbì
想见 xiǎngjiàn
想来 xiǎnglái
想念 xiǎngniàn
向导 xiàngdǎo
向日葵 xiàngrìkuí
向阳 xiàngyáng
项链 xiàngliàn
巷 xiàng
相机 xiàngjī
相貌 xiàngmào
相片 xiàngpiàn
相声 xiàngsheng
象棋 xiàngqí
象形 xiàngxíng
象牙 xiàngyá
像样 xiàngyàng
肖 Xiāo
逍遥 xiāoyáo
消沉 xiāochén
消防 xiāofáng
消磨 xiāomó
消遣 xiāoqiǎn
消融 xiāoróng
消散 xiāosàn
消逝 xiāoshì
消瘦 xiāoshòu
消退 xiāotuì
消长 xiāozhǎng
萧 xiāo
萧条 xiāotiáo
硝 xiāo
硝烟 xiāoyān
销毁 xiāohuǐ
销路 xiāolù
箫 xiāo
潇 xiāo
潇洒 xiāosǎ
嚣张 xiāozhāng
小便 xiǎobiàn
小菜 xiǎocài
小肠 xiǎocháng
小车 xiǎochē

小吃 xiǎochī
小丑 xiǎochǒu
小调 xiǎodiào
小贩 xiǎofàn
小褂 xiǎoguà
小鬼 xiǎoguǐ
小节 xiǎojié
小结 xiǎojié
小看 xiǎokàn
小米 xiǎomǐ
小脑 xiǎonǎo
小品 xiǎopǐn
小气 xiǎoqi
小巧 xiǎoqiǎo
小区 xiǎoqū
小人 xiǎorén
小生 xiǎoshēng
小数 xiǎoshù
小偷 xiǎotōu
小腿 xiǎotuǐ
小雪 xiǎoxuě
小夜曲 xiǎoyèqǔ
晓 xiǎo
孝 xiào
孝敬 xiàojìng
孝顺 xiàoshùn
孝子 xiàozǐ
肖 xiào
肖像 xiàoxiàng
校风 xiàofēng
校舍 xiàoshè
校园 xiàoyuán
哮喘 xiàochuǎn
笑脸 xiàoliǎn
笑语 xiàoyǔ
效法 xiàofǎ
效劳 xiàoláo
效能 xiàonéng
效验 xiàoyàn
效用 xiàoyòng
效忠 xiàozhōng
啸 xiào
楔 xiē
歇脚 xiējiǎo
协 xié
协和 xiéhé
协力 xiélì
协约 xiéyuē
协奏曲 xiézòuqǔ
邪恶 xié'è
邪路 xiélù
邪气 xiéqì
胁 xié
胁迫 xiépò
挟 xié
偕 xié
斜面 xiémiàn
斜坡 xiépō
协调 xiétiáo
携 xié
携手 xiéshǒu
写法 xiěfǎ
写生 xiěshēng
写实 xiěshí
写意 xiěyì
写照 xiězhào
写字台 xiězìtái
泄漏 xièlòu
泄露 xièlòu
泄气 xièqì
泻 xiè
卸 xiè
屑 xiè
械 xiè
械斗 xièdòu
亵渎 xièdú
谢绝 xièjué
心爱 xīn'ài
心病 xīnbìng
心不在焉 xīnbùzàiyān
心肠 xīncháng
心得 xīndé
心地 xīndì
心烦 xīnfán
心房 xīnfáng
心肝 xīngān
心慌 xīnhuāng
心急 xīnjí
心计 xīnjì
心悸 xīnjì
心境 xīnjìng
心坎 xīnkǎn
心口 xīnkǒu
心旷神怡 xīnkuàng-shényí
心力 xīnlì
心律 xīnlǜ
心率 xīnlǜ
心切 xīnqiè
心神 xīnshén
心声 xīnshēng
心室 xīnshì
心酸 xīnsuān
心态 xīntài
心疼 xīnténg
心田 xīntián
心跳 xīntiào
心弦 xīnxián
心胸 xīnxiōng
心虚 xīnxū
心绪 xīnxù
心眼儿 xīnyǎnr
心意 xīnyì
心愿 xīnyuàn
芯 xīn
辛 xīn
辛辣 xīnlà
辛劳 xīnláo
辛酸 xīnsuān
欣然 xīnrán
欣慰 xīnwèi
欣喜 xīnxǐ
新潮 xīncháo
新房 xīnfáng
新婚 xīnhūn
新近 xīnjìn
新居 xīnjū
新郎 xīnláng
新年 xīnnián
新诗 xīnshī
新书 xīnshū
新星 xīnxīng
新秀 xīnxiù
新学 xīnxué
新意 xīnyì
新月 xīnyuè
薪 xīn
薪金 xīnjīn
薪水 xīn•shuǐ
信步 xìnbù
信风 xìnfēng
信封 xìnfēng
信奉 xìnfèng
信服 xìnfú
信函 xìnhán
信件 xìnjiàn
信赖 xìnlài
信使 xìnshǐ
信条 xìntiáo
信托 xìntuō
信誉 xìnyù
信纸 xìnzhǐ
兴办 xīngbàn
兴盛 xīngshèng
兴衰 xīngshuāi
兴亡 xīngwáng
兴旺 xīngwàng
兴修 xīngxiū
星辰 xīngchén
星光 xīngguāng
星空 xīngkōng
星体 xīngtǐ
星座 xīngzuò
猩猩 xīngxing
腥 xīng
刑场 xíngchǎng
刑期 xíngqī
刑侦 xíngzhēn
邢 Xíng
行车 xíngchē
行程 xíngchéng
行船 xíngchuán
行将 xíngjiāng
行进 xíngjìn
行径 xíngjìng
行礼 xínglǐ
行文 xíngwén
行销 xíngxiāo
行凶 xíngxiōng
行医 xíngyī
行装 xíngzhuāng
形容词 xíngróngcí
型号 xínghào
醒目 xǐngmù

醒悟 xǐngwù
兴高采烈 xìnggāo-cǎiliè
兴致 xìngzhì
杏儿 xìngr
杏仁 xìngrén
幸 xìng
幸存 xìngcún
幸而 xìng'ér
幸好 xìnghǎo
幸亏 xìngkuī
幸免 xìngmiǎn
幸运 xìngyùn
性爱 xìng'ài
性病 xìngbìng
性急 xìngjí
性命 xìngmìng
性子 xìngzi
姓氏 xìngshì
凶残 xiōngcán
凶恶 xiōng'è
凶犯 xiōngfàn
凶狠 xiōnghěn
凶猛 xiōngměng
凶手 xiōngshǒu
匈奴 xiōngnú
汹涌 xiōngyǒng
胸骨 xiōnggǔ
胸怀 xiōnghuái
胸襟 xiōngjīn
胸口 xiōngkǒu
胸腔 xiōngqiāng
胸膛 xiōngtáng
胸有成竹 xiōngyǒuchéngzhú
雄辩 xióngbiàn
雄厚 xiónghòu
雄浑 xiónghún
雄蕊 xióngruǐ
雄心 xióngxīn
雄性 xióngxìng
雄壮 xióngzhuàng
雄姿 xióngzī
熊猫 xióngmāo
休 xiū
休假 xiūjià
休想 xiūxiǎng
休养 xiūyǎng
休整 xiūzhěng
休止 xiūzhǐ
修补 xiūbǔ
修长 xiūcháng
修订 xiūdìng
修好 xiūhǎo
修剪 xiūjiǎn
修配 xiūpèi
修缮 xiūshàn
修饰 xiūshì
修行 xiū•xíng
修整 xiūzhěng
修筑 xiūzhù
羞 xiū
羞耻 xiūchǐ
羞愧 xiūkuì
羞怯 xiūqiè
羞辱 xiūrǔ
羞涩 xiūsè
朽 xiǔ
秀 xiù
秀才 xiùcai
秀丽 xiùlì
秀美 xiùměi
秀气 xiùqi
袖口 xiùkǒu
袖珍 xiùzhēn
袖子 xiùzi
绣花 xiùhuā
锈 xiù
嗅觉 xiùjué
戌 xū
须要 xūyào
须臾 xūyú
须知 xūzhī
虚构 xūgòu
虚幻 xūhuàn
虚假 xūjiǎ
虚拟 xūnǐ
虚弱 xūruò
虚实 xūshí
虚妄 xūwàng
虚伪 xūwěi
虚无 xūwú
虚线 xūxiàn
虚心 xūxīn
嘘 xū
许久 xǔjiǔ
许诺 xǔnuò
许愿 xǔyuàn
旭日 xùrì
序列 xùliè
序幕 xùmù
序曲 xùqǔ
序数 xùshù
序言 xùyán
叙 xù
叙事 xùshì
叙说 xùshuō
畜牧 xùmù
绪 xù
续 xù
絮 xù
蓄 xù
蓄电池 xùdiànchí
蓄积 xùjī
蓄意 xùyì
宣 xuān
宣称 xuānchēng
宣读 xuāndú
宣讲 xuānjiǎng
宣誓 xuānshì
宣泄 xuānxiè
宣战 xuānzhàn
喧哗 xuānhuá
喧闹 xuānnào
喧嚷 xuānrǎng
喧嚣 xuānxiāo
玄 xuán
悬浮 xuánfú
悬空 xuánkōng
悬念 xuánniàn
悬殊 xuánshū
悬崖 xuányá
旋即 xuánjí
旋涡 xuánwō
选集 xuǎnjí
选民 xuǎnmín
选派 xuǎnpài
选票 xuǎnpiào
选取 xuǎnqǔ
选送 xuǎnsòng
选种 xuǎnzhǒng
癣 xuǎn
炫耀 xuànyào
绚丽 xuànlì
眩晕 xuànyùn
旋风 xuànfēng
渲染 xuànrǎn
削价 xuējià
削减 xuējiǎn
靴 xuē
靴子 xuēzi
薛 Xuē
穴位 xuéwèi
学报 xuébào
学费 xuéfèi
学风 xuéfēng
学府 xuéfǔ
学界 xuéjiè
学历 xuélì
学龄 xuélíng
学年 xuénián
学期 xuéqī
学识 xuéshí
学士 xuéshì
学位 xuéwèi
学业 xuéyè
学制 xuézhì
雪茄 xuějiā
雪亮 xuěliàng
雪片 xuěpiàn
雪山 xuěshān
雪线 xuěxiàn
雪原 xuěyuán
血汗 xuèhàn
血红 xuèhóng
血迹 xuèjì
血浆 xuèjiāng
血泪 xuèlèi
血脉 xuèmài
血泊 xuèpō
血气 xuèqì
血亲 xuèqīn
血清 xuèqīng
血肉 xuèròu

血色 xuèsè
血糖 xuètáng
血统 xuètǒng
血腥 xuèxīng
血型 xuèxíng
血压 xuèyā
血缘 xuèyuán
勋章 xūnzhāng
熏 xūn
熏陶 xūntáo
薰 xūn
循 xún
旬 xún
寻常 xúncháng
寻根 xúngēn
寻觅 xúnmì
巡 xún
巡回 xúnhuí
巡警 xúnjǐng
巡逻 xúnluó
巡视 xúnshì
循 xún
训斥 xùnchì
训话 xùnhuà
讯 xùn
讯号 xùnhào
汛 xùn
汛期 xùnqī
迅 xùn
迅猛 xùnměng
驯 xùn
驯服 xùnfú
驯化 xùnhuà
驯鹿 xùnlù
驯养 xùnyǎng
逊 xùn
逊色 xùnsè

Y

丫头 yātou
压倒 yādǎo
压低 yādī
压榨 yāzhà
押送 yāsòng
押韵 yāyùn
鸭子 yāzi
牙膏 yágāo
牙关 yáguān
牙刷 yáshuā
牙龈 yáyín
蚜虫 yáchóng
崖 yá
衙门 yámen
哑 yǎ
哑巴 yǎba
哑剧 yǎjù
雅 yǎ
雅致 yǎzhì
轧 yà
亚军 yàjūn
亚麻 yàmá
亚热带 yàrèdài
咽喉 yānhóu
殷红 yānhóng
胭脂 yānzhi
烟草 yāncǎo
烟尘 yānchén
烟袋 yāndài
烟斗 yāndǒu
烟花 yānhuā
烟灰 yānhuī
烟火 yānhuǒ
烟幕 yānmù
烟筒 yāntong
烟雾 yānwù
烟叶 yānyè
焉 yān
淹 yān
淹没 yānmò
腌 yān
湮没 yānmò
燕 Yān
延 yán
延迟 yánchí
延缓 yánhuǎn
延期 yánqī
延误 yánwù
严惩 yánchéng
严冬 yándōng
严谨 yánjǐn
严禁 yánjìn
严酷 yánkù
严守 yánshǒu
严正 yánzhèng
言传 yánchuán
言辞 yáncí
言谈 yántán
岩层 yáncéng
岩洞 yándòng
岩浆 yánjiāng
炎热 yánrè
炎症 yánzhèng
沿路 yánlù
沿途 yántú
沿袭 yánxí
沿线 yánxiàn
沿用 yányòng
研读 yándú
研究员 yánjiūyuán
研讨 yántǎo
盐场 yánchǎng
盐分 yánfèn
盐田 yántián
阎 Yán
筵席 yánxí
颜 yán
颜料 yánliào
颜面 yánmiàn
檐 yán
俨然 yǎnrán
衍 yǎn
掩 yǎn
掩蔽 yǎnbì
掩埋 yǎnmái
掩饰 yǎnshì
掩映 yǎnyìng
眼底 yǎndǐ
眼红 yǎnhóng
眼花 yǎnhuā
眼睑 yǎnjiǎn
眼见 yǎnjiàn
眼角 yǎnjiǎo
眼界 yǎnjiè
眼眶 yǎnkuàng
眼力 yǎnlì
眼帘 yǎnlián
眼皮 yǎnpí
眼球 yǎnqiú
眼圈 yǎnquān
眼色 yǎnsè
眼窝 yǎnwō
演技 yǎnjì
演进 yǎnjìn
演示 yǎnshì
演算 yǎnsuàn
演习 yǎnxí
演戏 yǎnxì
演义 yǎnyì
厌烦 yànfán
厌倦 yànjuàn
厌世 yànshì
砚 yàn
艳 yàn
艳丽 yànlì
宴 yàn
宴席 yànxí
验收 yànshōu
谚语 yànyǔ
堰 yàn
雁 yàn
焰 yàn
燕 yàn
燕麦 yànmài
燕子 yànzi
央求 yāngqiú
秧歌 yāngge
秧苗 yāngmiáo
秧田 yāngtián
扬弃 yángqì
扬言 yángyán
羊羔 yánggāo
阳历 yánglì
阳台 yángtái
阳性 yángxìng
杨柳 yángliǔ
杨梅 yángméi
佯 yáng
洋葱 yángcōng
洋流 yángliú
洋溢 yángyì
仰慕 yǎngmù
仰望 yǎngwàng
养病 yǎngbìng
养护 yǎnghù
养活 yǎnghuo

养老 yǎnglǎo
养生 yǎngshēng
养育 yǎngyù
痒 yǎng
样板 yàngbǎn
漾 yàng
夭折 yāozhé
吆喝 yāohe
妖 yāo
妖怪 yāo•guài
妖精 yāojing
要挟 yāoxié
腰带 yāodài
腰身 yāoshēn
邀 yāo
尧 Yáo
姚 Yáo
窑 yáo
窑洞 yáodòng
谣言 yáoyán
摇摆 yáobǎi
摇动 yáodòng
摇篮 yáolán
摇曳 yáoyè
徭役 yáoyì
遥控 yáokòng
遥望 yáowàng
瑶 yáo
舀 yǎo
窈窕 yǎotiǎo
药材 yàocái
药店 yàodiàn
药方 yàofāng
药剂 yàojì
药水 yàoshuǐ
要道 yàodào
要地 yàodì

要点 yàodiǎn
要害 yàohài
要好 yàohǎo
要件 yàojiàn
要领 yàolǐng
要命 yàomìng
要人 yàorén
要职 yàozhí
耀 yào
耀眼 yàoyǎn
掖 yē
椰子 yēzi
噎 yē
冶 yě
野菜 yěcài
野地 yědì
野心 yěxīn
野性 yěxìng
业绩 yèjì
业已 yèyǐ
业主 yèzhǔ
叶柄 yèbǐng
叶绿素 yèlǜsù
叶脉 yèmài
曳 yè
夜班 yèbān
夜空 yèkōng
夜幕 yèmù
夜色 yèsè
夜市 yèshì
夜校 yèxiào
液 yè
液化 yèhuà
液晶 yèjīng
腋 yè
一筹莫展 yīchóu-mòzhǎn

一点儿 yīdiǎnr
一帆风顺 yīfān-fēngshùn
一概 yīgài
一举 yījǔ
一流 yīliú
一目了然 yīmù-liǎorán
一瞥 yīpiē
一气 yīqì
一瞬 yīshùn
一丝不苟 yīsī-bùgǒu
伊 yī
衣襟 yījīn
衣料 yīliào
衣衫 yīshān
衣食 yīshí
衣物 yīwù
衣着 yīzhuó
医师 yīshī
医务 yīwù
医治 yīzhì
依存 yīcún
依恋 yīliàn
依托 yītuō
依偎 yīwēi
依稀 yīxī
依仗 yīzhàng
仪表 yíbiǎo
夷 yí
宜人 yírén
贻误 yíwù
姨 yí
姨妈 yímā
胰岛素 yídǎosù
胰腺 yíxiàn

移交 yíjiāo
移居 yíjū
遗存 yícún
遗风 yífēng
遗迹 yíjì
遗漏 yílòu
遗弃 yíqì
遗失 yíshī
遗体 yítǐ
遗忘 yíwàng
遗物 yíwù
遗像 yíxiàng
遗言 yíyán
疑虑 yílǜ
疑难 yínán
疑团 yítuán
疑心 yíxīn
已然 yǐrán
已往 yǐwǎng
倚靠 yǐkào
义气 yì•qì
艺人 yìrén
忆 yì
议案 yì'àn
议程 yìchéng
议定 yìdìng
议价 yìjià
议决 yìjué
议题 yìtí
屹立 yìlì
异彩 yìcǎi
异端 yìduān
异国 yìguó
异化 yìhuà
异己 yìjǐ
异体 yìtǐ
异同 yìtóng

异物 yìwù
异乡 yìxiāng
异性 yìxìng
异样 yìyàng
异议 yìyì
异族 yìzú
抑 yì
抑或 yìhuò
抑扬顿挫 yìyáng-dùncuò
抑郁 yìyù
邑 yì
役使 yìshǐ
译本 yìběn
译文 yìwén
驿站 yìzhàn
疫 yì
疫苗 yìmiáo
益虫 yìchóng
益处 yì•chù
逸 yì
翌日 yìrì
意会 yìhuì
意料 yìliào
意念 yìniàn
意想 yìxiǎng
意向 yìxiàng
意愿 yìyuàn
意蕴 yìyùn
意旨 yìzhǐ
溢 yì
毅力 yìlì
熠熠 yìyì
臆造 yìzào
因袭 yīnxí
阴暗 yīn'àn
阴沉 yīnchén

阴极 yīnjí
阴间 yīnjiān
阴冷 yīnlěng
阴历 yīnlì
阴凉 yīnliáng
阴霾 yīnmái
阴森 yīnsēn
阴险 yīnxiǎn
阴性 yīnxìng
阴雨 yīnyǔ
阴郁 yīnyù
阴云 yīnyún
音标 yīnbiāo
音程 yīnchéng
音符 yīnfú
音高 yīngāo
音量 yīnliàng
音律 yīnlǜ
音色 yīnsè
音讯 yīnxùn
音译 yīnyì
音韵 yīnyùn
姻缘 yīnyuán
殷 yīn
殷切 yīnqiè
殷勤 yīnqín
吟 yín
银河 yínhé
银幕 yínmù
银杏 yínxìng
银元 yínyuán
银子 yínzi
淫 yín
淫秽 yínhuì
寅 yín
尹 yǐn
引发 yǐnfā

引路 yǐnlù
引擎 yǐnqíng
引申 yǐnshēn
引水 yǐnshuǐ
引文 yǐnwén
引诱 yǐnyòu
引证 yǐnzhèng
饮料 yǐnliào
饮水 yǐnshuǐ
隐患 yǐnhuàn
隐居 yǐnjū
隐瞒 yǐnmán
隐秘 yǐnmì
隐没 yǐnmò
隐士 yǐnshì
隐约 yǐnyuē
瘾 yǐn
印发 yìnfā
印花 yìnhuā
印记 yìnjì
印染 yìnrǎn
印行 yìnxíng
印章 yìnzhāng
印证 yìnzhèng
荫庇 yìnbì
应届 yīngjiè
应允 yīngyǔn
英镑 yīngbàng
英俊 yīngjùn
英明 yīngmíng
英武 yīngwǔ
婴 yīng
樱花 yīnghuā
樱桃 yīng•táo
鹦鹉 yīngwǔ
膺 yīng
迎风 yíngfēng

迎合 yínghé
迎面 yíngmiàn
迎亲 yíngqīn
迎头 yíngtóu
迎战 yíngzhàn
荧光 yíngguāng
荧屏 yíngpíng
盈 yíng
盈亏 yíngkuī
盈余 yíngyú
萤 yíng
营地 yíngdì
营房 yíngfáng
营救 yíngjiù
营垒 yínglěi
营造 yíngzào
萦绕 yíngrào
蝇 yíng
赢 yíng
赢利 yínglì
影射 yǐngshè
影像 yǐngxiàng
影院 yǐngyuàn
应变 yìngbiàn
应酬 yìngchou
应对 yìngduì
应急 yìngjí
应考 yìngkǎo
应邀 yìngyāo
应战 yìngzhàn
应征 yìngzhēng
映照 yìngzhào
硬币 yìngbì
硬度 yìngdù
硬化 yìnghuà
硬件 yìngjiàn
硬性 yìngxìng

拥抱 yōngbào
拥戴 yōngdài
痈 yōng
庸俗 yōngsú
壅 yōng
臃肿 yōngzhǒng
永别 yǒngbié
永生 yǒngshēng
甬道 yǒngdào
咏 yǒng
咏叹调 yǒngtàndiào
泳 yǒng
勇 yǒng
勇猛 yǒngměng
勇士 yǒngshì
蛹 yǒng
踊跃 yǒngyuè
用场 yòngchǎng
用法 yòngfǎ
用工 yònggōng
用功 yònggōng
用劲 yòngjìn
用具 yòngjù
用心 yòngxīn
用意 yòngyì
佣金 yòngjīn
优待 yōudài
优厚 yōuhòu
优化 yōuhuà
优生 yōushēng
优胜 yōushèng
优雅 yōuyǎ
优异 yōuyì
忧 yōu
忧愁 yōuchóu
忧虑 yōulǜ

忧伤 yōushāng
幽暗 yōu'àn
幽静 yōujìng
幽灵 yōulíng
幽深 yōushēn
幽雅 yōuyǎ
悠长 yōucháng
悠然 yōurán
悠闲 yōuxián
悠扬 yōuyáng
由来 yóulái
由衷 yóuzhōng
邮 yóu
邮电 yóudiàn
邮寄 yóujì
邮件 yóujiàn
邮局 yóujú
邮政 yóuzhèng
犹疑 yóuyí
油菜 yóucài
油茶 yóuchá
油井 yóujǐng
油轮 yóulún
油门 yóumén
油墨 yóumò
油腻 yóunì
油漆 yóuqī
油条 yóutiáo
油污 yóuwū
油脂 yóuzhī
游荡 yóudàng
游记 yóujì
游客 yóukè
游览 yóulǎn
游乐 yóulè
游离 yóulí
游历 yóulì

游牧 yóumù
游人 yóurén
游玩 yóuwán
游艺 yóuyì
游子 yóuzǐ
友爱 yǒu'ài
友邦 yǒubāng
友情 yǒuqíng
有偿 yǒucháng
有待 yǒudài
有的放矢 yǒudì-fàngshǐ
有理 yǒulǐ
有心 yǒuxīn
有形 yǒuxíng
有幸 yǒuxìng
有余 yǒuyú
酉 yǒu
黝黑 yǒuhēi
右面 yòu·miàn
右倾 yòuqīng
右翼 yòuyì
幼儿园 yòu'éryuán
幼体 yòutǐ
幼小 yòuxiǎo
幼稚 yòuzhì
佑 yòu
柚子 yòuzi
诱 yòu
诱发 yòufā
诱惑 yòuhuò
诱因 yòuyīn
釉 yòu
迂 yū
迂回 yūhuí
淤 yū
淤积 yūjī
淤泥 yūní
余额 yú'é
余粮 yúliáng
余年 yúnián
鱼雷 yúléi
鱼鳞 yúlín
鱼苗 yúmiáo
俞 Yú
渔场 yúchǎng
渔船 yúchuán
渔村 yúcūn
渔夫 yúfū
渔民 yúmín
渔网 yúwǎng
隅 yú
逾 yú
逾期 yúqī
逾越 yúyuè
愉悦 yúyuè
榆 yú
虞 yú
愚 yú
愚蠢 yúchǔn
愚昧 yúmèi
愚弄 yúnòng
与日俱增 yǔrìjùzēng
宇航 yǔháng
羽毛球 yǔmáoqiú
羽绒 yǔróng
雨点儿 yǔdiǎnr
雨季 yǔjì
雨量 yǔliàng
雨伞 yǔsǎn
雨衣 yǔyī
禹 Yǔ
语词 yǔcí
语调 yǔdiào
语汇 yǔhuì
语录 yǔlù
语重心长 yǔzhòng-xīncháng
与会 yùhuì
郁 yù
郁闷 yùmèn
育才 yùcái
育苗 yùmiáo
狱 yù
浴 yù
浴场 yùchǎng
浴池 yùchí
浴室 yùshì
预感 yùgǎn
预见 yùjiàn
预示 yùshì
预想 yùxiǎng
预约 yùyuē
预兆 yùzhào
预知 yùzhī
欲念 yùniàn
谕 yù
遇难 yùnàn
喻 yù
御 yù
寓 yù
寓所 yùsuǒ
寓言 yùyán
寓意 yùyì
寓于 yùyú
愈合 yùhé
愈加 yùjiā
愈益 yùyì
豫 yù
誉 yù
鸳鸯 yuān·yāng
冤 yuān
冤案 yuān'àn
冤枉 yuānwang
渊 yuān
渊博 yuānbó
渊源 yuānyuán
元宝 yuánbǎo
元旦 Yuándàn
元件 yuánjiàn
元老 yuánlǎo
元气 yuánqì
元首 yuánshǒu
元帅 yuánshuài
元宵 yuánxiāo
元音 yuányīn
元月 yuányuè
园地 yuándì
园丁 yuándīng
园林 yuánlín
园艺 yuányì
员工 yuángōng
垣 yuán
原本 yuánběn
原稿 yuángǎo
原告 yuángào
原籍 yuánjí
原价 yuánjià
原煤 yuánméi
原文 yuánwén
原形 yuánxíng
原型 yuánxíng
原样 yuányàng
原野 yuányě
原意 yuányì
原油 yuányóu
原著 yuánzhù
原状 yuánzhuàng
原作 yuánzuò
圆场 yuánchǎng
圆满 yuánmǎn
圆圈 yuánquān
圆润 yuánrùn
圆舞曲 yuánwǔqǔ
圆周 yuánzhōu
圆柱 yuánzhù
圆锥 yuánzhuī
圆桌 yuánzhuō
援 yuán
援兵 yuánbīng
缘由 yuányóu
猿 yuán
猿猴 yuánhóu
猿人 yuánrén
源流 yuánliú
源头 yuántóu
远程 yuǎnchéng
远大 yuǎndà
远古 yuǎngǔ
远航 yuǎnháng
远见 yuǎnjiàn
远近 yuǎnjìn
远景 yuǎnjǐng
远洋 yuǎnyáng
远征 yuǎnzhēng
苑 yuàn
怨恨 yuànhèn
怨气 yuànqì
怨言 yuànyán
院落 yuànluò
院士 yuànshì
约定 yuēdìng
约法 yuēfǎ

约会 yuēhuì
月饼 yuèbing
月季 yuè•jì
月刊 yuèkān
月色 yuèsè
月食 yuèshí
月夜 yuèyè
乐谱 yuèpǔ
乐师 yuèshī
乐团 yuètuán
乐音 yuèyīn
乐章 yuèzhāng
岳 yuè
岳父 yuèfù
岳母 yuèmǔ
阅 yuè
阅兵 yuèbīng
阅历 yuèlì
悦 yuè
悦耳 yuè'ěr
越发 yuèfā
越轨 yuèguǐ
晕 yūn
云彩 yúncai
云层 yúncéng
云端 yúnduān
云朵 yúnduǒ
云海 yúnhǎi
云集 yúnjí
云雾 yúnwù
云游 yúnyóu
匀称 yún•chèn
允 yǔn
陨石 yǔnshí
孕 yùn
孕妇 yùnfù
孕育 yùnyù

运筹 yùnchóu
运费 yùnfèi
运河 yùnhé
运气 yùnqi
运送 yùnsòng
运销 yùnxiāo
运载 yùnzài
运作 yùnzuò
晕 yùn
酝酿 yùnniàng
韵律 yùnlǜ
韵味 yùnwèi
蕴 yùn
蕴含 yùnhán
蕴涵 yùnhán

Z

咂 zā
杂费 záfèi
杂技 zájì
杂居 zájū
杂剧 zájù
杂粮 záliáng
杂乱 záluàn
杂事 záshì
杂文 záwén
杂音 záyīn
灾 zāi
灾害 zāihài
灾荒 zāihuāng
灾祸 zāihuò
灾民 zāimín
灾情 zāiqíng
哉 zāi
栽植 zāizhí
栽种 zāizhòng
宰 zǎi

宰割 zǎigē
宰相 zǎixiàng
崽 zǎi
再度 zàidù
再会 zàihuì
再婚 zàihūn
再造 zàizào
在行 zàiháng
在乎 zàihu
在世 zàishì
在望 zàiwàng
在位 zàiwèi
在意 zàiyì
在职 zàizhí
在座 zàizuò
载体 zàitǐ
载重 zàizhòng
攒 zǎn
暂且 zànqiě
暂行 zànxíng
赞 zàn
赞歌 zàngē
赞赏 zànshǎng
赞颂 zànsòng
赞同 zàntóng
赞许 zànxǔ
赞誉 zànyù
赞助 zànzhù
脏腑 zàngfǔ
葬礼 zànglǐ
葬身 zàngshēn
葬送 zàngsòng
遭殃 zāoyāng
糟糕 zāogāo
糟粕 zāopò
糟蹋 zāo•tà
凿 záo

早春 zǎochūn
早稻 zǎodào
早点 zǎodiǎn
早饭 zǎofàn
早婚 zǎohūn
早年 zǎonián
早熟 zǎoshú
早晚 zǎowǎn
早先 zǎoxiān
枣 zǎo
澡 zǎo
造反 zàofǎn
造福 zàofú
造价 zàojià
造句 zàojù
造谣 zàoyáo
造诣 zàoyì
噪 zào
噪声 zàoshēng
噪音 zàoyīn
燥 zào
躁 zào
责备 zébèi
责成 zéchéng
责怪 zéguài
责令 zélìng
责骂 zémà
责难 zénàn
责问 zéwèn
择 zé
择优 zéyōu
泽 zé
啧啧 zézé
仄 zè
增补 zēngbǔ
增设 zēngshè
增生 zēngshēng

增收 zēngshōu
增援 zēngyuán
增值 zēngzhí
憎 zēng
憎恨 zēnghèn
憎恶 zēngwù
赠 zèng
赠送 zèngsòng
扎根 zhāgēn
扎实 zhāshi
渣滓 zhā•zǐ
轧 zhá
闸 zhá
闸门 zhámén
铡 zhá
眨巴 zhǎba
眨眼 zhǎyǎn
乍 zhà
诈 zhà
诈骗 zhàpiàn
栅栏 zhàlan
炸药 zhàyào
蚱蜢 zhàměng
榨 zhà
榨取 zhàqǔ
斋 zhāi
摘除 zhāichú
宅 zhái
宅子 zháizi
择菜 zhái cài
债权 zhàiquán
债券 zhàiquàn
寨子 zhàizi
占卜 zhānbǔ
沾染 zhānrǎn
毡 zhān
粘连 zhānlián

瞻　zhān
瞻仰　zhānyǎng
斩　zhǎn
展翅　zhǎnchì
展望　zhǎnwàng
展销　zhǎnxiāo
辗转　zhǎnzhuǎn
战败　zhànbài
战备　zhànbèi
战地　zhàndì
战犯　zhànfàn
战俘　zhànfú
战功　zhàngōng
战壕　zhànháo
战火　zhànhuǒ
战绩　zhànjì
战局　zhànjú
战栗　zhànlì
战乱　zhànluàn
战区　zhànqū
战事　zhànshì
站岗　zhàngǎng
站立　zhànlì
站台　zhàntái
蘸　zhàn
张罗　zhāngluo
张贴　zhāngtiē
张望　zhāngwàng
章法　zhāngfǎ
章节　zhāngjié
樟脑　zhāngnǎo
长辈　zhǎngbèi
长老　zhǎnglǎo
长相　zhǎngxiàng
长者　zhǎngzhě
涨潮　zhǎngcháo
掌舵　zhǎngduò
掌管　zhǎngguǎn
掌权　zhǎngquán
掌心　zhǎngxīn
丈量　zhàngliáng
丈人　zhàngren
杖　zhàng
帐子　zhàngzi
账本　zhàngběn
账房　zhàngfáng
账目　zhàngmù
障　zhàng
招标　zhāobiāo
招考　zhāokǎo
招徕　zhāolái
招募　zhāomù
招牌　zhāopai
招聘　zhāopìn
招收　zhāoshōu
招手　zhāoshǒu
招致　zhāozhì
昭　zhāo
朝气　zhāoqì
朝夕　zhāoxī
朝霞　zhāoxiá
朝阳　zhāoyáng
着火　zháohuǒ
着迷　zháomí
爪　zhǎo
爪牙　zhǎoyá
找寻　zhǎoxún
沼气　zhǎoqì
沼泽　zhǎozé
召　zhào
召唤　zhàohuàn
召见　zhàojiàn
兆　zhào
诏　zhào
诏书　zhàoshū
照搬　zhàobān
照办　zhàobàn
照常　zhàocháng
照管　zhàoguǎn
照会　zhàohuì
照旧　zhàojiù
照看　zhàokàn
照料　zhàoliào
照应　zhào•yìng
罩　zhào
肇事　zhàoshì
折腾　zhēteng
遮蔽　zhēbì
遮挡　zhēdǎng
遮盖　zhēgài
遮掩　zhēyǎn
折叠　zhédié
折光　zhéguāng
折合　zhéhé
折旧　zhéjiù
折扣　zhékòu
折算　zhésuàn
折中　zhézhōng
哲　zhé
哲理　zhélǐ
哲人　zhérén
辙　zhé
褶　zhě
褶皱　zhězhòu
浙　Zhè
蔗　zhè
蔗糖　zhètáng
贞　zhēn
贞操　zhēncāo
针头　zhēntóu
侦破　zhēnpò
侦探　zhēntàn
珍　zhēn
珍宝　zhēnbǎo
珍藏　zhēncáng
珍品　zhēnpǐn
珍视　zhēnshì
珍惜　zhēnxī
珍稀　zhēnxī
珍重　zhēnzhòng
真迹　zhēnjì
真菌　zhēnjūn
真皮　zhēnpí
真切　zhēnqiè
真情　zhēnqíng
真丝　zhēnsī
真相　zhēnxiàng
真心　zhēnxīn
真知　zhēnzhī
真挚　zhēnzhì
砧　zhēn
斟　zhēn
斟酌　zhēnzhuó
臻　zhēn
诊　zhěn
诊所　zhěnsuǒ
诊治　zhěnzhì
枕　zhěn
阵容　zhènróng
阵势　zhèn•shì
阵亡　zhènwáng
阵线　zhènxiàn
阵营　zhènyíng
振作　zhènzuò
朕　zhèn
震颤　zhènchàn
震荡　zhèndàng
震耳欲聋　zhèn'ěryùlóng
震撼　zhènhàn
镇定　zhèndìng
镇静　zhènjìng
镇守　zhènshǒu
正月　zhēngyuè
争辩　zhēngbiàn
争吵　zhēngchǎo
争斗　zhēngdòu
争端　zhēngduān
争光　zhēngguāng
争鸣　zhēngmíng
争气　zhēngqì
争议　zhēngyì
争执　zhēngzhí
征购　zhēnggòu
征集　zhēngjí
征途　zhēngtú
征文　zhēngwén
征询　zhēngxún
征兆　zhēngzhào
症结　zhēngjié
蒸馏　zhēngliú
蒸馏水　zhēngliúshuǐ
蒸汽　zhēngqì
蒸腾　zhēngténg
拯救　zhěngjiù
整编　zhěngbiān
整风　zhěngfēng
整洁　zhěngjié
整数　zhěngshù
整形　zhěngxíng
整修　zhěngxiū
整治　zhěngzhì

正比 zhèngbǐ
正比例 zhèngbǐlì
正步 zhèngbù
正道 zhèngdào
正轨 zhèngguǐ
正极 zhèngjí
正门 zhèngmén
正派 zhèngpài
正气 zhèngqì
正巧 zhèngqiǎo
正视 zhèngshì
正统 zhèngtǒng
正文 zhèngwén
正午 zhèngwǔ
正直 zhèngzhí
正中 zhèngzhōng
正宗 zhèngzōng
证件 zhèngjiàn
证券 zhèngquàn
证人 zhèng•rén
郑重 zhèngzhòng
政变 zhèngbiàn
政法 zhèngfǎ
政界 zhèngjiè
政局 zhèngjú
政客 zhèngkè
政论 zhènglùn
政事 zhèngshì
政体 zhèngtǐ
政务 zhèngwù
支架 zhījià
支流 zhīliú
支票 zhīpiào
支取 zhīqǔ
支柱 zhīzhù
只身 zhīshēn
汁液 zhīyè
芝麻 zhīma
知己 zhījǐ
知了 zhīliǎo
知名 zhīmíng
知情 zhīqíng
知晓 zhīxiǎo
知心 zhīxīn
知音 zhīyīn
肢体 zhītǐ
织物 zhīwù
脂 zhī
脂粉 zhīfěn
执 zhí
执笔 zhíbǐ
执法 zhífǎ
执教 zhíjiào
执拗 zhíniù
执勤 zhíqín
执意 zhíyì
执照 zhízhào
执政 zhízhèng
执着 zhízhuó
直播 zhíbō
直肠 zhícháng
直达 zhídá
直属 zhíshǔ
直率 zhíshuài
直爽 zhíshuǎng
侄 zhí
侄女 zhí•nǚ
侄子 zhízi
值勤 zhíqín
值日 zhírì
职称 zhíchēng
职位 zhíwèi
植被 zhíbèi
止步 zhǐbù
只管 zhǐguǎn
只消 zhǐxiāo
旨 zhǐ
旨意 zhǐyì
址 zhǐ
纸板 zhǐbǎn
纸币 zhǐbì
纸浆 zhǐjiāng
纸烟 zhǐyān
纸张 zhǐzhāng
指点 zhǐdiǎn
指甲 zhǐjia(zhījia)
指控 zhǐkòng
指南 zhǐnán
指南针 zhǐnánzhēn
指派 zhǐpài
指使 zhǐshǐ
指头 zhǐ•tou(zhí•tou)
指望 zhǐwàng
指纹 zhǐwén
指引 zhǐyǐn
指摘 zhǐzhāi
指针 zhǐzhēn
趾 zhǐ
至多 zhìduō
至上 zhìshàng
志气 zhì•qì
志趣 zhìqù
志向 zhìxiàng
志愿 zhìyuàn
志愿军 zhìyuànjūn
帜 zhì
制备 zhìbèi
制裁 zhìcái
制服 zhìfú
制剂 zhìjì
制图 zhìtú
质地 zhìdì
质朴 zhìpǔ
质问 zhìwèn
炙 zhì
治水 zhìshuǐ
治学 zhìxué
致敬 zhìjìng
致密 zhìmì
致命 zhìmìng
致死 zhìsǐ
致意 zhìyì
桎梏 zhìgù
掷 zhì
窒息 zhìxī
智育 zhìyù
滞留 zhìliú
滞销 zhìxiāo
置换 zhìhuàn
置身 zhìshēn
稚 zhì
稚嫩 zhìnèn
稚气 zhìqì
中层 zhōngcéng
中级 zhōngjí
中间人 zhōngjiānrén
中介 zhōngjiè
中立 zhōnglì
中秋 zhōngqiū
中途 zhōngtú
中文 zhōngwén
中西 zhōngxī
中线 zhōngxiàn
中药 zhōngyào
中庸 zhōngyōng
中用 zhōngyòng
中游 zhōngyóu
中止 zhōngzhǐ
中转 zhōngzhuǎn
忠 zhōng
忠厚 zhōnghòu
忠于 zhōngyú
忠贞 zhōngzhēn
终点 zhōngdiǎn
终端 zhōngduān
终归 zhōngguī
终极 zhōngjí
终结 zhōngjié
终了 zhōngliǎo
终日 zhōngrì
终生 zhōngshēng
终止 zhōngzhǐ
盅 zhōng
钟表 zhōngbiǎo
钟点 zhōngdiǎn
衷心 zhōngxīn
肿胀 zhǒngzhàng
种姓 zhǒngxìng
冢 zhǒng
中风 zhòngfēng
中肯 zhòngkěn
中意 zhòngyì
仲 zhòng
仲裁 zhòngcái
众生 zhòngshēng

种地 zhòngdì
种田 zhòngtián
重兵 zhòngbīng
重担 zhòngdàn
重金 zhòngjīn
重任 zhòngrèn
重伤 zhòngshāng
重心 zhòngxīn
重型 zhòngxíng
重音 zhòngyīn
重用 zhòngyòng
舟 zhōu
周报 zhōubào
周到 zhōu•dào
周而复始 zhōu'érfùshǐ
周刊 zhōukān
周末 zhōumò
周身 zhōushēn
周岁 zhōusuì
周旋 zhōuxuán
周延 zhōuyán
周折 zhōuzhé
洲 zhōu
粥 zhōu
轴线 zhóuxiàn
肘 zhǒu
咒 zhòu
咒骂 zhòumà
昼 zhòu
皱纹 zhòuwén
骤 zhòu
骤然 zhòurán
诛 zhū
珠宝 zhūbǎo
珠子 zhūzi
株连 zhūlián
诸侯 zhūhóu
诸如此类 zhūrúcǐlèi
诸位 zhūwèi
蛛网 zhūwǎng
竹竿 zhúgān
竹笋 zhúsǔn
竹子 zhúzi
烛 zhú
主办 zhǔbàn
主次 zhǔcì
主峰 zhǔfēng
主干 zhǔgàn
主根 zhǔgēn
主攻 zhǔgōng
主顾 zhǔgù
主机 zhǔjī
主见 zhǔjiàn
主将 zhǔjiàng
主角 zhǔjué
主考 zhǔkǎo
主流 zhǔliú
主人翁 zhǔrénwēng
主食 zhǔshí
主事 zhǔshì
主线 zhǔxiàn
主演 zhǔyǎn
主宰 zhǔzǎi
主旨 zhǔzhǐ
主子 zhǔzi
拄 zhǔ
嘱 zhǔ
嘱托 zhǔtuō
瞩目 zhǔmù
伫立 zhùlì
助教 zhùjiào
助理 zhùlǐ
助长 zhùzhǎng
住处 zhù•chù
住户 zhùhù
住家 zhùjiā
住宿 zhùsù
住所 zhùsuǒ
住院 zhùyuàn
住址 zhùzhǐ
贮 zhù
贮备 zhùbèi
注册 zhùcè
注定 zhùdìng
注解 zhùjiě
注目 zhùmù
注射器 zhùshèqì
注释 zhùshì
注销 zhùxiāo
注音 zhùyīn
驻地 zhùdì
驻防 zhùfáng
驻军 zhùjūn
驻守 zhùshǒu
驻扎 zhùzhā
柱子 zhùzi
祝福 zhùfú
祝愿 zhùyuàn
著称 zhùchēng
著述 zhùshù
著者 zhùzhě
蛀 zhù
铸 zhù
铸造 zhùzào
抓获 zhuāhuò
爪 zhuǎ
爪子 zhuǎzi
拽 zhuài
专长 zhuāncháng
专车 zhuānchē
专程 zhuānchéng
专断 zhuānduàn
专横 zhuānhèng
专科 zhuānkē
专款 zhuānkuǎn
专栏 zhuānlán
专卖 zhuānmài
专区 zhuānqū
专人 zhuānrén
专心 zhuānxīn
专一 zhuānyī
专员 zhuānyuán
专职 zhuānzhí
专注 zhuānzhù
专著 zhuānzhù
砖头 zhuāntóu
转播 zhuǎnbō
转产 zhuǎnchǎn
转达 zhuǎndá
转告 zhuǎngào
转机 zhuǎnjī
转嫁 zhuǎnjià
转交 zhuǎnjiāo
转脸 zhuǎnliǎn
转念 zhuǎnniàn
转让 zhuǎnràng
转手 zhuǎnshǒu
转瞬 zhuǎnshùn
转弯 zhuǎnwān
转眼 zhuǎnyǎn
转业 zhuǎnyè
转运 zhuǎnyùn
转战 zhuǎnzhàn
转折 zhuǎnzhé
传记 zhuànjì
转速 zhuànsù
转悠 zhuànyou
转轴 zhuànzhóu
撰 zhuàn
撰写 zhuànxiě
篆 zhuàn
篆刻 zhuànkè
妆 zhuāng
庄园 zhuāngyuán
庄重 zhuāngzhòng
庄子 zhuāngzi
装扮 zhuāngbàn
装点 zhuāngdiǎn
装潢 zhuānghuáng
装配 zhuāngpèi
装束 zhuāngshù
装卸 zhuāngxiè
装修 zhuāngxiū
装运 zhuāngyùn
装载 zhuāngzài
壮丁 zhuàngdīng
壮观 zhuàngguān
壮举 zhuàngjǔ
壮丽 zhuànglì
壮烈 zhuàngliè
壮年 zhuàngnián
壮实 zhuàngshi
壮士 zhuàngshì
壮志 zhuàngzhì
状语 zhuàngyǔ
状元 zhuàngyuan
撞击 zhuàngjī
追捕 zhuībǔ
追查 zhuīchá

追悼 zhuīdào
追肥 zhuīféi
追赶 zhuīgǎn
追击 zhuījī
追加 zhuījiā
追溯 zhuīsù
追随 zhuīsuí
追问 zhuīwèn
追寻 zhuīxún
追忆 zhuīyì
追踪 zhuīzōng
椎 zhuī
锥 zhuī
锥子 zhuīzi
坠 zhuì
坠落 zhuìluò
缀 zhuì
赘 zhuì
赘述 zhuìshù
准绳 zhǔnshéng
准时 zhǔnshí
准许 zhǔnxǔ
拙 zhuō
捉拿 zhuōná
灼 zhuó
灼热 zhuórè
茁壮 zhuózhuàng
卓 zhuó
卓著 zhuózhù
浊 zhuó
酌 zhuó
啄 zhuó
着力 zhuólì
着陆 zhuólù
着落 zhuóluò
着实 zhuóshí
着想 zhuóxiǎng
着眼 zhuóyǎn
着意 zhuóyì
姿 zī
兹 zī
资财 zīcái
资方 zīfāng
资历 zīlì
资助 zīzhù
滋 zī
滋补 zībǔ
滋润 zīrùn
滋生 zīshēng
滋养 zīyǎng
滋长 zīzhǎng
籽 zǐ
紫菜 zǐcài
紫外线 zǐwàixiàn
自卑 zìbēi
自大 zìdà
自得 zìdé
自费 zìfèi
自封 zìfēng
自负 zìfù
自给 zìjǐ
自家 zìjiā
自尽 zìjìn
自救 zìjiù
自居 zìjū
自来水 zìláishuǐ
自理 zìlǐ
自立 zìlì
自流 zìliú
自律 zìlǜ
自满 zìmǎn
自强 zìqiáng
自如 zìrú
自始至终 zìshǐ-zhìzhōng
自首 zìshǒu
自述 zìshù
自私 zìsī
自修 zìxiū
自学 zìxué
自以为是 zìyǐwéishì
自制 zìzhì
自重 zìzhòng
自传 zìzhuàn
自尊 zìzūn
字典 zìdiǎn
字号 zìhào
字画 zìhuà
字迹 zìjì
字句 zìjù
字体 zìtǐ
字条 zìtiáo
字形 zìxíng
字义 zìyì
字音 zìyīn
渍 zì
宗法 zōngfǎ
宗派 zōngpài
宗室 zōngshì
棕 zōng
棕榈 zōnglǘ
棕色 zōngsè
踪 zōng
踪迹 zōngjì
踪影 zōngyǐng
鬃 zōng
总称 zǒngchēng
总得 zǒngděi
总队 zǒngduì
总共 zǒnggòng
总管 zǒngguǎn
总归 zǒngguī
总计 zǒngjì
总务 zǒngwù
纵横 zònghéng
纵然 zòngrán
纵容 zòngróng
纵身 zòngshēn
纵深 zòngshēn
纵使 zòngshǐ
纵向 zòngxiàng
粽子 zòngzi
走动 zǒudòng
走访 zǒufǎng
走私 zǒusī
奏鸣曲 zòumíngqǔ
奏效 zòuxiào
奏章 zòuzhāng
揍 zòu
租借 zūjiè
租金 zūjīn
租赁 zūlìn
租用 zūyòng
足迹 zújì
足见 zújiàn
卒 zú
诅咒 zǔzhòu
阻挡 zǔdǎng
阻隔 zǔgé
阻击 zǔjī
阻拦 zǔlán
阻挠 zǔnáo
阻塞 zǔsè
组建 zǔjiàn
组装 zǔzhuāng
祖传 zǔchuán
钻探 zuāntàn
钻石 zuànshí
钻头 zuàntóu
攥 zuàn
嘴脸 zuǐliǎn
罪过 zuìguò
罪名 zuìmíng
罪孽 zuìniè
罪人 zuìrén
罪证 zuìzhèng
罪状 zuìzhuàng
醉人 zuìrén
醉心 zuìxīn
尊称 zūnchēng
尊贵 zūnguì
遵 zūn
遵从 zūncóng
遵照 zūnzhào
作坊 zuōfang
左面 zuǒ•miàn
左倾 zuǒqīng
左翼 zuǒyì
佐 zuǒ
撮 zuǒ
作案 zuò'àn
作对 zuòduì
作恶 zuò'è
作怪 zuòguài
作价 zuòjià
做客 zuòkè
作祟 zuòsuì
作文 zuòwén
坐落 zuòluò
坐镇 zuòzhèn
坐舱 zuòcāng
座谈 zuòtán
做工 zuògōng
做功 zuògōng
做人 zuòrén
做声 zuòshēng
做戏 zuòxì
做主 zuòzhǔ

第三单元　朗　读

第一节　朗读要略

一、朗读测试及测试要求

朗读是将书面语言转变为形象生动、发音规范的有声语言的再创作活动。普通话水平测试中的朗读测试，是指应试人在朗读普通话水平测试用60篇作品时，对其发音中声母、韵母、声调、语流音变、停连、重音、语调以及朗读流畅程度等进行的一种测试。在普通话朗读测试中，要求应试人尽量做到以下几点：

第一，准确、熟练地运用普通话，做到字音规范、音变正确；

第二，领会作品内容，正确把握作品思想感情，读出真情实感；

第三，遵从原文，不丢字、不添字、不颠倒字或改字；

第四，语调自然，停连恰当，重音处理正确，语速快慢得当。

二、朗读准备

朗读既不同于日常说话，也不同于朗诵。日常说话的口头语是朗读的基础（明白通俗、流畅自然），但与之相比，朗读还要对口头语进行加工，要能比较有效地再现原文的思想和艺术形象。朗诵是一种艺术表演形式，语言形式较为夸张，节律起伏比朗读大，它往往借助表情、手势等体态语来强化表达效果，有些还运用灯光、布景、音乐等来增强表演的艺术性，而朗读不需要这些。朗读虽然也讲究语言的艺术性，但它必须接近真实自然的生活语言，它是一种介于日常说话与朗诵艺术之间的口头表达形式。在朗读测试的准备过程中，我们可从以下几个方面进行准备。

（一）熟悉作品内容，把握朗读基调

首先，初读，了解作品内容是什么；然后，正音并弄懂词、句的含义；最后，理清作品结构。

（二）注意语音规范

首先，注意语流音变。上声的变调，“一”“不”的变调，“啊”的变读及轻声词和儿化是在朗读作品中要重点留意的地方。

然后，注意多音字的读音。一字多音是容易产生误读的重要原因之一，必须十分注意。在朗读的篇目中出现较多的多音字包括“为”“似”“倒”“累”“处”等。

最后，注意异读词的读音。普通话词汇中，有一部分词（或词中的语素），意义相同或基本相同，但在习惯上有两个或多个不同的读法，这些词被称为“异读词”。

（三）练习朗读时注意克服的几种不正确的朗读样式

（1）念读。单纯地念字，照字读音，有字无词或有词无句，词或词组没有轻重格式的体现。

(2)唱读。以固定的类似于唱歌的调来读作品，这种读法比念读更差，它只有声音的外壳，而表情达意的作用已被大大削弱。

(3)念经式。声音小而速度快，没有顿歇，没有重音，更没有感情和声音的变化。

(4)表演式。特别注意感情表达而把朗读变成朗诵，有表演的趋向。由于过于注重感情表达，读时往往会增字、丢字或改字。

三、朗读技巧

要读好一篇作品，我们可以先根据内容确定其感情基调，然后根据其感情基调来确定整篇文章的语速，最后根据上下文文意确定朗读时语音的停连、轻重和语调。

(一)停连

停连是指停顿和连接。在朗读过程中，那些为表情达意所需要的声音的中断和休止就是停顿；那些声音不中断、不休止，特别是作品中有标点符号而在朗读中却不需要中断、休止的地方就是连接。停连一方面是生理的需要，另一方面也是表情达意的需要。通过停连，朗读者可以更清晰、更有效地表达作品内容，更鲜明、更强烈地体现作品情感。因为得体的停连可以显示语言的节奏，增强表达的效果。我们常用以下几种符号来表示停连。停顿：ˊ(停顿时间最短)、/(停顿时间较短)、//(停顿时间较长)、///(停顿时间最长)；连接：︵。

1.选择停连位置的方法

(1)准确理解句意和文意；

(2)正确分析语句结构；

(3)恰当想象文字所体现的情景；

(4)合理处理标点符号。

2.停顿的分类

(1)语法停顿。指句子间语法关系的停顿，如句子中主谓之间、述宾之间、修饰限制词与中心词之间的停顿，还有分句之间、句子之间以及段落层次之间的停顿等。语法停顿应与标点、层次、段落相一致，具体来讲，语法停顿的时间长短可通过下列关系进行：顿号＜逗号＜分号，冒号＜分号＜句间＜层间。如“台湾岛形状狭长，/从东到西，/最宽处只有一百四十多公里；//由南至北，/最长的地方约有三百九十多公里。///地形像一个纺织用的梭子。”(作品56号)。

(2)逻辑停顿。指为准确表达语意，揭示语言内在联系而形成的语流中声音的顿歇。逻辑停顿不受语法停顿的限制，它没有明确的符号标记，往往是根据表达的内容与语境来决定停顿的地方和停顿的时间。如：“没有/一片绿叶，没有/一缕炊烟”。(作品22号)。

(3)感情停顿。感情停顿是为了突出某种感情而作出的顿歇，这种停顿通常出现在感情强烈处，诸如悲痛欲绝、恼怒至极、兴奋异常等。

(二)重音

重音是指在朗读过程中为了更好地体现语句目的，在表达时着意强调的词或词组。重音常和停连一起，使语意表达更加清楚准确，使感情色彩更加鲜明。重音可分为词重音和语句重音，但在朗读部分我们着重讲语句重音。语句重音一般用“·”表示。

1.语句重音的选择标准

(1)突出语句目的的中心词；

(2)体现逻辑关系的对应词；

(3)点染感情色彩的关键词。

2.语句重音的分类

(1)语法重音。语法重音是根据语法结构特点表现出来的重音,它由语法结构本身决定,位置一般是固定的。如短句中的谓语动词、句子中的修饰成分和限制成分;补语、疑问代词、数量结构、拟声词;并列关系、对比关系、转折关系语句中的关键词等。如"大雪整整下了一夜"(作品5号),"'噗啦'一声落到了船上"(作品22号),"什么是永远不会回来的呢?"(作品14号)。

(2)逻辑重音。这是根据上下文内容确定的。如"谁能把花生的好处说出来?"(作品26号),该句中,我们从下文孩子们的回答可知,这里应该强调"好处"二字,而不是"谁"或"花生"。表达目的不一样,逻辑重音就不一样。

(3)感情重音。感情重音是指为了表达强烈的感情而着重强调的部分。它大多出现在情绪激动、感情强烈的地方。如"品位这东西为气为魂为筋骨为神韵,只可意会。"(作品30号)。

(三)语调

语调即语句声音的抑扬或升降。这种抑扬或升降是准确传达句子思想感情的需要,它是语气的外在表现形式。对于语调,人们通常有一种误解,即把语调仅仅理解成句末一个音节的字调,其实这是不对的。语调是情感的产物,具有明显的感情色彩,它是整个语句甚至是语段感情色彩的起伏变化。

语调通常有以下四种形式:

1.上扬调

语流运动状态由低向高升起,句尾音强且向上扬起。一般表示疑问、激动、号召、呼唤等感情。上扬调一般用"↗"表示。如"难道你就只觉得树只是树,↗难道你就不想到它的朴质,严肃,坚强不屈,至少象征了北方的农民。↗"(作品1号)。

2.下抑调

语流运动状态由高向低,句尾音下降。一般表现感叹、请求、痛苦、愤怒等语气。下抑调一般用"↘"表示。如"外祖母永远不会回来了。↘"(作品14号)。

3.平直调

语流运动状态是平稳直线型的,一般表现庄严、冷漠、麻木等感情。平直调一般用"→"表示。如"三百多年前,建筑设计师莱伊恩受命设计了英国温泽市政府大厅。→"(作品19号)。

4.曲折调

语流运动状态是起伏曲折的,由高而低再扬起,或由低而高再降下,全句表现为上升和下降的曲折变化,用来表示讽刺、暗示、双关、反语等感情。曲折调一般用"↗ ↘"表示。如"你以为这是什么车?旅游车?↗"(作品10号)。

朗读时,语调不是一成不变的,而是有变化的,粗略地分可以分为:轻度、重度、中度三种。轻度语调停顿较短,重音较清楚,作品中的次要语句通常属于此类;重度语调停顿较长,重音突出,色彩鲜明,作品中的主要语句、核心句通常属于此类;而中度语调的停顿稍长,重音较突出,色彩较鲜明,作品中比较重要的语句通常属于此类。

(四)节奏

节奏是朗读者根据稿件内容和自身思想感情的起伏所形成的抑扬顿挫、轻重缓急的声音形式的回环往复。

节奏不能和语调混淆。语调是以语句为单位,节奏是以全篇为单位;节奏一定要有某种声音形式的回环往复,而不是毫无规律可循的各种声音形式的拼合。

常见的节奏类型有以下几种:

1.轻快型

要求多连少停,多轻少重,多扬少抑,语节少而词的密度大,语流显得轻快。如作品《绿》《紫藤萝瀑布》。

2.凝重型

要求多停少连,多重少轻,多抑少扬,语流平衡凝重,语言表达强而有力。如作品《丑石》《西部文化和西部开发》。

3.低沉型

要求停顿多而长,语调多抑,声音偏暗,句尾沉重,语流沉缓。如作品《牡丹的拒绝》《世间最美的坟墓》。

4.高亢型

要求多连少停,多重少轻,多扬少抑,语气高昂,语流畅达,语速稍快,节奏较紧。如作品《白杨礼赞》《站在历史的枝头微笑》。

5.舒缓型

要求多连少停,声音清亮,语音较高但不着力,气长音清,语气舒展开阔。如作品《海滨仲夏夜》《住的梦》。

6.紧张型

要求多连少停,多重少轻,多扬少抑,节奏拖长,语气紧张。如作品《麻雀》《迷途笛音》。

第二节 朗读作品

一、朗读说明

1.60篇朗读作品供普通话水平测试第四项——朗读短文测试使用。为适应测试需要,必要时对原作品做了部分更动。

2.朗读作品的顺序,按篇名的汉语拼音字母顺序排列。

3.每篇作品采用汉字和汉语拼音对照的方式编排。

4.每篇作品在第400个音节后用“//”标注。

5.为适应朗读的需要,作品中的数字一律采用汉字的书写方式书写,如:“1998年”,写作“一九九八年”,“23%”,写作“百分之二十三”。

6.加注的汉语拼音原则依据《汉语拼音正词法基本规则》拼写。

7.注音一般只标本调,不标变调。

8.作品中的必读轻声音节,拼音不标调号。一般轻读,间或重读的音节,拼音加注调号,并在拼音前加圆点提示,如:“因为”,拼音写作“yīn • wèi”,“差不多”,拼音写作“chà • bùduō”。

9.作品中的儿化音节分两种情况。一是书面上加“儿”,拼音时在基本形式后加r,如:“小孩儿”,拼音写作“xiǎoháir”;二是书面上没有加“儿”,但口语里一般儿化的音节,拼音时也在基本形式后加r,如:“胡同”,拼音写作“hútòngr”。

二、朗读作品及注音

扫码听范读

作品 1 号——《白杨礼赞》

[朗读提示] 这篇文章是一篇托物言志之作，通过对白杨树不平凡形象的赞美，歌颂了中国共产党领导下的抗日军民和整个中华民族的紧密团结、力求上进、坚强不屈的革命精神和斗争意志。所以，朗读时语言要热情奔放，气势要雄浑坚定、铿锵有力，但不乏浓浓的诗意和质朴的情感。

Nà shì lìzhēng shàngyóu de yī zhǒng shù，bǐzhí de gàn，bǐzhí de zhī. Tā de gàn
那 是 力争 上游 的 一 种 树，笔直 的 干，笔直 的 枝。它 的 干

ne，tōngcháng shì zhàng bǎ gāo，xiàngshì jiāyǐ réngōng shìde，yī zhàng yǐnèi，juéwú
呢，通常 是 丈 把 高，像是 加以 人工 似的，一 丈 以内，绝无

pángzhī；tā suǒyǒu de yāzhī ne，yīlǜ xiàngshàng，érqiě jǐnjǐn kàolǒng，yě xiàngshì
旁枝；它 所有 的 丫枝 呢，一律 向上，而且 紧紧 靠拢，也 像是

jiāyǐ réngōng shìde，chéngwei yī shù，juéwú héng xié yì chū；tā de kuāndà de yèzi
加以 人工 似的，成为 一 束，绝无 横 斜 逸 出；它 的 宽大 的 叶子

yě shì piànpiàn xiàngshàng，jīhū méi•yǒu xié shēng de，gèng bùyòng shuō dàochuí
也 是 片片 向上，几乎 没 有 斜 生 的，更 不用 说 倒垂

le；tā de pí，guānghuá ér yǒu yínsè de yùnquān，wēiwēi fànchū dànqīngsè. Zhè shì
了；它 的 皮，光滑 而 有 银色 的 晕圈，微微 泛出 淡青色。这 是

suī zài běifāng de fēngxuě de yāpò xià què bǎochízhe juéjiàng tǐnglì de yī zhǒng shù!
虽 在 北方 的 风雪 的 压迫 下 却 保持着 倔强 挺立 的 一 种 树！

Nǎpà zhǐyǒu wǎn lái cūxì ba，tā què nǔlì xiàngshàng fāzhǎn，gāo dào zhàng xǔ，
哪怕 只有 碗 来 粗细 罢，它 却 努力 向上 发展，高 到 丈 许，

liǎng zhàng，cāntiān sǒnglì，bùzhé-bùnáo，duìkàngzhe xīběifēng.
两 丈，参天 耸立，不折 不挠，对抗着 西北风。

Zhè jiùshì báiyángshù，xīběi jí pǔtōng de yī zhǒng shù，rán'ér jué bù shì píngfán
这 就是 白杨树，西北 极 普通 的 一 种 树，然而 决 不 是 平凡

de shù!
的 树！

Tā méi•yǒu pósuō de zītài，méi•yǒu qūqū pánxuán de qiúzhī，yěxǔ nǐ yào shuō tā
它 没 有 婆娑 的 姿态，没 有 屈曲 盘旋 的 虬枝，也许 你 要 说 它

bù měilì，——rúguǒ měi shì zhuān zhǐ “pósuō” huò “héng xié yì chū” zhīlèi ér yán，
不 美丽，——如果 美 是 专 指 “婆娑” 或 “横 斜 逸 出” 之类 而 言，

nàme，báiyángshù suàn•bù•dé shù zhōng de hǎo nǔzǐ；dànshì tā què shì wěi'àn，
那么，白杨树 算 不 得 树 中 的 好 女子；但是 它 却 是 伟岸，

zhèngzhí，pǔzhì，yánsù，yě bù quēfá wēnhé，gèng bùyòng tí tā de jiānqiáng bùqū yǔ
正直，朴质，严肃，也 不 缺乏 温和，更 不用 提 它 的 坚强 不屈 与

tǐngbá，tā shì shù zhōng de wěizhàngfū! Dāng nǐ zài jīxuě chū róng de gāoyuán
挺拔，它 是 树 中 的 伟丈夫！当 你 在 积雪 初 融 的 高原

•shàng zǒuguò，kàn•jiàn píngtǎn de dàdì•shàng àorán tǐnglì zhème yī zhū huò yī pái
上 走过，看 见 平坦 的 大地 上 傲然 挺立 这么 一 株 或 一 排

báiyángshù，nándào nǐ jiù zhǐ jué•dé shù zhǐshì shù，nándào nǐ jiù bù xiǎngdào tā de
白杨树，难道 你 就 只 觉 得 树 只是 树，难道 你 就 不 想到 它 的

pǔzhì，yánsù，jiānqiáng bùqū，zhìshǎo yě xiàngzhēngle běifāng de nóngmín；nándào
朴质，严肃，坚强不屈，至少也象征了北方的农民；难道
nǐ jìng yīdiǎnr yě bù liánxiǎng dào，zài díhòu de guǎngdà//tǔdì·shàng，dàochù yǒu
你竟一点儿也不联想到，在敌后的广大//土地上，到处有
jiānqiáng bùqū，jiù xiàng zhè báiyángshù yīyàng àorán tǐnglì de shǒuwèi tāmen
坚强不屈，就像这白杨树一样傲然挺立的守卫他们
jiāxiāng de shàobīng！Nándào nǐ yòu bù gèng yuǎn yīdiǎnr xiǎngdào zhèyàng
家乡的哨兵！难道你又不更远一点想到这样
zhīzhī-yèyè kàojǐn tuánjié，lìqiú shàngjìn de báiyángshù，wǎnrán xiàngzhēngle jīntiān
枝枝叶叶靠紧团结，力求上进的白杨树，宛然象征了今天
zài Huáběi Píngyuán zònghéng juédàng yòng xuè xiěchū xīn Zhōngguó lìshǐ de nà
在华北平原纵横决荡用血写出新中国历史的那
zhǒng jīngshén hé yìzhì.
种精神和意志。

——节选自茅盾《白杨礼赞》

作品2号——《差别》

扫码听范读

[朗读提示]注意老板话语的朗读，但语气不要太夸张。同时也要注意对比布鲁诺和阿诺德的行为，朗读布鲁诺的行为时语气要略显责备之情，朗读阿诺德的行为时语气要带赞扬之情。

Liǎng gè tónglíng de niánqīngrén tóngshí shòugù yú yī jiā diànpù，bìngqiě ná
两个同龄的年轻人同时受雇于一家店铺，并且拿
tóngyàng de xīn·shuǐ.
同样的薪水。

Kěshì yī duàn shíjiān hòu，jiào Ānuòdé de nàge xiǎohuǒzi qīngyún zhíshàng，ér
可是一段时间后，叫阿诺德的那个小伙子青云直上，而
nàge jiào Bùlǔnuò de xiǎohuǒzi què réng zài yuándì tàbù. Bùlǔnuò hěn bù mǎnyì
那个叫布鲁诺的小伙子却仍在原地踏步。布鲁诺很不满意
lǎobǎn de bù gōngzhèng dàiyù. Zhōngyú yǒu yī tiān tā dào lǎobǎn nàr fā láo·sāo
老板的不公正待遇。终于有一天他到老板那儿发牢骚
le. Lǎobǎn yībiān nàixīn de tīngzhe tā de bào·yuàn，yībiān zài xīn·lǐ pánsuanzhe
了。老板一边耐心地听着他的抱怨，一边在心里盘算着
zěnyàng xiàng tā jiěshì qīngchu tā hé Ānuòdé zhījiān de chābié.
怎样向他解释清楚他和阿诺德之间的差别。

"Bùlǔnuò xiānsheng，" Lǎobǎn kāikǒu shuōhuà le，"Nín xiànzài dào jíshì·shàng qù
"布鲁诺先生，"老板开口说话了，"您现在到集市上去
yīxià，kànkan jīntiān zǎoshang yǒu shénme mài de."
一下，看看今天早上有什么卖的。"

Bùlǔnuò cóng jíshì·shàng huí·lái xiàng lǎobǎn huìbào shuō，jīnzǎo jíshì·shàng
布鲁诺从集市上回来向老板汇报说，今早集市上
zhǐyǒu yī gè nóngmín lāle yī chē tǔdòu zài mài.
只有一个农民拉了一车土豆在卖。

"Yǒu duō·shǎo?" Lǎobǎn wèn.
"有多少？"老板问。

Bùlǔnuò gǎnkuài dài·shàng màozi yòu pǎodào jí·shàng，ránhòu huí·lái gàosu
布鲁诺赶快戴上帽子又跑到集上，然后回来告诉

lǎobǎn yīgòng sìshí dài tǔdòu.
老板　一共　四十　袋　土豆。

“Jiàgé shì duō•shǎo?”
“价格　是　多　少?”

Bùlǔnuò yòu dì-sān cì pǎodào jí•shàng wènláile jiàgé.
布鲁诺　又　第三　次　跑到　集　上　问来了　价格。

“Hǎo ba,” Lǎobǎn duì tā shuō, “Xiànzài qǐng nín zuòdào zhè bǎ yǐzi•shàng yī jù
“好　吧,”　老板　对　他　说,　“现在　请　您　坐到　这　把　椅子　上　一　句

huà yě bùyào shuō, kànkan Ānuòdé zěnme shuō.”
话　也　不要　说,　看看　阿诺德　怎么　说。”

Ānuòdé hěn kuài jiù cóng jíshì•shàng huí•lái le. Xiàng lǎobǎn huìbào shuō dào
阿诺德　很　快　就　从　集市　上　回　来　了。　向　老板　汇报　说　到

xiànzài wéizhǐ zhǐyǒu yī gè nóngmín zài mài tǔdòu, yīgòng sìshí kǒudai, jiàgé shì
现在　为止　只有　一　个　农民　在　卖　土豆,　一共　四十　口袋,　价格　是

duō•shǎo duō•shǎo; tǔdòu zhìliàng hěn bùcuò, tā dài huí•lái yī gè ràng lǎobǎn
多　少　多　少;　土豆　质量　很　不错,　他　带　回　来　一　个　让　老板

kànkan. Zhège nóngmín yī gè zhōngtóu yǐhòu hái huì nònglái jǐ xiāng xīhóngshì, jù tā
看看。　这个　农民　一　个　钟头　以后　还　会　弄来　几　箱　西红柿,　据　他

kàn jiàgé fēicháng gōng•dào. Zuótiān tāmen pùzi de xīhóngshì mài de hěn kuài,
看　价格　非常　公　道。　昨天　他们　铺子　的　西红柿　卖　得　很　快,

kùcún yǐ•jīng bù//duō le. Tā xiǎng zhème piányi de xīhóngshì, lǎobǎn kěndìng huì yào
库存　已　经　不//多　了。他　想　这么　便宜　的　西红柿,　老板　肯定　会　要

jìn yīxiē de, suǒyǐ tā bùjǐn dàihuíle yī ge xīhóngshì zuò yàngpǐn, érqiě bǎ nàge
进　一些　的,　所以　他　不仅　带回了　一　个　西红柿　做　样品,　而且　把　那个

nóngmín yě dài•lái le, tā xiànzài zhèngzài wài•miàn děng huíhuà ne.
农民　也　带　来　了,他　现在　正在　外　面　等　回话　呢。

Cǐshí lǎobǎn zhuǎnxiàngle Bùlǔnuò, shuō: “Xiànzài nín kěndìng zhī•dào wèi
此时　老板　转向了　布鲁诺,　说:　“现在　您　肯定　知　道　为

shénme Ānuòdé de xīn•shuǐ bǐ nín gāo le ba!”
什么　阿诺德　的　薪　水　比　您　高　了　吧!”

——节选自张健鹏、胡足青主编《故事时代》中《差别》

作品 3 号——《丑石》

扫码听范读

[朗读提示]注意作者前后态度的变化,在知道丑石是陨石之前,朗读时语气要略带不屑,但不能太露骨,朗读到那块丑石原来是陨石时,要带有惊奇而又懊悔的心情。

Wǒ chángcháng yíhàn wǒ jiā mén qián nà kuài chǒu shí: Tā hēiyǒuyǒu① de wò zài
我　常常　遗憾　我　家　门　前　那　块　丑　石:它　黑黝黝　地　卧　在

nà•lǐ, niú shìde múyàng; shéi yě bù zhī•dào shì shénme shíhou liú zài zhè•lǐ de, shéi
那　里,　牛　似的　模样;　谁　也　不　知　道　是　什么　时候　留　在　这　里　的,　谁

yě bù qù lǐhuì tā. Zhǐshì màishōu shíjié, mén qián tānle màizi, nǎinai zǒngshì shuō:
也　不　去　理会　它。　只是　麦收　时节,　门　前　摊了　麦子,　奶奶　总是　说:

① 口语一般读 hēi yōu yōu。

Zhè kuài chǒu shí, duō zhàn dìmiàn ya, chōukòng bǎ tā bānzǒu ba.
这 块 丑 石,多 占 地面 呀, 抽空 把 它 搬走 吧。

Tā bù xiàng hànbáiyù nàyàng de xìnì, kěyǐ kèzì diāohuā, yě bù xiàng dà qīngshí
它 不 像 汉白玉 那样 的 细腻,可以 刻字 雕花, 也 不 像 大 青石

nàyàng de guānghuá, kěyǐ gōng lái huànshā chuíbù. Tā jìngjìng de wò zài nà•lǐ,
那样 的 光滑, 可以 供 来 浣纱 捶布。它 静静 地 卧 在 那 里,

yuàn biān de huáiyīn méi•yǒu bìfù tā, huā'•ér yě bùzài zài tā shēnbiān shēngzhǎng.
院 边 的 槐阴 没 有 庇覆 它,花 儿 也 不再 在 它 身边 生长。

Huāngcǎo biàn fányǎn chū•lái, zhīmàn shàngxià, mànmàn de, tā jìng xiùshàng le
荒草 便 繁衍 出 来, 枝蔓 上下, 慢慢 地,它 竟 锈上 了

lǜtái、hēibān. Wǒmen zhèxiē zuò háizi de, yě tǎoyàn•qǐ tā•lái, céng héhuǒ yào bānzǒu
绿苔、黑斑。 我们 这些 做 孩子 的,也 讨厌 起 它 来, 曾 合伙 要 搬走

tā, dàn lìqi yòu bùzú; suī shíshí zhòumà tā, xiánqì tā, yě wúkě-nàihé, zhǐ hǎo rèn
它, 但 力气 又 不足;虽 时时 咒骂 它, 嫌弃 它,也 无可 奈何,只 好 任

tā liú zài nà•lǐ le.
它 留 在 那 里 了。

Zhōng yǒu yī rì, cūnzi•lǐ láile yī gè tiānwénxuéjiā. Tā zài wǒ jiā mén qián
终 有 一 日,村子 里 来了 一 个 天 文 学 家。 他 在 我 家 门 前

lùguò, tūrán fāxiànle zhè kuài shítou, yǎnguāng lìjí jiù lāzhí le. Tā zài méi•yǒu
路过, 突然 发现了 这 块 石头, 眼光 立即 就 拉直 了。他 再 没 有

líkāi, jiù zhùle xià•lái; yǐhòu yòu láile hǎoxiē rén, dōu shuō zhè shì yī kuài yǔnshí,
离开,就 住了 下 来;以后 又 来了 好些 人, 都 说 这 是 一 块 陨石,

cóng tiān•shàng luò xià•lái yǐ•jīng yǒu èr-sānbǎi nián le, shì yī jiàn liǎo•bùqǐ de
从 天 上 落 下 来 已 经 有 二三百 年 了,是 一 件 了 不起 的

dōngxi. Bùjiǔ biàn láile chē, xiǎoxīn-yìyì de jiāng tā yùnzǒu le.
东西。不久 便 来了 车,小心 翼翼 地 将 它 运走 了。

Zhè shǐ wǒmen dōu hěn jīngqí, zhè yòu guài yòu chǒu de shítou, yuánlái shì
这 使 我们 都 很 惊奇, 这 又 怪 又 丑 的 石头, 原来 是

tiān•shàng de a! Tā bǔguo tiān, zài tiān•shàng fāguo rè、shǎnguo guāng, wǒmen de
天 上 的 啊!它 补过 天, 在 天 上 发过 热、 闪过 光, 我们 的

xiānzǔ huòxǔ yǎngwàngguo tā, tā gěile tāmen guāngmíng、xiàngwǎng、chōngjǐng; ér
先祖 或许 仰望过 它,它 给了 他们 光明、 向往、 憧憬; 而

tā luò xià•lái le, zài wūtǔ•lǐ, huāngcǎo•lǐ, yī tǎng jiù//shì jǐbǎi nián le!
它 落 下 来 了,在 污土 里, 荒草 里,一 躺 就//是 几百 年 了!

Wǒ gǎndào zìjǐ de wúzhī, yě gǎndàole chǒu shí de wěidà, wǒ shènzhì yuànhèn
我 感到 自己 的 无知,也 感到了 丑 石 的 伟大,我 甚至 怨恨

tā zhème duō nián jìng huì mòmò de rěnshòuzhe zhè yīqiè! Ér wǒ yòu lìjí shēnshēn
它 这么 多 年 竟 会 默默 地 忍受着 这 一切!而 我 又 立即 深深

de gǎndào tā nà zhǒng bùqū yú wùjiě、jìmò de shēngcún de wěidà.
地 感到 它 那 种 不屈 于 误解、寂寞 的 生存 的 伟大。

——节选自贾平凹《丑石》

扫码听范读

作品 4 号——《达瑞的故事》

[朗读提示]这虽然是一篇叙事文章，但富有哲理，启发人们发现自我，创造机会。可采用自然、深沉的感情基调朗读，并用平实、质朴的声音表达出作者的感受来。

Zài Dáruì bā suì de shíhou, yǒu yī tiān tā xiǎng qù kàn diànyǐng. Yīn•wèi méi•yǒu
在达瑞八岁的时候，有一天他想去看电影。因为没有
qián, tā xiǎng shì xiàng bà mā yào qián, háishì zìjǐ zhèngqián. Zuìhòu tā xuǎnzéle
钱，他想是向爸妈要钱，还是自己挣钱。最后他选择了
hòuzhě. Tā zìjǐ tiáozhìle yī zhǒng qìshuǐr, xiàng guòlù de xíngrén chūshòu. Kě nàshí
后者。他自己调制了一种汽水，向过路的行人出售。可那时
zhèngshì hánlěng de dōngtiān, méi•yǒu rén mǎi, zhǐyǒu liǎng gè rén lìwài —— tā de
正是寒冷的冬天，没有人买，只有两个人例外——他的
bàba hé māma.
爸爸和妈妈。

Tā ǒurán yǒu yī gè hé fēicháng chénggōng de shāngrén tánhuà de jī•huì. Dāng tā
他偶然有一个和非常成功的商人谈话的机会。当他
duì shāngrén jiǎngshùle zìjǐ de "pòchǎnshǐ" hòu, shāngrén gěile tā liǎng gè
对商人讲述了自己的"破产史"后，商人给了他两个
zhòngyàode jiànyì: yī shì chángshì wèi bié•rén jiějué yī gè nántí; èr shì bǎ jīnglì
重要的建议：一是尝试为别人解决一个难题；二是把精力
jízhōng zài nǐ zhī•dào de、nǐ huì de hé nǐ yōngyǒu de dōngxi•shàng.
集中在你知道的、你会的和你拥有的东西上。

Zhè liǎng gè jiànyì hěn guānjiàn. Yīn•wèi duìyú yī gè bā suì de háizi ér yán, tā
这两个建议很关键。因为对于一个八岁的孩子而言，他
bù huì zuò de shìqing hěn duō. Yúshì tā chuānguo dàjiē xiǎoxiàng, bùtíng de sīkǎo:
不会做的事情很多。于是他穿过大街小巷，不停地思考：
rénmen huì yǒu shénme nántí, tā yòu rúhé lìyòng zhège jī•huì?
人们会有什么难题，他又如何利用这个机会？

Yī tiān, chī zǎofàn shí fù•qīn ràng Dáruì qù qǔ bàozhǐ. Měiguó de sòngbàoyuán zǒngshì
一天，吃早饭时父亲让达瑞去取报纸。美国的送报员总是
bǎ bàozhǐ cóng huāyuán líba de yī gè tèzhì de guǎnzi•lǐ sāi jìn•lái. Jiǎrú nǐ xiǎng
把报纸从花园篱笆的一个特制的管子里塞进来。假如你想
chuānzhe shuìyī shūshū-fúfú① de chī zǎofàn hé kàn bàozhǐ, jiù bìxū líkāi wēnnuǎn de
穿着睡衣舒舒服服地吃早饭和看报纸，就必须离开温暖的
fángjiān, màozhe hánfēng, dào huāyuán qù qǔ. Suīrán lù duǎn, dàn shífēn máfan.
房间，冒着寒风，到花园去取。虽然路短，但十分麻烦。

Dāng Dáruì wèi fù•qīn qǔ bàozhǐ de shíhou, yī gè zhǔyi dànshēng le. Dàngtiān tā
当达瑞为父亲取报纸的时候，一个主意诞生了。当天他
jiù ànxiǎng lín•jū de ménlíng, duì tāmen shuō, měi gè yuè zhǐ xū fùgěi tā yī měiyuán,
就按响邻居的门铃，对他们说，每个月只需付给他一美元，
tā jiù měitiān zǎoshang bǎ bàozhǐ sāidào tāmen de fángmén dǐ•xià. Dàduōshù rén
他就每天早上把报纸塞到他们的房门底下。大多数人

---

① 口语一般读 shūshu-fūfū。

dōu tóngyì le，hěn kuài tā yǒu// le qīshí duō gè gùkè. Yī gè yuè hòu，dāng tā nádào
都同意了，很快他有//了七十多个顾客。一个月后，当他拿到
zìjǐ zhuàn de qián shí，jué•dé zìjǐ jiǎnzhí shì fēi•shàngle tiān.
自己赚的钱时，觉得自己简直是飞上了天。

Hěn kuài tā yòu yǒule xīn de jī•huì，tā ràng tā de gùkè měitiān bǎ lājīdài fàngzài
很快他又有了新的机会，他让他的顾客每天把垃圾袋放在
mén qián，ránhòu yóu tā zǎoshang yùndào lājītǒng•lǐ，měi gè yuè jiā yī měiyuán.
门前，然后由他早上运到垃圾桶里，每个月加一美元。
Zhīhòu tā hái xiǎngchūle xǔduō háizi zhuànqián de bànfǎ，bìng bǎ tā jíjié chéng shū，
之后他还想出了许多孩子赚钱的办法，并把它集结成书，
shūmíng wéi《Értóng Zhèngqián de Èrbǎi Wǔshí gè Zhǔyi[①]》 Wèicǐ，Dáruì shí’èr suì shí
书名为《儿童挣钱的二百五十个主意》。为此，达瑞十二岁时
jiù chéngle chàngxiāoshū zuòjiā，shíwǔ suì yǒule zìjǐ de tánhuà jiémù，shíqī suì jiù
就成了畅销书作家，十五岁有了自己的谈话节目，十七岁就
yōngyǒule jǐ bǎiwàn měiyuán.
拥有了几百万美元。

——节选自[德]博多·舍费尔《达瑞的故事》，刘志明译

作品5号——《第一场雪》

扫码听范读

[朗读提示]这篇文章前一部分主要描写了雪景，朗读时要把作者对美丽雪景的喜爱之情和雪地里孩子们打闹的欢乐情景表现出来，后一部分主要写了大雪对农作物的益处，朗读时要客观、朴素、自然。

Zhè shì rùdōng yǐlái，Jiāodōng Bàndǎo•shàng dì-yī cháng xuě.
这是入冬以来，胶东半岛上第一场雪。

Xuě fēnfēn-yángyáng，xià de hěn dà. Kāishǐ hái bànzhe yīzhènr xiǎoyǔ，bùjiǔ jiù
雪纷纷扬扬，下得很大。开始还伴着一阵儿小雨，不久就
zhǐ jiàn dàpiàn dàpiàn de xuěhuā，cóng tóngyún-mìbù de tiānkōng zhōng piāoluò
只见大片大片的雪花，从彤云密布的天空中飘落
xià•lái. Dìmiàn•shàng yīhuìr jiù bái le. Dōngtiān de shāncūn，dàole yè•lǐ jiù
下来。地面上一会儿就白了。冬天的山村，到了夜里就
wànlài-jùjì，zhǐ tīng de xuěhuā sùsù de bùduàn wǎngxià luò，shùmù de kūzhī bèi xuě
万籁俱寂，只听得雪花簌簌地不断往下落，树木的枯枝被雪
yāduàn le，ǒu’ěr gēzhī yī shēng xiǎng.
压断了，偶尔咯吱一声响。

Dàxuě zhěngzhěng xiàle yīyè. Jīntiān zǎo•chén，tiān fàngqíng le，tài•yáng chū•lái
大雪整整下了一夜。今天早晨，天放晴了，太阳出来
le. Tuīkāi mén yī kàn，hē! Hǎo dà de xuě a! Shānchuān、héliú、shùmù、fángwū，
了。推开门一看，嗬！好大的雪啊！山川、河流、树木、房屋，
quán dōu zhào•shàngle yī céng hòuhòu de xuě，wànlǐ jiāngshān，biànchéngle
全都罩上了一层厚厚的雪，万里江山，变成了
fěnzhuāng-yùqì de shìjiè. Luòguāngle yèzi de liǔshù•shàng guàmǎnle máoróngróng
粉妆玉砌的世界。落光了叶子的柳树上挂满了毛茸茸

① 口语一般读zhúyi。

liàngjīngjīng de yíntiáor; ér nàxiē dōng-xià chángqīng de sōngshù hé bǎishù·shàng, zé
亮晶晶 的 银条儿；而 那些 冬 夏 常青 的 松树 和 柏树 上，则

guàmǎnle péngsōngsōng chéndiàndiàn de xuěqiúr. Yī zhèn fēng chuīlái, shùzhī
挂满了 蓬松松 沉甸甸 的 雪球儿。一 阵 风 吹来，树枝

qīngqīng de yáo·huàng, měilì de yíntiáor hé xuěqiúr sùsù de luò xià·lái, yùxiè shìde
轻轻 地 摇 晃，美丽 的 银条儿 和 雪球儿 簌簌 地 落 下 来，玉屑 似的

xuěmòr suí fēng piāoyáng, yìngzhe qīngchén de yángguāng, xiǎnchū yī dàodào
雪末儿 随 风 飘扬，映着 清晨 的 阳光，显出 一 道道

wǔguāng-shísè de cǎihóng.
五光 十色 的 彩虹。

Dàjiē·shàng de jīxuě zú yǒu yī chǐ duō shēn, rén cǎi shàng·qù, jiǎo dǐ·xià fāchū
大街 上 的 积雪 足 有 一 尺 多 深，人 踩 上 去，脚 底 下 发出

gēzhī gēzhī de xiǎngshēng. Yī qúnqún háizi zài xuědì·lǐ duī xuěrén, zhì xuěqiúr. Nà
咯吱 咯吱 的 响声。一 群群 孩子 在 雪地 里 堆 雪人，掷 雪球儿。那

huānlè de jiàohǎnshēng, bǎ shùzhī·shàng de xuě dōu zhènluò xià·lái le.
欢乐 的 叫喊声，把 树枝 上 的 雪 都 震落 下 来 了。

Súhuà shuō, "Ruìxuě zhào fēngnián". Zhège huà yǒu chōngfèn de kēxué gēnjù,
俗话 说，"瑞雪 兆 丰年"。这个 话 有 充分 的 科学 根据，

bìng bù shì yī jù míxìn de chéngyǔ. Hándōng dàxuě, kěyǐ dòngsǐ yī bùfen yuèdōng de
并 不 是 一 句 迷信 的 成语。寒冬 大雪，可以 冻死 一 部分 越冬 的

hàichóng; rónghuàle de shuǐ shènjìn tǔcéng shēnchù, yòu néng gōngyìng // zhuāngjia
害虫；融化了 的 水 渗进 土层 深处，又 能 供应 // 庄稼

shēngzhǎng de xūyào. Wǒ xiāngxìn zhè yī cháng shífēn jíshí de dàxuě, yīdìng huì cùjìn
生长 的 需要。我 相信 这 一 场 十分 及时 的 大雪，一定 会 促进

míngnián chūnjì zuòwù, yóuqí shì xiǎomài de fēngshōu. Yǒu jīngyàn de lǎonóng bǎ
明年 春季 作物，尤其 是 小麦 的 丰收。有 经验 的 老农 把

xuě bǐzuò shì "màizi de miánbèi". Dōngtiān "miánbèi" gài de yuè hòu, míngchūn màizi
雪 比做 是"麦子 的 棉被"。冬天 "棉被" 盖 得 越 厚，明春 麦子

jiù zhǎng de yuè hǎo, suǒyǐ yòu yǒu zhèyàng yī jù yànyǔ: "Dōngtiān mài gài sān
就 长 得 越 好，所以 又 有 这样 一 句 谚语："冬天 麦 盖 三

céng bèi, láinián zhěnzhe mántou shuì."
层 被，来年 枕着 馒头 睡。"

Wǒ xiǎng, zhè jiùshì rénmen wèishénme bǎ jíshí de dàxuě chēngwéi "ruìxuě" de
我 想，这 就是 人们 为什么 把 及时 的 大雪 称为 "瑞雪" 的

dào·lǐ ba.
道 理 吧。

——节选自峻青《第一场雪》

作品 6 号——《读书人是幸福人》

扫码听范读

[朗读提示]这是一篇对读书充满感情的议论文，朗读时要把作者语重心长、耐人寻味的心声表达出来，语气要厚重、坚实。

Wǒ cháng xiǎng dúshūrén shì shìjiān xìngfú rén, yīn·wèi tā chúle yōngyǒu xiànshí
我 常 想 读书人 是 世间 幸福 人，因 为 他 除了 拥有 现实

de shìjiè zhīwài, hái yōngyǒu lìng yī gè gèng wéi hàohàn yě gèng wéi fēngfù de shìjiè.
的 世界 之外，还 拥有 另 一 个 更 为 浩瀚 也 更 为 丰富 的 世界。

Xiànshí de shìjiè shì rénrén dōu yǒu de, ér hòu yī gè shìjiè què wéi dúshūrén suǒ dúyǒu. Yóu cǐ wǒ xiǎng, nàxiē shīqù huò bùnéng yuèdú de rén shì duōme de bùxìng, tāmen de sàngshī shì bùkě bǔcháng de. Shìjiān yǒu zhūduō de bù píngděng, cáifù de bù píngděng, quánlì de bù píngděng, ér yuèdú nénglì de yōngyǒu huò sàngshī què tǐxiàn wéi jīngshén de bù píngděng.
现实 的 世界 是 人人 都 有 的，而 后 一 个 世界 却 为 读书人 所 独有。由 此 我 想，那些 失去 或 不能 阅读 的 人 是 多么 的 不幸，他们 的 丧失 是 不可 补偿 的。世间 有 诸多 的 不 平等，财富 的 不 平等，权力 的 不 平等，而 阅读 能力 的 拥有 或 丧失 却 体现 为 精神 的 不 平等。

Yī gè rén de yīshēng, zhǐnéng jīnglì zìjǐ yōngyǒu de nà yī fèn xīnyuè, nà yī fèn kǔnàn, yěxǔ zài jiā•shàng tā qīnzì wén zhī de nà yīxiē guānyú zìshēn yǐwài de jīnglì hé jīngyàn. Rán'ér, rénmen tōngguò yuèdú, què néng jìnrù bùtóng shíkōng de zhūduō tārén de shìjiè. Zhèyàng, jùyǒu yuèdú nénglì de rén, wúxíng jiān huòdéle chāoyuè yǒuxiàn shēngmìng de wúxiàn kěnéngxìng. Yuèdú bùjǐn shǐ tā duō shíle cǎo-mù-chóng-yú zhī míng, érqiě kěyǐ shàngsù yuǎngǔ xià jí wèilái, bǎolǎn cúnzài de yǔ fēicúnzài de qífēng-yìsú.
一 个 人 的 一生，只能 经历 自己 拥有 的 那 一 份 欣悦，那 一 份 苦难，也许 再 加 上 他 亲自 闻 知 的 那 一些 关于 自身 以外 的 经历 和 经验。然而，人们 通过 阅读，却 能 进入 不同 时空 的 诸多 他人 的 世界。这样，具有 阅读 能力 的 人，无形 间 获得了 超越 有限 生命 的 无限 可能性。阅读 不仅 使 他 多 识了 草 木 虫 鱼 之 名，而且 可以 上溯 远古 下 及 未来，饱览 存在 的 与 非存在 的 奇风 异俗。

Gèng wéi zhòngyào de shì, dúshū jiāhuì yú rénmen de bùjǐn shì zhīshi de zēngguǎng, érqiě hái zàiyú jīngshén de gǎnhuà yǔ táoyě. Rénmen cóng dúshū xué zuò rén, cóng nàxiē wǎngzhé xiānxián yǐjí dāngdài cáijùn de zhùshù zhōng xuédé tāmen de réngé. Rénmen cóng《Lúnyǔ》zhōng xuédé zhìhuì de sīkǎo, cóng《Shǐjì》zhōng xuédé yánsù de lìshǐ jīngshén, cóng《Zhèngqìgē》zhōng xuédé réngé de gāngliè, cóng Mǎkèsī xuédé rénshì// de jīqíng, cóng Lǔ Xùn xuédé pīpàn jīngshén, cóng Tuō'ěrsītài xuédé dàodé de zhízhuó. Gēdé de shījù kèxiězhe ruìzhì de rénshēng, Bàilún de shījù hūhuànzhe fèndòu de rèqíng. Yī gè dúshūrén, yī gè yǒu jī•huì yōngyǒu chāohū gèrén shēngmìng tǐyàn de xìngyùn rén.
更 为 重要 的 是，读书 加惠 于 人们 的 不仅 是 知识 的 增广，而且 还 在于 精神 的 感化 与 陶冶。人们 从 读书 学 做 人，从 那些 往哲 先贤 以及 当代 才俊 的 著述 中 学得 他们 的 人格。人们 从《论语》中 学得 智慧 的 思考，从《史记》中 学得 严肃 的 历史 精神，从《正气歌》中 学得 人格 的 刚烈，从 马克思 学得 人世 // 的 激情，从 鲁 迅 学得 批判 精神，从 托尔斯泰 学得 道德 的 执着。歌德 的 诗句 刻写着 睿智 的 人生，拜伦 的 诗句 呼唤着 奋斗 的 热情。一 个 读书人，一 个 有 机 会 拥有 超乎 个人 生命 体验 的 幸运 人。

——节选自谢冕《读书人是幸福人》

扫码听范读

作品 7 号——《二十美金的价值》

[朗读提示]这篇文章的角色对话很多，朗读时要注意把孩子稚嫩和渴望的语言与父亲疲惫、不耐烦的语言进行对比，同时也要注意区分父亲发怒时和平静之后语言的鲜明不同。

Yī tiān, bàba xiàbān huídào jiā yǐ•jīng hěn wǎn le, tā hěn lèi yě yǒu diǎnr fán,
一天，爸爸下班回到家已经很晚了，他很累也有点儿烦，

tā fāxiàn wǔ suì de érzi kào zài mén páng zhèng děngzhe tā.
他发现五岁的儿子靠在门旁正等着他。

“Bà, wǒ kěyǐ wèn nín yī gè wèntí ma?”
“爸，我可以问您一个问题吗？”

“Shénme wèntí?” “Bà, nín yī xiǎoshí kěyǐ zhuàn duō•shǎo qián?” “Zhè yǔ nǐ
“什么问题？”“爸，您一小时可以赚多少钱？”“这与你

wúguān, nǐ wèishénme wèn zhège wèntí?” Fù•qīn shēngqì de shuō.
无关，你为什么问这个问题？”父亲生气地说。

“Wǒ zhǐshì xiǎng zhī•dào, qǐng gàosu wǒ, nín yī xiǎoshí zhuàn duō•shǎo qián?”
“我只是想知道，请告诉我，您一小时赚多少钱？”

Xiǎoháir āiqiú dào. “Jiǎrú nǐ yīdìng yào zhī•dào de huà, wǒ yī xiǎoshí zhuàn èrshí
小孩儿哀求道。“假如你一定要知道的话，我一小时赚二十

měijīn.”
美金。”

“Ò,” Xiǎoháir dīxiàle tóu, jiēzhe yòu shuō, “Bà, kěyǐ jiè wǒ shí měijīn ma?”
“哦，”小孩儿低下了头，接着又说，“爸，可以借我十美金吗？”

Fù•qīn fānù le: “Rúguǒ nǐ zhǐshì yào jiè qián qù mǎi háowú yìyì de wánjù de huà, gěi
父亲发怒了：“如果你只是要借钱去买毫无意义的玩具的话，给

wǒ huídào nǐ de fángjiān shuìjiào•qù. Hǎohǎo xiǎngxiang wèishénme nǐ huì nàme zìsī.
我回到你的房间睡觉去。好好想想为什么你会那么自私。

Wǒ měitiān xīnkǔ gōngzuò, méi shíjiān hé nǐ wánr xiǎoháizi de yóuxì.”
我每天辛苦工作，没时间和你玩儿小孩子的游戏。”

Xiǎoháir mòmò de huídào zìjǐ de fángjiān guān•shàng mén.
小孩儿默默地回到自己的房间关上门。

Fù•qīn zuò xià•lái hái zài shēngqì. Hòulái, tā píngjìng xià•lái le. Xīnxiǎng tā
父亲坐下来还在生气。后来，他平静下来了。心想他

kěnéng duì háizi tài xiōng le —— huòxǔ háizi zhēnde hěn xiǎng mǎi shénme dōngxi,
可能对孩子太凶了——或许孩子真的很想买什么东西，

zài shuō tā píngshí hěn shǎo yàoguo qián.
再说他平时很少要过钱。

Fù•qīn zǒujìn háizi de fángjiān: “Nǐ shuìle ma?” “Bà, hái méi•yǒu, wǒ hái
父亲走进孩子的房间：“你睡了吗？”“爸，还没有，我还

xǐngzhe.” Háizi huídá.
醒着。”孩子回答。

“Wǒ gāngcái kěnéng duì nǐ tài xiōng le,” Fù•qīn shuō, “Wǒ bù yīnggāi fā nàme
“我刚才可能对你太凶了，”父亲说，“我不应该发那么

dà de huǒr —— zhè shì nǐ yào de shí měijīn.” “Bà, xièxie nín.” Háizi gāoxìng de cóng
大的火儿——这是你要的十美金。”“爸，谢谢您。”孩子高兴地从

zhěntou•xià náchū yīxiē bèi nòngzhòu de chāopiào, mànmàn de shǔzhe.
枕头 下 拿出 一些 被 弄皱 的 钞票， 慢慢 地 数着。

"Wèishénme nǐ yǐ•jīng yǒu qián le hái yào?" Fù•qīn bùjiě de wèn.
"为什么 你 已 经 有 钱 了 还 要?" 父 亲 不解 地 问。

"Yīn•wèi yuánlái bùgòu, dàn xiànzài còugòu le." Háizi huídá: "Bà, wǒ xiànzài
"因 为 原来 不够， 但 现在 凑够 了。" 孩子 回答："爸， 我 现在
yǒu//èrshí měijīn le, wǒ kěyǐ xiàng nín mǎi yī gè xiǎoshí de shíjiān ma? Míngtiān
有 // 二十 美金 了， 我 可以 向 您 买 一 个 小时 的 时间 吗? 明天
qǐng zǎo yīdiǎnr huíjiā —— wǒ xiǎng hé nín yīqǐ chī wǎncān."
请 早 一点儿 回家 —— 我 想 和 您 一起 吃 晚餐。"

——节选自唐继柳编译《二十美金的价值》

作品8号——《繁星》

扫码听范读

[朗读提示]作品中三次写繁星，由于年龄、阅历、心情和时间、地点、氛围的不同，表现出的意境和感受就不同。朗读时要注意三次写繁星时行文感情的不同：第一次是在自家院子，卧看时，所见的天空有限，显得深而远，因此有回到母亲怀里的感觉；第二次是在南京的菜园地，作者当时挣脱出了封建家庭的樊笼，因此觉得星星很亲切，光明无所不在；第三次是在海上，船动星移。

Wǒ ài yuèyè, dàn wǒ yě ài xīngtiān. Cóngqián zài jiāxiāng qī-bāyuè de yèwǎn
我 爱 月夜， 但 我 也 爱 星天。 从前 在 家乡 七八月 的 夜晚
zài tíngyuàn•lǐ nàliáng de shíhou, wǒ zuì ài kàn tiān•shàng mìmì-mámá de fánxīng.
在 庭院 里 纳凉 的 时候， 我 最 爱 看 天 上 密密 麻麻 的 繁星。
Wàngzhe xīngtiān, wǒ jiù huì wàngjì yīqiè, fǎngfú huídàole mǔ•qīn de huái•lǐ shìde.
望着 星天， 我 就 会 忘记 一切， 仿佛 回到 了 母 亲 的 怀 里 似的。

Sān nián qián zài Nánjīng wǒ zhù de dìfang yǒu yī dào hòumén, měi wǎn wǒ
三 年 前 在 南京 我 住 的 地方 有 一 道 后门， 每 晚 我
dǎkāi hòumén, biàn kàn•jiàn yī gè jìngjì de yè. Xià•miàn shì yī piàn càiyuán,
打开 后门， 便 看 见 一 个 静寂 的 夜。 下 面 是 一 片 菜园，
shàng•miàn shì xīngqún mìbù de lántiān. Xīngguāng zài wǒmen de ròuyǎn•lǐ suīrán
上 面 是 星群 密布 的 蓝天。 星光 在 我们 的 肉眼 里 虽然
wēixiǎo, rán'ér tā shǐ wǒmen jué•dé guāngmíng wúchù-bùzài. Nà shíhou wǒ zhèngzài
微小， 然而 它 使 我们 觉 得 光明 无处 不在。 那 时候 我 正在
dú yīxiē tiānwénxué de shū, yě rènde yīxiē xīngxing, hǎoxiàng tāmen jiùshì wǒ de
读 一些 天文学 的 书， 也 认得 一些 星星， 好像 它们 就是 我 的
péngyou, tāmen chángcháng zài hé wǒ tánhuà yīyàng.
朋友， 它们 常常 在 和 我 谈话 一样。

Rújīn zài hǎi•shàng, měi wǎn hé fánxīng xiāngduì, wǒ bǎ tāmen rènde hěn shú le.
如今 在 海 上， 每 晚 和 繁星 相对， 我 把 它们 认得 很 熟 了。
Wǒ tǎng zài cāngmiàn•shàng, yǎngwàng tiānkōng. Shēnlánsè de tiānkōng•lǐ xuánzhe
我 躺 在 舱面 上， 仰望 天空。 深蓝色 的 天空 里 悬着
wúshù bànmíng-bànmèi de xīng. Chuán zài dòng, xīng yě zài dòng, tāmen shì zhèyàng
无数 半明 半昧 的 星。 船 在 动， 星 也 在 动， 它们 是 这样
dī, zhēn shì yáoyáo-yùzhuì ne! Jiànjiàn de wǒ de yǎnjing móhu le, wǒ hǎoxiàng
低， 真 是 摇摇 欲坠 呢! 渐渐 地 我 的 眼睛 模糊 了， 我 好像

kàn•jiàn wúshù yínghuǒchóng zài wǒ de zhōuwéi fēiwǔ. Hǎi•shàng de yè shì róuhé de,
看 见 无数 萤火虫 在 我 的 周围 飞舞。海 上 的 夜 是 柔和 的,
shì jìngjì de, shì mènghuàn de. Wǒ wàngzhe xǔduō rènshi de xīng, wǒ fǎngfú kàn•jiàn
是 静寂 的,是 梦幻 的。我 望着 许多 认识 的 星,我 仿佛 看 见
tāmen zài duì wǒ zhǎyǎn, wǒ fǎngfú tīng•jiàn tāmen zài xiǎoshēng shuōhuà. Zhèshí wǒ
它们 在 对 我 眨眼,我 仿佛 听 见 它们 在 小声 说话。这时 我
wàngjìle yīqiè. Zài xīng de huáibào zhōng wǒ wēixiàozhe, wǒ chénshuìzhe. Wǒ jué•dé
忘记了 一切。在 星 的 怀抱 中 我 微笑着,我 沉睡着。我 觉 得
zìjǐ shì yī gè xiǎoháizi, xiànzài shuì zài mǔ•qīn de huái•lǐ le.
自己 是 一 个 小孩子,现在 睡 在 母 亲 的 怀 里 了。

Yǒu yī yè, nàge zài Gēlúnbō shàng chuán de Yīngguórén zhǐ gěi wǒ kàn
有 一 夜,那个 在 哥伦波 上 船 的 英国人 指 给 我 看
tiān•shàng de jùrén. Tā yòng shǒu zhǐzhe: // Nà sì kē míngliàng de xīng shì tóu,
天 上 的 巨人。他 用 手 指着://那 四 颗 明亮 的 星 是 头,
xià•miàn de jǐ kē shì shēnzi, zhè jǐ kē shì shǒu, nà jǐ kē shì tuǐ hé jiǎo, háiyǒu sān
下 面 的 几 颗 是 身子,这 几 颗 是 手,那 几 颗 是 腿 和 脚,还有 三
kē xīng suànshì yāodài. Jīng tā zhè yīfān zhǐdiǎn, wǒ guǒrán kàn qīngchule nàge
颗 星 算是 腰带。经 他 这 一番 指点,我 果然 看 清楚了 那个
tiān•shàng de jùrén. Kàn, nàge jùrén hái zài pǎo ne!
天 上 的 巨人。看,那个 巨人 还 在 跑 呢!

——节选自巴金《繁星》

作品 9 号——《风筝畅想曲》

扫码听范读

[朗读提示]这是一篇关于童年美好回忆的作品,语言自然清新。朗读时可以使用甜美的声音,把作者的童趣勾勒出来。最后一个自然段和倒数第二自然段的最后一句话是全文的画龙点睛之笔,朗读时应饱含着深深的思乡之情和爱国之情。

Jiàrì dào hétān•shàng zhuànzhuan, kàn•jiàn xǔduō háizi zài fàng fēngzheng.
假日 到 河滩 上 转转, 看 见 许多 孩子 在 放 风筝。
Yīgēngēn chángcháng de yǐnxiàn, yītóur jì zài tiān•shàng yī tóur jì zài dì•shàng,
一根根 长长 的 引线, 一头 系 在 天 上 一 头 系 在 地 上,
háizi tóng fēngzheng dōu zài tiān yǔ dì zhījiān yōudàng, lián xīn yě bèi yōudàng de
孩子 同 风筝 都 在 天 与 地 之间 悠荡, 连 心 也 被 悠荡 得
huǎnghuǎng-hūhū le, hǎoxiàng yòu huídàole tóngnián.
恍恍 惚惚 了, 好像 又 回到了 童年。

Érshí fàng de fēngzheng, dàduō shì zìjǐ de zhǎngbèi huò jiārén biānzā de, jǐ gēn
儿时 放 的 风筝, 大多 是 自己 的 长辈 或 家人 编扎 的,几 根
xiāo de hěn báo de miè, yòng xì shāxiàn zāchéng gè zhǒng niǎo shòu de zàoxíng,
削 得 很 薄 的 篾, 用 细 纱线 扎成 各 种 鸟 兽 的 造型,
hú•shàng xuěbái de zhǐpiàn, zài yòng cǎibǐ gōulè chū miànkǒng yǔ chìbǎng de tú'àn.
糊 上 雪白 的 纸片, 再 用 彩笔 勾勒 出 面孔 与 翅膀 的 图案。
Tōngcháng zā de zuì duō de shì "lǎodiāo" "měirénr" "huā húdié" děng.
通常 扎 得 最 多 的 是 "老雕" "美人儿" "花 蝴蝶" 等。

Wǒmen jiā qiányuàn jiù yǒu wèi shūshu, shàn zā fēngzheng, yuǎn-jìn wénmíng. Tā
我们 家 前院 就 有 位 叔叔, 擅 扎 风筝, 远 近 闻名。他

zā de fēngzheng bùzhǐ tǐxíng hǎokàn, sècǎi yànlì, fàngfēi de gāo yuǎn, hái zài
扎 得 风筝 不只 体形 好看, 色彩 艳丽, 放飞 得 高 远, 还 在

fēngzheng•shàng bēng yī yè yòng púwěi xiāochéng de mópiàn, jīng fēng yī chuī,
风筝 上 绷 一 叶 用 蒲苇 削成 的 膜片, 经 风 一 吹,

fāchū “wēngwēng” de shēngxiǎng, fǎngfú shì fēngzheng de gēchàng, zài lántiān•xià
发出 “嗡嗡” 的 声响, 仿佛 是 风筝 的 歌唱, 在 蓝天 下

bō yáng, gěi kāikuò de tiāndì zēngtiānle wújìn de yùnwèi, gěi chídàng de tóngxīn
播 扬, 给 开阔 的 天地 增添了 无尽 的 韵味, 给 驰荡 的 童心

dàilái jǐ fēn fēngkuáng.
带来 几 分 疯狂。

Wǒmen nà tiáo hútòngr de zuǒlín-yòushè de háizimen fàng de fēngzheng jīhū dōu
我们 那 条 胡同 的 左邻 右舍 的 孩子们 放 的 风筝 几乎 都

shì shūshu biānzā de. Tā de fēngzheng bù mài qián, shéi shàngmén qù yào, jiù gěi
是 叔叔 编扎 的。他 的 风筝 不 卖 钱, 谁 上门 去 要, 就 给

shéi, tā lèyì zìjǐ tiē qián mǎi cáiliào.
谁, 他 乐意 自己 贴 钱 买 材料。

Hòulái, zhèwèi shūshu qùle hǎiwài, fàng fēngzheng yě jiàn yǔ háizimen yuǎnlí le.
后来, 这位 叔叔 去了 海外, 放 风筝 也 渐 与 孩子们 远离 了。

Bùguò niánnián shūshu gěi jiāxiāng xiěxìn, zǒng bù wàng tíqǐ érshí de fàng
不过 年年 叔叔 给 家乡 写信, 总 不 忘 提起 儿时 的 放

fēngzheng. Xiānggǎng huíguī zhīhòu, tā zài jiāxìn zhōng shuōdào, tā zhè zhī bèi
风筝。 香港 回归 之后, 他 在 家信 中 说到, 他 这 只 被

gùxiāng fàngfēi dào hǎiwài de fēngzheng, jǐnguǎn piāodàng yóuyì, jīng mù fēngyǔ, kě
故乡 放飞 到 海外 的 风筝, 尽管 飘荡 游弋, 经 沐 风雨, 可

nà xiàntóur yīzhí zài gùxiāng hé// qīnrén shǒu zhōng qiānzhe, rújīn piāo de tài lèi le,
那 线头儿 一直 在 故乡 和// 亲人 手 中 牵着, 如今 飘 得 太 累 了,

yě gāi yào huíguī dào jiāxiāng hé qīnrén shēnbiān lái le.
也 该 要 回归 到 家乡 和 亲人 身边 来 了。

Shìde. Wǒ xiǎng, bùguāng shì shūshu, wǒmen měi gè rén dōu shì fēngzheng, zài
是的。我 想, 不光 是 叔叔, 我们 每 个 人 都 是 风筝, 在

māma shǒu zhōng qiānzhe, cóngxiǎo fàngdào dà, zài cóng jiāxiāng fàngdào zǔguó zuì
妈妈 手 中 牵着, 从小 放到 大, 再 从 家乡 放到 祖国 最

xūyào de dìfang qù a!
需要 的 地方 去 啊!

——节选自李恒瑞《风筝畅想曲》

作品 10 号——《父亲的爱》

扫码听范读

[朗读提示]朗读时要区分爸爸的行为和妈妈的行为。在朗读爸爸的行为时要责备中带有理解,最后体现出对爸爸深沉的爱的眷顾,不能用大声斥责的语气朗读。

Bà bù dǒng•dé zěnyàng biǎodá ài, shǐ wǒmen yī jiā rén róngqià xiāngchǔ de shì
爸 不 懂 得 怎样 表达 爱, 使 我们 一 家 人 融洽 相处 的 是

wǒ mā. Tā zhǐshì měi tiān shàngbān xiàbān, ér mā zé bǎ wǒmen zuòguo de cuòshì
我 妈。他 只是 每 天 上班 下班, 而 妈 则 把 我们 做过 的 错事

kāiliè qīngdān, ránhòu yóu tā lái zémà wǒmen.
开列 清单, 然后 由 他 来 责骂 我们。

Yǒu yī cì wǒ tōule yī kuài tángguǒ, tā yào wǒ bǎ tā sòng huí•qù, gàosù mài
有 一 次 我 偷了 一 块 糖果, 他 要 我 把 它 送 回 去, 告诉 卖
táng de shuō shì wǒ tōu•lái de, shuō wǒ yuàn•yì tì tā chāi xiāng xiè huò zuòwéi
糖 的 说 是 我 偷 来 的, 说 我 愿 意 替 他 拆 箱 卸 货 作为
péicháng. Dàn māma què míngbai wǒ zhǐshì gè háizi.
赔偿。 但 妈妈 却 明白 我 只是 个 孩子。

Wǒ zài yùndòngchǎng dǎ qiūqiān diēduànle tuǐ, zài qiánwǎng yīyuàn túzhōng yīzhí
我 在 运动场 打 秋千 跌断了 腿, 在 前往 医院 途中 一直
bàozhe wǒ de, shì wǒ mā. Bà bǎ qìchē tíng zài jízhěnshì ménkǒu, tāmen jiào tā
抱着 我 的, 是 我 妈。爸 把 汽车 停 在 急诊室 门口, 他们 叫 他
shǐkāi, shuō nà kòngwèi shì liúgěi jǐnjí chēliàng tíngfàng de. Bà tīngle biàn jiàorǎng
驶开, 说 那 空位 是 留给 紧急 车辆 停放 的。爸 听了 便 叫嚷
dào: "Nǐ yǐwéi zhè shì shénme chē? Lǚyóuchē?"
道:"你 以为 这 是 什么 车? 旅游车?"

Zài wǒ shēngrì huì•shàng, bà zǒngshì xiǎn•dé yǒuxiē bùdà xiāngchèn. Tā zhǐshì
在 我 生日 会 上, 爸 总是 显 得 有些 不大 相称。 他 只是
máng yú chuī qìqiú, bùzhì cānzhuō, zuò záwù. Bǎ chāzhe làzhú de dàngāo tuī guò•lái
忙 于 吹 气球, 布置 餐桌, 做 杂务。把 插着 蜡烛 的 蛋糕 推 过 来
ràng wǒ chuī de, shì wǒ mā.
让 我 吹 的, 是 我 妈。

Wǒ fānyuè zhàoxiàngcè shí, rénmen zǒngshì wèn: "Nǐ bàba shì shénme yàngzi
我 翻阅 照相册 时, 人们 总是 问:"你 爸爸 是 什么 样子
de?" Tiān xiǎo•dé! Tā lǎoshì mángzhe tì bié•rén pāizhào. Mā hé wǒ xiàoróng-kějū de
的?" 天 晓 得! 他 老是 忙着 替 别 人 拍照。 妈 和 我 笑容 可掬 地
yīqǐ pāi de zhàopiàn, duō de bùkě-shèngshǔ.
一起 拍 的 照片, 多 得 不可 胜数。

Wǒ jì•dé mā yǒu yī cì jiào tā jiāo wǒ qí zìxíngchē. Wǒ jiào tā bié fàngshǒu, dàn
我 记 得 妈 有 一 次 叫 他 教 我 骑 自行车。 我 叫 他 别 放手, 但
tā què shuō shì yīnggāi fàngshǒu de shíhou le. Wǒ shuāidǎo zhīhòu, mā pǎo guò•lái
他 却 说 是 应该 放手 的 时候 了。我 摔倒 之后, 妈 跑 过 来
fú wǒ, bà què huīshǒu yào tā zǒukāi. Wǒ dāngshí shēngqì jí le, juéxīn yào gěi tā
扶 我, 爸 却 挥手 要 她 走开。 我 当时 生气 极 了, 决心 要 给 他
diǎnr yánsè kàn. Yúshì wǒ mǎshàng pá•shàng zìxíngchē, érqiě zìjǐ qí gěi tā kàn. Tā
点儿 颜色 看。于是 我 马上 爬 上 自行车, 而且 自己 骑 给 他 看。他
zhǐshì wēixiào.
只是 微笑。

Wǒ niàn dàxué shí, suǒyǒu de jiāxìn dōu shì mā xiě de. Tā// chúle jì zhīpiào wài,
我 念 大学 时, 所有 的 家信 都 是 妈 写 的。他// 除了 寄 支票 外,
hái jìguo yī fēng duǎn jiǎn gěi wǒ, shuō yīn•wèi wǒ bù zài cǎopíng•shàng tī zúqiú le,
还 寄过 一 封 短 柬 给 我, 说 因 为 我 不 在 草坪 上 踢 足球 了,
suǒyǐ tā de cǎopíng zhǎng de hěn měi.
所以 他 的 草坪 长 得 很 美。

Měi cì wǒ dǎ diànhuà huíjiā, tā sìhū dōu xiǎng gēn wǒ shuōhuà, dàn jiéguǒ
每 次 我 打 电话 回家, 他 似乎 都 想 跟 我 说话, 但 结果
zǒngshì shuō: "Wǒ jiào nǐ mā lái jiē."
总是 说:"我 叫 你 妈 来 接。"

Wǒ jiéhūn shí, diào yǎnlèi de shì wǒ mā. Tā zhǐshì dàshēng xǐngle yīxià bízi,
我 结婚 时, 掉 眼泪 的 是 我 妈。他 只是 大声 擤了 一下 鼻子,
biàn zǒuchū fángjiān.
便 走出 房间。

Wǒ cóng xiǎo dào dà dōu tīng tā shuō: "Nǐ dào nǎ•lǐ qù? Shénme shíhou huíjiā?
我 从 小 到 大 都 听 他 说:"你 到 哪 里 去? 什么 时候 回家?
Qìchē yǒu méi•yǒu qìyóu? Bù, bùzhǔn qù." Bà wánquán bù zhī•dào zěnyàng biǎodá ài.
汽车 有 没 有 汽油? 不, 不准 去。"爸 完全 不 知 道 怎样 表达 爱。
Chúfēi……
除 非……

Huì bù huì shì tā yǐ•jīng biǎodá le, ér wǒ què wèi néng chájué?
会 不 会 是 他 已 经 表达 了, 而 我 却 未 能 察觉?

——节选自[美]艾尔玛·邦贝克《父亲的爱》

作品 11 号——《国家荣誉感》

扫码听范读

[朗读提示]本篇写了作者从足球比赛领悟出的感受,朗读时应该语调自然,感情真切,节奏明朗适中。

Yī gè dà wèntí yīzhí pánjù zài wǒ nǎodai•lǐ:
一 个 大 问题 一直 盘踞 在 我 脑袋 里:

Shìjièbēi zěnme huì yǒu rúcǐ jùdà de xīyǐnlì? Chúqù zúqiú běnshēn de mèilì
世界杯 怎么 会 有 如此 巨大 的 吸引力? 除去 足球 本身 的 魅力
zhīwài, hái yǒu shénme chāohūqíshàng ér gèng wěidà de dōngxi?
之外, 还 有 什么 超乎其上 而 更 伟大 的 东西?

Jìnlái guānkàn shìjièbēi, hūrán cóngzhōng dédàole dá'àn: Shì yóuyú yī zhǒng
近来 观看 世界杯, 忽然 从中 得到了 答案: 是 由于 一 种
wúshàng chónggāo de jīngshén qínggǎn—— guójiā róngyùgǎn!
无上 崇高 的 精神 情感 —— 国家 荣誉感!

Dìqiú•shàng de rén dōu huì yǒu guójiā de gàiniàn, dàn wèibì shíshí dōu yǒu guójiā
地球 上 的 人 都 会 有 国家 的 概念, 但 未必 时时 都 有 国家
de gǎnqíng. Wǎngwǎng rén dào yìguó, sīniàn jiāxiāng, xīn huái gùguó, zhè guójiā
的 感情。 往往 人 到 异国, 思念 家乡, 心 怀 故国, 这 国家
gàiniàn jiù biànde yǒu xiě yǒu ròu, àiguó zhī qíng lái de fēicháng jùtǐ. Ér xiàndài
概念 就 变得 有 血 有 肉, 爱国 之 情 来 得 非常 具体。而 现代
shèhuì, kējì chāngdá, xìnxī kuàijié, shìshì shàngwǎng, shìjiè zhēn shì tài xiǎo tài
社会, 科技 昌达, 信息 快捷, 事事 上网, 世界 真 是 太 小 太
xiǎo, guójiā de jièxiàn sìhū yě bù nàme qīngxī le. Zàishuō zúqiú zhèngzài kuàisù
小, 国家 的 界限 似乎 也 不 那么 清晰 了。 再说 足球 正在 快速
shìjièhuà, píngrì•lǐ gè guó qiúyuán pínfán zhuǎn huì, wǎnglái suíyì, zhìshǐ yuèláiyuè duō de
世界化, 平日 里 各 国 球员 频繁 转 会, 往来 随意, 致使 越来越 多 的
guójiā liánsài dōu jùyǒu guójì de yīn sù. Qiúyuánmen bùlùn guójí, zhǐ xiàolì yú zìjǐ de
国家 联赛 都 具有 国际 的 因 素。 球员们 不论 国籍, 只 效力 于 自己 的
jùlèbù, tāmen bǐsài shí de jīqíng zhōng wánquán méi•yǒu àiguózhǔyì de yīnzǐ.
俱乐部, 他们 比赛 时 的 激情 中 完全 没 有 爱国主义 的 因子。

Rán'ér, dàole shìjièbēi dàsài, tiānxià dàbiàn. Gè guó qiúyuán dōu huíguó xiàolì,
然而, 到了 世界杯 大赛, 天下 大变。 各 国 球员 都 回国 效力,

chuān·shàng yǔ guāngróng de guóqí tóngyàng sècǎi de fúzhuāng. Zài měi yī chǎng
穿 上 与 光荣 的 国旗 同样 色彩 的 服装。在 每 一 场
bǐsài qián, hái gāochàng guógē yǐ xuānshì duì zìjǐ zǔguó de zhì'ài yǔ zhōngchéng. Yī
比赛 前，还 高唱 国歌 以 宣誓 对 自己 祖国 的 挚爱 与 忠诚。一
zhǒng xuèyuán qínggǎn kāishǐ zài quánshēn de xuèguǎn·lǐ ránshāo qǐ·lái, érqiě lìkè
种 血缘 情感 开始 在 全身 的 血管 里 燃烧 起来，而且 立刻
rèxuè fèiténg.
热血 沸腾。

Zài lìshǐ shídài, guójiā jiān jīngcháng fāshēng duìkàng, hǎo nán'ér róngzhuāng
在 历史 时代，国家 间 经常 发生 对抗，好 男儿 戎装
wèiguó. Guójiā de róngyù wǎngwǎng xūyào yǐ zìjǐ de shēngmìng qù huàn // qǔ. Dàn
卫国。国家 的 荣誉 往往 需要 以 自己 的 生命 去 换 // 取。但
zài hépíng shídài, wéiyǒu zhè zhǒng guójiā zhījiān dàguīmó duìkàngxìng de dàsài, cái
在 和平 时代，惟有 这 种 国家 之间 大规模 对抗性 的 大赛，才
kěyǐ huànqǐ nà zhǒng yáoyuǎn ér shénshèng de qínggǎn, nà jiùshì: Wèi zǔguó ér
可以 唤起 那 种 遥远 而 神圣 的 情感，那 就是：为 祖国 而
zhàn!
战！

——节选自冯骥才《国家荣誉感》

作品 12 号——《海滨仲夏夜》

扫码听范读

[朗读提示]本篇是优美的写景散文。作者抓住夕阳落山不久——月到中天这段时间的光线和色彩的变化，描绘了夏夜海滨特有的景色和劳动者的闲适、欢愉的休憩场面，抒发了对美好生活的赞美之情。朗读时要热情、真切，让听者从你的声音里感受到大自然的多彩多姿和生活之美。

Xīyáng luòshān bùjiǔ, xīfāng de tiānkōng, hái ránshāozhe yī piàn júhóngsè de
夕阳 落山 不久，西方 的 天空，还 燃烧着 一 片 橘红色 的
wǎnxiá. Dàhǎi, yě bèi zhè xiáguāng rǎnchéngle hóngsè, érqiě bǐ tiānkōng de jǐngsè
晚霞。大海，也 被 这 霞光 染成了 红色，而且 比 天空 的 景色
gèng yào zhuàngguān. Yīn·wèi tā shì huó·dòng de, měidāng yīpáipái bōlàng yǒngqǐ de
更 要 壮观。因 为 它 是 活 动 的，每当 一排排 波浪 涌起 的
shíhou, nà yìngzhào zài làngfēng·shàng de xiáguāng, yòu hóng yòu liàng, jiǎnzhí jiù
时候，那 映照 在 浪峰 上 的 霞光，又 红 又 亮，简直 就
xiàng yīpiànpiàn huòhuò ránshāozhe de huǒyàn, shǎnshuò zhe, xiāoshī le. Ér hòu·miàn
像 一片片 霍霍 燃烧着 的 火焰，闪烁 着，消失 了。而 后 面
de yī pái, yòu shǎnshuòzhe, gǔndòngzhe, yǒngle guò·lái.
的 一 排，又 闪烁着，滚动着，涌了 过 来。

Tiānkōng de xiáguāng jiànjiàn de dàn xià·qù le, shēnhóng de yánsè biànchéngle
天空 的 霞光 渐渐 地 淡 下 去 了，深红 的 颜色 变成了
fēihóng, fēihóng yòu biànwéi qiǎnhóng. Zuìhòu, dāng zhè yīqiè hóngguāng dōu
绯红，绯红 又 变为 浅红。最后，当 这 一切 红光 都
xiāoshīle de shíhou, nà tūrán xiǎn·dé gāo ér yuǎn le de tiānkōng, zé chéngxiàn chū
消失了 的 时候，那 突然 显 得 高 而 远 了 的 天空，则 呈现 出

yī piàn sùmù de shénsè. Zuì zǎo chūxiàn de qǐmíngxīng, zài zhè lánsè de
一 片 肃穆 的 神色。 最 早 出现 的 启明星， 在 这 蓝色 的

tiānmù·shàng shǎnshuò qǐ·lái le. Tā shì nàme dà, nàme liàng, zhěnggè guǎngmò de
天幕 上 闪烁 起 来 了。它 是 那么 大，那么 亮， 整个 广漠 的

tiānmù·shàng zhǐyǒu tā zài nà·lǐ fàngshèzhe lìng rén zhùmù de guānghuī, huóxiàng yī
天幕 上 只有 它 在 那 里 放射着 令 人 注目 的 光辉， 活像 一

zhǎn xuánguà zài gāokōng de míngdēng.
盏 悬挂 在 高空 的 明灯。

Yèsè jiā nóng, cāngkōng zhōng de "míngdēng" yuèláiyuè duō le. Ér chéngshì gè
夜色 加 浓， 苍空 中 的 "明灯" 越来越 多 了。而 城市 各

chù de zhēn de dēnghuǒ yě cìdì liàngle qǐ·lái, yóuqí shì wéirào zài hǎigǎng zhōuwéi
处 的 真 的 灯火 也 次第 亮了 起 来，尤其 是 围绕 在 海港 周围

shānpō·shàng de nà yī piàn dēngguāng, cóng bànkōng dàoyìng zài wūlán de
山坡 上 的 那 一 片 灯光， 从 半空 倒映 在 乌蓝 的

hǎimiàn·shàng, suízhe bōlàng, huàngdòngzhe, shǎnshuòzhe, xiàng yī chuàn liúdòngzhe
海面 上， 随着 波浪， 晃动着， 闪烁着， 像 一 串 流动着

de zhēnzhū, hé nà yīpiànpiàn mìbù zài cāngqióng·lǐ de xīngdǒu hùxiāng huīyìng, shà
的 珍珠， 和 那 一片片 密布 在 苍穹 里 的 星斗 互相 辉映， 煞

shì hǎokàn.
是 好看。

Zài zhè yōuměi de yèsè zhōng, wǒ tàzhe ruǎnmiánmián de shātān, yánzhe
在 这 幽美 的 夜色 中， 我 踏着 软绵绵 的 沙滩， 沿着

hǎibiān, mànmàn de xiàngqián zǒu·qù. Hǎishuǐ, qīngqīng de fǔmōzhe xìruǎn de
海边， 慢慢 地 向前 走 去。 海水， 轻轻 地 抚摸着 细软 的

shātān, fāchū wēnróu de // shuāshuā shēng. Wǎnlái de hǎifēng, qīngxīn ér yòu
沙滩， 发出 温柔 的 // 刷刷 声。 晚来 的 海风， 清新 而 又

liángshuǎng. Wǒ de xīn·lǐ, yǒuzhe shuō·bùchū de xīngfèn hé yúkuài.
凉爽。 我 的 心 里， 有着 说 不出 的 兴奋 和 愉快。

Yèfēng qīngpiāopiāo de chuīfúzhe, kōngqì zhōng piāodàngzhe yī zhǒng dàhǎi hé
夜风 轻飘飘 地 吹拂着， 空气 中 飘荡着 一 种 大海 和

tiánhé xiāng hùnhé de xiāngwèir, róuruǎn de shātān·shàng hái cánliúzhe bái·tiān
田禾 相 混合 的 香味儿， 柔软 的 沙滩 上 还 残留着 白 天

tài·yáng zhìshài de yúwēn. Nàxiē zài gè gè gōngzuò gǎngwèi·shàng láodòngle yī tiān
太 阳 炙晒 的 余温。 那些 在 各 个 工作 岗位 上 劳动了 一 天

de rénmen, sānsān-liǎngliǎng de láidào zhè ruǎnmiánmián de shātān·shàng, tāmen
的 人们， 三三 两两 地 来到 这 软绵绵 的 沙滩 上， 他们

yùzhe liángshuǎng de hǎifēng, wàngzhe nà zhuìmǎnle xīngxing de yèkōng, jìnqíng de
浴着 凉爽 的 海风， 望着 那 缀满了 星星 的 夜空， 尽情 地

shuōxiào, jìnqíng de xiūqì.
说笑， 尽情 地 休憩。

——节选自峻青《海滨仲夏夜》

扫码听范读

作品 13 号——《海洋与生命》

[朗读提示]这是一篇说明文，但字里行间又充满了对生命之源——水的赞美之情，朗读时注意融入这种情感，做到客观说明和情感表达的有机结合。

Shēngmìng zài hǎiyáng·lǐ dànshēng jué bù shì ǒurán de, hǎiyáng de wùlǐ hé
生命 在 海洋 里 诞生 绝 不 是 偶然 的，海洋 的 物理 和
huàxué xìngzhì, shǐ tā chéngwéi yùnyù yuánshǐ shēngmìng de yáolán.
化学 性质，使 它 成为 孕育 原始 生命 的 摇篮。

Wǒmen zhī·dào, shuǐ shì shēngwù de zhòngyào zǔchéng bùfen, xǔduō dòngwù
我们 知 道，水 是 生物 的 重要 组成 部分，许多 动物
zǔzhī de hánshuǐliàng zài bǎi fēn zhī bāshí yǐshàng, ér yīxiē hǎiyáng shēngwù de
组织 的 含水量 在 百 分 之 八十 以上，而 一些 海洋 生物 的
hánshuǐliàng gāodá bǎi fēn zhī jiǔshíwǔ. Shuǐ shì xīnchén-dàixiè de zhòngyào méijiè,
含水量 高达 百 分 之 九十五。水 是 新陈 代谢 的 重要 媒介，
méi·yǒu tā, tǐnèi de yīxìliè shēnglǐ hé shēngwù huàxué fǎnyìng jiù wúfǎ jìnxíng,
没 有 它，体内 的 一系列 生理 和 生物 化学 反应 就 无法 进行，
shēngmìng yě jiù tíngzhǐ. Yīncǐ, zài duǎn shíqī nèi dòngwù quē shuǐ yào bǐ quēshǎo
生命 也 就 停止。因此，在 短 时期 内 动物 缺 水 要 比 缺少
shíwù gèngjiā wēixiǎn. Shuǐ duì jīntiān de shēngmìng shì rúcǐ zhòngyào, tā duì cuìruò
食物 更加 危险。水 对 今天 的 生命 是 如此 重要，它 对 脆弱
de yuánshǐ shēngmìng, gèng shì jǔzú-qīngzhòng le. Shēngmìng zài hǎiyáng·lǐ
的 原始 生命，更 是 举足 轻重 了。生命 在 海洋 里
dànshēng, jiù bù huì yǒu quē shuǐ zhī yōu.
诞生，就 不 会 有 缺 水 之 忧。

Shuǐ shì yī zhǒng liánghǎo de róngjì. Hǎiyáng zhōng hányǒu xǔduō shēngmìng suǒ
水 是 一 种 良好 的 溶剂。海洋 中 含有 许多 生命 所
bìxū de wújīyán, rú lǜhuànà、lǜhuàjiǎ、tànsuānyán、línsuānyán, háiyǒu róngjiěyǎng,
必需 的 无机盐，如 氯化钠、氯化钾、碳酸盐、磷酸盐，还有 溶解氧，
yuánshǐ shēngmìng kěyǐ háobù fèilì de cóngzhōng xīqǔ tā suǒ xūyào de yuánsù.
原始 生命 可以 毫不 费力 地 从中 吸取 它 所 需要 的 元素。

Shuǐ jùyǒu hěn gāo de rè róngliàng, jiāzhī hǎiyáng hàodà, rènpíng xiàjì lièrì
水 具有 很 高 的 热 容量，加之 海洋 浩大，任凭 夏季 烈日
pùshài, dōngjì hánfēng sǎodàng, tā de wēndù biànhuà què bǐjiào xiǎo. Yīncǐ, jùdà de
曝晒，冬季 寒风 扫荡，它 的 温度 变化 却 比较 小。因此，巨大 的
hǎiyáng jiù xiàng shì tiānrán de "wēnxiāng", shì yùnyù yuánshǐ shēngmìng de
海洋 就 像 是 天然 的 “温箱”，是 孕育 原始 生命 的
wēnchuáng.
温床。

Yángguāng suīrán wéi shēngmìng suǒ bìxū, dànshì yángguāng zhōng de zǐwàixiàn
阳光 虽然 为 生命 所 必需，但是 阳光 中 的 紫外线
què yǒu èshā yuánshǐ shēngmìng de wēixiǎn. Shuǐ néng yǒuxiào de xīshōu zǐwàixiàn,
却 有 扼杀 原始 生命 的 危险。水 能 有效 地 吸收 紫外线，
yīn'ér yòu wèi yuánshǐ shēngmìng tígōngle tiānrán de "píngzhàng".
因而 又 为 原始 生命 提供了 天然 的 “屏障”。

Zhè yīqiè dōu shì yuánshǐ shēngmìng déyǐ chǎnshēng hé fāzhǎn de bìyào tiáojiàn.//
这 一切 都 是 原始 生命 得以 产生 和 发展 的 必要 条件。//

——节选自童裳亮《海洋与生命》

作品14号——《和时间赛跑》

扫码听范读

[朗读提示]朗读这篇文章注意前半部分和后半部分要作不同的处理:朗读前半部分时语速缓慢,表现悲痛、不解、低沉的心情;朗读后半部分时要带有坚定、沉稳的心情,语速稍快。

Dú xiǎoxué de shíhou, wǒ de wàizǔmǔ qùshì le. Wàizǔmǔ shēngqián zuì téng'ài
读 小学 的 时候, 我 的 外祖母 去世 了。 外祖母 生前 最 疼爱

wǒ, wǒ wúfǎ páichú zìjǐ de yōushāng, měi tiān zài xuéxiào de cāochǎng•shàng yī
我, 我 无法 排除 自己 的 忧伤, 每 天 在 学校 的 操场 上 一

quānr yòu yī quānr de pǎozhe, pǎo de lèidǎo zài dì•shàng, pū zài cǎopíng•shàng
圈儿 又 一 圈儿 地 跑着, 跑 得 累倒 在 地 上, 扑 在 草坪 上

tòngkū.
痛哭。

Nà āitòng de rìzi, duànduàn-xùxù de chíxùle hěn jiǔ, bàba māma yě bù zhī•dào
那 哀痛 的 日子, 断断 续续 地 持续了 很 久, 爸爸 妈妈 也 不 知 道

rúhé ānwèi wǒ. Tāmen zhī•dào yǔqí piàn wǒ shuō wàizǔmǔ shuìzháole, hái bùrú duì wǒ
如何 安慰 我。 他们 知 道 与其 骗 我 说 外祖母 睡着了, 还 不如 对 我

shuō shíhuà: Wàizǔmǔ yǒngyuǎn bù huì huí•lái le.
说 实话: 外祖母 永远 不 会 回 来 了。

"Shénme shì yǒngyuǎn bù huì huí•lái ne?" Wǒ wènzhe.
"什么 是 永远 不 会 回 来 呢?" 我 问着。

"Suǒyǒu shíjiān•lǐ de shìwù, dōu yǒngyuǎn bù huì huí•lái. Nǐ de zuótiān guò•qù, tā
"所有 时间 里 的 事物, 都 永远 不 会 回 来。你 的 昨天 过 去, 它

jiù yǒngyuǎn biànchéng zuótiān, nǐ bùnéng zài huídào zuótiān. Bàba yǐqián yě hé nǐ
就 永远 变成 昨天, 你 不能 再 回到 昨天。 爸爸 以前 也 和 你

yīyàng xiǎo, xiànzài yě bùnéng huídào nǐ zhème xiǎo de tóngnián le; yǒu yī tiān nǐ
一样 小, 现在 也 不能 回到 你 这么 小 的 童年 了; 有 一 天 你

huì zhǎngdà, nǐ huì xiàng wàizǔmǔ yīyàng lǎo; yǒu yī tiān nǐ dùguòle nǐ de shíjiān,
会 长大, 你 会 像 外祖母 一样 老; 有 一 天 你 度过了 你 的 时间,

jiù yǒngyuǎn bù huì huí•lái le." Bàba shuō.
就 永远 不 会 回 来 了。" 爸爸 说。

Bàba děngyú gěi wǒ yī gè míyǔ, zhè míyǔ bǐ kèběn•shàng de "Rìlì guà zài
爸爸 等于 给 我 一 个 谜语, 这 谜语 比 课本 上 的 "日历 挂 在

qiángbì, yī tiān sī•qù yī yè, shǐ wǒ xīn•lǐ zháojí" hé "Yīcùn guāngyīn yī cùn jīn, cùn
墙壁, 一 天 撕 去 一 页, 使 我 心 里 着急" 和 "一寸 光阴 一 寸 金, 寸

jīn nán mǎi cùn guāngyīn" hái ràng wǒ gǎndào kěpà; yě bǐ zuòwénběn•shàng de
金 难 买 寸 光阴" 还 让 我 感到 可怕; 也 比 作文本 上 的

"Guāngyīn sì jiàn, rìyuè rú suō" gèng ràng wǒ jué•dé yǒu yī zhǒng shuō•bùchū de
"光阴 似 箭, 日月 如 梭" 更 让 我 觉 得 有 一 种 说 不出 的

zīwèi.
滋味。

Shíjiān guò de nàme fēikuài, shǐ wǒ de xiǎo xīnyǎnr•lǐ bù zhǐshì zháojí, háiyǒu
时间 过 得 那么 飞快, 使 我 的 小 心眼儿 里 不 只是 着急, 还有

bēishāng. Yǒu yī tiān wǒ fàngxué huíjiā, kàndào tài•yáng kuài luòshān le, jiù xià
悲伤。有一天我放学回家，看到太阳快落山了，就下
juéxīn shuō: "Wǒ yào bǐ tài•yáng gèng kuài de huíjiā." Wǒ kuángbēn huí•qù, zhànzài
决心说："我要比太阳更快地回家。"我狂奔回去，站在
tíngyuàn qián chuǎnqì de shíhou, kàndào tài•yáng // hái lòuzhe bànbiān liǎn, wǒ
庭院前喘气的时候，看到太阳 // 还露着半边脸，我
gāoxìng de tiàoyuè qǐ•lái, nà yī tiān wǒ pǎoyíngle tài•yáng. Yǐhòu wǒ jiù shícháng
高兴地跳跃起来，那一天我跑赢了太阳。以后我就时常
zuò nàyàng de yóuxì, yǒushí hé tài•yáng sàipǎo, yǒushí hé xīběifēng bǐ kuài, yǒushí
做那样的游戏，有时和太阳赛跑，有时和西北风比快，有时
yī gè shǔjià cái néng zuòwán de zuòyè, wǒ shí tiān jiù zuòwánle; nà shí wǒ sān
一个暑假才能做完的作业，我十天就做完了；那时我三
niánjí, chángcháng bǎ gēge wǔ niánjí de zuòyè ná•lái zuò. Měi yī cì bǐsài shèngguo
年级，常常把哥哥五年级的作业拿来做。每一次比赛胜过
shíjiān, wǒ jiù kuàilè de bù zhī•dào zěnme xíngróng.
时间，我就快乐得不知道怎么形容。

Rúguǒ jiānglái wǒ yǒu shénme yào jiāogěi wǒ de háizi, wǒ huì gàosu tā: Jiǎruò
如果将来我有什么要教给我的孩子，我会告诉他：假若
nǐ yīzhí hé shíjiān bǐsài, nǐ jiù kěyǐ chénggōng!
你一直和时间比赛，你就可以成功！

——节选自林清玄《和时间赛跑》

作品 15 号——《胡适的白话电报》

扫码听范读

[朗读提示]本篇文章的对话比较多，注意学生和胡适两种角色语言的区别。朗读时稍作夸张，把两者截然不同的观点鲜明地突出出来。

Sānshí niándài chū, Hú Shì zài Běijīng Dàxué rèn jiàoshòu. Jiǎngkè shí tā
三十年代初，胡适在北京大学任教授。讲课时他
chángcháng duì báihuàwén dàjiā chēngzàn, yǐnqǐ yīxiē zhǐ xǐhuan wényánwén ér bù
常常对白话文大加称赞，引起一些只喜欢文言文而不
xǐhuan báihuàwén de xuésheng de bùmǎn.
喜欢白话文的学生的不满。

Yī cì, Hú Shì zhèng jiǎng de déyì de shíhou, yī wèi xìng Wèi de xuésheng tūrán
一次，胡适正讲得得意的时候，一位姓魏的学生突然
zhànle qǐ•lái, shēngqì de wèn: "Hú xiānsheng, nándào shuō báihuàwén jiù háowú
站了起来，生气地问："胡先生，难道说白话文就毫无
quēdiǎn ma?" Hú Shì wēixiàozhe huídá shuō: "Méi•yǒu." Nà wèi xuésheng gèngjiā
缺点吗？"胡适微笑着回答说："没有。"那位学生更加
jīdòng le: "Kěndìng yǒu! Báihuàwén fèihuà tài duō, dǎ diànbào yòng zì duō, huāqián
激动了："肯定有！白话文废话太多，打电报用字多，花钱
duō." Hú Shì de mùguāng dùnshí biànliàng le. Qīngshēng de jiěshì shuō: "Bù yīdìng
多。"胡适的目光顿时变亮了。轻声地解释说："不一定
ba! Qián jǐ tiān yǒu wèi péngyou gěi wǒ dǎ•lái diànbào, qǐng wǒ qù zhèngfǔ bùmén
吧！前几天有位朋友给我打来电报，请我去政府部门
gōngzuò, wǒ juédìng bù qù, jiù huídiàn jùjué le. Fùdiàn shì yòng báihuà xiě de,
工作，我决定不去，就回电拒绝了。复电是用白话写的，

kànlái yě hěn shěng zì. Qǐng tóngxuémen gēnjù wǒ zhège yìsi, yòng wényánwén xiě
看来 也 很 省 字。请 同学们 根据 我 这个 意思，用 文言文 写
yī gè huídiàn, kànkan jiūjìng shì báihuàwén shěng zì, háishì wényánwén shěng zì?”
一 个 回电， 看看 究竟 是 白话文 省 字，还是 文言文 省 字?”
Hú jiàoshòu gāng shuōwán, tóngxuémen lìkè rènzhēn de xiěle qǐ·lái.
胡 教授 刚 说完， 同学们 立刻 认真 地 写了 起 来。

Shíwǔ fēnzhōng guò·qù, Hú Shì ràng tóngxué jǔshǒu, bàogào yòng zì de shùmù,
十五 分钟 过 去，胡 适 让 同学 举手， 报告 用 字 的 数目，
ránhòu tiāole yī fèn yòng zì zuì shǎo de wényán diànbàogǎo, diànwén shì zhèyàng
然后 挑了 一 份 用 字 最 少 的 文言 电报稿， 电文 是 这样
xiě de:
写 的：

“Cáishū-xuéqiǎn, kǒng nán shèngrèn, bùkān cóngmìng.” Báihuàwén de yìsi shì:
“才疏 学浅， 恐 难 胜任， 不堪 从命。” 白话文 的 意思 是：
Xuéwen bù shēn, kǒngpà hěn nán dānrèn zhège gōngzuò, bùnéng fúcóng ānpái.
学问 不 深， 恐怕 很 难 担任 这个 工作， 不能 服从 安排。

Hú Shì shuō, zhè fèn xiě de quèshí bùcuò, jǐn yòngle shí'èr gè zì. Dàn wǒ de
胡 适 说， 这 份 写 得 确实 不错， 仅 用了 十二 个 字。但 我 的
báihuà diànbào què zhǐ yòngle wǔ gè zì:
白话 电报 却 只 用了 五 个 字：

“Gàn·bùliǎo, xièxie!”
“干 不了， 谢谢!”

Hú Shì yòu jiěshì shuō: “Gàn·bùliǎo” jiù yǒu cáishū-xuéqiǎn、kǒng nán shèngrèn de
胡 适 又 解释 说：“干 不了” 就 有 才疏 学浅、 恐 难 胜任 的
yìsi; “xièxie” jì // duì péngyou de jièshào biǎoshì gǎnxiè, yòu yǒu jùjué de yìsi.
意思；“谢谢” 既 // 对 朋友 的 介绍 表示 感谢， 又 有 拒绝 的 意思。
Suǒyǐ, fèihuà duō·bù duō, bìng bù kàn tā shì wényánwén háishì báihuàwén, zhǐyào
所以， 废话 多 不 多， 并 不 看 它 是 文言文 还是 白话文， 只要
zhùyì xuǎnyòng zìcí, báihuàwén shì kěyǐ bǐ wényánwén gèng shěng zì de.
注意 选用 字词， 白话文 是 可以 比 文言文 更 省 字 的。

——节选自陈灼主编《实用汉语中级教程》(上)中《胡适的白话电报》

作品16号——《火光》

扫码听范读

[朗读提示]黑暗中的火光可以冲破朦胧的夜色，闪闪发亮，令人神往。也许它很远很远，但却能给人以希望，给人以力量，指引人们走向光明。朗读时要表达出文中体现的对火光的敬意。

Hěn jiǔ yǐqián, zài yī gè qīhēi de qiūtiān de yèwǎn, wǒ fàn zhōu zài Xībólìyà yī
很 久 以前， 在 一 个 漆黑 的 秋天 的 夜晚， 我 泛 舟 在 西伯利亚 一
tiáo yīnsēnsēn de hé·shàng. Chuán dào yī gè zhuǎnwān chù, zhǐ jiàn qián·miàn
条 阴森森 的 河 上。 船 到 一 个 转弯 处， 只 见 前 面
hēiqūqū de shānfēng xià·miàn yī xīng huǒguāng mò·dì yī shǎn.
黑黢黢 的 山峰 下 面 一 星 火光 蓦 地 一 闪。

Huǒguāng yòu míng yòu liàng, hǎoxiàng jiù zài yǎnqián ……
火光 又 明 又 亮， 好像 就 在 眼前 ……

“Hǎo la, xiètiān-xièdì!” Wǒ gāoxìng de shuō, “Mǎshàng jiù dào guòyè de dìfang
“好 啦，谢天 谢地!” 我 高兴 地 说， “马上 就 到 过夜 的 地方

la!”
啦!”

Chuánfū niǔtóu cháo shēnhòu de huǒguāng wàng le yī yǎn, yòu bùyǐwéirán de
船夫 扭头 朝 身后 的 火光 望 了 一 眼, 又 不以为然 地

huá•qǐ jiǎng•lái.
划 起 桨 来。

“Yuǎnzhe ne!”
“远着 呢!”

Wǒ bù xiāngxìn tā de huà, yīn•wèi huǒguāng chōngpò ménglóng de yèsè,
我 不 相信 他 的 话, 因 为 火光 冲破 朦胧 的 夜色,

míngmíng zài nàr shǎnshuò. Bùguò chuánfū shì duì de, shìshí•shàng, huǒguāng díquè
明明 在 那儿 闪烁。 不过 船夫 是 对 的, 事实 上, 火光 的确

hái yuǎnzhe ne.
还 远着 呢。

Zhèxiē hēiyè de huǒguāng de tèdiǎn shì: Qūsàn hēi'àn, shǎnshǎn fāliàng, jìn zài
这些 黑夜 的 火光 的 特点 是: 驱散 黑暗, 闪闪 发亮, 近 在

yǎnqián, lìng rén shénwǎng. Zhà yī kàn, zài huá jǐ xià jiù dào le …… Qíshí què hái
眼前, 令 人 神往。 乍 一 看, 再 划 几 下 就 到 了 …… 其实 却 还

yuǎnzhe ne! ……
远着 呢! ……

Wǒmen zài qīhēi rú mò de hé•shàng yòu huále hěn jiǔ. Yīgègè xiágǔ hé xuányá,
我们 在 漆黑 如 墨 的 河 上 又 划了 很 久。一个个 峡谷 和 悬崖,

yíngmiàn shǐ•lái, yòu xiàng hòu yí•qù, fǎngfú xiāoshī zài mángmáng de yuǎnfāng, ér
迎面 驶 来, 又 向 后 移 去, 仿佛 消失 在 茫茫 的 远方, 而

huǒguāng què yīrán tíng zài qiántou, shǎnshǎn fāliàng, lìng rén shénwǎng —— yīrán
火光 却 依然 停 在 前头, 闪闪 发亮, 令 人 神往 —— 依然

shì zhème jìn, yòu yīrán shì nàme yuǎn ……
是 这么 近, 又 依然 是 那么 远 ……

Xiànzài, wúlùn shì zhè tiáo bèi xuányá-qiàobì de yīnyǐng lǒngzhào de qīhēi de
现在, 无论 是 这 条 被 悬崖 峭壁 的 阴影 笼罩 的 漆黑 的

héliú, háishì nà yī xīng míngliàng de huǒguāng, dōu jīngcháng fúxiàn zài wǒ de nǎojì,
河流, 还是 那 一 星 明亮 的 火光, 都 经常 浮现 在 我 的 脑际,

zài zhè yǐqián hé zài zhè yǐhòu, céng yǒu xǔduō huǒguāng, sìhū jìn zài zhǐchǐ, bùzhǐ
在 这 以前 和 在 这 以后, 曾 有 许多 火光, 似乎 近 在 咫尺, 不止

shǐ wǒ yī rén xīnchí-shénwǎng. Kěshì shēnghuó zhī hé què réngrán zài nà yīnsēnsēn de
使 我 一 人 心驰 神往。 可是 生活 之 河 却 仍然 在 那 阴森森 的

liǎng'àn zhījiān liúzhe, ér huǒguāng yě yījiù fēicháng yáoyuǎn. Yīncǐ, bìxū jiājìn huá
两岸 之间 流着, 而 火光 也 依旧 非常 遥远。 因此, 必须 加劲 划

jiǎng……
桨 ……

Rán'ér, huǒguāng a …… bìjìng…… bìjìng jiù // zài qiántou! ……
然而, 火光 啊 …… 毕竟 …… 毕竟 就 // 在 前头! ……

——节选自(俄)柯罗连科《火光》,张铁夫译

扫码听范读

作品17号——《济南的冬天》

[朗读提示]这是一篇充满诗情画意的散文,作者紧紧抓住济南冬天与众不同之处——温情这一特点,表达了对济南冬天的赞美、喜爱之情。朗读时要把这种情感融汇到自己的声音中。

Duìyú yī gè zài Běipíng zhùguàn de rén, xiàng wǒ, dōngtiān yàoshì bù guāfēng,
对于 一 个 在 北平 住惯 的 人, 像 我, 冬天 要是 不 刮风,
biàn jué•dé shì qíjì; Jǐnán de dōngtiān shì méi•yǒu fēngshēng de. Duìyú yī gè gāng
便 觉 得 是 奇迹;济南 的 冬天 是 没 有 风声 的。对于 一 个 刚
yóu Lúndūn huí•lái de rén, xiàng wǒ, dōngtiān yào néng kàn de jiàn rìguāng, biàn
由 伦敦 回 来 的 人, 像 我, 冬天 要 能 看 得 见 日光, 便
jué•dé shì guàishì; Jǐnán de dōngtiān shì xiǎngqíng de. Zìrán, zài rèdài de dìfang,
觉 得 是 怪事; 济南 的 冬天 是 响晴 的。自然, 在 热带 的 地方,
rìguāng yǒngyuǎn shì nàme dú, xiǎngliàng de tiānqì, fǎn yǒudiǎnr jiào rén hàipà.
日光 永远 是 那么 毒, 响亮 的 天气, 反 有点儿 叫 人 害怕。
Kěshì, zài běifāng de dōngtiān, ér néng yǒu wēnqíng de tiānqì, Jǐnán zhēn děi suàn
可是, 在 北方 的 冬天, 而 能 有 温晴 的 天气, 济南 真 得 算
gè bǎodì.
个 宝地。

Shèruò dāndān shì yǒu yángguāng, nà yě suàn•bùliǎo chūqí. Qǐng bì•shàng yǎnjing
设若 单单 是 有 阳光, 那 也 算 不了 出奇。 请 闭 上 眼睛
xiǎng: Yī gè lǎochéng, yǒu shān yǒu shuǐ, quán zài tiān dǐ•xià shàizhe yángguāng,
想: 一 个 老城, 有 山 有 水, 全 在 天 底 下 晒着 阳光,
nuǎnhuo ānshì de shuìzhe, zhǐ děng chūnfēng lái bǎ tāmen huànxǐng, zhè shì•bùshì
暖和 安适 地 睡着, 只 等 春风 来 把 它们 唤醒, 这 是 不是
lǐxiǎng de jìngjiè? Xiǎoshān zhěng bǎ Jǐnán wéile gè quānr, zhǐyǒu běi•biān quēzhe
理想 的 境界? 小山 整 把 济南 围了 个 圈儿, 只有 北 边 缺着
diǎnr kǒur. Zhè yī quān xiǎoshān zài dōngtiān tèbié kě'ài, hǎoxiàng shì bǎ Jǐnán
点 口儿。这 一 圈 小山 在 冬天 特别 可爱, 好像 是 把 济南
fàng zài yī gè xiǎo yáolán•lǐ, tāmen ānjìng bù dòng de dīshēng de shuō: "Nǐmen
放 在 一 个 小 摇篮 里, 它们 安静 不 动 地 低声 地 说: "你们
fàngxīn ba, zhèr zhǔnbǎo nuǎnhuo." zhēn de, Jǐnán de rénmen zài dōngtiān shì
放心 吧, 这儿 准保 暖和。" 真 的, 济南 的 人们 在 冬天 是
miàn•shàng hánxiào de. Tāmen yī kàn nàxiē xiǎoshān, xīnzhōng biàn jué•dé yǒule
面 上 含笑 的。 他们 一 看 那些 小山, 心中 便 觉 得 有了
zhuóluò, yǒule yīkào. Tāmen yóu tiān•shàng kàndào shān•shàng, biàn bùzhī-bùjué de
着落, 有了 依靠。 他们 由 天 上 看到 山 上, 便 不知 不觉 地
xiǎngqǐ: Míngtiān yěxǔ jiùshì chūntiān le ba? Zhèyàng de wēnnuǎn, jīntiān yè•lǐ
想起: 明天 也许 就是 春天 了 吧? 这样 的 温暖, 今天 夜 里
shāncǎo yěxǔ jiù lǜqǐ•lái le ba? Jiùshì zhè diǎnr huànxiǎng bùnéng yīshí shíxiàn,
山草 也许 就 绿起 来 了 吧? 就是 这 点儿 幻想 不能 一时 实现,
tāmen yě bìng bù zháojí, yīn•wèi zhèyàng císhàn de dōngtiān, gànshénme hái xīwàng
他们 也 并 不 着急, 因 为 这样 慈善 的 冬天, 干什么 还 希望
biéde ne!
别的 呢!

Zuì miào de shì xià diǎnr xiǎoxuě ya. Kàn ba, shān•shàng de ǎisōng yuèfā de
最妙的是下点小雪呀。看吧，山上的矮松越发的

qīnghēi, shùjiānr•shàng// dǐngzhe yī jìr báihuā, hǎoxiàng Rìběn kānhùfù. Shānjiānr
青黑，树尖儿上//顶着一髻儿白花，好像日本看护妇。山尖儿

quán bái le, gěi lántiān xiāng•shàng yī dào yínbiānr. Shānpō•shàng, yǒude dìfang xuě
全白了，给蓝天镶上一道银边。山坡上，有的地方雪

hòu diǎnr, yǒude dìfang cǎosè hái lòuzhe; zhèyàng, yī dàor bái, yī dàor ànhuáng,
厚点儿，有的地方草色还露着；这样，一道儿白，一道儿暗黄，

gěi shānmen chuān•shàng yī jiàn dài shuǐwénr de huāyī; kànzhe kànzhe, zhè jiàn huāyī
给山们穿上一件带水纹儿的花衣；看着看着，这件花衣

hǎoxiàng bèi fēng'•ér chuīdòng, jiào nǐ xīwàng kàn•jiàn yīdiǎnr gèng měi de shān de
好像被风儿吹动，叫你希望看见一点儿更美的山的

jīfū. Děngdào kuài rìluò de shíhou, wēihuáng de yángguāng xié shè zài
肌肤。等到快日落的时候，微黄的阳光斜射在

shānyāo•shàng, nà diǎnr báo xuě hǎoxiàng hūrán hàixiū, wēiwēi lòuchū diǎnr fěnsè.
山腰上，那点儿薄雪好像忽然害羞，微微露出点儿粉色。

Jiùshì xià xiǎoxuě ba, Jǐnán shì shòu•bùzhù dàxuě de, nàxiē xiǎoshān tài xiùqi.
就是下小雪吧，济南是受不住大雪的，那些小山太秀气。

——节选自老舍《济南的冬天》

扫码听范读

作品 18 号——《家乡的桥》

[朗读提示]这是一篇抒发浓浓乡情的散文，朗读时声音要轻柔、甜美，充满了对故乡的赞美之情，节奏要鲜明、舒缓。

Chúnpǔ de jiāxiāng cūnbiān yǒu yī tiáo hé, qūqū-wānwān, hé zhōng jià yī wān
纯朴的家乡村边有一条河，曲曲弯弯，河中架一弯

shíqiáo, gōng yàng de xiǎoqiáo héngkuà liǎng'àn.
石桥，弓样的小桥横跨两岸。

Měi tiān, bùguǎn shì jī míng xiǎo yuè, rì lì zhōng tiān, háishì yuèhuá xiè dì,
每天，不管是鸡鸣晓月，日丽中天，还是月华泻地，

xiǎoqiáo dōu yìnxià chuànchuàn zújì, sǎluò chuànchuàn hànzhū. Nà shì xiāngqīn wèile
小桥都印下串串足迹，洒落串串汗珠。那是乡亲为了

zhuīqiú duōléng de xīwàng, duìxiàn měihǎo de xiáxiǎng. Wānwān xiǎoqiáo, bùshí
追求多棱的希望，兑现美好的遐想。弯弯小桥，不时

dàngguò qīngyín-dīchàng, bùshí lùchū shūxīn de xiàoróng.
荡过轻吟低唱，不时露出舒心的笑容。

Yīn'ér, wǒ zhìxiǎo de xīnlíng, céng jiāng xīnshēng xiàngěi xiǎoqiáo: Nǐ shì yī
因而，我稚小的心灵，曾将心声献给小桥：你是一

wān yínsè de xīnyuè, gěi rénjiān pǔzhào guānghuī; nǐ shì yī bǎ shǎnliàng de liándāo,
弯银色的新月，给人间普照光辉；你是一把闪亮的镰刀，

gēyìzhe huānxiào de huāguǒ; nǐ shì yī gēn huàngyōuyōu de biǎndan, tiāoqǐle cǎisè
割刈着欢笑的花果；你是一根晃悠悠的扁担，挑起了彩色

de míngtiān! Ò, xiǎoqiáo zǒujìn wǒ de mèng zhōng.
的明天！哦，小桥走进我的梦中。

Wǒ zài piāobó tāxiāng de suìyuè, xīnzhōng zǒng yǒngdòngzhe gùxiāng de héshuǐ,
我在漂泊他乡的岁月，心中总涌动着故乡的河水，

mèng zhōng zǒng kàndào gōng yàng de xiǎoqiáo. Dāng wǒ fǎng nánjiāng tàn běiguó,
梦 中 总 看到 弓 样 的 小桥。 当 我 访 南疆 探 北国,
yǎnlián chuǎngjìn zuòzuò xióngwěi de chángqiáo shí, wǒ de mèng biàn de fēngmǎn
眼帘 闯进 座座 雄伟 的 长桥 时,我 的 梦 变 得 丰满
le, zēngtiānle chì-chéng-huáng-lǜ-qīng-lán-zǐ.
了, 增添了 赤 橙 黄 绿 青 蓝 紫。

Sānshí duō nián guò•qù, wǒ dàizhe mǎntóu shuānghuā huídào gùxiāng, dì-yī jǐnyào
三十 多 年 过 去,我 带着 满头 霜花 回到 故乡, 第一 紧要
de biànshì qù kànwàng xiǎoqiáo.
的 便是 去 看望 小桥。

À! Xiǎoqiáo ne? Tā duǒ qǐ•lái le? Hé zhōng yī dào chánghóng, yùzhe zhāoxiá
啊! 小桥 呢?它 躲 起 来 了?河 中 一 道 长虹, 浴着 朝霞
yìyì shǎnguāng. Ò, xiónghún de dàqiáo chǎngkāi xiōnghuái, qìchē de hūxiào、mótuō
熠熠 闪光。 哦, 雄浑 的 大桥 敞开 胸怀, 汽车 的 呼啸、 摩托
de díyīn、zìxíngchē de dīnglíng, hézòuzhe jìnxíng jiāoxiǎngyuè; nán lái de gāngjīn、
的 笛音、 自行车 的 叮铃, 合奏着 进行 交响乐; 南 来 的 钢筋、
huābù, běi wǎng de gānchéng、jiāqín, huìchū jiāoliú huānyuètú ……
花布, 北 往 的 柑橙、 家禽, 绘出 交流 欢悦图 ……

À! Tuìbiàn de qiáo, chuándìle jiāxiāng jìnbù de xiāoxi, tòulùle jiāxiāng fùyù de
啊! 蜕变 的 桥, 传递了 家乡 进步 的 消息,透露了 家乡 富裕 的
shēngyīn. Shídài de chūnfēng, měihǎo de zhuīqiú, wǒ mòdì jìqǐ érshí chàng // gěi
声音。 时代 的 春风, 美好 的 追求, 我 蓦地 记起 儿时 唱 // 给
xiǎoqiáo de gē, ò, míngyànyàn de tài•yáng zhàoyào le, fāngxiāng tiánmì de huāguǒ
小桥 的 歌,哦, 明艳艳 的 太 阳 照耀 了, 芳香 甜蜜 的 花果
pěnglái le, wǔcǎi bānlán de suì yuè lākāi le!
捧来 了, 五彩 斑斓 的 岁 月 拉开 了!

Wǒ xīnzhōng yǒngdòng de héshuǐ, jīdàng qǐ tiánměi de lànghuā. Wǒ yǎngwàng yī
我 心中 涌动 的 河水, 激荡 起 甜美 的 浪花。 我 仰望 一
bì lántiān, xīndǐ qīngshēng hūhǎn: Jiāxiāng de qiáo a, wǒ mèng zhōng de qiáo!
碧 蓝天, 心底 轻声 呼喊: 家乡 的 桥 啊,我 梦 中 的 桥!

——节选自郑莹《家乡的桥》

作品19号——《坚守你的高贵》

扫码听范读

[朗读提示]本文以建筑设计师莱伊恩的故事向读者讲述了一个深刻的哲理:“恪守自己的原则,哪怕遭遇到最大的阻力,也要想办法抵达胜利。”朗读时要分成两部分:前一部分是叙事部分,语调要平和自然,不必过于夸张;第二部分是最后一个自然段,要用平稳、沉着的语调朗读,不紧不慢地道出哲理来。

Sānbǎi duō nián qián, jiànzhù shèjìshī Láiyī'ēn shòumìng shèjìle Yīngguó Wēnzé
三百 多 年 前, 建筑 设计师 莱伊恩 受命 设计了 英国 温泽
shìzhèngfǔ dàtīng. Tā yùnyòng gōngchéng lìxué de zhīshi, yījù zìjǐ duōnián de
市政府 大厅。 他 运用 工程 力学 的 知识, 依据 自己 多年 的
shíjiàn, qiǎomiào de shèjìle zhǐ yòng yī gēn zhùzi zhīchēng de dàtīng tiānhuābǎn. Yī
实践, 巧妙 地 设计了 只 用 一 根 柱子 支撑 的 大厅 天花板。 一

nián yǐhòu, shìzhèngfǔ quánwēi rénshì jìnxíng gōngchéng yànshōu shí, què shuō zhǐ
年 以后， 市政府 权威 人士 进行 工程 验收 时，却 说 只
yòng yī gēn zhùzi zhīchēng tiānhuābǎn tài wēixiǎn, yāoqiú Láiyī'ēn zài duō jiā jǐ gēn
用 一 根 柱子 支撑 天花板 太 危险， 要求 莱伊恩 再 多 加 几 根
zhùzǐ.
柱子。

Láiyī'ēn zìxìn zhǐyào yī gēn jiāngù de zhùzi zúyǐ bǎozhèng dàtīng ānquán, tā de
莱伊恩 自信 只要 一 根 坚固 的 柱子 足以 保证 大厅 安全，他 的
"gù•zhí" rěnǎole shìzhèng guānyuán, xiǎnxiē bèi sòng•shàng fǎtíng. Tā fēicháng
"固 执" 惹恼了 市政 官员， 险些 被 送 上 法庭。他 非常
kǔnǎo, jiānchí zìjǐ yuánxiān de zhǔzhāng ba, shìzhèng guānyuán kěndìng huì lìng
苦恼， 坚持 自己 原先 的 主张 吧， 市政 官员 肯定 会 另
zhǎo rén xiūgǎi shèjì; bù jiānchí ba, yòu yǒu bèi zìjǐ wéirén de zhǔnzé. Máodùnle hěn
找 人 修改 设计；不 坚持 吧，又 有 悖 自己 为人 的 准则。 矛盾了 很
cháng yīduàn shíjiān, Láiyī'ēn zhōngyú xiǎngchūle yī tiáo miàojì, tā zài dàtīng•lǐ
长 一段 时间， 莱伊恩 终于 想出了 一 条 妙计，他 在 大厅 里
zēngjiāle sì gēn zhùzi, bùguò zhèxiē zhùzi bìng wèi yǔ tiānhuābǎn jiēchù, zhǐ•bùguò
增加了 四 根 柱子，不过 这些 柱子 并 未 与 天花板 接触，只 不过
shì zhuāngzhuang yàngzi.
是 装装 样子。

Sānbǎi duō nián guò•qù le, zhège mìmì shǐzhōng méi•yǒu bèi rén fāxiàn. Zhídào
三百 多 年 过 去 了，这个 秘密 始终 没 有 被 人 发现。 直到
qián liǎng nián, shìzhèngfǔ zhǔnbèi xiūshàn dàtīng de tiānhuābǎn, cái fāxiàn Láiyī'ēn
前 两 年， 市政府 准备 修缮 大厅 的 天花板， 才 发 现 莱伊恩
dāngnián de "nòngxū-zuòjiǎ". Xiāoxi chuánchū hòu, shìjiè gè guó de jiànzhù zhuānjiā
当年 的 "弄虚 作假"。 消息 传出 后， 世界 各 国 的 建筑 专家
hé yóukè yúnjí, dāngdì zhèngfǔ duìcǐ yě bù jiā yǎnshì, zài xīn shìjì dàolái zhī jì, tèyì
和 游客 云集， 当地 政府 对此 也 不 加 掩饰， 在 新 世纪 到来 之 际，特意
jiāng dàtīng zuòwéi yī gè lǚyóu jǐngdiǎn duìwài kāifàng, zhǐ zài yǐndǎo rénmen
将 大厅 作为 一 个 旅游 景点 对外 开放， 旨 在 引导 人们
chóngshàng hé xiāngxìn kēxué.
崇尚 和 相信 科学。

Zuòwéi yī míng jiànzhùshī, Láiyī'ēn bìng bù shì zuì chūsè de. Dàn zuòwéi yī gè
作为 一 名 建筑师， 莱伊恩 并 不 是 最 出色 的。但 作为 一 个
rén, tā wúyí fēicháng wěidà, zhè zhǒng// wěidà biǎoxiàn zài tā shǐzhōng kèshǒuzhe
人，他 无疑 非常 伟大， 这 种 // 伟大 表现 在 他 始终 恪守着
zìjǐ de yuánzé, gěi gāoguì de xīnlíng yī gè měilì de zhùsuǒ, nǎpà shì zāoyù dào zuì
自己 的 原则， 给 高贵 的 心灵 一 个 美丽 的 住所， 哪怕 是 遭遇 到 最
dà de zǔlì, yě yào xiǎng bànfǎ dǐdá shènglì.
大 的 阻力，也 要 想 办法 抵达 胜利。

——节选自游宇明《坚守你的高贵》

扫码听范读

作品20号——《金子》

[朗读提示]本文讲了淘金者彼得·弗雷特以自己的勤劳和诚实获得"真金"的故事。朗读前一部分时语气略带失望之情，朗读后一部分时要通过声音把主人公顿悟后的欣喜表现出来。

Zìcóng chuányán yǒu rén zài Sàwén hépàn sànbù shí wúyì fāxiànle jīnzi hòu,
自从 传言 有 人 在 萨文 河畔 散步 时 无意 发现了 金子 后，
zhè•lǐ biàn cháng yǒu láizì sìmiàn-bāfāng de táojīnzhě. Tāmen dōu xiǎng chéngwéi
这里 便 常 有 来自 四面 八方 的 淘金者。 他们 都 想 成为
fùwēng, yúshì xúnbiànle zhěnggè héchuáng, hái zài héchuáng•shàng wāchū hěnduō
富翁， 于是 寻遍了 整个 河床， 还 在 河床 上 挖出 很多
dàkēng, xīwàng jièzhù tāmen zhǎodào gèng duō de jīnzi. Díquè, yǒu yīxiē rén
大坑， 希望 借助 它们 找到 更 多 的 金子。 的确， 有 一些 人
zhǎodào le, dàn lìngwài yīxiē rén yīn•wèi yīwú-suǒdé ér zhǐhǎo sǎoxìng guīqù.
找到 了，但 另外 一些 人 因为 一无 所得 而 只好 扫兴 归去。

Yě yǒu bù gānxīn luòkōng de, biàn zhùzhā zài zhè•lǐ, jìxù xúnzhǎo. Bǐdé Fúléitè
也 有 不 甘心 落空 的， 便 驻扎 在 这里，继续 寻找。 彼得•弗雷特
jiùshì qízhōng yī yuán. Tā zài héchuáng fùjìn mǎile yī kuài méi rén yào de tǔdì, yī gè
就是 其中 一 员。 他 在 河床 附近 买了 一 块 没 人 要 的 土地，一 个
rén mòmò de gōngzuò. Tā wèile zhǎo jīnzi, yǐ bǎ suǒyǒu de qián dōu yā zài zhè kuài
人 默默 地 工作。 他 为了 找 金子，已 把 所有 的 钱 都 押 在 这 块
tǔdì•shàng. Tā máitóu-kǔgànle jǐ gè yuè, zhídào tǔdì quán biànchéngle
土地 上。 他 埋头 苦干了 几 个 月， 直到 土地 全 变成了
Kēngkēng-wāwā, tā shīwàng le—— tā fānbiànle zhěng kuài tǔdì, dàn lián yīdīngdiǎnr
坑坑 洼洼， 他 失望 了—— 他 翻遍了 整 块 土地， 但 连 一丁点儿
jīnzi dōu méi kàn•jiàn.
金子 都 没 看见。

Liù gè yuè hòu, tā lián mǎi miànbāo de qián dōu méi•yǒu le. Yúshì tā zhǔnbèi
六 个 月 后， 他 连 买 面包 的 钱 都 没有 了。于是 他 准备
líkāi zhèr dào biéchù qù móushēng.
离开 这儿 到 别处 去 谋生。

Jiù zài tā jíjiāng líqù de qián yī gè wǎnshang, tiān xiàqǐle qīngpén-dàyǔ,
就 在 他 即将 离去 的 前 一 个 晚上， 天 下起了 倾盆 大雨，
bìngqiě yīxià jiùshì sān tiān sān yè. Yǔ zhōngyú tíng le, Bǐdé zǒuchū xiǎo mùwū,
并且 一下 就是 三 天 三 夜。雨 终于 停 了，彼得 走出 小 木屋，
fāxiàn yǎnqián de tǔdì kàn shàng•qù hǎoxiàng hé yǐqián bù yīyàng: Kēngkeng-wāwā
发现 眼前 的 土地 看 上 去 好像 和 以前 不 一样： 坑坑 洼洼
yǐ bèi dàshuǐ chōngshuā píngzhěng, sōngruǎn de tǔdì•shàng zhǎngchū yī céng
已 被 大水 冲刷 平整， 松软 的 土地 上 长出 一 层
lǜróngróng de xiǎocǎo.
绿茸茸 的 小草。

"Zhè•lǐ méi zhǎodào jīnzi," Bǐdé hū yǒu suǒ wù de shuō, "Dàn zhè tǔdì hěn
"这里 没 找到 金子，"彼得 忽 有 所 悟 地 说， "但 这 土地 很
féiwò, wǒ kěyǐ yònglái zhòng huā, bìngqiě nádào zhèn•shàng qù màigěi nàxiē fùrén,
肥沃，我 可以 用来 种 花， 并且 拿到 镇 上 去 卖给 那些 富人，

tāmen yīdìng huì mǎi xiē huā zhuāngbàn tāmen huálì de kètīng. // Rúguǒ zhēn shì
他们 一定 会 买 些 花 装扮 他们 华丽 的 客厅。// 如果 真 是
zhèyàng de huà, nàme wǒ yīdìng huì zhuàn xǔduō qián, yǒuzhāo-yīrì wǒ yě huì
这样 的 话，那么 我 一定 会 赚 许多 钱，有朝 一日 我 也 会
chéngwéi fùrén……”
成为 富人……”

Yúshì tā liúle xià•lái. Bǐdé huāle bù shǎo jīnglì péiyù huāmiáo, bùjiǔ tiándì•lǐ
于是 他 留了 下 来。彼得 花了 不 少 精力 培育 花苗，不久 田地 里
zhǎngmǎnle měilì jiāoyàn de gè sè xiānhuā.
长满了 美丽 娇艳 的 各 色 鲜花。

Wǔ nián yǐhòu, Bǐdé zhōngyú shíxiànle tā de mèngxiǎng—— chéngle yī gè
五 年 以后，彼得 终于 实现了 他 的 梦想 —— 成了 一 个
fùwēng. “Wǒ shì wéiyī de yī gè zhǎodào zhēnjīn de rén!” Tā shícháng bùwú jiāo'ào
富翁。“我 是 唯一 的 一 个 找到 真金 的 人!” 他 时常 不无 骄傲
de gàosu bié•rén, “Bié•rén zài zhèr zhǎo•bùdào jīnzi hòu biàn yuǎnyuǎn de líkāi, ér
地 告诉 别 人，“别 人 在 这儿 找 不到 金子 后 便 远远 地 离开，而
wǒ de jīnzi shì zài zhè kuài tǔdì•lǐ, zhǐyǒu chéng•shí de rén yòng qínláo cáinéng
我 的‘金子’是 在 这 块 土地 里，只有 诚 实 的 人 用 勤劳 才能
cǎijí dào.”
采集 到。”

——节选自陶猛译《金子》

作品 21 号——《捐诚》

扫码听范读

[朗读提示]本篇叙述了作者在加拿大遇到过的两次募捐，行文质朴，感人至深。朗读时要把这种感人至深、令人难以忘怀的情感，融入到娓娓道来的讲述之中。

Wǒ zài Jiānádà xuéxí qījiān yùdàoguo liǎng cì mùjuān, nà qíngjǐng zhìjīn shǐ wǒ
我 在 加拿大 学习 期间 遇到过 两 次 募捐，那 情景 至今 使 我
nányǐ-wànghuái.
难以 忘怀。

Yī tiān, wǒ zài Wòtàihuá de jiē•shàng bèi liǎng gè nánháizi lánzhù qùlù. Tāmen
一 天，我 在 渥太华 的 街 上 被 两 个 男孩子 拦住 去路。他们
shí lái suì, chuān de zhěngzhěng-qíqí, měi rén tóu•shàng dàizhe gè zuògōng jīngqiǎo、
十 来 岁，穿 得 整整 齐齐，每 人 头 上 戴着 个 做工 精巧、
sècǎi xiānyàn de zhǐ mào, shàng•miàn xiězhe“Wèi bāngzhù huàn xiǎo'ér mábì de
色彩 鲜艳 的 纸 帽，上 面 写着“为 帮助 患 小儿 麻痹 的
huǒbàn mùjuān.” Qízhōng de yī gè, bùyóu-fēnshuō jiù zuò zài xiǎodèng•shàng gěi wǒ
伙伴 募捐。” 其中 的 一 个，不由 分说 就 坐 在 小凳 上 给 我
cā•qǐ píxié•lái, lìng yī gè zé bīnbīn-yǒulǐ de fāwèn: “Xiǎo•jiě, nín shì nǎ guó rén?
擦 起 皮鞋 来，另 一 个 则 彬彬 有礼 地 发问：“小 姐，您 是 哪 国 人?
Xǐhuan Wòtàihuá ma?” “Xiǎo•jiě, zài nǐmen guójiā yǒu méi•yǒu xiǎoháir huàn xiǎo'ér
喜欢 渥太华 吗?” “小 姐，在 你们 国家 有 没 有 小孩儿 患 小儿
mábì? Shéi gěi tāmen yīliáofèi?” Yīliánchuàn de wèntí, shǐ wǒ zhège yǒushēng-yǐlái tóu
麻痹? 谁 给 他们 医疗费?” 一连串 的 问题，使 我 这个 有生 以来 头
yī cì zài zhòngmù-kuíkuí zhīxià ràng bié•rén cā xié de yìxiāngrén, cóng jìnhū lángbèi
一 次 在 众目 睽睽 之下 让 别 人 擦 鞋 的 异乡人，从 近乎 狼狈

de jiǒngtài zhōng jiětuō chū•lái. Wǒmen xiàng péngyou yīyàng liáo•qǐ tiānr•lái……
的 窘态 中 解脱 出 来。我们 像 朋友 一样 聊 起 天儿 来……

Jǐ gè yuè zhīhòu, yě shì zài jiē•shàng. Yīxiē shízì lùkǒuchù huò chēzhàn zuòzhe jǐ
几 个 月 之后，也 是 在 街 上。一些 十字 路口处 或 车站 坐着 几
wèi lǎorén. Tāmen mǎntóu yínfà, shēn chuān gè zhǒng lǎoshì jūnzhuāng, shàng•miàn
位 老人。他们 满头 银发，身 穿 各 种 老式 军装，上 面
bùmǎnle dàdà-xiǎoxiǎo xíngxíng-sèsè de huīzhāng、jiǎngzhāng, měi rén shǒu pěng yī
布满了 大大 小小 形形 色色 的 徽章、奖章，每 人 手 捧 一
dà shù xiānhuā, yǒu shuǐxiān、shízhú、méi•guī jí jiào•bùchū míngzi de, yīsè xuěbái.
大 束 鲜花，有 水仙、石竹、玫 瑰 及 叫 不出 名字 的，一色 雪白。
Cōngcōng guòwǎng de xíngrén fēnfēn zhǐbù, bǎ qián tóujìn zhèxiē lǎorén shēnpáng de
匆匆 过往 的 行人 纷纷 止步，把 钱 投进 这些 老人 身旁 的
báisè mùxiāng nèi, ránhòu xiàng tāmen wēiwēi jūgōng, cóng tāmen shǒu zhōng jiēguo
白色 木箱 内，然后 向 他们 微微 鞠躬，从 他们 手 中 接过
yī duǒ huā. Wǒ kànle yīhuìr, yǒu rén tóu yī-liǎng yuán, yǒu rén tóu jǐbǎi yuán, hái
一 朵 花。我 看了 一会儿，有 人 投 一两 元，有 人 投 几百 元，还
yǒu rén tāochū zhīpiào tiánhǎo hòu tóujìn mùxiāng. Nàxiē lǎojūnrén háobù zhùyì
有 人 掏出 支票 填好 后 投进 木箱。那些 老军人 毫不 注意
rénmen juān duō•shǎo qián, yīzhí bù// tíng de xiàng rénmen dīshēng dàoxiè. Tóngxíng
人们 捐 多 少 钱，一直 不// 停 地 向 人们 低声 道谢。同行
de péngyou gàosu wǒ, zhè shì wèi jìniàn Èr Cì Dàzhàn zhōng cānzhàn de yǒngshì,
的 朋友 告诉 我，这 是 为 纪念 二 次 大战 中 参战 的 勇士，
mùjuān jiùjì cánfèi jūnrén hé lièshì yíshuāng, měinián yī cì; rèn juān de rén kěwèi
募捐 救济 残废 军人 和 烈士 遗孀，每年 一 次；认 捐 的 人 可谓
yǒngyuè, érqiě zhìxù jǐngrán, qì•fēn zhuāngyán. Yǒuxiē dìfang, rénmen hái nàixīn de
踊跃，而且 秩序 井然，气 氛 庄严。有些 地方，人们 还 耐心 地
páizhe duì. Wǒ xiǎng, zhè shì yīn•wèi tāmen dōu zhī•dào: Zhèng shì zhèxiē lǎorénmen
排着 队。我 想，这 是 因 为 他们 都 知 道：正 是 这些 老人们
de liúxuè xīshēng huànláile bāokuò tāmen xìnyǎng zìyóu zài nèi de xǔxǔ-duōduō.
的 流血 牺牲 换来了 包括 他们 信仰 自由 在 内 的 许许 多多。

Wǒ liǎng cì bǎ nà wēibùzúdào de yīdiǎnr qián pěnggěi tāmen, zhǐ xiǎng duì
我 两 次 把 那 微不 足道 的 一点儿 钱 捧给 他们，只 想 对
tāmen shuō shēng“xièxie”.
他们 说 声 “谢谢”。

——节选自青白《捐诚》

作品22号——《可爱的小鸟》

扫码听范读

[朗读提示]这是一篇描绘人与小鸟和谐共存且感情日趋笃厚的抒情散文，朗读时要以声传情，以情感人。

Méi•yǒu yī piàn lǜyè, méi•yǒu yī lǚ chuīyān, méi•yǒu yī lì nítǔ, méi•yǒu yī sī
没 有 一 片 绿叶，没 有 一 缕 炊烟，没 有 一 粒 泥土，没 有 一 丝
huāxiāng, zhǐyǒu shuǐ de shìjiè, yún de hǎiyáng.
花香，只有 水 的 世界，云 的 海洋。

Yī zhèn táifēng xíguò，yī zhī gūdān de xiǎoniǎo wújiā-kěguī，luòdào bèi juǎndào
一 阵 台风 袭过，一 只 孤单 的 小鸟 无家 可归，落到 被 卷到
yáng•lǐ de mùbǎn•shàng，chéng liú ér xià，shānshān ér lái，jìn le，jìn le！……
洋 里 的 木板 上， 乘 流 而 下， 姗姗 而 来，近 了，近 了！……

Hūrán，xiǎoniǎo zhāngkāi chìbǎng，zài rénmen tóudǐng pánxuánle jǐ quānr，
忽然， 小鸟 张开 翅膀， 在 人们 头顶 盘旋了 几 圈儿，
“pūlā” yī shēng luòdàole chuán•shàng. Xǔ shì lèi le？ Háishì fāxiànle“xīn dàlù”？
“噗啦”一 声 落到了 船 上。 许 是 累 了？ 还是 发现了“新 大陆”？
Shuǐshǒu niǎn tā tā bù zǒu，zhuā tā，tā guāiguāi de luò zài zhǎngxīn. Kě’ài de
水手 撵 它 它 不 走， 抓 它，它 乖乖 地 落 在 掌心。 可爱 的
xiǎoniǎo hé shànliáng de shuǐshǒu jiéchéngle péngyou.
小鸟 和 善良 的 水手 结成了 朋友。

Qiáo，tā duō měilì，jiāoqiǎo de xiǎozuǐ，zhuólǐzhe lǜsè de yǔmáo，yāzi yàng de
瞧， 它 多 美丽， 娇巧 的 小嘴， 啄理着 绿色 的 羽毛，鸭子 样 的
biǎnjiǎo，chéngxiàn chū chūncǎo de éhuáng. Shuǐshǒumen bǎ tā dàidào cāng•lǐ，gěi tā
扁脚， 呈现 出 春草 的 鹅黄。 水手们 把 它 带到 舱 里，给 它
“dā pù”，ràng tā zài chuán•shàng ānjiā-luòhù，měi tiān，bǎ fēndào de yī sùliàotǒng
“搭 铺”，让 它 在 船 上 安家 落户，每 天， 把 分到 的 一 塑料筒
dànshuǐ yúngěi tā hē，bǎ cóng zǔguó dài•lái de xiānměi de yúròu fēngěi tā chī，
淡水 匀给 它 喝，把 从 祖国 带 来 的 鲜美 的 鱼肉 分给 它 吃，
tiāncháng-rìjiǔ，xiǎoniǎo hé shuǐshǒu de gǎnqíng rìqū dǔhòu. Qīngchén，dāng dì-yī shù
天长 日久， 小鸟 和 水手 的 感情 日趋 笃厚。 清晨， 当 第一 束
yángguāng shèjìn xiánchuāng shí，tā biàn chǎngkāi měilì de gēhóu，chàng a chàng，
阳光 射进 舷窗 时，它 便 敞开 美丽 的 歌喉， 唱 啊 唱，
yīngyīng-yǒuyùn，wǎnrú chūnshuǐ cóngcóng. Rénlèi gěi tā yǐ shēngmìng，tā háobù
嘤嘤 有韵， 宛如 春水 淙淙。 人类 给 它 以 生命， 它 毫不
qiānlìn de bǎ zìjǐ de yìshù qīngchūn fèngxiàn gěile bǔyù tā de rén. Kěnéng dōu shì
悭吝 地 把 自己 的 艺术 青春 奉献 给了 哺育 它 的 人。 可能 都 是
zhèyàng？ Yìshùjiāmen de qīngchūn zhǐ huì xiàngěi zūnjìng tāmen de rén.
这样？ 艺术家们 的 青春 只 会 献给 尊敬 他们 的 人。

Xiǎoniǎo gěi yuǎnháng shēnghuó méng•shàngle yī céng làngmàn sèdiào. Fǎnháng
小鸟 给 远航 生活 蒙 上了 一 层 浪漫 色调。 返航
shí，rénmen àibùshìshǒu，liànliàn-bùshě de xiǎng bǎ tā dàidào yìxiāng. Kě xiǎoniǎo
时， 人们 爱不释手， 恋恋 不舍 地 想 把 它 带到 异乡。 可 小鸟
qiáocuì le，gěi shuǐ，bù hē！Wèi ròu，bù chī！Yóuliàng de yǔmáo shīqùle guāngzé. Shì
憔悴 了，给 水，不 喝！ 喂 肉，不 吃！ 油亮 的 羽毛 失去了 光泽。 是
a，wǒ//men yǒu zìjǐ de zǔguó，xiǎoniǎo yě yǒu tā de guīsù，rén hé dòngwù dōu shì
啊，我//们 有 自己 的 祖国， 小鸟 也 有 它 的 归宿，人 和 动物 都 是
yīyàng a，nǎr yě bùrú gùxiāng hǎo！
一样 啊，哪儿 也 不如 故乡 好！

Cí’ài de shuǐshǒumen juédìng fàngkāi tā，ràng tā huídào dàhǎi de yáolán•qù，
慈爱 的 水手们 决定 放开 它， 让 它 回到 大海 的 摇篮 去，
huídào lánsè de gùxiāng•qù. Líbié qián，zhège dàzìrán de péngyou yǔ shuǐshǒumen
回到 蓝色 的 故乡 去。离别 前， 这个 大自然 的 朋友 与 水手们
liúyǐng jìniàn. Tā zhàn zài xǔduō rén de tóu•shàng，jiān•shàng，zhǎng•shàng，
留影 纪念。 它 站 在 许多 人 的 头 上， 肩 上， 掌 上，

gēbo•shàng，yǔ wèiyǎngguo tā de rénmen，yīqǐ róngjìn nà lánsè de huàmiàn……
胳膊 上， 与 喂养过 它 的 人们， 一起 融进 那 蓝色 的 画面 ……

——节选自王文杰《可爱的小鸟》

扫码听范读

作品23号——《课不能停》

[朗读提示]这篇文章通过"课不能停"这件事情，表达了主题：施舍的最高原则是保持受施者的尊严。朗读时要体会学校的良苦用心，节奏不紧不慢，语调凝重深沉。

Niǔyuē de dōngtiān cháng yǒu dà fēngxuě，pūmiàn de xuěhuā bùdàn lìng rén nányǐ
纽约 的 冬天 常 有 大 风雪， 扑面 的 雪花 不但 令 人 难以

zhēngkāi yǎnjing，shènzhì hūxī dōu huì xīrù bīnglěng de xuěhuā. Yǒushí qián yī tiān
睁开 眼睛， 甚至 呼吸 都 会 吸入 冰冷 的 雪花。 有时 前 一 天

wǎnshang háishì yī piàn qínglǎng，dì-èr tiān lākāi chuānglián，què yǐ•jīng jīxuě yíng
晚上 还是 一 片 晴朗， 第二 天 拉开 窗帘， 却 已 经 积雪 盈

chǐ，lián mén dōu tuī•bùkāi le.
尺，连 门 都 推 不开 了。

Yùdào zhèyàng de qíngkuàng，gōngsī、shāngdiàn cháng huì tíngzhǐ shàngbān，
遇到 这样 的 情况， 公司、 商店 常 会 停止 上班，

xuéxiào yě tōngguò guǎngbō，xuānbù tíngkè. Dàn lìng rén bùjiě de shì，wéiyǒu gōnglì
学校 也 通过 广播， 宣布 停课。 但 令 人 不解 的 是， 惟有 公立

xiǎoxué，réngrán kāifàng. Zhǐ jiàn huángsè de xiàochē，jiānnán de zài lùbiān jiē háizi，
小学， 仍然 开放。 只 见 黄色 的 校车， 艰难 地 在 路边 接 孩子，

lǎoshī zé yīdàzǎo jiù kǒuzhōng pēnzhe rèqì，chǎnqù chēzi qiánhòu de jīxuě，
老师 则 一大早 就 口中 喷着 热气， 铲去 车子 前后 的 积雪，

xiǎoxīn-yìyì de kāichē qù xuéxiào.
小心 翼翼 地 开车 去 学校。

Jù tǒngjì，shí nián lái Niǔyuē de gōnglì xiǎoxué zhǐ yīn•wèi chāojí bàofēngxuě
据 统计， 十 年 来 纽约 的 公立 小学 只 因 为 超级 暴风雪

tíngguo qī cì kè. Zhè shì duōme lìng rén jīngyà de shì. Fàndezháo zài dà•rén dōu
停过 七 次 课。 这 是 多么 令 人 惊讶 的 事。 犯得着 在 大 人 都

wúxū shàngbān de shíhou ràng háizi qù xuéxiào ma? Xiǎoxué de lǎoshī yě tài dǎoméi
无须 上班 的 时候 让 孩子 去 学校 吗？ 小学 的 老师 也 太 倒霉

le ba?
了 吧？

Yúshì，měiféng dàxuě ér xiǎoxué bù tíngkè shí，dōu yǒu jiāzhǎng dǎ diànhuà qù
于是， 每逢 大雪 而 小学 不 停课 时， 都 有 家长 打 电话 去

mà. Miào de shì，měi gè dǎ diànhuà de rén，fǎnyìng quán yīyàng—— xiān shì
骂。 妙 的 是， 每 个 打 电话 的 人， 反应 全 一样 —— 先 是

nùqì-chōngchōng de zéwèn，ránhòu mǎnkǒu dàoqiàn，zuìhòu xiàoróng mǎnmiàn de
怒气 冲冲 地 责问， 然后 满口 道歉， 最后 笑容 满面 地

guà•shàng diànhuà. Yuányīn shì，xuéxiào gàosu jiāzhǎng：
挂 上 电话。 原因 是， 学校 告诉 家长：

Zài Niǔyuē yǒu xǔduō bǎiwàn fùwēng，dàn yě yǒu bùshǎo pínkùn de jiātíng.
在 纽约 有 许多 百万 富翁， 但 也 有 不少 贫困 的 家庭。

Hòuzhě bái•tiān kāi•bùqǐ nuǎnqì，gōng•bùqǐ wǔcān，háizi de yíngyǎng quán kào
后者 白 天 开 不起 暖气， 供 不起 午餐， 孩子 的 营养 全 靠

xuéxiào•lǐ miǎnfèi de zhōngfàn, shènzhì kěyǐ duō ná xiē huíjiā dàng wǎncān. Xuéxiào
学校里免费的中饭，甚至可以多拿些回家当晚餐。学校
tíngkè yī tiān, qióng háizi jiù shòu yī tiān dòng, ái yī tiān è, suǒyǐ lǎoshīmen
停课一天，穷孩子就受一天冻，挨一天饿，所以老师们
nìngyuàn zìjǐ kǔ yīdiǎnr, yě bù néng tíng// kè.
宁愿自己苦一点儿，也不能停//课。

Huòxǔ yǒu jiāzhǎng huì shuō: Hé bù ràng fùyù de háizi zài jiā•lǐ, ràng pínqióng
或许有家长会说：何不让富裕的孩子在家里，让贫穷
de háizi qù xuéxiào xiǎngshòu nuǎnqì hé yíngyǎng wǔcān ne?
的孩子去学校享受暖气和营养午餐呢？

Xuéxiào de dá•fù shì: Wǒmen bùyuàn ràng nàxiē qióngkǔ de háizi gǎndào tāmen
学校的答复是：我们不愿让那些穷苦的孩子感到他们
shì zài jiēshòu jiùjì, yīn•wèi shīshě de zuìgāo yuánzé shì bǎochí shòushīzhě de zūnyán.
是在接受救济，因为施舍的最高原则是保持受施者的尊严。

——节选自刘墉《课不能停》

作品 24 号——《莲花和樱花》

扫码听范读

[朗读提示]本文是一篇表达中日人民友好的文章，语言通俗易懂，没有抽象的高谈阔论。朗读时声音要松弛，语气要自然亲切。

Shí nián, zài lìshǐ•shàng bùguò shì yī shùnjiān. Zhǐyào shāo jiā zhùyì, rénmen jiù
十年，在历史上不过是一瞬间。只要稍加注意，人们就
huì fāxiàn: Zài zhè yī shùnjiān•lǐ, gè zhǒng shìwù dōu qiāoqiāo jīnglìle zìjǐ de
会发现：在这一瞬间里，各种事物都悄悄经历了自己的
qiānbiàn-wànhuà.
千变万化。

Zhè cì chóngxīn fǎng Rì, wǒ chùchù gǎndào qīnqiè hé shú•xī, yě zài xǔduō
这次重新访日，我处处感到亲切和熟悉，也在许多
fāngmiàn fājuéle Rìběn de biànhuà. Jiù ná Nàiliáng de yī gè jiǎoluò lái shuō ba, wǒ
方面发觉了日本的变化。就拿奈良的一个角落来说吧，我
chóngyóule wèi zhī gǎnshòu hěn shēn de Táng Zhāotísì, zài sìnèi gè chù cōngcōng
重游了为之感受很深的唐招提寺，在寺内各处匆匆
zǒule yī biàn, tíngyuàn yījiù, dàn yìxiǎngbùdào hái kàndàole yīxiē xīn de dōngxi.
走了一遍，庭院依旧，但意想不到还看到了一些新的东西。
Qízhōng zhīyī, jiùshì jìn jǐ nián cóng Zhōngguó yízhí lái de "yǒuyì zhī lián".
其中之一，就是近几年从中国移植来的"友谊之莲"。

Zài cúnfàng Jiànzhēn yíxiàng de nàge yuànzi•lǐ, jǐ zhū Zhōngguó lián
在存放鉴真遗像的那个院子里，几株中国莲
ángrántǐnglì, cuìlǜ de kuāndà héyè zhèng yíngfēng ér wǔ, xiǎn•dé shífēn yúkuài.
昂然挺立，翠绿的宽大荷叶正迎风而舞，显得十分愉快。
Kāihuā de jìjié yǐ guò, héhuā duǒduǒ yǐ biànwéi liánpeng léiléi. Liánzǐ de yánsè
开花的季节已过，荷花朵朵已变为莲蓬累累。莲子的颜色
zhèngzài yóu qīng zhuǎn zǐ, kàn•lái yǐ•jīng chéngshú le.
正在由青转紫，看来已经成熟了。

Wǒ jīn•bùzhù xiǎng: "Yīn" yǐ zhuǎnhuà wéi "guǒ".
我禁不住想："因"已转化为"果"。

Zhōngguó de liánhuā kāi zài Rìběn, Rìběn de yīnghuā kāi zài Zhōngguó, zhè bù
中国 的 莲花 开 在 日本, 日本 的 樱花 开 在 中国, 这 不
shì ǒurán. Wǒ xīwàng zhèyàng yī zhǒng shèngkuàng yánxù bù shuāi. Kěnéng yǒu rén
是 偶然。我 希望 这样 一 种 盛况 延续 不 衰。 可能 有 人
bù xīnshǎng huā, dàn jué bùhuì yǒu rén xīnshǎng luò zài zìjǐ miànqián de pàodàn.
不 欣赏 花, 但 决 不会 有 人 欣赏 落 在 自己 面前 的 炮弹。

Zài zhèxiē rìzi•lǐ, wǒ kàndàole bùshǎo duō nián bù jiàn de lǎopéngyou, yòu
在 这些 日子 里, 我 看到了 不少 多 年 不 见 的 老朋友, 又
jiéshíle yīxiē xīn péngyou. Dàjiā xǐhuān shèjí de huàtí zhīyī, jiùshì gǔ Cháng'ān hé gǔ
结识了 一些 新 朋友。 大家 喜欢 涉及 的 话题 之一, 就是 古 长安 和 古
Nàiliáng. Nà hái yòngdezháo wèn ma, péngyoumen miǎnhuái guòqù, zhèngshì zhǔwàng
奈良。 那 还 用得着 问 吗, 朋友们 缅怀 过去, 正是 瞩望
wèilái. Zhǔmù yú wèilái de rénmen bìjiāng huòdé wèilái.
未来。 瞩目 于 未来 的 人们 必将 获得 未来。

Wǒ bù lìwài, yě xīwàng yī gè měihǎo de wèilái.
我 不 例外, 也 希望 一 个 美好 的 未来。

Wèi// le Zhōng-Rì rénmín zhījiān de yǒuyì, wǒ jiāng bù làngfèi jīnhòu shēngmìng
为 //了 中日 人民 之间 的 友谊, 我 将 不 浪费 今后 生命
de měi yī shùnjiān.
的 每 一 瞬间。

——节选自严文井《莲花和樱花》

作品25号——《绿》

扫码听范读

[朗读提示]本文描绘了梅雨潭奇异、醉人的绿,字里行间洋溢着一种浓郁的诗味——诗的情感、诗的意境、诗的语言,朗读时语调要舒展柔和,饱含着诗情画意。

Méiyǔtán shǎnshǎn de lǜsè zhāoyǐnzhe wǒmen, wǒmen kāishǐ zhuīzhuō tā nà líhé
梅雨潭 闪闪 的 绿色 招引着 我们, 我们 开始 追捉 她 那 离合
de shénguāng le. Jiūzhe cǎo, pānzhe luànshí, xiǎo•xīn tànshēn xià•qù, yòu jūgōng
的 神光 了。 揪着 草, 攀着 乱石, 小 心 探身 下 去, 又 鞠躬
guòle yī gè shíqióngmén, biàn dàole wāngwāng yī bì de tán biān le.
过了 一 个 石穹门, 便 到了 汪汪 一 碧 的 潭 边 了。

Pùbù zài jīnxiù zhījiān, dànshì wǒ de xīnzhōng yǐ méi•yǒu pùbù le. Wǒ de xīn suí
瀑布 在 襟袖 之间, 但是 我 的 心中 已 没 有 瀑布 了。我 的 心 随
tánshuǐ de lǜ ér yáodàng. Nà zuìrén de lǜ ya! Fǎngfú yī zhāng jí dà jí dà de héyè
潭水 的 绿 而 摇荡。 那 醉人 的 绿 呀! 仿佛 一 张 极 大 极 大 的 荷叶
pūzhe, mǎnshì qíyì de lǜ ya. Wǒ xiǎng zhāngkāi liǎngbì bàozhù tā, dàn zhè shì
铺着, 满是 奇异 的 绿 呀。我 想 张开 两臂 抱住 她, 但 这 是
zěnyàng yī gè wàngxiǎng a.
怎样 一 个 妄想 啊。

Zhàn zài shuǐbiān, wàngdào nà•miàn, jūrán juézhe yǒu xiē yuǎn ne! Zhè
站 在 水边, 望到 那 面, 居然 觉着 有 些 远 呢! 这
píngpūzhe、hòujīzhe de lǜ, zhuóshí kě'ài. Tā sōngsōng de zhòuxiézhe, xiàng shàofù
平铺着、 厚积着 的 绿, 着实 可爱。她 松松 地 皱缬着, 像 少妇
tuōzhe de qúnfú; tā huáhuá de míngliàngzhe, xiàng túle "míngyóu" yībān, yǒu
拖着 的 裙幅; 她 滑滑 的 明亮着, 像 涂了 "明油" 一般, 有

jīdànqīng nàyàng ruǎn, nàyàng nèn; tā yòu bù zá xiē chénzǐ, wǎnrán yī kuài wēnrùn
鸡蛋清 那样 软, 那样 嫩;她 又 不 杂 些 尘滓, 宛然 一 块 温润
de bìyù, zhǐ qīngqīng de yī sè—— dàn nǐ què kàn•bùtòu tā!
的 碧玉,只 清清 的 一 色—— 但 你 却 看 不透 她!

Wǒ céng jiànguo Běijīng Shíchàhǎi fúdì de lǜyáng, tuō•bùliǎo éhuáng de dǐzi,
我 曾 见过 北京 什刹海 拂地 的 绿杨, 脱 不了 鹅黄 的 底子,
sìhū tài dàn le. Wǒ yòu céng jiànguo Hángzhōu Hǔpáosì jìnpáng gāojùn ér shēnmì de
似乎 太 淡 了。我 又 曾 见过 杭州 虎跑寺 近旁 高峻 而 深密 的
"lǜbì", cóngdiézhe wúqióng de bìcǎo yǔ lǜyè de, nà yòu sìhū tài nóng le. Qíyú ne,
"绿壁", 丛叠着 无穷 的 碧草 与 绿叶 的,那 又 似乎 太 浓 了。其余 呢,
Xīhú de bō tài míng le, Qínhuái Hé de yě tài àn le. Kě'ài de, wǒ jiāng shénme lái
西湖 的 波 太 明 了, 秦淮 河 的 也 太 暗 了。可爱 的,我 将 什么 来
bǐnǐ nǐ ne? Wǒ zěnme bǐnǐ de chū ne? Dàyuē tán shì hěn shēn de, gù néng yùnxùzhe
比拟 你 呢?我 怎么 比拟 得 出 呢?大约 潭 是 很 深 的,故 能 蕴蓄着
zhèyàng qíyì de lǜ; fǎngfú wèilán de tiān róngle yī kuài zài lǐ•miàn shìde, zhè cái
这样 奇异 的 绿;仿佛 蔚蓝 的 天 融了 一 块 在 里 面 似的, 这 才
zhèbān de xiānrùn a.
这般 的 鲜润 啊。

Nà zuìrén de lǜ ya! Wǒ ruò néng cái nǐ yǐ wéi dài, wǒ jiāng zènggěi nà qīngyíng
那 醉人 的 绿 呀!我 若 能 裁 你 以 为 带, 我 将 赠给 那 轻盈
de//wǔnǚ, tā bìnéng línfēng piāojǔ le. Wǒ ruò néng yì nǐ yǐ wéi yǎn, wǒ jiāng
的//舞女, 她 必能 临风 飘举 了。我 若 能 挹 你 以 为 眼, 我 将
zènggěi nà shàn gē de mángmèi, tā bì míngmóu-shànlài le. Wǒ shě•bù•dé nǐ, wǒ zěn
赠给 那 善 歌 的 盲妹, 她 必 明眸 善睐 了。我 舍 不 得 你,我 怎
shě•dé nǐ ne? Wǒ yòng shǒu pāizhe nǐ, fǔmózhe nǐ, rútóng yī gè shí'èr-sān suì de
舍 得 你 呢?我 用 手 拍着 你, 抚摩着 你, 如同 一 个 十二三 岁 的
xiǎogūniang. Wǒ yòu jū nǐ rùkǒu, biànshì wěnzhe tā le. Wǒ sòng nǐ yī gè míngzi, wǒ
小姑娘。 我 又 掬 你 入口, 便是 吻着 她 了。我 送 你 一 个 名字, 我
cóngcǐ jiào nǐ "nǚ'érlǜ", hǎo ma?
从此 叫 你"女儿绿", 好 吗?

Dì-èr cì dào Xiānyán de shíhou, wǒ bùjīn jīngchà yú Méiyǔtán de lǜ le.
第二 次 到 仙岩 的 时候, 我 不禁 惊诧 于 梅雨潭 的 绿 了。

——节选自朱自清《绿》

作品 26 号——《落花生》

扫码听范读

[朗读提示]落花生的外表质朴,但有丰硕的果实。这篇文章用落花生来比喻做人不能哗众取宠,而要老老实实地做一个有用的人。朗读时要注意角色的区分,父亲的话语重心长,孩子的话语质朴活泼。

Wǒmen jiā de hòuyuán yǒu bàn mǔ kòngdì, mǔ•qīn shuō: "Ràng tā huāngzhe guài
我们 家 的 后园 有 半 亩 空地, 母 亲 说: "让 它 荒着 怪
kěxī de, nǐmen nàme ài chī huāshēng, jiù kāipì chū•lái zhòng huāshēng ba." Wǒmen
可惜 的, 你们 那么 爱 吃 花生, 就 开辟 出 来 种 花生 吧。" 我们
jiě-dì jǐ gè dōu hěn gāoxìng, mǎizhǒng, fāndì, bōzhǒng, jiāoshuǐ, méi guò jǐ gè yuè,
姐弟 几 个 都 很 高兴, 买种, 翻地, 播种, 浇水, 没 过 几 个 月,

jūrán shōuhuò le.
居然 收获 了。

Mǔ•qīn shuō："Jīnwǎn wǒmen guò yī gè shōuhuòjié, qǐng nǐmen fù•qīn yě lái chángchang wǒmen de xīn huāshēng, hǎo•bù hǎo?" Wǒmen dōu shuō hǎo. Mǔ•qīn bǎ huāshēng zuòchéngle hǎo jǐ yàng shípǐn, hái fēn•fù jiù zài hòuyuán de máotíng•lǐ guò zhège jié.
母亲说："今晚我们过一个收获节，请你们父亲也来尝尝我们的新花生，好不好？"我们都说好。母亲把花生做成了好几样食品，还吩咐就在后园的茅亭里过这个节。

Wǎnshang tiānsè bù tài hǎo, kěshì fù•qīn yě lái le, shízài hěn nándé.
晚上天色不太好，可是父亲也来了，实在很难得。

Fù•qīn shuō："Nǐmen ài chī huāshēng ma?"
父亲说："你们爱吃花生吗？"

Wǒmen zhēngzhe dāying："Ài!"
我们争着答应："爱！"

"Shéi néng bǎ huāshēng de hǎo•chù shuō chū•lái?"
"谁能把花生的好处说出来？"

Jiějie shuō："Huāshēng de wèir měi."
姐姐说："花生的味美。"

Gēge shuō："Huāshēng kěyǐ zhàyóu."
哥哥说："花生可以榨油。"

Wǒ shuō："Huāshēng de jià•qián piányi, shéi dōu kěyǐ mǎi•lái chī, dōu xǐhuan chī. Zhè jiùshì tā de hǎo•chù."
我说："花生的价钱便宜，谁都可以买来吃，都喜欢吃。这就是它的好处。"

Fù•qīn shuō："Huāshēng de hǎo•chù hěn duō, yǒu yī yàng zuì kěguì: Tā de guǒshí mái zài dì•lǐ, bù xiàng táozi、shíliu、píngguǒ nàyàng, bǎ xiānhóng nènlǜ de guǒshí gāogāo de guà zài zhītóu•shàng, shǐ rén yī jiàn jiù shēng àimù zhī xīn. Nǐmen kàn tā ǎi'ǎi de zhǎng zài dì•shàng, děngdào chéngshú le, yě bùnéng lìkè fēnbiàn chū•lái tā yǒu méi•yǒu guǒshí, bìxū wā chū•lái cái zhī•dào."
父亲说："花生的好处很多，有一样最可贵：它的果实埋在地里，不像桃子、石榴、苹果那样，把鲜红嫩绿的果实高高地挂在枝头上，使人一见就生爱慕之心。你们看它矮矮地长在地上，等到成熟了，也不能立刻分辨出来它有没有果实，必须挖出来才知道。"

Wǒmen dōu shuō shì, mǔ•qīn yě diǎndiǎn tóu.
我们都说是，母亲也点点头。

Fù•qīn jiē xià•qù shuō："Suǒyǐ nǐmen yào xiàng huāshēng, tā suīrán bù hǎokàn, kěshì hěn yǒuyòng, bù shì wàibiǎo hǎokàn ér méi•yǒu shíyòng de dōngxi."
父亲接下去说："所以你们要像花生，它虽然不好看，可是很有用，不是外表好看而没有实用的东西。"

Wǒ shuō："Nàme, rén yào zuò yǒuyòng de rén, bùyào zuò zhǐ jiǎng tǐ•miàn, ér duì bié•rén méi•yǒu hǎo•chù de rén le." //
我说："那么，人要做有用的人，不要做只讲体面，而对别人没有好处的人了。"//

Fù•qīn shuō："Duì. Zhè shì wǒ duì nǐmen de xīwàng."
父亲说："对。这是我对你们的希望。"

Wǒmen tándào yè shēn cái sàn. Huāshēng zuò de shípǐn dōu chīwán le, fù•qīn de
我们　谈到　夜　深　才　散。　花生　　做　的　食品　都　吃完　了，父　亲　的
huà què shēnshēn de yìn zài wǒ de xīn•shàng.
话　却　　深深　地　印　在　我　的　心　　上。

——节选自许地山《落花生》

作品 27 号——《麻雀》

扫码听范读

[朗读提示]这篇文章通过老麻雀拯救小麻雀的故事，歌颂了一种伟大的力量——母爱，事情的经过写得细致入微，生动形象。朗读时要使用略显夸张的语气表现这场搏斗，从而渲染出伟大的母爱。最后两个自然段是作者的感受，要使用崇敬、沉着的语气读出来。

Wǒ dǎliè guīlái, yánzhe huāyuán de línyīnlù zǒuzhe. Gǒu pǎo zài wǒ qián•biān.
我　打猎　归来，　沿着　　花园　　的　林荫路　走着。　狗　　跑　在　我　　前　边。

Tūrán, gǒu fàngmàn jiǎobù, nièzú-qiánxíng, hǎoxiàng xiùdàole qián•biān yǒu
突然，　狗　　放慢　　脚步，　　蹑足　潜行，　　　好像　　　嗅到了　　前　边　　有
shénme yěwù.
什么　野物。

Wǒ shùnzhe línyīnlù wàng•qù, kàn•jiànle yī zhī zuǐ biān hái dài huángsè、
我　　顺着　　林荫路　　望　去，　　看　见了　　一　只　　嘴　　边　　还　　带　　　黄色、
tóu•shàng shēngzhe róumáo de xiǎo máquè. Fēng měngliè de chuīdǎzhe línyīnlù•shàng
头　上　　　生着　　　柔毛　　的　　小　　麻雀。　风　　　猛烈　　地　　吹打着　　　林荫路　上
de báihuàshù, máquè cóng cháo•lǐ diēluò xià•lái, dāidāi de fú zài dì•shàng, gūlì
的　　白桦树，　　麻雀　　从　　巢　里　　跌落　　下　来，　呆呆　地　伏　在　　地　上，　孤立
wúyuán de zhāngkāi liǎng zhī yǔmáo hái wèi fēngmǎn de xiǎo chìbǎng.
无援　　地　　张开　　　两　　只　　羽毛　　还　　未　　　丰满　　　的　　小　　　翅膀。

Wǒ de gǒu mànmàn xiàng tā kàojìn. Hūrán, cóng fùjìn yī kē shù•shàng fēi•xià yī
我　的　狗　　慢慢　　　向　　它　　靠近。　忽然，　　从　　附近　一　棵　树　　上　　　飞　下　一
zhī hēi xiōngpú de lǎo máquè, xiàng yī kē shízǐ shìde luòdào gǒu de gēn•qián. Lǎo
只　黑　　胸脯　　的　　老　　　麻雀，　　像　　一　颗　石子　似的　　落到　　狗　　的　　跟　前。　老
máquè quánshēn dàoshùzhe yǔmáo, jīngkǒng-wànzhuàng, fāchū juéwàng、qīcǎn de
麻雀　　　全身　　　　倒竖着　　　羽毛，　　　　惊恐　　　万状，　　　　发出　　绝望、　　凄惨　　的
jiàoshēng, jiēzhe xiàng lòuchū yáchǐ、dà zhāngzhe de gǒuzuǐ pū•qù.
叫声，　　　接着　　向　　　露出　　牙齿、大　　　张着　　　的　　狗嘴　　扑　去。

Lǎo máquè shì měng pū xià•lái jiùhù yòuquè de. Tā yòng shēntǐ yǎnhùzhe zìjǐ de
老　　麻雀　　是　　猛　　扑　下　　来　救护　　幼雀　　的。它　　用　　　身体　　　掩护着　　　自己　的
yòu'ér …… Dàn tā zhěnggè xiǎoxiǎo de shēntǐ yīn kǒngbù ér zhànlìzhe, tā xiǎoxiǎo
幼儿　……　但　它　　整个　　　小小　　的　身体　　因　　　恐怖　　　而　　战栗着，　　它　　小小
de shēngyīn yě biànde cūbào sīyǎ, tā zài xīshēng zìjǐ!
的　　声音　　也　　变得　　粗暴　　嘶哑，它　在　　牺牲　　　自己！

Zài tā kànlái, gǒu gāi shì duōme pángdà de guàiwu a! Rán'ér, tā háishì bùnéng
在　它　　看来，　狗　　该　　是　　多么　　　庞大　　　的　　　怪物　　啊！　然而，　　它　　还是　　　不能
zhàn zài zìjǐ gāogāo de、ānquán de shùzhī•shàng …… Yī zhǒng bǐ tā de lǐzhì gèng
站　　在　自己　　高高　　的、　安全　　的　　树枝　　上　　……　一　　种　　比　它　的　理智　　更
qiángliè de lì•liàng, shǐ tā cóng nàr pū•xià shēn•lái.
强烈　　的　力　　量，　使　它　　从　　那儿　扑　下　身　　来。

Wǒ de gǒu zhànzhù le, xiàng hòu tuìle tuì …… kànlái, tā yě gǎndàole zhè zhǒng lì•liàng.
我 的 狗 站住 了, 向 后 退了 退 …… 看来, 它 也 感到了 这 种 力 量。

Wǒ gǎnjǐn huànzhù jīnghuāng-shīcuò de gǒu, ránhòu wǒ huáizhe chóngjìng de xīnqíng, zǒukāi le.
我 赶紧 唤住 惊慌 失措 的 狗, 然后 我 怀着 崇敬 的 心情, 走开 了。

Shì a, qǐng bùyào jiànxiào. Wǒ chóngjìng nà zhī xiǎoxiǎo de、yīngyǒng de niǎo'•ér, wǒ chóngjìng tā nà zhǒng ài de chōngdòng hé lì•liàng.
是 啊, 请 不要 见笑。我 崇敬 那 只 小小 的、英勇 的 鸟 儿, 我 崇敬 它 那 种 爱 的 冲动 和 力 量。

Ài, wǒ// xiǎng, bǐ sǐ hé sǐ de kǒngjù gèng qiángdà. Zhǐyǒu yīkào tā, yīkào zhè zhǒng ài, shēngmìng cái néng wéichí xià•qù, fāzhǎn xià•qù.
爱, 我// 想, 比 死 和 死 的 恐惧 更 强大。只有 依靠 它, 依靠 这 种 爱, 生命 才 能 维持 下 去, 发展 下 去。

——节选自［俄］屠格涅夫《麻雀》,巴金译

作品28号——《迷途笛音》

扫码听范读

[朗读提示]朗读这篇文章时可分为两部分:前三个自然段为第一部分,描写了迷路的小孩惊慌失措的样子,朗读时节奏要紧凑,基调略带惊慌之情;后面为第二部分,描写了听到笛音的孩子好像找到了救星,朗读基调是欢快的。

Nà nián wǒ liù suì. Lí wǒ jiā jǐn yī jiàn zhī yáo de xiǎo shānpō páng, yǒu yī gè zǎo yǐ bèi fèiqì de cǎishíchǎng, shuāngqīn cónglái bùzhǔn wǒ qù nàr, qíshí nàr fēngjǐng shífēn mírén.
那 年 我 六 岁。离 我 家 仅 一 箭 之 遥 的 小 山坡 旁, 有 一 个 早 已 被 废弃 的 采石场, 双亲 从来 不准 我 去 那儿, 其实 那儿 风景 十分 迷人。

Yī gè xiàjì de xiàwǔ, wǒ suízhe yī qún xiǎohuǒbànr tōutōu shàng nàr qù le. Jiù zài wǒmen chuānyuèle yī tiáo gūjì de xiǎolù hòu, tāmen què bǎ wǒ yī gè rén liú zài yuán dì, ránhòu bēnxiàng"gèng wēixiǎn de dìdài" le.
一 个 夏季 的 下午, 我 随着 一 群 小伙伴 偷偷 上 那儿 去 了。就 在 我们 穿越了 一 条 孤寂 的 小路 后, 他们 却 把 我 一 个 人 留 在 原 地, 然后 奔向 "更 危险 的 地带" 了。

Děng tāmen zǒuhòu, wǒ jīnghuāng-shīcuò de fāxiàn, zài yě zhǎo•bùdào yào huíjiā de nà tiáo gūjì de xiǎodào le. Xiàng zhī wú tóu de cāngying, wǒ dàochù luàn zuān, yīkù•shàng guàmǎnle mángcì. Tài•yáng yǐ•jīng luòshān, ér cǐshí cǐkè, jiā•lǐ yīdìng kāishǐ chī wǎncān le, shuāngqīn zhèng pànzhe wǒ huíjiā …… Xiǎngzhe xiǎngzhe, wǒ bùyóude bèi kàozhe yī kē shù, shāngxīn de wūwū dàkū qǐ•lái……
等 他们 走后, 我 惊慌 失措 地 发现, 再 也 找 不到 要 回家 的 那 条 孤寂 的 小道 了。像 只 无 头 的 苍蝇, 我 到处 乱 钻, 衣裤 上 挂满了 芒刺。太 阳 已 经 落山, 而 此时 此刻, 家 里 一定 开始 吃 晚餐 了, 双亲 正 盼着 我 回家 …… 想着 想着, 我 不由得 背 靠着 一 棵 树, 伤心 地 呜呜 大哭 起 来……

Tūrán, bù yuǎn chù chuán•láile shēngshēng liǔdí. Wǒ xiàng zhǎodàole jiùxīng,
突然，不 远 处 传 来了 声声 柳笛。我 像 找到了 救星，

jímáng xúnshēng zǒuqù. Yī tiáo xiǎodào biān de shùzhuāng•shàng zuòzhe yī wèi chuīdí
急忙 循声 走去。一 条 小道 边 的 树桩 上 坐着 一 位 吹笛

rén, shǒu•lǐ hái zhèng xiāozhe shénme. Zǒujìn xì kàn, tā bù jiùshì bèi dàjiā chēngwéi
人，手 里 还 正 削着 什么。走近 细 看，他 不 就是 被 大家 称为

"xiāngbalǎor" de Kǎtíng ma?
"乡巴佬儿" 的 卡廷 吗？

"Nǐ hǎo, xiǎojiāhuor," Kǎtíng shuō, "Kàn tiānqì duō měi, nǐ shì chū•lái sànbù de
"你 好， 小家伙儿，" 卡廷 说，"看 天气 多 美，你 是 出 来 散步 的

ba?"
吧？"

Wǒ qièshēngshēng de diǎndiǎn tóu, dádào: "Wǒ yào huíjiā le."
我 怯生生 地 点点 头， 答道："我 要 回家 了。"

"Qǐng nàixīn děng•shàng jǐ fēnzhōng," Kǎtíng shuō, "Qiáo, wǒ zhèngzài xiāo yī
"请 耐心 等 上 几 分钟"， 卡廷 说， "瞧， 我 正在 削 一

zhī liǔdí, chà•bùduō jiù yào zuòhǎo le, wángōng hòu jiù sònggěi nǐ ba!"
支 柳笛，差 不多 就 要 做好 了， 完工 后 就 送给 你 吧！"

Kǎtíng biān xiāo biān bùshí bǎ shàng wèi chéngxíng de liǔdí fàng zài zuǐ•lǐ shì
卡廷 边 削 边 不时 把 尚 未 成形 的 柳笛 放 在 嘴 里 试

chuī yīxià. Méi guò duōjiǔ, yī zhī liǔdí biàn dìdào wǒ shǒu zhōng. Wǒ liǎ zài yī
吹 一下。没 过 多久， 一 支 柳笛 便 递到 我 手 中。 我 俩 在 一

zhènzhèn qīngcuì yuè'ěr de díyīn // zhōng, tà•shàngle guītú……
阵阵 清脆 悦耳 的 笛音 // 中， 踏 上了 归途……

Dāngshí, wǒ xīnzhōng zhǐ chōngmǎn gǎn•jī, ér jīntiān, dāng wǒ zìjǐ yě chéngle
当时， 我 心中 只 充满 感 激，而 今天， 当 我 自己 也 成了

zǔfù shí, què tūrán lǐngwù dào tā yòngxīn zhī liángkǔ! Nà tiān dāng tā tīngdào wǒ de
祖父 时， 却 突然 领悟 到 他 用心 之 良苦！ 那 天 当 他 听到 我 的

kūshēng shí, biàn pàndìng wǒ yīdìng míle lù, dàn tā bìng bù xiǎng zài háizi miànqián
哭声 时， 便 判定 我 一定 迷了 路，但 他 并 不 想 在 孩子 面前

bànyǎn "jiùxīng" de juésè, yúshì chuīxiǎng liǔdí yǐbiàn ràng wǒ néng fāxiàn tā, bìng
扮演 "救星" 的 角色， 于是 吹响 柳笛 以便 让 我 能 发现 他， 并

gēnzhe tā zǒuchū kùnjìng! Jiù zhèyàng, Kǎtíng xiānsheng yǐ xiāngxiàrén de chúnpǔ,
跟着 他 走出 困境！ 就 这样， 卡廷 先生 以 乡下人 的 纯朴，

bǎohùle yī gè xiǎonánháir qiángliè de zìzūn.
保护了 一 个 小男孩儿 强烈 的 自尊。

——节选自唐若水译《迷途笛音》

作品 29 号——《莫高窟》

扫码听范读

[朗读提示]本文是一篇介绍我国文化遗产莫高窟的文章，文中除了客观的介绍，还融入了赞美惊叹之情，所以应该用略带惊奇的语气、赞叹欣赏的口吻朗读。

Zài hàohàn wúyín de shāmò•lǐ, yǒu yī piàn měilì de lùzhōu, lùzhōu•lǐ cángzhe yī
在 浩瀚 无垠 的 沙漠 里，有 一 片 美丽 的 绿洲， 绿洲 里 藏着 一

kē shǎnguāng de zhēnzhū. Zhè kē zhēnzhū jiùshì Dūnhuáng Mògāokū. Tā zuòluò zài
颗 闪光 的 珍珠。这 颗 珍珠 就是 敦煌 莫高窟。它 坐落 在
wǒguó Gānsù Shěng Dūnhuáng Shì Sānwēi Shān hé Míngshā Shān de huáibào zhōng.
我国 甘肃 省 敦煌 市 三危 山 和 鸣沙 山 的 怀抱 中。

Míngshā Shān dōnglù shì píngjūn gāodù wéi shíqī mǐ de yábì. Zài yīqiān liùbǎi duō
鸣沙 山 东麓 是 平均 高度 为 十七 米 的 崖壁。在 一千 六百 多
mǐ cháng de yábì•shàng, záo yǒu dàxiǎo dòngkū qībǎi yú gè, xíngchéngle guīmó
米 长 的 崖壁 上，凿 有 大小 洞窟 七百 余 个，形成了 规模
hóngwěi de shíkūqún. Qízhōng sìbǎi jiǔshí'èr gè dòngkū zhōng, gòng yǒu cǎisè sùxiàng
宏伟 的 石窟 群。其中 四百 九十二 个 洞窟 中，共 有 彩色 塑像
liǎngqiān yībǎi yú zūn, gè zhǒng bìhuà gòng sìwàn wǔqiān duō píngfāngmǐ. Mògāokū
两千 一百 余 尊，各 种 壁画 共 四万 五千 多 平方米。莫高窟
shì wǒguó gǔdài wúshù yìshù jiàngshī liúgěi rénlèi de zhēnguì wénhuà yíchǎn.
是 我国 古代 无数 艺术 匠师 留给 人类 的 珍贵 文化 遗产。

Mògāokū de cǎisù, měi yī zūn dōu shì yī jiàn jīngměi de yìshùpǐn. Zuì dà de yǒu
莫高窟 的 彩塑，每 一 尊 都 是 一 件 精美 的 艺术品。最 大 的 有
jiǔ céng lóu nàme gāo, zuì xiǎo de hái bùrú yī gè shǒuzhǎng dà. Zhèxiē cǎisù gèxìng
九 层 楼 那么 高，最 小 的 还 不如 一 个 手掌 大。这些 彩塑 个性
xiānmíng, shéntài-gèyì. Yǒu címéi-shànmù de pú•sà, yǒu wēifēng-lǐnlǐn de tiānwáng,
鲜明，神态 各异。有 慈眉 善目 的 菩萨，有 威风 凛凛 的 天王，
háiyǒu qiángzhuàng yǒngměng de lìshì ……
还有 强壮 勇猛 的 力士 ……

Mògāokū bìhuà de nèiróng fēngfù-duōcǎi, yǒude shì miáohuì gǔdài láodòng rénmín
莫高窟 壁画 的 内容 丰富 多彩，有的 是 描绘 古代 劳动 人民
dǎliè、bǔyú、gēngtián、shōugē de qíngjǐng, yǒude shì miáohuì rénmen zòuyuè、wǔdǎo、
打猎、捕鱼、耕田、收割 的 情景，有的 是 描绘 人们 奏乐、舞蹈、
yǎn zájì de chǎngmiàn, háiyǒude shì miáohuì dàzìrán de měilì fēngguāng. Qízhōng zuì
演 杂技 的 场面，还有的 是 描绘 大自然 的 美丽 风光。其中 最
yǐnrén-zhùmù de shì fēitiān. Bìhuà•shàng de fēitiān, yǒu de bì kuà huālán, cǎizhāi
引人 注目 的 是 飞天。壁画 上 的 飞天，有 的 臂 挎 花篮，采摘
xiānhuā; yǒude fǎn tán pí•pá, qīng bō yínxián; yǒude dào xuán shēnzi, zì tiān ér
鲜花；有的 反 弹 琵 琶，轻 拨 银弦；有的 倒 悬 身子，自 天 而
jiàng; yǒude cǎidài piāofú, màntiān áoyóu; yǒude shūzhǎnzhe shuāngbì,
降；有的 彩带 飘拂，漫天 遨游；有的 舒展着 双臂，
piānpiān-qǐwǔ. Kànzhe zhèxiē jīngměi dòngrén de bìhuà, jiù xiàng zǒujìnle // cànlàn
翩翩 起舞。看着 这些 精美 动人 的 壁画，就 像 走进了 // 灿烂
huīhuáng de yìshù diàntáng.
辉煌 的 艺术 殿堂。

Mògāokū•lǐ háiyǒu yī gè miànjī bù dà de dòngkū —— cángjīngdòng. Dòng•lǐ céng
莫高窟 里 还有 一 个 面积 不 大 的 洞窟 —— 藏经洞。洞 里 曾
cángyǒu wǒguó gǔdài de gè zhǒng jīngjuàn、wénshū、bóhuà、cìxiù、tóngxiàng děng
藏有 我国 古代 的 各 种 经卷、文书、帛画、刺绣、铜像 等
gòng liùwàn duō jiàn. Yóuyú Qīngcháo zhèngfǔ fǔbài wúnéng, dàliàng zhēnguì de
共 六万 多 件。由于 清朝 政府 腐败 无能，大量 珍贵 的
wénwù bèi wàiguó qiángdào lüèzǒu. Jǐncún de bùfen jīngjuàn, xiànzài chénliè yú
文物 被 外国 强盗 掠走。仅存 的 部分 经卷，现在 陈列 于
Běijīng Gùgōng děng chù.
北京 故宫 等 处。

Mògāokū shì jǔshì-wénmíng de yìshù bǎokù. Zhè•lǐ de měi yī zūn cǎisù、měi yī fú
莫高窟是举世闻名的艺术宝库。这里的每一尊彩塑、每一幅

bìhuà、měi yī jiàn wénwù，dōu shì Zhōngguó gǔdài rénmín zhìhuì de jiéjīng.
壁画、每一件文物，都是中国古代人民智慧的结晶。

——节选自小学《语文》第六册中《莫高窟》

扫码听范读

作品30号——《牡丹的拒绝》

[朗读提示]这篇文章让我们感受到牡丹除了雍容华贵外，还有另一面：不随波逐流以及对生命执着的追求。作品文笔细腻，感情真挚，富有哲理，耐人寻味。朗读时，应该语气自然，声音坚实厚重，节奏明朗，语速始终如一，以便读出哲理来。

Qíshí nǐ zài hěn jiǔ yǐqián bìng bù xǐhuan mǔ•dān，yīn•wèi tā zǒng bèi rén zuòwéi
其实你在很久以前并不喜欢牡丹，因为它总被人作为

fùguì móbài. Hòulái nǐ mùdǔle yī cì mǔ•dān de luòhuā，nǐ xiāngxìn suǒyǒu de rén dōu
富贵膜拜。后来你目睹了一次牡丹的落花，你相信所有的人都

huì wéi zhī gǎndòng：Yī zhèn qīngfēng xúlái，jiāoyàn xiānnèn de shèngqī mǔ•dān hūrán
会为之感动：一阵清风徐来，娇艳鲜嫩的盛期牡丹忽然

zhěng duǒ zhěng duǒ de zhuìluò，pūsǎ yīdì xuànlì de huābàn. Nà huābàn luòdì shí
整朵整朵地坠落，铺撒一地绚丽的花瓣。那花瓣落地时

yīrán xiānyàn duómù，rútóng yī zhī fèng•shàng jìtán de dàniǎo tuōluò de yǔmáo，
依然鲜艳夺目，如同一只奉上祭坛的大鸟脱落的羽毛，

dīyínzhe zhuàngliè de bēigē líqù.
低吟着壮烈的悲歌离去。

Mǔ•dān méi•yǒu huāxiè-huābài zhī shí，yàome shuòyú zhītóu，yàome guīyú nítǔ，
牡丹没有花谢花败之时，要么烁于枝头，要么归于泥土，

tā kuàyuè wěidùn hé shuāilǎo，yóu qīngchūn ér sǐwáng，yóu měilì ér xiāodùn. Tā suī
它跨越萎顿和衰老，由青春而死亡，由美丽而消遁。它虽

měi què bù lìnxī shēngmìng，jíshǐ gàobié yě yào zhǎnshì gěi rén zuìhòu yī cì de
美却不吝惜生命，即使告别也要展示给人最后一次的

jīngxīn-dòngpò.
惊心动魄。

Suǒyǐ zài zhè yīnlěng de sìyuè•lǐ，qíjì bù huì fāshēng. Rènpíng yóurén sǎoxìng hé
所以在这阴冷的四月里，奇迹不会发生。任凭游人扫兴和

zǔzhòu，mǔ•dān yīrán ānzhī-ruòsù. Tā bù gǒuqiě、bù fǔjiù、bù tuǒxié、bù mèisú，
诅咒，牡丹依然安之若素。它不苟且、不俯就、不妥协、不媚俗，

gānyuàn zìjǐ lěngluò zìjǐ. Tā zūnxún zìjǐ de huāqī zìjǐ de guīlǜ，tā yǒu quánlì wèi
甘愿自己冷落自己。它遵循自己的花期自己的规律，它有权利为

zìjǐ xuǎnzé měinián yī dù de shèngdà jiérì. Tā wèishénme bù jùjué hánlěng?
自己选择每年一度的盛大节日。它为什么不拒绝寒冷？

Tiānnán-hǎiběi de kàn huā rén，yīrán luòyì-bùjué de yǒngrù Luòyáng Chéng.
天南海北的看花人，依然络绎不绝地涌入洛阳城。

Rénmen bù huì yīn mǔ•dān de jùjué ér jùjué tā de měi. Rúguǒ tā zài bèi biǎnzhé shí
人们不会因牡丹的拒绝而拒绝它的美。如果它再被贬谪十

cì，yěxǔ tā jiùhuì fányǎn chū shí gè Luòyáng mǔ•dān chéng.
次，也许它就会繁衍出十个洛阳牡丹城。

Yúshì nǐ zài wúyán de yíhàn zhōng gǎnwù dào, fùguì yǔ gāoguì zhǐshì yī zì zhī
于是 你 在 无言 的 遗憾 中 感悟 到，富贵 与 高贵 只是 一 字 之
chā. Tóng rén yīyàng, huā'ér yě shì yǒu língxìng de, gèng yǒu pǐnwèi zhī gāodī.
差。同 人 一样， 花儿 也 是 有 灵性 的， 更 有 品位 之 高低。
Pǐnwèi zhè dōngxi wéi qì wéi hún wéi // jīngǔ wéi shényùn, zhǐ kě yìhuì. Nǐ tànfú
品位 这 东西 为 气 为 魂 为 // 筋骨 为 神韵， 只 可 意会。你 叹服
mǔ•dān zhuó'ěr-bùqún zhī zī, fāng zhī pǐnwèi shì duōme róng•yì bèi shìrén hūlüè huò
牡 丹 卓尔 不群 之 姿， 方 知 品位 是 多么 容 易 被 世人 忽略 或
shì mòshì de měi.
是 漠视 的 美。

——节选自张抗抗《牡丹的拒绝》

作品31号——《“能吞能吐”的森林》

扫码听范读

[朗读提示]此文为说明文，朗读时要使用质朴连贯的语气，不紧不慢的语速，力求声音清晰明白，不宜有任何夸张的情感。

Sēnlín hányǎng shuǐyuán, bǎochí shuǐtǔ, fángzhǐ shuǐhàn zāihài de zuòyòng
森林 涵养 水源， 保持 水土， 防止 水旱 灾害 的 作用
fēicháng dà. Jù zhuānjiā cèsuàn, yī piàn shíwàn mǔ miànjī de sēnlín, xiāngdāngyú yī
非常 大。据 专家 测算， 一 片 十万 亩 面积 的 森林， 相当于 一
gè liǎngbǎi wàn lìfāngmǐ de shuǐkù, zhè zhèng rú nóngyàn suǒ shuō de: “Shān•shàng
个 两百 万 立方米 的 水库， 这 正 如 农谚 所 说 的： “山 上
duō zāi shù, děngyú xiū shuǐkù. Yǔ duō tā néng tūn, yǔ shǎo tā néng tǔ.”
多 栽 树， 等于 修 水库。雨 多 它 能 吞，雨 少 它 能 吐。”

Shuōqǐ sēnlín de gōng•láo, nà hái duō de hěn. Tā chúle wèi rénlèi tígōng mùcái jí
说起 森林 的 功 劳， 那 还 多 得 很。它 除了 为 人类 提供 木材 及
xǔduō zhǒng shēngchǎn、shēnghuó de yuánliào zhīwài, zài wéihù shēngtài huánjìng
许多 种 生产、 生活 的 原料 之外， 在 维护 生态 环境
fāngmiàn yě shì gōng•láo zhuózhù, tā yòng lìng yī zhǒng “néngtūn-néngtǔ” de tèshū
方面 也 是 功 劳 卓著， 它 用 另 一 种 “能吞 能吐” 的 特殊
gōngnéng yùnyùle rénlèi. Yīn•wèi dìqiú zài xíngchéng zhīchū, dàqì zhōng de
功能 孕育了 人类。 因 为 地球 在 形成 之初， 大气 中 的
èryǎnghuàtàn hánliàng hěn gāo, yǎngqì hěn shǎo, qìwēn yě gāo, shēngwù shì nányǐ
二氧化碳 含量 很 高， 氧气 很 少， 气温 也 高， 生物 是 难以
shēngcún de. Dàyuē zài sìyì nián zhīqián, lùdì cái chǎnshēngle sēnlín. Sēnlín
生存 的。 大约 在 四亿 年 之前， 陆地 才 产生了 森林。 森林
mànmàn jiāng dàqì zhōng de èryǎnghuàtàn xīshōu, tóngshí tǔ•chū xīn•xiān yǎngqì,
慢慢 将 大气 中 的 二氧化碳 吸收， 同时 吐 出 新 鲜 氧气，
tiáojié qìwēn: Zhè cái jùbèile rénlèi shēngcún de tiáojiàn, dìqiú•shàng cái zuìzhōng
调节 气温： 这 才 具备了 人类 生存 的 条件， 地球 上 才 最终
yǒule rénlèi.
有了 人类。

Sēnlín, shì dìqiú shēngtài xìtǒng de zhǔtǐ, shì dàzìrán de zǒng diàodùshì, shì dìqiú
森林， 是 地球 生态 系统 的 主体，是 大自然 的 总 调度室， 是 地球
de lǜsè zhī fèi. Sēnlín wéihù dìqiú shēngtài huánjìng de zhè zhǒng “néngtūn-néngtǔ”
的 绿色 之 肺。 森林 维护 地球 生态 环境 的 这 种 “能吞 能吐”

de tèshū gōngnéng shì qítā rènhé wùtǐ dōu bùnéng qǔdài de. Rán'ér, yóuyú
的 特殊 功能 是 其他 任何 物体 都 不能 取代 的。然而， 由于
dìqiú•shàng de ránshāowù zēngduō, èryǎnghuàtàn de páifàngliàng jíjù zēngjiā, shǐ•dé
地球 上 的 燃烧物 增多， 二氧化碳 的 排放量 急剧 增加， 使 得
dìqiú shēngtài huánjìng jíjù èhuà, zhǔyào biǎoxiàn wéi quánqiú qìhòu biàn nuǎn,
地球 生态 环境 急剧 恶化， 主要 表现 为 全球 气候 变 暖，
shuǐfèn zhēngfā jiākuài, gǎibiànle qìliú de xúnhuán, shǐ qìhòu biànhuà jiājù, cóng'ér
水分 蒸发 加快， 改变了 气流 的 循环， 使 气候 变化 加剧， 从而
yǐnfā rèlàng、jùfēng、bàoyǔ、hónglào jí gānhàn.
引发 热浪、 飓风、 暴雨、 洪涝 及 干旱。

Wèile//shǐ dìqiú de zhège "néngtūn-néngtǔ" de lǜsè zhī fèi huīfù jiànzhuàng, yǐ
为了//使 地球 的 这个 "能吞 能吐" 的 绿色 之 肺 恢复 健壮， 以
gǎishàn shēngtài huánjìng, yìzhì quánqiú biàn nuǎn, jiǎnshǎo shuǐhàn děng zìrán
改善 生态 环境， 抑制 全球 变 暖， 减少 水旱 等 自然
zāihài, wǒmen yīnggāi dàlì zàolín、hùlín, shǐ měi yī zuò huāngshān dōu lǜ qǐ•lái.
灾害， 我们 应该 大力 造林、护林，使 每 一 座 荒山 都 绿 起 来。

——节选自《中考语文课外阅读试题精选》中《"能吞能吐"的森林》

扫码听范读

作品 32 号——《朋友和其他》

[朗读提示]这是一篇带有作者感情的杂文，既有叙事，又有议论。叙事部分要读得自然朴实，议论部分要读得富有哲理，语调舒缓，声音沉稳。

Péngyou jíjiāng yuǎnxíng.
朋友 即将 远行。

Mùchūn shíjié, yòu yāole jǐ wèi péngyou zài jiā xiǎojù. Suīrán dōu shì jí shú de
暮春 时节， 又 邀了 几 位 朋友 在 家 小聚。 虽然 都 是 极 熟 的
péngyou, què shì zhōngnián nándé yī jiàn, ǒu'ěr diànhuà•lǐ xiāngyù, yě wúfēi shì jǐ
朋友， 却 是 终年 难得 一 见， 偶尔 电话 里 相遇， 也 无非 是 几
jù xúnchánghuà. Yī guō xiǎomǐ xīfàn, yī dié dàtóucài, yī pán zìjiā niàngzhì de
句 寻常话。 一 锅 小米 稀饭， 一 碟 大头菜， 一 盘 自家 酿制 的
pàocài, yī zhī xiàngkǒu mǎihuí de kǎoyā, jiǎnjiǎn-dāndān, bù xiàng qǐngkè, dào
泡菜， 一 只 巷口 买回 的 烤鸭， 简简 单单， 不 像 请客， 倒
xiàng jiārén tuánjù.
像 家人 团聚。

Qíshí, yǒuqíng yě hǎo, àiqíng yě hǎo, jiǔ'érjiǔzhī dōu huì zhuǎnhuà wéi qīnqíng.
其实， 友情 也 好， 爱情 也 好， 久而久之 都 会 转化 为 亲情。

Shuō yě qíguài, hé xīn péngyou huì tán wénxué、tán zhéxué、tán rénshēng dào•lǐ
说 也 奇怪， 和 新 朋友 会 谈 文学、 谈 哲学、 谈 人生 道 理
děngděng, hé lǎo péngyou què zhǐ huà jiācháng, chái-mǐ-yóu-yán, xìxì-suìsuì,
等等， 和 老 朋友 却 只 话 家常， 柴 米 油 盐， 细细 碎碎，
zhǒngzhǒng suǒshì. Hěn duō shíhou, xīnlíng de qìhé yǐ•jīng bù xūyào tài duō de yányǔ
种种 琐事。 很 多 时候， 心灵 的 契合 已 经 不 需要 太 多 的 言语
lái biǎodá.
来 表达。

Péngyou xīn tàngle gè tóu, bùgǎn huíjiā jiàn mǔ•qīn, kǒngpà jīnghàile lǎo•rén•jiā,
朋友 新 烫了 个 头， 不敢 回家 见 母 亲， 恐怕 惊骇了 老 人 家，

què huāntiān-xǐdì lái jiàn wǒmen，lǎo péngyou pō néng yǐ yī zhǒng qùwèixìng de
却欢天喜地来见我们，老朋友颇能以一种趣味性的
yǎnguāng xīnshǎng zhège gǎibiàn.
眼光欣赏这个改变。

Niánshào de shíhou，wǒmen chà•bùduō dōu zài wèi bié•rén ér huó，wèi
年少的时候，我们差不多都在为别人而活，为
kǔkǒu-póxīn de fùmǔ huó，wèi xúnxún-shànyòu de shīzhǎng huó，wèi xǔduō guānniàn、
苦口婆心的父母活，为循循善诱的师长活，为许多观念、
xǔduō chuántǒng de yuēshùlì ér huó. Niánsuì zhú zēng，jiànjiàn zhèngtuō wàizài de
许多传统的约束力而活。年岁逐增，渐渐挣脱外在的
xiànzhì yǔ shùfù，kāishǐ dǒng•dé wèi zìjǐ huó，zhào zìjǐ de fāngshì zuò yīxiē zìjǐ
限制与束缚，开始懂得为自己活，照自己的方式做一些自己
xǐhuan de shì，bù zàihu bié•rén de pīpíng yì•jiàn，bù zàihu bié•rén de dǐhuǐ liúyán，zhǐ
喜欢的事，不在乎别人的批评意见，不在乎别人的诋毁流言，只
zàihu nà yī fèn suíxīn-suǒyù de shūtan zìrán. Ou'ěr，yě nénggòu zòngróng zìjǐ
在乎那一份随心所欲的舒坦自然。偶尔，也能够纵容自己
fànglàng yīxià，bìngqiě yǒu yī zhǒng èzuòjù de qièxǐ.
放浪一下，并且有一种恶作剧的窃喜。

Jiùràng shēngmìng shùn qí zìrán，shuǐdào-qúchéng ba，yóurú chuāng qián de //
就让生命顺其自然，水到渠成吧，犹如窗前的 //
wūjiù，zìshēng-zìluò zhījiān，zì yǒu yī fèn yuánróng fēngmǎn de xǐyuè. Chūnyǔ
乌桕，自生自落之间，自有一份圆融丰满的喜悦。春雨
qīngqīng luòzhe，méi•yǒu shī，méi•yǒu jiǔ，yǒude zhǐshì yī fèn xiāng zhī xiāng zhǔ de
轻轻落着，没有诗，没有酒，有的只是一份相知相属的
zìzài zìdé.
自在自得。

Yèsè zài xiàoyǔ zhōng jiànjiàn chénluò，péngyou qǐshēn gàocí，méi•yǒu wǎnliú，
夜色在笑语中渐渐沉落，朋友起身告辞，没有挽留，
méi•yǒu sòngbié，shènzhì yě méi•yǒu wèn guīqī.
没有送别，甚至也没有问归期。

Yǐ•jīng guòle dàxǐ-dàbēi de suìyuè，yǐ•jīng guòle shānggǎn liúlèi de niánhuá，
已经过了大喜大悲的岁月，已经过了伤感流泪的年华，
zhī•dàole jù-sàn yuánlái shì zhèyàng de zìrán hé shùnlǐ-chéngzhāng，dǒng•dé zhè diǎn，
知道了聚散原来是这样的自然和顺理成章，懂得这点，
biàn dǒng•dé zhēnxī měi yī cì xiāngjù de wēnxīn，líbié biàn yě huānxǐ.
便懂得珍惜每一次相聚的温馨，离别便也欢喜。

——节选自(台湾)杏林子《朋友和其他》

扫码听范读

作品33号——《散步》

[**朗读提示**]这篇文章质朴清新，朗读时不必在声音上大加渲染，只需要用轻松自然的口吻，娓娓道来。

Wǒmen zài tiányě sànbù：Wǒ，wǒ de mǔ•qīn，wǒ de qī•zǐ hé érzi.
我们在田野散步：我，我的母亲，我的妻子和儿子。

Mǔ•qīn běn bùyuàn chū•lái de. Tā lǎo le，shēntǐ bù hǎo，zǒu yuǎn yīdiǎnr jiù
母亲本不愿出来的。她老了，身体不好，走远一点儿就
jué•dé hěn lèi. Wǒ shuō，zhèng yīn•wèi rúcǐ，cái yīnggāi duō zǒuzou. Mǔ•qīn xìnfú de
觉得很累。我说，正因为如此，才应该多走走。母亲信服地
diǎndiǎn tóu，biàn qù ná wàitào. Tā xiànzài hěn tīng wǒ de huà，jiù xiàng wǒ
点点头，便去拿外套。她现在很听我的话，就像我
xiǎoshíhou hěn tīng tā de huà yīyàng.
小时候很听她的话一样。

Zhè nánfāng chūchūn de tiányě，dàkuài xiǎokuài de xīnlǜ suíyì de pūzhe，yǒude
这南方初春的田野，大块小块的新绿随意地铺着，有的
nóng，yǒude dàn，shù•shàng de nènyá yě mì le，tián•lǐ de dōngshuǐ yě gūgū de qǐzhe
浓，有的淡，树上的嫩芽也密了，田里的冬水也咕咕地起着
shuǐpào. Zhè yīqiè dōu shǐ rén xiǎngzhe yī yàng dōngxi—— shēngmìng.
水泡。这一切都使人想着一样东西——生命。

Wǒ hé mǔ•qīn zǒu zài qián•miàn，wǒ de qī•zǐ hé érzi zǒu zài hòu•miàn.
我和母亲走在前面，我的妻子和儿子走在后面。
Xiǎojiāhuo tūrán jiào qǐ•lái：“Qián•miàn shì māma hé érzi，hòu•miàn yě shì māma hé
小家伙突然叫起来：“前面是妈妈和儿子，后面也是妈妈和
érzi.” Wǒmen dōu xiào le.
儿子。”我们都笑了。

Hòulái fāshēngle fēnqí：Mǔ•qīn yào zǒu dàlù，dàlù píngshùn；wǒ de érzǐ yào zǒu
后来发生了分歧：母亲要走大路，大路平顺；我的儿子要走
xiǎolù，xiǎolù yǒu yìsi. Bùguò，yīqiè dōu qǔjuéyú wǒ. Wǒ de mǔ•qīn lǎo le，tā zǎoyǐ
小路，小路有意思。不过，一切都取决于我。我的母亲老了，她早已
xíguàn tīngcóng tā qiángzhuàng de érzi；wǒ de érzi hái xiǎo，tā hái xíguàn tīngcóng
习惯听从她强壮的儿子；我的儿子还小，他还习惯听从
tā gāodà de fù•qīn；qī•zǐ ne，zài wàimiàn，tā zǒngshì tīng wǒ de. Yīshàshí wǒ
他高大的父亲；妻子呢，在外面，她总是听我的。一霎时我
gǎndàole zérèn de zhòngdà. Wǒ xiǎng zhǎo yī gè liǎngquán de bànfǎ，zhǎo bù chū；
感到了责任的重大。我想找一个两全的办法，找不出；
wǒ xiǎng chāisàn yī jiā rén，fēnchéng liǎng lù，gèdé-qísuǒ，zhōng bù yuàn•yì. Wǒ
我想拆散一家人，分成两路，各得其所，终不愿意。我
juédìng wěiqu érzǐ，yīn•wèi wǒ bàntóng tā de shírì hái cháng. Wǒ shuō：Zǒu dàlù.”
决定委屈儿子，因为我伴同他的时日还长。我说：“走大路。”

Dànshì mǔ•qīn mōmo sūn'ér de xiǎo nǎoguār，biànle zhǔyi：“Háishì zǒu xiǎolù
但是母亲摸摸孙儿的小脑瓜儿，变了主意：“还是走小路
ba.” Tā de yǎn suí xiǎolù wàng•qù：Nà•lǐ yǒu jīnsè de càihuā，liǎng háng zhěngqí de
吧。”她的眼随小路望去：那里有金色的菜花，两行整齐的
sāngshù，//jìntóu yī kǒu shuǐbō línlín de yútáng. “Wǒ zǒu bù guò•qù de dìfang，nǐ jiù
桑树，//尽头一口水波粼粼的鱼塘。“我走不过去的地方，你就
bēizhe wǒ.” Mǔ•qīn duì wǒ shuō.
背着我。”母亲对我说。

Zhèyàng，wǒmen zài yángguāng•xià，xiàngzhe nà càihuā、sāngshù hé yútáng
这样，我们在阳光下，向着那菜花、桑树和鱼塘
zǒu•qù. Dàole yī chù，wǒ dūn xià•lái，bēiqǐle mǔ•qīn；qī•zǐ yě dūn xià•lái，bēiqǐle
走去。到了一处，我蹲下来，背起了母亲；妻子也蹲下来，背起了
érzi. Wǒ hé qī•zǐ dōu shì mànmàn de，wěnwěn de，zǒu de hěn zǐxì，hǎoxiàng wǒ
儿子。我和妻子都是慢慢地，稳稳地，走得很仔细，好像我

bèi•shàng de tóng tā bèi•shàng de jiā qǐ•lái, jiùshì zhěnggè shìjiè.
背 上 的 同 她 背 上 的 加 起 来，就是 整个 世界。

——节选自莫怀戚《散步》

扫码听范读

作品 34 号——《神秘的“无底洞”》

[朗读提示]本文是说明文，朗读时要带有惊奇疑惑而又饶有兴趣的口吻。

Dìqiú•shàng shìfǒu zhēn de cúnzài “wúdǐdòng”? Ànshuō dìqiú shì yuán de, yóu
地球 上 是否 真 的 存在 “无底洞”？ 按说 地球 是 圆 的，由
dìqiào、dìmàn hé dìhé sān céng zǔchéng, zhēnzhèng de “wúdǐdòng” shì bù yīng cúnzài
地壳、 地幔 和 地核 三 层 组成， 真正 的 “无底洞” 是 不 应 存在
de, wǒmen suǒ kàndào de gè zhǒng shāndòng、lièkǒu、lièfèng, shènzhì huǒshānkǒu yě
的，我们 所 看到 的 各 种 山洞、 裂口、 裂缝， 甚至 火山口 也
dōu zhǐshì dìqiào qiǎnbù de yī zhǒng xiànxiàng. Rán'ér zhōngguó yīxiē gǔjí què duō
都 只是 地壳 浅部 的 一 种 现象。 然而 中国 一些 古籍 却 多
cì tídào hǎiwài yǒu gè shēn'ào-mòcè de wúdǐdòng. Shìshí•shàng dìqiú•shàng quèshí
次 提到 海外 有 个 深奥 莫测 的 无底洞。 事实 上 地球 上 确实
yǒu zhèyàng yī gè “wúdǐdòng”.
有 这样 一 个 “无底洞”。

Tā wèiyú Xīlà Yàgèsī gǔchéng de hǎibīn. Yóuyú bīnlín dàhǎi, dà zhǎngcháo shí,
它 位于 希腊 亚各斯 古城 的 海滨。 由于 濒临 大海， 大 涨潮 时，
xiōngyǒng de hǎishuǐ biàn huì páishān-dǎohǎi bān de yǒngrù dòng zhōng, xíngchéng yī
汹涌 的 海水 便 会 排山 倒海 般 地 涌入 洞 中， 形成 一
gǔ tuāntuān de jíliú. Jù cè, měi tiān liúrù dòng nèi de hǎishuǐliàng dá sānwàn duō
股 湍湍 的 急流。据 测， 每 天 流入 洞 内 的 海水量 达 三万 多
dūn. Qíguài de shì, rúcǐ dàliàng de hǎishuǐ guànrù dòng zhōng, què cónglái méi•yǒu
吨。 奇怪 的 是，如此 大量 的 海水 灌入 洞 中， 却 从来 没 有
bǎ dòng guànmǎn. Céng yǒu rén huáiyí, zhège “wúdǐdòng”, huì•bù huì jiù xiàng
把 洞 灌满。 曾 有 人 怀疑， 这个 “无底洞”， 会 不 会 就 像
shíhuīyán dìqū de lòudǒu、shùjǐng、luòshuǐdòng yīlèi de dìxíng. Rán'ér cóng èrshí shìjì
石灰岩 地区 的 漏斗、 竖井、 落水洞 一类 的 地形。 然而 从 二十 世纪
sānshí niándài yǐlái, rénmen jiù zuòle duō zhǒng nǔlì qǐtú xúnzhǎo tā de chūkǒu, què
三十 年代 以来， 人们 就 做了 多 种 努力 企图 寻找 它 的 出口， 却
dōu shì wǎngfèi-xīnjī.
都 是 枉费 心机。

Wèile jiēkāi zhège mìmì, yī jiǔ wǔ bā nián Měiguó Dìlǐ Xuéhuì pàichū yī zhī
为了 揭开 这个 秘密， 一 九 五 八 年 美国 地理 学会 派出 一 支
kǎochádùi, tāmen bǎ yī zhǒng jīngjiǔ-bùbiàn de dài sè rǎnliào róngjiě zài hǎishuǐ
考察队， 他们 把 一 种 经久 不变 的 带 色 染料 溶解 在 海水
zhōng, guānchá rǎnliào shì rúhé suízhe hǎishuǐ yīqǐ chén xià•qù. Jiēzhe yòu chákànle
中， 观察 染料 是 如何 随着 海水 一起 沉 下 去。 接着 又 察看了
fùjìn hǎimiàn yǐjí dǎo•shàng de gè tiáo hé、hú, mǎnhuái xīwàng de xúnzhǎo zhè
附近 海面 以及 岛 上 的 各 条 河、湖， 满怀 希望 地 寻找 这
zhǒng dài yánsè de shuǐ, jiéguǒ lìng rén shīwàng. Nándào shì hǎishuǐliàng tài dà bǎ
种 带 颜色 的 水， 结果 令 人 失望。 难道 是 海水量 太 大 把

yǒusèshuǐ xīshì de tài dàn, yǐzhì wúfǎ fāxiàn? //
有色水 稀释 得 太 淡，以致 无法 发现？//

Zhìjīn shéi yě bù zhī•dào wèishénme zhè•lǐ de hǎishuǐ huì méiwán-méiliǎo de “lòu”
至今 谁 也 不 知 道 为什么 这 里 的 海水 会 没完 没了 地“漏”
xià•qù, zhège “wúdǐdòng” de chūkǒu yòu zài nǎ•lǐ, měi tiān dàliàng de hǎishuǐ jiūjìng
下 去，这个 “无底洞” 的 出口 又 在 哪 里，每 天 大量 的 海水 究竟
dōu liúdào nǎ•lǐ qù le?
都 流到 哪 里 去 了？

——节选自[美]罗伯特·罗威尔《神秘的“无底洞”》

作品 35 号——《世间最美的坟墓》

扫码听范读

[**朗读提示**]在这篇文章中，作者把坟墓的朴素与坟墓主人的伟大进行强烈的对比，从而衬托出托尔斯泰伟大的人格魅力，朗读时要把作者的崇敬之情融入其中。

Wǒ zài Éguó jiàndào de jǐngwù zài méi•yǒu bǐ Tuō'ěrsītài mù gèng hóngwěi、gèng
我 在 俄国 见到 的 景物 再 没 有 比 托尔斯泰 墓 更 宏伟、 更
gǎnrén de.
感人 的。

Wánquán ànzhào Tuō'ěrsītài de yuànwàng, tā de fénmù chéngle shìjiān zuì měi
完全 按照 托尔斯泰 的 愿望， 他 的 坟墓 成了 世间 最 美
de, gěi rén yìnxiàng zuì shēnkè de fénmù. Tā zhǐshì shùlín zhōng de yī gè xiǎoxiǎo de
的，给 人 印象 最 深刻 的 坟墓。它 只是 树林 中 的 一 个 小小 的
chángfāngxíng tǔqiū, shàng•miàn kāimǎn xiānhuā—— méi•yǒu shízìjià, méi•yǒu mù
长方形 土丘， 上 面 开满 鲜花 —— 没 有 十字架， 没 有 墓
bēi, méi•yǒu mùzhìmíng, lián Tuō'ěrsītài zhège míngzi yě méi•yǒu.
碑，没 有 墓志铭， 连 托尔斯泰 这个 名字 也 没 有。

Zhè wèi bǐ shéi dōu gǎndào shòu zìjǐ de shēngmíng suǒ lěi de wěirén, què xiàng
这 位 比 谁 都 感到 受 自己 的 声名 所 累 的 伟人， 却 像
ǒu'ěr bèi fāxiàn de liúlànghàn, bù wéi rén zhī de shìbīng, bù liú míngxìng de bèi rén
偶尔 被 发现 的 流浪汉， 不 为 人 知 的 士兵， 不 留 名姓 地 被 人
máizàng le. Shéi dōu kěyǐ tàjìn tā zuìhòu de ānxīdì, wéi zài sìzhōu xīshū de mù
埋葬 了。谁 都 可以 踏进 他 最后 的 安息地， 围 在 四周 稀疏 的 木
zhàlan shì bù guānbì de —— bǎohù Lièfū Tuō'ěrsītài déyǐ ānxī de méi•yǒu rènhé biéde
栅栏 是 不 关闭 的 —— 保护 列夫·托尔斯泰 得以 安息 的 没 有 任何 别的
dōngxi, wéiyǒu rénmen de jìngyì; ér tōngcháng, rénmen què zǒngshì huáizhe hàoqí,
东西， 惟有 人们 的 敬意；而 通常， 人们 却 总是 怀着 好奇，
qù pòhuài wěirén mùdì de níngjìng.
去 破坏 伟人 墓地 的 宁静。

Zhè•lǐ, bīrén de pǔsù jìngù zhù rènhé yī zhǒng guānshǎng de xiánqíng, bìngqiě bù
这 里，逼人 的 朴素 禁锢 住 任何 一 种 观赏 的 闲情， 并且 不
róngxǔ nǐ dàshēng shuōhuà. Fēng'•ér fǔ lín, zài zhè zuò wúmíngzhě zhī mù de shùmù
容许 你 大声 说话。 风 儿 俯 临，在 这 座 无名者 之 墓 的 树木
zhījiān sàsà xiǎngzhe, hénuǎn de yángguāng zài féntóur xīxì; dōngtiān, báixuě
之间 飒飒 响着， 和暖 的 阳光 在 坟头 嬉戏； 冬天， 白雪
wēnróu de fùgài zhè piàn yōu'àn de tǔdì. Wúlùn nǐ zài xiàtiān huò dōngtiān jīngguò
温柔 地 覆盖 这 片 幽暗 的 土地。无论 你 在 夏天 或 冬天 经过

zhèr, nǐ dōu xiǎngxiàng bù dào, zhège xiǎoxiǎo de、lóngqǐ de chángfāngtǐ·lǐ
这儿,你 都 想象 不 到, 这个 小小 的、隆起 的 长方体 里

ānfàngzhe yī wèi dāngdài zuì wěidà de rénwù.
安放着 一 位 当代 最 伟大 的 人物。

Rán'ér, qiàqià shì zhè zuò bù liú xìngmíng de fénmù, bǐ suǒyǒu wākōng xīnsi
然而, 恰恰 是 这 座 不 留 姓名 的 坟墓,比 所有 挖空 心思

yòng dàlǐshí hé shēhuá zhuāngshì jiànzào de fénmù gèng kòurénxīnxián. Zài jīntiān
用 大理石 和 奢华 装饰 建造 的 坟墓 更 扣人心弦。 在 今天

zhège tèshū de rìzi·lǐ, //dào tā de ānxīdì lái de chéng bǎi shàng qiān rén
这个 特殊 的 日子 里, // 到 他 的 安息地 来 的 成 百 上 千 人

zhōngjiān, méi·yǒu yī gè yǒu yǒngqì, nǎpà jǐnjǐn cóng zhè yōu'àn de tǔqiū·shàng
中间, 没 有 一 个 有 勇气, 哪怕 仅仅 从 这 幽暗 的 土丘 上

zhāixià yī duǒ huā liúzuò jìniàn. Rénmen chóngxīn gǎndào, shìjiè·shàng zài méi·yǒu bǐ
摘下 一 朵 花 留作 纪念。 人们 重新 感到, 世界 上 再 没 有 比

Tuō'ěrsītài zuìhòu liúxià de、zhè zuò jìniànbēi shì de pǔsù fénmù, gèng dǎdòng rénxīn
托尔斯泰 最后 留下 的、这 座 纪念碑 式 的 朴素 坟墓, 更 打动 人心

de le.
的 了。

——节选自[奥]茨威格《世间最美的坟墓》,张厚仁译

作品 36 号——《苏州园林》

扫码听范读

[**朗读提示**]这是一篇写景说明文,表达了作者对苏州园林的眷恋和欣赏之情。朗读时语调要自然、明快,用声音把听者带入如诗如画的景色中。

Wǒguó de jiànzhù, cóng gǔdài de gōngdiàn dào jìndài de yībān zhùfáng, jué dà
我国 的 建筑, 从 古代 的 宫殿 到 近代 的 一般 住房, 绝 大

bùfen shì duìchèn de, zuǒ·biān zěnmeyàng, yòu·biān zěnmeyàng. Sūzhōu yuánlín kě
部分 是 对称 的, 左 边 怎么样, 右 边 怎么样。 苏州 园林 可

juébù jiǎng·jiū duìchèn, hǎoxiàng gùyì bìmiǎn shìde. Dōng·biān yǒule yī gè tíngzi
绝不 讲 究 对称, 好像 故意 避免 似的。 东 边 有了 一 个 亭子

huòzhě yī dào huíláng, xī·biān jué bù huì lái yī gè tóngyàng de tíngzi huòzhě yī dào
或者 一 道 回廊, 西 边 决 不 会 来 一 个 同样 的 亭子 或者 一 道

tóngyàng de huíláng. Zhè shì wèishénme? Wǒ xiǎng, yòng túhuà lái bǐfang, duìchèn de
同样 的 回廊。 这 是 为什么? 我 想, 用 图画 来 比方, 对称 的

jiànzhù shì tú'ànhuà, bù shì měishùhuà, ér yuánlín shì měishùhuà, měishùhuà yāoqiú
建筑 是 图案画, 不 是 美术画, 而 园林 是 美术画, 美术画 要求

zìrán zhī qù, shì bù jiǎng·jiū duìchèn de.
自然 之 趣, 是 不 讲 究 对称 的。

Sūzhōu yuánlín·lǐ dōu yǒu jiǎshān hé chízhǎo.
苏州 园林 里 都 有 假山 和 池沼。

Jiǎshān de duīdié, kěyǐ shuō shì yī xiàng yìshù ér bùjǐn shì jìshù. Huòzhě shì
假山 的 堆叠, 可以 说 是 一 项 艺术 而 不仅 是 技术。 或者 是

chóngluán-diézhàng, huòzhě shì jǐ zuò xiǎoshān pèihézhe zhúzi huāmù, quán zàihu
重峦 叠嶂, 或者 是 几 座 小山 配合着 竹子 花木, 全 在乎

shèjìzhě hé jiàngshīmen shēngpíng duō yuèlì, xiōng zhōng yǒu qiūhè, cái néng shǐ
设计者 和 匠师们 生平 多 阅历, 胸 中 有 丘壑, 才 能 使

yóulǎnzhě pāndēng de shíhou wàngquè Sūzhōu chéngshì，zhǐ jué•dé shēn zài shān jiān.
游览者 攀登 的 时候 忘却 苏州 城市，只 觉 得 身 在 山 间。

Zhìyú chízhǎo，dàduō yǐnyòng huóshuǐ. Yǒuxiē yuánlín chízhǎo kuān•chǎng，jiù bǎ
至于 池沼，大多 引用 活水。有些 园林 池沼 宽 敞，就 把
chízhǎo zuòwéi quán yuán de zhōngxīn，qítā jǐngwù pèihézhe bùzhì. Shuǐmiàn jiǎrú
池沼 作为 全 园 的 中心，其他 景物 配合着 布置。水面 假如
chéng hédào múyàng，wǎngwǎng ānpái qiáoliáng. Jiǎrú ānpái liǎng zuò yǐshàng de
成 河道 模样，往往 安排 桥梁。假如 安排 两 座 以上 的
qiáoliáng，nà jiù yī zuò yī gè yàng，jué bù léitóng.
桥梁，那 就 一 座 一 个 样，决 不 雷同。

Chízhǎo huò hédào de biānyán hěn shǎo qì qízhěng de shí'àn，zǒngshì gāodī qūqū
池沼 或 河道 的 边沿 很 少 砌 齐整 的 石岸，总是 高低 屈曲
rèn qí zìrán. Hái zài nàr bùzhì jǐ kuài línglóng de shítou，huòzhě zhòng xiē huācǎo.
任 其 自然。还 在 那儿 布置 几 块 玲珑 的 石头，或者 种 些 花草。
Zhè yě shì wèile qǔdé cóng gègè jiǎodù kàn dōu chéng yī fú huà de xiàoguǒ.
这 也 是 为了 取得 从 各个 角度 看 都 成 一 幅 画 的 效果。
Chízhǎo•lǐ yǎngzhe jīnyú huò gè sè lǐyú，xià-qiū jìjié héhuā huò shuìlián kāi//fàng，
池沼 里 养着 金鱼 或 各 色 鲤鱼，夏秋 季节 荷花 或 睡莲 开//放，
yóulǎnzhě kàn"yú xì liányè jiān"，yòu shì rù huà de yī jǐng.
游览者 看"鱼 戏 莲叶 间"，又 是 入 画 的 一 景。

——节选自叶圣陶《苏州园林》

作品 37 号——《态度创造快乐》

扫码听范读

[**朗读提示**]本文主要写了作者从老太太的言语中领悟出的人生哲理：态度创造快乐。朗读时要娓娓道来，语调要深沉、平稳。

Yī wèi fǎng Měi Zhōngguó nǚzuòjiā，zài Niǔyuē yùdào yī wèi mài huā de lǎotàitai.
一 位 访 美 中国 女作家，在 纽约 遇到 一 位 卖 花 的 老太太。
Lǎotàitai chuānzhuó pòjiù，shēntǐ xūruò，dàn liǎn•shàng de shénqíng què shì nàyàng
老太太 穿着 破旧，身体 虚弱，但 脸 上 的 神情 却 是 那样
xiánghé xīngfèn. Nǚzuòjiā tiāole yī duǒ huā shuō："Kàn qǐ•lái，nǐ hěn gāoxìng."
祥和 兴奋。女作家 挑了 一 朵 花 说："看 起 来，你 很 高兴。"
Lǎotàitai miàn dài wēixiào de shuō："Shìde，yīqiè dōu zhème měihǎo，wǒ wèishénme
老太太 面 带 微笑 地 说："是的，一切 都 这么 美好，我 为什么
bù gāoxìng ne?""Duì fánnǎo，nǐ dào zhēn néng kàndekāi." Nǚzuòjiā yòu shuōle yī jù.
不 高兴 呢?""对 烦恼，你 倒 真 能 看得开。"女作家 又 说了 一 句。
Méi liàodào，lǎotàitai de huídá gèng lìng nǚzuòjiā dàchī-yījīng："Yēsū zài xīngqīwǔ
没 料到，老太太 的 回答 更 令 女作家 大吃 一惊："耶稣 在 星期五
bèi dìng•shàng shízìjià shí，shì quán shìjiè zuì zāogāo de yī tiān，kě sān tiān hòu
被 钉 上 十字架 时，是 全 世界 最 糟糕 的 一 天，可 三 天 后
jiùshì Fùhuójié. Suǒyǐ，dāng wǒ yùdào bùxìng shí，jiù huì děngdài sān tiān，zhèyàng
就是 复活节。所以，当 我 遇到 不幸 时，就 会 等待 三 天，这样
yīqiè jiù huīfù zhèngcháng le."
一切 就 恢复 正常 了。"

"Děngdài sān tiān"，duōme fùyú zhélǐ de huàyǔ，duōme lèguān de shēnghuó
"等待 三 天"，多么 富于 哲理 的 话语，多么 乐观 的 生活

fāngshì. Tā bǎ fánnǎo hé tòngkǔ pāo•xià, quánlì qù shōuhuò kuàilè.
方式。它把烦恼和痛苦抛下，全力去收获快乐。

Shěn Cóngwén zài “wén-gé” qījiān, xiànrùle fēirén de jìngdì. Kě tā háobù zàiyì,
沈从文在“文革”期间，陷入了非人的境地。可他毫不在意，
tā zài Xiánníng shí gěi tā de biǎozhí、huàjiā Huáng Yǒngyù xiě xìn shuō: “Zhè•lǐ de
他在咸宁时给他的表侄、画家黄永玉写信说：“这里的
héhuā zhēn hǎo, nǐ ruò lái …… ” Shēn xiàn kǔnàn què réng wèi héhuā de shèngkāi
荷花真好，你若来……”身陷苦难却仍为荷花的盛开
xīnxǐ zàntàn bùyǐ, zhè shì yī zhǒng qūyú chéngmíng de jìngjiè, yī zhǒng kuàngdá
欣喜赞叹不已，这是一种趋于澄明的境界，一种旷达
sǎ•tuō de xiōngjīn, yī zhǒng miànlín mónàn tǎndàng cóngróng de qìdù, yī zhǒng duì
洒脱的胸襟，一种面临磨难坦荡从容的气度，一种对
shēnghuó tóngzǐ bān de rè'ài hé duì měihǎo shìwù wúxiàn xiàngwǎng de shēngmìng
生活童子般的热爱和对美好事物无限向往的生命
qínggǎn.
情感。

Yóucǐ-kějiàn, yǐngxiǎng yī gè rén kuàilè de, yǒushí bìng bù shì kùnjìng jí mónàn,
由此可见，影响一个人快乐的，有时并不是困境及磨难，
ér shì yī gè rén de xīntài. Rúguǒ bǎ zìjǐ jìnpào zài jījí、lèguān、xiàngshàng de
而是一个人的心态。如果把自己浸泡在积极、乐观、向上的
xīntài zhōng, kuàilè bìrán huì// zhànjù nǐ de měi yī tiān.
心态中，快乐必然会//占据你的每一天。

——节选自《态度创造快乐》

作品38号——《泰山极顶》

扫码听范读

[朗读提示]这是一篇写景文章，描写了泰山美丽的自然景观和人文景观。朗读时语气要朴实流畅，感情要真挚饱满。

Tài Shān jí dǐng kàn rìchū, lìlái bèi miáohuì chéng shífēn zhuàngguān de qíjǐng.
泰山极顶看日出，历来被描绘成十分壮观的奇景。
Yǒu rén shuō: Dēng Tài Shān ér kàn•bùdào rìchū, jiù xiàng yī chū dàxì méi•yǒu xìyǎn,
有人说：登泰山而看不到日出，就像一出大戏没有戏眼，
wèir zhōngjiū yǒu diǎnr guǎdàn.
味儿终究有点儿寡淡。

Wǒ qù páshān nà tiān, zhèng gǎn•shàng gè nándé de hǎotiān, wànlǐ chángkōng,
我去爬山那天，正赶上个难得的好天，万里长空，
yúncaisīr dōu bù jiàn. Sùcháng, yānwù téngténg de shāntóu, xiǎn•dé méi•mù fēnmíng.
云彩丝儿都不见。素常，烟雾腾腾的山头，显得眉目分明。
Tóngbànmen dōu xīnxǐ de shuō: “Míngtiān zǎo•chén zhǔn kěyǐ kàn•jiàn rìchū le.” Wǒ
同伴们都欣喜地说：“明天早晨准可以看见日出了。”我
yě shì bàozhe zhè zhǒng xiǎngtou, pá•shàng shān•qù.
也是抱着这种想头，爬上山去。

Yīlù cóng shānjiǎo wǎngshàng pá, xì kàn shānjǐng, wǒ jué•dé guà zài yǎnqián de
一路从山脚往上爬，细看山景，我觉得挂在眼前的
bù shì Wǔ Yuè dú zūn de Tài Shān, què xiàng yī fú guīmó jīngrén de qīnglǜ
不是五岳独尊的泰山，却像一幅规模惊人的青绿

shānshuǐhuà, cóng xià•miàn dào zhǎn kāi•lái. Zài huàjuàn zhōng zuì xiān lòuchū de shì
山水画, 从 下 面 倒 展 开 来。在 画卷 中 最 先 露出 的 是

shāngēnr dǐ nà zuò Míngcháo jiànzhù Dàizōngfāng, mànmàn de biàn xiànchū
山根 底 那 座 明朝 建筑 岱宗坊, 慢慢 地 便 现出

Wángmǔchí、Dǒumǔgōng、Jīngshíyù. Shān shì yī céng bǐ yī céng shēn, yī dié bǐ yī
王母池、 斗母宫、 经石峪。 山 是 一 层 比 一 层 深, 一 叠 比 一

dié qí, céngcéng-diédié, bù zhī hái huì yǒu duō shēn duō qí. Wàn shān cóng zhōng,
叠 奇, 层层 叠叠, 不 知 还 会 有 多 深 多 奇。万 山 丛 中,

shí'ér diǎnrǎnzhe jíqí gōngxì de rénwù. Wángmǔchí páng de Lǚzǔdiàn•lǐ yǒu bùshǎo
时而 点染着 极其 工细 的 人物。 王母池 旁 的 吕祖殿 里 有 不少

zūn míngsù, sùzhe Lǚ Dòngbīn děng yīxiē rén, zītài shénqíng shì nàyàng yǒu shēngqì,
尊 明塑, 塑着 吕 洞宾 等 一些 人,姿态 神情 是 那样 有 生气,

nǐ kàn le, bùjīn huì tuōkǒu zàntàn shuō: "Huó la."
你 看 了,不禁 会 脱口 赞叹 说: "活 啦。"

Huàjuàn jìxù zhǎnkāi, lùyīn sēnsēn de Bǎidòng lòumiàn bù tài jiǔ, biàn láidào
画卷 继续 展开, 绿阴 森森 的 柏洞 露面 不 太 久, 便 来到

Duìsōngshān. Liǎngmiàn qífēng duìzhìzhe, mǎn shānfēng dōu shì qíxíng-guàizhuàng de
对松山。 两面 奇峰 对峙着, 满 山峰 都 是 奇形 怪状 的

lǎosōng, niánjì pà dōu yǒu shàng qiān suì le, yánsè jìng nàme nóng, nóng dé
老松, 年纪 怕 都 有 上 千 岁 了,颜色 竟 那么 浓, 浓 得

hǎoxiàng yào liú xià•lái shìde. Láidào zhèr, nǐ bùfáng quándàng yī cì huà•lǐ de xiěyì
好像 要 流 下 来 似的。来到 这儿,你 不妨 权当 一 次 画 里 的 写意

rénwù, zuò zài lùpáng de Duìsōngtíng•lǐ, kànkan shānsè, tīngting liú//shuǐ hé
人物, 坐 在 路旁 的 对 松 亭 里, 看看 山色, 听听 流//水 和

sōngtāo.
松涛。

Yīshíjiān, wǒ yòu jué•dé zìjǐ bùjǐn shì zài kàn huàjuàn, què yòu xiàng shì zài
一时间, 我 又 觉 得 自己 不仅 是 在 看 画卷, 却 又 像 是 在

línglíng-luànluàn fānzhe yī juàn lìshǐ gǎoběn.
零零 乱乱 翻着 一 卷 历史 稿本。

——节选自杨朔《泰山极顶》

扫码听范读

作品 39 号——《陶行知的"四块糖果"》

[朗读提示]本文记叙了陶行知利用四块糖果教育学生的故事,朗读时注意陶行知的言语没有任何说教性,语气亲切、友好、平等。

Yùcái Xiǎoxué xiàozhǎng Táo Xíngzhī zài xiàoyuán kàndào xuésheng Wáng Yǒu
育才 小学 校长 陶 行知 在 校园 看到 学生 王 友

yòng níkuài zá zìjǐ bān•shàng de tóngxué, Táo Xíngzhī dāngjí hèzhǐle tā, bìng lìng tā
用 泥块 砸 自己 班 上 的 同学, 陶 行知 当即 喝止了 他, 并 令 他

fàngxué hòu dào xiàozhǎngshì qù. Wúyí, Táo Xíngzhī shì yào hǎohǎo jiàoyù zhège
放学 后 到 校长室 去。无疑, 陶 行知 是 要 好好 教育 这个

"wánpí" de xuésheng. Nàme tā shì rúhé jiàoyù de ne?
"顽皮" 的 学生。 那么 他 是 如何 教育 的 呢?

Fàngxué hòu, Táo Xíngzhī láidào xiàozhǎngshì, Wáng Yǒu yǐ•jīng děng zài ménkǒu
放学 后, 陶 行知 来到 校长室, 王 友 已 经 等 在 门口

zhǔnbèi ái xùn le. Kě yī jiànmiàn, Táo Xíngzhī què tāochū yī kuài tángguǒ sònggěi
准备 挨 训 了。可 一 见面, 陶 行知 却 掏出 一 块 糖果 送给
Wáng Yǒu, bìng shuō: "Zhè shì jiǎnggěi nǐ de, yīn•wèi nǐ ànshí láidào zhè•lǐ, ér wǒ
王 友, 并 说: "这 是 奖给 你 的, 因 为 你 按时 来到 这 里, 而 我
què chídào le." Wáng Yǒu jīngyí de jiēguo tángguǒ.
却 迟到 了。" 王 友 惊疑 地 接过 糖果。

Suíhòu, Táo Xíngzhī yòu tāochū yī kuài tángguǒ fàngdào tā shǒu•lǐ, shuō: "Zhè
随后, 陶 行知 又 掏出 一 块 糖果 放到 他 手 里, 说: "这
dì-èr kuài tángguǒ yě shì jiǎnggěi nǐ de, yīn•wèi dāng wǒ bùràng nǐ zài dǎrén shí, nǐ
第二 块 糖果 也 是 奖给 你 的, 因 为 当 我 不让 你 再 打人 时, 你
lìjí jiù zhùshǒu le, zhè shuōmíng nǐ hěn zūnzhòng wǒ, wǒ yīnggāi jiǎng nǐ." Wáng
立即 就 住手 了, 这 说明 你 很 尊重 我, 我 应该 奖 你。" 王
Yǒu gèng jīngyí le, tā yǎnjing zhēng de dàdà de.
友 更 惊疑 了, 他 眼睛 睁 得 大大 的。

Táo Xíngzhī yòu tāochū dì-sān kuài tángguǒ sāidào Wáng Yǒu shǒu•lǐ, shuō: "Wǒ
陶 行知 又 掏出 第三 块 糖果 塞到 王 友 手 里, 说: "我
diàocháguo le, nǐ yòng níkuài zá nàxiē nánshēng, shì yīn•wèi tāmen bù shǒu yóuxì
调查 过 了, 你 用 泥块 砸 那些 男生, 是 因 为 他们 不 守 游戏
guīzé, qīfu nǚshēng; nǐ zá tāmen, shuōmíng nǐ hěn zhèngzhí shànliáng, qiě yǒu
规则, 欺负 女生; 你 砸 他们, 说明 你 很 正直 善良, 且 有
pīpíng bùliáng xíngwéi de yǒngqì, yīnggāi jiǎnglì nǐ a!" Wáng Yǒu gǎndòng jí le, tā
批评 不良 行为 的 勇气, 应该 奖励 你 啊!" 王 友 感动 极 了, 他
liúzhe yǎnlèi hòuhuǐ de hǎndào: "Táo …… Táo xiàozhǎng nǐ dǎ wǒ liǎng xià ba! Wǒ
流着 眼泪 后悔 地 喊道: "陶 …… 陶 校长 你 打 我 两 下 吧! 我
zá de bù shì huàirén, ér shì zìjǐ de tóngxué a……"
砸 的 不 是 坏人, 而 是 自己 的 同学 啊……"

Táo Xíngzhī mǎnyì de xiào le, tā suíjí tāochū dì-sì kuài tángguǒ dìgěi Wáng Yǒu,
陶 行知 满意 地 笑 了, 他 随即 掏出 第四 块 糖果 递给 王 友,
shuō: "Wèi nǐ zhèngquè de rènshi cuò•wù, wǒ zài jiǎnggěi nǐ yī kuài tángguǒ, zhǐ
说: "为 你 正确 地 认识 错 误, 我 再 奖给 你 一 块 糖果, 只
kěxī wǒ zhǐyǒu zhè yī kuài tángguǒ le. Wǒ de tángguǒ // méi•yǒu le, wǒ kàn wǒmen
可惜 我 只有 这 一 块 糖果 了。我 的 糖果 // 没 有 了, 我 看 我们
de tánhuà yě gāi jiéshù le ba!" Shuōwán, jiù zǒuchūle xiàozhǎngshì.
的 谈 话 也 该 结束 了 吧!" 说完, 就 走出了 校长室。

——节选自《教师博览·百期精华》中《陶行知的"四块糖果"》

作品 40 号——《提醒幸福》

扫码听范读

[朗读提示]本文用清新而又富有哲理的语言向我们娓娓道来幸福的含义。朗读时语调自然,语速稍缓,语气中带有几分感慨和醒悟。

Xiǎngshòu xìngfú shì xūyào xuéxí de, dāng tā jíjiāng láilín de shíkè xūyào tíxǐng.
享受 幸福 是 需要 学习 的, 当 它 即将 来临 的 时刻 需要 提醒。
Rén kěyǐ zìrán'érrán de xuéhuì gǎnguān de xiǎnglè, què wúfǎ tiānshēng de zhǎngwò
人 可以 自然 而然 地 学会 感官 的 享乐, 却 无法 天生 地 掌握

xìngfú de yùnlǜ. Línghún de kuàiyì tóng qìguān de shūshì xiàng yī duì luánshēng
幸福 的 韵律。灵魂 的 快意 同 器官 的 舒适 像 一 对 孪生

xiōngdì, shí'ér xiāngbàng-xiāngyī, shí'ér nányuán-běizhé.
兄弟， 时而 相傍 相依， 时而 南辕 北辙。

Xìngfú shì yī zhǒng xīnlíng de zhènchàn. Tā xiàng huì qīngtīng yīnyuè de ěrduo
幸福 是 一 种 心灵 的 震颤。它 像 会 倾听 音乐 的 耳朵

yīyàng, xūyào bùduàn de xùnliàn.
一样， 需要 不断 地 训练。

Jiǎn'éryánzhī, xìngfú jiùshì méi•yǒu tòngkǔ de shíkè. Tā chūxiàn de pínlǜ bìng bù
简而言之， 幸福 就是 没 有 痛苦 的 时刻。它 出现 的 频率 并 不

xiàng wǒmen xiǎngxiàng de nàyàng shǎo. Rénmen chángcháng zhǐshì zài xìngfú de jīn
像 我们 想象 的 那样 少。人们 常常 只是 在 幸福 的 金

mǎchē yǐ•jīng shǐ guò•qù hěn yuǎn shí, cái jiǎnqǐ dì•shàng de jīn zōngmáo shuō,
马车 已 经 驶 过 去 很 远 时， 才 拣起 地 上 的 金 鬃 毛 说，

yuánlái wǒ jiànguo tā.
原来 我 见过 它。

Rénmen xǐ'ài huíwèi xìngfú de biāoběn, què hūlüè tā pīzhe lù•shuǐ sànfā qīngxiāng
人们 喜爱 回味 幸福 的 标本， 却 忽略 它 披着 露 水 散发 清香

de shíkè. Nà shíhou wǒmen wǎngwǎng bùlǚ cōngcōng, zhānqián-gùhòu bù zhī zài
的 时刻。那 时候 我们 往往 步履 匆匆， 瞻前 顾后 不 知 在

mángzhe shénme.
忙着 什么。

Shì•shàng yǒu yùbào táifēng de, yǒu yùbào huángzāi de, yǒu yùbào wēnyì de,
世 上 有 预报 台风 的，有 预报 蝗灾 的，有 预报 瘟疫 的，

yǒu yùbào dìzhèn de. Méi•yǒu rén yùbào xìngfú.
有 预报 地震 的。没 有 人 预报 幸福。

Qíshí xìngfú hé shìjiè wànwù yīyàng, yǒu tā de zhēngzhào.
其实 幸福 和 世界 万物 一样， 有 它 的 征兆。

Xìngfú chángcháng shì ménglóng de, hěn yǒu jiézhì de xiàng wǒmen pēnsǎ gānlín.
幸福 常常 是 朦胧 的，很 有 节制 地 向 我们 喷洒 甘霖。

Nǐ bùyào zǒng xīwàng hōnghōng-lièliè de xìngfú, tā duōbàn zhǐshì qiāoqiāo de pūmiàn
你 不要 总 希望 轰轰 烈烈 的 幸福， 它 多半 只是 悄悄 地 扑面

ér lái. Nǐ yě bùyào qǐtú bǎ shuǐlóngtóu nǐng de gèng dà, nàyàng tā huì hěn kuài de
而 来。你 也 不要 企图 把 水龙头 拧 得 更 大， 那样 它 会 很 快 地

liúshī. Nǐ xūyào jìngjìng de yǐ pínghé zhī xīn, tǐyàn tā de zhēndì.
流失。你 需要 静静 地 以 平和 之 心， 体验 它 的 真谛。

Xìngfú jué dà duōshù shì pǔsù de. Tā bù huì xiàng xìnhàodàn shìde, zài hěn gāo
幸福 绝 大 多数 是 朴素 的。它 不 会 像 信号弹 似的， 在 很 高

de tiānjì shǎnshuò hóngsè de guāngmáng. Tā pīzhe běnsè de wài//yī, qīnqiè wēnnuǎn
的 天际 闪烁 红色 的 光芒。 它 披着 本色 的 外//衣， 亲切 温暖

de bāoguǒqǐ wǒmen.
地 包裹起 我们。

Xìngfú bù xǐhuan xuānxiāo fúhuá, tā chángcháng zài àndàn zhōng jiànglín. Pínkùn
幸福 不 喜欢 喧嚣 浮华，它 常常 在 暗淡 中 降临。 贫困

zhōng xiāngrúyǐmò de yī kuài gāobǐng, huànnàn zhōng xīnxīn-xiāngyìn de yī gè
中 相濡以沫 的 一 块 糕饼， 患难 中 心心 相印 的 一 个

yǎnshén, fù•qīn yī cì cūcāo de fǔmō, nǚyǒu yī zhāng wēnxīn de zìtiáo…… Zhè dōu
眼神， 父 亲 一 次 粗糙 的 抚摸， 女友 一 张 温馨 的 字条…… 这 都

shì qiānjīn nán mǎi de xìngfú a. Xiàng yī lìlì zhuì zài jiù chóuzi•shàng de
是 千金 难 买 的 幸福 啊。像 一 粒粒 缀 在 旧 绸子 上 的

hóngbǎoshí, zài qīliáng zhōng yùfā yìyì duómù.
红宝石, 在 凄凉 中 愈发 熠熠 夺目。

——节选自毕淑敏《提醒幸福》

作品41号——《天才的造就》

扫码听范读

[**朗读提示**]本文记叙了贝利小时候对足球执着追求的故事,叙述自然、朴实。朗读时要把小贝利的执着劲和为了报答教练而挖树坑的感人至深的情感表达出来。

Zài Lǐyuērènèilú de yī gè pínmínkū•lǐ, yǒu yī gè nánháizi, tā fēicháng xǐhuan
在 里约热内卢 的 一 个 贫民窟 里, 有 一 个 男孩子, 他 非常 喜欢

zúqiú, kěshì yòu mǎi•bùqǐ, yúshì jiù tī sùliàohér, tī qìshuǐpíng, tī cóng lājīxiāng•lǐ
足球, 可是 又 买不 起, 于是 就 踢 塑料盒, 踢 汽水瓶, 踢 从 垃圾箱 里

jiǎnlái de yēzikér. Tā zài hútòngr•lǐ tī, zài néng zhǎodào de rènhé yī piàn
拣来 的 椰子壳。他 在 胡同 里 踢, 在 能 找到 的 任何 一 片

kòngdì•shàng tī.
空地 上 踢。

Yǒu yī tiān, dāng tā zài yī chù gānhé de shuǐtáng•lǐ měng tī yī gè zhū
有 一 天, 当 他 在 一 处 干涸 的 水塘 里 猛 踢 一 个 猪

pángguāng shí, bèi yī wèi zúqiú jiàoliàn kàn•jiàn le. Tā fāxiàn zhège nánháir tī de
膀胱 时, 被 一 位 足球 教练 看 见 了。他 发现 这个 男孩儿 踢 得

hěn xiàng shì nàme huí shì, jiù zhǔdòng tíchū yào sònggěi tā yī gè zúqiú.Xiǎonánháir
很 像 是 那么 回 事, 就 主动 提出 要 送给 他 一 个 足球。小男孩儿

dédào zúqiú hòu tī de gèng màijìnr le. Bùjiǔ, tā jiù néng zhǔnquè de bǎ qiú tījìn
得到 足球 后 踢 得 更 卖劲 了。不久, 他 就 能 准确 地 把 球 踢进

yuǎnchù suíyì bǎifàng de yī gè shuǐtǒng•lǐ.
远处 随意 摆放 的 一 个 水桶 里。

Shèngdànjié dào le, háizi de māma shuō: "Wǒmen méi•yǒu qián mǎi shèngdàn
圣诞节 到 了, 孩子 的 妈妈 说: "我们 没 有 钱 买 圣诞

lǐwù sònggěi wǒmen de ēnrén, jiù ràng wǒmen wèi tā qídǎo ba."
礼物 送给 我们 的 恩人, 就 让 我们 为 他 祈祷 吧。"

Xiǎonánháir gēnsuí māma qídǎo wánbì, xiàng māma yàole yī bǎ chǎnzi biàn
小男孩儿 跟随 妈妈 祈祷 完毕, 向 妈妈 要了 一 把 铲子 便

pǎole chū•qù. Tā láidào yī zuò biéshù qián de huāyuán•lǐ, kāishǐ wā kēng.
跑了 出 去。他 来到 一 座 别墅 前 的 花园 里, 开始 挖 坑。

Jiù zài tā kuài yào wāhǎo kēng de shíhou, cóng biéshù•lǐ zǒuchū yī gè rén•lái,
就 在 他 快 要 挖好 坑 的 时候, 从 别墅 里 走出 一 个 人 来,

wèn xiǎoháir zài gàn shénme, háizi táiqǐ mǎn shì hànzhū de liǎndànr, shuō: "Jiàoliàn,
问 小孩儿 在 干 什么, 孩子 抬起 满 是 汗珠 的 脸蛋儿, 说: "教练,

Shèngdànjié dào le, wǒ méi•yǒu lǐwù sònggěi nín, wǒ yuàn gěi nín de shèngdànshù
圣诞节 到 了, 我 没 有 礼物 送给 您, 我 愿 给 您 的 圣诞树

wā yī gè shùkēng."
挖 一 个 树坑。"

Jiàoliàn bǎ xiǎonánháir cóng shùkēng•lǐ lā shàng•lái, shuō, wǒ jīntiān dédàole
教练 把 小男孩儿 从 树坑 里 拉 上 来, 说, 我 今天 得到了

shìjiè•shàng zuì hǎo de lǐwù. Míngtiān nǐ jiù dào wǒ de xùnliànchǎng qù ba.
世界 上 最 好 的 礼物。 明天 你 就 到 我 的 训练场 去 吧。

Sān nián hòu, zhè wèi shíqī suì de nánháir zài dì-liù jiè zúqiú Jǐnbiāosài•shàng dú
三 年 后，这 位 十七 岁 的 男孩儿 在 第六 届 足球 锦标赛 上 独

jìn èrshíyī qiú, wèi Bāxī dì-yī cì pěnghuíle jīnbēi. Yī gè yuán//lái bù wéi shìrén suǒ zhī
进 二十一 球，为 巴西 第一 次 捧回了 金杯。一 个 原//来 不 为 世人 所 知

de míngzi —— Bèilì, suí zhī chuánbiàn shìjiè.
的 名字 —— 贝利，随 之 传遍 世界。

——节选自刘燕敏《天才的造就》

作品 42 号——《我的母亲独一无二》

扫码听范读

[朗读提示]本文赞扬了伟大的母爱，朗读时语气是凝重的、沉缓的，语调略带悲伤，并充满了对母爱的赞美之情。

Jì•dé wǒ shísān suì shí, hé mǔ•qīn zhù zài Fǎguó dōngnánbù de Nàisī Chéng.
记 得 我 十三 岁 时，和 母 亲 住 在 法国 东南部 的 耐斯 城。

Mǔ•qīn méi•yǒu zhàngfu, yě méi•yǒu qīnqi, gòu qīngkǔ de, dàn tā jīngcháng néng
母 亲 没 有 丈夫，也 没 有 亲戚，够 清苦 的，但 她 经常 能

ná•chū lìng rén chīgjīng de dōngxi, bǎi zài wǒ miànqián. Tā cónglái bù chī ròu, yīzài
拿 出 令 人 吃惊 的 东西，摆 在 我 面前。 她 从来 不 吃 肉，一再

shuō zìjǐ shì sùshízhě. Rán'ér yǒu yī tiān, wǒ fāxiàn mǔ•qīn zhèng zǐxì de yòng yī
说 自己 是 素食者。 然而 有 一 天，我 发现 母 亲 正 仔细 地 用 一

xiǎo kuài suì miànbāo cā nà gěi wǒ jiān niúpái yòng de yóuguō. Wǒ míngbaile tā
小 块 碎 面包 擦 那 给 我 煎 牛排 用 的 油锅。 我 明白了 她

chēng zìjǐ wéi sùshízhě de zhēnzhèng yuányīn.
称 自己 为 素食者 的 真正 原因。

Wǒ shíliù suì shí, mǔ•qīn chéngle Nàisī Shì Měiméng lǚguǎn de nǚ jīnglǐ. Zhèshí,
我 十六 岁 时，母 亲 成了 耐斯 市 美蒙 旅馆 的 女 经理。 这时，

tā gèng mánglù le. Yī tiān, tā tān zài yǐzi•shàng, liǎnsè cāngbái, zuǐchún fā huī.
她 更 忙碌 了。一 天，她 瘫 在 椅子 上，脸色 苍白，嘴唇 发 灰。

Mǎshàng zhǎolái yīshēng, zuò•chū zhěnduàn: Tā shèqǔle guòduō de yídǎosù. Zhídào
马上 找 来 医生，做 出 诊断：她 摄取了 过多 的 胰岛素。 直到

zhèshí wǒ cái zhī•dào mǔ•qīn duōnián yīzhí duì wǒ yǐnmán de jítòng—— tángniàobìng.
这时 我 才 知 道 母 亲 多年 一直 对 我 隐瞒 的 疾痛 —— 糖尿病。

Tā de tóu wāixiàng zhěntou yībiān, tòngkǔ de yòng shǒu zhuānao xiōngkǒu.
她 的 头 歪向 枕头 一边，痛苦 地 用 手 抓挠 胸口。

Chuángjià shàngfāng, zé guàzhe yī méi wǒ yī jiǔ sān èr nián yíngdé Nàisī Shì
床架 上方，则 挂着 一 枚 我 一 九 三 二 年 赢得 耐斯 市

shàonián pīngpāngqiú guànjūn de yínzhì jiǎngzhāng.
少年 乒乓 球 冠军 的 银质 奖章。

À, shì duì wǒ de měihǎo qiántú de chōngjǐng zhīchēngzhe tā huó xià•qù, wèile
啊，是 对 我 的 美好 前途 的 憧憬 支撑着 她 活 下 去，为了

gěi tā nà huāng•táng de mèng zhìshǎo jiā yīdiǎnr zhēnshí de sècǎi, wǒ zhǐnéng jìxù
给 她 那 荒 唐 的 梦 至少 加 一点 真实 的 色彩，我 只能 继续

nǔlì, yǔ shíjiān jìngzhēng, zhízhì yī jiǔ sān bā nián wǒ bèi zhēng rù kōngjūn. Bālí
努力，与 时间 竞争， 直至 一 九 三 八 年 我 被 征 入 空军。 巴黎

hěn kuài shīxiàn, wǒ zhǎnzhuǎn diàodào Yīngguó Huángjiā Kōngjūn. Gāng dào Yīngguó
很 快 失陷，我 辗转 调到 英国 皇家 空军。刚 到 英国
jiù jiēdàole mǔ•qīn de láixìn. Zhèxiē xìn shì yóu zài Ruìshì de yī gè péngyou mìmì de
就 接到了 母 亲 的 来信。这些 信 是 由 在 瑞士 的 一 个 朋友 秘密 地
zhuǎndào Lúndūn, sòngdào wǒ shǒuzhōng de.
转到 伦敦，送到 我 手中 的。

Xiànzài wǒ yào huíjiā le, xiōngqián pèidàizhe xǐngmù de lǜ-hēi liǎng sè de jiěfàng
现在 我 要 回家 了，胸前 佩戴着 醒目 的 绿黑 两 色 的 解放
shízì shòu//dài, shàng•miàn guàzhe wǔ-liù méi wǒ zhōngshēn nánwàng de xūnzhāng,
十字 绶//带，上 面 挂着 五六 枚 我 终身 难忘 的 勋章，
jiān•shàng hái pèidàizhe jūnguān jiānzhāng. Dàodá lǚguǎn shí, méi•yǒu yī gè rén gēn
肩 上 还 佩戴着 军官 肩章。到达 旅馆 时，没 有 一 个 人 跟
wǒ dǎ zhāohu. Yuánlái, wǒ mǔ•qīn zài sān nián bàn yǐqián jiù yǐ•jīng líkāi rénjiān le.
我 打 招呼。原来，我 母 亲 在 三 年 半 以前 就 已 经 离开 人间 了。

Zài tā sǐ qián de jǐ tiān zhōng, tā xiěle jìn èrbǎi wǔshí fēng xìn, bǎ zhèxiē xìn
在 她 死 前 的 几 天 中，她 写了 近 二百 五十 封 信，把 这些 信
jiāogěi tā zài Ruìshì de péngyou, qǐng zhège péngyou dìngshí jì gěi wǒ. Jiù zhèyàng,
交给 她 在 瑞士 的 朋友，请 这个 朋友 定时 寄 给 我。就 这样，
zài mǔ•qīn sǐ hòu de sān nián bàn de shíjiān•lǐ, wǒ yīzhí cóng tā shēn•shàng xīqǔzhe
在 母 亲 死 后 的 三 年 半 的 时间 里，我 一直 从 她 身 上 吸取着
lì•liàng hé yǒngqì—— zhè shǐ wǒ nénggòu jìxù zhàndòu dào shènglì nà yī tiān.
力 量 和 勇气 —— 这 使 我 能够 继续 战斗 到 胜利 那 一 天。

——节选自[法]罗曼·加里《我的母亲独一无二》

作品43号——《我的信念》

扫码听范读

[**朗读提示**]本文是以第一人称的口吻写的，表现了玛丽·居里对生活、事业坚韧不拔的信心。朗读时语调自信、坚定。

Shēnghuó duìyú rènhé rén dōu fēi yì shì, wǒmen bìxū yǒu jiānrèn-bùbá de
生活 对于 任何 人 都 非 易 事，我们 必须 有 坚韧 不拔 的
jīngshén. Zuì yàojǐn de, háishì wǒmen zìjǐ yào yǒu xìnxīn. Wǒmen bìxū xiāngxìn,
精神。最 要紧 的，还是 我们 自己 要 有 信心。我们 必须 相信，
wǒmen duì měi yī jiàn shìqing dōu jùyǒu tiānfù de cáinéng, bìngqiě, wúlùn fùchū
我们 对 每 一 件 事情 都 具有 天赋 的 才能，并且，无论 付出
rènhé dàijià, dōu yào bǎ zhè jiàn shì wánchéng. Dāng shìqing jiéshù de shíhou, nǐ yào
任何 代价，都 要 把 这 件 事 完成。当 事情 结束 的 时候，你 要
néng wènxīn-wúkuì de shuō: "Wǒ yǐ•jīng jìn wǒ suǒ néng le."
能 问心 无愧 地 说："我 已 经 尽 我 所 能 了。"

Yǒu yī nián de chūntiān, wǒ yīn bìng bèipò zài jiā•lǐ xiūxi shù zhōu. Wǒ zhùshìzhe
有 一 年 的 春天，我 因 病 被迫 在 家 里 休息 数 周。我 注视着
wǒ de nǚ'érmen suǒ yǎng de cán zhèngzài jié jiǎn, zhè shǐ wǒ hěn gǎn xìngqù.
我 的 女儿们 所 养 的 蚕 正在 结 茧，这 使 我 很 感 兴趣。
Wàngzhe zhèxiē cán zhízhuó de、qínfèn de gōngzuò, wǒ gǎndào wǒ hé tāmen fēicháng
望着 这些 蚕 执着 地、勤奋 地 工作，我 感到 我 和 它们 非常
xiāngsì. Xiàng tāmen yīyàng, wǒ zǒngshì nàixīn de bǎ zìjǐ de nǔlì jízhōng zài yī gè
相似。像 它们 一样，我 总是 耐心 地 把 自己 的 努力 集中 在 一 个

mùbiāo•shàng. Wǒ zhīsuǒyǐ rúcǐ, huòxǔ shì yīn•wèi yǒu mǒu zhǒng lì•liàng zài
目标 上。 我 之所以 如此， 或许 是 因 为 有 某 种 力 量 在

biāncèzhe wǒ—— zhèng rú cán bèi biāncèzhe qù jié jiǎn yībān.
鞭策着 我—— 正 如 蚕 被 鞭策着 去 结 茧 一般。

Jìn wǔshí nián lái, wǒ zhìlìyú kēxué yánjiū, ér yánjiū, jiùshì duì zhēnlǐ de tàntǎo.
近 五十 年 来，我 致力于 科学 研究， 而 研究， 就是 对 真理 的 探讨。

Wǒ yǒu xǔduō měihǎo kuàilè de jìyì. Shàonǚ shíqī wǒ zài Bālí Dàxué, gūdú de
我 有 许多 美好 快乐 的 记忆。 少女 时期 我 在 巴黎 大学， 孤独 地

guòzhe qiúxué de suìyuè; zài hòulái xiànshēn kēxué de zhěnggè shíqī, wǒ zhàngfu hé
过着 求学 的 岁月； 在 后来 献身 科学 的 整个 时期，我 丈夫 和

wǒ zhuānxīn-zhìzhì, xiàng zài mènghuàn zhōng yībān, zuò zài jiǎnlòu de shūfáng•lǐ
我 专心 致志， 像 在 梦幻 中 一般， 坐 在 简陋 的 书房 里

jiānxīn de yánjiū, hòulái wǒmen jiù zài nà•lǐ fāxiànle léi.
艰辛 地 研究， 后来 我们 就 在 那 里 发现了 镭。

Wǒ yǒngyuǎn zhuīqiú ānjìng de gōngzuò hé jiǎndān de jiātíng shēnghuó. Wèile
我 永远 追求 安静 的 工作 和 简单 的 家庭 生活。 为了

shíxiàn zhège lǐxiǎng, wǒ jiélì bǎochí níngjìng de huánjìng, yǐmiǎn shòu rénshì de
实现 这个 理想， 我 竭力 保持 宁静 的 环境， 以免 受 人事 的

gānrǎo hé shèngmíng de tuōlěi.
干扰 和 盛名 的 拖累。

Wǒ shēnxìn, zài kēxué fāngmiàn wǒmen yǒu duì shìyè ér bù//shì duì cáifù de
我 深信， 在 科学 方面 我们 有 对 事业 而 不//是 对 财富 的

xìngqù. Wǒ de wéiyī shēwàng shì zài yī gè zìyóu guójiā zhōng, yǐ yī gè zìyóu xuézhě
兴趣。 我 的 惟一 奢望 是 在 一 个 自由 国家 中， 以 一 个 自由 学者

de shēn•fèn cóngshì yánjiū gōngzuò.
的 身 份 从事 研究 工作。

Wǒ yīzhí chénzuì yú shìjiè de yōuměi zhīzhōng, wǒ suǒ rè'ài de kēxué yě bùduàn
我 一直 沉醉 于 世界 的 优美 之中， 我 所 热爱 的 科学 也 不断

zēngjiā tā zhǎnxīn de yuǎnjǐng. Wǒ rèndìng kēxué běnshēn jiù jùyǒu wěidà de měi.
增加 它 崭新 的 远景。 我 认定 科学 本身 就 具有 伟大 的 美。

——节选自[波兰]玛丽·居里《我的信念》，剑捷译

作品 44 号——《我为什么当教师》

扫码听范读

[朗读提示]本文充满感情地阐述了“我”喜欢当教师的理由，语言清新质朴，毫无夸夸其谈之态。朗读时宜娓娓道来，感情起伏不宜过于强烈。同时，在自然的语调中要饱含对教师职业的热爱之情，这样才能把作者的感悟和心情淋漓尽致地表现出来。

Wǒ wèishénme fēi yào jiāoshū bùkě? Shì yīn•wèi wǒ xǐhuan dāng jiàoshī de shíjiān
我 为什么 非 要 教书 不可？是 因 为 我 喜欢 当 教师 的 时间

ānpáibiǎo hé shēnghuó jiézòu. Qī、bā、jiǔ sān gè yuè gěi wǒ tígōngle jìnxíng huígù、
安排表 和 生活 节奏。七、八、九 三 个 月 给 我 提供了 进行 回顾、

yánjiū、xiězuò de liángjī, bìng jiāng sānzhě yǒujī rónghé, ér shànyú huígù、yánjiū hé
研究、 写作 的 良机， 并 将 三者 有机 融合， 而 善于 回顾、 研究 和

zǒngjié zhèngshì yōuxiù jiàoshī sùzhì zhōng bùkě quēshǎo de chéng•fèn.
总结 正是 优秀 教师 素质 中 不可 缺少 的 成 分。

Gàn zhè háng gěile wǒ duōzhǒng-duōyàng de “gānquán” qù pǐncháng, zhǎo yōuxiù
干这行给了我多种多样的“甘泉”去品尝，找优秀
de shūjí qù yándú, dào “xiàngyátǎ” hé shíjì shìjiè•lǐ qù fāxiàn. Jiàoxué gōngzuò gěi
的书籍去研读，到“象牙塔”和实际世界里去发现。教学工作给
wǒ tígōngle jìxù xuéxí de shíjiān bǎozhèng, yǐjí duōzhǒng tújìng、jīyù hé tiǎozhàn.
我提供了继续学习的时间保证，以及多种途径、机遇和挑战。

Rán’ér, wǒ ài zhè yī háng de zhēnzhèng yuányīn, shì ài wǒ de xuésheng.
然而，我爱这一行的真正原因，是爱我的学生。
Xuéshengmen zài wǒ de yǎnqián chéngzhǎng、biànhuà. Dāng jiàoshī yìwèizhe qīnlì
学生们在我的眼前成长、变化。当教师意味着亲历
“chuàngzào” guòchéng de fāshēng —— qiàsì qīnshǒu fùyǔ yī tuán nítǔ yǐ shēngmìng,
“创造”过程的发生——恰似亲手赋予一团泥土以生命，
méi•yǒu shénme bǐ mùdǔ tā kāishǐ hūxī gèng jīdòng rénxīn de le.
没有什么比目睹它开始呼吸更激动人心的了。

Quánlì wǒ yě yǒu le: Wǒ yǒu quánlì qù qǐfā yòudǎo, qù jīfā zhìhuì de huǒhuā,
权利我也有了：我有权利去启发诱导，去激发智慧的火花，
qù wèn fèixīn sīkǎo de wèntí, qù zànyáng huídá de chángshì, qù tuījiàn shūjí, qù
去问费心思考的问题，去赞扬回答的尝试，去推荐书籍，去
zhǐdiǎn míjīn. Háiyǒu shénme biéde quánlì néng yǔ zhī xiāng bǐ ne?
指点迷津。还有什么别的权利能与之相比呢？

Érqiě, jiāoshū hái gěi wǒ jīnqián hé quánlì zhīwài de dōngxi, nà jiùshì àixīn. Bùjǐn
而且，教书还给我金钱和权利之外的东西，那就是爱心。不仅
yǒu duì xuésheng de ài, duì shūjí de ài, duì zhīshi de ài, háiyǒu jiàoshī cái néng
有对学生的爱，对书籍的爱，对知识的爱，还有教师才能
gǎnshòudào de duì “tèbié” xuésheng de ài. Zhèxiē xuésheng, yǒurú míngwán-bùlíng
感受到的对“特别”学生的爱。这些学生，有如冥顽不灵
de níkuài, yóuyú jiēshòule lǎoshī de chì’ài cái bófāle shēngjī.
的泥块，由于接受了老师的炽爱才勃发了生机。

Suǒyǐ, wǒ ài jiāoshū, hái yīn•wèi, zài nàxiē bófā shēngjī de “tèbié” xué//sheng
所以，我爱教书，还因为，在那些勃发生机的“特别”学//生
shēn•shàng, wǒ yǒushí fāxiàn zìjǐ hé tāmen hūxī xiāngtōng, yōulè yǔ gòng.
身上，我有时发现自己和他们呼吸相通，忧乐与共。

——节选自[美]彼得·基·贝得勒《我为什么当教师》

作品45号——《西部文化和西部开发》

扫码听范读

[朗读提示]本文以说明文的形式介绍了西部的文化和西部的开发。朗读时应客观、沉稳，感情抑扬不明显。

Zhōngguó xībù wǒmen tōngcháng shì zhǐ Huáng Hé yǔ Qín Lǐng xiānglián yī xiàn
中国西部我们通常是指黄河与秦岭相连一线
yǐ xī, bāokuò xīběi hé xīnán de shí’èr gè shěng、shì、zìzhìqū. Zhè kuài guǎngmào de
以西，包括西北和西南的十二个省、市、自治区。这块广袤的
tǔdì miànjī wéi wǔbǎi sìshíliù wàn píngfāng gōnglǐ, zhàn guótǔ zǒng miànjī de bǎi fēn
土地面积为五百四十六万平方公里，占国土总面积的百分
zhī wǔshíqī; rénkǒu èr diǎn bā yì, zhàn quánguó zǒng rénkǒu de bǎi fēn zhī èrshísān.
之五十七；人口二点八亿，占全国总人口的百分之二十三。

Xībù shì Huáxià wénmíng de yuántóu. Huáxià zǔxiān de jiǎobù shì shùnzhe shuǐbiān
西部 是 华夏 文明 的 源头。 华夏 祖先 的 脚步 是 顺着 水边
zǒu de：Cháng Jiāng shàngyóu chūtǔguo Yuánmóurén yáchǐ huàshí，jù jīn yuē yībǎi
走 的： 长 江 上游 出土过 元谋人 牙齿 化石， 距 今 约 一百
qīshí wàn nián；Huáng Hé zhōngyóu chūtǔguo Lántiánrén tóugàigǔ，jù jīn yuē qīshí
七十 万 年； 黄 河 中游 出土过 蓝田人 头盖骨， 距 今 约 七十
wàn nián. Zhè liǎng chù gǔ rénlèi dōu bǐ jù jīn yuē wǔshí wàn nián de Běijīng yuánrén
万 年。 这 两 处 古 人类 都 比 距 今 约 五十 万 年 的 北京 猿人
zī•gé gèng lǎo.
资 格 更 老。

Xībù dìqū shì Huáxià wénmíng de zhòngyào fāyuándì. Qínhuáng Hànwǔ yǐhòu，
西部 地区 是 华夏 文明 的 重要 发源地。 秦皇 汉武 以后，
dōng-xīfāng wénhuà zài zhè•lǐ jiāohuì rónghé，cóng'ér yǒule sīchóu zhī lù de tuólíng
东西方 文化 在 这 里 交汇 融合， 从而 有了 丝绸 之 路 的 驼铃
shēngshēng，fó yuàn shēn sì de mùgǔ-chénzhōng. Dūnhuáng Mògāokū shì shìjiè
声声， 佛 院 深 寺 的 暮鼓 晨钟。 敦煌 莫高窟 是 世界
wénhuàshǐ•shàng de yī gè qíjì，tā zài jìchéng Hàn Jìn yìshù chuántǒng de jīchǔ•shàng，
文化史 上 的 一 个 奇迹，它 在 继承 汉 晋 艺术 传统 的 基础 上，
xíngchéngle zìjǐ jiānshōu-bìngxù de huīhóng qìdù，zhǎnxiànchū jīngměi-juélún de yìshù
形成了 自己 兼收 并蓄 的 恢宏 气度， 展现出 精美 绝伦 的 艺术
xíngshì hé bódà-jīngshēn de wénhuà nèihán. Qínshǐhuáng Bīngmǎyǒng、Xīxià
形式 和 博大 精深 的 文化 内涵。 秦始皇 兵马俑、 西夏
wánglíng、Lóulán gǔguó、Bùdálāgōng、Sānxīngduī、Dàzú shíkè děng lìshǐ wénhuà
王陵、 楼兰 古国、 布达拉宫、 三星堆、 大足 石刻 等 历史 文化
yíchǎn，tóngyàng wéi shìjiè suǒ zhǔmù，chéngwéi zhōnghuá wénhuà zhòngyào de
遗产， 同样 为 世界 所 瞩目， 成为 中华 文化 重要 的
xiàngzhēng.
象征。

Xībù dìqū yòu shì shǎoshù mínzú jíqí wénhuà de jícuìdì，jīhū bāokuòle wǒguó
西部 地区 又 是 少数 民族 及其 文化 的 集萃地，几乎 包括了 我国
suǒyǒu de shǎoshù mínzú. Zài yīxiē piānyuǎn de shǎoshù mínzú dìqū，réng bǎoliú// le
所有 的 少数 民族。 在 一些 偏远 的 少数 民族 地区， 仍 保留//了
yīxiē jiǔyuǎn shídài de yìshù pǐnzhǒng，chéngwéi zhēnguì de “huó huàshí”，rú Nàxī
一些 久远 时代 的 艺术 品种， 成为 珍贵 的 “活 化石”， 如 纳西
gǔyuè、xìqǔ、jiǎnzhǐ、cìxiù、yánhuà děng mínjiān yìshù hé zōngjiào yìshù. Tèsè
古乐、 戏曲、 剪纸、 刺绣、 岩画 等 民间 艺术 和 宗教 艺术。 特色
xiānmíng、fēngfù-duōcǎi，yóurú yī gè jùdà de mínzú mínjiān wénhuà yìshù bǎokù.
鲜明、 丰富 多彩， 犹如 一 个 巨大 的 民族 民间 文化 艺术 宝库。

Wǒmen yào chōngfèn zhòngshì hé lìyòng zhèxiē détiān-dúhòu de zīyuán yōushì，
我们 要 充分 重视 和 利用 这些 得天 独厚 的 资源 优势，
jiànlì liánghǎo de mínzú mínjiān wénhuà shēngtài huánjìng，wèi xībù dà kāifā zuòchū
建立 良好 的 民族 民间 文化 生态 环境， 为 西部 大 开发 做出
gòngxiàn.
贡献。

——节选自《中考语文课外阅读试题精选》中《西部文化和西部开发》

扫码听范读

作品46号——《喜悦》

[朗读提示]本文写的是人生感悟,富有哲理和诗意。朗读时语调沉稳中要有感情的起伏,把作者的感悟通过自己的声音渲染出来。

Gāoxìng, zhè shì yī zhǒng jùtǐ de bèi kàndedào mōdezháo de shìwù suǒ huànqǐ
高兴,这是一种具体的被看得到摸得着的事物所唤起

de qíng•xù. Tā shì xīnlǐ de, gèng shì shēnglǐ de. Tā róng•yì lái yě róng•yì qù, shéi yě
的情绪。它是心理的,更是生理的。它容易来也容易去,谁也

bù yīnggāi duì tā shì'érbùjiàn shīzhījiāobì, shéi yě bù yīnggāi zǒngshì zuò nàxiē shǐ
不应该对它视而不见失之交臂,谁也不应该总是做那些使

zìjǐ bù gāoxìng yě shǐ pángrén bù gāoxìng de shì. Ràng wǒmen shuō yī jiàn zuì
自己不高兴也使旁人不高兴的事。让我们说一件最

róng•yì zuò yě zuì lìng rén gāoxìng de shì ba, zūnzhòng nǐ zìjǐ, yě zūnzhòng bié•rén,
容易做也最令人高兴的事吧,尊重你自己,也尊重别人,

zhè shì měi yī gè rén de quánlì, wǒ háiyào shuō zhè shì měi yī gè rén de yìwù.
这是每一个人的权利,我还要说这是每一个人的义务。

Kuàilè, tā shì yī zhǒng fùyǒu gàikuòxìng de shēngcún zhuàngtài、gōngzuò
快乐,它是一种富有概括性的生存状态、工作

zhuàngtài. Tā jīhū shì xiānyàn de, tā láizì shēngmìng běnshēn de huólì, láizì yǔzhòu、
状态。它几乎是先验的,它来自生命本身的活力,来自宇宙、

dìqiú hé rénjiān de xīyǐn, tā shì shìjiè de fēngfù、xuànlì、kuòdà、yōujiǔ de tǐxiàn.
地球和人间的吸引,它是世界的丰富、绚丽、阔大、悠久的体现。

Kuàilè háishì yī zhǒng lì•liàng, shì mái zài dìxià de gēnmài. Xiāomiè yī gè rén de
快乐还是一种力量,是埋在地下的根脉。消灭一个人的

kuàilè bǐ wājué diào yī kē dàshù de gēn yào nán de duō.
快乐比挖掘掉一棵大树的根要难得多。

Huānxīn, zhè shì yī zhǒng qīngchūn de、shīyì de qínggǎn. Tā láizì miànxiàngzhe
欢欣,这是一种青春的、诗意的情感。它来自面向着

wèilái shēnkāi shuāngbì bēnpǎo de chōnglì, tā láizì yī zhǒng qīngsōng ér yòu shénmì、
未来伸开双臂奔跑的冲力,它来自一种轻松而又神秘、

ménglóng ér yòu yǐnmì de jīdòng, tā shì jīqíng jíjiāng dàolái de yùzhào, tā yòu shì
朦胧而又隐秘的激动,它是激情即将到来的预兆,它又是

dàyǔ gòuhòu de bǐ xiàyǔ háiyào měimiào de duō yě jiǔyuǎn de duō de huíwèi ……
大雨过后的比下雨还要美妙得多也久远得多的回味……

Xǐyuè, tā shì yī zhǒng dàiyǒu xíng ér shàng sècǎi de xiūyǎng hé jìngjiè. Yǔqí
喜悦,它是一种带有形而上色彩的修养和境界。与其

shuō tā shì yī zhǒng qíng•xù, bùrú shuō tā shì yī zhǒng zhìhuì、yī zhǒng chāobá、yī
说它是一种情绪,不如说它是一种智慧、一种超拔、一

zhǒng bēitiān-mǐnrén de kuānróng hé lǐjiě, yī zhǒng bǎojīng-cāngsāng de chōngshí hé
种悲天悯人的宽容和理解,一种饱经沧桑的充实和

zìxìn, yī zhǒng guāngmíng de lǐxìng, yī zhǒng jiāndìng // de chéngshú, yī zhǒng
自信,一种光明的理性,一种坚定//的成熟,一种

zhànshèngle fánnǎo hé yōngsú de qīngmíng chéngchè. Tā shì yī tán qīngshuǐ, tā shì yī
战胜了烦恼和庸俗的清明澄澈。它是一潭清水,它是一

mǒ zhāoxiá, tā shì wúbiān de píngyuán, tā shì chénmò de dìpíngxiàn. Duō yīdiǎnr、zài
抹 朝霞, 它 是 无边 的 平原, 它 是 沉默 的 地平线。 多 一点儿、再
duō yīdiǎnr xǐyuè ba, tā shì chìbǎng, yě shì guīcháo. Tā shì yī bēi měijiǔ, yě shì yī
多 一点儿 喜悦 吧,它 是 翅膀, 也 是 归巢。 它 是 一 杯 美酒, 也 是 一
duǒ yǒngyuǎn kāi bù bài de liánhuā.
朵 永远 开 不 败 的 莲花。

——节选自王蒙《喜悦》

作品 47 号——《香港:最贵的一棵树》

扫码听范读

[朗读提示]本文描写了香港最贵的一棵树,文章一开头就给了读者一个悬念。朗读时,语调要有起伏,语势可稍作夸张,然后用平稳而不失惊奇的语气一步步地揭示答案。

Zài Wānzǎi, Xiānggǎng zuì rènao de dìfang, yǒu yī kē róngshù, tā shì zuì guì de
在 湾仔, 香港 最 热闹 的 地方, 有 一 棵 榕树, 它 是 最 贵 的
yī kē shù, bùguāng zài Xiānggǎng, zài quánshìjiè, dōu shì zuì guì de.
一 棵 树, 不光 在 香港, 在 全世界, 都 是 最 贵 的。

Shù, huó de shù, yòu bù mài hé yán qí guì? Zhǐ yīn tā lǎo, tā cū, shì Xiānggǎng
树, 活 的 树, 又 不 卖 何 言 其 贵? 只 因 它 老, 它 粗, 是 香港
bǎinián cāngsāng de huó jiànzhèng, xiānggǎngrén bùrěn kànzhe tā bèi kǎnfá, huòzhě
百年 沧桑 的 活 见证, 香港人 不忍 看着 它 被 砍伐, 或者
bèi yízǒu, biàn gēn yào zhànyòng zhè piàn shānpō de jiànzhùzhě tán tiáojiàn: Kěyǐ zài
被 移走, 便 跟 要 占用 这 片 山坡 的 建筑者 谈 条件: 可以 在
zhèr jiàn dàlóu gài shāngshà, dàn yī bùzhǔn kǎn shù, èr bùzhǔn nuó shù, bìxū bǎ tā
这儿 建 大楼 盖 商厦, 但 一 不准 砍 树, 二 不准 挪 树, 必须 把 它
yuándì jīngxīn yǎng qǐ•lái, chéngwéi Xiānggǎng nàoshì zhōng de yī jǐng. Tàigǔ Dàshà
原地 精心 养 起 来, 成为 香港 闹市 中 的 一 景。 太古 大厦
de jiànshèzhě zuìhòu qiānle hétong, zhànyòng zhège dà shānpō jiàn háohuá shāngshà
的 建设者 最后 签了 合同, 占用 这个 大 山坡 建 豪华 商厦
de xiānjué tiáojiàn shì tóngyì bǎohù zhè kē lǎoshù.
的 先决 条件 是 同意 保护 这 棵 老树。

Shù zhǎng zài bànshānpō•shàng, jìhuà jiāng shù xià•miàn de chéngqiān-shàngwàn
树 长 在 半山坡 上, 计划 将 树 下 面 的 成千 上万
dūn shānshí quánbù tāokōng qǔzǒu, téngchū dìfang•lái gài lóu, bǎ shù jià zài dàlóu
吨 山石 全部 掏空 取走, 腾出 地方 来 盖 楼, 把 树 架 在 大楼
shàng•miàn, fǎngfú tā yuánběn shì zhǎng zài lóudǐng•shàng shìde. Jiànshèzhě jiùdì
上 面, 仿佛 它 原本 是 长 在 楼顶 上 似的。 建设者 就地
zàole yī gè zhíjìng shíbā mǐ、shēn shí mǐ de dà huāpén, xiān gùdìng hǎo zhè kē
造了 一 个 直径 十八 米、 深 十 米 的 大 花盆, 先 固定 好 这 棵
lǎoshù, zài zài dà huāpén dǐ•xià gài lóu. Guāng zhè yī xiàng jiù huāle liǎngqiān
老树, 再 在 大 花盆 底 下 盖 楼。 光 这 一 项 就 花了 两千
sānbǎi bāshíjiǔ wàn gǎngbì, kānchēng shì zuì ángguì de bǎohù cuòshī le.
三百 八十九 万 港币, 堪称 是 最 昂贵 的 保护 措施 了。

Tàigǔ Dàshà luòchéng zhīhòu, rénmen kěyǐ chéng gǔndòng fútī yī cì dàowèi,
太古 大厦 落成 之后, 人们 可以 乘 滚动 扶梯 一 次 到位,
láidào Tàigǔ Dàshà de dǐngcéng, chū hòumén, nàr shì yī piàn zìrán jǐngsè. Yī kē
来到 太古 大厦 的 顶层, 出 后门, 那儿 是 一 片 自然 景色。 一 棵

dàshù chūxiàn zài rénmen miànqián, shùgàn yǒu yī mǐ bàn cū, shūguān zhíjìng zú yǒu
大树 出现 在 人们 面前， 树干 有 一 米 半 粗， 树冠 直径 足 有
èrshí duō mǐ, dúmù-chénglín, fēicháng zhuàngguān, xíngchéng yī zuò yǐ tā wéi
二十 多 米， 独木 成林， 非常 壮观， 形成 一 座 以 它 为
zhōngxīn de xiǎo gōngyuán, qǔ míng jiào "Róngpǔ". Shù qián·miàn // chāzhe tóngpái,
中心 的 小 公园， 取 名 叫 “榕圃”。 树 前面 // 插着 铜牌，
shuōmíng yuányóu. Cǐqíng cǐjǐng, rú bù kàn tóngpái de shuōmíng, juéduì xiǎng·bùdào
说明 原由。 此情 此景，如 不 看 铜牌 的 说明， 绝对 想 不到
jùshùgēn dǐ·xià háiyǒu yī zuò hóngwěi de xiàndài dàlóu.
巨树根 底 下 还有 一 座 宏伟 的 现代 大楼。

——节选自舒乙《香港：最贵的一棵树》

作品 48 号——《小鸟的天堂》

扫码听范读

[朗读提示]本文写了作者两次观赏大榕树的情景，而且两次的印象有些不同，朗读时要有所区别，朗读第1、2自然段时要用欣喜的语调、舒缓的节奏表现出对大榕树的赞美之情，朗读第3自然段时语调要略含失望、遗憾的感情，朗读第4至6自然段时语调要畅快欣喜——终于看到鸟啦！

Wǒmen de chuán jiànjiàn de bījìn róngshù le. Wǒ yǒu jī·huì kànqīng tā de zhēn
我们 的 船 渐渐 地 逼近 榕树 了。我 有 机会 看清 它 的 真
miànmù: Shì yī kē dàshù, yǒu shǔ·bùqīng de yāzhī, zhī·shàng yòu shēng gēn, yǒu
面目： 是 一 棵 大树， 有 数 不清 的 丫枝， 枝 上 又 生 根， 有
xǔduō gēn yīzhí chuídào dì·shàng, shēnjìn nítǔ·lǐ. Yī bùfen shùzhī chuídào shuǐmiàn,
许多 根 一直 垂到 地 上， 伸进 泥土 里。一 部分 树枝 垂到 水面，
cóng yuǎnchù kàn, jiù xiàng yī kē dàshù xié tǎng zài shuǐmiàn·shàng yīyàng.
从 远处 看，就 像 一 棵 大树 斜 躺 在 水面 上 一样。

Xiànzài zhèngshì zhīfán-yèmào de shíjié. Zhè kē róngshù hǎoxiàng zài bǎ tā de
现在 正是 枝繁 叶茂 的 时节。 这 棵 榕树 好像 在 把 它 的
quánbù shēngmìnglì zhǎnshì gěi wǒmen kàn. Nàme duō de lǜyè, yī cù duī zài lìng yī
全部 生命力 展示 给 我们 看。 那么 多 的 绿叶，一 簇 堆 在 另 一
cù de shàng·miàn, bù liú yīdiǎnr fèngxì. Cuìlǜ de yánsè míngliàng de zài wǒmen de
簇 的 上 面， 不 留 一点儿 缝隙。 翠绿 的 颜色 明亮 地 在 我们 的
yǎnqián shǎnyào, sìhū měi yī piàn shùyè·shàng dōu yǒu yī gè xīn de shēngmìng zài
眼前 闪耀， 似乎 每 一 片 树叶 上 都 有 一 个 新 的 生命 在
chàndòng, zhè měilì de nánguó de shù!
颤动， 这 美丽 的 南国 的 树！

Chuán zài shù·xià bóle piànkè, àn·shàng hěn shī, wǒmen méi·yǒu shàng·qù.
船 在 树 下 泊了 片刻， 岸 上 很 湿， 我们 没 有 上 去。
Péngyou shuō zhè·lǐ shì "niǎo de tiāntáng", yǒu xǔduō niǎo zài zhè kē shù·shàng zuò
朋友 说 这 里 是 “鸟 的 天堂”， 有 许多 鸟 在 这 棵 树 上 做
wō, nóngmín bùxǔ rén qù zhuō tāmen. Wǒ fǎngfú tīng·jiàn jǐ zhī niǎo pū chì de
窝， 农民 不许 人 去 捉 它们。 我 仿佛 听 见 几 只 鸟 扑 翅 的
shēngyīn, dànshì děngdào wǒ de yǎnjing zhùyì de kàn nà·lǐ shí, wǒ què kàn·bùjiàn yī
声音， 但是 等到 我 的 眼睛 注意 地 看 那 里 时， 我 却 看 不见 一

zhī niǎo de yǐngzi, zhǐyǒu wúshù de shùgēn lì zài dì•shàng, xiàng xǔduō gēn
只 鸟 的 影子，只有 无数 的 树根 立 在 地 上，像 许多 根

mùzhuāng. Dì shì shī de, dàgài zhǎngcháo shí héshuǐ chángcháng chōng•shàng àn•qù.
木桩。地 是 湿 的，大概 涨潮 时 河水 常常 冲 上 岸 去。

"Niǎo de tiāntáng"•lǐ méi•yǒu yī zhī niǎo, wǒ zhèyàng xiǎngdào. Chuán kāi le, yī gè
"鸟 的 天堂" 里 没 有 一 只 鸟，我 这样 想到。船 开 了，一 个

péngyou bōzhe chuán, huǎnhuǎn de liúdào hé zhōngjiān qù.
朋友 拨着 船，缓缓 地 流到 河 中间 去。

Dì-èr tiān, wǒmen huázhe chuán dào yī gè péngyou de jiāxiāng qù, jiùshì nàgè
第二 天，我们 划着 船 到 一 个 朋友 的 家乡 去，就是 那个

yǒu shān yǒu tǎ de dìfang. Cóng xuéxiào chūfā, wǒmen yòu jīngguò nà "niǎo de
有 山 有 塔 的 地方。从 学校 出发，我们 又 经过 那 "鸟 的

tiāntáng".
天堂"。

Zhè yī cì shì zài zǎo•chén, yángguāng zhào zài shuǐmiàn•shàng, yě zhào zài
这 一 次 是 在 早 晨，阳光 照 在 水面 上，也 照 在

shùshāo•shàng. Yīqiè dōu // xiǎn•dé fēicháng guāngmíng. Wǒmen de chuán yě zài
树梢 上。一切 都 // 显 得 非常 光明。我们 的 船 也 在

shù•xià bóle piànkè.
树 下 泊了 片刻。

Qǐchū sìzhōuwéi fēicháng qīngjìng. Hòulái hūrán qǐle yī shēng niǎojiào. Wǒmen bǎ
起初 四周围 非常 清静。后来 忽然 起了 一 声 鸟叫。我们 把

shǒu yī pāi, biàn kàn•jiàn yī zhī dàniǎo fēile qǐ•lái, jiēzhe yòu kàn•jiàn dì-èr zhī,
手 一 拍，便 看 见 一 只 大鸟 飞了 起 来，接着 又 看 见 第二 只，

dì-sān zhī. Wǒmen jìxù pāizhǎng, hěn kuài de zhègè shùlín jiù biàn de hěn rènao le.
第三 只。我们 继续 拍掌，很 快 地 这个 树林 就 变 得 很 热闹 了。

Dàochù dōu shì niǎo shēng, dàochù dōu shì niǎo yǐng. Dà de, xiǎo de, huā de, hēi
到处 都 是 鸟 声，到处 都 是 鸟 影。大 的，小 的，花 的，黑

de, yǒude zhàn zài zhī•shàng jiào, yǒude fēi qǐ•lái, zài pū chìbǎng.
的，有的 站 在 枝 上 叫，有的 飞 起 来，在 扑 翅膀。

——节选自巴金《小鸟的天堂》

作品 49 号——《野草》

扫码听范读

[朗读提示]本文饱含激情地描写了小草种子的力量，开头便留有悬念，朗读时语气要自然轻松而不失好奇，接着，文中具体描写了小草种子力量之大。朗读时要充满对种子顽强不息力量的赞美之情。

Yǒu zhèyàng yī gè gùshi.
有 这样 一 个 故事。

Yǒu rén wèn: Shìjiè•shàng shénme dōngxi de qìlì zuì dà? Huídá fēnyún de hěn,
有 人 问：世界 上 什么 东西 的 气力 最 大？回答 纷纭 得 很，

yǒude shuō "xiàng", yǒude shuō "shī", yǒu rén kāi wánxiào shìde shuō: Shì
有的 说 "象"，有的 说 "狮"，有 人 开 玩笑 似的 说：是

"Jīngāng", Jīngāng yǒu duō•shǎo qìlì, dāngrán dàjiā quán bù zhī•dào.
"金刚"，金刚 有 多 少 气力，当然 大家 全 不 知 道。

Jiéguǒ, zhè yīqiè dá'àn wánquán bù duì, shìjiè•shàng qìlì zuì dà de, shì zhíwù
结果, 这 一切 答案 完全 不 对, 世界 上 气力 最 大 的, 是 植物

de zhǒngzi. Yī lì zhǒngzi suǒ kěyǐ xiǎnxiàn chū•lái de lì, jiǎnzhí shì chāoyuè yīqiè.
的 种子。一 粒 种子 所 可以 显现 出 来 的 力, 简直 是 超越 一切。

Rén de tóugàigǔ, jiéhé de fēicháng zhìmì yǔ jiāngù, shēnglǐxuéjiā hé jiěpōuxuézhě
人 的 头盖骨, 结合 得 非常 致密 与 坚固, 生理 学家 和 解剖学者

yòngjìnle yīqiè de fāngfǎ, yào bǎ tā wánzhěng de fēn chū•lái, dōu méi•yǒu zhè zhǒng
用尽了 一切 的 方法, 要 把 它 完整 地 分 出 来, 都 没 有 这 种

lìqì. Hòulái hūrán yǒu rén fāmíngle yī gè fāngfǎ, jiùshì bǎ yīxiē zhíwù de zhǒngzi
力气。后来 忽然 有 人 发明了 一 个 方法, 就是 把 一些 植物 的 种子

fàng zài yào pōuxī de tóugàigǔ•lǐ, gěi tā yǐ wēndù yǔ shīdù, shǐ tā fāyá. Yī fāyá,
放 在 要 剖析 的 头盖骨 里, 给 它 以 温度 与 湿度, 使 它 发芽。一 发芽,

zhèxiē zhǒngzi biàn yǐ kěpà de lì•liàng, jiāng yīqiè jīxièlì suǒ bùnéng fēnkāi de gǔgé,
这些 种子 便 以 可怕 的 力 量, 将 一切 机械力 所 不能 分开 的 骨骼,

wánzhěng de fēnkāi le. Zhíwù zhǒngzi de lì•liàng zhī dà, rúcǐ rúcǐ.
完整 地 分开 了。植物 种子 的 力 量 之 大, 如此 如此。

Zhè, yěxǔ tèshūle yīdiǎnr, chángrén bù róng•yì lǐjiě. Nàme, nǐ kàn•jiànguo sǔn
这, 也许 特殊了 一点儿, 常人 不 容 易 理解。那么, 你 看 见过 笋

de chéngzhǎng ma? Nǐ kàn•jiànguo bèi yā zài wǎlì hé shíkuài xià•miàn de yī kē
的 成长 吗? 你 看 见过 被 压 在 瓦砾 和 石块 下 面 的 一 棵

xiǎocǎo de shēngzhǎng ma? Tā wèizhe xiàngwǎng yángguāng, wèizhe dáchéng tā de
小草 的 生长 吗? 它 为着 向往 阳光, 为着 达成 它 的

shēng zhī yìzhì, bùguǎn shàng•miàn de shíkuài rúhé zhòng, shí yǔ shí zhījiān rúhé xiá,
生 之 意志, 不管 上 面 的 石块 如何 重, 石 与 石 之间 如何 狭,

tā bìdìng yào qūqū-zhézhé de, dànshì wánqiáng-bùqū de tòudào dìmiàn shàng•lái. Tā
它 必定 要 曲曲 折折 地, 但是 顽强 不屈 地 透到 地面 上 来。它

de gēn wǎng tǔrǎng zuān, tā de yá wàng dìmiàn tǐng, zhèshì yī zhǒng bùkě kàngjù
的 根 往 土壤 钻, 它 的 芽 往 地面 挺, 这是 一 种 不可 抗拒

de lì, zǔzhǐ tā de shíkuài, jiéguǒ yě bèi tā xiānfān, yī lì zhǒngzi de lì•liàng zhī dà,
的 力, 阻止 它 的 石块, 结果 也 被 它 掀翻, 一 粒 种子 的 力 量 之 大,

rú//cǐ rúcǐ.
如//此 如此。

Méi•yǒu yī gè rén jiāng xiǎo cǎo jiàozuò "dàlìshì", dànshì tā de lì•liàng zhī dà,
没 有 一 个 人 将 小 草 叫作 "大力士", 但是 它 的 力 量 之 大

díquè shì shìjiè wúbǐ. Zhè zhǒng lì shì yībān rén kàn•bùjiàn de shēngmìnglì. Zhǐyào
的确 是 世界 无比。这 种 力 是 一般 人 看 不见 的 生命力。 只要

shēngmìng cúnzài, zhè zhǒng lì jiù yào xiǎnxiàn. Shàng•miàn de shíkuài, sīháo bù
生命 存在, 这 种 力 就 要 显现。 上 面 的 石块, 丝毫 不

zúyǐ zǔdǎng. Yīn•wèi tā shì yī zhǒng "chángqī kàngzhàn" de lì; yǒu tánxìng,
足以 阻挡。 因 为 它 是 一 种 "长期 抗战" 的 力; 有 弹性,

néngqū-néngshēn de lì; yǒu rènxìng, bù dá mùdì bù zhǐ de lì.
能屈 能伸 的 力; 有 韧性, 不 达 目的 不 止 的 力。

——节选自夏衍《野草》

扫码听范读

作品 50 号——《匆匆》

[朗读提示]本文是一篇描述时间的经典散文，朗读时注意体会作者对时间匆匆而逝的无奈、焦急和惋惜之情。语速稍慢，特别把握好语句之间的停顿和连接，注意朗读的节奏。

Yànzi qù le，yǒu zài lái de shíhou；yángliǔ kū le，yǒu zài qīng de shíhou；táohuā
燕子 去 了，有 再 来 的 时候； 杨柳 枯 了，有 再 青 的 时候； 桃花

xiè le，yǒu zài kāi de shíhou. Dànshì，cōng•míng de，nǐ gàosu wǒ，wǒmen de rìzi
谢 了，有 再 开 的 时候。 但是， 聪明 的，你 告诉 我， 我们 的 日子

wèishénme yī qù bù fùfǎn ne? —— Shì yǒu rén tōule tāmen ba：nà shì shéi? Yòu cáng
为什么 一 去 不 复返 呢？—— 是 有 人 偷了 他们 罢：那 是 谁？ 又 藏

zài héchù ne? Shì tāmen zìjǐ táozǒu le ba：xiànzài yòu dào le nǎ•lǐ ne?
在 何处 呢？是 他们 自己 逃走 了 罢： 现在 又 到 了 哪里 呢？

Qù de jǐnguǎn qù le，lái de jǐnguǎn láizhe；qù lái de zhōngjiān，yòu zěnyàng de
去 的 尽管 去 了，来 的 尽管 来着；去 来 的 中间， 又 怎样 地

cōngcōng ne? Zǎoshang wǒ qǐ•lái de shíhou，xiǎowū•lǐ shè jìn liǎng-sān fāng xiéxié de
匆匆 呢？ 早上 我 起来 的 时候， 小屋里 射 进 两三 方 斜斜 的

tài•yáng. Tài•yáng tā yǒu jiǎo a，qīngqīngqiāoqiāo de nuóyí le；wǒ yě mángmángrán
太阳。 太阳 他 有 脚 啊， 轻 轻 悄 悄 地 挪移 了；我 也 茫 茫 然

gēnzhe xuánzhuǎn. Yúshì —— xǐshǒu de shíhou，rìzi cóng shuǐpén•lǐ guò•qù；chīfàn de
跟着 旋转。 于是 —— 洗手 的 时候， 日子 从 水盆里 过去； 吃饭 的

shíhou，rìzi cóng fànwǎn•lǐ guò•qù；mòmò shí，biàn cóng níngrán de shuāngyǎn qián
时候， 日子 从 饭碗里 过去； 默默 时， 便 从 凝然 的 双眼 前

guò•qù. Wǒ juéchá tā qù de cōngcōng le，shēnchū shǒu zhēwǎn shí，tā yòu cóng
过去。 我 觉察 他 去 的 匆匆 了， 伸出 手 遮挽 时，他 又 从

zhēwǎnzhe de shǒu biān guò•qù；tiānhēishí，wǒ tǎng zài chuáng•shàng，tā biàn
遮挽着 的 手 边 过去； 天黑时， 我 躺 在 床上， 他 便

línglínglìlì de cóng wǒ shēn•shàng kuàguò，cóng wǒ jiǎobiān fēiqù le. Děng wǒ
伶伶俐俐 地 从 我 身上 跨过， 从 我 脚边 飞去 了。 等 我

zhēngkāi yǎn hé tài•yáng zài jiàn，zhè suàn yòu liūzǒule yīrì. Wǒ yǎnzhe miàn tànxī.
睁开 眼 和 太阳 再 见， 这 算 又 溜走了 一日。我 掩着 面 叹息。

Dànshì xīn lái de rìzi de yǐng’•ér yòu kāishǐ zài tànxī•lǐ shǎnguòle.
但是 新 来 的 日子 的 影儿 又 开始 在 叹息里 闪过了。

Zài táo qù rú fēi de rìzi•lǐ，zài qiānmén-wànhù de shìjiè•lǐ de wǒ néng zuò xiē
在 逃 去 如 飞 的 日子里，在 千门万户 的 世界里 的 我 能 做 些

shénme ne? Zhǐyǒu páihuái bàle，zhǐyǒu cōngcōng bàle；zài bāqiān duō rì de
什么 呢？ 只有 徘徊 罢了， 只有 匆匆 罢了； 在 八千 多 日 的

cōngcōng•lǐ，chú páihuái wài，yòu shèng xiē shénme ne? Guò•qù de rìzi rú qīngyān，
匆匆里， 除 徘徊 外， 又 剩 些 什么 呢？ 过去 的 日子 如 轻烟，

bèi wēifēng chuīsànle，rú bówù，bèi chūyáng zhēngróngle；wǒ liúzhe xiē shénme hénjì
被 微风 吹散了， 如 薄雾， 被 初阳 蒸融了； 我 留着 些 什么 痕迹

ne? Wǒ hécéng liúzhe xiàng yóusī yàng de hénjì ne? Wǒ chìluǒluǒ lái// dào zhè shìjiè,
呢?我 何曾 留着 像 游丝 样 的 痕迹 呢?我 赤裸裸 来//到 这 世界,

zhuǎnyǎnjiān yě jiāng chìluǒluǒ de huí•qù ba? Dàn bù néng píng de, wèishénme piān
转眼间 也 将 赤裸裸 的 回去 罢?但 不 能 平 的, 为什么 偏

báibái zǒu zhè yīzāo a?
白白 走 这 一遭 啊?

Nǐ cōng•míng de, gàosu wǒ, wǒmen de rìzi wèishénme yī qù bù fùfǎn ne?
你 聪明 的,告诉 我, 我们 的 日子 为什么 一 去 不 复返 呢?

——节选自朱自清《匆匆》

作品51号——《一个美丽的故事》

扫码听范读

[朗读提示]本文讲述了一个感人而又美丽的故事,朗读时,声音要柔和甜润,把整篇文章浓浓的爱意表现出来。最后一句为画龙点睛之笔,朗读时语气舒缓,语调稳健。

Yǒu gè tā bízi de xiǎonánháir, yīn•wèi liǎng suì shí déguo nǎoyán, zhìlì shòusǔn,
有 个 塌 鼻子 的 小男孩儿, 因 为 两 岁 时 得过 脑炎, 智力 受损,

xuéxí qǐ•lái hěn chīlì. Dǎ gè bǐfang, bié•rén xiě zuòwén néng xiě èr-sānbǎi zì, tā què
学习 起 来 很 吃力。打 个 比方, 别 人 写 作文 能 写 二三百 字,他 却

zhǐnéng xiě sān-wǔ háng. Dàn jíbiàn zhèyàng de zuòwén, tā tóngyàng néng xiě de
只能 写 三五 行。 但 即便 这样 的 作文, 他 同样 能 写 得

hěn dòngrén.
很 动人。

Nà shì yī cì zuòwénkè, tímù shì《Yuànwàng》. Tā jíqí rènzhēn de xiǎngle
那 是 一 次 作文课, 题目 是 《愿望》。 他 极其 认真 地 想了

bàntiān, ránhòu jí rènzhēn de xiě, nà zuòwén jí duǎn. Zhǐyǒu sān jù huà: Wǒ yǒu
半天, 然后 极 认真 地 写,那 作文 极 短。 只有 三 句 话:我 有

liǎng gè yuànwàng, dì-yī gè shì, māma tiāntiān xiàomīmī de kànzhe wǒ shuō:“Nǐ
两 个 愿望, 第一 个 是, 妈妈 天天 笑眯眯 地 看着 我 说:“你

zhēn cōng•míng,” dì-èr gè shì, lǎoshī tiāntiān xiàomīmī de kànzhe wǒ shuō:“Nǐ
真 聪 明,” 第二 个 是, 老师 天天 笑眯眯 地 看着 我 说:“你

yīdiǎnr yě bù bèn.”
一点儿 也 不 笨。”

Yúshì, jiùshì zhè piān zuòwén, shēnshēn de dǎdòngle tā de lǎoshī, nà wèi māma
于是,就是 这 篇 作文, 深深 地 打动了 他 的 老师,那 位 妈妈

shì de lǎoshī bùjǐn gěile tā zuì gāo fēn, zài bān•shàng dài gǎnqíng de lǎngdúle zhè
式 的 老师 不仅 给了 他 最 高 分, 在 班 上 带 感情 地 朗读了 这

piān zuòwén, hái yībǐ-yīhuà de pīdào: Nǐ hěn cōng•míng, nǐ de zuòwén xiě de
篇 作文, 还 一笔一画 地 批道:你 很 聪 明, 你 的 作文 写 得

fēicháng gǎnrén, qǐng fàngxīn, māma kěndìng huì géwài xǐhuan nǐ de, lǎoshī kěndìng
非常 感人, 请 放心, 妈妈 肯定 会 格外 喜欢 你 的,老师 肯定

huì géwài xǐhuan nǐ de, dàjiā kěndìng huì géwài xǐhuan nǐ de.
会 格外 喜欢 你 的,大家 肯定 会 格外 喜欢 你 的。

Pěngzhe zuòwénběn, tā xiào le, bèngbèng-tiàotiào de huíjiā le, xiàng zhī xǐ•què.
捧着 作文本，他 笑 了， 蹦蹦 跳跳 地 回家 了，像 只 喜 鹊。
Dàn tā bìng méi•yǒu bǎ zuòwénběn nágěi māma kàn, tā shì zài děngdài, děngdàizhe
但 他 并 没 有 把 作文本 拿给 妈妈 看，他 是 在 等待， 等待着
yī gè měihǎo de shíkè.
一 个 美好 的 时刻。

Nàge shíkè zhōngyú dào le, shì māma de shēng•rì —— yī gè yángguāng cànlàn
那个 时刻 终于 到 了，是 妈妈 的 生 日 —— 一 个 阳光 灿烂
de xīngqītiān: Nà tiān, tā qǐ de tèbié zǎo, bǎ zuòwénběn zhuāng zài yī gè qīnshǒu
的 星期天：那 天，他 起 得 特别 早，把 作文本 装 在 一 个 亲手
zuò de měilì de dà xìnfēng•lǐ, děngzhe māma xǐng•lái. Māma gānggāng zhēng yǎn
做 的 美丽 的 大 信封 里， 等着 妈妈 醒 来。妈妈 刚刚 睁 眼
xǐng•lái, tā jiù xiàomīmī de zǒudào māma gēn•qián shuō: "Māma, jīntiān shì nín de
醒 来，他 就 笑眯眯 地 走到 妈妈 跟 前 说："妈妈， 今天 是 您 的
shēng•rì, wǒ yào// sònggěi nín yī jiàn lǐwù."
生 日，我 要 // 送给 您 一 件 礼物。"

Guǒrán, kànzhe zhè piān zuòwén, māma tiántián de yǒngchūle liǎng háng rèlèi,
果然， 看着 这 篇 作文， 妈妈 甜甜 地 涌出了 两 行 热泪，
yī bǎ lǒuzhù xiǎonánháir, lǒu dé hěn jǐn hěn jǐn.
一 把 搂住 小男孩儿， 搂 得 很 紧 很 紧。

Shìde, zhìlì kěyǐ shòu sǔn, dàn ài yǒngyuǎn bù huì.
是的，智力 可以 受 损，但 爱 永远 不 会。

——节选自张玉庭《一个美丽的故事》

作品 52 号——《永远的记忆》

扫码听范读

[朗读提示]这是一篇充满怀念之情的文章，语言清新自然，没有大起大落的感情起伏，所以朗读时语气要舒缓，声音要柔婉，仿佛回到那令人回味无穷、难以忘怀的情景之中了。

Xiǎoxué de shíhou, yǒu yī cì wǒmen qù hǎibiān yuǎnzú, māma méi•yǒu zuò
小学 的 时候， 有 一 次 我们 去 海边 远足， 妈妈 没 有 做
biànfàn, gěile wǒ shí kuài qián mǎi wǔcān. Hǎoxiàng zǒule hěn jiǔ, hěn jiǔ, zhōngyú
便饭，给了 我 十 块 钱 买 午餐。 好像 走了 很 久，很 久， 终于
dào hǎibiān le, dàjiā zuò xià•lái biàn chīfàn, huāngliáng de hǎibiān méi•yǒu
到 海边 了，大家 坐 下 来 便 吃饭， 荒凉 的 海边 没 有
shāngdiàn, wǒ yī gè rén pǎodào fángfēnglín wài•miàn qù, jírèn lǎoshī yào dàjiā bǎ
商店， 我 一 个 人 跑到 防风林 外 面 去，级任 老师 要 大家 把
chīshèng de fàncài fēngěi wǒ yīdiǎnr. Yǒu liǎng-sān gè nánshēng liú•xià yīdiǎnr gěi
吃剩 的 饭菜 分给 我 一点儿。有 两三 个 男生 留 下 一点儿 给
wǒ, háiyǒu yī gè nǚshēng, tā de mǐfàn bànle jiàngyóu, hěn xiāng. Wǒ chīwán de
我，还 有 一 个 女生， 她 的 米饭 拌了 酱油， 很 香。 我 吃完 的
shíhou, tā xiàomīmī de kànzhe wǒ, duǎn tóufa, liǎn yuányuán de.
时候，她 笑眯眯 地 看着 我，短 头发，脸 圆圆 的。

Tā de míngzi jiào Wēng Xiāngyù.
她 的 名字 叫 翁 香玉。

Měi tiān fàngxué de shíhou, tā zǒu de shì jīngguò wǒmen jiā de yī tiáo xiǎolù, dàizhe yī wèi bǐ tā xiǎo de nánháir, kěnéng shì dìdi. Xiǎolù biān shì yī tiáo qīngchè jiàn dǐ de xiǎoxī, liǎngpáng zhúyīn fùgài, wǒ zǒngshì yuǎnyuǎn de gēn zài tā hòu•miàn, xiàrì de wǔhòu tèbié yánrè, zǒudào bànlù tā huì tíng xià•lái, ná shǒupà zài xīshuǐ•lǐ jìnshī, wèi xiǎonánháir cā liǎn. Wǒ yě zài hòu•miàn tíng xià•lái, bǎ āngzāng de shǒupà nòngshīle cā liǎn, zài yīlù yuǎnyuǎn gēnzhe tā huíjiā.
每 天 放学 的 时候，她 走 的 是 经过 我们 家 的 一 条 小路，带着 一 位 比 她 小 的 男孩儿， 可能 是 弟弟。小路 边 是 一 条 清澈 见 底 的 小溪， 两旁 竹阴 覆盖，我 总是 远远 地 跟 在 她 后 面，夏日 的 午后 特别 炎热， 走到 半路 她 会 停 下 来，拿 手帕 在 溪水 里 浸湿，为 小男孩儿 擦 脸。我 也 在 后 面 停 下 来，把 肮脏 的 手帕 弄湿了 擦 脸，再 一路 远远 跟着 她 回家。

Hòulái wǒmen jiā bāndào zhèn•shàng qù le, guò jǐ nián wǒ yě shàngle zhōngxué. Yǒu yī tiān fàngxué huíjiā, zài huǒchē•shàng, kàn•jiàn xiéduìmiàn yī wèi duǎn tóufa、yuányuán liǎn de nǚháir, yī shēn sùjing de bái yī hēi qún. Wǒ xiǎng tā yīdìng bù rènshi wǒ le. Huǒchē hěn kuài dào zhàn le, wǒ suízhe rénqún jǐ xiàng ménkǒu, tā yě zǒujìn le, jiào wǒ de míngzi. Zhè shì tā dì-yī cì hé wǒ shuōhuà.
后来 我们 家 搬到 镇 上 去 了，过 几 年 我 也 上了 中学。有 一 天 放学 回家，在 火车 上， 看 见 斜对面 一 位 短 头发、圆圆 脸 的 女孩儿，一 身 素净 的 白 衣 黑 裙。我 想 她 一定 不 认识 我 了。火车 很 快 到 站 了，我 随着 人群 挤 向 门口，她 也 走近 了，叫 我 的 名字。这 是 她 第一 次 和 我 说话。

Tā xiàomīmī de, hé wǒ yīqǐ zǒuguò yuètái. Yǐhòu jiù méi•yǒu zài jiànguo//tā le.
她 笑眯眯 的，和 我 一起 走过 月台。以后 就 没 有 再 见过 //她 了。

Zhè piān wénzhāng shōu zài wǒ chūbǎn de《Shàonián Xīnshì》zhè běn shū•lǐ.
这 篇 文章 收 在 我 出版 的 《少年 心事》 这 本 书 里。

Shū chūbǎn hòu bàn nián, yǒu yī tiān wǒ hūrán shōudào chūbǎnshè zhuǎnlái de yī fēng xìn, xìnfēng•shàng shì mòshēng de zìjì, dàn qīngchu de xiězhe wǒ de běnmíng.
书 出版 后 半 年， 有 一 天 我 忽然 收到 出版社 转来 的 一 封 信， 信封 上 是 陌生 的 字迹，但 清楚 地 写着 我 的 本名。

Xìn lǐ•miàn shuō tā kàndàole zhè piān wénzhāng xīn•lǐ fēicháng jīdòng, méi xiǎngdào zài líkāi jiāxiāng, piāobó yìdì zhème jiǔ zhīhòu, huì kàn•jiàn zìjǐ réngrán zài yī gè rén de jìyì•lǐ, tā zìjǐ yě shēnshēn jì•dé zhè qízhōng de měi yī mù, zhǐshì méi xiǎngdào yuèguò yáoyuǎn de shíkōng, jìngrán lìng yī gè rén yě shēnshēn jì•dé.
信 里 面 说 她 看到了 这 篇 文章 心 里 非常 激动， 没 想到 在 离开 家乡， 漂泊 异地 这么 久 之后， 会 看 见 自己 仍然 在 一 个 人 的 记忆 里，她 自己 也 深深 记 得 这 其中 的 每 一 幕， 只是 没 想到 越过 遥远 的 时空， 竟然 另 一 个 人 也 深深 记 得。

——节选自苦伶《永远的记忆》

扫码听范读

作品 53 号——《语言的魅力》

[**朗读提示**]本文通过一件小事，让我们感受到语言的魅力，朗读时可以分成两部分：一是叙事部分，用沉着稳健的语调把故事娓娓动听地讲述出来；二是最后一个自然段的抒情部分，要用感叹的语调读出来。

Zài fánhuá de Bālí dàjiē de lùpáng, zhànzhe yī gè yīshān lánlǚ、tóufa bānbái、
在 繁华 的 巴黎 大街 的 路旁， 站着 一 个 衣衫 褴褛、头发 斑白、
shuāngmù shīmíng de lǎorén. Tā bù xiàng qítā qǐgài nàyàng shēnshǒu xiàng guòlù
双目 失明 的 老人。他 不 像 其他 乞丐 那样 伸手 向 过路
xíngrén qǐtǎo, ér shì zài shēnpáng lì yī kuài mùpái, shàng•miàn xiězhe: “Wǒ shénme
行人 乞讨，而 是 在 身旁 立 一 块 木牌， 上 面 写着：“我 什么
yě kàn•bùjiàn!” Jiē•shàng guòwǎng de xíngrén hěn duō, kànle mùpái•shàng de zì dōu
也 看 不见！” 街 上 过往 的 行人 很 多，看了 木牌 上 的 字 都
wúdòngyúzhōng, yǒude hái dàndàn yī xiào, biàn shānshān ér qù le.
无动于衷， 有的 还 淡淡 一 笑， 便 姗姗 而 去 了。

Zhè tiān zhōngwǔ, Fǎguó zhùmíng shīrén Ràng Bǐhàolè yě jīngguò zhè•lǐ. Tā
这 天 中午， 法国 著名 诗人 让•彼浩勒 也 经过 这 里。他
kànkan mùpái•shàng de zì, wèn máng lǎorén: “Lǎo•rén•jiā, jīntiān shàngwǔ yǒu rén
看看 木牌 上 的 字，问 盲 老人：“老 人 家， 今天 上午 有 人
gěi nǐ qián ma?”
给 你 钱 吗？”

Máng lǎorén tànxīzhe huídá: “Wǒ, wǒ shénme yě méi•yǒu dédào.” Shuōzhe,
盲 老人 叹息着 回答：“我， 我 什么 也 没 有 得到。” 说着，
liǎn•shàng de shénqíng fēicháng bēishāng.
脸 上 的 神情 非常 悲伤。

Ràng Bǐhàolè tīng le, náqǐ bǐ qiāoqiāo de zài nà háng zì de qián•miàn
让•彼浩勒 听 了，拿起 笔 悄悄 地 在 那 行 字 的 前 面
tiān•shàngle “chūntiān dào le, kěshì” jǐ gè zì, jiù cōngcōng de líkāi le.
添 上了 “春天 到 了，可是”几 个 字，就 匆匆 地 离开 了。

Wǎnshang, Ràng Bǐhàolè yòu jīngguò zhè•lǐ, wèn nàge máng lǎorén xiàwǔ de
晚上， 让•彼浩勒 又 经过 这 里，问 那个 盲 老人 下午 的
qíngkuàng. Máng lǎorén xiàozhe huídá shuō: “Xiānsheng, bù zhī wèishénme, xiàwǔ gěi
情况。 盲 老人 笑着 回答 说： “先生， 不 知 为什么， 下午 给
wǒ qián de rén duō jí le!” Ràng Bǐhàolè tīng le, mōzhe húzi mǎnyì de xiào le.
我 钱 的 人 多 极 了！” 让•彼浩勒 听 了，摸着 胡子 满意 地 笑 了。

“Chūntiān dào le, kěshì wǒ shénme yě kàn•bùjiàn!” Zhè fùyǒu shīyì de yǔyán,
“春天 到 了，可是 我 什么 也 看 不见！” 这 富有 诗意 的 语言，
chǎnshēng zhème dà de zuòyòng, jiù zàiyú tā yǒu fēicháng nónghòu de gǎnqíng sècǎi.
产生 这么 大 的 作用， 就 在于 它 有 非常 浓厚 的 感情 色彩。
Shìde, chūntiān shì měihǎo de, nà lántiān báiyún, nà lǜshù hónghuā, nà
是的， 春天 是 美好 的，那 蓝天 白云， 那 绿树 红花， 那
yīnggē-yànwǔ, nà liúshuǐ rénjiā, zěnme bù jiào rén táozuì ne? Dàn zhè liángchén
莺歌 燕舞， 那 流水 人家， 怎么 不 叫 人 陶醉 呢？ 但 这 良辰
měijǐng, duìyú yī gè shuāngmù shīmíng de rén lái shuō, zhǐshì yī piàn qīhēi. Dāng
美景， 对于 一 个 双目 失明 的 人 来 说， 只是 一 片 漆黑。 当

rénmen xiǎngdào zhège máng lǎorén, yīshēng zhōng jìng lián wànzǐ-qiānhóng de
人们 想到 这个 盲 老人, 一生 中 竟 连 万紫 千红 的

chūntiān// dōu bùcéng kàndào, zěn néng bù duì tā chǎnshēng tóngqíng zhī xīn ne?
春天 //都 不曾 看到, 怎 能 不 对 他 产生 同情 之 心 呢?

——节选自小学《语文》第六册中《语言的魅力》

作品54号——《赠你四味长寿药》

扫码听范读

[朗读提示]本文是一篇关于养生之道的小杂文,朗读时使用平稳、深沉的语调,不紧不慢地道出养生四味长寿药的内涵和实质。

Yǒu yī cì, Sū Dōngpō de péngyou Zhāng È názhe yī zhāng xuānzhǐ lái qiú tā xiě
有 一 次,苏 东坡 的 朋友 张 鹗 拿着 一 张 宣 纸 来 求 他 写

yī fú zì, érqiě xīwàng tā xiě yīdiǎnr guānyú yǎngshēng fāngmiàn de nèiróng. Sū
一 幅 字, 而且 希望 他 写 一点儿 关于 养生 方面 的 内容。 苏

Dōngpō sīsuǒle yīhuìr, diǎndiǎn tóu shuō: "Wǒ dédàole yī gè yǎngshēng chángshòu
东坡 思索了 一会儿, 点点 头 说: "我 得到了 一 个 养生 长寿

gǔfāng, yào zhǐyǒu sì wèi, jīntiān jiù zènggěi nǐ ba." Yúshì, Dōngpō de lángháo zài
古方, 药 只有 四 味, 今天 就 赠给 你 吧。" 于是, 东坡 的 狼毫 在

zhǐ•shàng huīsǎ qǐ•lái, shàng•miàn xiězhe: "Yī yuē wú shì yǐ dàng guì, èr yuē zǎo qǐn
纸 上 挥洒 起 来, 上 面 写着: "一 曰 无 事 以 当 贵, 二 曰 早 寝

yǐ dàng fù, sān yuē ān bù yǐ dàng chē, sì yuē wǎn shí yǐ dàng ròu."
以 当 富, 三 曰 安 步 以 当 车, 四 曰 晚 食 以 当 肉。"

Zhè nǎ•lǐ yǒu yào? Zhāng È yīliǎn mángrán de wèn. Sū Dōngpō xiàozhe jiěshì
这 哪 里 有 药? 张 鹗 一脸 茫然 地 问。苏 东坡 笑着 解释

shuō, yǎngshēng chángshòu de yàojué, quán zài zhè sì jù lǐ•miàn.
说, 养生 长寿 的 要诀, 全 在 这 四 句 里 面。

Suǒwèi "wú shì yǐ dàng guì", shì zhǐ rén bùyào bǎ gōngmíng lìlù, róngrǔ guòshī
所谓 "无 事 以 当 贵", 是 指 人 不要 把 功名 利禄、荣辱 过失

kǎolǜ de tài duō, rú néng zài qíngzhì•shàng xiāosǎ dàdù, suí'yù'ér'ān, wú shì yǐ qiú,
考虑 得 太 多, 如 能 在 情志 上 潇洒 大度, 随遇而安, 无 事 以 求,

zhè bǐ fùguì gèng néng shǐ rén zhōng qí tiānnián.
这 比 富贵 更 能 使 人 终 其 天年。

"Zǎo qǐn yǐ dàng fù", zhǐ chīhǎo chuānhǎo, cáihuò chōngzú, bìngfēi jiù néng shǐ
"早 寝 以 当 富", 指 吃好 穿好、 财货 充足, 并非 就 能 使

nǐ chángshòu. Duì lǎoniánrén lái shuō, yǎngchéng liánghǎo de qǐjū xíguàn, yóuqí shì
你 长寿。 对 老年人 来 说, 养成 良好 的 起居 习惯, 尤其 是

zǎo shuì zǎo qǐ, bǐ huòdé rènhé cáifù gèngjiā bǎoguì.
早 睡 早 起, 比 获得 任何 财富 更加 宝贵。

"Ān bù yǐ dàng chē", zhǐ rén bùyào guòyú jiǎngqiú ānyì, zhītǐ bù láo, ér yīng
"安 步 以 当 车", 指 人 不要 过于 讲求 安逸、肢体 不 劳, 而 应

duō yǐ bùxíng lái tìdài qímǎ chéngchē, duō yùndòng cái kěyǐ qiángjiàn tǐpò,
多 以 步行 来 替代 骑马 乘车, 多 运动 才 可以 强健 体魄,

tōngchàng qìxuè.
通畅 气血。

"Wǎn shí yǐ dàng ròu", yìsi shì rén yīnggāi yòng yǐ jī fāng shí, wèi bǎo xiān zhǐ
"晚 食 以 当 肉", 意思 是 人 应该 用 已 饥 方 食、未 饱 先 止

dàitì duì měiwèi jiāyáo de tānchī wú yàn. Tā jìnyībù jiěshì, èle yǐhòu cái jìnshí,
代替 对 美味 佳肴 的 贪吃 无 厌。他 进一步 解释，饿了 以后 才 进食，

suīrán shì cūchá-dànfàn, dàn qí xiāngtián kěkǒu huì shèngguò shānzhēn; rúguǒ bǎole
虽然 是 粗茶 淡饭，但 其 香甜 可口 会 胜过 山珍；如果 饱了

háiyào miǎnqiǎng chī, jíshǐ měiwèi jiāyáo bǎi zài yǎnqián yě nányǐ // xiàyàn.
还要 勉强 吃，即使 美味 佳肴 摆 在 眼前 也 难以 // 下咽。

Sū Dōngpō de sì wèi "chángshòuyào", shíjì·shàng shì qiángdiàole qíngzhì、
苏 东坡 的 四 味 "长寿药"，实际 上 是 强调了 情志、

shuìmián、yùndòng、yǐnshí sì gè fāngmiàn duì yǎngshēng chángshòu de zhòngyàoxìng,
睡眠、运动、饮食 四 个 方面 对 养生 长寿 的 重要性，

zhè zhǒng yǎngshēng guāndiǎn jíshǐ zài jīntiān réngrán zhí·dé jièjiàn.
这 种 养生 观点 即使 在 今天 仍然 值 得 借鉴。

——节选自蒲昭和《赠你四味长寿药》

作品 55 号——《站在历史的枝头微笑》

扫码听范读

[朗读提示]本文是关于人生哲理的小品文，朗读时语气坚实、从容，语调平稳、诚恳。

Rén huózhe, zuì yàojǐn de shì xúnmì dào nà piàn dàibiǎozhe shēngmìng lǜsè hé
人 活着，最 要紧 的 是 寻觅 到 那 片 代表着 生命 绿色 和

rénlèi xīwàng de cónglín, ránhòu xuǎn yī gāogāo de zhītóu zhàn zài nà·lǐ guānlǎn
人类 希望 的 丛林，然后 选 一 高高 的 枝头 站 在 那 里 观览

rénshēng, xiāohuà tòngkǔ, yùnyù gēshēng, yúyuè shìjiè!
人生， 消化 痛苦，孕育 歌声， 愉悦 世界！

Zhè kě zhēn shì yī zhǒng xiāosǎ de rénshēng tài·dù, zhè kě zhēn shì yī zhǒng
这 可 真 是 一 种 潇洒 的 人生 态 度，这 可 真 是 一 种

xīnjìng shuǎnglǎng de qínggǎn fēngmào.
心境 爽朗 的 情感 风貌。

Zhàn zài lìshǐ de zhītóu wēixiào, kěyǐ jiǎnmiǎn xǔduō fánnǎo. Zài nà·lǐ, nǐ kěyǐ
站 在 历史 的 枝头 微笑，可以 减免 许多 烦恼。在 那 里，你 可以

cóng zhòngshēngxiàng suǒ bāohán de tián-suān-kǔ-là、bǎiwèi rénshēng zhōng xúnzhǎo
从 众生相 所 包含 的 甜 酸 苦 辣、百味 人生 中 寻找

nǐ zìjǐ; nǐ jìngyù zhōng de nà diǎnr kǔtòng, yěxǔ xiāngbǐ zhīxià, zài yě nányǐ zhànjù
你 自己；你 境遇 中 的 那 点儿 苦痛，也许 相比 之下，再 也 难以 占据

yī xí zhī dì; nǐ huì jiào róng·yì de huòdé cóng bùyuè zhōng jiětuō línghún de lì·liàng,
一 席 之 地；你 会 较 容 易 地 获得 从 不悦 中 解脱 灵魂 的 力 量，

shǐ zhī bùzhì biàn de huīsè.
使 之 不致 变 得 灰色。

Rén zhàn de gāo xiē, bùdàn néng yǒuxìng zǎo xiē lǐnglüè dào xīwàng de
人 站 得 高 些，不但 能 有幸 早 些 领略 到 希望 的

shǔguāng, hái néng yǒuxìng fāxiàn shēngmìng de lìtǐ de shīpiān. Měi yī gè rén de
曙光， 还 能 有幸 发现 生命 的 立体 的 诗篇。每 一 个 人 的

rénshēng, dōu shì zhè shīpiān zhōng de yī gè cí、yī gè jùzi huòzhě yī gè biāodiǎn.
人生， 都 是 这 诗篇 中 的 一 个 词、一 个 句子 或者 一 个 标点。

Nǐ kěnéng méi·yǒu chéngwéi yī gè měilì de cí, yī gè yǐnrén-zhùmù de jùzi, yī gè
你 可能 没 有 成为 一 个 美丽 的 词，一 个 引人 注目 的 句子，一 个

jīngtànhào, dàn nǐ yīrán shì zhè shēngmìng de lìtǐ shīpiān zhōng de yī gè yīnjié、yī
惊叹号， 但 你 依然 是 这 生命 的 立体 诗篇 中 的 一 个 音节、一
gè tíngdùn、yī gè bìbùkěshǎo de zǔchéng bùfen. Zhè zúyǐ shǐ nǐ fàngqì qiánxián,
个 停顿、 一 个 必不 可少 的 组成 部分。 这 足以 使 你 放弃 前嫌，
méngshēng wèi rénlèi yùnyù xīn de gēshēng de xìngzhì, wèi shìjiè dài•lái gèng duō de
萌生 为 人类 孕育 新 的 歌声 的 兴致， 为 世界 带 来 更 多 的
shīyì.
诗意。

Zuì kěpà de rénshēng jiànjiě, shì bǎ duōwéi de shēngcún tújǐng kànchéng
最 可怕 的 人生 见解， 是 把 多维 的 生存 图景 看成
píngmiàn. Yīn•wèi nà píngmiàn•shàng kèxià de dàduō shì nínggùle de lìshǐ —— guòqù
平面。 因 为 那 平面 上 刻下 的 大多 是 凝固了 的 历史 —— 过去
de yíjì; dàn huózhe de rénmen, huó dé què shì chōngmǎnzhe xīnshēng zhìhuì de,
的 遗迹；但 活着 的 人们， 活 得 却 是 充满着 新生 智慧 的，
yóu// bùduàn shìqù de "xiànzài" zǔchéng de wèilái. Rénshēng bùnéng xiàng mǒu xiē
由 // 不断 逝去 的 "现在" 组成 的 未来。 人生 不能 像 某 些
yúlèi tǎngzhe yóu, rénshēng yě bùnéng xiàng mǒu xiē shòulèi pázhe zǒu, ér yīnggāi
鱼类 躺着 游， 人生 也 不能 像 某 些 兽类 爬着 走，而 应该
zhànzhe xiàngqián xíng, zhè cái shì rénlèi yīngyǒu de shēngcún zītài.
站着 向前 行， 这 才 是 人类 应有 的 生存 姿态。

——节选自[美]本杰明·拉什《站在历史的枝头微笑》

作品56号——《中国的宝岛——台湾》

扫码听范读

[朗读提示]本文介绍了中国宝岛——台湾的概貌，既具有客观性，又融入了作者对宝岛台湾的赞美之情。朗读时要使用稳健的语调，同时又饱含着热爱的感情。

Zhōngguó de dì-yī dàdǎo、Táiwān Shěng de zhǔdǎo Táiwān, wèiyú Zhōngguó
中国 的 第一 大岛、 台湾 省 的 主岛 台湾， 位于 中国
dàlùjià de dōngnánfāng, dìchǔ Dōng Hǎi hé Nán Hǎi zhījiān, gézhe Táiwān Hǎixiá hé
大陆架 的 东南方， 地处 东 海 和 南 海 之间， 隔着 台湾 海峡 和
Dàlù xiāngwàng. Tiānqì qínglǎng de shíhou, zhàn zài Fújiàn yánhǎi jiào gāo de
大陆 相望。 天气 晴朗 的 时候， 站 在 福建 沿海 较 高 的
dìfang, jiù kěyǐ yǐnyǐn-yuēyuē de wàng•jiàn dǎo•shàng de gāoshān hé yúnduǒ.
地方， 就 可以 隐隐 约约 地 望 见 岛 上 的 高山 和 云朵。

Táiwān Dǎo xíngzhuàng xiácháng, cóng dōng dào xī, zuì kuān chù zhǐyǒu yībǎi
台湾 岛 形状 狭长， 从 东 到 西，最 宽 处 只有 一百
sìshí duō gōnglǐ; yóu nán zhì běi, zuì cháng de dìfang yuē yǒu sānbǎi jiǔshí duō
四十 多 公里； 由 南 至 北， 最 长 的 地方 约 有 三百 九十 多
gōnglǐ. Dìxíng xiàng yī gè fǎngzhī yòng de suōzi.
公里。 地形 像 一 个 纺织 用 的 梭子。

Táiwān Dǎo•shàng de shānmài zòngguàn nánběi, zhōngjiān de zhōngyāng shānmài
台湾 岛 上 的 山脉 纵贯 南北， 中间 的 中央 山脉
yóurú quándǎo de jǐliang. Xībù wéi hǎibá jìn sìqiān mǐ de Yù Shān shānmài, shì
犹如 全岛 的 脊梁。 西部 为 海拔 近 四千 米 的 玉 山 山脉， 是
Zhōngguó dōngbù de zuì gāo fēng. Quándǎo yuē yǒu sān fēn zhī yī de dìfang shì
中国 东部 的 最 高 峰。 全岛 约 有 三 分 之 一 的 地方 是

píngdì，qíyú wéi shāndì. Dǎonèi yǒu duàndài bān de pùbù，lánbǎoshí shìde húpō，sìjì
平地，其余 为 山地。 岛内 有 缎带 般 的 瀑布，蓝宝石 似的 湖泊，四季

chángqīng de sēnlín hé guǒyuán，zìrán jǐngsè shífēn yōuměi. Xīnánbù de Ālǐ Shān hé
常青 的 森林 和 果园，自然 景色 十分 优美。西南部 的 阿里 山 和

Rìyuè Tán，Táiběi shìjiāo de Dàtúnshān fēngjǐngqū，dōu shì wénmíng shìjiè deyóulǎn
日月 潭，台北 市郊 的 大屯山 风景区，都 是 闻名 世界 的 游览

shèngdì.
胜地。

Táiwān Dǎo dìchǔ rèdài hé wēndài zhījiān，sìmiàn huán hǎi，yǔshuǐ chōngzú，
台湾 岛 地处 热带 和 温带 之间，四面 环 海，雨水 充足，

qìwēn shòudào hǎiyáng de tiáojì，dōng nuǎn xià liáng，sìjì rú chūn，zhè gěi shuǐdào
气温 受到 海洋 的 调剂，冬 暖 夏 凉，四季 如 春，这 给 水稻

hé guǒmù shēngzhǎng tígōngle yōuyuè de tiáojiàn. Shuǐdào、gānzhe、zhāngnǎo shì
和 果木 生长 提供了 优越 的 条件。水稻、甘蔗、樟脑 是

Táiwān de“sān bǎo”. Dǎo•shàng hái shèngchǎn xiānguǒ hé yúxiā.
台湾 的“三 宝”。岛 上 还 盛产 鲜果 和 鱼虾。

Táiwān Dǎo háishì yī gè wénmíng shìjiè de“húdié wángguó”. Dǎo•shàng de húdié
台湾 岛 还是 一 个 闻名 世界 的“蝴蝶 王国”。岛 上 的 蝴蝶

gòng yǒu sìbǎi duō gè pǐnzhǒng，qízhōng yǒu bùshǎo shì shìjiè xīyǒu de zhēnguì
共 有 四百 多 个 品种，其中 有 不少 是 世界 稀有 的 珍贵

pǐnzhǒng. Dǎo•shàng háiyǒu bùshǎo niǎoyǔ-huāxiāng de hú//diégǔ，dǎo•shàng jūmín
品种。岛 上 还有 不少 鸟语 花香 的 蝴//蝶谷，岛 上 居民

lìyòng húdié zhìzuò de biāoběn hé yìshùpǐn，yuǎnxiāo xǔduō guójiā.
利用 蝴蝶 制作 的 标本 和 艺术品，远销 许多 国家。

——节选自《中国的宝岛——台湾》

作品 57 号——《中国的牛》

扫码听范读

[朗读提示]本文赞美了牛的品格：永远老老实实、默默地工作，平心静气。朗读时要让声音散发出浓郁的生活气息，并充满了对牛的赞美、尊敬之情，但不能太夸张，要把握好分寸。

Duìyú Zhōngguó de niú，wǒ yǒuzhe yī zhǒng tèbié zūnjìng de gǎnqíng.
对于 中国 的 牛，我 有着 一 种 特别 尊敬 的 感情。

Liúgěi wǒ yìnxiàng zuì shēn de，yào suàn zài tiánlǒng•shàng de yī cì “xiāngyù”.
留给 我 印象 最 深 的，要 算 在 田垄 上 的 一 次 “相遇”。

Yī qún péngyou jiāoyóu，wǒ lǐngtóu zài xiázhǎi de qiānmò•shàng zǒu，zěnliào
一 群 朋友 郊游，我 领头 在 狭窄 的 阡陌 上 走，怎料

yíngmiàn láile jǐ tóu gēngniú，xiádào róng•bùxià rén hé niú，zhōng yǒu yīfāng yào
迎面 来了 几 头 耕牛，狭道 容 不下 人 和 牛，终 有 一方 要

rànglù. Tāmen hái méi•yǒu zǒujìn，wǒmen yǐ•jīng yùjì dòu•bù•guò chùsheng，kǒngpà
让路。它们 还 没 有 走近，我们 已 经 预计 斗 不 过 畜牲，恐怕

nánmiǎn cǎidào tiándì níshuǐ•lǐ，nòng de xiéwà yòu ní yòu shī le. Zhèng chíchú de
难免 踩到 田地 泥水 里，弄 得 鞋袜 又 泥 又 湿 了。正 踟蹰 的

shíhou，dàitóu de yī tóu niú，zài lí wǒmen bùyuǎn de dìfang tíng xià•lái，táiqǐ tóu
时候，带头 的 一 头 牛，在 离 我们 不远 的 地方 停 下 来，抬起 头

kànkan，shāo chíyí yīxià，jiù zìdòng zǒu•xià tián qù. Yī duì gēngniú，quán gēnzhe tā
看看，稍 迟疑 一下，就 自动 走 下 田 去。一 队 耕牛，全 跟着 它

líkāi qiānmò, cóng wǒmen shēnbiān jīngguò.
离开 阡陌， 从 我们 身边 经过。

Wǒmen dōu dāi le, huíguo tóu•lái, kànzhe shēnhèsè de niúduì, zài lù de jìntóu
我们 都 呆 了，回过 头 来， 看着 深褐色 的 牛队， 在 路 的 尽头

xiāoshī, hūrán jué•dé zìjǐ shòule hěn dà de ēnhuì.
消失， 忽然 觉 得 自己 受了 很 大 的 恩惠。

Zhōngguó de niú, yǒngyuǎn chénmò de wèi rén zuòzhe chénzhòng de gōngzuò. Zài
中国 的 牛， 永远 沉默 地 为 人 做着 沉重 的 工作。 在

dàdì•shàng, zài chénguāng huò lièrì•xià, tā tuōzhe chénzhòng de lí, dītóu yī bù yòu
大地 上， 在 晨光 或 烈日 下，它 拖着 沉重 的 犁，低头 一 步 又

yī bù, tuōchūle shēnhòu yī liè yòu yī liè sōngtǔ, hǎo ràng rénmen xià zhǒng.
一 步， 拖 出 了 身后 一 列 又 一 列 松土， 好 让 人们 下 种。

Děngdào mǎndì jīnhuáng huò nóngxián shíhou, tā kěnéng háiděi dāndāng bānyùn
等 到 满地 金黄 或 农闲 时候， 它 可能 还得 担当 搬运

fùzhòng de gōngzuò; huò zhōngrì ràozhe shímò, cháo tóng yī fāngxiàng, zǒu bù
负重 的 工作； 或 终日 绕着 石磨， 朝 同 一 方向， 走 不

jìchéng de lù.
计程 的 路。

Zài tā chénmò de láodòng zhōng, rén biàn dédào yīng dé de shōucheng.
在 它 沉默 的 劳动 中， 人 便 得到 应 得 的 收成。

Nà shíhou, yěxǔ, tā kěyǐ sōng yī jiān zhòngdàn, zhàn zài shù•xià, chī jǐ kǒu nèn
那 时候， 也许，它 可以 松 一 肩 重担， 站 在 树 下， 吃 几 口 嫩

cǎo. Ǒu'ěr yáoyao wěiba, bǎibai ěrduo, gǎnzǒu fēifù shēn•shàng de cāngying, yǐ•jīng
草。 偶尔 摇摇 尾巴， 摆摆 耳朵， 赶走 飞附 身 上 的 苍蝇， 已 经

suàn shì tā zuì xiánshì de shēnghuó le.
算 是 它 最 闲适 的 生活 了。

Zhōngguó de niú, méi•yǒu chéngqún bēnpǎo de xí//guàn, yǒngyuǎn chénchén-shíshí de,
中国 的 牛， 没 有 成群 奔跑 的 习// 惯， 永远 沉沉 实实 的，

mòmò de gōng zuò, píngxīn-jìngqì. Zhè jiùshì Zhōngguó de niú!
默默 地 工 作， 平心 静气。 这 就是 中国 的 牛！

——节选自小思《中国的牛》

作品58号——《住的梦》

扫码听范读

[朗读提示]这是一篇充满诗情画意的随笔散文，朗读时要展开想象的翅膀，用甜美的声音、富有韵律而又稍有夸张的语调，表现出作者的梦想来。

Bùguǎn wǒ de mèngxiǎng néngfǒu chéngwéi shìshí, shuō chū•lái zǒngshì hǎowánr de:
不管 我 的 梦想 能否 成为 事实， 说 出 来 总是 好玩儿 的：

Chūntiān, wǒ jiāng yào zhù zài Hángzhōu. Èrshí nián qián, jiùlì de èryuè chū, zài
春天， 我 将 要 住 在 杭州。 二十 年 前， 旧历 的 二月 初， 在

Xīhú wǒ kàn•jiànle nènliǔ yǔ càihuā, bìlàng yǔ cuìzhú. Yóu wǒ kàndào de nà diǎnr
西湖 我 看 见 了 嫩柳 与 菜花， 碧浪 与 翠竹。 由 我 看到 的 那 点儿

chūnguāng, yǐ•jīng kěyǐ duàndìng, Hángzhōu de chūntiān bìdìng huì jiào rén zhěngtiān
春光， 已 经 可以 断定， 杭州 的 春天 必定 会 教 人 整天

shēnghuó zài shī yǔ túhuà zhīzhōng. Suǒyǐ, chūntiān wǒ de jiā yīngdāng shì zài
生活 在 诗 与 图画 之中。 所以， 春天 我 的 家 应当 是 在
Hángzhōu.
杭州。

Xiàtiān, wǒ xiǎng Qīngchéng Shān yīngdāng suànzuò zuì lǐxiǎng de dìfang. Zài
夏天， 我 想 青城 山 应当 算作 最 理想 的 地方。 在
nà•lǐ, wǒ suīrán zhǐ zhùguo shí tiān, kěshì tā de yōujìng yǐ shuānzhùle wǒ de xīnlíng.
那 里，我 虽然 只 住过 十 天， 可是 它 的 幽静 已 拴住了 我 的 心灵。
Zài wǒ suǒ kàn•jiànguo de shānshuǐ zhōng, zhǐyǒu zhè•lǐ méi•yǒu shǐ wǒ shīwàng.
在 我 所 看 见过 的 山水 中， 只有 这 里 没 有 使 我 失望。
Dàochù dōu shì lǜ, mù zhī suǒ jí, nà piàn dàn ér guāngrùn de lǜsè dōu zài qīngqīng
到处 都 是 绿，目 之 所 及，那 片 淡 而 光润 的 绿色 都 在 轻轻
de chàndòng, fǎng fú yào liúrù kōngzhōng yǔ xīnzhōng shìde. Zhège lǜsè huì xiàng
地 颤动， 仿 佛 要 流入 空中 与 心中 似的。 这个 绿色 会 像
yīnyuè, díqīngle xīnzhōng de wànlǜ.
音乐， 涤清了 心中 的 万虑。

Qiūtiān yīdìng yào zhù Běipíng. Tiāntáng shì shénme yàngzi, wǒ bù zhī•dào,
秋天 一定 要 住 北平。 天堂 是 什么 样子， 我 不 知 道，
dànshì cóng wǒ de shēnghuó jīngyàn qù pànduàn, Běipíng zhī qiū biàn shì tiāntáng.
但是 从 我 的 生活 经验 去 判断， 北平 之 秋 便 是 天堂。
Lùn tiānqì, bù lěng bù rè. Lùn chīde, píngguǒ、lí、shìzi、zǎor、pú•táo, měi yàng dōu
论 天气， 不 冷 不 热。论 吃的， 苹果、 梨、柿子、枣儿、葡 萄， 每 样 都
yǒu ruògān zhǒng. Lùn huācǎo, júhuā zhǒnglèi zhī duō, huā shì zhī qí, kěyǐ jiǎ
有 若干 种。 论 花草， 菊花 种类 之 多， 花 式 之 奇，可以 甲
tiānxià. Xīshān yǒu hóngyè kě jiàn, Běihǎi kěyǐ huáchuán —— suīrán héhuā yǐ cán,
天下。 西山 有 红叶 可 见， 北海 可以 划船 —— 虽然 荷花 已 残，
héyè kě háiyǒu yī piàn qīngxiāng. Yī-shí-zhù-xíng, zài Běipíng de qiūtiān, shì méi•yǒu
荷叶 可 还有 一 片 清香。 衣 食 住 行， 在 北平 的 秋天， 是 没 有
yī xiàng bù shǐ rén mǎnyì de.
一 项 不 使 人 满意 的。

Dōngtiān, wǒ hái méi•yǒu dǎhǎo zhǔyi, Chéngdū huòzhě xiāngdāng de héshì,
冬天， 我 还 没 有 打好 主意， 成都 或者 相当 得 合适，
suīrán bìng bù zěnyàng hénuǎn, kěshì wèile shuǐxiān, sù xīn làméi, gè sè de cháhuā,
虽然 并 不 怎样 和暖， 可是 为了 水仙， 素 心 腊梅，各 色 的 茶花，
fǎngfú jiù shòu yīdiǎnr hán//lěng, yě pō zhí•dé qù le. Kūnmíng de huā yě duō, érqiě
仿佛 就 受 一点儿 寒 // 冷， 也 颇 值 得 去 了。 昆明 的 花 也 多， 而且
tiānqì bǐ Chéngdū hǎo, kěshì jiù shūpù yǔ jīngměi ér piányi de xiǎochī yuǎn•bùjí
天气 比 成都 好， 可是 旧 书铺 与 精美 而 便宜 的 小吃 远 不及
Chéngdū nàme duō. Hǎo ba, jiù zàn zhème guīdìng: Dōngtiān bù zhù Chéngdū biàn
成都 那么 多。 好 吧，就 暂 这么 规定： 冬天 不 住 成都 便
zhù Kūnmíng ba.
住 昆明 吧。

Zài kàngzhàn zhōng, wǒ méi néng fā guónàn cái. Wǒ xiǎng, kàngzhàn shènglì
在 抗战 中， 我 没 能 发 国难 财。 我 想， 抗战 胜利
yǐhòu, wǒ bì néng kuò qǐ•lái. Nà shíhou, jiǎruò fēijī jiǎnjià, yī-èrbǎi yuán jiù néng
以后， 我 必 能 阔 起 来。那 时候， 假若 飞机 减价， 一二百 元 就 能

mǎi yī jià de huà, wǒ jiù zìbèi yī jià, zé huángdào-jírì mànmàn de fēixíng.
买 一 架 的 话，我 就 自备 一 架，择 黄道 吉日 慢慢 地 飞行。

——节选自老舍《住的梦》

作品 59 号——《紫藤萝瀑布》

扫码听范读

[朗读提示]这是一篇写景散文，朗读时要注意区分眼前情景与回忆情景。眼前情景美丽无比，朗读时要用轻快、愉悦的语调；在朗读回忆情景时语调要低沉些，略有遗憾之情。

Wǒ bùyóude tíngzhùle jiǎobù.
我 不由得 停住 了 脚步。

Cóngwèi jiànguo kāide zhèyàng shèng de téngluó, zhǐ jiàn yī piàn huīhuáng de
从未 见过 开得 这样 盛 的 藤萝，只 见 一 片 辉煌 的

dàn zǐsè, xiàng yī tiáo pùbù, cóng kōngzhōng chuíxià, bù jiàn qí fāduān, yě bù jiàn
淡 紫色，像 一 条 瀑布，从 空中 垂下，不 见 其 发端，也 不 见

qí zhōngjí, zhǐshì shēnshēn-qiǎnqiǎn de zǐ, fǎngfú zài liúdòng, zài huānxiào, zài
其 终极，只是 深深 浅浅 的 紫，仿佛 在 流动，在 欢笑，在

bùtíng de shēngzhǎng. Zǐsè de dà tiáofú•shàng, fànzhe diǎndiǎn yínguāng, jiù xiàng
不停 地 生长。紫色 的 大 条幅 上，泛着 点点 银光，就 像

bèngjiàn de shuǐhuā. Zǐxì kàn shí, cái zhī nà shì měi yī duǒ zǐhuā zhōng de zuì
迸溅 的 水花。仔细 看 时，才 知 那 是 每 一 朵 紫花 中 的 最

qiǎndàn de bùfen, zài hé yángguāng hùxiāng tiǎodòu.
浅淡 的 部分，在 和 阳光 互相 挑逗。

Zhè•lǐ chúle guāngcǎi, háiyǒu dàndàn de fāngxiāng. Xiāngqì sìhū yě shì qiǎn zǐsè
这 里 除了 光彩，还有 淡淡 的 芳香。香气 似乎 也 是 浅 紫色

de, mènghuàn yībān qīngqīng de lǒngzhàozhe wǒ. Hūrán jìqǐ shí duō nián qián, jiā
的，梦幻 一般 轻轻 地 笼罩 着 我。忽然 记起 十 多 年 前，家

mén wài yě céng yǒuguo yī dà zhū zǐténgluó, tā yībàng yī zhū kū huái pá de hěn
门 外 也 曾 有过 一 大 株 紫藤萝，它 依傍 一 株 枯 槐 爬 得 很

gāo, dàn huāduǒ cónglái dōu xīluò, dōng yī suì xī yī chuàn língdīng de guà zài
高，但 花朵 从来 都 稀落，东 一 穗 西 一 串 伶仃 地 挂 在

shùshāo, hǎoxiàng zài cháyán-guānsè, shìtàn shénme. Hòulái suǒxìng lián nà xīlíng de
树梢，好像 在 察颜 观色，试探 什么。后来 索性 连 那 稀零 的

huāchuàn yě méi•yǒu le. Yuán zhōng biéde zǐténg huājià yě dōu chāidiào, gǎizhòngle
花串 也 没 有 了。园 中 别的 紫藤 花架 也 都 拆掉，改种了

guǒshù. Nàshí de shuōfǎ shì, huā hé shēnghuó fǔhuà yǒu shénme bìrán guānxi. Wǒ
果树。那时 的 说法 是，花 和 生活 腐化 有 什么 必然 关系。我

céng yíhàn de xiǎng: Zhè•lǐ zài kàn•bùjiàn téngluóhuā le.
曾 遗憾 地 想：这 里 再 看 不见 藤萝花 了。

Guòle zhème duō nián, téngluó yòu kāihuā le, érqiě kāi de zhèyàng shèng,
过了 这么 多 年，藤萝 又 开花 了，而且 开 得 这样 盛，

zhèyàng mì, zǐsè de pùbù zhēzhùle cūzhuàng de pánqiú wòlóng bān de zhīgàn,
这样 密，紫色 的 瀑布 遮住了 粗壮 的 盘虬 卧龙 般 的 枝干，

bùduàn de liúzhe, liúzhe, liúxiàng rén de xīndǐ.
不断 地 流着，流着，流向 人 的 心底。

Huā hé rén dōu huì yùdào gèzhǒng-gèyàng de bùxìng, dànshì shēngmìng de
花 和 人 都 会 遇到 各种 各样 的 不幸，但是 生命 的

chánghé shì wú zhǐjìng de. Wǒ fǔmōle yīxià nà xiǎoxiǎo de zǐsè de huācāng, nà•lǐ
长河　是 无　止境　的。我 抚摸了 一下 那　小小　的 紫色 的　花舱，　那 里
mǎn zhuāngle shēngmìng de jiǔniàng, tā zhāngmǎnle fān, zài zhè// shǎnguāng de huā
满　装了　　生命　　的　酒酿，　它　张满了　　帆，在　这 //　闪光　　的　花
de héliú•shàng hángxíng. Tā shì wàn huā zhōng de yī duǒ, yě zhèngshì yóu měi yī gè
的 河流　上　　航行。　它 是　万　花　中　　的 一　朵，也　正是　由　每　一　个
yī duǒ, zǔchéngle wàn huā cànlàn de liúdòng de pùbù.
一　朵，　组成了　　万　花　灿烂　的　流动　的　瀑布。

Zài zhè qiǎn zǐsè de guānghuī hé qiǎn zǐsè de fāngxiāng zhōng, wǒ bùjué
在　这　浅　紫色　的　光辉　　和　浅　紫色　的　芳香　　中，　我　不觉
jiākuàile jiǎobù.
加快了　脚步。

——节选自宗璞《紫藤萝瀑布》

作品 60 号——《最糟糕的发明》

扫码听范读

[**朗读提示**]这是一篇保护生态环境的文章，文中既有对事件的讲述，又有对客观事实的说明。朗读时要加以区别：讲述事件时语调充满好奇，并略有起伏；而说明客观事实时，要沉稳、坚实。

Zài yī cì míngrén fǎngwèn zhōng, bèi wèn jí shàng gè shìjì zuì zhòngyào de
在　一　次　名人　　访问　　中，　被　问　及　上　个　世纪　最　　重要　　的
fāmíng shì shénme shí, yǒu rén shuō shì diànnǎo, yǒu rén shuō shì qìchē, děngděng.
发明　是　什么　时，有　人　说　是　电脑，　有　人　说　是　汽车，　等等。
Dàn Xīnjiāpō de yī wèi zhīmíng rénshì què shuō shì lěngqìjī. Tā jiěshì, rúguǒ méi•yǒu
但　新加坡　的 一　位　知名　人士　却　说　是 冷气机。他　解释，　如果　没　有
lěngqì, rèdài dìqū rú Dōngnányà guójiā, jiù bù kěnéng yǒu hěn gāo de shēngchǎnlì,
冷气，　热带　地区 如　东南亚　　国家，　就　不　可能　　有　很　高　的　　生产力，
jiù bù kěnéng dádào jīntiān de shēnghuó shuǐzhǔn. Tā de huídá shíshì-qiúshì,
就　不　可能　　达到　今天　　的　　生活　　　水准。　他　的　回答　　实事　求是，
yǒulǐ-yǒujù.
有理　有据。

Kànle shàngshù bàodào, wǒ tūfā qí xiǎng: Wèi shénme méi•yǒu jìzhě wèn: "Èrshí
看了　　上述　　　报道，　我 突发 奇　想：　为　什么　　没　有　记者　问："二十
shìjì zuì zāogāo de fāmíng shì shénme?" Qíshí èr líng líng èr nián shíyuè zhōngxún,
世纪 最　糟糕　的　发明　是　什么？"　其实　二　〇　〇　二　年　十月　　中旬，
Yīngguó de yī jiā bàozhǐ jiù píngchūle "rénlèi zuì zāogāo de fāmíng". Huò cǐ
英国　的　一　家　报纸　就　评出了　　"人类　最　　糟糕　　的　发明"。　获　此
"shūróng" de, jiùshì rénmen měi tiān dàliàng shǐyòng de sùliàodài.
"殊荣"　的，就是　人们　每　天　大量　　使用　的　塑料袋。

Dànshēng yú shàng gè shìjì sānshí niándài de sùliàodài, qí jiāzú bāokuò yòng
诞生　于　上　个　世纪　三十　年代　的　塑料袋，　其　家族　包括　　用
sùliào zhìchéng de kuàicān fànhé、bāozhuāngzhǐ、cān yòng bēi pán、yǐnliàopíng、
塑料　　制成　　的　快餐　　饭盒、　包　装　纸、　餐　用　杯　盘、　饮料瓶、
suānnǎibēi、xuěgāobēi, děngděng. Zhèxiē fèiqìwù xíngchéng de lājī, shùliàng duō、
酸奶杯、　雪糕杯，　等等。　这些　废弃物　　形成　　的 垃圾，　数量　　多、

tǐjī dà、zhòngliàng qīng、bù jiàngjiě，gěi zhìlǐ gōngzuò dàilái hěn duō jìshù nántí hé
体积 大、重量 轻、不 降解，给 治理 工作 带来 很 多 技术 难题 和

shèhuì wèntí.
社会 问题。

Bǐrú，sànluò zài tiánjiān、lùbiān jí cǎocóng zhōng de sùliào cānhé，yīdàn bèi
比如，散落 在 田间、路边 及 草丛 中 的 塑料 餐盒，一旦 被

shēngchù tūnshí，jiù huì wēi jí jiànkāng shènzhì dǎozhì sǐwáng. Tiánmái fèiqì
牲畜 吞食，就 会 危 及 健康 甚至 导致 死亡。填埋 废弃

sùliàodài、sùliào cānhé de tǔdì，bùnéng shēngzhǎng zhuāngjia hé shùmù，zàochéng
塑料袋、塑料 餐盒 的 土地，不能 生长 庄稼 和 树木，造成

tǔdì bǎnjié，ér fénshāo chǔlǐ zhèxiē sùliào lājī，zé huì shìfàng chū duō zhǒng huàxué
土地 板结，而 焚烧 处理 这些 塑料 垃圾，则 会 释放 出 多 种 化学

yǒudú qìtǐ，qízhōng yī zhǒng chēngwéi èr'èyīng de huàhéwù，dúxìng jí dà.
有毒 气体，其中 一 种 称为 二噁英 的 化合物，毒性 极 大。

Cǐwài，zài shēngchǎn sùliàodài、sùliào cānhé de// guòchéng zhōng shǐyòng de
此外，在 生产 塑料袋、塑料 餐盒 的// 过程 中 使用 的

fúlì'áng，duì réntǐ miǎnyì xìtǒng hé shēngtài huánjìng zàochéng de pòhuài yě jíwéi
氟利昂，对 人体 免疫 系统 和 生态 环境 造成 的 破坏 也 极为

yánzhòng.
严重。

——节选自林光如《最糟糕的发明》

第四单元 说 话

第一节 说话要略

说话是普通话水平测试的第四项测试内容，在整个测试中，此项分值最高，比重最大。《普通话水平测试大纲》明确规定，测试说话的目的在于“考查应试人在没有文字依凭的情况下，说普通话的能力和所能达到的规范程度”。因而，此项是应试人在日常交往中使用普通话状况最直接的反映，此项是否成功直接影响应试人是否能够通过普通话水平测试。为此，我们对该项内容应给予重视。

一、说话的基本要求

《普通话水平测试大纲》讲到说话一项时指出：“以单向说话为主，必要时辅以主试人和应试人的双向对话。”从测评实践看，除非应试人因紧张或准备不充分而造成语塞、卡壳时，测试人员给以启发和鼓励外，基本上是单项表达式的说话。这种说话不是完全无准备的即兴讲话，而是全脱稿的口语表述，因为多数应试人都有文字准备材料。针对这种情况，应试人应达到以下几点要求：

(一)语音标准

说话时所有音节都达到普通话的标准，即声、韵、调正确，无方音错误，无方音尾巴。

(二)词汇准确

说话一项的评判标准中有一项，即词汇、语法正确。

(三)语速自然流畅

说话应当语速适中，娓娓道来，一些优秀者也能达到滔滔不绝，侃侃而谈。对于多数人来讲，要自然，不卡壳，不重复，不带口头禅，逻辑清晰，语意连贯，语调流畅。

(四)尽量口语化

说话本来是一种无文字底稿的即兴讲话，由于是测试，许多人准备了文字材料甚至能够背诵。如果把此项测试变为背诵材料，就会在语音中带上较浓的书面文字特色，失掉谈话应有的语调和情感，出现背书腔。从本质上讲，全脱稿式口语表述所能脱离的是稿纸，而非内容。脱稿，即先把稿件上的文字内容转换成记忆中的信息代码，然后在思维机制的控制下，按照“编码”程序逐字逐句地将其转化为口头语言。因此，要将原稿件中的复句、长句改为短句，将一些拗口的词语改为简单、自然的口语词汇。另外，即使所有内容已熟记于心，也不能操之过急。

二、说话前的准备

（一）审题准备

文章的体裁可分为记叙、议论等不同的形式。“命题说话”虽不是口头作文，其形式也可以大致如此划分。总体来说，命题说话的话题可以分为记叙和议论两大类。在各类中又可以按所记、所议的对象不同分为记人、记事、记生活、记所爱的四种“记”，以及论人、论事、论物的三种“论”。

由于题目的类型不同，它们的要求也不相同。例如记叙，它要求中心突出、交代清楚、信息丰富。记人的，要有外貌的描述，也要有精神的描述；写事的，时间、地点、事件的发生、发展和结局要交代。议论的说话要求立论明确，发挥充分。无论是立论或者驳论，都不能中途偷换话题。

（二）精心构思

测试普通话表达状况，是要看每个人使用普通话的准确度和流畅度，并不是口头作文，更不是即兴演讲，对于词语、结构没有过高要求，只要语句通顺、词意准确，语音正确无误即可。但是，在测试中却有很多人说得很凌乱，东一榔头，西一棒槌，这样不仅使听者吃力，也使自己变得慌乱。应该把素材按某条思路串起来，使自己容易记忆，测试老师容易听明白。从经验看，采用总—分—总的方式比较好，就是对某人、某事（根据题目）先说两句，总体概括，然后中间用一些事例加以补充，最后再总结几句。这种结构虽然平易，然而很口语化，贴切、自然。

（三）整理定型

素材、结构大致定好后，最好将其整理成书面材料，然后进行修改。修改时一是要注意所用词语，要表意准确，通俗明白，不要选择过于华丽、生僻、拗口的词语，比如“我的这位老师精神矍铄”，就可以说成“精神饱满”；二是自己容易读错的字词，要逐个查字典定音，反复进行口头练习，强化记忆。

（四）反复练习

整理好的说话内容，要反复练习，把容易读错的字音多读几次，直到熟练、准确，使书面的材料口语化，成为一种纯粹的讲话，最后完全脱稿。另外，要注意语速，语速过快或过慢都可能影响成绩。

三、临场发挥

（一）从容自信

单向说话是一种比较宽松的语言交际方式，不要求像演讲那样逻辑严密、慷慨激昂；不要求像朗诵那样声情并茂、感人肺腑；不要求像辩论那样词锋锐利、应变机敏，而是一种围绕某个话题比较自由、松散的言谈形式。因而应试人要在心理上调整到一种轻松心态，好像面对老朋友聊天一样，从容自信。如果做了充分准备，就可以坦然自若，娓娓道来。

考场上心情比较紧张是正常的，关键是要善于调整自己的心态。比如上场前做几次深呼吸；自我暗示：“我已做了充分准备，没有什么可害怕的”等。说好第一句话也很重要，开好头，就给自己一种心理安慰。另外，不要总想着“时间到了没有，测试员怎么还不让停?”而要完全放开，好像要和测试员一直讲下去，这样反而能打开思路，语句源源不断。

（二）随机应变

在测试中，由于准备不充分或脱稿之后打乱了原有的语序，都可能出现失误，这就需要应试人随机应变，调整自己的准备，把话完整、连贯地表述出来。在测试中，准备的素材如果忘掉，可以联想类似素材，转换角度，拿来就可用，不能死记腹稿。有时可能是中间忘词，也可能是因为语速过快造成准备的内容讲完了时间未到，这时更要沉着，对前边的内容进行补充或解释，甚至临时加新的内容。比如“我的拿手菜”，可能你已将菜做好，但时间未到，这时你就可以讲：“做这道菜的关键是……”

总之，应试时不要过于紧张，一旦有小的失误能够随机应变，避免失态，避免失分，发挥出自己最好的水平。

第二节　分析话题类型、理清表达思路

为了使应试人在测试时说话有依托，《普通话水平测试大纲》提供了 30 个话题，它们是：

1.我的愿望(或理想)
2.我的学习生活
3.我尊敬的人
4.我喜爱的动物(或植物)
5.童年的记忆
6.我喜爱的职业
7.难忘的旅行
8.我的朋友
9.我喜爱的文学(或其他)艺术形式
10.谈谈卫生与健康
11.我的业余生活
12.我喜欢的季节(或天气)
13.学习普通话的体会
14.谈谈服饰
15.我的假日生活
16.我的成长之路
17.谈谈科技发展与社会生活
18.我知道的风俗
19.我和体育
20.我的家乡(或熟悉的地方)
21.谈谈美食
22.我喜欢的节日
23.我所在的集体(学校、机关、公司等)
24.谈谈社会公德(或职业道德)
25.谈谈个人修养
26.我喜欢的明星(或其他知名人士)
27.我喜爱的书刊
28.谈谈对环境保护的认识
29.我向往的地方
30.购物(消费)的感受

看到这 30 个话题，千万不要慌，也不要误以为这就是要求进行“演讲”或“口头作文”。其实，这些话题只不过是为“说话”提供一个内容的载体而已，以避免应试人上了考场不知从何说起。只要学会分析话题类型，理清每一类话题的思路，学会话题的分析与整合，通过这一项目的测试就很容易了。

一、话题类型

经过分析，我们就会发现，这些话题不外乎叙事、记人、议论、说明等类型，内容都与人们的日常生活密切相关。说话时，我们可以从不同角度、不同侧面进行叙述、议论或说明。在练习中，可将话题分为记叙描述、说明介绍和议论评说三大类，然后根据不同的类型来理清思路，准备说话的内容。比如：

(一)记叙描述类

1.我的愿望(或理想)
3.我尊敬的人
5.童年的记忆
7.难忘的旅行
8.我的朋友
15.我的假日生活
16.我的成长之路
20.我的家乡(或熟悉的地方)
29.我向往的地方

(二)说明介绍类

2.我的学习生活
4.我喜爱的动物(或植物)
6.我喜爱的职业
9.我喜爱的文学(或其他)艺术形式
11.我的业余生活
12.我喜欢的季节(或天气)
18.我知道的风俗
19.我和体育
22.我喜欢的节日
23.我所在的集体(学校、机关、公司等)
26.我喜欢的明星(或其他知名人士)
27.我喜爱的书刊
30.购物(消费)的感受

(三)议论评说类

10.谈谈卫生与健康
13.学习普通话的体会
14.谈谈服饰
17.谈谈科技发展与社会生活
21.谈谈美食
24.谈谈社会公德(或职业道德)
25.谈谈个人修养
28.谈谈对环境保护的认识

这只是一个大概的分类。如果说的角度不同、内容不同,就完全可以兼类。有的题目既可以从介绍、说明的角度去说,也可以从叙述、描写的角度来说,还可以在介绍说明或叙述描写中穿插议论,这一切都应该按自己的喜好决定。下面,就按上述分类方法谈谈应该如何理清表达思路。

二、记叙描述类话题的思路

叙述型说话就是通过讲述人物、事件,描写环境,反映社会生活。

在讲述人物时,要选取发生在该人物身上的最突出、最感人的事情来讲,可以抓住人物的外貌、语言、动作、性格等方面的特征进行讲述。

在讲述事件时,要选取生动具体的、结构完整的、自己熟记的、给人留下深刻印象的一些事件或事物,从事件发生的时间、地点、原因,事件的发生、发展、结局等方面来讲,把相关内容说清楚。

叙述型讲话要注意叙述完整、清楚、详细,还要运用描写的表达方式,对人物、景物、自然环境和社会环境等展开描写,切忌干巴巴地、粗略地、轻描淡写地一带而过。

这一类应该是最容易说的题目,因为话题涉及的都是应试人亲身经历的事情或感受,只要按照事情发生、发展的时间顺序往下说就行了。比如:

(1)是谁(是什么)?

(2)为什么?

(3)举例子。

(4)怎么办?

三、说明介绍类话题的思路

说明型说话就是解说事物，阐明事理，使人得到关于事物和事理的知识的说话。说明型说话按说明对象分，可以分为两大类：一类是说明具体物体的，就是抓住物体的特征，把其形状、性质、构造、用途等说清楚；一类是说明抽象事理的，就是把事物的原理、关系、变化、功能等说清楚，揭示事物的内在联系。无论是说明事物还是说明事理，都应该采用一定的说明方法，如分类、举例、比较、列数字、打比方等，便于理清思路。

这一类话题最忌讳的是只列出干巴巴的几个条目，不展开详细的说明或介绍，最后使自己难以说满3分钟。所以在设计思路时，可以从一种事物的几个方面分别进行说明或介绍。比如，可从以下几个方面考虑说这类话题时的顺序和内容：

(1)是什么(是谁或是什么样的)？

(2)表现在哪几个方面？

(3)每个方面是怎么样的？

(4)自己的态度或打算。

四、议论评说类话题的思路

议论型说话是对社会生活中的人或事进行分析评论、发表意见、阐明是非的说话。议论型说话应该具备三个要素：论点，论据、论证。论点就是作者对议论的对象所持的见解和主张；论据就是用来证明论点的事实和道理，包括事例、数据、科学原理、定律公式、警句格言等；论证就是组织、分析论据并使之与论点联系起来的过程与方法，常用的论证方法有例证法、引证法、喻证法、对比法、类比法、归谬法，等等。

这类话题相比前两类略有难度，它需要更缜密的思维和更强的概括能力。比如，可从以下几个方面考虑说话的顺序和内容：

(1)是什么？(提出自己的观点)

(2)为什么？(归纳出支持这个观点的几条理由)

(3)举例子。(可在每条理由之后，也可在说完理由后分别举例)

(4)怎么办？(提出实现自己观点的几条建议)

以上是按话题不同体裁进行分类，并根据不同的类型理清思路的方法。这只是基本的参考模式，假如应试人的口头表达能力本来就很不错，完全可以说得更加灵活、更加精彩。

如果感觉到30个话题太多，想少准备几个，那么还有一个比较简捷的方法可以试一试：有的题目内容是可以相通的，只要事先对话题的内容进行一番仔细的分析和整合，准备一个基本内容，就可以涵盖好几个题目，说话时只需说几句扣题的开场白，然后巧妙地转入准备的内容就行了。比如：

我尊敬的人(3)——可以是我梦想成为的那个人(1)
可以是我童年记忆最深刻的那个人(5)
可以是引我从事自己喜欢的职业的那个人(6)
可以是朋友(8)
可以是引我喜欢文学或某种艺术形式的那个人(9)
可以是在我成长的每一步起着关键作用的那个人(16)
可以是个人修养堪称楷模的那个人(25)

可以是明星或其他知名人士(26)

我的假日生活(15)——假日里我在动物园见到许多我喜爱的动物(4)

假日里我经常出去旅行(7)

有假日的季节我最喜欢,因为可以出去旅行(12)

在假日的旅行中我了解了不少地方的风俗(18)

假日旅行时我来到了一个让我终生难忘的地方(20)(29)

我喜欢五一、十一和元旦长假,因为可以出去旅行(22)

我的业余生活(11)——我的业余时间主要用来学习,提高自己的业务水平(2)

最近一段时间我的业余时间几乎全部用来练习普通话(13)

我喜欢利用业余时间研究服饰(14)

体育锻炼在我的业余生活中占着很大的比重(19)

我的业余时间主要用来钻研烹调(21)

我的业余时间几乎全部用于读书(27)

我喜欢在业余时间上街购物(30)

谈谈对环境保护的认识(28)——保护环境卫生和我们的健康息息相关(10)

保护环境也是一种社会公德(24)

这样,内容相通的题目只准备一篇,也就是说,准备4个话题就可以基本涵盖28个话题,其他只需准备“谈谈科技发展与社会生活(17)”和“我所在的集体(23)”两个话题就行。在准备周期比较短的情况下,这样处理话题能够收到事半功倍的效果。当然,假如应试人的口语表达水平不错,不管什么话题,张口就能滔滔不绝地说下去,就完全可以不用这种颇费心思的方法去准备。

这项测试要求说话时间不少于3分钟,并不是要求在3分钟时恰好把话题完完整整地结束,而是要求围绕这个话题连续不断地至少说3分钟。所以,思路确定之后,不必考虑时间,只管往下说,到3分钟时测试员会示意你停下来。即使准备好的内容没有说完也不会影响这一项的测试成绩。

第五单元　普通话水平测试试卷

实测试卷及考官精准点评(15 套)

说　明

1.此部分共 15 套试卷,是由 15 位考生参与的实测试卷。考官结合人测和机测两种测试方式的特点,针对考生的考试成绩作出点评,指出该考生在测试中出现的问题,并提出解决的方法,同时给出相应普通话水平等级。

2.测试结果显示,一甲水平的有两位,为 4 号卷和 7 号卷考生。1、2、3、5、6、8、9 号卷的考生均为一乙水平;10、13 号卷考生为二甲水平;12、15 号卷考生为二乙水平;11、14 号卷考生有作弊嫌疑,按零分处理。

3.简要说明测试要点

第一项,“读单音节字词”需要做到:声母准确、韵母完整、调值标准。

第二项,“读多音节词语”需要做到:声母准确、韵母完整、调值标准,同时要注重词语格式、轻声、儿化、变调等的正确把握。

第三项,“朗读短文”需要做到:(1)准确、熟练地运用普通话,做到字音规范、音变正确;(2)领会作品内容,正确把握作品中心思想,读出真情实感;(3)遵从原文,不丢字、不添字、不颠倒字或改字;(4)语调自然,连停恰当,重音处理正确,语速快慢得当。

第四项,“命题说话”需要做到:(1)语音标准,即声韵调正确,无方言音错误,无方言音尾巴;(2)词语准确;(3)语速自然流畅,说话时要自然,不卡壳,不重复,不带口头禅,逻辑清晰,语意连贯,语调流畅;(4)口语化,力求使用通俗谦虚、灵活流畅的口头语言。

一号卷

国家普通话水平测试试卷

一号卷

一、读单音节字词(100 个音节,共 10 分,限时 3.5 分钟)。请横向朗读!

丰	前	爪	盲	黄	切	本	狗	红	定
说	面	飘	霞	黑	兄	粮	柴	遵	题
雨	了	他	群	包	兼	廓	藤	人	宿
远	处	坏	佛	冲	问	始	安	当	剖
查	瓜	尺	鼓	块	夹	落	酒	磁	海
雪	捉	北	听	旨	据	曾	丝	砸	磷
送	向	雀	拴	腿	俗	陆	腹	饮	惹

米 舍 暖 低 遭 更 防 蛮 翠 该
强 狂 紫 舜 辙 鞘 虑 劫 凝 瓮
皴 啮 兑 屏 爽 旋 椎 掸 绒 串

二、读多音节词语(100个音节,共20分,限时2.5分钟)。请横向朗读!

钢琴 天资 释放 家族 序曲
明亮 惶惑 里程碑 领口 生怕
坏死 稀奇 退休 遵循 刀刃儿
围裙 错觉 转告 水兵 绝招儿
搜刮 穷人 推理 半截儿 贫穷
流传 手脚 农忙 吃香 再会
太太 东道主 传送 爽朗 发疯
普法 职员 安顿 惦念 人影儿
存折 可耻 选种 富翁 蛮干
描画 别开生面 作价

三、朗读短文(400个音节,共30分,限时4分钟)。作品5号

这是入冬以来,胶东半岛上第一场雪。

雪纷纷扬扬,下得很大。开始还伴着一阵儿小雨,不久就只见大片大片的雪花,从彤云密布的天空中飘落下来。地面上一会儿就白了。冬天的山村,到了夜里就万籁俱寂,只听得雪花簌簌地不断往下落,树木的枯枝被雪压断了,偶尔咯吱一声响。

大雪整整下了一夜。今天早晨,天放晴了,太阳出来了。推开门一看,嗬!好大的雪啊!山川、河流、树木、房屋,全都罩上了一层厚厚的雪,万里江山,变成了粉妆玉砌的世界。落光了叶子的柳树上挂满了毛茸茸亮晶晶的银条儿;而那些冬夏常青的松树和柏树上,则挂满了蓬松松沉甸甸的雪球儿。一阵风吹来,树枝轻轻地摇晃,美丽的银条儿和雪球儿簌簌地落下来,玉屑似的雪末儿随风飘扬,映着清晨的阳光,显出一道道五光十色的彩虹。

大街上的积雪足有一尺多深,人踩上去,脚底下发出咯吱咯吱的响声。一群群孩子在雪地里堆雪人,掷雪球儿。那欢乐的叫喊声,把树枝上的雪都震落下来了。

俗话说,"瑞雪兆丰年"。这个话有充分的科学根据,并不是一句迷信的成语。寒冬大雪,可以冻死一部分越冬的害虫;融化了的水渗进土层深处,又能供应//庄稼生长的需要。我相信这一场十分及时的大雪,一定会促进明年春季作物,尤其是小麦的丰收。有经验的老农把雪比做是"麦子的棉被"。冬天"棉被"盖得越厚,明春麦子就长得越好,所以又有这样一句谚语:"冬天麦盖三层被,来年枕着馒头睡。"

我想,这就是人们为什么把及时的大雪称为"瑞雪"的道理吧。

——节选自峻青《第一场雪》

四、命题说话(请在下列话题中任选一个,限时 3 分钟,共 40 分)。

1.我的朋友

2.谈谈服饰

注:考生在说话之前需说明自己选择的说话题目。例如:我选择的说话题目是……

一号卷评分表及考官点评

(一乙　94.10 分)

一、读单音节字词(100 个音节,共 10 分,限时 3.5 分钟)

错误扣分 (每个 0.1 分)	缺陷扣分 (每个 0.05 分)	超时扣分 (1 分钟内 0.5,1 分钟以上 1 分)	得分
	1.2		8.8

考官精准点评:24 个语音缺陷。主要表现:第三声不到位,第一声音高不到位,此外存在 z、c、s 的齿间音问题及 j、q、x 的尖音问题。另外,撮口音也有问题。

二、读多音节词语(100 个音节,共 20 分,限时 2.5 分钟)

错误扣分 (每个 0.2 分)	缺陷扣分 (每个 0.1 分)	超时扣分 (1 分钟内 0.5,1 分钟以上 1 分)	得分
	0.7		19.3

考官精准点评:7 个语音缺陷。主要表现:核心问题与第一项一样,此外对于一些轻声词语没有处理好。

三、朗读短文(30 分)作品　5　号

错漏增读 (每个扣 0.1 分)	声韵系统性缺陷 (扣 0.5、1 分)	语调偏误 (扣 0.5、1、2 分)	停连不当 (扣 0.5、1、2 分)	不流畅 (扣 0.5、1、2 分)	超时 (扣 1 分)	得分
	1			0.5		28.5

考官精准点评:此考生存在一系列的语音问题,相关内容已经在第一项呈现出来,例如:尖音问题、齿间音问题等。到朗读短文这些问题依然有所体现,所以就不单独扣分,直接扣声韵系统性缺陷。此外,正式考试时双斜杠后面的不需要朗读。

四、命题说话(40 分)题目是　我的朋友

语音标准程度扣分 (此项共 25 分)						词汇语法扣分 (此项 10 分)			自然流畅扣分 (此项共 5 分)			缺时扣分(不满 30 秒为 0 分)		得分
一档 扣 0、1、2 分	二档 扣 3、4 分	三档 扣 5、6 分	四档 扣 7、8 分	五档 扣 9、10、11 分	六档 扣 12、13、14 分	一档 扣 0 分	二档 扣 1、2 分	三档 扣 3、4 分	一档 扣 0 分	二档 扣 0.5、1 分	三档 扣 2、3 分	1 分钟以内扣 1、2、3 分	1 分钟以上扣 4、5、6 分	37.5
2										0.5				

考官精准点评:语音不规整的问题依然存在,但整体语言面貌较好、口语化也不错,需要注意一些口语用词方面的事项,不要用网络流行语或者英语等,避免考试中不必要的扣分。此外,第四项嘴巴的开口度还不够,需要多加练习进行提升。

考官温馨提示:这是一份一乙的试卷,应该说整体表达不错,但是作为这个等级的考生,要想有更好的表现,就更加需要注意细节。

国家普通话水平测试试卷

二号卷

二号卷

一、读单音节字词(100个音节,共10分,限时3.5分钟)。请横向朗读!

塞	来	咱	照	光	翁	学	任	摔	此
血	劲	座	流	挫	窝	嚷	少	菌	乌
米	救	您	曲	浓	篇	游	爪	场	穷
臀	翠	换	笑	令	移	陪	谬	晶	主
停	僧	虫	夫	天	悬	具	两	爽	盲
大	空	阙	落	足	虾	短	尺	者	洽
吨	窥	兵	挨	刷	品	若	锤	牢	奉
变	搁	始	肯	强	该	寒	非	桂	籽
侯	弹	疆	蹄	贩	醇	卜	篆	悲	俟
戌	二	赠	谎	拐	泉	篾	德	帖	骂

二、读多音节词语(100个音节,共20分,限时2.5分钟)。请横向朗读!

杂粮	种群	潺潺	保存	神学
鹅卵石	保留	条子	手指	确切
电灯	雄性	客车	矿床	一块儿
清风	纷飞	一贯	自来水	加热
祸害	吞并	回归	指点	嫁妆
供需	马匹	照常	蝴蝶	衰落
字画	没谱儿	共通	嗓门儿	牛顿
搜索	蜜枣儿	挂念	能量	窘迫
财权	水獭	天才	军区	筹备
消防	目不转睛	冉冉		

三、朗读短文(400个音节,共30分,限时4分钟)。作品8号

我爱月夜,但我也爱星天。从前在家乡七八月的夜晚在庭院里纳凉的时候,我最爱看天上密密麻麻的繁星。望着星天,我就会忘记一切,仿佛回到了母亲的怀里似的。

三年前在南京我住的地方有一道后门,每晚我打开后门,便看见一个静寂的夜。下面是一片菜园,上面是星群密布的蓝天。星光在我们的肉眼里虽然微小,然而它使我们觉得光明无处不在。那时候我正在读一些天文学的书,也认得一些星星,好像它们就是我的朋友,它们常常在和我谈话一样。

如今在海上,每晚和繁星相对,我把它们认得很熟了。我躺在舱面上,仰望天空。深蓝色的天空里悬着无数半明半昧的星。船在动,星也在动,它们是这样低,真是摇摇欲坠呢!渐渐地我的眼睛模糊了,我好像看见无数萤火虫在我的周围飞舞。海上的夜是柔和的,是静寂的,是梦幻的。我望着许多认识的星,我仿佛看见

它们在对我眨眼，我仿佛听见它们在小声说话。这时我忘记了一切。在星的怀抱中我微笑着，我沉睡着。我觉得自己是一个小孩子，现在睡在母亲的怀里了。

有一夜，那个在哥伦波上船的英国人指给我看天上的巨人。他用手指着：//那四颗明亮的星是头，下面的几颗是身子，这几颗是手，那几颗是腿和脚，还有三颗星算是腰带。经他这一番指点。我果然看清楚了那个天上的巨人。看，那个巨人还在跑呢！

——节选自巴金《繁星》

四、命题说话（请在下列话题中任选一个，限时3分钟，共40分）。

1.我尊敬的人

2.我和体育

注：考生在说话之前需说明自己选择的说话题目。例如：我选择的说话题目是……

二号卷评分表及考官点评

（一乙　94.70分）

一、读单音节字词（100个音节，共10分，限时3.5分钟）

错误扣分（每个0.1分）	缺陷扣分（每个0.05分）	超时扣分（1分钟内0.5，1分钟以上1分）	得分
	1		9

考官精准点评：20个语音缺陷。主要表现：z、c、s的齿间音问题及j、q、x的尖音问题，同时还存在一声不到位的问题。

二、读多音节词语（100个音节，共20分，限时2.5分钟）

错误扣分（每个0.2分）	缺陷扣分（每个0.1分）	超时扣分（1分钟内0.5，1分钟以上1分）	得分
	0.8		19.2

考官精准点评：8个语音缺陷。主要表现：存在一定的语音缺陷，比如声母的动程过长，j、q、x存在一定的尖音问题

三、朗读短文（30分）**作品8号**

错漏增读（每个扣0.1分）	声韵系统性缺陷（扣0.5、1分）	语调偏误（扣0.5、1、2分）	停连不当（扣0.5、1、2分）	不流畅（扣0.5、1、2分）	超时（扣1分）	得分
	0.5		0.5			29

考官精准点评：语音存在问题，直接扣0.5分，第一声普遍不到位，存在一定的尖音问题。此外，语速过慢，正常即可。

四、命题说话（40分）**题目是　我尊敬的人**

语音标准程度扣分（此项共25分）						词汇语法扣分（此项10分）			自然流畅扣分（此项共5分）			缺时扣分（不满30秒为0分）		得分
一档扣0、1、2分	二档扣3、4分	三档扣5、6分	四档扣7、8分	五档扣9、10、11分	六档扣12、13、14分	一档扣0分	二档扣1、2分	三档扣3、4分	一档扣0分	二档扣0.5、1分	三档扣2、3分	1分钟以内扣1、2、3分	1分钟以上扣4、5、6分	37.5
2										0.5				

考官精准点评:陈述自如,口语化需要强化,现在有些书面语的感觉,应该强调与人交流感而不是自己背书。此外,适当的停顿不影响整体成绩,毕竟是无稿表达,太流畅反倒不自然了,但是存在一定的语音问题,需要进一步提高语音的精准度。

考官温馨提示:这是一份听起来比较舒服的录音,但是考生还是存在一定的语音问题,例如:一声、三声不到位,z、c、s 偶尔有齿间音的痕迹,说话有点像背稿,不够自然。不过,这是一份一乙中不错的试卷,对于这个等级的同学来说,如果希望进军一甲,不要纠结具体分数,反倒要多关注自己的问题。坦率来说,语音试卷存在一定的主观性因素,不同老师打分会有一定出入,但是原则上差别不会太大。

三号卷

国家普通话水平测试试卷

三号卷

一、读单音节字词(100 个音节,共 10 分,限时 3.5 分钟)。请横向朗读!

据	编	洒	假	蹿	源	根	平	泽	毛
内	肝	爪	素	冻	揣	雾	硅	飘	鬓
死	愁	此	粮	真	九	道	佛	剂	落
点	混	日	参	绝	穷	怀	迸	晃	乐
扩	想	首	横	创	跌	天	吃	听	来
肺	细	用	畜	沙	篾	耳	秒	棍	锤
号	学	缀	刚	歪	起	俩	腿	籽	者
瘤	请	棒	盛	取	民	房	咱	怕	呆
脱	腐	寻	圈	牛	霜	症	幸	攥	困
枢	姜	得	暖	垮	绒	掐	鬃	惹	帖

二、读多音节词语(100 个音节,共 20 分,限时 2.5 分钟)。请横向朗读!

回环	清白	命名	丢掉	寻常
没准儿	创举	爪子	牵连	丰年
偏颇	寄生虫	直率	缺德	选手
推想	有理	嶙峋	松懈	隔膜
规章	辜负	大婶儿	佳作	苍白
缓解	衰败	自以为是	融化	对岸
比价	跑调儿	嘹亮	慢性	金字塔
贞操	可耻	风帆	法律	灼热
矿床	劝慰	讨好	同伴	才能
穷人	缺损	纽扣儿		

三、朗读短文(400 个音节,共 30 分,限时 4 分钟)。作品 10 号

爸不懂得怎样表达爱,使我们一家人融洽相处的是我妈。他只是每天上班下班,而妈则把我们做过的错事开列清单,然后由他来责骂我们。

有一次我偷了一块糖果，他要我把它送回去，告诉卖糖的说是我偷来的，说我愿意替他拆箱卸货作为赔偿。但妈妈却明白我只是个孩子。

我在运动场荡秋千跌断了腿，在前往医院的途中一直抱着我的，是我妈。爸把汽车停在急诊室门口，他们叫他驶开，说那空位是留给紧急车辆停放的。爸听了便叫嚷道："你以为这是什么车？旅游车？"

在我生日会上，爸总是显得有些不大相称。他只是忙于吹气球，布置餐桌，做杂务。把插着蜡烛的蛋糕推过来让我吹的，是我妈。

我翻阅照相册时，人们总是问："你爸爸是什么样子的？"天晓得！他老是忙着替别人拍照。妈和我笑容可掬地一起拍的照片，多得不可胜数。

我记得妈有一次叫他教我骑自行车。我叫他别放手，但他却说是应该放手的时候了。我摔倒之后，妈跑过来扶我，爸却挥手要她走开。我当时生气极了，决心要给他点儿颜色看。于是我马上爬上自行车，而且自己骑给他看。他只是微笑。

我念大学时，所有的家信都是妈写的。他//除了寄支票外，还寄过一封短柬给我，说因为我不在草坪上踢足球了，所以他的草坪长得很美。

每次我打电话回家，他似乎都想跟我说话，但结果总是说："我叫你妈来接。"

我结婚时，掉眼泪的是我妈。他只是大声擤了一下鼻子，便走出房间。

我从小到大都听他说："你到哪里去？什么时候回家？汽车有没有汽油？不，不准去。"爸完全不知道怎样表达爱。除非……

会不会是他已经表达了，而我却未能察觉？

——节选自[美]艾尔玛·邦贝克《父亲的爱》

四、命题说话（请在下列话题中任选一个，限时 3 分钟，共 40 分）。

1.我喜爱的书刊

2.谈谈个人修养

注：考生在说话之前需说明自己选择的说话题目。例如：我选择的说话题目是……

三号卷评分表及考官点评

（一乙　94.55 分）

一、读单音节字词（100 个音节，共 10 分，限时 3.5 分钟）

错误扣分（每个 0.1 分）	缺陷扣分（每个 0.05 分）	超时扣分（1 分钟内 0.5，1 分钟以上 1 分）	得分
0.1	0.65		9.25

考官精准点评：1 个错误，缀。13 个语音缺陷，主要表现：一声不到位，二声过于仓促，三声不够完整。这位考生声音条件不错，但是由于语调的问题，导致整体语音面貌不够规整，对于个人的语言艺术表达会有一定的局限性。

二、读多音节词语(100个音节,共20分,限时2.5分钟)

错误扣分(每个0.2分)	缺陷扣分(每个0.1分)	超时扣分(1分钟内0.5,1分钟以上1分)	得分
	1.2		18.8

考官精准点评:12个语音缺陷,主要表现:词语格式和语调、儿化音等问题。中文的词语格式一般都是中重格式,但是这位考生的发音普遍是中中格式的感觉,第四声不到位,儿化音不准确。

三、朗读短文(30分)作品__10__号

错漏增读(每个扣0.1分)	声韵系统性缺陷(扣0.5、1分)	语调偏误(扣0.5、1、2分)	停连不当(扣0.5、1、2分)	不流畅(扣0.5、1、2分)	超时(扣1分)	得分
		1				29

考官精准点评:该考生主要的问题就是语调问题,朗诵整体作品时没有精气神。这就是语调缺陷给语言艺术创造带来的困扰,但该考生朗读的流畅性等方面都还挺不错的!

四、命题说话(40分)题目是__谈谈个人修养__

语音标准程度扣分(此项共25分)						词汇语法扣分(此项10分)			自然流畅扣分(此项共5分)			缺时扣分(不满30秒为0分)		得分
一档扣0、1、2分	二档扣3、4分	三档扣5、6分	四档扣7、8分	五档扣9、10、11分	六档扣12、13、14分	一档扣0分	二档扣1、2分	三档扣3、4分	一档扣0分	二档扣0.5、1分	三档扣2、3分	1分钟以内扣1、2、3分	1分钟以上扣4、5、6分	37.5
2										0.5				

考官精准点评:该考生整体表达不够积极,有些念的痕迹,用词也过于书面化,普通话测试第四项主要是检验考生在口语表达方面的能力,所以一定不要使用太多书面语言。此外,如果没有积极的交流欲望,会直接影响到声韵调的呈现。该考生由于调值存在不足,所以出现了一些较为明显的问题。但是考生整体语音面貌和表达还不错,所以扣分较少。

考官温馨提示:该考生最大的问题就是语调问题,如果能够很好地解决这个问题,就有机会冲刺一甲。

国家普通话水平测试试卷

四号卷

四号卷

一、读单音节字词(100个音节,共10分,限时3.5分钟)。请横向朗读!

床	根	直	云	娘	德	蹿	拽	抹	队
觉	应	填	门	朵	每	落	夫	太	亩
若	丝	标	收	好	丢	中	躺	瓶	瓮
花	扔	从	春	秦	理	奏	铝	凡	观
奴	越	劝	屯	价	非	讲	薄	啐	小
腿	史	乘	夏	二	切	瓦	顶	块	熊
满	渍	空	塞	即	磷	乎	水	辨	旗

感　咧　折　超　筐　刚　单　求　嗤　幸
崽　揪　斋　冯　续　航　咂　损　滨　穷
篇　脓　筏　瞥　篆　选　广　赠　爪　量

二、读多音节词语(100 个音节,共 20 分,限时 2.5 分钟)。请横向朗读!

裁军	错综复杂	卓越	豪华	衰弱
怎么	半空	撒谎	祈求	墨汁儿
相似	尖端	炯炯	引水	临终
认定	耗费	体操	共产党	偏旁
跳高儿	去年	吞没	侄女	开春儿
乡下	绷带	短缺	清静	鬼脸
和谐	马褂	丰富	广场	子女
安定	哲学	假日	水土	专长
衰败	自称	劝慰	生产力	识别
投标	富翁	门口儿		

三、朗读短文(400 个音节,共 30 分,限时 4 分钟)。作品 15 号

三十年代初,胡适在北京大学任教授。讲课时他常常对白话文大加称赞,引起一些只喜欢文言文而不喜欢白话文的学生的不满。

一次,胡适正讲得得意的时候,一位姓魏的学生突然站了起来,生气地问:“胡先生,难道说白话文就毫无缺点吗?”胡适微笑着回答说:“没有。”那位学生更加激动了:“肯定有!白话文废话太多,打电报用字多,花钱多。”胡适的目光顿时变亮了。轻声地解释说:“不一定吧!前几天有位朋友给我打来电报,请我去政府部门工作,我决定不去,就回电拒绝了。复电是用白话写的,看来也很省字。请同学们根据我这个意思,用文言文写一个回电,看看究竟是白话文省字,还是文言文省字?”胡教授刚说完,同学们立刻认真地写了起来。

十五分钟过去,胡适让同学举手,报告用字的数目,然后挑了一份用字最少的文言电报稿,电文是这样写的:

“才疏学浅,恐难胜任,不堪从命。”白话文的意思是:学问不深,恐怕很难担任这个工作,不能服从安排。

胡适说,这份写得确实不错,仅用了十二个字。但我的白话电报却只用了五个字:

“干不了,谢谢!”

胡适又解释说:“干不了”就有才疏学浅、恐难胜任的意思;“谢谢”既//对朋友的介绍表示感谢,又有拒绝的意思。所以,废话多不多,并不看它是文言文还是白话文,只要注意选用字词,白话文是可以比文言文更省字的。

——节选之陈灼主编《实用汉语中级教程》(上)中《胡适的白话电报》

四、命题说话（请在下列话题中任选一个，限时3分钟，共40分）。

1.我的假日生活

2.我喜爱的职业

注：考生在说话之前需说明自己选择的说话题目。例如：我选择的说话题目是……

四号卷评分表及考官点评

（一甲　97.10分）

一、读单音节字词（100个音节，共10分，限时3.5分钟）

错误扣分（每个0.1分）	缺陷扣分（每个0.05分）	超时扣分（1分钟内0.5，1分钟以上1分）	得分
	0.3		9.7

考官精准点评：6个语音缺陷。主要表现：口腔没有积极地打开，呈现出一定的方言音色彩。

二、读多音节词语（100个音节，共20分，限时2.5分钟）

错误扣分（每个0.2分）	缺陷扣分（每个0.1分）	超时扣分（1分钟内0.5，1分钟以上1分）	得分
	0.6		19.4

考官精准点评：6个语音缺陷。主要表现：韵母方面，口腔没有积极地打开。

三、朗读短文（30分）**作品**__15__**号**

错漏增读（每个扣0.1分）	声韵系统性缺陷（扣0.5、1分）	语调偏误（扣0.5、1、2分）	停连不当（扣0.5、1、2分）	不流畅（扣0.5、1、2分）	超时（扣1分）	得分
	0.5					29.5

考官精准点评：朗读中偶尔还有一些韵母不规范的地方，需要加强一些元音（例如：ɑ）练习，但整体呈现还是不错的。流畅度、自然程度相对不错，还可以加快一些语速，因为过慢的语速虽然能保证读得流畅，但是也会出现词化的现象。

四、命题说话（40分）**题目是**__**我的假日生活**__

语音标准程度扣分（此项共25分）						词汇语法扣分（此项10分）			自然流畅扣分（此项共5分）			缺时扣分（不满30秒为0分）		得分
一档 扣0、1、2分	二档 扣3、4分	三档 扣5、6分	四档 扣7、8分	五档 扣9、10、11分	六档 扣12、13、14分	一档 扣0分	二档 扣1、2分	三档 扣3、4分	一档 扣0分	二档 扣0.5、1分	三档 扣2、3分	1分钟以内扣1、2、3分	1分钟以上扣4、5、6分	38.5
1										0.5				

考官精准点评：口语化、交流感都非常好，而且口腔控制相较其他三项是最好的，希望该考生用说的感觉带动其他三项的朗读。

考官温馨提示：该考生整体语言面貌较好，只有在字词语音方面存在一定不规整的地方，主要需要调整的就是口腔状态，有方言音迹象。但该考生在朗读、说话中却能很好地规避这个问题，所以有机会申报一甲，但是能否最后得到确认，还需要报送国家语委复审。

国家普通话水平测试试卷

五号卷

五号卷

一、读单音节字词(100 个音节,共 10 分,限时 3.5 分钟)。请横向朗读!

就	霞	僧	雨	必	翻	键	散	薄	凭
狂	法	躺	浓	元	丁	塞	江	闽	佛
灰	各	盆	城	鸟	雄	闯	土	少	瓮
面	得	卵	棍	渍	墙	纯	目	爪	都
篾	掷	做	专	括	滨	洞	刺	叠	铝
内	外	杀	假	罗	停	边	局	晒	蕊
乐	粗	推	砍	赏	器	宿	拐	租	轰
血	瘸	替	者	航	迟	遭	寻	粉	焦
还	丢	冷	准	归	穷	任	串	呕	槐
蚀	曾	扰	晴	则	粪	圈	耍	瞄	撞

二、读多音节词语(100 个音节,共 20 分,限时 2.5 分钟)。请横向朗读!

绿肥	在座	人均	成虫	儒家
顶端	乒乓球	知识	蒸腾	论理
贬低	不可思议	取暖	涂抹	戏法儿
炯炯	善良	秋风	花盆儿	策略
牙签儿	棒槌	懊恼	铁轨	外科
举止	群众	面目	对策	忠实
金丝猴	坏人	反感	半道儿	新学
协定	创伤	宝塔	损坏	顺手
悔改	扭转	天灾	遐想	权威
做工	港口	描摹		

三、朗读短文(400 个音节,共 30 分,限时 4 分钟)。作品 17 号

对于一个在北平住惯的人,像我,冬天要是不刮风,便觉得是奇迹;济南的冬天是没有风声的。对于一个刚由伦敦回来的人,像我,冬天要能看得见日光,便觉得是怪事;济南的冬天是响晴的。自然,在热带的地方,日光永远是那么毒,响亮的天气,反有点儿叫人害怕。可是,在北方的冬天,而能有温晴的天气,济南真得算个宝地。

设若单单是有阳光,那也算不了出奇。请闭上眼睛想:一个老城,有山有水,全在天底下晒着阳光,暖和安适地睡着,只等春风来把它们唤醒,这是不是理想的境界?小山整把济南围了个圈儿,只有北边缺着点口儿。这一圈小山在冬天特别可爱,好像是把济南放在一个小摇篮里,它们安静不动地低声地说:"你们放心吧,这儿准保暖和。"真的,济南的人们在冬天是面上含笑的。他们一看那些小山,心中便

觉得有了着落,有了依靠。他们由天上看到山上,便不知不觉地想起:明天也许就是春天了吧?这样的温暖,今天夜里山草也许就绿起来了吧?就是这点儿幻想不能一时实现,他们也并不着急,因为这样慈善的冬天,干什么还希望别的呢!

最妙的是下点小雪呀。看吧,山上的矮松越发的青黑,树尖儿上//顶着一髻儿白花,好像日本看护妇。山尖儿全白了,给蓝天镶上一道银边。山坡上,有的地方雪厚点儿,有的地方草色还露着;这样,一道儿白,一道儿暗黄,给山们穿上一件带水纹儿的花衣;看着看着,这件花衣好像被风儿吹动,叫你希望看见一点儿更美的山的肌肤。等到快日落的时候,微黄的阳光斜射在山腰上,那点儿薄雪好像忽然害羞,微微露出点儿粉色。就是下小雪吧,济南是受不住大雪的,那些小山太秀气。

——节选自老舍《济南的冬天》

四、命题说话(请在下列话题中任选一个,限时3分钟,共40分)。

1.谈谈美食

2.童年的记忆

注:考生在说话之前需说明自己选择的说话题目。例如:我选择的说话题目是……

五号卷评分表及考官点评

(一乙 92.65分)

一、读单音节字词(100个音节,共10分,限时3.5分钟)

错误扣分(每个0.1分)	缺陷扣分(每个0.05分)	超时扣分(1分钟内0.5,1分钟以上1分)	得分
	0.75		9.25

考官精准点评:15个语音缺陷。主要表现:一声不到位、z、c、s有齿间音,前后鼻音有些不规整,第二声、第三声不到位,部分声母动程过长。

二、读多音节词语(100个音节,共20分,限时2.5分钟)

错误扣分(每个0.2分)	缺陷扣分(每个0.1分)	超时扣分(1分钟内0.5,1分钟以上1分)	得分
0.2	0.9		18.9

考官精准点评:1个语音错误,面目不是轻声,读成轻声就是错误。9个语音缺陷。主要表现:第一项存在的问题在第二项再次呈现出来,词语的中重格式没有充分体现出来,调值问题需要引起考生注意。此外就是声母动程问题也要规避,在普通话里考的是整体语音,不是单纯的声母、韵母发音,所以必须一次成音,动程不可过长。

三、朗读短文(30分)作品 17 号

错漏增读(每个扣0.1分)	声韵系统性缺陷(扣0.5、1分)	语调偏误(扣0.5、1、2分)	停连不当(扣0.5、1、2分)	不流畅(扣0.5、1、2分)	超时(扣1分)	得分
	0.5	0.5				29

考官精准点评:en、eng、uo、ang、ing、an等韵母发音不到位,有方言音的呈现,此外就是声调问题较多。

四、命题说话(40 分) 题目是　童年的记忆

语音标准程度扣分（此项共 25 分）						词汇语法扣分（此项 10 分）			自然流畅扣分（此项共 5 分）			缺时扣分（不满 30 秒为 0 分）		得分
一档扣 0、1、2 分	二档扣 3、4 分	三档扣 5、6 分	四档扣 7、8 分	五档扣 9、10、11 分	六档扣 12、13、14 分	一档扣 0 分	二档扣 1、2 分	三档扣 3、4 分	一档扣 0 分	二档扣 0.5、1 分	三档扣 2、3 分	1 分钟以内扣 1、2、3 分	1 分钟以上扣 4、5、6 分	35.5
	4									0.5				

考官精准点评：说话的时候整体口腔放松，韵母、声调问题较多，方言音呈现较为严重，但是表达自然、流畅，口语化感觉很好，有交流感。

考官温馨提示：该考生在前三项虽然有一定的语音问题，但是没那么严重。第四项由于口腔过于放松，导致方言音暴露较为严重，扣分也较多，这个分数只能算做一乙的低分段。考生必须在整体考试中保持好状态（既要有自然的交流状态，口腔还要保持适度紧张），才有机会取得更高的分数。

国家普通话水平测试试卷

六号卷

六号卷

一、读单音节字词(100 个音节，共 10 分，限时 3.5 分钟)。请横向朗读！

飘　天　喂　华　额　晃　早　占　臊　停
酸　摆　取　虾　偏　车　圈　奶　其　六
抹　四　红　拽　娘　奏　乐　训　题　弄
迟　酒　篾　啃　戳　泥　灯　拴　响　勒
精　腿　都　熊　门　获　雨　俩　踹　饭
升　得　次　愧　顿　确　才　舞　嚷　治
闯　若　唐　拉　旋　度　修　归　书　供
简　朝　撇　闪　擦　食　别　请　钢　尊
墓　分　鸣　淋　吠　棍　惧　讽　膘　呛
赘　鬓　钓　攥　饵　篙　脏　抓　融　乏

二、读多音节词语(100 个音节，共 20 分，限时 2.5 分钟)。请横向朗读！

支撑　人才　抽查　灵魂　退缩
现代化　啧啧　夹击　率领　犬齿
赶快　丝绒　种群　跑腿儿　描画
仿佛　只管　伪装　笼统　休眠
羽毛球　略微　血脉　大娘　苦果
对偶　娘家　人均　设防　大伙儿
存放　窘迫　增生　尊称　半道儿
凉爽　针鼻儿　贫穷　汇编　血管
精灵　主管　贴切　蚕丝　眉开眼笑

调拨　　　驱除　　　梯子

三、朗读短文(400个音节,共30分,限时4分钟)。作品20号

自从传言有人在萨文河畔散步时无意发现了金子后,这里便常有来自四面八方的淘金者。他们都想成为富翁,于是寻遍了整个河床,还在河床上挖出很多大坑,希望借助它们找到更多的金子。的确,有一些人找到了,但另外一些人因为一无所得而只好扫兴归去。

也有不甘心落空的,便驻扎在这里,继续寻找。彼得·弗雷特就是其中一员。他在河床附近买了一块没人要的土地,一个人默默地工作。他为了找金子,已把所有的钱都押在这块土地上。他埋头苦干了几个月,直到土地全变成了坑坑洼洼,他失望了——他翻遍了整块土地,但连一丁点儿金子都没看见。

六个月后,他连买面包的钱都没有了。于是他准备离开这儿到别处去谋生。

就在他即将离去的前一个晚上,天下起了倾盆大雨,并且一下就是三天三夜。雨终于停了,彼得走出小木屋,发现眼前的土地看上去好像和以前不一样:坑坑洼洼已被大水冲刷平整,松软的土地上长出一层绿茸茸的小草。

"这里没找到金子,"彼得忽有所悟地说,"但这土地很肥沃,我可以用来种花,并且拿到镇上去卖给那些富人,他们一定会买些花装扮他们华丽的客厅。//如果真是这样的话,那么我一定会赚许多钱,有朝一日我也会成为富人……"

于是他留了下来。彼得花了不少精力培育花苗,不久田地里长满了美丽娇艳的各色鲜花。

五年以后,彼得终于实现了他的梦想——成了一个富翁。"我是唯一的一个找到真金的人!"他时常不无骄傲地告诉别人,"别人在这儿找不到金子后便远远地离开,而我的'金子'是在这块土地里,只有诚实的人用勤劳才能采集到。"

——节选自陶猛译《金子》

四、命题说话(请在下列话题中任选一个,限时3分钟,共40分)。

1.我知道的风俗

2.我向往的地方

注:考生在说话之前需说明自己选择的说话题目。例如:我选择的说话题目是……

六号卷评分表及考官点评

(一乙　93.25分)

一、读单音节字词(100个音节,共10分,限时3.5分钟)

错误扣分(每个0.1分)	缺陷扣分(每个0.05分)	超时扣分(1分钟内0.5,1分钟以上1分)	得分
	1.05		8.95

考官精准点评:21个语音缺陷。主要表现:第三声不到位,一声、二声也存在不到位的问题。此外,a、an、ang等韵母的发音普遍靠后,有方言音迹象。

二、读多音节词语(100 个音节,共 20 分,限时 2.5 分钟)

错误扣分 (每个 0.2 分)	缺陷扣分 (每个 0.1 分)	超时扣分 (1 分钟内 0.5,1 分钟以上 1 分)	得分
	1.2		18.8

考官精准点评:12 个语音缺陷。主要表现:上声不到位,韵母发音普遍靠后,有方言音迹象。此外,词语的中重格式体现不够充分。

三、朗读短文(30 分) **作品**　20　**号**

错漏增读 (每个扣 0.1 分)	声韵系统性缺陷 (扣 0.5、1 分)	语调偏误 (扣 0.5、1、2 分)	停连不当 (扣 0.5、1、2 分)	不流畅 (扣 0.5、1、2 分)	超时 (扣 1 分)	得分
	0.5	0.5		0.5		28.5

考官精准点评:韵母普遍靠后,发音有些扁,呈现方言音迹象,扣 0.5 分。此外,语调不规整,扣 0.5 分。由于过于紧张,读文章的过程不够自然,呈现词化迹象,虽然没有回读等现象,但还是会扣至少 0.5 分。

四、命题说话(40 分) **题目是**　**我向往的地方**

语音标准程度扣分(此项共 25 分)						词汇语法扣分(此项 10 分)			自然流畅扣分(此项共 5 分)			缺时扣分(不满 30 秒为 0 分)		得分
一档 扣 0、1、2 分	二档 扣 3、4 分	三档 扣 5、6 分	四档 扣 7、8 分	五档 扣 9、10、11 分	六档 扣 12、13、14 分	一档 扣 0 分	二档 扣 1、2 分	三档 扣 3、4 分	一档 扣 0 分	二档 扣 0.5、1 分	三档 扣 2、3 分	1 分钟以内扣 1、2、3 分	1 分钟以上扣 4、5、6 分	37
1											2			

考官精准点评:该考生说话项中语音面貌相对不错,没有太多方言音的问题,但是交流感不强,由于速度太慢,很像在读文章或背诵文章,如果在考场当中被监考老师发现此类问题,试卷直接按 0 分处理。这位考生所体现的背诵、朗读的痕迹,在实际打分中将会被扣除更多的分数,请同学们一定要注意。

考官温馨提示:普通话测试是一项测试普通话实际运用能力的考试,所以了解考试目的后,同学们一定要严格按照相关要求进行考试。这位考生语音面貌不错,但是过于追求完美的表达,反倒让人听着不自然,这是需要引起考生注意的现象。

国家普通话水平测试试卷

七号卷

七号卷

一、读单音节字词(100 个音节,共 10 分,限时 3.5 分钟)。请横向朗读!

调　爪　当　楼　酒　棒　扭　别　畜　膘
准　航　甚　尾　核　戳　训　渍　旋　风
桥　倒　山　测　春　赖　甜　佛　轰　信
抬　好　撇　连　温　装　胚　涮　般　复
猛　曲　创　阿　抢　某　硬　却　劲　流
尺　绝　更　宗　瞎　止　拐　同　拽　除
体　忍　说　蕊　兼　遗　捐　定　格　似

洽　蚕　米　请　脏　改　凶　胡　归　熬
酿　滨　肥　擦　灭　络　蹲　况　算　怒
赞　宽　量　则　垮　仕　骗　渺　水　惧

二、读多音节词语(100个音节,共20分,限时2.5分钟)。请横向朗读!

揣摩　孙女　暑假　充斥　苍穹
放大镜　这个　戳穿　苦恼　自力更生
非凡　矜持　理想　蕴涵　孩子
亲切　自尊　徒工　人群　许久
招考　对待　蒸发　小偷儿　脂粉
天边　采矿　白话文　从容　肚脐儿
受热　面貌　体味　水塔　耳光
左边　家园　硝酸　凶猛　蛋黄儿
两旁　转手　命令　血泪　隔绝
获取　胖墩儿　按钮

三、朗读短文(400个音节,共30分,限时4分钟)。作品26号

我们家的后园有半亩空地,母亲说:“让它荒着怪可惜的,你们那么爱吃花生,就开辟出来种花生吧。”我们姐弟几个都很高兴,买种,翻地,播种,浇水,没过几个月,居然收获了。

母亲说:“今晚我们过一个收获节,请你们父亲也来尝尝我们的新花生,好不好?”我们都说好。母亲把花生做成了好几样食品,还吩咐就在后园的茅亭里过这个节。

晚上天色不太好,可是父亲也来了,实在很难得。

父亲说:“你们爱吃花生吗?”

我们争着答应:“爱!”

“谁能把花生的好处说出来?”

姐姐说:“花生的味美。”

哥哥说:“花生可以榨油。”

我说:“花生的价钱便宜,谁都可以买来吃,都喜欢吃。这就是它的好处。”

父亲说:“花生的好处很多,有一样最可贵,它的果实埋在地里,不像桃子、石榴、苹果那样,把鲜红嫩绿的果实高高地挂在枝头上,使人一见就生爱慕之心。你们看它矮矮地长在地上,等到成熟了,也不能立刻分辨出来它有没有果实,必须挖出来才知道。”

我们都说是,母亲也点点头。

父亲接下去说:“所以你们要像花生,它虽然不好看,可是很有用,不是外表好看而没有实用东西。”

我说:“那么,人要做有用的人,不要做只讲体面,而对别人没有好处的人

了。”//

父亲说:“对。这是我对你们的希望。”

我们谈到夜深才散。花生做的食品都吃完了,父亲的话却深深地印在我的心上。

——节选自许地山《落花生》

四、命题说话(请在下列话题中任选一个,限时 3 分钟,共 40 分)。

1.我的成长之路

2.谈谈卫生与健康

注:考生在说话之前需说明自己选择的说话题目。例如:我选择的说话题目是……

七号卷评分表及考官点评

(一甲 97.65 分)

一、读单音节字词(100 个音节,共 10 分,限时 3.5 分钟)

错误扣分(每个 0.1 分)	缺陷扣分(每个 0.05 分)	超时扣分(1 分钟内 0.5,1 分钟以上 1 分)	得分
	0.35		9.65

考官精准点评:7 个语音缺陷。主要表现:上声发音略有缺陷。此外,还有一些韵母动程过长,不太规整。

二、读多音节词语(100 个音节,共 20 分,限时 2.5 分钟)

错误扣分(每个 0.2 分)	缺陷扣分(每个 0.1 分)	超时扣分(1 分钟内 0.5,1 分钟以上 1 分)	得分
0.2	0.2		19.6

考官精准点评:1 个语音错误,命令主要表现:命令,不是轻声,读出轻声的感觉就视为错误;2 个语音缺陷,主要集中在齿间音的问题上,不算严重,需要注意。

三、朗读短文(30 分)**作品** 26 **号**

错漏增读(每个扣 0.1 分)	声韵系统性缺陷(扣 0.5、1 分)	语调偏误(扣 0.5、1、2 分)	停连不当(扣 0.5、1、2 分)	不流畅(扣 0.5、1、2 分)	超时(扣 1 分)	得分
0.1						29.9

考官精准点评:朗读过程中增加了一个字,扣 0.1 分,此外齿间音还是有小问题,但不是太明显,所以就没有扣分。这位考生的整体呈现还是非常不错的,自然、积极、张弛有度。

四、命题说话(40 分)**题目是** 谈谈卫生与健康

语音标准程度扣分(此项共 25 分)						词汇语法扣分(此项 10 分)			自然流畅扣分(此项共 5 分)			缺时扣分(不满 30 秒为 0 分)		得分
一档 扣 0、1、2 分	二档 扣 3、4 分	三档 扣 5、6 分	四档 扣 7、8 分	五档 扣 9、10、11 分	六档 扣 12、13、14 分	一档 扣 0 分	二档 扣 1、2 分	三档 扣 3、4 分	一档 扣 0 分	二档 扣 0.5、1 分	三档 扣 2、3 分	1 分钟以内扣 1、2、3 分	1 分钟以上扣 4、5、6 分	38.5
1										0.5				

考官精准点评:该考生在命题说话环节口腔整体感觉放松,虽然较有交流感,但是由于口腔的放松,齿间音等问题有所暴露,所以在命题说话环节,考生的表达既要有交流感,还要保持口

腔的适度紧张。

考官温馨提示：该考生整体语音面貌较好，四项内容完成得都很不错，符合普通话一级甲等的标准，但是语音考试是一项主观性极强的考试，能否取得一甲证书，还需要通过国家语委的复审。此外，该考生需要关注自己齿间音的问题，为自己的播音艺术创造奠定更加坚实的基础。

国家普通话水平测试试卷

八号卷

八号卷

一、读单音节字词(100个音节，共10分，限时3.5分钟)。请横向朗读！

徐	队	霜	兄	撤	村	人	瞎	刚	反
瘸	旋	日	僧	拽	连	均	奏	抹	镍
喝	顶	球	车	拍	凹	娘	字	民	数
体	楼	雪	瓮	洞	米	镜	拥	酒	心
蕊	加	团	磁	绿	刷	超	黑	幅	装
秒	各	准	攒	室	镇	遵	迭	脚	坑
锤	省	重	摆	活	壁	丢	旁	土	愧
请	落	尺	给	田	版	栽	废	欠	举
苯	高	酸	拳	战	黄	万	垮	乖	您
伐	豪	呛	瞥	鬓	量	仿	崖	说	栾

二、读多音节词语(100个音节，共20分，限时2.5分钟)。请横向朗读！

损坏	时而	投资	摘除	假想
空中	飞艇	力气	可口	南瓜
做活儿	标兵	博爱	炯炯	药方儿
血气	句子	葬身	转运	瓜子儿
人权	磨练	号码儿	恍惚	下跌
肿瘤	解放军	民法	对待	特赦
浅显	衰退	孙女	美满	征求
长城	传承	大理石	血管	随时
推崇	飘然	顶点	才能	人伦
光顾	包罗万象	富翁		

三、朗读短文(400个音节，共30分，限时4分钟)。作品29号

在浩瀚无垠的沙漠里，有一片美丽的绿洲，绿洲里藏着一颗闪光的珍珠。这颗珍珠就是敦煌莫高窟。它坐落在我国甘肃省敦煌市三危山和鸣沙山的怀抱中。

鸣沙山东麓是平均高度为十七米的崖壁。在一千六百多米长的崖壁上，凿有大小洞窟七百余个，形成了规模宏伟的石窟群。其中四百九十二个洞窟中，共有彩色塑像两千一百余尊，各种壁画共四万五千多平方米。莫高窟是我国古代无数艺术匠师留给人类的珍贵文化遗产。

莫高窟的彩塑，每一尊都是一件精美的艺术品。最大的有九层楼那么高，最小的还不如一个手掌大。这些彩塑个性鲜明，神态各异。有慈眉善目的菩萨，有威风凛凛的天王，还有强壮勇猛的力士……

莫高窟壁画的内容丰富多彩，有的是描绘古代劳动人民打猎、捕鱼、耕田、收割的情景，有的是描绘人们奏乐、舞蹈、演杂技的场面，还有的是描绘大自然的美丽风光。其中最引人注目的是飞天。壁画上的飞天，有的臂挎花篮，采摘鲜花；有的反弹琵琶，轻拨银弦；有的倒悬身子，自天而降；有的彩带飘拂，漫天遨游；有的舒展着双臂，翩翩起舞。看着这些精美动人的壁画，就像走进了//灿烂辉煌的艺术殿堂。

莫高窟里还有一个面积不大的洞窟——藏经洞。洞里曾藏有我国古代的各种经卷、文书、帛画、刺绣、铜像等共六万多件。由于清朝政府腐败无能，大量珍贵的文物被外国强盗掠走。仅存的部分经卷，现在陈列于北京故宫等处。

莫高窟是举世闻名的艺术宝库。这里的每一尊彩塑、每一幅壁画、每一件文物，都是中国古代人民智慧的结晶。

——节选自小学《语文》第六册中《莫高窟》

四、命题说话（请在下列话题中任选一个，限时 3 分钟，共 40 分）。

1.我的学习生活

2.谈谈科技发展与社会生活

注：考生在说话之前需说明自己选择的说话题目。例如：我选择的说话题目是……

八号卷评分表及考官点评

（一乙 92.20 分）

一、读单音节字词（100 个音节，共 10 分，限时 3.5 分钟）

错误扣分 （每个 0.1 分）	缺陷扣分 （每个 0.05 分）	超时扣分 （1 分钟内 0.5，1 分钟以上 1 分）	得分
	1		9

考官精准点评：20 个语音缺陷，直接扣 1 分。主要表现：声调不到位，尤其是上声不到位，其他声调（一声、二声）表现不太稳定，有的规范一些，有的就很仓促。此外，韵母也不规范，an、ang、o、en、eng、in 等都存在问题。

二、读多音节词语（100 个音节，共 20 分，限时 2.5 分钟）

错误扣分 （每个 0.2 分）	缺陷扣分 （每个 0.1 分）	超时扣分 （1 分钟内 0.5，1 分钟以上 1 分）	得分
0.2	1.1		18.7

考官精准点评：1 个语音错误，力气。11 个语音缺陷。主要表现：词语的中重格式发音不到位，一声、三声不到位，韵母 an、eng 等归音不到位。

三、朗读短文(30分)作品 29 号

错漏增读(每个扣0.1分)	声韵系统性缺陷(扣0.5、1分)	语调偏误(扣0.5、1、2分)	停连不当(扣0.5、1、2分)	不流畅(扣0.5、1、2分)	超时(扣1分)	得分
			1	1		28

考官精准点评:该考生的问题主要就是朗读中的词化问题,既然考的是朗读,就需要通过朗读读出句子、段落的意思,而不是把句子分离成词语,所以该考生这点做得不太好。此外,朗读中还呈现一些韵母、声调不到位的现象,但是问题不是特别严重,就没有扣分。

四、命题说话(40分)题目是 谈谈科技发展与社会生活

语音标准程度扣分(此项共25分)						词汇语法扣分(此项10分)			自然流畅扣分(此项共5分)			缺时扣分(不满30秒为0分)		得分
一档 扣0、1、2分	二档 扣3、4分	三档 扣5、6分	四档 扣7、8分	五档 扣9、10、11分	六档 扣12、13、14分	一档 扣0分	二档 扣1、2分	三档 扣3、4分	一档 扣0分	二档 扣0.5、1分	三档 扣2、3分	1分钟以内扣1、2、3分	1分钟以上扣4、5、6分	36.5
	3									0.5				

考官精准点评:该考生在第四项完全放松了口腔状态,语音面貌一下子就呈现出诸多问题,方言音也都暴露出来了,an、ang、en、in等都有问题,核心都是口腔过于放松导致的。普通话测试说到底还是考语音规范程度的,所以一定要严格控制口腔的状态。虽然该考生交流感很好、口语化程度也不错,但分数一定会扣得较多。

考官温馨提示:该考生应该说基本能力还是不错的,语音也相对规整,但是在说话能力、朗读能力方面呈现出来的是较差的水平,朗读文章非常碎、说话也没有能力用规整的语音呈现,所以整体来说应该是一乙当中的低分,但是如果调整状态,积极应试,也有极大可能冲击一甲。

国家普通话水平测试试卷

九号卷

九号卷

一、读单音节字词(100个音节,共10分,限时3.5分钟)。请横向朗读!

就	轴	揣	老	抽	撇	锐	总	决	歌
品	之	破	数	居	挺	了	反	穷	刷
寒	歪	迭	源	丁	内	族	杭	捆	窗
秋	丝	官	取	亩	细	菌	咱	落	袖
昂	啃	好	点	瞧	部	作	贵	越	日
重	测	矿	得	房	能	追	徐	买	和
俩	蒋	您	表	猫	香	神	缝	器	黑
种	室	虾	蹿	润	散	色	甜	港	分
端	腿	纯	便	着	藤	滋	拳	耷	掠
瓮	怪	筏	觅	槽	闽	丙	双	爪	阿

二、读多音节词语(100个音节,共20分,限时2.5分钟)。请横向朗读!

繁杂	从军	行车	牢笼	雄壮
中秋	蜕变	古朴	女皇	南瓜
叫好儿	衰弱	沧桑	富翁	可口
谋略	甲虫	自费	铁轨	真菌
透亮	人影儿	全权	囚犯	体魄
主人翁	眯缝	恶劣	子女	世事
亲信	苍穹	戳穿	作怪	雨点儿
回环	学校	水准	装饰	冰天雪地
里程碑	磨损	自杀	华北	胖墩儿
变色	逮到	降价		

三、朗读短文(400个音节,共30分,限时4分钟)。作品32号

朋友即将远行。

暮春时节,又邀了几位朋友在家小聚,虽然都是极熟的朋友,却是终年难得一见,偶尔电话里相遇,也无非是几句寻常话。一锅小米稀饭,一碟大头菜,一盘自家酿制的泡菜,一只巷口买回的烤鸭,简简单单,不像请客,倒像家人团聚。

其实,友情也好,爱情也好,久而久之都会转化为亲情。

说也奇怪,和新朋友会谈文学、谈哲学、谈人生道理等等,和老朋友却只话家常,柴米油盐,细细碎碎,种种琐事。很多时候,心灵的契合已经不需要太多的言语来表达。

朋友新烫了个头,不敢回家见母亲,恐怕惊骇了老人家,却欢天喜地来见我们,老朋友颇能以一种趣味性的眼光欣赏这个改变。

年少的时候,我们差不多都在为别人而活,为苦口婆心的父母活,为循循善诱的师长活,为许多观念、许多传统的约束力而活。年岁逐增,渐渐挣脱外在的限制与束缚,开始懂得为自己活,照自己的方式做一些自己喜欢的事,不在乎别人的批评意见,不在乎别人的诋毁流言,只在乎那一份随心所欲的舒坦自然。偶尔,也能够纵容自己放浪一下,并且有一种恶作剧的窃喜。

就让生命顺其自然,水到渠成吧,犹如窗前的//乌桕,自生自落之间,自有一份圆融丰满的喜悦。春雨轻轻落着,没有诗,没有酒,有的只是一份相知相属的自在自得。

夜色在笑语中渐渐沉落,朋友起身告辞,没有挽留,没有送别,甚至也没有问归期。

已经过了大喜大悲的岁月,已经过了伤感流泪的年华,知道了聚散原来是这样的自然和顺理成章,懂得这点,便懂得珍惜每一次相聚的温馨,离别便也欢喜。

——节选自(中国台湾)杏林子《朋友和其他》

四、命题说话(请在下列话题中任选一个,限时3分钟,共40分)。

1.难忘的旅行

2.我喜欢的季节(或天气)

注:考生在说话之前需说明自己选择的说话题目。例如:我选择的说话题目是……

九号卷评分表及考官点评

(一乙 95.05分)

一、读单音节字词(100个音节,共10分,限时3.5分钟)

错误扣分(每个0.1分)	缺陷扣分(每个0.05分)	超时扣分(1分钟内0.5,1分钟以上1分)	得分
	0.15		9.85

考官精准点评:3个语音缺陷。主要表现:一声不够规范,韵母不够规整,但是整体语音面貌还是非常不错的。

二、读多音节词语(100个音节,共20分,限时2.5分钟)

错误扣分(每个0.2分)	缺陷扣分(每个0.1分)	超时扣分(1分钟内0.5,1分钟以上1分)	得分
0.2	1.1		18.7

考官精准点评:1个语音错误,买卖;11个语音缺陷。主要表现:"买卖",轻声读成非轻声,考生必须关注必读轻声表,在真正的普通话考卷中,原则上不会出现多音字的问题,几乎每个字都只有一个语音。此外,朗读词语时应该先找出必读轻声的词,其他不是必读轻声的就一定不要读轻声,否则都算错,这是该项的考点,不能轻视。该考生虽然语音比较好,但忽视了词语的朗读格式,中重格式几乎没有体现出来。如果想取得一甲的成绩,必须在词语的朗读格式上给予关注。

三、朗读短文(30分)作品 32 号

错漏增读(每个扣0.1分)	声韵系统性缺陷(扣0.5、1分)	语调偏误(扣0.5、1、2分)	停连不当(扣0.5、1、2分)	不流畅(扣0.5、1、2分)	超时(扣1分)	得分
			1	1		28

考官精准点评:就语音面貌本身而言,该考生是不错的,但是她对于普通话测试究竟考什么,还不甚理解。第三项朗读短文,就看你朗读文章的能力,不是看你朗读词语的能力,但是她却按照朗读词语的方式去朗读,所以被扣分。坦率来说,如果该考生能真正理解考试的目的,应该会呈现出符合考试要求的语言状态来。有些可惜!

四、命题说话(40分)题目是 我喜欢的季节

语音标准程度扣分(此项共25分)						词汇语法扣分(此项10分)			自然流畅扣分(此项共5分)			缺时扣分(不满30秒为0分)		得分
一档扣0、1、2分	二档扣3、4分	三档扣5、6分	四档扣7、8分	五档扣9、10、11分	六档扣12、13、14分	一档扣0分	二档扣1、2分	三档扣3、4分	一档扣0分	二档扣0.5、1分	三档扣2、3分	1分钟以内扣1、2、3分	1分钟以上扣4、5、6分	38
1										1				

考官精准点评:该考生在第四项整体完成得不错,比较自然、有交流的感觉,口语化程度也较好,但是由于较为放松,一些问题也暴露出来,比如:韵母的归音问题、齿间音的问题,等等。该考生需要进一步强化口腔的状态。

考官温馨提示：这位考生的语音实力是非常有条件冲击 97 分的，但是为什么没有取得这个成绩，就在于该考生对于考试目的不明确，很多语音都是按照个人的想法想当然地去表达。所以考生需要认真了解考试的目的，熟悉每一项考试要求，这样才能够有更好的成绩。

国家普通话水平测试试卷

十号卷

十号卷

一、读单音节字词(100 个音节，共 10 分，限时 3.5 分钟)。请横向朗读！

揉	酸	纳	腐	丝	左	渠	抛	嫩	铃
日	昂	东	辽	嗓	栽	窘	秧	醒	控
寡	焉	棍	谎	坑	染	鳖	审	熊	止
城	亚	返	瘟	媚	声	忌	专	测	赏
俊	栏	错	凝	扯	宋	柳	江	踹	选
您	颇	无	邱	逛	窄	麻	变	垮	婚
篾	薪	段	瘸	绢	柄	帘	擦	渺	夏
舌	潘	蕊	朱	材	剃	除	岛	佟	顺
裙	曰	女	爬	跟	前	黑	澳	郑	贼
磁	译	波	敌	狗	放	退	而	外	梢

二、读多音节词语(100 个音节，共 20 分，限时 2.5 分钟)。请横向朗读！

恰巧	疯狂	片刻	撒手	红娘
翅膀	牛顿	能耐	遵循	国王
配合	安慰	最终	土壤	撇开
蒙古包	聪明	如此	汉子	喘息
张贴	对象	家庭	衰老	伴随
耳膜儿	允许	勤快	长臂猿	优待
小翁儿	佛教	抓紧	定律	玩耍
利用	壶盖儿	化肥	健全	村庄
掠夺	搜罗	讴歌	公式	发育
绝着儿	穷人	你们	扩展	

三、朗读短文(400 个音节，共 30 分，限时 4 分钟)。作品 51 号

有个塌鼻子的小男孩儿，因为两岁时得过脑炎，智力受损，学习起来很吃力。打个比方，别人写作文能写二三百字，他却只能写三五行。但即便这样的作文，他同样能写得很动人。

那是一次作文课，题目是《愿望》。他极其认真地想了半天，然后极认真地写，那作文极短。只有三句话：我有两个愿望，第一个是，妈妈天天笑眯眯地看着我说："你真聪明。"第二个是，老师天天笑眯眯地看着我说："你一点儿也不笨。"

于是，就是这篇作文，深深地打动了他的老师，那位妈妈式的老师不仅给了他

最高分,在班上带感情地朗诵了这篇作文,还一笔一画地批道:你很聪明,你的作文写得非常感人,请放心,妈妈肯定会格外喜欢你的,老师肯定会格外喜欢你的,大家肯定会格外喜欢你的。

捧着作文本,他笑了,蹦蹦跳跳地回家了,像只喜鹊。但他并没有把作文本拿给妈妈看,他是在等待,等待着一个美好的时刻。

那个时刻终于到了,是妈妈的生日——一个阳光灿烂的星期天:那天,他起得特别早,把作文本装在一个亲手做的美丽的大信封里,等着妈妈醒来。妈妈刚刚睁眼醒来,他就笑眯眯地走到妈妈跟前说:“妈妈,今天是您的生日,我要//送给您一件礼物。”

果然,看着这篇作文,妈妈甜甜地涌出了两行热泪,一把搂住小男孩儿,搂得很紧很紧。是的,智力可以受损,但爱永远不会。

——节选自张玉庭《一个美丽的故事》

四、命题说话(请在下列话题中任选一个,限时 3 分钟,共 40 分)。

1.我的业余生活

2.我的愿望(或理想)

注:考生在说话之前需说明自己选择的说话题目。例如:我选择的说话题目是……

十号卷评分表及考官点评

(二甲　89.65 分)

一、读单音节字词(100 个音节,共 10 分,限时 3.5 分钟)

错误扣分(每个 0.1 分)	缺陷扣分(每个 0.05 分)	超时扣分(1 分钟内 0.5,1 分钟以上 1 分)	得分
0.1	1.35		8.55

考官精准点评:1 个语音错误,您;27 个语音缺陷。主要表现:朗读过快,一声、三声不到位。此外,en、in、un、ing 等韵母朗读也不规整。

二、读多音节词语(100 个音节,共 20 分,限时 2.5 分钟)

错误扣分(每个 0.2 分)	缺陷扣分(每个 0.1 分)	超时扣分(1 分钟内 0.5,1 分钟以上 1 分)	得分
0.4	1.9		17.7

考官精准点评:2 个语音错误,勤快、绝着儿;19 个语音缺陷。主要表现:词语的中重格式很多都没有体现出来,轻声没有读出来,非轻声读出轻声的感觉。此外,韵母 un、in 等在第一项暴露出来的问题,在这一项依然存在。该考生对于普通话测试缺乏基本的认识,只是按照平常的习惯朗读词语,增加了扣分项。

三、朗读短文(30 分) 作品　51　号

错漏增读 (每个扣 0.1 分)	声韵系统性缺陷 (扣 0.5 分、1 分)	语调偏误 (扣 0.5 分、1 分、2 分)	停连不当 (扣 0.5 分、1 分、2 分)	不流畅 (扣 0.5 分、1 分、2 分)	超时 (扣 1 分)	得分
0.3	0.5	0.5		0.6		28.1

考官精准点评:3 个语音错误,回读 2 次。主要表现:声母 z、c、s 的齿间音问题,j、q、x 的尖音问题。此外,朗读文章不够熟练,口腔有一定程度放松。

四、命题说话(40 分) 题目是　我的业余生活

<table>
<tr><td colspan="6">语音标准程度扣分
(此项共 25 分)</td><td colspan="3">词汇语法扣分
(此项 10 分)</td><td colspan="3">自然流畅扣分
(此项共 5 分)</td><td colspan="2">缺时扣分(不满 30 秒为 0 分)</td><td>得分</td></tr>
<tr><td>一档
扣 0、1、2 分</td><td>二档
扣 3、4 分</td><td>三档
扣 5、6 分</td><td>四档
扣 7、8 分</td><td>五档
扣 9、10、11 分</td><td>六档
扣 12、13、14 分</td><td>一档
扣 0 分</td><td>二档
扣 1、2 分</td><td>三档
扣 3、4 分</td><td>一档
扣 0 分</td><td>二档
扣 0.5、1 分</td><td>三档
扣 2、3 分</td><td>1 分钟以内扣 1、2、3 分</td><td>1 分钟以上扣 4、5、6 分</td><td rowspan="2">35</td></tr>
<tr><td></td><td>4</td><td></td><td></td><td></td><td></td><td>0.5</td><td></td><td></td><td></td><td>0.5</td><td></td><td></td><td></td></tr>
</table>

考官精准点评:该考生的声母问题在第四项再次呈现出来,j、q、x 的尖音问题,z、c、s 的齿间音问题,韵母 in、en、eng 的鼻音问题都比较明显。虽然有一些书面语的呈现,但还有一些词语表达不太准确。

考官温馨提示:对于该考生而言,朗读太过仓促,增加了很多不必要的扣分项。普通话考试考的是语音,因此考生需要加强朗读练习。如果考生希望在整体语言面貌上有更进一步的提高,还需要在字词句章等诸多环节再进一步练习,增强语言的规范性。

国家普通话水平测试试卷

十一号卷

十一号卷

一、读单音节字词(100 个音节,共 10 分,限时 3.5 分钟)。请横向朗读!

匀	鸟	匣	攻	黏	体	材	若	雕	却
砖	磁	搜	短	注	蜜	午	棍	本	内
窘	盆	鬃	吼	晶	狂	啐	徐	齿	状
我	麻	鲁	翔	怎	枪	拐	抓	塔	秦
闰	邱	粉	崩	阻	篇	隶	买	书	孽
咱	宣	笛	搬	简	乏	跌	嗓	二	旅
辈	昂	拨	陪	特	床	用	擦	雅	唯
日	曰	逃	坤	惩	改	凝	靠	裙	柳
黑	破	禹	鸥	害	盲	括	丝	仍	绢
顶	聊	碳	街	奉	帅	宠	策	飘	晋

二、读多音节词语(100 个音节,共 20 分,限时 2.5 分钟)。请横向朗读!

然而	痛快	牌楼	英雄	大量
起草	吹牛	收音机	品种	钢铁
比赛	上面	恰巧	穷苦	推算

躲闪	佛教	小葱儿	荒谬	军事
平原	褂子	随便	盗贼	政权
外在	蛋清儿	模型	方略	少女
眉头	衣服	如此	循环	科学
昨天	红娘	喇叭	价值	旺盛
纯真	唱歌儿	主人翁	恶化	亏损
火罐儿	挎包	安居乐业		

三、朗读短文(400个音节,共30分,限时4分钟)。作品43号

生活对于任何人都非易事,我们必须有坚韧不拔的精神。最要紧的,还是我们自己要有信心。我们必须相信,我们对每一件事情都具有天赋的才能,并且,无论付出任何代价,都要把这件事完成。当事情结束的时候,你要能问心无愧地说:“我已经尽我所能了。”

有一年的春天,我因病被迫在家里休息数周。我注视着我的女儿们所养的蚕正在结茧,这使我很感兴趣。望着这些蚕执著地、勤奋地工作,我感到我和它们非常相似。像它们一样,我总是耐心地把自己的努力集中在一个目标上。我之所以如此,或许是因为有某种力量在鞭策着我——正如蚕被鞭策着去结茧一般。

近五十年来,我致力于科学研究,而研究,就是对真理的探讨。我有许多美好快乐的记忆。少女时期我在巴黎大学,孤独地过着求学的岁月;在后来献身科学的整个时期,我丈夫和我专心致志,像在梦幻中一般,坐在简陋的书房里艰辛地研究,后来我们就在那里发现了镭。

我永远追求安静的工作和简单的家庭生活。为了实现这个理想,我竭力保持宁静的环境,以免受人事的干扰和盛名的拖累。

我深信,在科学方面我们有对事业而不//是对财富的兴趣。我的惟一奢望是在一个自由国家中,以一个自由学者的身份从事研究工作。

我一直沉醉于世界的优美之中,我所热爱的科学也不断增加它崭新的远景。我认定科学本身就具有伟大的美。

——节选自[波兰]玛丽·居里《我的信念》,剑捷译

四、命题说话(请在下列话题中任选一个,限时3分钟,共40分)。

1.我的家乡(或熟悉的地方)

2.我喜爱的动物(或植物)

注:考生在说话之前需说明自己选择的说话题目。例如:我选择的说话题目是……

十一号卷评分表及考官点评

（按照作弊处理　0 分）

一、读单音节字词（100 个音节，共 10 分，限时 3.5 分钟）

错误扣分（每个 0.1 分）	缺陷扣分（每个 0.05 分）	超时扣分（1 分钟内 0.5，1 分钟以上 1 分）	得分
	1.5		8.5

考官精准点评：30 个语音缺陷。主要表现在：一声、三声不到位，韵母 ing 发音有问题。该考生的语音面貌具有很多北京考生的“特色”：唇舌无力，很多字有秃噜的痕迹，速度有点偏快。

二、读多音节词语（100 个音节，共 20 分，限时 2.5 分钟）

错误扣分（每个 0.2 分）	缺陷扣分（每个 0.1 分）	超时扣分（1 分钟内 0.5，1 分钟以上 1 分）	得分
0.4	1.5		19.1

考官精准点评：2 个语音错误，昨天、褂子；15 个语音缺陷。主要表现：朗读太过仓促，三声不到位，词语的中重格式也没有很好地在词语朗读中体现出来。此外，有些轻声没有体现出来，甚至由于仓促，有些词干脆就少读。

三、朗读短文（30 分）**作品** 43 **号**

错漏增读（每个扣 0.1 分）	声韵系统性缺陷（扣 0.5、1 分）	语调偏误（扣 0.5、1、2 分）	停连不当（扣 0.5、1、2 分）	不流畅（扣 0.5、1、2 分）	超时（扣 1 分）	得分
0.3	0.5		1	0.6		27.6

考官精准点评：3 个错漏增读。主要表现：文章中一些轻声没有读出来，考生对于文章非常不熟悉，读得磕磕绊绊，出现多次回读。

四、命题说话（40 分）**题目是** **我熟悉的地方**

语音标准程度扣分（此项共 25 分）						词汇语法扣分（此项 10 分）			自然流畅扣分（此项共 5 分）			缺时扣分（不满 30 秒为 0 分）		得分
一档扣 0、1、2 分	二档扣 3、4 分	三档扣 5、6 分	四档扣 7、8 分	五档扣 9、10、11 分	六档扣 12、13、14 分	一档扣 0 分	二档扣 1、2 分	三档扣 3、4 分	一档扣 0 分	二档扣 0.5、1 分	三档扣 2、3 分	1 分钟以内扣 1、2、3 分	1 分钟以上扣 4、5、6 分	0

考官精准点评：该考生语速过快、唇舌无力，声韵调问题都较为严重，齿间音、尖音问题充分暴露出来。该考生在命题说话时自带作品，直接被视为作弊，整张卷子视为 0 分。

考官温馨提示：考试时严禁自带作品，否则视为作弊，整张卷子视为 0 分。

国家普通话水平测试试卷

十二号卷

十二号卷

一、读单音节字词(100 个音节,共 10 分,限时 3.5 分钟)。请横向朗读!

踹	纬	疼	因	梅	瞥	语	助	坤	窘
列	姜	陵	寡	政	玄	此	白	吊	八
床	怎	丝	雷	蔫	鳌	感	侵	娘	窜
筒	坪	碍	堂	缩	耳	搭	甩	抓	黄
麦	丑	道	拢	澈	塌	内	瞟	咱	曰
赚	纺	辖	绺	菊	怪	沾	热	倪	波
旗	鸟	谬	枫	裙	栓	袜	存	破	也
鞋	歪	扰	酸	池	亩	绒	驱	抬	肯
第	孤	遣	蕴	凶	靠	戳	日	租	回
倦	我	后	雪	商	弥	嫁	裹	最	法

二、读多音节词语(100 个音节,共 20 分,限时 2.5 分钟)。请横向朗读!

鲁莽	扩散	恩情	爽快	轰响
灯光	夸张	柔软	麻利	贫穷
叙述	东欧	春天	落款儿	富翁
电压	客厅	稳产	恰巧	自来水
竞赛	分化	从而	医院	军人
在这儿	男女	紧缺	队伍	磁场
随便	全体	决策	跳高儿	能量
诈骗	寻找	佛教	反射	墨汁儿
废旧	怀抱	钢铁	小朋友	别扭
装备	瘦弱	洗澡	适用	

三、朗读短文(400 个音节,共 30 分,限时 4 分钟)。作品 58 号

不管我的梦想能否成为事实,说出来总是好玩儿的:

春天,我将要住在杭州。二十年前,旧历的二月初,在西湖我看见了嫩柳与菜花,碧浪与翠竹。由我看到的那点儿春光,已经可以断定,杭州的春天必定会教人整天生活在诗与图画之中。所以,春天我的家应当是在杭州。

夏天,我想青城山应当算作最理想的地方。在那里,我虽然只住过十天,可是它的幽静已拴住了我的心灵。在我所看见过的山水中,只有这里没有使我失望。到处都是绿,目之所及,那片淡而光润的绿色都在轻轻地颤动,仿佛要流人空中与心中似的。这个绿色会像音乐,涤清了心中的万虑。

秋天一定要住北平。天堂是什么样子,我不知道,但是从我的生活经验去判断,北平之秋便是天堂。论天气,不冷不热。论吃的,苹果、梨、柿子、枣儿、葡萄,每

样都有若干种。论花草，菊花种类之多，花式之奇，可以甲天下。西山有红叶可见，北海可以划船——虽然荷花已残，荷叶可还有一片清香。衣食住行，在北平的秋天，是没有一项不使人满意的。

冬天，我还没有打好主意，成都或者相当得合适，虽然并不怎样和暖，可是为了水仙，素心腊梅，各色的茶花，仿佛就受一点儿寒//冷，也颇值得去了。昆明的花也多，而且天气比成都好，可是旧书铺与精美而便宜的小吃远不及成都那么多。好吧，就暂这么规定：冬天不住成都便住昆明吧。

在抗战中，我没能发国难财。我想，抗战胜利以后，我必能阔起来。那时候，假若飞机减价，一二百元就能买一架的话，我就自备一架，择黄道吉日慢慢地飞行。

——节选自老舍《住的梦》

四、命题说话（请在下列话题中任选一个，限时 3 分钟，共 40 分）。

1.我的业余生活

2.学习普通话的感受

注：考生在说话之前需说明自己选择的说话题目。例如：我选择的说话题目是……

十二号卷评分表及考官点评

（二乙　80.35 分）

一、读单音节字词（100 个音节，共 10 分，限时 3.5 分钟）

错误扣分（每个 0.1 分）	缺陷扣分（每个 0.05 分）	超时扣分（1 分钟内 0.5，1 分钟以上 1 分）	得分
0.6	1.05		8.35

考官精准点评：6 个语音错误，21 个语音缺陷。主要表现：语音错误，瞥 pie（第一声）、陵 ping（第二声）、政 zheng（第四声）、蔫 nian（第一声）、螯 ao（第二声）、戳 chuo（第一声）。语音缺陷，体现为前后鼻音不规范，口腔打开度不够，韵母的方言音比较明显。此外，第三声、第四声存在不规整的问题，撮口音普遍不到位，口形都比较慵懒。考生准备考试时要更加细致一些，把不确定的字都读准确。语音考试主要关注声韵调的准确性，所以必须注意声韵调的规整度，一定要让整个口腔积极起来，这样才能最大限度地规避方言音。

二、读多音节词语（100 个音节，共 20 分，限时 2.5 分钟）

错误扣分（每个 0.2 分）	缺陷扣分（每个 0.1 分）	超时扣分（1 分钟内 0.5，1 分钟以上 1 分）	得分
1	1.3		17.7

考官精准点评：5 个语音错误，13 个语音缺陷。主要表现：语音错误，恩情 qing（第二声）、麻利（轻声）、竞 jing（第四声）赛、从而 er（第二声）、诈 zha（第四声）骗。语音缺陷，前后鼻音不分、词语格式不规范、第三声不完整、儿化音不规范，等等。第二项除了考查声韵调之外还要考查轻声、儿化、词语的格式等。在这些方面考生如果没有读到位就视为错误。

三、朗读短文(30分) 作品__58__号

错漏增读 (每个扣0.1分)	声韵系统性缺陷 (扣0.5、1分)	语调偏误 (扣0.5、1、2分)	停连不当 (扣0.5、1、2分)	不流畅 (扣0.5、1、2分)	超时 (扣1分)	得分
0.2	1	2	0.5	1		25.3

考官精准点评：儿化音、轻声完全没有体现出来，视为错误，扣0.2分；声韵系统性缺陷较多，直接扣1分；语调偏误也较多，直接扣2分；停连不当，扣0.5分；个别语句存在回读现象，扣0.5分。文章整体读得比较顺利，但部分地方有回读的痕迹，所以有扣分。另外，由于语速过慢，考生把一句句话读成了一个个词，词化现象比较明显，加重扣分。

四、命题说话(40分) 题目是__我的业余生活__

语音标准程度扣分(此项共25分)						词汇语法扣分(此项10分)			自然流畅扣分(此项共5分)			缺时扣分(不满30秒为0分)		得分
一档 扣0、1、2分	二档 扣3、4分	三档 扣5、6分	四档 扣7、8分	五档 扣9、10、11分	六档 扣12、13、14分	一档 扣0分	二档 扣1、2分	三档 扣3、4分	一档 扣0分	二档 扣0.5、1分	三档 扣2、3分	1分钟以内扣1、2、3分	1分钟以上扣4、5、6分	29
			7				2				2			

考官精准点评：最后一项考试主要考查考生的整体语言表达能力，需要考生呈现出日常交流中的语言样态，但该考生的语言表达不够自然，流畅程度方面扣分比较严重，同时语音面貌不是特别好，所以扣分就比较多。此外，该项考试主要考查日常交流用语，所以词语都需要相对口语化，但要符合普通话的要求，以典范的现代白话文为语法规范，不能用方言的语法来套用普通话的语法。

考官温馨提示：考生非常认真地准备考试，整体来说比较顺利，没有出现大量空白时间、重复唠叨等问题。就该考生的语音面貌来说，进入这个等级也算不错。但如果考生还想拿到更高等级证书的话，就需要在前后鼻音、平翘舌等方面进一步提高，尤其是对考试中所关注的语音点(轻重音、儿化音等)给予高度重视，这样通过一段时间的努力，一定会有更大的进步。

国家普通话水平测试试卷

十三号卷

十三号卷

一、读单音节字词(100个音节，共10分，限时3.5分钟)。请横向朗读！

聊	劝	丢	馆	抗	法	昭	鸟	箔	雪
涮	砌	壤	猜	煤	胸	笋	下	膘	闽
察	字	穷	搓	讽	愈	睁	次	哑	儿
春	如	氨	钡	军	末	涂	撑	撰	凝
锦	良	徽	申	仄	弯	糖	漏	值	狗
历	尺	最	来	物	狠	探	顶	运	彭
挂	骚	坎	油	广	捐	袄	瘸	我	阳
扩	烦	需	筒	尊	欠	德	秸	容	面
黑	娘	傻	屑	警	迭	踹	偏	剃	脓
陡	鳃	闯	抛	弱	倪	刷	醋	甩	栽

二、读多音节词语(100 个音节,共 20 分,限时 2.5 分钟)。请横向朗读!

配合	爽快	佛寺	热爱	马车
侵略	蒜瓣儿	频率	篡夺	窘迫
清楚	干脆	透明	加以	灭亡
浪费	螺旋桨	荒谬	虐待	昂然
恰好	因而	妇女	开垦	教训
夸张	唱歌儿	年龄	跳高儿	影响
冬天	主人翁	缘故	洗澡	扇子
怀抱	未曾	随便	日用	群众
拱手	花纹	记事儿	低洼	纳税
区别	牛顿	奔走	先生	

三、朗读短文(400 个音节,共 30 分,限时 4 分钟)。作品 47 号

在湾仔,香港最热闹的地方,有一棵榕树,它是最贵的一棵树,不光在香港,在全世界,都是最贵的。

树,活的树,又不卖何言其贵?只因它老,它粗,是香港百年沧桑的活见证,香港人不忍看着它被砍伐,或者被移走,便跟要占用这片山坡的建筑者谈条件:可以在这儿建大楼盖商厦,但一不准砍树,二不准挪树,必须把它原地精心养起来,成为香港闹市中的一景。太古大厦的建设者最后签了合同,占用这个大山坡建豪华商厦的先决条件是同意保护这棵老树。

树长在半山坡上,计划将树下面的成千上万吨山石全部掏空取走,腾出地方来盖楼,把树架在大楼上面,仿佛它原本是长在楼顶上似的。建设者就地造了一个直径十八米、深十米的大花盆,先固定好这棵老树,再在大花盆底下盖楼。光这一项就花了两千三百八十九万港币,堪称是最昂贵的保护措施了。

太古大厦落成之后,人们可以乘滚动扶梯一次到位,来到太古大厦的顶层,出后门,那儿是一片自然景色。一棵大树出现在人们面前,树干有一米半粗,树冠直径足有二十多米,独木成林,非常壮观,形成一座以它为中心的小公园,取名叫“榕圃”。树前面//插着铜牌,说明原由。此情此景,如不看铜牌的说明,绝对想不到巨树根底下还有一座宏伟的现代大楼。

——节选自舒乙《香港:最贵的一棵树》

四、命题说话(请在下列话题中任选一个,限时 3 分钟,共 40 分)。

1.购物(消费)的感受

2.谈谈对环境保护的认识

注:考生在说话之前需说明自己选择的说话题目。例如:我选择的说话题目是……

十三号卷评分表及考官点评

(二甲 87.30 分)

一、读单音节字词(100 个音节,共 10 分,限时 3.5 分钟)

错误扣分(每个 0.1 分)	缺陷扣分(每个 0.05 分)	超时扣分(1 分钟内 0.5,1 分钟以上 1 分)	得分
0.2	1.9		7.9

考官精准点评:2 个语音错误,警、抛;38 个语音缺陷。主要表现:一声、三声不到位,韵母 uan、iong、er、un、uan、ui 等不到位,声母 zh、x 也存在问题。

二、读多音节词语(100 个音节,共 20 分,限时 2.5 分钟)

错误扣分(每个 0.2 分)	缺陷扣分(每个 0.1 分)	超时扣分(1 分钟内 0.5,1 分钟以上 1 分)	得分
0.2	2.6		17.2

考官精准点评:1 个语音错误,跳高儿;26 个语音缺陷。主要表现:词语的中重格式、轻声、儿化音的问题,一声、三声不到位。

三、朗读短文(30 分)作品 47 号

错漏增读(每个扣 0.1 分)	声韵系统性缺陷(扣 0.5、1 分)	语调偏误(扣 0.5、1、2 分)	停连不当(扣 0.5、1、2 分)	不流畅(扣 0.5、1、2 分)	超时(扣 1 分)	得分
0.1	1	1	1	1		25.7

考官精准点评:儿化音、轻声不到位,视为错误,至少 3 处,扣 0.3 分;声韵系统性缺陷较多,扣 1 分;语调偏误,扣 1 分;停连不当,扣 1 分;个别语句存在回读现象,扣 1 分。文章整体读得还算顺利,但仍有一些停连不当、回读的问题,所以被扣分。

四、命题说话(40 分)题目是 **谈谈对环境保护的认识**

语音标准程度扣分(此项共 25 分)						词汇语法扣分(此项 10 分)			自然流畅扣分(此项共 5 分)			缺时扣分(不满 30 秒为 0 分)		得分
一档 扣 0、1、2 分	二档 扣 3、4 分	三档 扣 5、6 分	四档 扣 7、8 分	五档 扣 9、10、11 分	六档 扣 12、13、14 分	一档 扣 0 分	二档 扣 1、2 分	三档 扣 3、4 分	一档 扣 0 分	二档 扣 0.5、1 分	三档 扣 2、3 分	1 分钟以内扣 1、2、3 分	1 分钟以上扣 4、5、6 分	36.8
	3									0.5				

考官精准点评:尖音、齿间音、声调、韵母问题都再次暴露出来,但值得肯定的是表达相对流畅自然,有交流的欲望。

考官温馨提示:该考生需要在基本的声韵调方面再下一些功夫,现在的分数已经停留在二甲的低分段,如果考试再紧张一些,估计归入二乙也很正常,但是如果加强训练,也有可能进入一乙。

国家普通话水平测试试卷

十四号卷

十四号卷

一、读单音节字词(100 个音节,共 10 分,限时 3.5 分钟)。请横向朗读!

脑	卧	洒	捐	许	失	板	丛	寡	赦
闸	爽	叼	下	寝	闭	瞥	末	邻	粗
字	讲	熊	驻	苍	环	枪	澳	厅	二
团	踹	舔	遵	逃	追	锁	汤	裴	状
究	婶	掐	某	君	贼	垦	白	眯	映
征	戏	领	孙	硫	肿	拳	悔	您	反
冰	奎	禹	谬	果	言	氯	拐	傍	恩
测	逢	略	死	方	也	氦	仍	艘	绕
攻	瞭	阻	蹭	陈	破	淡	衣	巡	花
年	汝	瘸	汪	持	恐	酶	窖	完	对

二、读多音节词语(100 个音节,共 20 分,限时 2.5 分钟)。请横向朗读!

儿童	热爱	退守	丢人	赶快
其次	佛经	屁股	照片儿	钢铁
专门	打算	原则	存在	篡夺
恍惚	送信儿	宝贵	电压	围裙
富翁	红娘	少女	虐待	飞机
帘子	偶然性	卑劣	苟且	平日
家伙	学者	外宾	冲刷	玻璃
三轮车	夸张	之前	小丑儿	选举
衡量	萌发	无穷	调解	矿产
邮戳儿	作用	命运	衰老	

三、朗读短文(400 个音节,共 30 分,限时 4 分钟)。作品 56 号

中国的第一大岛、台湾省的主岛台湾,位于中国大陆架的东南方,地处东海和南海之间,隔着台湾海峡和大陆相望。天气晴朗的时候,站在福建沿海较高的地方,就可以隐隐约约地望见岛上的高山和云朵。

台湾岛形状狭长,从东到西,最宽处只有一百四十多公里;由南至北,最长的地方约有三百九十多公里。地形像一个纺织用的梭子。

台湾岛上的山脉纵贯南北,中间的中央山脉犹如全岛的脊梁。西部为海拔近四千米的玉山山脉,是中国东部的最高峰。全岛约有三分之一的地方是平地,其余为山地。岛内有缎带般的瀑布,蓝宝石似的湖泊,四季常青的森林和果园,自然景色十分优美。西南部的阿里山和日月潭,台北市郊的大屯山风景区,都是闻名世界的游览胜地。

台湾岛地处热带和温带之间，四面环海，雨水充足，气温受到海洋的调剂，冬暖夏凉，四季如春，这给水稻和果木生长提供了优越的条件。水稻、甘蔗、樟脑是台湾的“三宝”。岛上还盛产鲜果和鱼虾。

台湾岛还是一个闻名世界的“蝴蝶王国”。岛上的蝴蝶共有四百多个品种，其中有不少是世界稀有的珍贵品种。岛上还有不少鸟语花香的蝴//蝶谷，岛上居民利用蝴蝶制作的标本和艺术品，远销许多国家。

——节选自《中国的宝岛——台湾》

四、命题说话(请在下列话题中任选一个，限时3分钟，共40分)。

1.我的家乡(或熟悉的地方)

2.我所在的集体(学校、机关、公司)

注：考生在说话之前需说明自己选择的说话题目。例如：我选择的说话题目是……

十四号卷评分表及考官点评

(按照作弊处理　0分)

一、读单音节字词(100个音节，共10分，限时3.5分钟)

错误扣分(每个0.1分)	缺陷扣分(每个0.05分)	超时扣分(1分钟内0.5，1分钟以上1分)	得分
0.3	2.7		7

考官精准点评：3个语音错误，瞥、末、傍；54个语音缺陷。主要表现：语音面貌整体较差，四声调值普遍不到位，韵母几乎都不到位，声母的位置普遍偏后，而且朗读非常仓促，声韵调都没有很好地体现出来。

二、读多音节词语(100个音节，共20分，限时2.5分钟)

错误扣分(每个0.2分)	缺陷扣分(每个0.1分)	超时扣分(1分钟内0.5，1分钟以上1分)	得分
0.4	2.6		17

考官精准点评：2个语音错误，打算、屁股；26个语音缺陷。主要表现：词语的中重格式没有体现出来，四声都存在问题，声母靠后。

三、朗读短文(30分) **作品** 56 **号**

错漏增读(每个扣0.1分)	声韵系统性缺陷(扣0.5、1分)	语调偏误(扣0.5、1、2分)	停连不当(扣0.5、1、2分)	不流畅(扣0.5、1、2分)	超时(扣1分)	得分
0.4	1	1	1	1		25.6

考官精准点评：4处错漏增读，声韵调普遍都有问题，声母靠后，韵母都不到位，调值普遍不好。此外，流畅度较差，文章读得很磕巴，这样的语音面貌想拿到语音等级有一定难度。

四、命题说话（40 分）题目是 我的家乡

语音标准程度扣分（此项共 25 分）						词汇语法扣分（此项 10 分）			自然流畅扣分（此项共 5 分）			缺时扣分（不满 30 秒为 0 分）		得分
一档扣 0、1、2 分	二档扣 3、4 分	三档扣 5、6 分	四档扣 7、8 分	五档扣 9、10、11 分	六档扣 12、13、14 分	一档扣 0 分	二档扣 1、2 分	三档扣 3、4 分	一档扣 0 分	二档扣 0.5、1 分	三档扣 2、3 分	1 分钟以内扣 1、2、3 分	1 分钟以上扣 4、5、6 分	0
	4													

考官精准点评：明显是念文章的状态，按照 0 分处理。

考官温馨提示：考试一定不要背诵文章，如果有，就直接按照作弊处理，整张卷子按 0 分计算。

国家普通话水平测试试卷

十五号卷

十五号卷

一、读单音节字词（100 个音节，共 10 分，限时 3.5 分钟）。请横向朗读！

麻　缺　杨　致　捷　谬　尊　凑　刚　炖
临　窘　滑　力　琼　拨　蜷　撞　否　酿
貂　聂　塔　撤　伤　嘴　牢　北　枫　垦
镰　御　稿　四　钓　鼓　掠　甩　呈　准
菊　摊　刑　舀　群　拴　此　让　才　棒
随　鼎　尼　险　抛　残　究　盘　孟　皮
俯　跟　膜　肾　宾　点　烘　阔　挖　火
虫　内　揉　暖　迟　耳　冤　晓　特　芯
舌　恩　并　矮　瓮　瞎　快　枉　桌　悔
松　灶　村　哑　换　冬　辱　扑　仄　前

二、读多音节词语（100 个音节，共 20 分，限时 2.5 分钟）。请横向朗读！

旋律　行当　文明　半道儿　作品
共同　从中　土匪　而且　虐待
日益　单纯　饭盒儿　牛仔裤　民政
雄伟　运用　轻蔑　打杂儿　家眷
赞美　奥妙　海关　另外　男女
热闹　开创　转变　夸张　人影儿
其次　搜刮　悄声　迅速　方法
首饰　坚决　破坏　天鹅　佛像
所有　珍贵　恰好　拖拉机　框子
测量　投票　川流不息

三、朗读短文（400 个音节，共 30 分，限时 4 分钟）。作品 50 号

著名教育家班杰明曾经接到一个青年人的求救电话，并与那个向往成功、渴望指点的青年人约好了见面的时间和地点。

待那个青年如约而至时，班杰明的房门敞开着，眼前的景象却令青年人颇感意外——班杰明的房间里乱七八糟、狼藉一片。

没等青年人开口，班杰明就招呼道："你看我这房间，太不整洁了，请你在门外等候一分钟，我收拾一下，你再进来吧。"一边说着，班杰明就轻轻地关上了房门。

不到一分钟的时间，班杰明就又打开了房门并热情地把青年人让进客厅。这时，青年人的眼前展现出另一番景象——房间内的一切已变得井然有序，而且有两杯刚刚倒好的红酒，在淡淡的香水气息里还漾着微波。

可是，没等青年人把满腹的有关人生和事业的疑难问题向班杰明讲出来，班杰明就非常客气地说道："干杯。你可以走了。"

青年人手持酒杯一下子愣住了，既尴尬又非常遗憾地说："可是，我……我还没向您请教呢……""这些……难道还不够吗?"班杰明一边微笑着，一边扫视着自己的房间，轻言细语地说，"你进来又有一分钟了。"

"一分钟……一分钟……"青年人若有所思地说："我懂了，您让我明白了一分钟的时间可以做许//多事情，可以改变许多事情的深刻道理。"

班杰明舒心地笑了。青年人把杯里的红酒一饮而尽，向班杰明连连道谢后，开心地走了。

其实，只要把握好生命的每一分钟，也就把握了理想的人生。

——节选自纪广洋《一分钟》

说明：国家语委于2017年1月1日将60篇朗读作品中的原作品50号《一分钟》调整为《匆匆》，但本套卷的朗读作品仍为《一分钟》，以此保证本套卷的原始性和完整性。

四、命题说话(请在下列话题中任选一个，限时3分钟，共40分)。

1.我喜爱的动物(或植物)

2.我喜欢的明星(或其他知名人士)

注：考生在说话之前需说明自己选择的说话题目。例如：我选择的说话题目是……

十五号卷评分表及考官点评

（二乙　83.70分）

一、读单音节字词(100个音节，共10分，限时3.5分钟)

错误扣分 (每个0.1分)	缺陷扣分 (每个0.05分)	超时扣分 (1分钟内0.5，1分钟以上1分)	得分
0.6	2		7.4

考官精准点评：6个语音错误，蜷、牢、此、宾、东、仄；40个语音缺陷。主要表现：声调不到位，尤其是第一声和第三声。此外，韵母in、en、uan、eng等都存在问题，n、l以及翘舌音也存在一定问题。

二、读多音节词语(100 个音节,共 20 分,限时 2.5 分钟)

错误扣分(每个 0.2 分)	缺陷扣分(每个 0.1 分)	超时扣分(1 分钟内 0.5,1 分钟以上 1 分)	得分
0.6	1.3		18.1

考官精准点评:3 个语音错误,搜刮、悄声、框子;13 个语音缺陷。主要表现:词语的中重格式没有充分体现出来,声调普遍不到位。此外,j、q、x 存在尖音问题。

三、朗读短文(30 分) **作品**　50　**号**

错漏增读(每个扣 0.1 分)	声韵系统性缺陷(扣 0.5、1 分)	语调偏误(扣 0.5、1、2 分)	停连不当(扣 0.5、1、2 分)	不流畅(扣 0.5、1、2 分)	超时(扣 1 分)	得分
0.1	1	1	0.5	1.2		26.2

考官精准点评:1 处错漏增读,扣 0.1 分;声韵系统性缺陷较为严重。考生一定要尽力区分 n、l 的发音。此外,考生朗读时速度过快,导致多次重读,出现这种情况的原因一是对文章不够熟悉,二是快速朗读本身给自己带来很大压力。

四、命题说话(40 分) **题目是**　**我喜爱的植物**

语音标准程度扣分(此项共 25 分)						词汇语法扣分(此项 10 分)			自然流畅扣分(此项共 5 分)			缺时扣分(不满 30 秒为 0 分)		得分
一档 扣 0、1、2 分	二档 扣 3、4 分	三档 扣 5、6 分	四档 扣 7、8 分	五档 扣 9、10、11 分	六档 扣 12、13、14 分	一档 扣 0 分	二档 扣 1、2 分	三档 扣 3、4 分	一档 扣 0 分	二档 扣 0.5、1 分	三档 扣 2、3 分	1 分钟以内扣 1、2、3 分	1 分钟以上扣 4、5、6 分	32
		5					1			1		1		

考官精准点评:如果这是正式的考试,那最前面大量的留白绝对是吃亏的,因为要直接按照缺时计算。此外,该考生的语音面貌不是很理想,声韵调都有问题,而且说话不是很流畅,但是该考生还是用口语化的表达方式表达了自己的题目,这一点还是很好的。

考官温馨提示:对于很多对自己语音面貌不是很自信的考生而言,盲目背文章反倒有害,可能按照作弊处理。因此,考生不如按照自己现有的语言水平认真去呈现。这位考生用自己的话积极表达,虽然分数不高,但也能够获得等级证书,基本上能够满足相关需求。

全真模拟试卷(15套)

国家普通话水平测试试卷

一号卷

一、读单音节字词(100个音节,共10分,限时3.5分钟)。请横向朗读!

恶	兵	铝	翁	总	鸟	眨	薄	拐	乘
只	越	亮	单	黑	轮	头	香	史	胖
宽	名	秋	广	恰	碱	似	则	劝	凶
处	别	穷	崩	美	房	吃	俩	紧	南
需	裂	杭	那	菌	钱	高	跳	混	泪
亲	钻	肯	装	渍	队	改	倒	福	说
闷	儿	谁	脾	课	双	酒	这	泛	铜
栽	蕊	省	充	顶	席	从	垫	态	戳
估	觅	准	姜	羞	遂	蹿	壕	愿	腭
撇	桑	凑	刷	若	拽	薛	桦	焚	惧

二、读多音节词语(100个音节,共20分,限时2.5分钟)。请横向朗读!

粮食	值得	窘迫	发呆	假装
女方	所有	在行	队列	水产
再婚	支票	官方	终点	乞讨
略微	毛驴儿	前程	幌子	溺爱
垫圈	穆斯林	滔滔	尊称	板擦儿
破坏	至此	折叠	蒜瓣儿	坐落
强求	水花	把手	可能	因而
雄蕊	腾飞	杏仁儿	围裙	悬挂
首创	名下	苗条	公积金	快慢
长久	血腥	奋不顾身		

三、朗读短文(400个音节,共30分,限时4分钟)。作品37号

短文略。(见本书231页)

四、命题说话(请在下列话题中任选一个,限时3分钟,共40分)。

1.学习普通话的体会

2.购物(消费)的感受

注:考生在说话之前需说明自己选择的说话题目。例如:我选择的说话题目是……

国家普通话水平测试试卷

二号卷

一、读单音节字词(100 个音节,共 10 分,限时 3.5 分钟)。请横向朗读!

雪	铺	才	校	似	裙	饭	鬓	跟	二
哄	徐	俩	刮	晃	形	虎	颇	自	推
修	服	球	车	迭	给	择	笨	灭	舜
琼	种	款	放	假	敌	虫	配	愿	日
飞	攒	屯	针	摆	脸	敲	填	索	民
讨	流	绝	更	顶	凑	量	对	翁	着
善	猫	缀	晚	德	体	去	初	肩	坏
治	创	购	你	增	奖	灶	傻	冰	埋
拾	洒	狼	说	闰	圈	胀	旷	婴	捶
乱	揣	凶	话	镍	昂	铡	冯	渴	呛

二、读多音节词语(100 个音节,共 20 分,限时 2.5 分钟)。请横向朗读!

命名	空旷	院落	随从	牵涉
过量	虐待	改悔	筷子	百花齐放
转折	车辆	波峰	天边	小鞋儿
群体	谋杀	普法	宝贝	富翁
体育馆	恶劣	追加	破坏	搜刮
直至	农作物	硫磺	侍从	旦角儿
勤劳	孙子	小孩儿	初春	捐赠
臣民	人群	端庄	下达	感染
收藏	许久	厅堂	失血	炯炯
气馁	跑调儿	盗贼		

三、朗读短文(400 个音节,共 30 分,限时 4 分钟)。作品 60 号

短文略。(见本书 259 页)

四、命题说话(请在下列话题中任选一个,限时 3 分钟,共 40 分)。

1.我的愿望(或理想)

2.我喜爱的文学(或其他)艺术形式

注:考生在说话之前需说明自己选择的说话题目。例如:我选择的说话题目是……

国家普通话水平测试试卷

三号卷

一、读单音节字词(100个音节,共10分,限时3.5分钟)。请横向朗读!

球	通	尺	过	灭	就	店	兄	棉	幢
卷	似	狼	训	讨	寨	五	虾	蕊	墙
哄	塞	始	抓	约	甩	张	尊	答	贴
并	谋	倍	蹿	别	礼	很	鬼	啃	量
滨	瘸	窝	荒	撒	混	调	特	收	刺
将	出	饶	内	趾	早	据	掐	安	幅
格	狂	刷	钢	左	挤	牛	垂	端	系
剩	笼	讽	车	蛮	胎	盼	秒	楼	房
说	准	紫	乏	淫	伶	穷	片	赌	旋
翠	淮	纤	竞	庚	得	弄	躯	蝉	软

二、读多音节词语(100个音节,共20分,限时2.5分钟)。请横向朗读!

测验	理论	执勤	辩驳	共产党
曲子	损坏	女生	状况	突击
胸脯	大理石	照片儿	学费	天堂
风声	围嘴儿	裁军	追问	软弱
衰竭	鱼漂儿	矿工	青菜	脑髓
出来	全能	分隔	通航	总得
棍棒	转换	垂直	笑话儿	分头
倔强	下流	偶像	火把	命名
收留	家畜	差事	打倒	千克
反而	私自	轻描淡写		

三、朗读短文(400个音节,共30分,限时4分钟)。作品40号

短文略。(见本书234页)

四、命题说话(请在下列话题中任选一个,限时3分钟,共40分)。

1.我的业余生活

2.谈谈对环境保护的认识

注:考生在说话之前需说明自己选择的说话题目。例如:我选择的说话题目是……

国家普通话水平测试试卷

四号卷

一、读单音节字词(100 个音节,共 10 分,限时 3.5 分钟)。请横向朗读!

痛	难	太	五	佛	堆	雀	棉	产	冷
压	琼	酸	刘	日	嫩	舌	好	说	林
宗	命	坏	称	矣	均	耍	死	想	停
菜	昂	春	周	拐	地	酒	籽	准	徐
蒋	黑	沙	广	这	篾	致	蕊	片	咱
小	很	滨	圈	毛	官	节	比	瞪	愁
放	局	弱	狂	族	立	修	曾	钉	宽
壳	府	约	脓	高	特	返	嘴	钟	杭
病	夺	吮	去	瀑	辩	瓮	塞	勒	辖
咯	熊	爽	斥	掐	寡	泉	量	草	培

二、读多音节词语(100 个音节,共 20 分,限时 2.5 分钟)。请横向朗读!

遗风	天堂	摔跤	符合	缺德
富翁	领海	围裙	笔杆儿	婆家
缺损	休想	矿床	转折	饱满
皑皑	杀菌	小丑	粗糙	结算
辖区	雌蕊	量变	钢镚儿	丢掉
赶趟儿	过程	电阻	推算	神化
水龙头	穷困	懦弱	芝麻	综合
一阵儿	划分	漠然	子女	赤手空拳
炽烈	保证金	贫民	自尊	搭配
流量	水肿	兄弟		

三、朗读短文(400 个音节,共 30 分,限时 4 分钟)。作品 42 号

短文略。(见本书 237 页)

四、命题说话(请在下列话题中任选一个,限时 3 分钟,共 40 分)。

1.我的家乡(或熟悉的地方)

2.我喜爱的动物(或植物)

注:考生在说话之前需说明自己选择的说话题目。例如:我选择的说话题目是……

国家普通话水平测试试卷

五号卷

一、读单音节字词(100个音节,共10分,限时3.5分钟)。请横向朗读!

苗	运	掐	非	紧	刺	尊	车	润	给
血	更	渍	创	怀	千	数	编	肯	觉
操	撒	敲	腿	盼	毛	卧	讲	视	灭
踹	绿	瓶	嗅	皿	提	具	资	香	甲
吹	罗	冰	微	刷	算	卷	叠	眨	采
卵	片	分	走	吮	海	种	日	骨	桃
乐	常	着	丢	缠	泥	流	夫	挥	鸣
过	德	贴	志	杭	饭	增	骑	晃	懂
改	掉	部	薪	愿	穷	续	寿	饵	浓
证	聋	爪	霜	呛	凡	饲	软	梆	嫩

二、读多音节词语(100个音节,共20分,限时2.5分钟)。请横向朗读!

折叠	不论	承认	石榴	香肠儿
高明	风雨	人群	总管	小鞋儿
厮杀	值得	指明	懊恼	死守
过量	贪污	人权	挑刺儿	情趣
小儿	维生素	广场	追踪	沙丘
脱胎	甲板	走访	娘家	归队
病变	千钧一发	配角	综合	转化
防护林	存在	收成	可耻	加快
对待	装潢	赔款	脸蛋儿	脑海
充血	凶残	秘密		

三、朗读短文(400个音节,共30分,限时4分钟)。作品6号

短文略。(见本书191页)

四、命题说话(请在下列话题中任选一个,限时3分钟,共40分)。

1.我喜欢的明星(或其他知名人士)

2.我所在的集体(学校、机关、公司等)

注:考生在说话之前需说明自己选择的说话题目。例如:我选择的说话题目是……

国家普通话水平测试试卷

六号卷

一、读单音节字词（100 个音节，共 10 分，限时 3.5 分钟）。请横向朗读！

熬	肯	霜	网	盼	莫	俩	重	任	追
居	品	嗅	绝	字	盛	群	铁	踹	睡
凡	使	耐	横	涮	刮	雄	通	强	满
夫	乱	拥	念	酸	类	此	舞	离	霞
粮	村	车	听	捉	瘦	德	弦	狂	洞
果	别	坏	秦	纲	瘸	遭	盆	取	指
屏	口	竟	愈	好	挤	谬	访	捐	藏
晒	堆	哈	白	池	尊	应	罚	眠	壁
选	政	仨	准	黑	赌	若	膈	钓	幢
扔	蹓	组	挑	您	妃	仄	爪	穗	秆

二、读多音节词语（100 个音节，共 20 分，限时 2.5 分钟）。请横向朗读！

贫穷	凉爽	玲珑	人家	夫妇
从军	祸害	胸怀	苦恼	微微
转化	气流	大学生	水草	方略
前面	赞誉	国语	缺点	小学生
胖墩儿	党章	推理	车床	海口
挺拔	皑皑	石板	半截儿	女人
责成	官兵	啼笑皆非	牛顿	群岛
收工	跳高儿	四周	思忖	偏差
过敏	直至	停泊	出圈儿	揣摩
假想	罪犯	支架		

三、朗读短文（400 个音节，共 30 分，限时 4 分钟）。作品 4 号

短文略。（见本书 189 页）

四、命题说话（请在下列话题中任选一个，限时 3 分钟，共 40 分）。

1.购物（消费）的感受

2.谈谈对环境保护的认识

注：考生在说话之前需说明自己选择的说话题目。例如：我选择的说话题目是……

国家普通话水平测试试卷

七号卷

一、读单音节字词(100 个音节,共 10 分,限时 3.5 分钟)。请横向朗读!

筐	雄	得	谬	敲	假	怀	值	顿	涮
粉	镜	风	落	举	海	凡	瘸	圈	扔
相	对	众	情	塞	黑	滚	切	俩	面
磁	秒	垮	银	戳	体	拿	别	团	葱
高	寻	针	乃	底	岁	趟	送	点	偶
镍	肥	窝	顶	同	满	吴	抢	徐	露
发	旁	瘤	光	称	转	绣	遍	坐	纯
谁	彼	仄	乖	搬	收	租	航	学	紫
撞	测	说	铆	仕	绫	拗	姜	昌	汝
豫	拼	痴	块	条	劝	最	曾	华	根

二、读多音节词语(100 个音节,共 20 分,限时 2.5 分钟)。请横向朗读!

夸张	轮子	童工	亏损	碎步儿
配方	增值	巍峨	此起彼伏	间隔
衰弱	漠视	云层	生日	大婶儿
躯干	新年	保护色	头子	掠夺
缺点	钾肥	惆怅	中学生	命令
夸奖	奖赏	牛皮	老虎	命脉
胸襟	遵从	窃取	探询	丢人
法宝	炽烈	船家	光亮	火苗儿
好歹	壮大	退回	贫穷	小偷儿
潺潺	温暖	渊博		

三、朗读短文(400 个音节,共 30 分,限时 4 分钟)。作品 13 号

短文略。(见本书 201 页)

四、命题说话(请在下列话题中任选一个,限时 3 分钟,共 40 分)。

1.我喜爱的动物(或植物)

2.我喜欢的明星(或其他知名人士)

注:考生在说话之前需说明自己选择的说话题目。例如:我选择的说话题目是……

国家普通话水平测试试卷

八号卷

一、读单音节字词(100 个音节,共 10 分,限时 3.5 分钟)。请横向朗读!

刮	并	凶	尺	堆	折	揣	弄	群	板
遵	畜	卵	强	点	高	说	名	根	完
都	爽	鳃	暗	紫	等	茶	穷	值	民
肥	角	狗	抹	和	期	流	方	端	于
拴	症	壁	吓	门	牙	学	弱	丛	晃
长	锐	此	黑	开	了	臀	想	铁	惹
浸	前	别	散	哭	踢	秋	窗	操	垂
炮	终	缝	年	鸟	帽	挎	改	魂	俩
挡	部	箭	甫	旋	椎	量	艇	揍	宁
涩	厩	吻	撮	撇	院	淮	什	踪	乏

二、读多音节词语(100 个音节,共 20 分,限时 2.5 分钟)。请横向朗读!

采取	撤退	瓜分	墓碑	混合
陡坡	把手	亏损	体操	声称
玫瑰	举止	喇叭	火锅儿	超额
蔑视	品尝	针鼻儿	平房	潜在
相传	水运	龙卷风	袅袅	虐待
租赁	抓阄儿	矿床	买主	耳鸣
炯炯	下旬	只好	损坏	公公
牵连	绕远儿	团体	转播	心脏
适量	轻率	肆无忌惮	座位	形容词
赞叹	下跌	扣留		

三、朗读短文(400 个音节,共 30 分,限时 4 分钟)。作品 36 号

短文略。(见本书 230 页)

四、命题说话(请在下列话题中任选一个,限时 3 分钟,共 40 分)。

1.我的业余生活

2.我的愿望(或理想)

注:考生在说话之前需说明自己选择的说话题目。例如:我选择的说话题目是……

国家普通话水平测试试卷

九号卷

一、读单音节字词(100个音节,共10分,限时3.5分钟)。请横向朗读!

绿	德	走	血	炙	戳	运	贴	抿	罪
坏	足	该	辖	亲	缫	乐	滚	琼	软
爪	全	呈	神	龙	体	念	举	死	村
幅	听	伤	追	遵	卷	轰	了	打	室
排	钢	抢	姓	尺	楼	桥	恩	煤	广
窝	筐	架	碳	送	蕊	兰	嚼	纱	宽
谬	熬	搓	塞	献	许	丢	捕	毁	变
脑	静	症	航	从	反	宝	幢	颌	肥
逼	幕	分	说	滴	降	蹈	穿	鼎	籽
寡	冯	块	瓮	特	片	祥	赔	您	让

二、读多音节词语(100个音节,共20分,限时2.5分钟)。请横向朗读!

无须	追肥	穿越	探询	口罩儿
月光	军区	痴呆	过关	水塔
总队	连绵	加热	坏死	审理
仍然	穷困	揣测	小辫儿	酒家
折迁	思考	螺旋桨	兄弟	定期
遵守	嗓门儿	袅袅	总管	婆婆
政策	背风	壮丁	怯懦	富翁
挨个儿	实话	首长	复杂	迷失
桃子	从众	方向盘	吞并	濒临
白齿	琳琅满目	辉煌		

三、朗读短文(400个音节,共30分,限时4分钟)。作品1号

短文略。(见本书185页)

四、命题说话(请在下列话题中任选一个,限时3分钟,共40分)。

1.我的家乡(或熟悉的地方)

2.我所在的集体(学校、机关、公司)

注:考生在说话之前需说明自己选择的说话题目。例如:我选择的说话题目是……

国家普通话水平测试试卷

十号卷

一、读单音节字词(100 个音节,共 10 分,限时 3.5 分钟)。请横向朗读!

发	抹	磷	丝	恶	肺	落	娘	集	陈
儿	军	恰	晒	戳	老	懂	潘	爽	瘸
点	凶	端	组	刷	藤	灰	胖	天	绿
凑	旋	迭	视	混	拽	笋	假	虚	反
嗅	功	门	建	纸	源	处	醒	跳	转
具	溶	镍	润	对	枪	持	瓮	北	看
更	柳	特	字	跃	笔	求	瓶	增	吹
幢	扰	访	话	走	勤	和	感	箱	害
粪	聊	糠	畦	维	蹿	穗	铭	卜	过
卯	快	您	柄	踪	宅	促	蘑	逛	帖

二、读多音节词语(100 个音节,共 20 分,限时 2.5 分钟)。请横向朗读!

温泉	汉字	旅客	事实	当然
里程碑	水牛	莫非	破案	暴风雪
旅馆	绝食	充电	跑腿儿	云层
霜期	跳高儿	下落	苗条	前面
触目惊心	折中	贵妃	村庄	遵守
装运	领土	奶奶	搜索	加快
鞋带儿	虽然	粉笔	坐镇	穿插
胸腔	啧啧	抖动	茶馆儿	将就
民航	听从	富翁	考取	健儿
润滑	行当	把柄		

三、朗读短文(400 个音节,共 30 分,限时 4 分钟)。作品 23 号

短文略。(见本书 214 页)

四、命题说话(请在下列话题中任选一个,限时 3 分钟,共 40 分)。

1.我的业余生活

2.学习普通话的感受

注:考生在说话之前需说明自己选择的说话题目。例如:我选择的说话题目是……

国家普通话水平测试试卷

十一号卷

一、读单音节字词(100个音节,共10分,限时3.5分钟)。请横向朗读!

卧	乌	纱	悔	掠	酉	终	撤	甩	蓄
秧	四	仍	叫	台	婶	贼	耕	半	掐
布	癖	翁	弱	刷	允	床	改	逃	春
驳	纯	导	虽	棒	伍	知	末	枪	蹦
港	评	犬	课	淮	炯	循	纺	拴	李
赛	捡	梯	呕	绳	揭	陇	搓	二	棉
桩	皿	宋	狭	内	啃	字	环	州	秒
抛	代	关	停	祛	德	孙	旧	崔	凝
烈	倪	荆	擒	案	砸	垮	焚	帝	聊
颠	涌	牛	汝	粤	篇	竹	草	迟	泛

二、读多音节词语(100个音节,共20分,限时2.5分钟)。请横向朗读!

参考	船长	艺术家	聪明	她们
军	煤炭	工厂	发烧	嘟囔
黄瓜	效率	别针儿	责怪	大娘
喷洒	保温	产品	佛学	童话
男女	做活儿	缘故	谬论	穷困
今日	完整	决定性	斜坡	疲倦
爱国	能量	英雄	口罩儿	让位
叶子	封锁	核算	而且	转脸
人群	飞快	牙签儿	丢掉	往来
罪恶	首饰	此起彼伏		

三、朗读短文(400个音节,共30分,限时4分钟)。作品33号

短文略。(见本书226页)

四、命题说话(请在下列话题中任选一个,限时3分钟,共40分)。

1.我尊敬的人

2.谈谈服饰

注:考生在说话之前需说明自己选择的说话题目。例如:我选择的说话题目是……

国家普通话水平测试试卷

十二号卷

一、读单音节字词(100 个音节,共 10 分,限时 3.5 分钟)。请横向朗读!

拐	搏	掌	弱	法	弯	脓	柳	腔	呕
揪	舔	日	彼	粗	狂	销	凑	舌	捉
字	歼	值	扔	拟	汉	窘	攥	胚	径
摆	忙	岁	谋	女	而	征	妥	吟	掠
雅	阔	怀	瓮	三	故	踢	浑	胸	卦
鹰	肋	广	笨	舱	抱	涡	酿	筛	找
疲	翻	树	昂	软	词	捐	扯	巡	宽
平	雪	秸	诚	花	头	总	擒	稻	晨
废	辖	犬	愣	虞	吹	咬	拿	损	爹
甫	店	瞟	凌	讨	庙	群	改	颇	酶

二、读多音节词语(100 个音节,共 20 分,限时 2.5 分钟)。请横向朗读!

宣传	衰变	外省	频率	捏造
棉球儿	耽误	橄榄	状态	疟疾
打嗝儿	运行	重量	跨度	撇开
嫂子	历史	勇猛	身份	挖潜
奥秘	锦标赛	方向	安慰	心眼儿
存活	持续	柔和	哺乳	盘算
创伤	害怕	家庭	收购	以内
挫折	儿童	丢掉	摸黑儿	决定
摧毁	军人	佛寺	作风	糖尿病
工厂	穷困	恰好	原料	

三、朗读短文(400 个音节,共 30 分,限时 4 分钟)。作品 49 号

短文略。(见本书 245 页)

四、命题说话(请在下列话题中任选一个,限时 3 分钟,共 40 分)。

1.我喜爱的文学(或其他)艺术形式

2.我的假日生活

注:考生在说话之前需说明自己选择的说话题目。例如:我选择的说话题目是……

国家普通话水平测试试卷

十三号卷

一、读单音节字词(100个音节,共10分,限时3.5分钟)。请横向朗读!

爹	维	液	昂	鬓	萍	有	凳	穷	坤
面	梯	羽	抓	耿	端	渴	批	簧	赶
文	江	热	尊	亮	捐	陈	方	赤	法
掐	缓	沾	拐	皆	琴	葱	儒	爽	夺
复	藤	掠	槽	款	擦	鳍	波	死	束
丑	弱	临	股	宅	赏	太	杭	虾	哨
膘	朽	耐	选	蛮	拥	北	能	字	而
枕	材	乌	制	雪	杂	闹	酸	傻	并
赔	君	咧	凑	俄	津	驴	蜕	拙	莫
倾	瓦	农	涩	鬼	逊	添	踹	衍	醉

二、读多音节词语(100个音节,共20分,限时2.5分钟)。请横向朗读!

钢铁	盖子	磁场	主人翁	飞快
成品	说话	家畜	灵敏	矮小
全部	红包儿	症状	趋向	探讨
怎么	作风	亏损	儿童	蚂蚁
日见	柔软	火星儿	英雄	仙女
及时	格外	摧残	国务院	虐待
牙刷儿	佛教	棒槌	存亡	搬运
横扫	逗乐儿	粉碎	何况	缺点
连累	撇开	墙壁	管理	大娘
窘迫	群众	丢掉	按钮	

三、朗读短文(400个音节,共30分,限时4分钟)。作品41号

短文略。(见本书236页)

四、命题说话(请在下列话题中任选一个,限时3分钟,共40分)。

1.谈谈美食

2.我知道的风俗

注:考生在说话之前需说明自己选择的说话题目。例如:我选择的说话题目是……

国家普通话水平测试试卷

十四号卷

一、读单音节字词(100 个音节,共 10 分,限时 3.5 分钟)。请横向朗读!

紧	泉	扰	恩	左	溶	坎	木	甩	徐
麦	焚	凑	腔	财	诸	蠢	面	所	成
千	誉	刷	体	羹	瘸	送	癣	棕	白
苍	拐	黄	搭	访	窝	鼠	娘	飘	丸
二	盆	抠	廖	推	月	泼	示	铡	扼
柳	个	袍	仗	邻	耗	虽	怎	逢	广
肩	妙	哑	丢	圣	船	笔	含	窘	循
热	他	喜	窗	窖	肘	位	凝	允	苏
日	垒	宅	猎	叮	末	此	钡	痰	捆
拥	季	碘	丝	恰	瓦	梢	拿	后	劫

二、读多音节词语(100 个音节,共 20 分,限时 2.5 分钟)。请横向朗读!

仍旧	花样儿	开会	下去	僧尼
明年	嘟囔	英雄	鬼子	钢铁
状况	舞女	佛经	窈窕	深海
抓获	逗乐儿	贫穷	涅槃	柔软
福气	差别	懊恼	平均	红外线
疲倦	侵略	职工	顺手	波长
骆驼	干脆	小瓮儿	专门	两边
决心	不快	惨死	盗贼	幼儿园
尊重	亏损	合群儿	吃饭	魅力
国家	东欧	沙发	逃窜	

三、朗读短文(400 个音节,共 30 分,限时 4 分钟)。作品 45 号

短文略。(见本书 240 页)

四、命题说话(请在下列话题中任选一个,限时 3 分钟,共 40 分)。

1.我喜欢的节日

2.谈谈社会公德(或职业道德)

注:考生在说话之前需说明自己选择的说话题目。例如:我选择的说话题目是……

国家普通话水平测试试卷

十五号卷

一、读单音节字词(100个音节,共10分,限时3.5分钟)。请横向朗读!

假	比	华	润	瘸	熊	颇	圈	色	日
爽	就	观	胚	次	肉	还	毛	坑	腿
滨	抢	嗅	解	标	点	折	翁	需	她
印	供	份	剖	裙	称	雪	端	俩	通
皿	小	闹	切	恩	填	胜	全	台	囊
球	造	蛇	语	荒	讲	幅	尺	蟒	国
先	损	景	得	水	理	闻	字	垂	竹
纵	战	撤	鸣	领	掌	拐	呆	号	尊
遗	罗	非	嘴	翻	春	督	擦	虑	拽
所	策	丙	俟	刊	镍	枢	垮	量	光

二、读多音节词语(100个音节,共20分,限时2.5分钟)。请横向朗读!

衰退	充斥	帮忙	脂肪	填塞
夹子	自满	全文	水蒸气	专家
乳牛	头号	窘迫	想象力	人民
远程	垂钓	投标	受训	尽管
烈士	痰盂儿	平行	凭空	缺陷
空旷	橱窗	主宰	苍穹	绝招儿
猜测	飞禽	火锅儿	粪便	关怀
染色	类别	取舍	中旬	混沌
篱笆	打盹儿	奶牛	梅花	高傲
明矾	检索	自力更生		

三、朗读短文(400个音节,共30分,限时4分钟)。作品35号

短文略。(见本书229页)

四、命题说话(请在下列话题中任选一个,限时3分钟,共40分)。

1.难忘的旅行

2.我喜爱的书刊

注:考生在说话之前需说明自己选择的说话题目。例如:我选择的说话题目是……

附录一　普通话水平测试用普通话常见量词、名词搭配表

说　明

本表以量词为条目，共选收常见量词 45 条。可与表中所列多个量词搭配的名词，以互见形式出现。

1.把	bǎ	菜刀、剪刀、宝剑（口）、铲子、铁锨、尺子、扫帚、椅子、锁、钥匙 伞（顶）、茶壶、扇子、提琴、手枪（支）
2.本	běn	书（部、套）、著作（部）、字典（部）、杂志（份）、账
3.部	bù	书（本、套）、著作（本）、字典（本） 电影（场）、电视剧、交响乐（场） 电话机、摄像机（架、台） 汽车（辆、台）
4.场	cháng	雨、雪、冰雹、大风 病、大战、官司
5.场	chǎng	电影（部）、演出（台）、话剧（台）、杂技（台）、节目（台、套）、 交响乐（部）、比赛（节、项）、考试（门）
6.道	dào	河（条）、瀑布（条） 山（座）、山脉（条）、闪电、伤痕（条） 门（扇）、墙（面） 命令（项、条）、试题（份、套）、菜（份）
7.滴	dī	水、血、油、汗水、眼泪
8.顶	dǐng	伞（把）、轿子、帽子、蚊帐、帐篷
9.对	duì	夫妻、舞伴、耳朵（双、只）、眼睛（双、只）、翅膀（双、只）、球拍（副、只）、 沙发（套）、枕头、电池（节）
10.朵	duǒ	花、云（片）、蘑菇
11.份	fèn	菜（道）、午餐、报纸（张）、杂志（本）、文件、礼物（件）、工作（项）、事（件）、 试题（道、套）
12.幅	fú	布（块、匹）、被面、彩旗（面）、图画（张）、相片（张）

13.副	fù	对联、手套(双、只)、眼镜、球拍(对、只) 脸(张)、扑克牌(张)、围棋、担架
14.个	gè	人、孩子 盘子、瓶子 梨、桃儿、橘子、苹果、西瓜、土豆、西红柿 鸡蛋、饺子、馒头 玩具、皮球 太阳、月亮、白天、上午 国家、社会、故事
15.根	gēn	草(棵)、葱(棵)、藕(节)、甘蔗(节) 胡须、头发、羽毛 冰棍儿、黄瓜(条)、香蕉、油条、竹竿 针、火柴、蜡烛(支)、香(支、盘)、筷子(双、支)、电线、绳子(条)、项链(条)、辫子(条)
16.家	jiā	人家、亲戚(门) 工厂(座)、公司、饭店、商店、医院(所)、银行(所)
17.架	jià	飞机、钢琴(台)、摄像机(部、台)、鼓(面)
18.间	jiān	房子(所、套、座)、屋子、卧室、仓库
19.件	jiàn	礼物(份)、行李、家具(套) 大衣、衬衣、毛衣、衣服(套)、西装(套) 工作(项)、公文、事(份)
20.节	jié	甘蔗(根)、藕(根)、电池(对)、车厢、课(门)、比赛(场、项)
21.棵	kē	树、草(根)、葱(根)、白菜
22.颗	kē	种子(粒)、珍珠(粒)、宝石(粒)、糖(块)、星星、卫星 牙齿(粒)、心脏 子弹(粒)、炸弹 图钉、图章
23.口	kǒu	人、猪(头) 大锅、大缸、大钟(座)、井、宝剑(把)
24.块	kuài	糖(颗)、橡皮、石头、砖、肥皂(条)、手表(只) 肉(片)、蛋糕、大饼(张)、布(幅、匹)、绸缎(匹)、手绢(条)、地(片) 石碑(座)
25.粒	lì	米、种子(颗)、珍珠(颗)、宝石(颗)、牙齿(颗)、子弹(颗)
26.辆	liàng	汽车(部、台)、自行车、摩托车、三轮车
27.门	mén	课(节)、课程、技术(项)、考试(场)

		亲戚(家)、婚姻、大炮
28.名	míng	教师(位)、医生(位)、犯人
29.面	miàn	墙(道)、镜子、彩旗(幅)、鼓(架)、锣
30.盘	pán	磨(扇)、香(根、支) 磁带、录像带
31.匹	pǐ	马 布(块、幅)、绸缎(块)
32.片	piàn	树叶、药片、肉(块) 阴凉、阳光、云(朵)、地(块)
33.扇	shàn	门(道)、窗户、屏风、磨(盘)
34.双	shuāng	手(只)、脚(只)、耳朵(对、只)、眼睛(对、只)、翅膀(对、只) 鞋(只)、袜子(只)、手套(副、只)、筷子(根、支)
35.所	suǒ	学校、医院(家)、银行(家)、房子(间、套、座)
36.台	tái	计算机、医疗设备(套)、汽车(部、辆)、钢琴(架)、摄像机(部、架) 演出(场)、话剧(场)、杂技(场)、节目(场、套)
37.套	tào	衣服(件)、西装(件)、房子(间、所、座)、家具(件)、沙发(对)、餐具、 书(本、部)、邮票(张)、医疗设备(台) 节目(场、台)、试题(道、份)
38.条	tiáo	绳子(根)、项链(根)、辫子(根)、裤子、毛巾、手绢儿(块)、肥皂(块)、 船(只)、游艇(只) 蛇、鱼、狗(只)、牛(头、只)、驴(头、只)、黄瓜(根) 河(道)、瀑布(道)、山脉(道)、道路、胡同儿、伤痕(道) 新闻、信息、措施(项)、命令(道、项)
39.头	tóu	牛(条、只)、驴(条、只)、骆驼(只)、羊(只)、猪(口) 蒜
40.位	wèi	客人、朋友、作家(名)
41.项	xiàng	措施(条)、制度、工作(份)、任务、技术(门)、运动、命令(道、条)、 比赛(场、节)
42.张	zhāng	报纸(份)、图画(幅)、相片(幅)、邮票(套)、扑克牌(副)、光盘 大饼(块)、脸(副)、嘴 网、弓 床、桌子
43.只	zhī	鸟、鸡、鸭、老鼠、兔子、狗(条)、牛(头、条)、驴(头、条)、羊(头)、骆驼(头)、 老虎、蚊子、苍蝇、蜻蜓、蝴蝶 手表(块)、杯子

船(条)、游艇(条)
鞋(双)、袜子(双)、手套(副、双)、袖子、球拍(对、副)、手(双)、脚(双)、耳朵(对、双)、眼睛(对、双)、翅膀(对、双)

44.支	zhī	笔、手枪(把)、蜡烛(根)、筷子(根、双)、香(根、盘) 军队、歌
45.座	zuò	山(道)、岛屿 城市、工厂(家)、学校(所)、房子(间、所、套)、桥 石碑(块)、雕塑、大钟(口)

附录二　普通话异读词审音表

中国文字改革委员会普通话审音委员会，于 1957 年、1959 年至 1962 年先后发表了《普通话异读词审音表初稿》正编、续编和三编，1963 年公布《普通话异读词三次审音总表初稿》。经过二十多年的实际应用，普通话审音委员会在总结经验的基础上，于 1982 年至 1985 年组织专家学者进行审核修订，制定了《普通话异读词审音表》，这个审音表经过国家语言文字工作委员会、国家教育委员会、广播电视部审核通过，于 1985 年 12 月联合发布。

说　明

一、本表所审，主要是普通话有异读的词和有异读的作为“语素”的字。不列出多音多义字的全部读音和全部义项，与字典、词典形式不同。例如：“和”字有多种义项和读音，而本表仅列出原有异读的八条词语，分列于 hè 和 huo 两种读音之下（有多种读音，较常见的在前。下同）；其余无异读的音、义均不涉及。

二、在字后注明“统读”的，表示此字不论用于任何词语中只读一音（轻声变读不受此限），本表不再举出词例。例如：“阀”字注明“fá（统读）”，原表“军阀”“学阀”“财阀”条和原表所无的“阀门”等词均不再举。

三、在字后不注“统读”的，表示此字有几种读音，本表只审订其中有异读的词语的读音。例如“艾”字本有 ài 和 yì 两音，本表只举“自怨自艾”一词，注明此处读 yì 音；至于 ài 音及其义项，并无异读，不再赘列。

四、有些字有文白二读，本表以“文”和“语”作注。前者一般用于书面语言，用于复音词和文言成语中；后者多用于口语中的单音词及少数日常生活事物的复音词中。这种情况在必要时各举词语为例。例如：“杉”字下注“（一）shān（文）：紫～、红～、水～；（二）shā（语）：～篙、～木”。

五、有些字除附举词例之外，酌加简单说明，以便读者分辨。说明或按具体字义，或按“动作义”“名物义”等区分，例如：“畜”字下注“（一）chù（名物义）：～力、家～、牲～、幼～；（二）xù（动作义）：～产、～牧、～养”。

六、有些字的几种读音中某音用处较窄，另音用处甚宽，则注“除××（较少的词）念乙音外，其他都念甲音”，以避免列举词条繁而未尽、挂一漏万的缺点。例如：“结”字下注“除‘～了个果子’‘开花～果’‘～巴’‘～实’念 jiē 之外，其他都念 jié”。

七、由于轻声问题比较复杂，除《初稿》涉及的部分轻声词之外，本表一般不予审订，并删去部分原审的轻声词，例如“麻刀（dao）”“容易（yi）”等。

八、本表酌增少量有异读的字或词，作了审订。

九、除因第二、六、七各条说明中所举原因而删略的词条之外，本表又淘汰了部分词条。主要原因是：1.现已无异读（如“队伍”“理会”）；2.罕用词语（如“俵分”“仔密”）；3.方言土音（如“归里包堆[zuī]”“告送[song]”);4.不常用的文言词语(如“刍荛”“氍毹”);5.音变现象(如“胡里八涂[tū]”“毛毛腾腾[tēngtēng]”);6.重复累赘(如原表“色”字的有关词语分列达23条之多)。删汰条目不再编入。

十、人名、地名的异读审订,除原表已涉及的少量词条外,留待以后再审。

A

阿(一)ā

～訇　～罗汉

～木林　～姨

(二)ē

～谀　～附　～胶

～弥陀佛

挨(一)āi

～个　～近

(二)ái

～打　～说

癌 ái(统读)

霭 ǎi(统读)

蔼 ǎi(统读)

隘 ài(统读)

谙 ān(统读)

埯 ǎn(统读)

昂 áng(统读)

凹 āo(统读)

拗(一)ào

～口

(二)niù

执～　脾气很～

坳 ào(统读)

B

拔 bá(统读)

把bà

印～子

白 bái(统读)

膀 bǎng

翅～

蚌(一)bàng

蛤～

(二)bèng

～埠

傍 bàng(统读)

磅 bàng

过～

龅 bāo(统读)

胞 bāo(统读)

薄(一)báo(语)

常单用,如“纸很～”。

(二)bó(文)

多用于复音词。

～弱　稀～　淡～

尖嘴～舌　单～

厚～

堡(一)bǎo

碉～　～垒

(二)bǔ

～子　吴～

瓦窑～　柴沟～

(三)pù

十里～

暴(一)bào

～露

(二)pù

一～(曝)十寒

爆 bào(统读)

焙 bèi(统读)

惫 bèi(统读)

背 bèi

～脊　～静

鄙 bǐ(统读)

俾 bǐ(统读)

笔 bǐ(统读)

比 bǐ(统读)

臂(一)bì

手～　～膀

(二)bei

胳～

庇 bì(统读)

髀 bì(统读)

避 bì(统读)

辟 bì

复～

裨 bì

～补　～益

婢 bì(统读)

痹 bì(统读)

壁 bì(统读)

蝙 biān(统读)

遍 biàn(统读)

骠(一)biāo

黄～马

(二)piào

～骑　～勇

傧 bīn(统读)

缤 bīn(统读)

濒 bīn(统读)

髌 bìn(统读)

屏(一)bǐng

～除　～弃

～气　～息

(二)píng

～藩　～风

柄 bǐng(统读)

波 bō(统读)

播 bō(统读)

菠 bō(统读)

剥(一)bō(文)

～削

(二)bāo(语)

泊(一)bó

淡～　飘～

停～

(二)pō

湖～　血～

帛 bó(统读)

勃 bó(统读)

钹 bó(统读)

伯(一)bó

～～(bo)　老～

(二)bǎi

大～子(丈夫的哥哥)

箔 bó(统读)

簸(一)bǒ

颠～

(二)bò

～箕

膊 bo

胳～

卜 bo

萝～

醭 bú(统读)

哺 bǔ(统读)

捕 bǔ(统读)

鵏 bǔ(统读)

埠 bù(统读)

C

残 cán(统读)

惭 cán(统读)

灿 càn(统读)
藏(一)cáng
　矿～
　(二)zàng
　宝～
糙 cāo(统读)
嘈 cáo(统读)
螬 cáo(统读)
厕 cè(统读)
岑 cén(统读)
差(一)chā(文)
　不～累黍　不～什么
　偏～　色～　～别
　视～　误～
　电势～　一念之～
　～池　～错
　言～语错　一～二错
　阴错阳～　～等
　～额　～价　～强
　人意　～数　～异
　(二)chà(语)
　～不多　～不离
　～点儿
　(三)cī
　参～
猹 chá(统读)
搽 chá(统读)
阐 chǎn(统读)
羼 chàn(统读)
颤(一)chàn
　～动　发～
　(二)zhàn
　～栗(战栗)
　打～(打战)
韂 chàn(统读)
伥 chāng(统读)
场(一)chǎng
　～合　～所
　冷～　捧～
　(二)cháng
　外～　圩～
　～院　一～雨
　(三)chang
　排～
钞 chāo(统读)
巢 cháo(统读)
嘲 cháo
　～讽　～骂　～笑
耖 chào(统读)
车(一)chē
　安步当～　杯水～薪
　闭门造～　螳臂当～
　(二)jū
　(象棋棋子名称)
晨 chén(统读)
称 chèn
　～心　～意　～职
　对～　相～
撑 chēng(统读)
乘 chéng(动作义)
　包～制　～便
　～风破浪　～客
　～势　～兴
橙 chéng(统读)
惩 chéng(统读)
澄(一)chéng(文)
　～清(如"～清混乱""～清问题")
　(二)dèng(语)
　单用,如"把水～清了"。
痴 chī(统读)
吃 chī(统读)
弛 chí(统读)
褫 chǐ(统读)
尺 chǐ
　～寸　～头
豉 chǐ(统读)
侈 chǐ(统读)
炽 chì(统读)
舂 chōng(统读)
冲 chòng
　～床　～模
臭(一)chòu
　遗～万年
　(二)xiù
　乳～　铜～
储 chǔ(统读)
处 chǔ(动作义)
　～罚　～分　～决
　～理　～女　～置
畜(一)chù(名物义)
　～力　家～　牲～
　幼～
　(二)xù(动作义)
　～产　～牧　～养
触 chù(统读)
搐 chù(统读)
绌 chù(统读)
黜 chù(统读)
闯 chuǎng(统读)
创(一)chuàng
　草～　～举　首～
　～造　～作
　(二)chuāng
　～伤　重～
绰(一)chuò
　～～有余
　(二)chuo
　宽～
疵 cī(统读)
雌 cí(统读)
赐 cì(统读)
伺 cì
　～候
枞(一)cōng
　～树
　(二)zōng
　～阳[地名]
从 cóng(统读)
丛 cóng(统读)
攒 cuán
　万头～动
　万箭～心
脆 cuì(统读)
撮(一)cuō
　～儿　一～儿盐
　一～儿匪帮
　(二)zuǒ
　一～儿毛
措 cuò(统读)

D

搭 dā(统读)
答(一)dá
　报～　～复
　(二)dā
　～理　～应
打 dá
　苏～　一～(十二个)
大(一)dà
　～夫(古官名)
　～王(如爆破～王、钢铁～王)
　(二)dài
　～夫(医生)　～黄
　～王(如山～王)
　～城[地名]
呆 dāi(统读)
傣 dǎi(统读)
逮(一)dài(文)
　如"～捕"。

(二)dǎi(语)单用,如"～蚊子""～特务"。
当(一)dāng
～地　～间儿
～年(指过去)
～日(指过去)
～天(指过去)
～时(指过去)
螳臂～车
(二)dàng
一个～俩
安步～车　适～
～年(同一年)
～日(同一时候)
～天(同一天)
档 dàng(统读)
蹈 dǎo(统读)
导 dǎo(统读)
倒(一)dǎo
颠～　颠～是非
颠～黑白　潦～
颠三～四　～戈
倾箱～箧　～嗓
排山～海　～板
～嚼　～仓
(二)dào
～粪(把粪弄碎)
悼 dào(统读)
纛 dào(统读)
凳 dèng(统读)
羝 dī(统读)
氐 dī[古民族名]
堤 dī(统读)
提 dī
～防
的 dí
～当　～确
抵 dǐ(统读)
蒂 dì(统读)
缔 dì(统读)
谛 dì(统读)
点 dian
打～(收拾、贿赂)
跌 diē(统读)
蝶 dié(统读)
订 dìng(统读)
都(一)dōu
～来了
(二)dū
～市　首～
大～(大多)
堆 duī(统读)
吨 dūn(统读)
盾 dùn(统读)
多 duō(统读)
咄 duō(统读)
掇(一)duō
("拾取、采取"义)
(二)duo
撺～　掂～
裰 duō(统读)
踱 duó(统读)
度 duó(统读)
忖～　～德量力

E

婀 ē(统读)

F

伐 fá(统读)
阀 fá(统读)
砝 fǎ(统读)
法 fǎ(统读)
发 fà
理～　脱～　结～
帆 fān(统读)
藩 fān(统读)
梵 fàn(统读)
坊(一)fāng
牌～　～巷
(二)fáng
粉～　磨～　碾～
染～　油～　谷～
妨 fáng(统读)
防 fáng(统读)
肪 fáng(统读)
沸 fèi(统读)
汾 fén(统读)
讽 fěng(统读)
肤 fū(统读)
敷 fū(统读)
俘 fú(统读)
浮 fú(统读)
服 fú
～毒　～药
拂 fú(统读)
辐 fú(统读)
幅 fú(统读)
甫 fǔ(统读)
复 fù(统读)
缚 fù(统读)

G

噶 gá(统读)
冈 gāng(统读)
刚 gāng(统读)
岗 gǎng
～楼　～哨　～子
门～　站～
山～子
港 gǎng(统读)
葛(一)gé
～藤　～布　瓜～
(二)gě[姓]
(包括单、复姓)
隔 gé(统读)
革 gé
～命　～新　改～
合 gě
(一升的十分之一)
给(一)gěi(语)单用。
(二)jǐ(文)
补～　供～　供～制　～予　配～
自～自足
亘 gèn(统读)
更 gēng
五～　～生
颈 gěng
脖～子
供(一)gōng
～给　提～　～销
(二)gòng
口～　翻～　上～
佝 gōu(统读)
枸 gǒu
～杞
勾 gòu
～当
估(除"～衣"读 gù 外,都读 gū)
骨(除"～碌""～朵"读 gū 外,都读 gǔ)
谷 gǔ
～雨
锢 gù(统读)
冠(一)guān(名物义)
～心病
(二)guàn(动作义)
沐猴而～　～军
犷 guǎng(统读)

庋 guǐ(统读)
桧(一)guì(树名)
(二)huì(人名)
“秦～”。
刽 guì(统读)
聒 guō(统读)
蝈 guō(统读)
过(除姓氏读 guō 外，都读 guò)

H

虾 há
～蟆
哈(一)hǎ
～达
(二)hà
～什蚂
汗 hán
可～
巷 hàng
～道
号 háo
寒～虫
和(一)hè
唱～　附～
曲高～寡
(二)huo
搀～　搅～　暖～
热～　软～
貉(一)hé(文)
一丘之～
(二)háo(语)
～绒　～子
壑 hè(统读)
褐 hè(统读)
喝 hè
～彩　～道　～令
～止　呼幺～六

鹤 hè(统读)
黑 hēi(统读)
亨 hēng(统读)
横(一)héng
～肉　～行霸道
(二)hèng
蛮～　～财
訇 hōng(统读)
虹(一)hóng(文)
～彩　～吸
(二)jiàng(语)
单说。
讧 hòng(统读)
囫 hú(统读)
瑚 hú(统读)
蝴 hú(统读)
桦 huà(统读)
徊 huái(统读)
踝 huái(统读)
浣 huàn(统读)
黄 huáng(统读)
荒 huang
饥～(指经济困难)
诲 huì(统读)
贿 huì(统读)
会 huì
一～儿　多～儿
～厌(生理名词)
混 hùn
～合　～乱　～凝土
～淆　～血儿　～杂
蠖 huò(统读)
霍 huò(统读)
豁 huò
～亮
获 huò(统读)

J

羁 jī(统读)
击 jī(统读)
奇 jī
～数
芨 jī(统读)
缉(一)jī
通～　侦～
(二)qī
～鞋口
几 jī
茶～　条～
圾 jī(统读)
戢 jí(统读)
疾 jí(统读)
汲 jí(统读)
棘 jí(统读)
藉 jí
狼～(籍)
嫉 jí(统读)
脊 jǐ(统读)
纪(一)jǐ[姓]
(二)jì
～念　～律
纲～　～元
偈 jì
～语
绩 jì(统读)
迹 jì(统读)
寂 jì(统读)
箕 ji
簸～
辑 ji
逻～
茄 jiā
雪～
夹 jiā
～带藏掖　～道儿
～攻　～棍　～生
～杂　～竹桃
～注
浃 jiā(统读)
甲 jiǎ(统读)
歼 jiān(统读)
鞯 jiān(统读)
间(一)jiān
～不容发　中～
(二)jiàn
中～儿　～道
～谍　～断
～或　～接
～距　～隙
～续　～阻～作
挑拨离～
趼 jiǎn(统读)
俭 jiǎn(统读)
缰 jiāng(统读)
膙 jiǎng(统读)
嚼(一)jiáo(语)
味同～蜡
咬文～字
(二)jué(文)
咀～
过屠门而大～
(三)jiào
倒～(倒嚼)
侥 jiǎo
～幸
角(一)jiǎo
八～(大茴香)
～落　独～戏
～膜　～度　～儿
(犄～)　～楼
勾心斗～　号～
口～(嘴～)　鹿～
～菜　头～
(二)jué
～斗　～儿

口～(吵嘴)
主～儿　配～儿
～力　捧～儿
脚(一)jiǎo
根～
(二)jué
～儿(也作"角儿",角色)
剿(一)jiǎo
围～
(二)chāo
～说　～袭
校 jiào
～勘　～样　～正
较 jiào(统读)
酵 jiào(统读)
嗟 jiē(统读)
疖 jiē(统读)
结(除"～了个果子""开花～果""～巴""～实"念 jiē 之外,其他都念 jié)
睫 jié(统读)
芥(一)jiè
～菜(一般的芥菜)
～末
(二)gài
～菜(也作"盖菜")
～蓝菜
矜 jīn
～持　自～　～怜
仅 jǐn
～～　绝无～有
馑 jǐn(统读)
觐 jìn(统读)
浸 jìn(统读)
斤 jin
千～(起重的工具)
茎 jīng(统读)
粳 jīng(统读)
鲸 jīng(统读)
境 jìng(统读)
痉 jìng(统读)
劲 jìng
刚～
窘 jiǒng(统读)
究 jiū(统读)
纠 jiū(统读)
鞠 jū(统读)
鞫 jū(统读)
掬 jū(统读)
苴 jū(统读)
咀 jǔ
～嚼
矩(一)jǔ
～形
(二)ju
规～
俱 jù(统读)
龟 jūn
～裂(也作"皲裂")
菌(一)jūn
细～　病～　杆～
霉～
(二)jùn
香～　～子
俊 jùn(统读)

K

卡(一)kǎ
～宾枪　～车
～介苗　～片
～通
(二)qiǎ
～子　关～
揩 kāi(统读)
慨 kǎi(统读)
忾 kài(统读)
勘 kān(统读)
看 kān
～管　～护　～守
慷 kāng(统读)
拷 kǎo(统读)
坷 kē
～拉(垃)
疴 kē(统读)
壳(一)ké(语)
～儿　贝～儿
脑～　驳～枪
(二)qiào(文)
地～　甲～　躯～
可(一)kě
～～儿的
(二)kè
～汗
恪 kè(统读)
刻 kè(统读)
克 kè
～扣
空(一)kōng
～心砖　～城计
(二)kòng
～心吃药
眍 kōu(统读)
矻 kū(统读)
酷 kù(统读)
框 kuàng(统读)
矿 kuàng(统读)
傀 kuǐ(统读)
溃 kuì(一)
～烂
(二)huì
～脓
篑 kuì(统读)
括 kuò(统读)

L

垃 lā(统读)
邋 lā(统读)
罱 lǎn(统读)
缆 lǎn(统读)
蓝 lan
苤～
琅 láng(统读)
捞 lāo(统读)
劳 láo(统读)
醪 láo(统读)
烙(一)lào
～印　～铁　～饼
(二)luò
炮～(古酷刑)
勒(一)lè(文)
～逼　～令　～派
～索　悬崖～马
(二)lēi(语)
多单用。
擂(除"～台""打～"读 lèi 外,都读 léi)
礌 léi(统读)
羸 léi(统读)
蕾 lěi(统读)
累(一)lèi
(辛劳义,如"受～"[受劳～])
(二)léi
(如"～赘")
(三)lěi
(牵连义,如"带～""～及""连～""赔～""牵～""受～"[受牵～])
蠡(一)lí

管窥～测
(二)lǐ
～县　范～
喱 lí(统读)
连 lián(统读)
敛 liǎn(统读)
恋 liàn(统读)
量(一)liàng
～入为出　忖～
(二)liang
打～　掂～
踉 liàng
～跄
潦 liáo
～草　～倒
劣 liè(统读)
捩 liè(统读)
趔 liè(统读)
拎 līn(统读)
遴 lín(统读)
淋(一)lín
～浴　～漓　～巴
(二)lìn
～硝　～盐　～病
蛉 líng(统读)
榴 liú(统读)
馏(一)liú(文)
如"干～""蒸～"
(二)liù(语)
如"～馒头"
镏 liú
～金
碌 liù
～碡
笼(一)lóng(名物义)
～子　牢～
(二)lǒng(动作义)
～络　～括　～统
～罩
偻(一)lóu
佝～
(二)lǚ
伛～
瞜 lou
眍～
虏 lǔ(统读)
掳 lǔ(统读)
露 lù(一)(文)
赤身～体　～天
～骨　～头角
藏头～尾
抛头～面　～头(矿)
(二)lòu(语)
～富　～苗　～光
～相　～马脚
～头
榈 lǘ(统读)
捋(一)lǚ
～胡子
(二)luō
～袖子
绿(一)lǜ(语)
(二)lù(文)
～林　鸭～江
孪 luán(统读)
挛 luán(统读)
掠 lüè(统读)
囵 lún(统读)
络 luò
～腮胡子
落(一)luò(文)
～膘　～花生
～魄　涨～　～槽
着～
(二)lào(语)
～架　～色　～炕
～枕　～儿
～子(一种曲艺)
(三)là(语)遗落义。
丢三～四
～在后面

M

脉(除"～～"念 mòmò 外，一律念 mài)
漫 màn(统读)
蔓(一)màn(文)
～延　不～不支
(二)wàn(语)
瓜～　压～
牤 māng(统读)
氓 máng
流～
芒 máng(统读)
铆 mǎo(统读)
瑁 mào(统读)
虻 méng(统读)
盟 méng(统读)
祢 mí(统读)
眯(一)mí
～了眼(灰尘等入目，也作"迷")
(二)mī
～了一会儿(小睡)
～缝着眼(微微合目)
靡(一)mí
～费
(二)mǐ
风～　委～　披～
秘(除"～鲁"读 bì 外，都读 mì)
泌(一)mì(语)
分～
(二)bì(文)
～阳[地名]
娩 miǎn(统读)
缈 miǎo(统读)
皿 mǐn(统读)
闽 mǐn(统读)
茗 míng(统读)
酩 mǐng(统读)
谬 miù(统读)
摸 mō(统读)
模(一)mó
～范　～式　～型
～糊　～特儿
～棱两可
(二)mú
～子　～具　～样
膜 mó(统读)
摩 mó
按～　抚～
嬷 mó(统读)
墨 mò(统读)
耱 mò(统读)
沫 mò(统读)
缪 móu
绸～

N

难(一)nán
困～　(或变轻声)
～兄～弟(难得的兄弟，现多用作贬义)
(二)nàn
排～解纷　发～
刁～　责～
～兄～弟(共患难或同受苦难的人)

蝻 nǎn(统读)
蛲 náo(统读)
讷 nè(统读)
馁 něi(统读)
嫩 nèn(统读)
恁 nèn(统读)
妮 nī(统读)
拈 niān(统读)
鲇 nián(统读)
酿 niàng(统读)
尿(一)niào
　糖～病
　(二)suī(只用于口语名词)
　尿(niào)～　～脬
嗫 niè(统读)
宁(一)níng
　安～
　(二)nìng
　～可　无～
　[姓]
忸 niǔ(统读)
脓 nóng(统读)
弄(一)nòng
　玩～
　(二)lòng
　～堂
暖 nuǎn(统读)
衄 nǜ(统读)
疟(一)nüè(文)
　～疾
　(二)yào(语)
　发～子
娜(一)nuó
　婀～　袅～
　(二)nà
　(人名)

O

殴 ōu(统读)
呕 ǒu(统读)

P

杷 pá(统读)
琶 pá(统读)
牌 pái(统读)
排 pǎi
　～子车
迫 pǎi
　～击炮
湃 pài(统读)
爿 pán(统读)
胖 pán
　心广体～
　(～为安舒貌)
蹒 pán(统读)
畔 pàn(统读)
乓 pāng(统读)
滂 pāng(统读)
脬 pāo(统读)
胚 pēi(统读)
喷(一)pēn
　～嚏
　(二)pèn
　～香
　(三)pen
　嚏～
澎 péng(统读)
坯 pī(统读)
披 pī(统读)
匹 pǐ(统读)
僻 pì(统读)
譬 pì(统读)
片(一)piàn
　～子　唱～　画～
　相～　影～
　～儿会
　(二)piān(口语一部分词)
　～子　～儿
　唱～儿　画～儿
　相～儿　影～儿
剽 piāo(统读)
缥 piāo
　～缈(飘渺)
撇 piē
　～弃
聘 pìn(统读)
乒 pīng(统读)
颇 pō(统读)
剖 pōu(统读)
仆(一)pū
　前～后继
　(二)pú
　～从
扑 pū(统读)
朴(一)pǔ
　俭～　～素　～质
　(二)pō
　～刀
　(三)pò
　～硝　厚～
蹼 pǔ(统读)
瀑 pù
　～布
曝(一)pù
　一～十寒
　(二)bào
　～光　(摄影术语)

Q

栖 qī
　两～
戚 qī(统读)
漆 qī(统读)
期 qī(统读)
蹊 qī
　～跷
蛴 qí(统读)
畦 qí(统读)
萁 qí(统读)
骑 qí(统读)
企 qǐ(统读)
绮 qǐ(统读)
杞 qǐ(统读)
槭 qì(统读)
洽 qià(统读)
签 qiān(统读)
潜 qián(统读)
荨(一)qián(文)
　～麻
　(二)xún(语)
　～麻疹
嵌 qiàn(统读)
欠 qian
　打哈～
戕 qiāng(统读)
镪 qiāng
　～水
强(一)qiáng
　～渡　～取豪夺
　～制　博闻～识
　(二)qiǎng
　勉～　牵～
　～词夺理　～迫
　～颜为笑
　(三)jiàng
　倔～
襁 qiǎng(统读)
跄 qiàng(统读)
悄(一)qiāo

～～儿的
(二)qiǎo
～默声儿的
橇 qiāo(统读)
翘(一)qiào(语)
～尾巴
(二)qiáo(文)
～首 ～楚 连～
怯 qiè(统读)
挈 qiè(统读)
趄 qie
趔～
侵 qīn(统读)
衾 qīn(统读)
噙 qín(统读)
倾 qīng(统读)
亲 qìng
～家
穹 qióng(统读)
黢 qū(统读)
曲(麯)qū
大～ 红～ 神～
渠 qú(统读)
瞿 qú(统读)
蠼 qú(统读)
苣 qǔ
～荬菜
龋 qǔ(统读)
趣 qù(统读)
雀 què
～斑 ～盲症

R

髯 rán(统读)
攘 rǎng(统读)
桡 ráo(统读)
绕 rào(统读)
任 rén[姓,地名]
妊 rèn(统读)
扔 rēng(统读)
容 róng(统读)
糅 róu(统读)
茹 rú(统读)
孺 rú(统读)
蠕 rú(统读)
辱 rǔ(统读)
挼 ruó(统读)

S

靸 sǎ(统读)
噻 sāi(统读)
散(一)sǎn
懒～ 零零～～
～漫
(二)san
零～
丧 sang
哭～着脸
扫(一)sǎo
～兴
(二)sào
～帚
埽 sào(统读)
色(一)sè(文)
(二)shǎi(语)
塞(一)sè(文)动作义。
(二)sāi(语)名物义,如:"活～""瓶～";动作义,如:"把洞～住"。
森 sēn(统读)
煞(一)shā
～尾 收～
(二)shà
～白
啥 shá(统读)
厦(一)shà(语)
(二)xià(文)
～门 噶～
杉(一)shān(文)
紫～ 红～ 水～
(二)shā(语)
～篙 ～木
衫 shān(统读)
姗 shān(统读)
苫(一)shàn(动作义,如"～布")
(二)shān(名物义,如"草～子")
墒 shāng(统读)
猞 shē(统读)
舍 shè
宿～
慑 shè(统读)
摄 shè(统读)
射 shè(统读)
谁 shéi 又音 shuí
娠 shēn(统读)
什(甚)shén
～么
蜃 shèn(统读)
葚(一)shèn(文)
桑～
(二)rèn(语)
桑～儿
胜 shèng(统读)
识 shí
常～ ～货 ～字
似 shì
～的
室 shì(统读)
螫(一)shì(文)
(二)zhē(语)
匙 shi
钥～
殊 shū(统读)
蔬 shū(统读)
疏 shū(统读)
叔 shū(统读)
淑 shū(统读)
菽 shū(统读)
熟(一)shú(文)
(二)shóu(语)
署 shǔ(统读)
曙 shǔ(统读)
漱 shù(统读)
戍 shù(统读)
蟀 shuài(统读)
孀 shuāng(统读)
说 shuì
游～
数 shuò
～见不鲜
硕 shuò(统读)
蒴 shuò(统读)
艘 sōu(统读)
嗾 sǒu(统读)
速 sù(统读)
塑 sù(统读)
虽 suī(统读)
绥 suí(统读)
髓 suǐ(统读)
遂(一)suì
不～ 毛～自荐
(二)suí
半身不～
隧 suì(统读)
隼 sǔn(统读)
莎 suō
～草
缩(一)suō

收～
(二)sù
～砂密(一种植物)
嗍 suō(统读)
索 suǒ(统读)

T

趿 tā(统读)
鳎 tǎ(统读)
獭 tǎ(统读)
沓(一)tà
重～
(二)ta
疲～
(三)dá
一～纸
苔(一)tái(文)
(二)tāi(语)
探 tàn(统读)
涛 tāo(统读)
悌 tì(统读)
佻 tiāo(统读)
调 tiáo
～皮
帖(一)tiē
妥～ 伏伏～～
俯首～耳
(二)tiě
请～ 字～儿
(三)tiè
字～ 碑～
听 tīng(统读)
庭 tíng(统读)
骰 tóu(统读)
凸 tū(统读)
突 tū(统读)
颓 tuí(统读)
蜕 tuì(统读)
臀 tún(统读)
唾 tuò(统读)

W

娲 wā(统读)
挖 wā(统读)
瓦 wà
～刀
喎 wāi(统读)
蜿 wān(统读)
玩 wán(统读)
惋 wǎn(统读)
脘 wǎn(统读)
往 wǎng(统读)
忘 wàng(统读)
微 wēi(统读)
巍 wēi(统读)
薇 wēi(统读)
危 wēi(统读)
韦 wéi(统读)
违 wéi(统读)
唯 wéi(统读)
圩(一)wéi
～子
(二)xū
～(墟)场
纬 wěi(统读)
委 wěi
～靡
伪 wěi(统读)
萎 wěi(统读)
尾(一)wěi
～巴
(二)yǐ
马～儿
尉 wèi
～官
文 wén(统读)
闻 wén(统读)
紊 wěn(统读)
喔 wō(统读)
蜗 wō(统读)
硪 wò(统读)
诬 wū(统读)
梧 wú(统读)
牾 wǔ(统读)
乌 wù
～拉(也作"靰鞡")
～拉草
杌 wù(统读)
鹜 wù(统读)

X

夕 xī(统读)
汐 xī(统读)
晰 xī(统读)
析 xī(统读)
皙 xī(统读)
昔 xī(统读)
溪 xī(统读)
悉 xī(统读)
熄 xī(统读)
蜥 xī(统读)
螅 xī(统读)
惜 xī(统读)
锡 xī(统读)
樨 xī(统读)
袭 xí(统读)
檄 xí(统读)
峡 xiá(统读)
暇 xiá(统读)
吓 xià
杀鸡～猴
鲜 xiān
屡见不～ 数见不～
锨 xiān(统读)
纤 xiān
～维
涎 xián(统读)
弦 xián(统读)
陷 xiàn(统读)
霰 xiàn(统读)
向 xiàng(统读)
相 xiàng
～机行事
淆 xiáo(统读)
哮 xiào(统读)
些 xiē(统读)
颉 xié
～颃
携 xié(统读)
偕 xié(统读)
挟 xié(统读)
械 xiè(统读)
馨 xīn(统读)
囟 xìn(统读)
行 xíng
操～ 德～ 发～
品～
省 xǐng
内～ 反～ ～亲
不～人事
芎 xiōng(统读)
朽 xiǔ(统读)
宿 xiù
星～ 二十八～
煦 xù(统读)
蓿 xu
苜～
癣 xuǎn(统读)
削(一)xuē(文)
剥～ ～减 瘦～
(二)xiāo(语)
切～ ～铅笔 ～球

穴 xué(统读)
学 xué(统读)
雪 xuě(统读)
血(一)xuè(文)用于复音词及成语,如"贫~""心~""呕心沥~""~泪史""狗~喷头"等。
(二)xiě(语)口语多单用,如"流了点儿~"及几个口语常用词,如:"鸡~""~晕""~块子"等。
谑 xuè(统读)
寻 xún(统读)
驯 xùn(统读)
逊 xùn(统读)
熏 xùn
煤气~着了
徇 xùn(统读)
殉 xùn(统读)
蕈 xùn(统读)

Y

押 yā(统读)
崖 yá(统读)
哑 yǎ
~然失笑
亚 yà(统读)
殷 yān
~红
芫 yán
~荽
筵 yán(统读)
沿 yán(统读)
焰 yàn(统读)
夭 yāo(统读)
肴 yáo(统读)
杳 yǎo(统读)
舀 yǎo(统读)
钥(一)yào(语)
~匙
(二)yuè(文)
锁~
曜 yào(统读)
耀 yào(统读)
椰 yē(统读)
噎 yē(统读)
叶 yè
~公好龙
曳 yè
弃甲~兵 摇~
~光弹
屹 yì(统读)
轶 yì(统读)
谊 yì(统读)
懿 yì(统读)
诣 yì(统读)
艾 yì
自怨自~
荫 yìn(统读)
("树~""林~道"应作"树阴""林阴道")
应(一)yīng
~届 ~名儿
~许 提出的条件他都~了 是我~下来的任务
(二)yìng
~承 ~付 ~声
~时 ~验 ~邀
~用 ~运 ~征
里~外合
萦 yíng(统读)
映 yìng(统读)
佣 yōng
~工
庸 yōng(统读)
臃 yōng(统读)
壅 yōng(统读)
拥 yōng(统读)
踊 yǒng(统读)
咏 yǒng(统读)
泳 yǒng(统读)
莠 yǒu(统读)
愚 yú(统读)
娱 yú(统读)
愉 yú(统读)
伛 yǔ(统读)
屿 yǔ(统读)
吁 yù
呼~
跃 yuè(统读)
晕(一)yūn
~倒 头~
(二)yùn
月~ 血~ ~车
酝 yùn(统读)

Z

匝 zā(统读)
杂 zá(统读)
载(一)zǎi
登~ 记~
(二)zài
搭~ 怨声~道
重~ 装~
~歌~舞
簪 zān(统读)
咱 zán(统读)
暂 zàn(统读)
凿 záo(统读)
择(一)zé
选~
(二)zhái
~不开 ~菜 ~席
贼 zéi(统读)
憎 zēng(统读)
甑 zèng(统读)
喳 zhā
唧唧~~
轧(除"~钢""~辊"念 zhá 外,其他都念 yà)
(gá 为方言,不审)
摘 zhāi(统读)
粘 zhān
~贴
涨 zhǎng
~落 高~
着(一)zháo
~慌 ~急 ~家
~凉 ~忙 ~迷
~水 ~雨
(二)zhuó
~落 ~手 ~眼
~意 ~重 不~边际
(三)zhāo
失~
沼 zhǎo(统读)
召 zhào(统读)
遮 zhē(统读)
蛰 zhé(统读)
辙 zhé(统读)
贞 zhēn(统读)
侦 zhēn(统读)
帧 zhēn(统读)
胗 zhēn(统读)
枕 zhěn(统读)

诊 zhěn(统读)
振 zhèn(统读)
知 zhī(统读)
织 zhī(统读)
脂 zhī(统读)
植 zhí(统读)
殖(一)zhí
　繁～　生～　～民
　(二)shi
　骨～
指 zhǐ(统读)
掷 zhì(统读)
质 zhì(统读)
蛭 zhì(统读)
秩 zhì(统读)
栉 zhì(统读)
炙 zhì(统读)

中 zhōng
　人～(人口上唇当中处)
种 zhòng
　点～(义同"点播"。动宾结构念diǎnzhǒng,义为点播种子)
诌 zhōu(统读)
骤 zhòu(统读)
轴 zhòu
　大～子戏　压～子
碡 zhou
　碌～
烛 zhú(统读)
逐 zhú(统读)
属 zhǔ
　～望

筑 zhù(统读)
著 zhù
　土～
转 zhuǎn
　运～
撞 zhuàng(统读)
幢(一)zhuàng
　一～楼房
　(二)chuáng
　经～(佛教所设刻有经咒的石柱)
拙 zhuō(统读)
茁 zhuó(统读)
灼 zhuó(统读)
卓 zhuó(统读)
综 zōng
　～合

纵 zòng(统读)
粽 zòng(统读)
镞 zú(统读)
组 zǔ(统读)
钻(一)zuān
　～探　～孔
　(二)zuàn
　～床　～杆　～具
佐 zuǒ(统读)
唑 zuò(统读)
柞(一)zuò
　～蚕　～绸
　(二)zhà
　～水(在陕西)
做 zuò(统读)
作(除"～坊"读 zuō 外,其余都读 zuò)

附录三　普通话水平测试规程

[报　名]

1.申请接受普通话水平测试(以下简称测试)的人员,持有效身份证件在指定测试机构报名(亦可由所在单位集体报名)。

2.接受报名的测试机构负责安排测试的时间和地点。

[考　场]

3.测试机构负责安排考场。每个考场应有专人负责。考场应具备测试室、备测室、候测室以及必要的工作条件,整洁肃静,标志明显,在醒目处应张贴应试须知事项。

4.每间测试室只能安排1个测试组进行测试,每个测试组配备测试员2～3人,每组日测试量以不超过30人次为宜。

[试　卷]

5.试卷由国家语言文字工作部门指定的测试题库提供。

6.试卷由专人负责,各环节经手人均应签字。

7.试卷为一次性使用,按照考场预定人数封装。严格保管多余试卷。

8.当日测试结束后,测试员应回收和清点试卷,统一封存或销毁。

[测　试]

9.测试员和考场工作人员佩带印有姓名、编号和本人照片的胸卡,认真履行职责。

10.应试人持准考证和有效身份证件按时到达指定考场,经查验无误后,按顺序抽取考题备测。应试人备测时间应不少于10分钟。

11.执行测试时,测试室内只允许1名应试人在场。

12.测试员对应试人身份核对无误后,引导应试人进入测试程序。

13.测试全程录音。完整的测试录音包括:姓名、考号、单位以及全部测试内容。录音应声音清晰,音量适中,以利复查。

14.测试录音标签应写明考场、测试组别、应试人姓名、测试日期、录音人签名等项内容;录音内容应与标签相符。

15.测试员评分记录使用钢笔或签字笔,符号清晰、明了,填写应试人成绩及等级应准确(测试最后成绩均保留一位小数)。

16.测试结束时,测试员应及时收回应试人使用的试卷。

17.同组测试员对同一应试人的评定成绩出现等差时由该测试组复议,出现级差时由考场负责人主持再议。

18.测试评分记录表和应试人成绩单均签署测试员全名和测试日期。

19.测试结束,考场负责人填写测试情况记录。

[质量检查]

20.省级测试机构应对下级测试机构测试过程进行巡视。

21.检查测试质量主要采取抽查复听测试录音的方式。抽查比例由省级测试机构确定。

22.测试的一级甲等成绩由国家测试机构复审,一级乙等成绩由省级测试机构复审。

23.复审应填写复审意见。复审意见应表述清楚、具体、规范,有复审者签名。

24.复审应在收到送审材料后的30个工作日内完成,并将书面复审意见反馈送审机构。

[等级证书]

25.省级语言文字工作部门向测试成绩达到测试等级要求的应试人发放测试等级证书,加盖省级语言文字工作部门印章。

26.经复审合格的一级甲等、一级乙等成绩应在等级证书上加盖复审机构印章。

[应试人档案]

27.应试人档案包括:测试申请表、试题、测试录音、测试员评分记录、复审记录、成绩单等。

28.应试人档案保存期不少于两年。

附录四　普通话水平测试管理规定

第一条　为加强普通话水平测试管理,促其规范、健康发展,根据《中华人民共和国国家通用语言文字法》,制定本规定。

第二条　普通话水平测试(以下简称测试)是对应试人运用普通话的规范程度的口语考试。开展测试是促进普通话普及和应用水平提高的基本措施之一。

第三条　国家语言文字工作部门颁布测试等级标准、测试大纲、测试规程和测试工作评估办法。

第四条　国家语言文字工作部门对测试工作进行宏观管理,制定测试的政策、规划,对测试工作进行组织协调、指导监督和检查评估。

第五条　国家测试机构在国家语言文字工作部门的领导下组织实施测试,对测试业务工作进行指导,对测试质量进行监督和检查,开展测试科学研究和业务培训。

第六条　省、自治区、直辖市语言文字工作部门(以下简称省级语言文字工作部门)对本辖区测试工作进行宏观管理,制定测试工作规划、计划,对测试工作进行组织协调、指导监督和检查评估。

第七条　省级语言文字工作部门可根据需要设立地方测试机构。

省、自治区、直辖市测试机构(以下简称省级测试机构)接受省级语言文字工作部门及其办事机构的行政管理和国家测试机构的业务指导,对本地区测试业务工作进行指导,组织实施测试,对测试质量进行监督和检查,开展测试科学研究和业务培训。

省级以下测试机构的职责由省级语言文字工作部门确定。

各级测试机构的设立须经同级编制部门批准。

第八条　测试工作原则上实行属地管理。国家部委直属单位的测试工作,原则上由所在地区省级语言文字工作部门组织实施。

第九条　在测试机构的组织下,测试由测试员依照测试规程执行。测试员应遵守测试工作各项规定和纪律,保证测试质量,并接受国家和省级测试机构的业务培训。

第十条　测试员分省级测试员和国家级测试员。测试员须取得相应的测试员证书。

申请省级测试员证书者,应具有大专以上学历,熟悉推广普通话工作方针政策和普通语言学理论,熟悉方言与普通话的一般对应规律,熟练掌握《汉语拼音方案》和常用国际音标,有较强的听辨音能力,普通话水平达到一级。

申请国家级测试员证书者,一般应具有中级以上专业技术职务和两年以上省级测试员资历,具有一定的测试科研能力和较强的普通话教学能力。

第十一条　申请省级测试员证书者,通过省级测试机构的培训考核后,由省级语言文字工作部门颁发省级测试员证书;经省级语言文字工作部门推荐的申请国家级测试员证书者,通过国家测试机构的培训考核后,由国家语言文字工作部门颁发国家级测试员证书。

第十二条 测试机构根据工作需要聘任测试员并颁发有一定期限的聘书。

第十三条 在同级语言文字工作办事机构指导下,各级测试机构定期考查测试员的业务能力和工作表现,并给予奖惩。

第十四条 省级语言文字工作部门根据工作需要聘任测试视导员并颁发有一定期限的聘书。

测试视导员一般应具有语言学或相关专业的高级专业技术职务,熟悉普通语言学理论,有相关的学术研究成果,有较丰富的普通话教学经验和测试经验。

测试视导员在省级语言文字工作部门领导下,检查、监督测试质量,参与和指导测试管理和测试业务工作。

第十五条 应接受测试的人员为:

1.教师和申请教师资格的人员;

2.广播电台、电视台的播音员、节目主持人;

3.影视话剧演员;

4.国家机关工作人员;

5.师范类专业、播音与主持艺术专业、影视话剧表演专业以及其他与口语表达密切相关专业的学生;

6.行业主管部门规定的其他应该接受测试的人员。

第十六条 应接受测试的人员的普通话达标等级,由国家行业主管部门规定。

第十七条 社会其他人员可自愿申请接受测试。

第十八条 在高等学校注册的我国港澳台学生和外国留学生可随所在校学生接受测试。

测试机构对其他港澳台人士和外籍人士开展测试工作,须经国家语言文字工作部门授权。

第十九条 测试成绩由执行测试的测试机构认定。

第二十条 测试等级证书由国家语言文字工作部门统一印制,由省级语言文字工作办事机构编号并加盖印章后颁发。

第二十一条 普通话水平测试等级证书全国通用。等级证书遗失,可向原发证单位申请补发。伪造或变造的普通话水平测试等级证书无效。

第二十二条 应试人再次申请接受测试同前次接受测试的间隔应不少于3个月。

第二十三条 应试人对测试程序和测试结果有异议,可向执行测试的测试机构或上级测试机构提出申诉。

第二十四条 测试工作人员违反测试规定的,视情节予以批评教育、暂停测试工作、解除聘任或宣布测试员证书作废等处理,情节严重的提请其所在单位给予行政处分。

第二十五条 应试人违反测试规定的,取消其测试成绩,情节严重的提请其所在单位给予行政处分。

第二十六条 测试收费标准须经当地价格部门核准。

第二十七条 各级测试机构须严格执行收费标准,遵守国家财务制度,并接受当地有关部门的监督和审计。

第二十八条 本《规定》自2003年6月15日起施行。

附录五　国家法律、法规有关推广普通话和普通话水平测试的条文、规定

国家推广全国通用的普通话。

《中华人民共和国宪法》第十九条

学校及其他教育机构教学，应当推广使用全国通用的普通话和规范字。

《中华人民共和国教育法》第十二条

凡以普通话作为工作用语的岗位，其工作人员应当具备说普通话的能力。

以普通话作为工作语言的播音员、节目主持人和影视话剧演员、教师、国家机关工作人员的普通话水平，应当分别达到国家规定的等级标准，对尚未达到国家规定的普通话等级标准的，分别情况进行培训。

《中华人民共和国国家通用语言文字法》第十九条

(申请认定教师资格者的)普通话水平应当达到国家语言文字工作委员会颁布的《普通话水平测试等级标准》二级乙等以上标准。

少数方言复杂地区的普通话水平应当达到三级甲等以上标准；使用汉语和当地民族语言教学的少数民族自治地区的普通话水平，由省级人民政府教育行政部门规定标准。

《〈教师资格条例〉实施办法》第八条第二款

教育行政部门公务员和学校管理人员的普通话水平不低于三级甲等，新录用公务员和学校管理人员的普通话水平亦应达到上述标准。

……教师应达到《教师资格条例实施办法》规定的等级标准：各级各类学校和幼儿园以及其他教育机构的教师应不低于二级乙等，其中语文教师和对外汉语教师不低于二级甲等，语音教师不低于一级乙等。……

1954 年 1 月 1 日以后出生的教师和教育行政部门公务员，师范专业和其他与口语表达关系密切的专业的学生，均应参加普通话培训和测试。……师范专业和其他与口语表达关系密切的专业的学生，普通话达不到合格标准者应缓发毕业证书。

教育部　国家语言文字工作委员会《关于进一步加强学校普及普通话和用字规范化工作的通知》(教语用[2000]1 号)

各地各部门要采取措施，加强对公务员普通话的培训。……通过培训，原则要求 1954 年 1 月 1 日以后出生的公务员达到三级甲等以上水平；对 1954 年 1 月 1 日以前出生的公务员不作

达标的硬性要求,但鼓励努力提高普通话水平。

人事部　教育部　国家语言文字工作委员会《关于开展国家公务员普通话培训的通知》(人发[1999]46号)

除需要使用方言、少数民族语言和外语的场合外,邮政系统所有员工在工作中均需使用普通话。营业员、投递员、邮储业务员、报刊发行员以及工作在呼叫中心、信息查询等直接面向用户服务的职工,普通话水平不低于国家语言文字工作委员会颁布的《普通话水平测试等级标准》规定的三级甲等;邮运指挥调度人员、检查监督人员也应达到相应水平。

国家邮政局　教育部　国家语言文字工作委员会《关于加强邮政系统语言文字规范化工作的通知》(国邮联[2000]304号)

铁路系统员工应以普通话为工作语言,除确需使用方言、少数民族语言和外国语言的场合外,铁路系统所有职工在工作中均应使用普通话。直接面向旅客、货主服务的职工的普通话水平一般应不低于国家语言文字工作委员会颁布的《普通话水平测试等级标准》规定的三级甲等;站、车广播员的普通话水平应不低于二级甲等。

铁道部　教育部　国家语言文字工作委员会《关于进一步加强铁路系统语言文字规范化工作的通知》(铁科教[2000]72号)

附录六　国家语委、国家教委、广播电影电视部《关于开展普通话水平测试工作的决定》

（一九九四年十月三十日）

《中华人民共和国宪法》规定："国家推广全国通用的普通话。"推广普通话是社会主义精神文明建设的重要内容；社会主义市场经济的迅速发展和语言文字信息处理技术的不断革新，使推广普通话的紧迫性日益突出。国务院在批转国家语委关于当前语言文字工作请示的通知（国发[1992]63 号文件）中强调指出，推广普通话对于改革开放和社会主义现代化建设具有重要意义，必须给予高度重视。为加快普及进程，不断提高全社会普通话水平，国家语言文字工作委员会、国家教育委员会和广播电影电视部决定：

一、普通话是以汉语文授课和各级各类学校的教学语言；是以汉语传送的各级广播电台、电视台的规范语言，是汉语电影、电视剧、话剧必须使用的规范语言；是全国党政机关、团体、企事业单位干部在公务活动中必须使用的工作语言；是不同方言区及国内不同民族之间的通用语言。掌握并使用一定水平的普通话是社会各行各业人员，特别是教师、播音员、节目主持人、演员等专业人员必备的职业素质。因此，有必要在一定范围内对某些岗位的人员进行普通话水平测试，并逐步实行普通话等级证书制度。

二、现阶段的主要测试对象和他们应达到的普通话等级要求是：

中小学教师、师范院校的教师和毕业生应达到二级或一级水平，专门教授普通话语音的教师应达到一级水平。

县级以上（含县级）广播电台和电视台的播音员、节目主持人应达到一级水平（此要求列入广播电影电视部部颁岗位规范，逐步实行持普通话等级合格证书上岗）。

电影、电视剧演员和配音演员，以及相关专业的院校毕业生应达到一级水平。

三、测试对象经测试达到规定的等级要求时，颁发普通话等级证书。对播音员、节目主持人、教师等岗位人员，从 1995 年起逐步实行持普通话等级证书上岗制度。

四、成立国家普通话水平测试委员会，负责领导全国普通话水平测试工作。委员会由国家语言文字工作委员会、国家教育委员会、广播电影电视部有关负责同志和专家学者若干人组成。委员会下设秘书长一人，副秘书长若干人处理日常工作，办公室设在国家语委普通话培训测试中心。各省、自治区、直辖市也应相应地成立测试委员会和培训测试中心，负责本地区的普通话培训测试工作。

普通话培训测试中心为事业单位，测试工作要合理收费，开展工作初期，应有一定的启动经费，培训和测试工作要逐步做到自收自支。

五、普通话水平测试工作按照《普通话水平测试实施办法(试行)》和《普通话水平测试等级标准(试行)》的规定进行。

六、普通话水平测试是推广普通话工作的重要组成部分,是使推广普通话工作逐步走向科学化、规范化、制度化的重要举措。各省、自治区、直辖市语委、教委、高教、教育厅(局)、广播电视厅(局)要密切配合,互相协作,加强宣传,不断总结经验,切实把这项工作做好。

参考书目

1.国家语言文字工作委员会普通话培训测试中心.普通话水平测试实施纲要[M]. 北京：商务印书馆，2004.

2.中国大百科全书出版社编辑部.中国大百科全书·语言文字卷[M].北京：社中国大百科全书出版社，2004.

3.中国社会科学院语言研究所词典编辑室.现代汉语词典[M].7 版.北京：商务印书馆，2016.

4.中国社会科学院语言研究所.新华字典[M].11 版.北京：商务印书馆，2011.

5.罗洪.普通话规范发音[M].广州：花城出版社，2008.

6.张庆庆.普通话水平测试应试指南[M].广州：暨南大学出版社，2010.

7.吴洁敏.新编普通话教程[M].3 版.杭州：浙江大学出版社 2003.

8.高廉平.普通话测试辅导与训练[M].北京：北京大学出版社，2006.

9.邢捍国.实用普通话水平测试与口才提高[M].3 版.广州：暨南大学出版社，2007.

10.路英.播音发声与普通话语音[M].长沙.湖南师范大学出版社，2005.

11.王克瑞，杜丽华.播音员主持人训练手册　绕口令[M].北京：中国广播电视出版社，2001.

12.张慧.绕口令[M].3 版.北京：中国传媒大学出版社，2019.

13.唐余俊.普通话水平测试(PSC)应试指导[M].广州：暨南大学出版社，2010.

14.陈超美.普通话口语表达与水平测试[M].北京：清华大学出版社，2011.

15.李永斌.普通话实用教程[M].北京：北京师范大学出版社，2009.

16.宋欣桥.普通话水平测试员实用手册[M]. 增订本.北京：商务印书馆，2004.